합격으로 가는 하이패스

토마토패스

물류관리사

물류관련법규

변달수 편저

예문에듀
EDU

저자약력

변달수

－제29회 관세사 자격시험 최연소합격(2012)
－충남대학교 일반대학원 박사과정 수료(국제무역학)
－서울대학교 국제대학원 FTA전문가과정(FLP) 수료
－2021 KCA 소비자평가 우수전문인 "관세사" 부분 수상
－2022 서울본부세관 관세행정발전 표창
－2023 관세청장 관세행정발전 표창
－2023 대한상공회의소회장 상의발전 표창
－現 다미관세사무소 대표관세사
－現 대전상공회의소 기업경영 자문위원
－現 관세청 공익관세사

－종합물류기업 ㈜티지엘 자문위원
－VHL세한관세법인 대표관세사 역임(前 우림관세사무소, 비디에스관세사무소)
－(주)에쎄코리아 대표이사 역임
－한국조세재정연구원 세법연구센터 관세연구팀

－광주본부세관 FTA 컨설턴트
－네이버 지식IN－한국관세사회 관세전문가답변 파트너(네이버 Expert)

－한국법교육센터 법교육 강사
－공단기 공무원 관세법 강사
－FTA관세무역학원 관세사 관세법 및 환급특례법 강사
－코트라, 무역협회, 중소기업진흥공단, 상공회의소, 금산군청, 영동미래고 등 기관, 학교 교육

■ 보유자격증
  관세사, 보세사, 원산지관리사, 국제무역사, 무역영어1급, 무역관리사, 수입관리사, 국제물류사, 물류관리사, 유통관리사2급, 외환전문역2종

■ 논문/연구
  －조세심판원 결정 사례를 이용한 FTA협정관세 사후추징 가산세에 관한 연구(석사학위논문)
  －조세심판결정례를 이용한 FTA 가산세 부과기준에 관한 연구[KCI등재](2020, 한국관세학회)
  －주요국의 통관제도－캐나다 통관제도 연구(2021, 한국조세재정연구원)
  －국제물류환경 변화에 따른 통관업 담당자 관련 제도 비교연구(2020, 한국조세재정연구원)
  －FTA 해외통관애로(2020, 국제원산지정보원)

머리말

더 늦기 전에 책을 집필하게 되어 다행입니다.

효율적인 자격증 공부방법의 부재로 자격증 취득을 위해 먼 길을 돌아가시는 많은 분들이 참 안타까웠습니다. 따라서 이 책은 수험생분들이 먼 길을 돌아가지 않도록 저자가 각종 자격증을 시험을 준비할 때 쓰던 방식을 그대로 적용하여 쓰였습니다.

첫 번째, 이론을 위한 이론은 확 줄이고 합격을 위해서만 구성하였습니다.

쥐를 잡을 때 소 잡는 칼을 사용하는 것은 낭비입니다. 즉, 60점만 넘으면 되는 시험에 100점을 맞기 위한 공부를 하는 것은 불필요합니다. 이에 이론서의 시험목적상 불필요한 규정은 과감히 생략함으로써 수험생들이 단기간에, 더 쉽게 시험준비를 할 수 있도록 구성하였습니다.

두 번째, 2024년 3월 현재까지의 물류관리사 시험의 최신 출제경향을 반영하였습니다.

저자가 역대 물류관리사 모든 시험 문제를 직접 풀어보고 그중 중요한 기출문제 및 최근 12년의 모든 기출문제를 분석하여 교재에 반영하였습니다.

출제된 파트별 기출표시를 하는 차원을 넘어서, 문제별 선지까지 모두 분석하여 출제빈도수를 체크하여 교재를 구성하였습니다.

또한 시험으로 출제된 문구와 이론서상 문구가 법률 개정으로 인해 괴리감이 존재하는 경우 문구를 법률에 맞게 합치시켰습니다.

결과적으로 이 책은 기출문제를 분석한 내용을 이론서에 반영하였기 때문에 수험생 입장에서는 별도의 기출문제 경향분석이 필요없게 구성되었습니다.

세 번째, 법의 체계대로 물류관련법규를 공부하여 큰 숲을 보면서 공부할 수 있도록 구성하였습니다.

책을 구성하면서 신경 썼던 부분은 이 책으로 공부하시는 수험생분들이 법과 규정의 체계를 이해하면서 공부할 수 있도록 상위개념과 하위개념의 트리 형식으로 구성하는 것이었습니다. 즉, 기존 시중 도서들의 횡적인 교재구성 방식에서 벗어나 법령집 형식으로 구성함으로써 법률, 시행령, 시행규칙의 3단 체계를 효율적으로 이해할 수 있도록 하였습니다.

어떤 일이든 익숙해지기 전까지는 어렵게 느껴집니다.

하지만 이는 실제로 어려운 것이 아니라 익숙하지 않은 것입니다.

자격증 시험도 이와 마찬가지입니다. 어렵다고 생각하지 마시고 익숙해질 때까지 반복하십시오.

반드시 합격할 것입니다.

목표를 위해 부단하게 움직이고 있는 당신을 항상 응원합니다.

관세사 변달수 드림

토마토패스

물류관리사 소개

- 물류관리사는 기업의 합리적인 물류체계를 구축하고 물류비를 절감하는 업무를 담당하는 자로서, 물류관리사 시험은 물류와 관련하여 국내에서 가장 어렵고 공신력 있는 시험이다.
- 수행직무 : 물류관리에 대한 전문적인 지식을 가지고 원자재의 조달에서부터 물품의 생산, 보관, 포장, 가공, 유통에 이르기까지 물류가 이동되는 전체영역을 관리한다.

물류관리사 시험제도

- 문제형식 : 필기시험(객관식 5지선택형)
- 시험과목 및 배점

1교시(120분, 과목별 40문항)	2교시(80분, 과목별 40문항)
- 물류관리론 - 화물운송론 - 국제물류론	- 보관하역론 - 물류관련법규

- 합격기준 : 필기시험에서 매 과목 100점을 만점으로 하여 매 과목 40점 이상, 전 과목 평균 60점 이상 득점
- 응시현황

연도	응시자 수	합격자 수	합격률(%)
2023	6,816	3,304	48.47%
2022	6,053	2,474	40.87%
2021	6,401	3,284	51.3%
2020	5,879	2,382	40.5%
2019	5,495	1,474	26.8%
2018	4,928	1,994	40.5%

시험일정

구분	원서접수	시험일	합격자발표
제28회	2024.06.10.~06.14.	2024.08.03.(토)	2024.09.04.(수)

※ 시험 관련 사항은 변동될 수 있으니 자세한 시험일정은 반드시 시행처(www.q-net.or.kr) 홈페이지를 확인하시기 바랍니다.

토마토패스
합격으로 가는 하이패스

23년도 물류관리사 직장인 합격후기 - 우*태

1. 취득 동기

현재 파렛트 회사에 근무 중인 직장인입니다. 업무 특성상 물류, 유통 관련 기업들과 업무를 진행하다 보니 자연스럽게 물류 쪽에 대한 배경 지식을 쌓고 싶었고, 해당 자격증을 공부하면서 얻은 지식을 업무에 접목시키고 싶어 공부를 시작하게 되었습니다.

2. 인강 선택 및 강의의 장점

위에 소개드렸듯 직장인이다 보니 물리적인 시간이 부족했습니다. 때문에 비교적 자유롭게 공부할 수 있는 인강을 선택했습니다. 본격적으로 공부하기 전에 4군데 정도 물류관리사 샘플 강의를 들었습니다. 그중 변달수 강사님의 강의 방식이 저한테 잘 맞았던 것 같습니다. 제일 까다로운 법규를 먼저 시작하다 보니 공부량이나 과목의 관심도도 높아질 수 밖에 없었고, 자격증 취득하는 데 많은 도움이 됐습니다. 또한 **법규 외 일반 과목에서는 강사님이 공부하시면서 느꼈던 중요도를 강의에 잘 녹여주신 것 같습니다.** 덕분에 불필요한 부분은 최대한 배제하고 핵심만 짚어서 공부할 수 있었습니다.

3. 공부방법

 - 1개월 : 매일 인강 3~4강 듣기, 강의 수가 많기 때문에 한달 안에 완강을 목표로 잡았습니다.
 - 2개월 : 매주 2개씩 기출문제 풀이 후 인강 문제풀이 시청 반복, 문제 풀이할 때마다 막히는 문제는 반드시 오답노트 작성, 작성한 오답노트는 매일 보려고
　　　노력했습니다. 추가적으로 취약한 과목은 출근시간을 이용해서 인강을 보거나 음성으로라도 계속 들었습니다.
 - 0.5개월 : 오답노트+법규 과목 집중 공부(법규 과목이 정말 점수가 안나와서 마지막 2주 전부터는 법규만 계속 공부했습니다.)

4. 합격 팁

자격증을 취득해 보니, **변달수 강사님이 처음부터 끝까지 강조했던 말이 계속 생각이 납니다. '법규' 과목을 잡으면 합격한다는 말인데요.** 저 또한 법규에 가장 많은 시간을 투자했고, 가장 어려워서 고생했던 부분입니다. 해당 과목은 별도 노하우는 없었고, 문제 풀이 인강을 계속 봤습니다(횟수는 기억 안 나지만 5번 이상은 봤죠). 인강을 반복해서 보니까 매년 비슷하게 나오는 부분이 보이더라구요. 해당 부분 정리해서 공부했고, 법규 문구를 눈에 익히기 위해서 책도 여러 번 봤던 것 같습니다.

■ **시험 합격여부**

제27회 물류관리사 합격후기(비전공자) - 이×주

1. 취득 동기

종합물류회사의 취업을 희망하기 때문에 전문성 취득 및 가산점 확보를 위해 자격증을 취득을 결심했습니다. 무역회사쪽을 희망한다면 보통 물류관리사+국제무역사+무역영어 이렇게 패키지로 많이 따기 때문에, 저도 물류관리사를 선두로 위 자격증을 모두 취득하기 위해 공부를 시작했습니다.

2. 토마토패스 장점

토마토패스의 장점은 1. 변달수 관세사님의 특유의 입담으로 지루하지 않은 강의, 2. 10년간 출제되었던 선지로만 구성되어 있는 이론서, 3. 최소한의 시간투자로 최대한의 점수를 가져갈 수 있게 짜여진 커리큘럼입니다. 관세사님이 말씀하시기를 시중에 나와 있는 물류관리사 법규 교재 중에 토마토패스가 가장 얇은 편에 속한다고 하셨어요. 교과서는 알짜배기로 시험에 출제되는 부분만 간추려서 핵심부분만 들어있습니다. 시간이 남으시면 관세사님이 많이 강조하시지 않았거나, 더 공부하고 싶은 부분을 보시고, 시간이 없으시다면 관세사님이 짚어주신 부분만 딱 보세요. 시간이 훨씬 절약될 거에요.

3. 공부기간 및 방법

물류관리사는 1달 반~2달 정도는 잡고 공부해야 여유 있다고 해서, 6월 초부터 인강을 들으려고 했지만 학교 기말고사와 기간이 겹쳐 종강하고 집중해서 듣자라는 핑계로 공부를 계속 미뤘습니다. 다른 분들은 일주일에 몰아서 인강을 들으시던데 저는 아르바이트 때문에 평일에는 4개 정도 수강하고, 주말에는 8~9강의 정도 1.4배속으로 수강했습니다. 처음 문제를 풀고 굉장히 점수에 낙담하며 눈물을 머금었지만, 변달수 관세사님의 '원래 처음 문제 풀면 누구나 그 점수 나온다'라는 말로 위안을 삼으며 차근차근 5개년 기출문제를 풀어나갔던 것 같습니다.

4. 합격 팁

- 물류관리론 : 많은 시간을 투자하지 말고, 인강에서 들은 부분을 간단히 복습하시면 80점 이상 가뿐히 나옵니다.
- 화물운송론 : 계산문제가 나와서 어렵게 느껴지는데, 여기서 계산문제 다 버리시면 과락납니다. 관세사님이 풀라고 하는 계산문제 유형은 반복해서 풀어보시고, 시간이 많이 걸린다는 느낌이 오는 문제가 있으면 바로 버리세요.
- 국제물류론 : 양이 제일 많아서 힘들었습니다. 인터컴즈2020은 개정되었기 때문에 개정되기 전 내용과 달라진 부분을 위주로 살펴보시고, 함부르크 규칙이나 로테르담 규칙은 어떤 내용을 담고 있는 국제조약인지 따로 정리해보시기 바랍니다. 기출 선지가 생각보다 많이 출제되었어요!
- 보관하역론 : 양이 적다고 느껴지지만, '보관위치 결정 방식', '재고모형', '수요예측기법', '팔레트 규격', '하역기기' 등 세부적으로 외워줘야 할 것들이 꽤 있어요. 본인이 마인드맵으로 정리해나가면서 암기하면 잘 외워질 거예요.

※ 해당 합격후기는 모두 합격증이 웹상에 인증되어 있으며, 토마토패스 홈페이지 수강후기에서 더 많은 후기들을 확인하실 수 있습니다.

이 책의 구성

[3단 구성] 물류관련법규를 공부하면서 법상 상위체계와 하위체계를 구분하여 법의 체계를 이해하면서 공부할 수 있도록 구성하였습니다 (좌측-법률, 중앙-시행령, 우측-시행규칙).

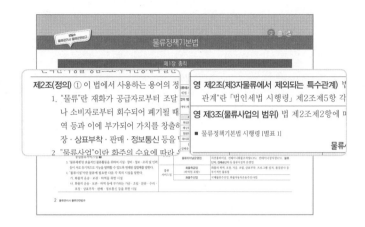

[중요도(★)] 최근 약 13개년의 물류관련법규 역대 기출문제를 선지별로 분석하고 법률개정을 반영하여 시험에 등장한 빈도수와 중요성을 고려하여 표시하였습니다.

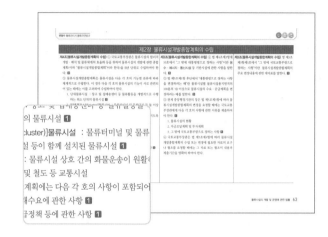

[참조] 법령에는 포함되어 있는 내용이나 시험목적상 자주 출제되지 않기에 고득점을 노리는 수험생들만 별도로 챙겨 볼 수 있도록 하였습니다.

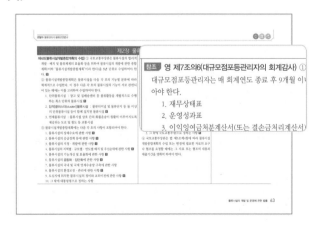

[실전모의고사 2회분] 최근 13년간의 기출문제 분석을 기반으로 한, 반드시 시험에 나올 만한 문제들로만 구성했습니다.

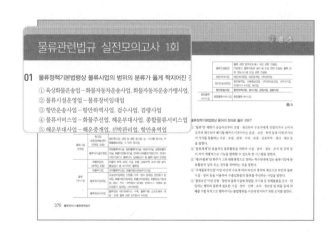

CONTENTS

목차

과목별
공부가이드

법규별 평균출제율

물류관련법규 법률명	평균출제율
물류정책기본법	20%
물류시설법	20%
화물자동차운수사업법	25%
유통산업발전법	12.5/5%
항만운송사업법	7.5%
철도사업법	10%
농수산물 유통 및 가격안정에 관한 법률	5%

기출예시 및 유의점

[2022년 기출] 물류정책기본법상 물류계획에 관한 설명으로 옳지 않은 것은?

① 특별시장 및 광역시장은 지역물류정책의 기본방향을 설정하는 10년 단위의 지역물류기본계획을 5년마다 수립하여야 한다.

② 국가물류기본계획에는 국가물류정보화사업에 관한 사항이 포함되어야 한다.

③ 국가물류기본계획은 「국토기본법」에 따라 수립된 국토종합계획 및 「국가통합교통체계효율화법」에 따라 수립된 국가기간교통망계획과 조화를 이루어야 한다.

④ 지역물류기본계획은 국가물류기본계획에 배치되지 아니하여야 한다.

⑤ 해양수산부장관은 국가물류기본계획을 수립한 때에는 이를 관보에 고시하여야 한다.

- 문제유형을 살펴보면 출제자가 임의로 만들어 내는 문장이 없고 법령의 문장이 그대로 출제되므로 법 원문 그대로를 볼 수 있는 법령집 형태의 공부가 효율적이다.

- 물류관리사 시험 중 유일한 법률과목이므로 공부방법도 타 과목과 다르게 접근해야 하는데 의의, 전체적인구조, 흐름('숲')을 공부하기보다는 세부적인 법 문장들('나무')에 집중해서 공부할 필요가 있다. 문제는 법률의 문장단위로 출제된다.

법 체계에 의한 학습

법률	시행령	시행규칙

기출예시 및 유의점

- 법률상 '대통령령으로 정한다.'라는 표현은 시행령(영)에 자세한 내용을 위임한다는 의미이다.

- 법률상 '국토교통부령으로 정한다'라는 표현은 시행규칙(규칙)에 자세한 내용을 위임한다는 의미이다.

- 따라서 우리가 물류관련법규를 공부할 때에는 법률을 우선 이해한 후 법률에서 위임한 내용을 찾아서 확인하는 방식으로 공부하여야 하며 이렇게 공부하여야 법의 구성과 체계를 이해할 수 있다.

※ 본 교재도 법률의 체계와 같은 방식으로 3단으로 구성하여 법령의 원문은 살리되 물류관리사 수험목적상 불필요한 부분은 상당부분 삭제 및 편집하였다.

Law

변 달 수 물 류 관 리 사 물 류 관 련 법 규

물류정책기본법

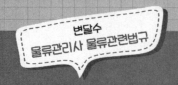

물류정책기본법

제1장 총칙

제1조(목적) 이 법은 물류체계의 효율화, 물류산업의 경쟁력 강화 및 물류의 선진화 · 국제화를 위하여 국내외 물류정책 · 계획의 수립 · 시행 및 지원에 관한 기본적인 사항을 정함으로써 국민경제의 발전에 이바지함을 목적으로 한다.

제2조(정의) ① 이 법에서 사용하는 용어의 정의는 다음과 같다.

1. "물류"란 재화가 공급자로부터 조달 · 생산되어 수요자에게 전달되거나 소비자로부터 회수되어 폐기될 때까지 이루어지는 운송 · 보관 · 하역 등과 이에 부가되어 가치를 창출하는 가공 · 조립 · **분류** · 수리 · 포장 · **상표부착** · 판매 · **정보통신** 등을 말한다. **1**

2. "물류사업"이란 화주의 수요에 따라 유상으로 물류활동을 영위하는 것을 업으로 하는 것으로 다음 각 목의 사업을 말한다.
   가. 자동차 · 철도차량 · 선박 · 항공기 또는 파이프라인 등의 운송수단을 통하여 화물을 운송하는 화물운송업 **1**
   나. 물류터미널이나 창고 등의 물류시설을 운영하는 물류시설운영업 **1**
   다. 화물운송의 주선, 물류장비의 임대, 물류정보의 처리 또는 물류컨설팅 등의 업무를 하는 물류서비스업 **1**
   라. 가목부터 다목까지의 물류사업을 종합적 · 복합적으로 영위하는 종합물류서비스업 **1**

3. "물류체계"란 효율적인 물류활동을 위하여 시설 · 장비 · 정보 · 조직 및 인력 등이 서로 유기적으로 기능을 발휘할 수 있도록 연계된 집합체를 말한다.

4. "물류시설"이란 물류에 필요한 다음 각 목의 시설을 말한다.
   가. 화물의 운송 · 보관 · 하역을 위한 시설
   나. 화물의 운송 · 보관 · 하역 등에 부가되는 가공 · 조립 · 분류 · 수리 · 포장 · 상표부착 · 판매 · 정보통신 등을 위한 시설

영 제2조(제3자물류에서 제외되는 특수관계) 법 제2조제1항제10호에서 "대통령령으로 정하는 특수관계"란 「법인세법 시행령」 제2조제5항 각 호의 어느 하나에 해당하는 관계를 말한다.

영 제3조(물류사업의 범위) 법 제2조제2항에 따른 물류사업의 범위는 별표 1과 같다.

■ 물류정책기본법 시행령 [별표 1]

물류사업의 범위 **3**

대분류	세분류	세세분류
화물 운송업	육상화물운송업	화물자동차운송사업, 화물자동차운송가맹사업, 철도사업
	해상화물운송업	외항정기화물운송사업, 외항부정기화물운송사업, 내항화물운송사업
	항공화물운송업	정기항공운송사업, 부정기항공운송사업, 상업서류송달업 **1**
	파이프라인운송업	파이프라인운송업 **1**
물류시설 운영업	창고업 (공동집배송센터운영업 포함)	일반창고업, 냉장 및 냉동 창고업, 농 · 수산물 창고업, 위험물품보관업, 그 밖의 창고업
	물류터미널운영업	복합물류터미널, 일반물류터미널, 해상터미널, 공항화물터미널, 화물차전용터미널, 컨테이너화물조작장(CFS), 컨테이너장치장(CY), 물류단지, 집배송단지 등 물류시설의 운영업
물류 서비스업	화물취급업 (하역업 포함)	화물의 하역, 포장, 가공, 조립, 상표부착, 프로그램 설치, 품질검사 등 부가적인 물류업
	화물주선업	국제물류주선업, 화물자동차운송주선사업

다. 물류의 공동화 · 자동화 및 정보화를 위한 시설 **1**

라. 가목부터 다목까지의 시설이 모여 있는 물류터미널 및 물류단지

5. "물류공동화"란 물류기업이나 화주기업들이 물류활동의 효율성을 높이기 위하여 물류에 필요한 시설 · 장비 · 인력 · 조직 · 정보망 등을 공동으로 이용하는 것을 말한다. 다만, 「독점규제 및 공정거래에 관한 법률」 제40조제1항 각 호 및 같은 법 제51조제1항 각 호에 해당하는 경우(같은 법 제40조제2항에 따라 공정거래위원회의 인가를 받은 경우를 제외한다)를 제외한다.

6. "물류표준"이란 「산업표준화법」 제12조에 따른 한국산업표준 중 물류활동과 관련된 것을 말한다.

7. "물류표준화"란 원활한 물류를 위하여 다음 각 목의 사항을 물류표준으로 통일하고 단순화하는 것을 말한다.

　　가. 시설 및 장비의 종류 · 형상 · 치수 및 구조

　　나. 포장의 종류 · 형상 · 치수 · 구조 및 방법

　　다. 물류용어, 물류회계 및 물류 관련 전자문서 등 물류체계의 효율화에 필요한 사항

8. "단위물류정보망"이란 기능별 또는 지역별로 관련 행정기관, 물류기업 및 그 거래처를 연결하는 일련의 물류정보체계를 말한다.

10. "제3자물류"란 화주가 그와 대통령령으로 정하는 특수관계에 있지 아니한 물류기업에 물류활동의 일부 또는 전부를 위탁하는 것을 말한다.

11. "국제물류주선업"이란 타인의 수요에 따라 **자기의 명의**와 계산으로 타인의 물류시설 · 장비 등을 이용하여 수출입화물의 물류를 주선하는 사업을 말한다. **1**

12. "물류관리사"란 물류관리에 관한 전문지식을 가진 자로서 제51조에 따른 자격을 취득한 자를 말한다.

	물류장비임대업	운송장비임대업, 산업용 기계 · 장비 임대업, 운반용기 임대업, 화물자동차임대업, 화물선박임대업, 화물항공기임대업, 운반 · 적치 · 하역장비 임대업, 컨테이너 · 파렛트 등 포장용기 임대업, 선박대여업
	물류정보처리업	물류정보 데이터베이스 구축, 물류지원 소프트웨어 개발 · 운영, 물류 관련 전자문서 처리업
	물류컨설팅업	물류 관련 업무프로세스 개선 관련 컨설팅, 자동창고, 물류자동화 설비 등 도입 관련 컨설팅, 물류 관련 정보시스템 도입 관련 컨설팅
	해운부대사업	해운대리점업, 해운중개업, **선박관리업**
	항만운송관련업	항만용역업, 선용품공급업, 선박연료공급업, 선박수리업, 컨테이너 수리업, 예선업
	항만운송사업 2	**항만하역사업, 검수사업, 감정사업, 검량사업**
종합물류서비스업	종합물류서비스업	종합물류서비스업

13. "물류보안"이란 공항·항만과 물류시설에 폭발물, 무기류 등 위해물품을 은닉·반입하는 행위와 물류에 필요한 시설·장비·인력·조직·정부망 및 화물 등에 위해를 가할 목적으로 행하여지는 불법행위를 사전에 방지하기 위한 조치를 말한다.	
14. "국가물류정보화사업"이란 국가, 지방자치단체 및 제22조에 따른 물류관련기관이 정보통신기술과 정보가공기술을 이용하여 물류관련 정보를 생산·수집·가공·축적·연계·활용하는 물류정보화사업을 말한다.	
② 제1항제2호에 따른 각 물류사업의 구체적인 범위는 대통령령으로 정한다.	
제3조(기본이념) 이 법에 따른 물류정책은 물류가 국가 경제활동의 중요한 원동력임을 인식하고, 신속·정확하면서도 편리하고 안전한 물류활동을 촉진하며, 정부의 물류 관련 정책이 서로 조화롭게 연계되도록 하여 물류산업이 체계적으로 발전하게 하는 것을 기본이념으로 한다.	
제4조(국가 및 지방자치단체의 책무) ① 국가는 물류활동을 원활히 하고 물류체계의 효율성을 높이기 위하여 국가 전체의 물류와 관련된 정책 및 계획을 수립하고 시행하여야 한다. ② 국가는 물류산업이 건전하고 고르게 발전할 수 있도록 육성하여야 한다. ③ 지방자치단체는 국가의 물류정책 및 계획과 조화를 이루면서 지역적 특성을 고려하여 지역물류에 관한 정책 및 계획을 수립하고 시행하여야 한다.	
제5조(물류기업 및 화주의 책무) 물류기업 및 화주는 물류사업을 원활히 하고 물류체계의 효율성을 증진시키기 위하여 노력하고, 국가 또는 지방자치단체의 물류정책 및 계획의 수립·시행에 적극 협력하여야 한다.	
제6조(다른 법률과의 관계) ① 물류에 관한 다른 법률을 제정하거나 개정하는 경우에는 이 법의 목적과 물류정책의 기본이념에 맞도록 하여야 한다. ② 이 법에 규정된 것 외의 물류시설의 개발 및 운영, 물류사업의 관리와 육성 등에 관하여는 따로 법률로 정한다.	

제2장 물류정책의 종합 · 조정

제1절 물류현황조사

제7조(물류현황조사) ① 국토교통부장관 또는 해양수산부장관은 물류에 관한 정책 또는 계획의 수립 · 변경을 위하여 필요하다고 판단될 때에는 관계 행정기관의 장과 미리 협의한 후 물동량의 발생현황과 이동경로, 물류시설 · 장비의 현황과 이용실태, 물류인력과 물류체계의 현황, 물류비, 물류산업과 국제물류의 현황 등에 관하여 조사할 수 있다. 이 경우 「국가통합교통체계효율화법」 제12조에 따른 국가교통조사와 **중복되지 아니하도록** 하여야 한다. **4**

② 국토교통부장관 또는 해양수산부장관은 다음 각 호의 자에게 제1항의 조사(이하 "물류현황조사"라 한다)에 필요한 자료의 제출을 요청하거나 그 일부에 대하여 직접 조사하도록 요청할 수 있다. 이 경우 협조를 요청받은 자는 **특별한 사정이 없으면 요청에 따라야 한다.** **2**

    1. 관계 중앙행정기관의 장 **1**

    2. 특별시장 · 광역시장 · 특별자치시장 · 도지사 및 특별자치도지사(이하 "시 · 도지사"라 한다) **1**

    3. 물류기업 및 이 법에 따라 지원을 받는 기업 · 단체 등 **1**

③ 국토교통부장관 또는 해양수산부장관은 물류현황조사를 효율적으로 수행하기 위하여 필요한 경우에는 물류현황조사의 전부 또는 일부를 전문기관으로 하여금 수행하게 할 수 있다. **1**

④ 국토교통부장관 또는 해양수산부장관은 물류현황조사의 결과에 따라 물류비 등 물류지표를 설정하여 물류정책의 수립 및 평가에 활용할 수 있다. **1**

제8조(물류현황조사지침) ① 국토교통부장관은 제7조제2항에 따라 물류현황조사를 요청하는 경우에는 효율적인 물류현황조사를 위하여 조사의 시기, 종류 및 방법 등에 관하여 대통령령으로 정하는 바에 따라 조사지침을 작성하여 통보할 수 있다. **1**

영 제4조(물류현황조사지침) ① 법 제8조제1항에 따른 물류현황조사지침에는 다음 각 호의 사항이 포함되어야 한다.

    1. 조사의 종류 및 항목 **1**

    2. 조사의 대상 · 방법 및 절차 **1**

② 국토교통부장관은 제1항의 지침을 작성하려는 경우에는 미리 관계 중앙 행정기관의 장과 협의하여야 한다. **2**

3. 조사의 체계 **1**
4. 조사의 시기 및 지역 **1**
5. 조사결과의 집계·분석 및 관리 **1**
6. 그 밖에 효율적인 물류현황조사를 위하여 필요한 사항

② 법 제7조제3항에 따라 물류현황조사를 수행하는 자는 물류현황조사지침에 따라 조사를 수행하여야 한다.

제9조(지역물류현황조사 등) ① 시·도지사는 지역물류에 관한 정책 또는 계획의 수립·변경을 위하여 필요한 경우에는 해당 행정구역의 물동량 현황과 이동경로, 물류시설·장비의 현황과 이용실태, 물류산업의 현황 등에 관하여 조사할 수 있다. 이 경우 「국가통합교통체계효율화법」 제12조에 따른 국가교통조사와 중복되지 아니하도록 하여야 한다. **2**

② 시·도지사는 관할 시·군 및 구(지방자치단체인 시·군 및 자치구를 말한다)의 시장·군수 및 구청장(이하 "시장·군수·구청장"이라 한다), 물류기업 및 이 법에 따라 지원을 받는 기업·단체 등에게 제1항의 조사(이하 "지역물류현황조사"라 한다)에 필요한 자료를 제출하도록 요청하거나 그 일부에 대하여 직접 조사하도록 요청할 수 있다. 이 경우 협조를 요청받은 자는 특별한 사정이 없는 한 이에 따라야 한다.

③ 시·도지사는 지역물류현황조사의 효율적인 수행을 위하여 필요한 경우에는 지역물류현황조사의 **전부 또는 일부**를 전문기관으로 하여금 수행하게 할 수 있다. **2**

④ 시·도지사는 제2항에 따라 지역물류현황조사를 요청하는 경우에는 효율적인 지역물류현황조사를 위하여 조사의 시기, 종류 및 방법 등에 관하여 해당 특별시·광역시·특별자치시·도 및 특별자치도(이하 "시·도"라 한다)의 **조례**로 정하는 바에 따라 **조사지침**을 작성하여 통보할 수 있다. **3**

제10조(물류개선조치의 요청) ① 국토교통부장관 또는 해양수산부장관은 물류현황조사 등을 통하여 물류수요가 특정 물류시설이나 특정 운송수단에 치우쳐 효율적인 물류체계 운용을 해치거나 관계 중앙행정기관의 장 또는 시·도지사의 물류 관련 정책 또는 계획이 제11조의 국가물류기본계획(이하 "국가물류기본계획"이라 한다)에 위배된다고 판단될 때에는 해당 중앙행정기관의 장이나 시·도지사에게 이를 개선하기 위한 조치를 하도록 요청할 수 있다. 이 경우 국토교통부장관 또는 해양수산부장관은 미리 해당 중앙행정기관의 장 또는 시·도지사와 개선조치에 대하여 협의하여야 한다.

② 제1항에 따라 개선조치를 요청받은 관계 중앙행정기관의 장이나 해당 시·도지사는 특별한 사유가 없는 한 이를 개선하기 위한 조치를 강구하여야 한다.

③ 관계 중앙행정기관의 장이나 시·도지사는 제1항에 따른 개선조치의 요청에 이의가 있는 경우에는 제17조의 국가물류정책위원회(이하 "국가물류정책위원회"라 한다)에 조정을 요청할 수 있다.

제2절 물류계획의 수립·시행

제11조(국가물류기본계획의 수립) ① 국토교통부장관 및 해양수산부장관은 국가물류정책의 기본방향을 설정하는 10년 단위의 **국가물류기본계획을 5년마다** 공동으로 수립하여야 한다. **5**

② 국가물류기본계획에는 다음 각 호의 사항이 포함되어야 한다.

　1. 국내외 물류환경의 변화와 전망

　2. 국가물류정책의 목표와 전략 및 단계별 추진계획

　2의2. 국가물류정보화사업에 관한 사항 **4**

　3. 운송·보관·하역·포장 등 물류기능별 물류정책 및 도로·철도·해운·항공 등 운송수단별 물류정책의 종합·조정에 관한 사항

　4. 물류시설·장비의 수급·배치 및 투자 우선순위에 관한 사항 **1**

　5. 연계물류체계의 구축과 개선에 관한 사항 **1**

영 제5조(국가물류기본계획의 중요한 사항의 변경) 법 제11조제4항에서 "대통령령으로 정하는 중요한 사항"이란 다음 각 호의 어느 하나에 해당하는 사항을 말한다. 다만, 제2호부터 제4호까지의 사항이 「국토기본법」 제9조에 따른 국토종합계획, 「국가통합교통체계효율화법」 제4조제1항에 따른 국가기간교통망계획이나 「물류시설의 개발 및 운영에 관한 법률」 제4조에 따른 물류시설개발종합계획 등 법 제11조에 따른 국가물류기본계획(이하 "국가물류기본계획"이라 한다)과 관련된 다른 계획의 변경으로 인한 사항을 반영하는 내용일 경우는 제외한다. **1**

　1. 국가물류정책의 목표와 주요 추진전략에 관한 사항 **1**

　2. 물류시설·장비의 투자 우선 순위에 관한 사항 **1**

　3. 국제물류의 촉진·지원에 관한 기본적인 사항

　4. 그 밖에 법 제17조에 따른 국가물류정책위원회의 심의가 필요하다고 인정하는 사항 **1**

6. 물류 표준화 · 공동화 등 물류체계의 효율화에 관한 사항

6의2. 물류보안에 관한 사항 **1**

7. 물류산업의 경쟁력 강화에 관한 사항

8. 물류인력의 양성 및 물류기술의 개발에 관한 사항

9. 국제물류의 촉진 · 지원에 관한 사항 **1**

9의2. 환경친화적 물류활동의 촉진 · 지원에 관한 사항

10. 그 밖에 물류체계의 개선을 위하여 필요한 사항

③ 국토교통부장관 및 해양수산부장관은 다음 각 호의 자에 대하여 국가물류기본계획의 수립 · 변경을 위한 관련 기초 자료의 제출을 요청할 수 있다. 이 경우 협조를 요청받은 자는 특별한 사정이 없는 한 이에 따라야 한다.

1. 관계 중앙행정기관의 장

2. 시 · 도지사

3. **물류기업 및 이 법에 따라 지원을 받는 기업 · 단체 등** **1**

④ 국토교통부장관 및 해양수산부장관은 국가물류기본계획을 수립하거나 대통령령으로 정하는 중요한 사항을 변경하려는 경우에는 관계 중앙행정기관의 장 및 시 · 도지사와 협의한 후 **국가물류정책위원회의 심의**를 거쳐야 한다. **3**

⑤ **국토교통부장관**은 국가물류기본계획을 수립하거나 변경한 때에는 이를 관보에 고시하고, 관계 중앙행정기관의 장 및 시 · 도지사에게 **통보**하여야 한다. **4**

제12조(다른 계획과의 관계) ① 국가물류기본계획은 「국토기본법」에 따라 수립된 국토종합계획 및 「국가통합교통체계효율화법」에 따라 수립된 국가기간교통망계획과 **조화를 이루어야 한다.** **3**

② 국가물류기본계획은 다른 법령에 따라 수립되는 물류에 관한 계획에 우선하며 그 계획의 기본이 된다.

제13조(연도별시행계획의 수립) ① 국토교통부장관 및 해양수산부장관은 국가물류기본계획을 시행하기 위하여 연도별 시행계획을 매년 공동으로 수립하여야 한다. **③**

② 연도별시행계획의 수립·변경을 위한 자료제출의 요청 등에 관하여는 제11조제3항을 준용한다.

③ 연도별시행계획의 수립 및 시행에 필요한 사항은 대통령령으로 정한다.

참조 영 **제6조(연도별시행계획의 수립 등)** ① 국토교통부장관 및 해양수산부장관은 법 제13조제1항에 따라 국가물류기본계획의 연도별 시행계획을 수립하려는 경우에는 미리 관계 중앙행정기관의 장, 특별시장·광역시장·특별자치시장·도지사 및 특별자치도지사와 협의한 후 법 제19조제1항제1호에 따른 물류정책분과위원회의 심의를 거쳐야 한다.

② 국토교통부장관은 수립된 연도별시행계획을 관계 행정기관의 장에게 통보하여야 하며, 관계 행정기관의 장은 연도별시행계획의 원활한 시행을 위하여 적극 협조하여야 한다.

③ 관계 행정기관의 장은 전년도의 연도별시행계획의 추진실적과 해당 연도의 시행계획을 매년 2월 말까지 국토교통부장관 및 해양수산부장관에게 제출하여야 한다.

제14조(지역물류기본계획의 수립) ① 특별시장 및 광역시장은 지역물류정책의 기본방향을 설정하는 10년 단위의 지역물류기본계획을 5년마다 수립하여야 한다. **③**

② 특별자치시장·도지사 및 특별자치도지사는 지역물류체계의 효율화를 위하여 필요한 경우에는 제1항의 지역물류기본계획을 수립할 수 있다.

③ 지역물류기본계획은 국가물류기본계획에 배치되지 아니하여야 하며, 다음 각 호의 사항이 포함되어야 한다. **③**

1. 지역물류환경의 변화와 전망

2. 지역물류정책의 목표·전략 및 단계별 추진계획

3. 운송·보관·하역·포장 등 물류기능별 지역물류정책 및 도로·철도·해운·항공 등 운송수단별 지역물류정책에 관한 사항

4. 지역의 물류시설·장비의 수급·배치 및 투자 우선순위에 관한 사항 **①**

5. 지역의 연계물류체계의 구축 및 개선에 관한 사항

6. 지역의 물류 공동화 및 정보화 등 물류체계의 효율화에 관한 사항 **①**

7. 지역 물류산업의 경쟁력 강화에 관한 사항 **①**

8. 지역 물류인력의 양성 및 물류기술의 개발·보급에 관한 사항 **①**

9. 지역차원의 국제물류의 촉진·지원에 관한 사항

9의2. 지역의 환경친화적 물류활동의 촉진·지원에 관한 사항

10. 그 밖에 지역물류체계의 개선을 위하여 필요한 사항

④ 국토교통부장관 및 해양수산부장관은 제1항에 따른 지역물류기본계획의 수립방법 및 기준 등에 관한 지침을 공동으로 작성하여야 한다.

⑤ 국토교통부장관은 제4항에 따라 지침을 작성한 경우 특별시장 및 광역시장(제2항에 따라 지역물류기본계획을 수립하는 특별자치시장·도지사 및 특별자치도지사를 포함한다. 이하 제15조 및 제16조에서 같다)에게 통보하여야 한다.

제15조(지역물류기본계획의 수립절차) ① 특별시장 및 광역시장은 다음 각 호의 자에 대하여 지역물류기본계획의 수립·변경을 위한 관련 기초 자료의 제출을 요청할 수 있다. 이 경우 협조를 요청받은 자는 특별한 사정이 없는 한 이에 따라야 한다.

　　1. 인접한 시·도의 시·도지사

　　2. 관할 시·군·구의 시장·군수·구청장

　　3. 이 법에 따라 해당 시·도의 지원을 받는 기업·단체 등

② 특별시장 및 광역시장이 지역물류기본계획을 수립하거나 대통령령이 정하는 중요한 사항을 변경하려는 경우에는 미리 해당 시·도에 인접한 시·도의 시·도지사와 협의한 후 제20조의 지역물류정책위원회의 심의를 거쳐야 한다. 이 경우 특별시장 및 광역시장은 수립하거나 변경한 지역물류기본계획을 국토교통부장관 및 해양수산부장관에게 통보하여야 한다. ❶

③ 특별시장 및 광역시장은 지역물류기본계획을 수립하거나 변경한 때에는 이를 공고하고, 인접한 시·도의 시·도지사, 관할 시·군·구의 시장·군수·구청장 및 이 법에 따라 해당 시·도의 지원을 받는 기업 및 단체 등에 이를 통보하여야 한다.

④ 국토교통부장관 또는 해양수산부장관은 제2항 후단에 따라 통보받은 지역물류기본계획에 대하여 필요한 경우 관계 중앙행정기관의 장과 협의한 후 제19조제1항제1호의 물류정책분과위원회의 심의를 거쳐 변경을 요구할 수 있다.

영 제7조(지역물류기본계획의 중요한 사항의 변경) 법 제15조제2항에서 "대통령령이 정하는 중요한 사항"이란 다음 각 호의 어느 하나에 해당하는 사항을 말한다. 다만, 제2호부터 제4호까지의 사항이 「국토기본법」 제9조에 따른 국토종합계획, 「국가통합교통체계효율화법」 제4조제1항에 따른 국가기간교통망계획이나 「물류시설의 개발 및 운영에 관한 법률」 제4조에 따른 물류시설개발종합계획 등 국가물류기본계획과 관련된 다른 계획의 변경으로 인한 사항을 반영하는 내용일 경우는 제외한다.

　　1. 지역물류정책의 목표와 주요 추진전략에 관한 사항

　　2. 지역의 물류시설·장비의 투자 우선순위에 관한 사항

　　3. 지역 차원의 국제물류의 촉진·지원에 관한 기본적인 사항

　　4. 그 밖에 법 제20조에 따른 지역물류정책위원회의 심의가 필요하다고 인정하는 사항

제16조(지역물류기본계획의 연도별 시행계획의 수립) ① 지역물류기본계획을 수립한 특별시장 및 광역시장은 그 계획을 시행하기 위하여 연도별 시행계획(이하 "지역물류시행계획"이라 한다)을 매년 수립하여야 한다.

② 지역물류시행계획의 수립·변경을 위한 자료제출의 요청 등에 관하여는 제15조제1항을 준용한다.

③ 지역물류시행계획의 수립 및 시행에 필요한 사항은 대통령령으로 정한다.

참조 **영 제8조(지역물류시행계획의 수립 등)** ① 특별시장 또는 광역시장(법 제14조제2항에 따라 지역물류기본계획을 수립하는 도지사 및 특별자치도지사를 포함한다)은 법 제16조제1항에 따라 법 제14조에 따른 지역물류기본계획의 연도별 시행계획을 수립하려는 경우에는 미리 국토교통부장관, 관계 중앙행정기관의 장, 해당 특별시·광역시·도 및 특별자치도에 인접한 시·도의 시·도지사와 협의한 후 지역물류정책위원회의 심의를 거쳐야 한다.

② 특별시장 또는 광역시장은 지역물류시행계획을 수립한 경우에는 국토교통부장관, 관계 중앙행정기관의 장, 해당 시·도에 인접한 시·도의 시·도지사, 관할 시·군 및 구(지방자치단체인 시·군 및 자치구를 말한다)의 시장·군수 및 구청장에게 이를 통보하여야 한다.

③ 해당 시·도에 인접한 시·도의 시·도지사, 관할 시·군·구의 시장·군수·구청장 및 관련 법령에 따라 해당 시·도 또는 시·군·구의 지원을 받는 기업 및 단체 등은 지역물류시행계획의 원활한 시행을 위하여 적극 협조하여야 한다.

제3절 물류정책위원회

제17조(국가물류정책위원회의 설치 및 기능) ① 국가물류정책에 관한 주요 사항을 심의하기 위하여 **국토교통부장관** 소속으로 국가물류정책위원회를 둔다. **1**

② 국가물류정책위원회는 다음 각 호의 사항을 심의·조정한다.

1. 국가물류체계의 효율화에 관한 중요 정책 사항 **2**

2. 물류시설의 종합적인 개발계획의 수립에 관한 사항 **1**

3. 물류산업의 육성·발전에 관한 중요 정책 사항

3의2. 물류보안에 관한 중요 정책 사항 **1**

4. 국제물류의 촉진·지원에 관한 중요 정책 사항 **1**

5. 이 법 또는 다른 법률에서 국가물류정책위원회의 심의를 거치도록 한 사항

6. 그 밖에 국가물류체계 및 물류산업에 관한 중요한 사항으로서 위원장이 회의에 부치는 사항

제18조(국가물류정책위원회의 구성 등) ① 국가물류정책위원회는 위원장을 포함한 23명 이내의 위원으로 구성한다. **1**

② 국가물류정책위원회의 위원장은 국토교통부장관이 되고, 위원은 다음 각 호의 자가 된다.

1. 기획재정부, 교육부, 과학기술정보통신부, 외교부, 농림축산식품부, 산업통상자원부, 고용노동부, 국토교통부, 해양수산부, 중소벤처기업부, 국가정보원 및 관세청의 고위공무원단에 속하는 공무원 또는 이에 상당하는 공무원 중에서 해당 기관의 장이 지명하는 자 각 1명

2. 물류 관련 분야에 관한 전문지식 및 경험이 풍부한 자 중에서 위원장이 위촉하는 10명 이내의 자

③ 국가물류정책위원회의 사무를 처리하기 위하여 간사 1명을 두되, 간사는 국토교통부 소속 공무원 중에서 위원장이 지명하는 자가 된다.

④ 공무원이 아닌 위원의 임기는 2년으로 하되, 연임할 수 있다. **2**

⑤ 물류정책에 관한 중요 사항을 조사·연구하기 위하여 대통령령으로 정하는 바에 따라 국가물류정책위원회에 전문위원을 둘 수 있다.

⑥ 제1항부터 제5항까지 외에 국가물류정책위원회의 구성 및 운영에 관하여 필요한 사항은 대통령령으로 정한다.

제19조(분과위원회) ① 국가물류정책위원회의 업무를 효율적으로 추진하기 위하여 다음 각 호의 분과위원회를 둘 수 있다. **2**

1. 물류정책분과위원회 **1**
2. 물류시설분과위원회 **1**
3. 국제물류분과위원회 **1**

② 각 분과위원회는 그 소관에 따라 다음 각 호의 사항을 심의·조정한다.

1. 국가물류정책위원회에서 심의·조정할 안건으로서 사전 검토가 필요한 사항

영 제9조(국가물류정책위원회의 전문위원) ① 법 제17조에 따른 국가물류정책위원회에는 법 제18조제5항에 따라 5명 이내의 비상근 전문위원을 둘 수 있다. **1**

② 전문위원은 다음 각 호에 해당하는 자 중에서 국토교통부장관이 위촉한다.

1. 법 제18조제2항제1호에 해당하는 중앙행정기관의 장이 추천하는 자
2. 물류 관련 분야에 관한 전문지식 및 경험이 풍부한 자

③ 전문위원의 임기는 3년 이내로 하되, 연임할 수 있다. 이 경우 보궐위원의 임기는 전임자의 잔임기간으로 한다. **1**

④ 전문위원은 위원회와 법 제19조제1항 각 호의 분과위원회에 출석하여 발언할 수 있다.

영 제10조(위원장의 직무) ① 위원회의 위원장은 위원회를 대표하고, 위원회의 업무를 총괄한다.

② 위원장이 사고가 있거나 그 밖의 다른 사유로 인하여 회의에 참석하지 못하는 경우에는 위원장이 미리 지명한 위원이 그 직무를 대행한다.

영 제10조의2(위원의 해촉 등) ① 법 제18조제2항제1호에 따라 위원을 지명한 자는 위원이 다음 각 호의 어느 하나에 해당하는 경우에는 그 지명을 철회할 수 있다.

1. 심신장애로 인하여 직무를 수행할 수 없게 된 경우 **1**
2. 직무와 관련된 비위사실이 있는 경우 **1**
3. 직무태만, 품위손상이나 그 밖의 사유로 인하여 위원으로 적합하지 아니하다고 인정되는 경우 **1**
4. 위원 스스로 직무를 수행하는 것이 곤란하다고 의사를 밝히는 경우 **1**

② 위원회의 위원장은 법 제18조제2항제2호에 따른 위원이 제1항 각 호의 어느 하나에 해당하는 경우에는 해당 위원을 해촉할 수 있다.

영 제13조(분과위원회) ② 각 분과위원회의 위원장은 해당 분과위원회의 위원 중에서 **국토교통부장관**(물류정책분과위원회 및 **물류시설분과위원회**의 경우로 한정한다) 또는 해양수산부장관(국제물류분과위원회의 경우로 한정한다)이 지명하는 사람으로 한다. **1**

2. 국가물류정책위원회에서 위임한 사항

3. 이 법 또는 다른 법률에서 분과위원회의 심의·조정을 거치도록 한 사항

③ 분과위원회가 제2항제2호 및 제3호의 사항을 심의·조정한 때에는 분과위원회의 심의·조정을 국가물류정책위원회의 심의·조정으로 본다.

④ 제1항부터 제3항까지 외에 분과위원회의 구성 및 운영 등에 필요한 사항은 대통령령으로 정한다.

제20조(지역물류정책위원회) ① 지역물류정책에 관한 주요 사항을 심의하기 위하여 시·도지사 소속으로 지역물류정책위원회를 둔다.

② 지역물류정책위원회의 구성 및 운영에 필요한 사항은 대통령령으로 정한다.

제3장 물류체계의 효율화

제1절 물류시설·장비의 확충 등

제21조(물류시설·장비의 확충) ① 국토교통부장관·해양수산부장관 또는 산업통상자원부장관은 효율적인 물류활동을 위하여 필요한 물류시설 및 장비를 확충할 것을 물류기업에 권고할 수 있으며, 이에 필요한 행정적·재정적 지원을 할 수 있다. **1**

② 국토교통부장관·해양수산부장관 또는 산업통상자원부장관은 물류시설 및 장비를 원활하게 확충하기 위하여 필요하다고 인정되는 경우 관계 행정기관의 장에게 필요한 지원을 요청할 수 있다.

제22조(물류시설 간의 연계와 조화) 국가, 지방자치단체, 대통령령으로 정하는 물류 관련 기관 및 물류기업 등이 새로운 물류시설을 건설하거나 기존 물류시설을 정비할 때에는 다음 각 호의 사항을 고려하여야 한다.

1. 주요 물류거점시설 및 운송수단과의 연계성

2. 주변 물류시설과의 기능중복 여부

3. 대통령령으로 정하는 공항·항만 또는 산업단지의 경우 적절한 규모 및 기능을 가진 배후 물류시설 부지의 확보 여부

제23조(물류 공동화·자동화 촉진) ① 국토교통부장관·해양수산부장관·산업통상자원부장관 또는 시·도지사는 물류공동화를 추진하는 물류기업이나 화주기업 또는 물류 관련 단체에 대하여 예산의 범위에서 필요한 자금을 지원할 수 있다. **4**

② 국토교통부장관·해양수산부장관·산업통상자원부장관 또는 시·도지사는 **화주기업**이 물류공동화를 추진하는 경우에는 물류기업이나 물류 관련 단체와 공동으로 추진하도록 **권고**할 수 있으며, 권고를 이행하는 경우에 우선적으로 제1항의 지원을 할 수 있다. **4**

③ 국토교통부장관·해양수산부장관·산업통상자원부장관 또는 시·도지사는 물류기업이 다음 각 호의 어느 하나에 해당하는 경우 우선적으로 제1항의 지원을 할 수 있다. **1**

　1. 「클라우드컴퓨팅 발전 및 이용자 보호에 관한 법률」 제2조제1호에 따른 클라우드컴퓨팅(이하 "클라우드컴퓨팅"이라 한다) 등 정보통신기술을 활용하여 물류공동화를 추진하는 경우

　2. 다음 각 목의 어느 하나에 해당하는 품목을 그에 적합한 온도를 유지하여 운송(이하 "정온물류"라 한다)하기 위하여 물류공동화를 추진하는 경우

　　가. 「농업·농촌 및 식품산업 기본법」 제3조제6호·제7호에 따른 농수산물 및 식품

　　나. 「약사법」 제2조제4호에 따른 의약품

　　다. 그 밖에 첨단전자 부품 등 대통령령으로 정하는 품목

④ **국토교통부장관·해양수산부장관·산업통상자원부장관 또는 시·도지사**는 물류공동화를 확산하기 위하여 필요한 경우에는 시범지역을 지정하거나 시범사업을 선정하여 운영할 수 있다. **3**

⑤ **국토교통부장관·해양수산부장관 또는 산업통상자원부장관**은 물류기업이 물류자동화를 위하여 물류시설 및 장비를 확충하거나 교체하려는 경우에는 필요한 자금을 지원할 수 있다. **4**

제17조의2(정온물류를 위한 물류공동화 지원) 법 제23조제3항제2호다목에서 "첨단전자 부품 등 대통령령으로 정하는 품목"이란 다음 각 호의 품목을 말한다.

1. 반도체 및 이차전지

2. 제1호에 따른 품목 제조에 사용되는 원재료 또는 중간생산물

3. 제2호에 따른 원재료 또는 중간생산물을 생산하거나 해당 원재료 또는 중간생산물을 사용하여 제1호에 따른 품목을 생산하는 장치 또는 설비

4. 「축산법」 제2조제3호에 따른 축산물

5. 그 밖에 국토교통부장관·해양수산부장관 또는 산업통상자원부장관이 각각 적합한 온도를 유지하여 운송할 필요가 있다고 인정하여 고시하는 품목

⑥ 국토교통부장관 · 해양수산부장관 또는 산업통상자원부장관은 제1항부터 제5항까지의 조치를 하려는 경우에는 중복을 방지하기 위하여 미리 **협의**하여야 한다. **2**

⑦ 시 · 도지사는 제1항부터 제4항까지의 조치를 하려는 경우에는 중복을 방지하기 위하여 미리 해당 조치와 관련하여 국토교통부장관 · 해양수산부장관 또는 산업통상자원부장관과 협의하고, 그 내용을 제14조에 따른 **지역물류기본계획**과 제16조에 따른 지역물류시행계획에 반영하여야 한다. **1**

제2절 물류표준화

제24조(물류표준의 보급촉진 등) ① 국토교통부장관 또는 해양수산부장관은 물류표준화에 관한 업무를 효과적으로 추진하기 위하여 필요하다고 인정하는 경우에는 산업통상자원부장관에게 「산업표준화법」에 따른 한국산업표준의 제정 · 개정 또는 폐지를 요청할 수 있다. **1**

② 국토교통부장관 · 해양수산부장관 또는 산업통상자원부장관은 물류표준의 보급을 촉진하기 위하여 필요한 경우에는 관계 행정기관, 「공공기관의 운영에 관한 법률」에 따른 공공기관(이하 "공공기관"이라 한다), 물류기업, 물류에 관련된 장비의 사용자 및 제조업자에게 물류표준에 맞는 장비(이하 "물류표준장비"라 한다)를 제조 · 사용하게 하거나 물류표준에 맞는 규격으로 포장을 하도록 요청하거나 권고할 수 있다.

제25조(물류표준장비의 사용자 등에 대한 우대조치) ① 국토교통부장관 · 해양수산부장관 또는 산업통상자원부장관은 관계 행정기관, 공공기관 및 물류기업 등에게 물류표준장비의 사용자 또는 물류표준에 맞는 규격으로 재화를 포장하는 자에 대하여 운임 · 하역료 · 보관료의 할인 및 우선구매 등의 우대조치를 할 것을 요청하거나 권고할 수 있다. **2**

② 국토교통부장관·해양수산부장관 또는 산업통상자원부장관은 물류표준장비의 보급 확대를 위하여 물류기업, 물류표준장비의 사용자 또는 물류표준에 맞는 규격으로 재화를 포장하는 자 등에 대하여 소요자금의 융자 등 필요한 재정지원을 할 수 있다.

제26조(물류회계의 표준화) ① **국토교통부장관**은 해양수산부장관 및 **산업통상자원부장관**과 협의하여 물류기업 및 화주기업의 물류비 산정기준 및 방법 등을 표준화하기 위하여 대통령령으로 정하는 기준에 따라 기업물류비 산정지침을 작성하여 고시하여야 한다. **3** ② **국토교통부장관**은 물류기업 및 화주기업이 제1항의 기업물류비 산정지침에 따라 물류비를 관리하도록 권고할 수 있다. **2** ③ **국토교통부장관**은 해양수산부장관 및 산업통상자원부장관과 협의하여 제1항의 기업물류비 산정지침에 따라 물류비를 계산·관리하는 물류기업 및 화주기업에 대하여는 필요한 행정적·재정적 지원을 할 수 있다. **1**	**영 제18조(기업물류비 산정지침)** 법 제26조제1항에 따른 기업물류비 산정지침에는 다음 각 호의 사항이 포함되어야 한다. 1. 물류비 관련 용어 및 개념에 대한 정의 **3** 2. 영역별·기능별 및 자가·위탁별 물류비의 분류 **1** 3. 물류비의 계산 기준 및 계산 방법 **1** 4. 물류비 계산서의 표준 서식 **1**

제3절 물류정보화

제27조(물류정보화의 촉진) ① 국토교통부장관·해양수산부장관·산업통상자원부장관 또는 관세청장은 물류정보화를 통한 물류체계의 효율화를 위하여 필요한 시책을 강구하여야 한다. **1** ※ 물류환경의 변화와 전망에 관한 사항은 물류체계의 효율화 시책에 포함되지 않는다. ② 국토교통부장관·해양수산부장관·산업통상자원부장관 또는 관세청장은 물류정보화를 촉진하기 위하여 필요한 경우에는 예산의 범위에서 물류기업 또는 물류 관련 단체에 대하여 물류정보화에 관련된 설비 또는 프로그램의 개발·운용비용의 일부를 지원할 수 있다. **2**	**영 제19조(물류정보화 시책)** ① 국토교통부장관·해양수산부장관·산업통상자원부장관 또는 관세청장은 법 제27조제1항에 따라 물류정보화를 통한 물류체계의 효율화 시책을 강구할 때에는 다음 각 호의 사항이 포함되도록 하여야 한다. 1. 물류정보의 표준에 관한 사항 **1** 2. 물류분야 정보통신기술의 도입 및 확산에 관한 사항 **1** 3. 물류정보의 연계 및 공동활용에 관한 사항 **1** 4. 물류정보의 보안에 관한 사항 **1** 5. 그 밖에 물류효율의 향상을 위하여 필요한 사항 ② 국토교통부장관·해양수산부장관·산업통상자원부장관 또는 관세청장은 제1항 각 호의 사항을 추진함에 있어서 필요한 경우에는 그 내용을 고시하거나 물류관련기관 또는 기업 등에게 이행을 권고할 수 있다.

제28조(단위물류정보망의 구축) ① 관계 행정기관 및 물류관련기관은 소관 물류정보의 수집·분석·가공 및 유통 등을 촉진하기 위하여 필요한 때에는 단위물류정보망을 구축·운영할 수 있다. 이 경우 관계 행정기관은 전담기관을 지정하여 단위물류정보망을 구축·운영할 수 있다. **1**

② 관계 행정기관이 전담기관을 지정하여 단위물류정보망을 구축·운영하는 경우에는 소요비용의 전부 또는 일부를 예산의 범위에서 지원할 수 있다.

③ 단위물류정보망을 구축하는 행정기관 및 물류관련기관은 소관 단위물류정보망과 제30조의2제1항에 따른 국가물류통합정보센터 또는 다른 단위물류정보망 간의 연계체계를 구축하여야 한다.

④ 단위물류정보망을 운영하고 있는 관계 행정기관 및 물류관련기관은 제30조의2제1항에 따른 국가물류통합정보센터 및 다른 단위물류정보망을 운영하고 있는 행정기관 또는 물류관련기관이 연계를 요청하는 경우에는 상호 협의를 거쳐 특별한 사정이 없으면 이에 협조하여야 한다.

⑤ 단위물류정보망을 구축·운영하는 관계 행정기관의 장은 제30조의2제1항에 따른 국가물류통합정보센터 또는 단위물류정보망 간의 연계체계를 구축하기 위하여 필요한 때에는 국토교통부장관과 협의를 거쳐 제19조제1항제2호의 물류시설분과위원회에 같은 항에 따른 국가물류통합정보센터와의 연계 또는 단위물류정보망 간의 연계체계의 조정을 요청할 수 있다.

⑥ 관계 행정기관은 대통령령으로 정하는 공공기관 또는 물류정보의 수집·분석·가공·유통과 관련한 적절한 시설장비와 인력을 갖춘 자 중에서 제1항에 따른 단위물류정보망 전담기관을 지정한다.

⑦ 제6항에 따른 단위물류정보망 전담기관의 지정에 필요한 시설장비와 인력 등의 기준과 지정절차는 대통령령으로 정한다.

⑧ 제1항에 따라 전담기관을 지정하여 단위물류정보망을 구축·운영하는 관계 행정기관은 단위물류정보망 전담기관이 다음 각 호의 어느 하나에 해당하는 경우에는 그 지정을 취소할 수 있다. 다만, **제1호**에 해당하는 경우에는 지정을 취소하여야 한다. **1**

제20조(단위물류정보망 전담기관의 지정) ① 관계 행정기관은 법 제28조제1항 후단에 따라 단위물류정보망의 전부 또는 일부를 구축·운영하는 전담기관(이하 "단위물류정보망 전담기관"이라 한다)을 지정하려는 경우에는 신청방법 등을 정하여 30일 이상 관보, 공보 또는 인터넷 홈페이지에 이를 공고하여야 한다.

② 단위물류정보망 전담기관으로 지정받으려는 자는 제1항에 따른 공고가 있는 때에 국토교통부령으로 정하는 지정신청서에 첨부서류를 갖추어 관계 행정기관의 장에게 제출하여야 한다.

③ 관계 행정기관은 단위물류정보망 전담기관을 지정하려는 경우에는 신청자의 사업수행 능력과 사업계획의 타당성 등을 종합적으로 검토하여야 한다.

④ 관계 행정기관은 단위물류정보망 전담기관을 지정한 때에는 국토교통부령으로 정하는 지정증을 발급하여야 한다. 이 경우 관계 행정기관은 국토교통부장관에게 그 사실을 통보하여야 한다.

⑤ 법 제28조제6항에서 "대통령령으로 정하는 공공기관"이란 다음 각 호의 어느 하나에 해당하는 공공기관을 말한다.

  1. 「인천국제공항공사법」에 따른 인천국제공항공사 **2**
  2. 「한국공항공사법」에 따른 한국공항공사 **1**
  3. 「한국도로공사법」에 따른 한국도로공사 **2**
  4. 「한국철도공사법」에 따른 한국철도공사
  5. 「한국토지주택공사법」에 따른 한국토지주택공사 **4**
  6. 「항만공사법」에 따른 항만공사 **2**

제2조(단위물류정보망 전담기관의 지정 신청)

① 영 제20조제2항에 따른 단위물류정보망 전담기관의 지정신청서는 별지 제1호서식에 따른다.

② 제1항에 따른 신청서에는 다음 각 호의 서류를 첨부하여야 한다.

  1. 영 제20조제5항 또는 제6항에 해당함을 증명하는 서류
  2. 업무 수행에 필요한 시설장비와 인력 등에 관한 운영계획서
  3. 단위물류정보망 구축·운영에 관한 사업계획서 및 요약서

③ 영 제20조제4항에 따른 단위물류정보망 전담기관의 지정증은 별지 제2호서식에 따른다.

1. 거짓이나 그 밖의 부정한 방법으로 지정을 받은 경우
2. 제7항에 따른 지정기준에 미달하게 된 경우 **1**

7. 제1호부터 제6호까지에서 규정한 기관 외에 국토교통부장관이 지정하여 고시하는 공공기관

⑥ 법 제28조제7항에 따라 공공기관이 아닌 자로서 단위물류정보망 전담기관으로 지정받을 수 있는 자의 시설장비와 인력 등의 기준은 다음 각 호와 같다.

1. 다음 각 목의 시설장비를 갖출 것

　가. 물류정보 및 이와 관련된 전자문서의 송신·수신·중계 및 보관 시설장비 **1**

　나. 단위물류정보망을 안전하게 운영하기 위한 보호 시설장비 **1**

　다. 단위물류정보망의 정보시스템 관리 및 복제·저장 시설장비

　라. 단위물류정보망에 보관된 물류정보와 전자문서의 송신·수신의 일자·시각 및 자취 등을 기록·관리하는 시설장비

　마. 다른 단위물류정보망 및 법 제30조의2에 따른 국가물류통합정보센터(이하 "국가물류통합정보센터"라고 한다)와의 정보연계에 필요한 시설장비

2. 다음 각 목의 인력을 보유할 것

　가. 「국가기술자격법」에 따른 정보통신기사·정보처리기사 또는 전자계산기조직응용기사 이상의 국가기술자격이나 이와 동등한 자격이 있다고 국토교통부장관이 정하여 고시하는 사람 2명 이상

　나. 「국가기술자격법」에 따른 정보통신분야(기술·기능 분야)에서 3년 이상 근무한 경력이 있는 사람 1명 이상 **1**

3. 자본금이 2억원 이상인 「상법」에 따른 주식회사일 것 **2**

제29조(위험물질운송안전관리센터의 설치 · 운영) ① 국토교통부장관은 다음 각 호에 따른 물질(이하 "위험물질"이라 한다)의 안전한 도로운송을 위하여 위험물질을 운송하는 차량(이하 "위험물질 운송차량"이라 한다)을 통합적으로 관리하는 센터(이하 "위험물질운송안전관리센터"라 한다)를 설치 · 운영한다. 이 경우 국토교통부장관은 대통령령으로 정하는 바에 따라 「한국교통안전공단법」에 따른 한국교통안전공단(이하 "한국교통안전공단"이라 한다)에 위험물질운송안전관리센터의 설치 · 운영을 대행하게 할 수 있다.

1. 「위험물안전관리법」 제2조제1항제1호에 따른 위험물) **1**
2. 「화학물질관리법」 제2조제7호에 따른 유해화학물질 **1**
3. 「고압가스 안전관리법」 제2조에 따른 고압가스 **1**
4. 「원자력안전법」 제2조제18호에 따른 **방사성폐기물 1**
5. 「폐기물관리법」 제2조제4호에 따른 지정폐기물
6. 「농약관리법」 제2조제1호 · 제3호에 따른 농약과 원제
7. 그 밖에 대통령령으로 정하는 물질

② 위험물질운송안전관리센터는 다음 각 호의 업무를 수행한다.

1. 위험물질 운송차량의 소유자 및 운전자 정보, 운행정보, 사고발생 시 대응 정보 등 위험물질운송안전관리센터 운영에 필요한 정보의 수집 및 관리
2. 제29조의2제1항 · 제2항 및 제5항에 따른 단말장치의 장착 · 운용 및 운송계획정보의 입력 등에 관한 교육
3. 위험물질운송안전관리센터의 업무 수행을 지원하기 위한 전자정보시스템(이하 "위험물질운송안전관리시스템"이라 한다)의 구축 · 운영
4. 위험물질 운송차량의 사고 관련 상황 감시 및 사고발생 시 사고 정보 전파

영 제21조(위험물질운송안전관리센터의 설치 · 운영) ① 국토교통부장관은 법 제29조제1항 각 호 외의 부분 후단에 따라 위험물질운송안전관리센터의 설치 · 운영을 「한국교통안전공단법」에 따른 한국교통안전공단이 대행하게 한다.

② 한국교통안전공단은 매년 다음 각 호의 사항이 포함된 다음 연도 위험물질운송안전관리센터 운영계획서를 국토교통부장관에게 제출하여 승인을 받아야 한다. 이 경우 한국교통안전공단은 그 운영계획서를 직전 연도 12월 15일까지 국토교통부장관에게 제출하여야 한다.

1. 법 제29조제2항 각 호의 업무 수행에 관한 사항
2. 제1호의 업무 수행에 필요한 예산 내역

③ 한국교통안전공단은 해당 연도의 위험물질운송안전관리센터 운영결과를 다음 연도 2월 말일까지 국토교통부장관에게 제출하여야 한다.

5. 「도로교통법」 제6조에 따라 각 시 · 도경찰청장이 공고하는 통행 금지 및 제한 구간, 「물환경보전법」 제17조에 따른 상수원보호구역 등 통행제한 구간, 그 밖에 국토교통부령으로 정하는 통행제한 구간(이하 "통행제한구간"이라 한다)에 진입한 위험물질 운송차량에 대한 통행금지 알림 및 관계 기관 등에 해당 위험물질 운송차량의 통행제한구간 진입 사실 전파

6. 관계 행정기관과의 위험물질운송안전관리시스템 공동 활용 체계 구축

7. 그 밖에 위험물질 운송차량의 사고예방 및 사고발생 시 신속한 방재 지원에 필요한 사항

③ 국토교통부장관은 예산의 범위에서 제1항에 따라 위험물질운송안전관리센터의 설치 및 운영을 대행하는 데 필요한 예산을 지원할 수 있다.

④ 위험물질운송안전관리센터의 운영에 필요한 정보를 수집 · 관리 및 활용하는 자(제1항에 따라 위험물질운송안전관리센터의 설치 및 운영을 대행하는 한국교통안전공단의 임직원과 제5항에 따라 정보를 공동으로 활용하는 관계 행정기관의 소속 직원을 포함한다)는 취득한 정보를 목적 외의 용도로 사용하여서는 아니 된다.

⑤ 관계 행정기관의 장은 위험물질운송안전관리시스템을 통하여 위험물질운송안전관리센터가 수집 · 관리하는 정보를 공동으로 활용할 수 있다.

⑥ 국토교통부장관은 위험물질운송안전관리센터의 운영을 위하여 필요한 경우에는 관계 행정기관 및 공공기관 · 법인 등(이하 이 조에서 "관계 행정기관 등"이라 한다)의 장에게 소속 공무원 또는 임직원의 파견과 자료 및 정보의 제공 등 업무 수행에 필요한 협조를 요청할 수 있다. 이 경우 요청을 받은 관계 행정기관 등의 장은 특별한 사유가 없으면 그 요청에 따라야 한다.

제29조의2(위험물질 운송차량의 소유자 등의 의무 등) ① 도로운송 시 위험물질운송안전관리센터의 감시가 필요한 위험물질을 운송하는 위험물질 운송차량 중 최대 적재량이 일정 기준 이상인 차량의 소유자(「자동차관리법」 제7조에 따른 자동차등록원부에 기재된 자동차 소유자를 말한다)는 위험물질운송안전관리시스템과 무선통신이 가능하고 위험물질 운송차량의 위치정보의 수집 등이 가능한 이동통신단말장치(이하 "단말장치"라 한다)를 차량에 장착하여야 한다. 이 경우 도로운송 시 위험물질운송안전관리센터의 감시가 필요한 위험물질의 종류 및 위험물질 운송차량의 최대 적재량 기준 등은 관계 중앙행정기관의 장과 협의를 거쳐 국토교통부령으로 정한다.

② 제1항에 따라 단말장치를 장착한 위험물질 운송차량(이하 "단말장치 장착차량"이라 한다)의 소유자는 단말장치의 정상적인 작동 여부를 점검·관리하여야 하며, 단말장치 장착차량의 운전자는 위험물질을 운송하는 동안 단말장치의 작동을 유지하여야 한다.

③ 국토교통부장관은 제1항 및 제2항에 따라 위험물질 운송차량의 소유자가 단말장치를 장착·운용하는 데 필요한 비용의 전부 또는 일부를 지원할 수 있다.

④ 제1항 및 제2항에 따른 단말장치의 장착·기술 기준 및 점검·관리 방법 등 단말장치의 장착·운용에 필요한 사항은 국토교통부령으로 정한다.

⑤ 단말장치 장착차량의 소유자는 위험물질을 운송하려는 경우 사전에 국토교통부령으로 정하는 바에 따라 해당 차량의 운전자 정보, 운송하는 위험물질의 종류, 출발지 및 목적지 등 운송계획에 관한 정보(이하 "운송계획정보"라 한다)를 위험물질운송안전관리시스템에 입력하여야 한다.

⑥ 국토교통부장관은 제4항 및 제5항에 따른 단말장치의 장착·기술 기준 및 운송계획정보를 입력하기 위하여 필요한 사항을 정할 때에는 사전에 관계 중앙행정기관의 장과 협의하여야 한다.

규칙 제2조의2(위험물질운송안전관리센터의 감시가 필요한 위험물질의 종류 등) ① 법 제29조의2제1항 후단에 따른 위험물질운송안전관리센터의 감시가 필요한 위험물질의 종류는 다음 각 호와 같다.

1. 「위험물안전관리법」 제2조제1항제1호에 따른 위험물
2. 「폐기물관리법」 제2조제4호에 따른 지정폐기물(액상 폐기물 및 같은 법 시행령 제7조제1항제12호에 따라 환경부장관이 정하여 고시한 폐기물 중 금속성 분진·분말로 한정한다). 다만, 같은 법 시행령 별표 1 제10호에 따른 의료폐기물은 제외한다.
3. 「화학물질관리법」 제2조제7호에 따른 유해화학물질
4. 「고압가스 안전관리법 시행규칙」 제2조제1항제1호 및 제2호에 따른 가연성가스와 독성가스

② 법 제29조의2제1항 후단에 따른 위험물질 운송차량의 최대 적재량 기준은 다음 각 호와 같다.

1. 제1항제1호의 물질을 운송하는 차량 : 10,000리터 이상 **1**
2. 제1항제2호의 물질을 운송하는 차량 : 10,000킬로그램 이상
3. 제1항제3호의 물질을 운송하는 차량 : 5,000킬로그램 이상 **1**
4. 제1항제4호의 물질 중 가연성가스를 운송하는 차량 : 6,000킬로그램 이상
5. 제1항제4호의 물질 중 독성가스를 운송하는 차량 : 2,000킬로그램 이상

⑦ 국토교통부장관은 제1항·제2항 및 제5항에 따른 단말장치의 장착·운용 및 운송계획정보의 입력에 대한 위반 여부를 확인하기 위하여 관계 공무원 또는 위험물질운송단속원(한국교통안전공단의 임직원 중에서 위험물질 운송안전 관리 업무를 담당하는 사람을 말한다)으로 하여금 위험물질 운송차량을 조사하게 하거나 위험물질 운송차량의 사업장에 출입하여 관련 서류 등을 조사하게 할 수 있다.

⑧ 위험물질 운송차량의 소유자, 운전자 또는 관련 사업장의 관계인은 정당한 사유 없이 제7항에 따른 출입·조사를 거부·방해 또는 기피하여서는 아니 된다.

⑨ 제7항에 따라 출입·조사를 하는 공무원 또는 위험물질운송단속원은 그 권한을 표시하는 증표를 지니고 이를 관계인에게 보여주어야 한다.

제29조의3(단말장치의 장착 및 운행중지 명령) ① 국토교통부장관은 제29조의2제1항에 따라 단말장치를 장착하지 아니하거나 같은 조 제4항에 따른 단말장치의 장착·기술 기준을 준수하지 아니한 자에게 국토교통부령으로 정하는 바에 따라 기간을 정하여 단말장치를 장착하거나 개선할 것을 명할 수 있다. ② 국토교통부장관은 제1항에 따른 조치명령을 받은 자가 그 명령을 이행하지 아니한 경우 그 위험물질 운송차량의 운행중지를 명할 수 있다.	**규칙 제2조의6(단말장치의 장착 및 개선 명령)** ① 특별시장·광역시장·특별자치시장·도지사 및 특별자치도지사는 법 제29조의3제1항에 따라 단말장치의 장착 또는 개선을 명하는 경우 14일의 범위에서 그 기간을 정하여야 한다. ② 시·도지사는 제1항에 따라 단말장치의 장착 또는 개선을 명하는 경우 별지 제2호의3서식의 단말장치 장착·개선명령서를 발급하여야 한다. ③ 제2항에 따라 단말장치 장착·개선명령서를 받은 자는 장착 또는 개선 기간 안에 단말장치의 장착 또는 개선을 완료한 후 그 사실을 시·도지사에게 알려야 한다.
제30조(국가물류통합데이터베이스의 구축) ① 국토교통부장관은 해양수산부장관·산업통상자원부장관 및 관세청장과 협의하여 관계 행정기관, 물류관련기관 또는 물류기업 등이 구축한 단위물류정보망으로부터 필요한 정보를 제공받거나 물류현황조사에 따라 수집된 정보를 가공·분석하여 물류 관련 자료를 총괄하는 국가물류통합데이터베이스를 구축할 수 있다. ② 국토교통부장관은 국가물류통합데이터베이스의 구축을 위하여 필요한 경우 관계 행정기관, 지방자치단체, 물류관련기관 또는 물류기업 등에 대하여 자료의 제공을 요청할 수 있다.	

제30조의2(국가물류통합정보센터의 설치 · 운영) ① 국토교통부장관은 국가물류통합데이터베이스를 구축하고 물류정보를 가공 · 축적 · 제공하기 위한 통합정보체계를 갖추기 위하여 국가물류통합정보센터를 설치 · 운영할 수 있다.
② 국토교통부장관은 다음 각 호의 어느 하나에 해당하는 자를 국가물류통합정보센터의 운영자로 지정할 수 있다.

    1. 중앙행정기관 ❷
    2. 대통령령으로 정하는 공공기관
    3. 「정부출연연구기관 등의 설립 · 운영 및 육성에 관한 법률」 또는 「과학기술분야 정부출연연구기관 등의 설립 · 운영 및 육성에 관한 법률」에 따른 정부출연연구기관(이하 "정부출연연구기관"이라 한다) ❷
    3의2. 제55조제1항에 따라 설립된 물류관련협회 ❶
    4. 그 밖에 자본금 2억원 이상, 업무능력 등 대통령령으로 정하는 기준과 자격을 갖춘 「상법」상의 주식회사 ❶

③ 국토교통부장관은 해양수산부장관 · 산업통상자원부장관 및 관세청장과 협의하여 국가물류통합정보센터의 효율적인 운영을 위하여 제2항에 따라 지정된 자(이하 "국가물류통합정보센터운영자"라 한다)에게 필요한 지원을 할 수 있다.
④ 국가물류통합정보센터운영자의 지정에 필요한 절차 및 지정기준 등은 대통령령으로 정한다.

제31조(지정의 취소 등) 국토교통부장관은 국가물류통합정보센터운영자가 다음 각 호의 어느 하나에 해당하는 경우에는 그 지정을 취소할 수 있다. 다만 제1호에 해당하는 경우에는 지정을 취소하여야 한다.

    1. 거짓이나 그 밖의 부정한 방법으로 지정을 받은 경우
    2. 제30조의2제4항에 따른 지정기준에 미달하게 된 경우
    3. 국가물류통합정보센터운영자가 국가물류통합데이터베이스의 물류정보를 영리를 목적으로 사용한 경우

제22조(국가물류통합정보센터운영자의 지정 등) ① 국토교통부장관은 법 제30조의2제2항에 따라 국가물류통합정보센터운영자를 지정하려는 경우에는 미리 법 제19조제1항제2호에 따른 물류시설분과위원회의 심의를 거쳐 신청방법 등을 정하여 30일 이상 관보 또는 인터넷 홈페이지에 이를 공고하여야 한다.
② 국가물류통합정보센터운영자로 지정받으려는 자는 제1항에 따른 공고가 있는 때에 국토교통부령으로 정하는 지정신청서에 첨부서류를 갖추어 국토교통부장관에게 제출하여야 한다.
③ 국토교통부장관은 국가물류통합정보센터운영자를 지정하려는 경우에는 신청자의 사업수행 능력과 사업계획의 타당성 등을 종합적으로 검토하여야 한다.
④ 국토교통부장관은 국가물류통합정보센터운영자를 지정한 때에는 국토교통부령으로 정하는 지정증을 발급하고, 그 사실을 관보 또는 인터넷 홈페이지에 공고하여야 한다.
⑤ 법 제30조의2제2항제2호에서 "대통령령으로 정하는 공공기관"이란 제20조제5항 각 호의 공공기관을 말한다. ❷
⑥ 법 제30조의2제2항제4호에서 "자본금 2억원 이상, 업무능력 등 대통령령으로 정하는 기준과 자격"이란 다음 각 호를 말한다.

    1. 자본금이 2억원 이상일 것 ❶
    2. 다음 각 목의 시설장비를 갖출 것
        가. 물류정보 및 이와 관련된 전자문서의 송신 · 수신 · 중계 및 보관 시설장비 ❶

제3조(국가물류통합정보센터운영자의 지정 신청) ① 영 제22조제2항에 따른 국가물류통합정보센터운영자의 지정신청서는 별지 제3호서식에 따른다.
② 제1항에 따른 신청서에는 다음 각 호의 서류를 첨부하여야 한다.

    1. 법 제30조의2제2항 각 호의 어느 하나에 해당함을 증명하는 서류
    2. 업무수행에 필요한 기준과 자격에 관한 운영계획서
    3. 국가물류통합데이터베이스 구축 및 국가물류통합정보센터 운영에 관한 사업계획서 및 요약서

③ 영 제22조제4항에 따른 국가물류통합정보센터운영자의 지정증은 별지 제4호서식에 따른다.

나. 국가물류통합정보센터를 안전하게 운영하기 위한 보호 시설장비

다. 국가물류통합정보센터의 정보시스템 관리 및 복제 · 저장 시설장비

라. 국가물류통합정보센터에 보관된 물류정보와 전자문서의 송신 · 수신의 일자 · 시각 및 자취 등을 기록 · 관리하는 시설장비

마. 단위물류정보망 및 외국의 물류정보망과의 정보연계에 필요한 시설장비

3. 다음 각 목의 인력을 보유할 것

가. 물류관리사 1명 이상 ❶

나. 「국가기술자격법」에 따른 정보통신기사 · 정보처리기사 또는 전자계산기조직응용기사 이상의 국가기술자격이나 이와 동등한 자격이 있다고 국토교통부장관이 정하여 고시하는 사람 1명 이상

다. 「국가기술자격법」에 따른 정보통신분야(기술 · 기능 분야)에서 3년 이상 근무한 경력이 있는 사람 1명 이상

라. 물류정보의 처리 · 보관 및 전송 등을 위한 표준전자문서의 개발 또는 전자문서의 송신 · 수신 및 중계방식과 관련된 기술 분야에서 3년 이상 근무한 경력이 있는 사람 1명 이상

마. 국가물류통합정보센터의 시스템을 운영하고, 국가물류통합정보센터가 제공하는 물류정보의 이용자에 대한 상담이 가능한 전문요원 1명 이상

제32조(전자문서의 이용·개발) ① 물류기업, 물류관련기관 및 물류 관련 단체가 대통령령으로 정하는 물류에 관한 업무를 전자문서(「전자문서 및 전자거래 기본법」 제2조제1호의 전자문서를 말한다)로 처리하려는 경우에는 국토교통부령으로 정하는 전자문서를 이용하여야 한다.

② 국토교통부장관은 해양수산부장관 및 산업통상자원부장관과 협의하여 표준전자문서의 개발·보급계획을 수립하여야 한다. **2**

영 제24조(물류에 관한 업무의 범위) 법 제32조제1항의 "대통령령으로 정하는 물류에 관한 업무" 및 법 제35조제1항의 "대통령령으로 정하는 물류시설의 이용 등 관련 업무"란 각각 법 및 다음 각 호의 법률과 이에 따른 명령에 의한 업무 중 물류시설의 개발 및 이용, 물류사업의 지원, 물류사업에 대한 각종 신청 및 신고 그 밖에 물류관리와 관련된 업무를 말한다.

1. 「선박의 입항 및 출항 등에 관한 법률」
2. 「검역법」
3. 「도선법」
4. 「물류시설의 개발 및 운영에 관한 법률」
5. 「상법」
6. 「철도사업법」
7. 「공항시설법」
8. 「항만법」
9. 「항만운송사업법」
10. 「해운법」
11. 「화물자동차 운수사업법」
12. 그 밖에 국토교통부장관이 관계 중앙행정기관의 장과 협의하여 고시하는 법률

제33조(전자문서 및 물류정보의 보안) ① 누구든지 단위물류정보망 또는 제32조제1항의 전자문서를 위작 또는 변작하거나 위작 또는 변작된 전자문서를 행사하여서는 아니 된다. **1**

② 누구든지 국가물류통합정보센터 또는 단위물류정보망에서 처리·보관 또는 전송되는 물류정보를 훼손하거나 그 비밀을 침해·도용 또는 누설하여서는 아니 된다.

③ 국가물류통합정보센터운영자 또는 단위물류정보망 전담기관은 전자문서 및 정보처리장치의 파일에 기록되어 있는 물류정보를 대통령령으로 정하는 기간 동안 보관하여야 한다. **1**

영 제25조(전자문서 및 물류정보의 보관기간) 법 제33조제3항에 따른 전자문서 및 물류정보의 보관기간은 2년으로 한다. **3**

④ 국가물류통합정보센터운영자 또는 단위물류정보망 전담기관은 제1항부터 제3항까지의 규정에 따른 전자문서 및 물류정보의 보안에 필요한 보호조치를 강구하여야 한다.
⑤ 누구든지 불법 또는 부당한 방법으로 제4항에 따른 보호조치를 침해하거나 훼손하여서는 아니 된다.

제34조(전자문서 및 물류정보의 공개) ① 국가물류통합정보센터운영자 또는 단위물류정보망 전담기관은 대통령령으로 정하는 경우를 제외하고는 전자문서 또는 물류정보를 공개하여서는 아니 된다. **3** ② 국가물류통합정보센터운영자 또는 단위물류정보망 전담기관이 제1항에 따라 전자문서 또는 물류정보를 공개하려는 때에는 미리 대통령령으로 정하는 이해관계인의 동의를 받아야 한다. **2**	**영 제26조(전자문서 및 물류정보의 공개)** ① 법 제34조제1항에서 "대통령령으로 정하는 경우"란 국가의 안전보장에 위해가 없고 기업의 영업비밀을 침해하지 아니하는 경우로서 다음 각 호의 어느 하나에 해당하는 경우를 말한다. 1. 관계 중앙행정기관 또는 지방자치단체가 행정목적상의 필요에 따라 신청하는 경우 2. 수사기관이 수사목적상의 필요에 따라 신청하는 경우 3. 법원의 제출명령에 따른 경우 **1** 4. 다른 법률에 따라 공개하도록 되어 있는 경우 **1** 5. 그 밖에 국가물류통합정보센터운영자 또는 단위물류정보망 전담기관의 요청에 따라 국토교통부장관이 공개할 필요가 있다고 인정하는 경우 ② 국가물류통합정보센터운영자 또는 단위물류정보망 전담기관은 법 제34조제1항에 따라 전자문서 또는 물류정보를 공개하려는 때에는 제1항 각 호에 따른 신청 등이 있은 날부터 60일 이내에 서면(전자문서를 포함한다)으로 이해관계인의 동의를 받아야 한다. ③ 법 제34조제2항에서 "대통령령으로 정하는 이해관계인"이란 공개하려는 전자문서 또는 물류정보에 대하여 직접적인 이해관계를 가진 자를 말한다. **1**
제35조(전자문서 이용의 촉진) ① 국토교통부장관은 해양수산부장관 및 산업통상자원부장관과 협의하여 물류기업, 물류관련기관 및 물류 관련 단체에 대통령령으로 정하는 물류시설의 이용 등 관련 업무를 전자문서로 처리할 것을 요청할 수 있다. ② 국토교통부장관은 해양수산부장관 및 산업통상자원부장관과 협의하여 전자문서로 업무를 처리하는 물류기업에 대하여 물류관련기관으로 하여금 해당 화물의 우선처리·요금할인 등 우대조치를 할 것을 요청할 수 있다.	**영 제24조(물류에 관한 업무의 범위)** 법 제32조제1항의 "대통령령으로 정하는 물류에 관한 업무" 및 법 제35조제1항의 "대통령령으로 정하는 물류시설의 이용 등 관련 업무"란 각각 법 및 다음 각 호의 법률과 이에 따른 명령에 의한 업무 중 물류시설의 개발 및 이용, 물류사업의 지원, 물류사업에 대한 각종 신청 및 신고 그 밖에 물류관리와 관련된 업무를 말한다. 1. 「선박의 입항 및 출항 등에 관한 법률」 2. 「검역법」 3. 「도선법」 4. 「물류시설의 개발 및 운영에 관한 법률」

5. 「상법」

6. 「철도사업법」

7. 「공항시설법」

8. 「항만법」

9. 「항만운송사업법」

10. 「해운법」

11. 「화물자동차 운수사업법」

12. 그 밖에 국토교통부장관이 관계 중앙행정기관의 장과 협의하여 고시하는 법률

제4절 국가 물류보안 시책의 수립 및 지원 등

제35조의2(국가 물류보안 시책의 수립 및 지원) ① 국토교통부장관은 관계 중앙행정기관의 장과 협의하여 국가 물류보안 수준을 향상시키기 위하여 물류보안 관련 제도 및 물류보안 기술의 표준을 마련하는 등 국가 물류보안 시책을 수립·시행하여야 한다.

② 국토교통부장관은 관계 중앙행정기관의 장과 협의하여 물류기업 또는 화주기업이 다음 각 호의 어느 하나에 해당하는 활동을 하는 경우에는 행정적·재정적 지원을 할 수 있다.

1. 물류보안 관련 시설·장비의 개발·도입 **2**
2. 물류보안 관련 제도·표준 등 국가 물류보안 시책의 준수 **2**
3. 물류보안 관련 교육 및 프로그램의 운영 **2**
4. 그 밖에 대통령령으로 정하는 물류보안 활동

영 제26조의2(국가 물류보안 시책의 수립 및 지원) 법 제35조의2제2항제4호에서 "대통령령으로 정하는 물류보안 활동"이란 다음 각 호의 어느 하나에 해당하는 활동을 말한다.

1. 물류보안 관련 시설·장비의 유지·관리 **2**
2. 물류보안 사고 발생에 따른 사후복구조치 **1**
3. 그 밖에 국토교통부장관이 정하여 고시하는 활동

제35조의3(물류보안 관련 국제협력 증진) ① 국토교통부장관은 관계 중앙행정기관의 장과 협의하여 물류보안 관련 국제협력의 증진을 위한 시책을 수립·시행하여야 한다.

② 물류보안 관련 국제협력을 위한 외국 및 국제기구와의 물류보안 관련 공동연구, 전문인력의 상호파견, 물류보안 기술개발 정보의 공유 등 물류보안 관련 국제협력을 위하여 필요한 사항은 대통령령으로 정한다.

영 제26조의3(물류보안 관련 국제협력 증진) ① 국토교통부장관 및 해양수산부장관은 법 제35조의3제2항에 따른 물류보안 관련 국제협력에 필요한 경비를 예산의 범위에서 지원할 수 있다.

② 국토교통부장관 및 해양수산부장관은 물류보안 표준이 국제적인 기준과 조화를 이루도록 하여야 한다.

제4장 물류산업의 경쟁력 강화

제1절 물류산업의 육성

제36조(물류산업의 육성 등) ① 국토교통부장관 및 해양수산부장관은 화주기업에 대하여 운송·보관·하역 등의 물류서비스를 일관되고 통합된 형태로 제공하는 물류기업을 우선적으로 육성하는 등 물류산업의 경쟁력을 강화하는 시책을 강구하여야 한다.

② 국토교통부장관·해양수산부장관 또는 산업통상자원부장관은 제1항에 따른 물류기업의 육성을 위하여 다음 각 호의 조치를 할 수 있다.

　1. 이 법 또는 대통령령으로 정하는 물류 관련 법률에 따라 국가 또는 지방자치단체의 지원을 받는 물류시설에의 우선 입주를 위한 지원

　2. 물류시설·장비의 확충, 물류 표준화·정보화 등 물류효율화에 필요한 자금의 원활한 조달을 위하여 필요한 지원

제37조(제3자물류의 촉진) ① 국토교통부장관은 해양수산부장관 및 산업통상자원부장관과 협의하여 화주기업과 물류기업의 **제3자물류** 촉진을 위한 시책을 수립·시행하고 지원하여야 한다. ❶

② 국토교통부장관은 해양수산부장관 및 산업통상자원부장관과 협의하여 화주기업 또는 물류기업이 다음 각 호의 어느 하나에 해당하는 활동을 하는 때에는 행정적·재정적 지원을 할 수 있다.

　1. 제3자물류를 활용하기 위한 목적으로 화주기업이 물류시설을 매각·처분하거나 물류기업이 물류시설을 인수·확충하려는 경우

　2. 제3자물류를 활용하기 위한 목적으로 물류컨설팅을 받으려는 경우

　3. 그 밖에 제3자물류 촉진을 위하여 필요하다고 인정하는 경우

④ 국토교통부장관은 해양수산부장관 및 산업통상자원부장관과 협의하여 제3자물류 활용을 촉진하기 위하여 제3자물류 활용의 우수사례를 발굴하고 홍보할 수 있다.

영 제27조(물류 관련 법률) 법 제36조제2항제1호에서 "대통령령으로 정하는 물류 관련 법률"이란 다음 각 호의 법률을 말한다.

　1. 제24조제1호부터 제11호까지의 법률

　2. 「유통산업발전법」

　3. 「농수산물유통 및 가격안정에 관한 법률」

　4. 그 밖에 국토교통부장관이 농림축산식품부장관, 산업통상자원부장관 또는 해양수산부장관과 협의하여 고시하는 법률

제37조의2(물류신고센터의 설치 등) ① 국토교통부장관 또는 해양수산부장관은 물류시장의 건전한 거래질서를 조성하기 위하여 물류신고센터를 설치·운영할 수 있다.

② 누구든지 물류시장의 건전한 거래질서를 해치는 다음 각 호의 행위로 분쟁이 발생하는 경우 그 사실을 제1항에 따른 물류신고센터에 신고할 수 있다.

　1. 화물의 운송·보관·하역 등에 관하여 체결된 계약을 정당한 사유 없이 이행하지 아니하거나 일방적으로 계약을 변경하는 행위

　2. 화물의 운송·보관·하역 등의 단가를 인하하기 위하여 고의적으로 재입찰하거나 계약단가 정보를 노출하는 행위 ❶

　3. 화물의 운송·보관·하역 등에 관하여 체결된 계약의 범위를 벗어나 과적·금전 등을 제공하도록 강요하는 행위

　4. 화물의 운송·보관·하역 등에 관하여 유류비의 급격한 상승 등 비용 증가분을 계약단가에 반영하는 것을 지속적으로 회피하는 행위

③ 물류신고센터의 설치 및 운영에 필요한 사항은 대통령령으로 정한다.

제37조의3(보고 및 조사 등) ① 국토교통부장관 또는 해양수산부장관은 제37조의2제2항에 따른 신고의 내용이 타인이나 국가 또는 지역 경제에 피해를 발생시키거나 발생시킬 우려가 있다고 인정하는 때에는 국토교통부령 또는 해양수산부령으로 정하는 바에 따라 해당 화주기업 또는 물류기업 등 이해관계인에게 조정을 권고할 수 있다.

영 제27조의2(물류신고센터의 설치 및 운영) ① 법 제37조의2제1항에 따른 물류신고센터(이하 "물류신고센터"라 한다)는 다음 각 호의 업무를 수행한다.

　1. 법 제37조의2제2항에 따른 신고의 접수, 신고 내용에 대한 사실관계 확인 및 조사

　2. 법 제37조의3제1항에 따른 조정의 권고

　3. 법 제37조의3제3항에 따른 자료의 제출 또는 보고의 요구

　4. 그 밖에 신고업무 처리에 필요한 사항

② 물류신고센터의 장은 국토교통부 또는 해양수산부의 물류정책을 총괄하는 부서의 장으로서 **국토교통부장관 또는 해양수산부장관이 지명하는 사람**이 된다. ❶

규칙 제4조의3(물류분쟁 신고의 종결처리) 물류신고센터는 다음 각 호의 어느 하나에 해당하는 경우 제4조의2제1항에 따라 접수된 신고를 종결할 수 있다. 이 경우 종결 사실과 그 사유를 신고자에게 서면 등의 방법으로 **통보해야 한다.**

　1. 신고 내용이 명백히 거짓인 경우 ❶

　2. 신고자가 제4조의2제3항에 따른 보완요구를 받고도 보완기간에 보완을 하지 않는 경우

　3. 신고에 대한 처리결과를 통보받은 사항에 대하여 정당한 사유 없이 다시 신고한 경우로서 새로운 증거자료 또는 참고인이 없는 경우

　4. 신고 내용이 재판에 계류 중이거나 법원의 판결에 의해 확정된 경우

　5. 신고 내용이 이미 수사나 감사 중에 있는 경우 ❶

　6. 그 밖에 신고 내용을 확인할 수 없는 등 분쟁 처리가 불가능하다고 물류신고센터의 장이 인정하는 경우

규칙 제4조의5(조정의 권고) 법 제37조의3제1항에 따라 물류신고센터가 조정을 권고하는 경우에는 다음 각 호의 사항을 명시하여 서면으로 통지해야 한다. ❶

　1. 신고의 주요내용 ❶

　2. 조정권고 내용 ❶

　3. 조정권고에 대한 수락 여부 통보기한 ❶

　4. 향후 신고 처리에 관한 사항 ❶

② 국토교통부장관 또는 해양수산부장관은 제1항에도 불구하고 신고의 내용이 「독점규제 및 공정거래에 관한 법률」, 「하도급거래 공정화에 관한 법률」, 「대리점거래의 공정화에 관한 법률」 등 다른 법률을 위반하였다고 판단되는 때에는 관계부처에 신고의 내용을 통보하여야 한다.

③ 국토교통부장관 또는 해양수산부장관은 제1항에 따른 조정의 권고를 위하여 필요한 경우 해당 화주기업 또는 물류기업 등 이해관계인에게 국토교통부령 또는 해양수산부령으로 정하는 자료를 제출하게 하거나 보고하게 할 수 있다.

④ 국토교통부장관 또는 해양수산부장관은 제1항에 따른 조정의 권고를 위하여 필요한 경우 관계 공무원으로 하여금 해당 화주기업 또는 물류기업 등 이해관계인의 사업장 또는 그 밖의 장소에 출입하여 장부나 서류, 그 밖의 물건을 조사하게 할 수 있다. 이 경우 조사를 하는 공무원은 그 권한을 표시하는 증표를 지니고 이를 관계인에게 내보여야 한다.

규칙 제4조의6(자료제출 및 보고) 법 제37조의3제3항에 따라 물류신고센터는 해당 화주기업 또는 물류기업 등 이해관계인에게 다음 각 호의 자료를 제출하게 하거나 관련 사항을 보고하게 할 수 있다.

   1. 계약서, 거래내역 등 분쟁과 관련된 자료
   2. 신고 내용을 확인하거나 증명하는 데 필요한 자료
   3. 그 밖에 조정의 권고를 위하여 필요하다고 인정하는 자료

제2절 우수물류기업의 인증

제38조(우수물류기업의 인증 등) ① 국토교통부장관 및 해양수산부장관은 물류기업의 육성과 물류산업 발전을 위하여 소관 물류기업을 각각 우수물류기업으로 인증할 수 있다. **2**

② 제1항에 따른 우수물류기업의 인증은 물류사업별로 운영할 수 있으며, 각 사업별 인증의 주체와 대상 등에 필요한 사항은 대통령령으로 정한다.

③ 국토교통부장관 또는 해양수산부장관은 제1항에 따라 인증을 받은 자(이하 "인증우수물류기업"이라 한다)가 제4항의 요건을 유지하는지의 여부를 대통령령으로 정하는 바에 따라 점검할 수 있다.

④ 제1항에 따른 우수물류기업 선정을 위한 인증의 기준·절차·방법·점검 및 인증표시의 방법 등에 필요한 사항은 국토교통부와 해양수산부의 공동부령으로 정한다. **1**

영 제28조(인증우수물류기업에 대한 점검) ① 법 제38조제3항에 따라 국토교통부장관 또는 해양수산부장관은 법 제38조제1항에 따라 우수물류기업으로 인증을 받은 자(이하 "인증우수물류기업"이라 한다)가 법 제38조제4항에 따른 요건을 유지하는지에 대하여 국토교통부와 해양수산부의 공동부령으로 정하는 바에 따라 3년마다 점검하여야 한다. **1**

② 국토교통부장관 또는 해양수산부장관은 인증우수물류기업이 법 제38조제4항의 요건을 유지하지 못한다고 판단되는 경우에는 공동부령으로 정하는 바에 따라 별도의 점검을 할 수 있다.

③ 국토교통부장관 또는 해양수산부장관은 공동부령으로 정하는 바에 따라 법 제40조에 따른 우수물류기업 인증심사 대행기관으로 하여금 제1항 및 제2항에 따른 점검을 하게 할 수 있다.

제39조(인증우수물류기업 인증의 취소 등) ① 국토교통부장관 또는 해양수산부장관은 소관 인증우수물류기업이 다음 각 호의 어느 하나에 해당하는 경우에는 그 인증을 취소할 수 있다. 다만, 제1호에 해당하는 때에는 인증을 취소하여야 한다.

　1. 거짓이나 그 밖의 부정한 방법으로 인증을 받은 경우 **2**

　2. 물류사업으로 인하여 공정거래위원회로부터 시정조치 또는 과징금 부과 처분을 받은 경우 **1**

　3. 제38조제3항에 따른 점검을 정당한 사유 없이 3회 이상 거부한 경우 **3**

　4. 제38조제4항의 인증기준에 맞지 아니하게 된 경우 **2**

　5. 제66조를 위반하여 다른 사람에게 자기의 성명 또는 상호를 사용하여 영업을 하게 하거나 인증서를 대여한 때 **2**

② 인증우수물류기업은 제1항에 따라 우수물류기업의 인증이 취소된 경우에는 제41조제1항에 따른 인증서를 반납하고, 인증마크의 사용을 중지하여야 한다. **1**

제40조(인증심사대행기관) ① 국토교통부장관 및 해양수산부장관은 우수물류기업의 인증과 관련하여 우수물류기업 인증심사 대행기관(이하 "심사대행기관"이라 한다)을 공동으로 지정하여 다음 각 호의 업무를 하게 할 수 있다.

　1. 인증신청의 접수 **1**

　2. 제38조제4항의 요건에 맞는지에 대한 심사

　3. 제38조제3항에 따른 점검의 대행

　4. 그 밖에 인증업무를 원활히 수행하기 위하여 대통령령으로 정하는 지원업무

② 심사대행기관은 대통령령으로 정하는 바에 따라 다음 각 호의 어느 하나에 해당하는 기관 중에서 지정한다.

　1. 공공기관

　2. 정부출연연구기관

영 제29조(심사대행기관의 지원업무 등) ① 법 제40조제1항제4호에서 "대통령령으로 정하는 지원업무"란 다음 각 호의 업무를 말한다.

　1. 법 제38조제1항에 따른 인증의 심사방법, 심사절차 등 인증업무에 대한 세부규정 마련

　2. 인증심사 계획 및 제28조에 따른 점검 계획의 수립 및 결과 보고

　3. 인증심사위원의 관리

　4. 인증제도 및 인증우수물류기업에 대한 홍보

　5. 인증제도에 대한 연구

　6. 그 밖에 공동부령으로 정하는 업무

② 국토교통부장관과 해양수산부장관은 법 제40조제2항에 따라 심사대행기관을 지정하였을 때에는 그 사실을 관보에 공고하여야 한다.

③ 심사대행기관의 장은 제1항 각 호에 따른 업무를 수행할 때 필요한 경우에는 관계 행정기관 또는 관련 있는 기관에 협조를 요청할 수 있다.

④ 심사대행기관의 조직 및 운영 등에 필요한 사항은 공동부령으로 정한다.

⑤ 국토교통부장관 및 해양수산부장관은 심사대행기관을 지도·감독하고, 그 운영비의 일부를 지원할 수 있다.

제40조의2(심사대행기관의 지정취소) 국토교통부장관 및 해양수산부장관은 심사대행기관이 다음 각 호의 어느 하나에 해당하는 경우에는 공동으로 그 지정을 취소할 수 있다. 다만, 제1호에 해당하는 경우에는 지정을 취소하여야 한다.

1. 거짓 또는 부정한 방법으로 지정을 받은 경우
2. 고의 또는 중대한 과실로 인증 기준 및 절차를 위반한 경우
3. 정당한 사유 없이 인증업무를 거부한 경우

제41조(인증서와 인증마크) ① 국토교통부장관 또는 해양수산부장관은 소관 인증우수물류기업에 대하여 인증서를 교부하고, 인증을 나타내는 표시(이하 "인증마크"라 한다)를 제정하여 인증우수물류기업이 사용하게 할 수 있다.

② 인증마크의 도안 및 표시방법 등에 대하여는 공동부령으로 정하는 바에 따라 **국토교통부장관 및 해양수산부장관이 공동으로 정하여 고시한다.** ◆

③ 인증우수물류기업이 아닌 자는 거짓의 인증마크를 제작·사용하거나 그 밖의 방법으로 인증우수물류기업임을 사칭하여서는 아니 된다.

제42조(인증우수물류기업 및 우수녹색물류실천기업에 대한 지원) 국가·지방자치단체 또는 공공기관은 인증우수물류기업 또는 제60조의3에 따른 우수녹색물류실천기업에 대하여 대통령령으로 정하는 바에 따라 행정적·재정적 지원을 할 수 있다. ◆

영 제30조(인증우수물류기업 및 우수녹색물류실천기업에 대한 지원) ① 법 제42조에 따라 국가·지방자치단체 또는 공공기관은 스스로 운영·관리하는 다음 각 호의 시설에 법 제36조제2항제1호에 따른 물류시설 우선입주대상자나 그 밖의 자보다 인증우수물류기업 또는 법 제60조의3제1항에 따라 지정을 받은 자(이하 "우수녹색물류실천기업"이라 한다)를 우선 입주하게 할 수 있다.

1. 「물류시설의 개발 및 운영에 관한 법률」에 따른 복합물류터미널·일반물류터미널 또는 물류단지
2. 「항만법」에 따른 항만배후단지 중 물류시설
3. 「산업입지 및 개발에 관한 법률」에 따른 산업단지 중 물류시설

4. 「철도산업발전기본법」에 따른 철도시설 중 물류시설 및 그 부대시설

5. 「공항시설법」에 따른 공항시설 중 공항구역 안에 있는 화물의 운송을 위한 시설과 그 부대시설 및 지원시설

6. 「유통산업발전법」에 따른 집배송시설 및 공동집배송센터

7. 그 밖에 국토교통부장관과 해양수산부장관이 관계 중앙행정기관의 장과 협의하여 공동으로 고시하는 물류 관련 시설

② 법 제42조에 따라 국가 또는 지방자치단체는 제1항 각 호의 시설을 운영·관리하는 자에 대하여 법 제36조제2항제1호에 따른 물류시설 우선입주대상자나 그 밖의 자보다 인증우수물류기업 또는 우수녹색물류실천기업을 우선 입주하게 할 것을 권고할 수 있다.

③ 법 제42조에 따라 국가 또는 지방자치단체는 인증우수물류기업이 다음 각 호의 사업을 수행하는 경우에는 다른 물류기업에 우선하여 소요자금의 일부를 융자하거나 부지의 확보를 위한 지원 등을 할 수 있다.

1. 물류시설의 확충 ■

2. 물류정보화·표준화 또는 공동화

3. 첨단물류기술의 개발 및 적용 ■

4. 환경친화적 물류활동 ■

5. 그 밖에 물류사업을 효율적으로 운영하기 위하여 필요한 사항으로서 공동부령으로 정하는 사항

④ 법 제42조에 따라 국가 또는 지방자치단체는 인증우수물류기업이 **해외시장을 개척**하는 경우에는 제3항에 따른 지원 외에 다음 각 호의 사항을 우선적으로 지원할 수 있다. ■

1. 법 제49조에 따른 자금 지원

2. 해외시장 개척에 소요되는 비용 지원

⑤ 법 제42조에 따라 국가 또는 지방자치단체는 인증우수물류기업에 대하여 다음 각 호의 자금을 우선적으로 지원할 수 있다.

1. 「물류시설의 개발 및 운영에 관한 법률」 제21조의7에 따른 자금

2. 「화물자동차 운수사업법」 제43조에 따른 자금

제3절 국제물류주선업

제43조(국제물류주선업의 등록) ① 국제물류주선업을 경영하려는 자는 국토교통부령으로 정하는 바에 따라 시 · 도지사에게 등록하여야 한다. **6**

② 제1항에 따라 국제물류주선업을 등록한 자(이하 "국제물류주선업자"라 한다)가 등록한 사항 중 국토교통부령으로 정하는 중요한 사항을 변경하려는 경우에는 국토교통부령으로 정하는 바에 따라 변경등록을 하여야 한다.

③ 제1항에 따라 등록을 하려는 자는 3억원 이상의 자본금(법인이 아닌 경우에는 6억원 이상의 자산평가액을 말한다)을 보유하고 그 밖에 대통령령으로 정하는 기준을 충족하여야 한다. **3**

④ 국제물류주선업자는 제3항에 따른 등록기준에 관한 사항을 3년이 경과할 때마다 국토교통부령으로 정하는 바에 따라 신고하여야 한다. **1**

제44조(등록의 결격사유) 다음 각 호의 어느 하나에 해당하는 자는 국제물류주선업의 등록을 할 수 없으며, 외국인 또는 외국의 법령에 따라 설립된 법인의 경우에는 해당 국가의 법령에 따라 다음 각 호의 어느 하나에 해당하는 경우에도 또한 같다.

1. 피성년후견인 또는 피한정후견인 **2**
2. 이 법, 「화물자동차 운수사업법」, 「항공사업법」, 「항공안전법」, 「공항시설법」 또는 「해운법」을 위반하여 금고 이상의 실형을 선고받고 그 집행이 종료(집행이 종료된 것으로 보는 경우를 포함한다)되거나 집행이 면제된 날부터 2년이 지나지 아니한 자 **1**
3. 이 법, 「화물자동차 운수사업법」, 「항공사업법」, 「항공안전법」, 「공항시설법」 또는 「해운법」을 위반하여 금고 이상의 형의 집행유예를 선고받고 그 유예기간 중에 있는 자 **1**
4. 이 법, 「화물자동차 운수사업법」, 「항공사업법」, 「항공안전법」, 「공항시설법」 또는 「해운법」을 위반하여 벌금형을 선고받고 2년이 지나지 아니한 자 **2**

제30조의2(국제물류주선업의 등록) 법 제43조제3항에서 "대통령령으로 정하는 기준"이란 다음 각 호의 어느 하나에 해당하는 경우를 제외하고는 1억원 이상의 보증보험에 가입하여야 하는 것을 말한다. **1**

1. 자본금 또는 자산평가액이 10억원 이상인 경우
2. 컨테이너장치장을 소유하고 있는 경우
3. 「은행법」 제2조제1항제2호에 따른 은행으로부터 1억원 이상의 지급보증을 받은 경우
4. 1억원 이상의 화물배상책임보험에 가입한 경우

제5조(국제물류주선업의 등록신청) ① 법 제43조제1항에 따라 국제물류주선업의 등록을 하려는 자는 별지 제5호서식의 국제물류주선업 등록 · 변경등록 신청서(전자문서로 된 신청서를 포함한다)를 시 · 도지사에게 제출하여야 한다.

② 제1항에 따른 등록신청서에는 다음 각 호의 서류를 첨부하여야 한다.

1. 법 제43조제3항 및 영 제30조의2에 따른 등록기준에 적합함을 증명하는 서류
2. 자기 명의로 발행할 한글 또는 영문으로 작성된 선하증권 및 항공화물운송장의 양식 · 약관에 관한 서류
3. 신청인이 외국인(법인인 경우에는 임원이 외국인인 경우를 말한다)인 경우에는 법 제44조 각 호의 어느 하나에 해당하지 아니함을 확인할 수 있는 다음 각 목의 구분에 따른 서류
   가. 「외국공문서에 대한 인증의 요구를 폐지하는 협약」을 체결한 국가의 경우 : 해당 국가의 정부 그 밖에 권한 있는 기관이 발행한 서류이거나 공증인이 공증한 해당 외국인의 진술서로서 해당 국가의 아포스티유(Apostille) 확인서 발급 권한이 있는 기관이 그 확인서를 발급한 서류

5. 제47조제1항에 따라 등록이 취소(이 조 제1호에 해당하여 등록이 취소된 경우는 제외한다)된 후 2년이 지나지 아니한 자

6. 법인으로서 대표자가 제1호부터 제5호까지의 어느 하나에 해당하는 경우 ❶

7. 법인으로서 대표자가 아닌 임원 중에 제2호부터 제5호까지의 어느 하나에 해당하는 사람이 있는 경우

나. 「외국공문서에 대한 인증의 요구를 폐지하는 협약」을 체결하지 않은 국가의 경우 : 해당 국가의 정부 그 밖에 권한 있는 기관이 발행한 서류이거나 공증인이 공증한 해당 외국인의 진술서로서 해당 국가에 주재하는 우리나라 영사가 확인한 서류

4. 외국인투자기업인 경우에는 「외국인투자 촉진법」에 따른 외국인투자를 증명할 수 있는 서류

③ 제2항 각 호의 서류는 신청일 전 1개월 이내에 발행되거나 작성된 것이어야 한다.

④ 시ㆍ도지사는 제1항에 따라 국제물류주선업의 등록신청서를 제출받은 경우에는 「전자정부법」 제36조제1항에 따른 행정정보의 공동이용을 통하여 다음 각 호의 정보를 확인하여야 한다. 다만, 각 호의 정보에 대해서는 신청인이 확인에 동의하지 아니하는 경우에는 해당 서류(제3호의 경우에는 「출입국관리법」 제33조에 따른 외국인등록증 사본으로, 제5호의 경우에는 여권 사본으로 대신할 수 있다)를 첨부하도록 하여야 한다.

1. 신청인이 개인인 경우 : 주민등록증 사본. 다만, 신청인이 직접 신청서를 제출하는 경우에는 주민등록증 등 신분증명서의 제시로 갈음한다.

2. 신청인이 법인(대표자 또는 임원이 외국인인 법인은 제외한다)인 경우 : 법인 등기사항증명서

3. 신청인이 외국인(대표자 또는 임원이 외국인인 법인을 포함한다)인 경우 : 「출입국관리법」 제88조에 따른 외국인등록사실증명

4. 외국인이나 외국의 법령에 따라 설립된 법인이 국내에 영업소를 설치하고 등기를 한 경우 : 이를 확인할 수 있는 영업소 등기사항증명서

5. 신청인이 「재외국민등록법」 제3조에 따른 재외국민인 경우 : 여권정보

※ 사업자등록번호는 변경등록사항에 해당하지 않는다.

제7조(국제물류주선업의 변경등록) ① 법 제43조제2항에서 "국토교통부령으로 정하는 중요한 사항을 변경하는 경우"란 다음 각 호의 어느 하나에 해당하는 경우를 말한다.

1. 다음 각 목의 어느 하나에 해당하는 사항을 변경하려는 경우

가. 상호 **1**

나. 성명(법인인 경우에는 임원의 성명을 말한다) 및 주민등록번호(법인인 경우에는 법인등록번호를 말한다) **1**

다. 주사무소 소재지 **1**

라. 국적 또는 소속 국가명 **1**

2. 자본금 또는 자산평가액이 감소되는 경우 **1**

② 법 제43조제1항에 따라 국제물류주선업을 등록한 자(이하 "국제물류주선업자"라 한다)가 법 제43조제2항에 따라 등록한 사항을 변경하려는 경우에는 그 변경사유가 발생한 날부터 60일 이내에 별지 제5호서식의 국제물류주선업 등록·변경등록 신청서에 변경사실을 증명하는 서류를 첨부하여 시·도지사에게 제출하여야 한다.

③ 시·도지사는 국제물류주선업자가 그 주사무소를 다른 특별시·광역시·도 및 특별자치도로 이전하기 위하여 변경등록을 신청한 때에는 해당 지역을 관할하는 시·도지사에게 등록관련 서류를 이관하여야 한다.

제7조의2(국제물류주선업 등록기준에 관한 사항의 신고) ① 국제물류주선업자는 법 제43조제4항에 따라 국제물류주선업을 등록한 날부터 3년이 경과할 때(이하 이 조에서 "등록기준 신고시점"이라 한다)부터 60일 이내에 별지 제8호서식의 국제물류주선업 등록기준 신고서에 첨부서류를 갖추어 시·도지사에게 제출하여야 한다.

제45조(사업의 승계) ① 국제물류주선업자가 그 사업을 양도하거나 사망한 때 또는 법인이 합병한 때에는 그 양수인·상속인 또는 합병 후 존속하는 법인이나 합병으로 설립되는 법인은 국제물류주선업의 등록에 따른 권리·의무를 승계한다. ❸

② 제1항에 따라 국제물류주선업의 등록에 따른 권리·의무를 승계한 자는 국토교통부령으로 정하는 바에 따라 시·도지사에게 신고하여야 한다. ❶

규칙 제8조(사업승계의 신고) ① 법 제45조제2항에 따라 국제물류주선업의 양도·양수를 신고하려는 자는 별지 제9호서식의 양도·양수 신고서(전자문서로 된 신고서를 포함한다)를, 상속을 신고하려는 자는 별지 제10호서식의 상속신고서(전자문서로 된 신고서를 포함한다)를, 국제물류주선업자인 법인의 합병을 신고하려는 자는 별지 제11호서식의 법인합병신고서(전자문서로 된 신고서를 포함한다)를 그 권리·의무를 승계한 날부터 30일 이내에 시·도지사에게 제출하여야 한다.

③ 제1항에 따라 승계받은 자의 결격사유에 관하여는 제44조를 준용한다.

② 제1항에 따른 각각의 신고서에는 다음 각 호의 구분에 따른 서류(전자문서를 포함한다)를 첨부하여야 한다.

1. 사업의 양도·양수 신고의 경우
   가. 양도·양수계약서의 사본
   나. 양수인(법인인 경우에는 그 임원)이 외국인인 경우에는 제5조제2항제3호의 서류
   다. 양수인이 외국인투자기업인 경우에는 「외국인투자 촉진법」에 따른 외국인투자를 증명할 수 있는 서류
2. 사업의 상속 신고의 경우
   가. 신고인인 상속인과 피상속인의 관계를 증명하는 서류
   나. 신고인과 같은 순위의 다른 상속인이 있는 경우에는 그의 동의서
   다. 피상속인이 사망하였음을 증명하는 서류
   라. 상속인이 외국인인 경우에는 제5조제2항제3호의 서류
3. 법인의 합병 신고의 경우
   가. 합병계약서의 사본
   나. 합병당사자인 법인의 최근 1년 이내의 사업용고정자산의 명세서
   다. 합병 후 존속하거나 합병으로 설립되는 법인의 임원이 외국인인 경우에는 제5조제2항제3호의 서류
   라. 합병 후 존속하거나 합병으로 설립되는 법인이 외국인투자기업인 경우에는 「외국인투자 촉진법」에 따른 외국인투자를 증명할 수 있는 서류

③ 시·도지사는 제1항에 따라 신고서를 제출받은 경우에는 「전자정부법」 제36조제1항에 따른 행정정보의 공동이용을 통하여 제2항제1호에 따른 양수인과 제2항제3호에 따른 합병 후 존속하거나 합병으로 설립되는 법인에 관한 제5조제4항 각 호의 정보를 확인하여야 한다. 이 경우 제5조제4항 단서를 준용한다.

제46조(사업의 휴업·폐업 관련 정보의 제공 요청) 시·도지사는 국제물류주선업자의 휴업·폐업 사실을 확인하기 위하여 필요한 경우에는 **관할 세무관서**의 장에게 대통령령으로 정하는 바에 따라 휴업·폐업에 관한 과세정보의 제공을 요청할 수 있다. 이 경우 요청을 받은 세무관서의 장은 정당한 사유가 없으면 그 요청에 따라야 한다.

영 제31조(과세정보 제공 요청방법) 시·도지사는 법 제46조에 따라 관할 세무관서의 장에게 국제물류주선업자의 휴업·폐업에 관한 과세정보의 제공을 요청하는 경우에는 해당 국제물류주선업자의 「소득세법」 제168조제3항, 「법인세법」 제111조제3항 또는 「부가가치세법」 제8조제5항에 따른 사업자등록번호를 명시하여야 한다.

제47조(등록의 취소 등) ① 시·도지사는 국제물류주선업자가 다음 각 호의 어느 하나에 해당하는 경우에는 등록을 취소하거나 6개월 이내의 기간을 정하여 사업의 전부 또는 일부의 정지를 명할 수 있다. 다만, 제1호·제4호·제5호에 해당하는 경우에는 등록을 취소하여야 한다. **1**

   1. 거짓이나 그 밖의 부정한 방법으로 등록을 한 경우 **2**

   2. 제43조제3항에 따른 등록기준에 못 미치게 된 경우

   3. 제43조제4항을 위반하여 신고를 하지 아니하거나 거짓으로 신고한 경우

   4. 제44조(제45조제3항에서 준용하는 경우를 포함한다) 각 호의 어느 하나에 해당하게 된 경우. 다만, 그 지위를 승계받은 상속인이 제44조제1호부터 제5호까지의 어느 하나에 해당하는 경우에 상속일부터 3개월 이내에 그 사업을 다른 사람에게 양도한 경우와 법인(합병 후 존속하는 법인 또는 합병으로 설립되는 법인을 포함한다)이 제44조제6호 또는 제7호에 해당하는 경우에 그 사유가 발생한 날(법인이 합병하는 경우에는 합병일을 말한다)부터 3개월 이내에 해당 임원을 개임한 경우에는 그러하지 아니하다.

   5. 제66조를 위반하여 다른 사람에게 자기의 성명 또는 상호를 사용하여 영업을 하게 하거나 등록증을 대여한 경우 **2**

② 제1항에 따른 처분의 구체적인 기준과 그 밖에 필요한 사항은 국토교통부령으로 정한다.

제49조(자금의 지원) 국가는 국제물류주선업의 육성을 위하여 필요하다고 인정하는 경우에는 국제물류주선업자에게 그 사업에 필요한 소요자금의 융자 등 필요한 지원을 할 수 있다.

규칙 제9조의2(등록의 취소 등) ① 시·도지사는 법 제47조제1항에 따라 등록을 취소하는 경우에는 그 내용을 공보 또는 인터넷 홈페이지에 20일 이상 공고하여야 한다.

규칙 제10조(등록취소 등 처분의 기준) 법 제47조제2항에 따른 처분의 기준은 별표 2와 같다.

제4절 물류인력의 양성

제50조(물류인력의 양성) ① 국토교통부장관·해양수산부장관 또는 시·도지사는 대통령령으로 정하는 물류분야의 기능인력 및 전문인력을 양성하기 위하여 다음 각 호의 사업을 할 수 있다. **1**

1. 화주기업 및 물류기업에 종사하는 물류인력의 역량강화를 위한 교육·연수 **1**
2. 물류체계 효율화 및 국제물류 활성화를 위한 선진기법, 교육프로그램 및 교육교재의 개발·보급 **1**
3. **외국 물류대학의 국내유치활동** 지원 및 국내대학과 외국대학 간의 물류교육 프로그램의 공동 개발활동 지원 **1**
4. 물류시설의 운영과 물류장비의 조작을 담당하는 기능인력의 양성·교육 **1**
5. 그 밖에 신규 물류인력 양성, 물류관리사 재교육 또는 외국인 물류인력 교육을 위하여 필요한 사업

② 국토교통부장관·해양수산부장관 또는 시·도지사는 다음 각 호의 어느 하나에 해당하는 자가 제1항 각 호의 사업을 하는 경우에는 예산의 범위에서 사업수행에 필요한 경비의 전부나 일부를 지원할 수 있다.

1. 정부출연연구기관
2. 「고등교육법」 또는 「경제자유구역 및 제주국제자유도시의 외국교육기관 설립·운영에 관한 특별법」에 따라 설립된 대학이나 대학원
3. 그 밖에 국토교통부령 또는 해양수산부령으로 정하는 물류연수기관

③ 국토교통부장관·해양수산부장관 또는 시·도지사는 필요한 경우 국토교통부령 또는 해양수산부령으로 정하는 바에 따라 제1항제1호 및 제4호의 사업을 전문교육기관에 위탁하여 실시할 수 있다.

④ 제1항 각 호의 사업에 필요한 사항은 소관 업무별로 국토교통부령 또는 해양수산부령으로 정한다.

제34조(물류인력의 양성) 법 제50조제1항 각 호 외의 부분에서 "대통령령으로 정하는 물류분야"란 다음 각 호에 해당하는 분야를 말한다.

1. 물류사업에 관련된 분야
2. 물류시설 및 장비에 대한 연구·개발
3. 물류 정보화·표준화·공동화에 대한 연구·개발

제11조(물류연수기관) 법 제50조제2항제3호에 따른 물류연수기관은 다음 각 호와 같다.

2. 법 제55조제1항에 따라 설립된 물류관련협회 또는 물류관련협회가 설립한 교육·훈련기관
3. 법 제56조제1항에 따라 설치된 물류지원센터
4. 「화물자동차 운수사업법」 제48조제1항 및 제50조제1항에 따라 화물자동차운수사업자가 설립한 협회 또는 연합회와 화물자동차운수사업자가 설립한 협회 또는 연합회가 설립한 교육·훈련기관
5. 「대한무역투자진흥공사법」에 따른 대한무역투자진흥공사 **1**
6. 「민법」 제32조에 따라 설립된 물류와 관련된 비영리법인
7. 그 밖에 국토교통부장관 및 해양수산부장관이 지정·고시하는 기관
8. 「한국해양수산연수원법」에 따른 한국해양수산연수원
9. 「항만운송사업법」 제27조의3에 따라 해양수산부장관의 설립인가를 받아 설립된 교육훈련기관

⑤ 시·도지사는 제1항부터 제3항까지의 사업 등을 하려는 경우에는 중복을 방지하기 위하여 미리 국토교통부장관 및 해양수산부장관과 협의하고, 그 내용을 제14조에 따른 지역물류기본계획과 제16조에 따른 지역물류시행계획에 반영하여야 한다.

제12조(교육·연수) ① 국토교통부장관 및 해양수산부장관은 법 제50조제3항에 따라 법 제50조제2항 각 호의 기관(이하 "물류교육·연수기관"이라 한다)과 협약을 체결하여 법 제50조제1항제1호에 따른 교육·연수를 위탁하여 실시할 수 있다.

② 국토교통부장관 및 해양수산부장관은 제1항에 따라 협약을 체결하려는 경우에는 지원대상이 되는 교육·연수 프로그램의 명칭, 협약체결기관의 선정 방법, 협약체결의 신청 방법 및 절차 등 협약의 체결에 필요한 사항을 관보에 공고하여야 한다.

③ 물류교육·연수기관이 제1항에 따른 협약의 체결을 신청하려는 경우에는 국토교통부장관 또는 해양수산부장관에게 다음 각 호의 사항이 포함된 서류를 제출하여야 한다.

 1. 교육·연수의 목적 및 대상자

 2. 교육·연수의 내용·방법·기간·강사 및 장소

 3. 교육·연수에 소요되는 비용

④ 국토교통부장관 및 해양수산부장관은 제3항에 따른 서류를 제출받은 때에는 교육·연수에 적합하다고 인정되는 물류교육·연수기관을 선정하여 다음 각 호의 사항이 포함된 협약을 체결하여야 한다.

 1. 물류교육·연수기관의 명칭·대표자 및 위치

	2. 지원대상이 되는 교육·연수 프로그램
	3. 지원사항·지원방법 및 지원조건
	4. 협약의 변경 및 해지에 관한 사항
	5. 협약의 위반에 관한 조치

제51조(물류관리사 자격시험) ① 물류관리사가 되려는 자는 국토교통부장관이 실시하는 시험에 합격하여야 한다.

② 제1항의 시험에 응시하여 부정행위를 한 자에 대하여는 그 시험을 무효로 한다.

③ 제2항에 따른 처분을 받은 자와 제53조에 따라 자격이 취소된 자, 그 처분을 받은 날 또는 자격이 취소된 날부터 3년간 시험에 응시할 수 없다.

④ 제1항에 따른 시험의 시기, 절차, 방법, 시험과목, 출제, 응시자격 및 자격증 발급 등에 필요한 사항은 대통령령으로 정한다.

⑤ 국토교통부장관은 제1항 및 제4항에 따른 시험의 관리 및 자격증 발급 등에 관한 업무를 대통령령으로 정하는 바에 따라 능력이 있다고 인정되는 관계 전문기관 및 단체에 위탁할 수 있다.

영 제35조(물류관리사 자격시험의 실시) 법 제51조에 따른 물류관리사 자격시험은 매년 1회 실시하되, 국토교통부장관이 물류관리사의 수급상 특히 필요하다고 인정하는 경우에는 2년마다 실시할 수 있다.

영 제36조(시험방법) ① 시험은 필기의 방식으로 실시한다. ❶

② 시험은 선택형을 원칙으로 하되, 기입형을 가미할 수 있다. ❶

제52조(물류관리사의 직무) 물류관리사는 물류활동과 관련하여 전문지식이 필요한 사항에 대하여 계획·조사·연구·진단 및 평가 또는 이에 관한 상담·자문, 그 밖에 물류관리에 필요한 직무를 수행한다. ❷

제53조(물류관리사 자격의 취소) 국토교통부장관은 물류관리사가 다음 각 호의 어느 하나에 해당하는 때에는 그 자격을 제66조의 2제1항을 취소하여야 한다.

1. 제51조에 따른 자격을 부정한 방법으로 취득한 때
2. 제66조의2제1항을 위반하여 물류관리사의 성명의 사용이나 물류관리사 자격증 대여를 알선한 때
3. 제66조의2제2항을 위반하여 물류관리사의 성명의 사용이나 물류관리사 자격증 대여를 알선한 때

제54조(물류관리사 고용사업자에 대한 우선지원) ① 국토교통부장관 또는 시·도지사는 물류관리사를 고용한 물류관련 사업자에 대하여 다른 사업자보다 우선하여 행정적·재정적 지원을 할 수 있다. **2**

② 시·도지사는 제1항에 따른 지원을 하려는 경우에는 중복을 방지하기 위하여 미리 국토교통부장관과 협의하여야 한다. **2**

제5절 물류 관련 단체의 육성

제55조(물류관련협회 등) ① 물류기업, 화주기업, 그 밖에 물류활동과 관련된 자는 물류체계를 효율화하고 업계의 건전한 발전 및 공동이익을 도모하기 위하여 필요할 경우 대통령령으로 정하는 바에 따라 협회(이하 "물류관련협회"라 한다)를 설립할 수 있다. 다만, 다른 법률에서 달리 정하고 있는 경우는 제외한다.

② 물류관련협회를 설립하려는 경우에는 해당 협회의 회원이 될 자격이 있는 기업 100개 이상이 발기인으로 정관을 작성하여 해당 협회의 회원이 될 자격이 있는 기업 200개 이상이 참여한 창립총회의 의결을 거친 후 소관에 따라 국토교통부장관 또는 해양수산부장관의 설립인가를 받아야 한다. **2**

③ 물류관련협회는 제2항에 따른 설립인가를 받아 설립등기를 함으로써 성립한다. **2**

④ 물류관련협회는 법인으로 한다. **1**

⑤ 물류관련협회에 관하여 이 법에 규정한 것 외에는 「민법」 중 **사단법인**에 관한 규정을 준용한다. **1**

⑥ 국토교통부장관 및 해양수산부장관은 물류관련협회의 발전을 위하여 필요한 경우에는 물류관련협회를 행정적·재정적으로 지원할 수 있다. **1**

⑦ 물류관련협회의 업무 및 정관 등에 필요한 사항은 대통령령으로 정한다.

영 제42조(물류관련협회의 설립) 물류기업, 화주기업, 그 밖에 물류활동과 관련된 자가 법 제55조에 따른 물류관련협회를 설립하려는 때에는 법 제55조제2항에 따라 국토교통부령으로 정하는 설립인가 신청서에 다음 각 호의 서류를 첨부하여 소관에 따라 국토교통부장관 또는 해양수산부장관에게 제출하여야 한다.

1. 정관
2. 발기인의 명부 및 이력서
3. 회원의 명부
4. 사업계획서 및 예산의 수입지출계획서
5. 창립총회 회의록

영 제43조(물류관련협회의 업무) 물류관련협회는 다음 각 호의 업무를 수행한다.

1. 해당 사업의 건전한 발전과 해당 사업자의 공동이익을 도모하는 사업
2. 해당 사업의 진흥·발전에 필요한 통계의 작성·관리와 외국자료의 수집·조사·연구사업
3. 경영자와 종업원의 교육·훈련
4. 해당 사업의 경영개선에 관한 지도
5. 국토교통부장관 또는 해양수산부장관으로부터 위탁받은 업무
6. 제1호부터 제5호까지의 업무에 부수되는 업무

제56조(민·관 합동 물류지원센터) ① 국토교통부장관·해양수산부장관·산업통상자원부장관 및 대통령령으로 정하는 물류관련협회 및 물류관련 전문기관·단체는 공동으로 물류체계 효율화를 통한 국가경쟁력을 강화하고 국제물류사업을 효과적으로 추진하기 위하여 물류지원센터를 설치·운영할 수 있다.

② 물류지원센터는 다음 각 호의 업무를 수행한다.

1. 국내물류기업의 해외진출 및 해외물류기업의 국내투자유치 지원
2. 물류산업의 육성·발전을 위한 조사·연구
3. 그 밖에 물류 공동화 및 정보화 지원 등 물류체계 효율화를 위하여 필요한 업무

③ 물류지원센터의 설치 및 운영 등에 필요한 사항은 대통령령으로 정한다.

④ 국토교통부장관·해양수산부장관 또는 산업통상자원부장관은 물류지원센터를 효율적으로 운영하기 위하여 필요한 경우 행정적·재정적인 지원을 할 수 있다.

영 제45조(물류지원센터의 설치) 법 제56조제1항에서 "대통령령으로 정하는 물류관련협회 및 물류관련 전문기관·단체"란 다음 각 호의 어느 하나에 해당하는 협회 또는 단체를 말한다.

2. 물류관련협회
3. 「화물자동차 운수사업법」 제48조제1항 및 제50조제1항에 따라 화물자동차운수사업자가 설립한 협회 및 연합회
4. 「민법」 제32조에 따라 설립된 물류와 관련된 비영리법인
5. 그 밖에 국토교통부장관이 관계 행정기관의 장과 협의하여 지정·고시하는 기관

영 제46조(물류지원센터의 운영) ① 법 제56조에 따라 설치하는 물류지원센터에는 물류지원센터의 장과 같은 조 제2항 각 호의 업무 수행에 필요한 조직을 둔다.

② 물류지원센터의 장은 매 연도별로 사업계획을 수립하고, 물류지원센터의 조직·인사·복무·보수·회계·물품·문서의 처리에 관한 규정을 정한 후, 이에 따라 사무를 처리하여야 한다.

③ 법 제56조제4항에 따라 행정적·재정적 지원을 하는 관계 중앙행정기관의 장은 해당 물류지원센터의 장에 대하여 매년 2월 말까지 같은 조 제2항 각 호의 업무가 포함된 전년도의 사업추진실적 및 해당 연도의 사업추진계획을 작성하여 제출할 것을 요청할 수 있다.

제5장 물류의 선진화 및 국제화

제1절 물류 관련 연구개발

제57조(물류 관련 신기술·기법의 연구개발 및 보급 촉진 등) ① 국토교통부장관·해양수산부장관 또는 시·도지사는 첨단화물운송체계·클라우드컴퓨팅·무선주파수인식 및 정온물류 등 물류 관련 신기술·기법(이하 "물류신기술"이라 한다)의 연구개발 및 이를 통한 첨단 물류시설·장비·운송수단(이하 "첨단물류시설등"이라 한다)의 보급·촉진을 위한 시책을 마련하여야 한다.

② 국토교통부장관·해양수산부장관 또는 시·도지사는 물류기업이 다음 각 호의 활동을 하는 경우에는 이에 필요한 행정적·재정적 지원을 할 수 있다.

1. 물류신기술을 연구개발하는 경우
2. 기존 물류시설·장비·운송수단을 첨단물류시설등으로 전환하거나 첨단물류시설등을 새롭게 도입하는 경우

영 제46조의2(물류기업에 대한 지원 기준) 국토교통부장관·해양수산부장관 또는 시·도지사는 법 제57조제2항에 따라 물류기업에 행정적·재정적 지원을 하려는 경우 그 기업이 개발한 같은 조 제1항에 따른 물류신기술 및 첨단물류시설등이 다음 각 호의 기준을 갖추었는지를 고려해야 한다.

1. 국내에서 최초로 개발된 기술이거나 외국에서 도입해 익히고 개량된 기술일 것
2. 신규성·진보성 및 안전성이 있는 기술일 것
3. 물류산업에 파급효과가 있는 기술일 것

영 제46조의3(우수 물류신기술등의 지정 신청 등) ① 법 제57조제3항에 따라 우수한 물류신기술등(이하 "우수 물류신기술등"이라 한다)의 지정을 받으려는 자는 다음 각 호의 서류를 첨부해서 국토교통부장관 또는 해양수산부장관에게 우수 물류신기술등의 지정을 신청해야 한다.

1. 물류신기술등의 명칭·범위 및 개발배경을 적은 서류

3. 그 밖에 물류신기술 및 첨단물류시설등의 개발·보급을 위하여 대통령령으로 정하는 사항

③ 국토교통부장관 또는 해양수산부장관은 물류신기술·첨단물류시설등 중 성능 또는 품질이 우수하다고 인정되는 경우 우수한 물류신기술·첨단물류시설등으로 지정하여 이의 보급·활용에 필요한 행정적·재정적 지원을 할 수 있다.

④ 시·도지사는 제1항 또는 제2항의 조치를 하려는 경우에는 중복을 방지하기 위하여 미리 국토교통부장관 및 해양수산부장관과 협의하고, 그 내용을 제14조에 따른 지역물류기본계획과 제16조에 따른 지역물류시행계획에 반영하여야 한다.

⑤ 제2항에 따른 지원의 세부적인 기준, 제3항에 따른 지정 및 지원의 기준·절차 등에 필요한 사항은 대통령령으로 정한다.

2. 물류신기술등의 내용(물류신기술등의 요지 및 물류신기술등의 신규성·진보성·안전성 등에 관한 구체적인 내용을 포함한다)을 적은 서류

3. 국내외 시장에서의 활용 전망 및 보급 가능성을 적은 서류

4. 물류신기술등의 설계도 또는 기술설명서

5. 그 밖에 국내외의 특허 또는 안전성 등의 시험성적서 등 물류신기술등을 심사하는 데 필요하다고 인정되는 서류

② 제1항에 따라 우수 물류신기술등의 지정을 신청하려는 자는 공동부령으로 정하는 바에 따라 심사에 드는 비용을 납부해야 한다.

제58조(물류 관련 연구기관 및 단체의 육성 등) ① 국토교통부장관·해양수산부장관 또는 시·도지사는 물류 관련 기술의 진흥 및 물류신기술의 연구개발을 위하여 관련 연구기관 및 단체를 지도·육성하여야 한다. **❶**

② 국토교통부장관·해양수산부장관 또는 시·도지사는 물류 관련 기술의 진흥 및 물류신기술의 연구개발을 위하여 필요하다고 인정하는 경우에는 공공기관 등으로 하여금 물류기술의 연구·개발에 투자하게 하거나 제1항에 따른 연구기관 및 단체에 출연하도록 권고할 수 있다.

③ 국토교통부장관·해양수산부장관 또는 시·도지사는 물류분야의 연구나 물류기술의 진흥 등에 현저한 기여를 했다고 인정되는 공공기관·물류기업 또는 개인 등에게 포상할 수 있다.

제46조의4(우수 물류신기술등의 지정 심사 등) ① 국토교통부장관 또는 해양수산부장관은 제46조의3제1항에 따라 지정 신청을 받으면 신청일부터 120일 이내에 우수 물류신기술등의 지정여부를 결정해야 한다.

② 국토교통부장관 또는 해양수산부장관은 신청된 물류신기술등이 우수 물류신기술등에 해당하는지를 심사하면서 필요한 경우 이해관계인의 의견을 듣거나 물류기술과 관련된 기관, 협회, 학회, 조합 등에 의견을 요청할 수 있다.

③ 국토교통부장관 또는 해양수산부장관은 제2항에 따라 이해관계인의 의견을 들으려는 경우에는 신청된 물류신기술등에 관한 주요 내용을 국토교통부장관 또는 해양수산부장관이 정하는 인터넷 홈페이지 등에 공고할 수 있다.

제14조의4(우수 물류신기술등 지정증서 등) ① 영 제46조의4제4항에 따른 우수 물류신기술등 지정증서는 별지 제15호의3서식과 같다.

② 제1항에 따른 우수 물류신기술등 지정증서가 분실되거나 훼손되어 재발급을 받으려는 경우에는 별지 제15호의4서식의 우수 물류신기술등 지정증서 재발급 신청서를 국토교통부장관 또는 해양수산부장관에게 제출해야 한다.

③ 국토교통부장관 또는 해양수산부장관은 제2항에 따라 우수 물류신기술등 지정증서 재발급 신청서를 제출받은 때에는 신청일부터 30일 이내에 우수 물류신기술등 지정증서를 재발급해야 한다.

④ 국토교통부장관 또는 해양수산부장관은 신청된 물류신기술등이 제46조의2 각 호에 따른 기준에 해당하고 그 성능 또는 품질이 우수하다고 판단되는 경우(다른 법령에 따라 신기술로 지정을 받은 경우는 제외한다) 5년의 범위에서 우수 물류신기술등으로 지정할 수 있다. 이 경우 공동부령으로 정하는 우수 물류신기술등 지정 증서를 발급해야 한다.

⑤ 제1항부터 제4항까지에서 규정한 사항 외에 우수 물류신기술등 심사의 세부기준 및 절차 등에 관한 사항은 국토교통부장관 또는 해양수산부장관이 정해서 고시한다.

제2절 환경친화적 물류의 촉진

제59조(환경친화적 물류의 촉진) ① 국토교통부장관·해양수산부장관 또는 시·도지사는 물류활동이 환경친화적으로 추진될 수 있도록 관련 시책을 마련하여야 한다.

② 국토교통부장관·해양수산부장관 또는 시·도지사는 물류기업, 화주기업 또는 「화물자동차 운수사업법」 제2조제11호가목에 따른 개인 운송사업자가 환경친화적 물류활동을 위하여 다음 각 호의 활동을 하는 경우에는 행정적·재정적 지원을 할 수 있다.

1. 환경친화적인 운송수단 또는 포장재료의 사용 **2**

2. 기존 물류시설·장비·운송수단을 환경친화적인 물류시설·장비·운송수단으로 변경 **2**

3. 그 밖에 대통령령으로 정하는 환경친화적 물류활동

③ 시·도지사는 제1항 또는 제2항의 조치를 하려는 경우에는 중복을 방지하기 위하여 미리 국토교통부장관 및 해양수산부장관과 협의하고, 그 내용을 제14조에 따른 지역물류기본계획과 제16조에 따른 지역물류시행계획에 반영하여야 한다. **1**

영 제47조(환경친화적 물류활동) 법 제59조제2항제3호에서 "그 밖에 대통령령으로 정하는 환경친화적 물류활동"이란 다음 각 호의 활동을 말한다.

1. 환경친화적인 물류시스템의 도입 및 개발 **2**

2. 물류활동에 따른 폐기물 감량 **2**

3. 그 밖에 물류자원을 절약하고 재활용하는 활동으로서 국토교통부장관 및 해양수산부장관이 정하여 고시하는 사항 **1**

제60조(환경친화적 운송수단으로의 전환촉진) ① 국토교통부장관·해양수산부장관 또는 시·도지사는 물류기업 및 화주기업에 대하여 환경친화적인 운송수단으로의 전환을 권고하고 지원할 수 있다. **3**

② 제1항에 따른 지원대상의 세부적인 기준 및 지원내용에 필요한 사항은 대통령령으로 정한다.

③ 시·도지사는 제1항의 조치를 하려는 경우에는 중복을 방지하기 위하여 미리 국토교통부장관 및 해양수산부장관과 협의하고, 그 내용을 제14조에 따른 지역물류기본계획과 제16조에 따른 지역물류시행계획에 반영하여야 한다.

영 제48조(환경친화적 운송수단으로의 전환 지원) ① 법 제60조제1항에 따른 지원대상은 다음 각 호와 같다.

1. 화물자동차·철도차량·선박·항공기 등의 배출가스를 저감하거나 배출가스를 저감할 수 있는 운송수단으로 전환하는 경우 및 이를 위한 시설·장비투자를 하는 경우 **3**

2. 환경친화적인 연료를 사용하는 운송수단으로 전환하는 경우 및 이를 위한 시설·장비투자를 하는 경우 **3**

② 법 제60조제1항에 따른 지원내용은 다음 각 호와 같다.

1. 환경친화적 운송수단으로의 전환에 필요한 자금의 보조·융자 및 융자 알선 **1**

2. 환경친화적 운송수단으로의 전환에 필요한 교육, 컨설팅 및 정보의 제공 **1**

3. 그 밖에 환경친화적 운송수단으로의 전환을 지원하기 위하여 국토교통부장관이 해양수산부장관 및 관계 행정기관의 장과 협의하여 고시하는 사항

제60조의2(녹색물류협의기구의 설치 등) ① 국토교통부, 관계 행정기관, 물류관련협회, 물류관련 전문기관·단체, 물류기업 및 화주기업 등은 환경친화적 물류활동을 촉진하기 위하여 협의기구(이하 "녹색물류협의기구"라 한다)를 설치·운영할 수 있다.

② 녹색물류협의기구는 다음 각 호의 업무를 수행한다.

1. 환경친화적 물류활동 촉진을 위한 정책 개발·제안 및 심의·조정 **1**

2. 물류기업과 화주기업의 환경친화적 협력체계 구축을 위한 정책과 사업의 개발 및 제안 **1**

3. 환경친화적 물류활동 지원을 위한 사업의 심사 및 선정

4. 환경친화적 물류활동 촉진을 위한 연구·개발, 홍보 및 교육 등

③ 국토교통부장관은 녹색물류협의기구가 제2항 각 호의 업무를 수행하는 데 필요한 행정적·재정적 지원을 할 수 있다. **1**

④ 녹색물류협의기구의 구성 및 운영 등에 필요한 사항은 대통령령으로 정한다.

영 제48조의2(녹색물류협의기구의 구성 및 운영 등) ① 법 제60조의2제1항에 따른 녹색물류협의기구는 위원장을 포함한 15명 이상 30명 이하의 위원으로 구성한다. **2**

② 녹색물류협의기구의 위원장은 위원 중에서 호선한다. **3**

③ 녹색물류협의기구의 위원은 다음 각 호의 어느 하나에 해당하는 사람 중에서 국토교통부장관이 임명 또는 위촉한다.

1. 산업통상자원부, 국토교통부 및 해양수산부의 물류 또는 에너지 분야 소속 공무원 중 해당 기관의 장이 지명하는 사람 각 1명

2. 물류 또는 에너지 분야 협회·전문기관·단체, 물류기업 및 화주기업에서 추천하는 사람

3. 「고등교육법」에 따른 학교에서 물류 또는 에너지 분야를 가르치는 조교수 이상인 사람

④ 녹색물류협의기구의 위원 중 공무원이 아닌 위원의 임기는 2년으로 한다. 다만, 보궐위원의 임기는 전임자 임기의 남은 기간으로 한다.

⑤ 녹색물류협의기구의 위원장은 녹색물류협의기구의 회의를 소집하고, 그 의장이 된다.

⑥ 녹색물류협의기구의 위원장이 사고가 있거나 그 밖의 다른 사유로 인하여 회의에 참석하지 못하는 경우에는 위원장이 미리 지명한 위원이 그 직무를 대행한다.

⑦ 녹색물류협의기구의 회의는 위원 과반수의 출석으로 개의하고, 출석위원 과반수의 찬성으로 의결한다.

⑧ 녹색물류협의기구의 사무를 처리하기 위하여 간사 1명을 두며, 간사는 국토교통부장관이 국토교통부 소속 공무원 중에서 지명하는 사람이 된다.

제60조의3(환경친화적 물류활동 우수기업 지정) ① 국토교통부장관은 환경친화적 물류활동을 모범적으로 하는 물류기업과 화주기업을 우수기업으로 지정할 수 있다.

② 제1항에 따라 우수기업으로 지정받으려는 자는 제59조제2항 각 호에 해당하는 환경친화적 물류활동의 실적 등 국토교통부령으로 정하는 지정기준을 충족하여야 한다.

③ 국토교통부장관은 제1항에 따라 지정을 받은 자(이하 "우수녹색물류실천기업"이라 한다)가 제2항의 요건을 유지하는지에 대하여 국토교통부령으로 정하는 바에 따라 점검을 할 수 있다.

④ 우수녹색물류실천기업의 지정 절차 및 방법 등에 필요한 사항은 국토교통부령으로 정한다.

제60조의4(우수녹색물류실천기업 지정증과 지정표시) ① 국토교통부장관은 우수녹색물류실천기업에 지정증을 발급하고, 지정을 나타내는 표시(이하 "지정표시"라 한다)를 정하여 우수녹색물류실천기업이 사용하게 할 수 있다. **1**

② 지정표시의 도안 및 표시 방법 등에 대해서는 국토교통부장관이 정하여 고시한다.

③ 우수녹색물류실천기업이 아닌 자는 지정표시나 이와 유사한 표시를 하여서는 아니 된다.

제60조의6(우수녹색물류실천기업의 지정취소 등) ① 국토교통부장관은 우수녹색물류실천기업이 다음 각 호의 어느 하나에 해당하는 경우에는 그 지정을 취소할 수 있다. 다만, 제1호에 해당할 때에는 지정을 취소하여야 한다.

　1. 거짓이나 그 밖의 부정한 방법으로 지정을 받은 경우

　2. 제60조의3제2항의 요건을 충족하지 아니하게 된 경우

　3. 제60조의3제3항에 따른 점검을 정당한 사유 없이 3회 이상 거부한 경우

⑨ 제1항부터 제8항까지에서 규정한 사항 외에 녹색물류협의기구의 구성 및 운영에 필요한 사항은 국토교통부장관이 정하여 고시한다.

규칙 제14조의7(우수녹색물류실천기업의 지정기준 및 절차 등) ① 법 제60조의3제1항에 따라 우수녹색물류실천기업으로 지정받으려는 자는 국토교통부장관이 정하여 고시하는 바에 따라 다음 각 호의 평가항목에 대한 합산 점수가 70점 이상이어야 하고, 평가항목별 배점의 2할 이상을 취득하여야 한다.

　1. 물류시설, 운송수단 등에 관한 환경친화적 물류활동의 관리범위 설정 및 관리체계 구축

　2. 물류분야 에너지, 온실가스 및 화물운송량 관리수준

　3. 환경친화적 물류활동에 관한 사업추진 계획 수립 및 이행 실적

　4. 물류분야 에너지 사용량 또는 온실가스 배출량에 관한 감축목표 설정 및 달성율

　5. 환경친화적 물류활동에 대한 효과분석 및 정부 보고

② 법 제60조의3제1항에 따라 우수녹색물류실천기업으로 지정받으려는 자는 별지 제16호서식에 따른 우수녹색물류실천기업 지정신청서에 다음 각 호의 서류를 첨부하여 법 제60조의7제1항에 따른 우수녹색물류실천기업 지정심사 대행기관에 제출하여야 한다. 다만, 「전자정부법」 제36조제1항에 따른 행정정보의 공동이용을 통하여 첨부서류에 대한 정보를 확인할 수 있는 경우에는 그 확인으로 첨부서류의 제출을 갈음할 수 있다.

　1. 법인 등기사항증명서(법인인 경우만 해당한다)

　2. 사업자등록증

　3. 제1항 각 호의 평가항목별 평가를 위하여 필요한 보고서 및 입증자료로서 국토교통부장관이 정하여 고시하는 서류

③ 국토교통부장관은 제2항에 따라 지정 신청한 자가 제1항에 따른 지정기준을 충족하는 경우에는 그 신청자에게 별지 제17호서식의 지정증을 발급한다.

④ 국토교통부장관은 제3항에 따라 지정받은 자가 제1항에 따른 지정기준을 적합하게 유지하고 있는지를 3년마다 정기적으로 점검하여야 한다.

⑤ 제1항부터 제4항까지에서 규정한 사항 외에 우수녹색물류실천기업의 지정에 필요한 평가항목, 평가지표, 평가방법, 지정절차 및 지정방법 등에 관하여 필요한 사항은 국토교통부장관이 정하여 고시한다.

② 우수녹색물류실천기업은 제1항에 따라 지정이 취소된 경우에는 제60조의4제1항에 따른 지정증을 반납하고, 지정표시의 사용을 중지하여야 한다.		
제60조의7(우수녹색물류실천기업 지정심사대행기관) ① 국토교통부장관은 우수녹색물류실천기업 지정과 관련하여 우수녹색물류실천기업 지정심사 대행기관(이하 "지정심사대행기관"이라 한다)을 지정하여 다음 각 호의 업무를 하게 할 수 있다. 　1. 제60조의3제1항에 따른 우수녹색물류실천기업 지정신청의 접수 　2. 제60조의3제2항에 따른 우수녹색물류실천기업의 지정기준에 충족하는지에 대한 심사 　3. 제60조의3제3항에 따른 우수녹색물류실천기업에 대한 점검 　4. 그 밖에 지정업무를 원활히 수행하기 위하여 대통령령으로 정하는 지원업무 ② 지정심사대행기관은 대통령령으로 정하는 바에 따라 다음 각 호의 어느 하나에 해당하는 기관 중에서 지정한다. 　1. 공공기관 　2. 정부출연연구기관 ③ 지정심사대행기관의 조직 및 운영 등에 필요한 사항은 국토교통부령으로 정한다.	**제48조의4(지정심사대행기관의 지원업무)** 법 제60조의7 제1항제4호에서 "대통령령으로 정하는 지원업무"란 우수녹색물류실천기업에 대한 홍보를 말한다. **제48조의5(지정심사대행기관 지정의 공고)** 국토교통부장관은 법 제60조의7제2항에 따라 지정심사대행기관을 지정하였을 때에는 그 사실을 관보에 공고하여야 한다.	**제14조의8(지정심사대행기관의 조직ㆍ운영)** 법 제60조의7제1항에 따라 지정심사대행기관으로 지정된 기관은 우수녹색물류실천기업의 심사ㆍ점검에 필요한 전담조직 및 인력을 갖추어야 한다.
제60조의8(지정심사대행기관의 지정취소) 국토교통부장관은 지정심사대행기관이 다음 각 호의 어느 하나에 해당하는 경우에는 그 지정을 취소할 수 있다. 다만, 제1호에 해당하는 경우에는 지정을 취소하여야 한다. 　1. 거짓 또는 부정한 방법으로 지정을 받은 경우 　2. 고의 또는 중대한 과실로 지정 기준 및 절차를 위반한 경우 　3. 정당한 사유 없이 지정업무를 거부한 경우		

제3절 국제물류의 촉진 및 지원

제61조(국제물류사업의 촉진 및 지원) ① 국토교통부장관·해양수산부장관 또는 시·도지사는 **국제물류협력체계 구축**, 국내 불류기업의 해외진출, 해외 물류기업의 유치 및 **환적화물의 유치** 등 국제물류 촉진을 위한 시책을 마련하여야 한다. **1**

② 국토교통부장관·해양수산부장관 또는 시·도지사는 대통령령으로 정하는 물류기업 또는 관련 전문기관·단체가 추진하는 다음 각 호의 국제물류사업에 대하여 행정적인 지원을 하거나 예산의 범위에서 필요한 경비의 전부나 일부를 지원할 수 있다. **1**

1. 물류 관련 정보·기술·인력의 국제교류

2. 물류 관련 국제 표준화, 공동조사, 연구 및 기술협력

3. 물류 관련 국제학술대회, 국제박람회 등의 개최

4. 해외 물류시장의 조사·분석 및 수집정보의 체계적인 배분

5. 국가간 물류활동을 촉진하기 위한 지원기구의 설립

6. 외국 물류기업의 유치

7. 국내 물류기업의 해외 물류기업 인수 및 해외 물류 인프라 구축

8. 그 밖에 국제물류사업의 촉진 및 지원을 위하여 필요하다고 인정되는 사항

③ 국토교통부장관 및 해양수산부장관은 범정부차원의 지원이 필요한 국가간 물류협력체의 구성 또는 정부간 협정의 체결 등에 관하여는 미리 **국가물류정책위원회의 심의**를 거쳐야 한다. **3**

④ 국토교통부장관·해양수산부장관 또는 시·도지사는 물류기업 및 국제물류 관련 기관·단체의 국제물류활동을 촉진하기 위하여 필요한 행정적·재정적 지원을 할 수 있다.

영 제49조(국제물류사업에 대한 지원) 법 제61조제2항 각 호 외의 부분에서 "대통령령으로 정하는 물류기업 또는 관련 전문기관·단체"란 다음 각 호의 어느 하나에 해당하는 기업 또는 단체를 말한다.

1. 물류사업을 영위하는 기업

2. 「정부출연연구기관 등의 설립·운영 및 육성에 관한 법률」에 따른 다음 각 목의 정부출연연구기관

   가. 국토연구원

   나. 한국교통연구원

   다. 한국해양수산개발원

3. 「과학기술분야 정부출연연구기관 등의 설립·운영 및 육성에 관한 법률」에 따른 한국철도기술연구원

4. 물류관련협회 **1**

6. 법 제56조에 따른 물류지원센터

7. 「화물자동차 운수사업법」 제33조제1항 및 제35조제1항에 따라 화물자동차운수사업자가 설립한 협회 및 연합회

8. 「민법」 제32조에 따라 산업통상자원부장관의 허가를 받아 설립된 한국무역협회

9. 그 밖에 국토교통부장관이 해양수산부장관 및 산업통상자원부장관과 협의하여 지정·고시하는 단체

⑤ 시·도지사는 제1항·제2항 또는 제4항의 조치를 하려는 경우에는 중복을 방지하기 위하여 미리 **국토교통부장관 및 해양수산부장관과 협의하고**, 그 내용을 제14조에 따른 지역물류기본계획과 제16조에 따른 지역물류시행계획에 반영하여야 한다. **1**

제62조(공동투자유치 활동) ① 국토교통부장관·해양수산부장관 또는 시·도지사는 물류시설에 외국인투자기업 및 환적화물을 효과적으로 유치하기 위하여 필요한 경우에는 해당 물류시설관리자(공항·항만 등 물류시설의 소유권 또는 개별 법령에 따른 관리·운영권을 인정받은 자를 말한다) 또는 국제물류 관련 기관·단체와 공동으로 투자유치 활동을 수행할 수 있다. **1**

② 물류시설관리자와 국제물류 관련 기관·단체는 제1항에 따른 공동투자유치활동에 대하여 특별한 사유가 없는 한 적극 협조하여야 한다.

③ 국토교통부장관·해양수산부장관 또는 시·도지사는 효율적인 투자유치를 위하여 필요하다고 인정되는 경우에는 재외공관 등 관계 행정기관 및 「대한무역투자진흥공사법」에 따른 대한무역투자진흥공사 등 관련 기관·단체에 협조를 요청할 수 있다. **1**

④ 시·도지사는 제1항 또는 제3항의 조치를 하려는 경우에는 중복을 방지하기 위하여 미리 국토교통부장관 및 해양수산부장관과 협의하여야 한다.

제63조(투자유치활동 평가) ① 국토교통부장관 및 해양수산부장관은 물류시설관리자의 외국인투자기업 및 환적화물에 대한 적극적인 유치활동을 촉진하기 위하여 필요한 경우에는 해당 물류시설관리자의 투자유치활동에 대한 평가를 할 수 있다.

② 제1항에 따른 투자유치활동의 평가대상기관, 평가방법 및 평가결과의 반영 등에 관한 사항은 대통령령으로 정한다.

참조 **영 제50조(투자유치활동의 평가대상기관 등)** ① 국토교통부장관 및 해양수산부장관은 다음 각 호의 물류시설에 대한 소유권 또는 관리·운영권을 인정받은 자에 대하여 법 제63조제1항에 따른 투자유치활동에 대한 평가를 할 수 있다.

1. 「공항시설법」 제2조제3호에 따른 공항 중 국제공항 및 그 배후지에 위치한 물류시설
2. 「항만법」 제2조제2호에 따른 무역항 및 그 배후지에 위치한 물류시설

② 국토교통부장관 및 해양수산부장관은 제1항에 따른 평가를 위하여 필요한 경우에는 평가대상기관에 대하여 관련 자료의 제출을 요청할 수 있다.

③ 제1항에 따른 평가에 필요한 기준과 방법은 국토교통부장관 및 해양수산부장관이 협의하여 정하되, 평가대상기관의 사업내용 및 특성, 투자유치 목표의 달성 정도와 능률성을 객관적으로 측정할 수 있도록 하여야 한다.

④ 국토교통부장관 및 해양수산부장관은 평가대상기관에 대하여 그 평가결과에 따라 행정적·재정적 지원을 달리 할 수 있다.

제6장 보칙

제64조(업무소관의 조정) 이 법에 따른 국토교통부장관·해양수산부장관 및 산업통상자원부장관의 업무소관이 중복되는 경우에는 서로 협의하여 업무소관을 조정한다. **1**

제65조(권한의 위임 및 사무의 위탁) ① 이 법에 따른 국토교통부장관·해양수산부장관 및 산업통상자원부장관의 권한은 그 일부를 대통령령으로 정하는 바에 따라 소속 기관의 장 또는 시·도지사에게 위임할 수 있다.
② 이 법에 따른 국토교통부장관·해양수산부장관·산업통상자원부장관 또는 시·도지사의 업무는 대통령령으로 정하는 바에 따라 그 일부를 관계 기관·단체 또는 법인에 위탁할 수 있다.

제66조(등록증 대여 등의 금지) 인증우수물류기업·국제물류주선업자 및 우수녹색물류실천기업은 다른 사람에게 자기의 성명 또는 상호를 사용하여 사업을 하게 하거나 그 인증서·등록증 또는 지정증을 대여하여서는 아니된다. **1**

제66조의2(물류관리사 자격증 대여 금지) ① 물류관리사는 다른 사람에게 자기의 서명을 사용하여 사업을 하게 하거나 물류관리사 자격증을 대여하여서는 아니 된다. **1**
② 누구든지 물류관리사로부터 그 성명을 빌려 사업을 하거나 물류관리사의 자격증을 대여받아서는 아니 되며, 이를 알선하여서도 아니 된다.

영 제51조(권한의 위임 및 업무의 위탁) ① 국토교통부장관은 법 제65조제1항에 따라 다음 각 호의 권한을 시·도지사에게 위임한다. **1**
　1. 법 제29조의3제1항에 따른 위험물질 운송차량 단말장치의 장착 및 개선명령
　2. 법 제29조의3제2항에 따른 위험물질 운송차량의 운행중지명령
　3. 법 제73조제1항제5호부터 제7호까지의 규정에 따른 과태료의 부과·징수
② 국토교통부장관 또는 해양수산부장관은 법 제65조제2항에 따라 다음 각 호의 업무를 「건설기술 진흥법」 제11조에 따라 설립된 기술평가기관 또는 「해양수산과학기술 육성법」 제23조에 따라 설립된 해양수산과학기술진흥원에 위탁한다.
　1. 제46조의3부터 제46조의5까지의 규정에 따른 우수 물류신기술등의 지정 또는 지정기간 연장을 위한 신청의 접수, 심사, 의견 요청·청취 및 공고 업무
　2. 제46조의6제1항제3호에 따른 홍보 및 기술사업화 지원 업무
　3. 제46조의6제1항제4호에 따른 보유 기술정보의 제공 업무
③ 국토교통부장관·해양수산부장관 또는 시·도지사는 법 제65조제2항에 따라 다음 각 호의 업무를 물류 분야의 전문성을 갖춘 기관·단체 또는 법인에 위탁할 수 있다.
　1. 법 제37조의2제2항에 따른 신고의 접수 및 그 신고 내용에 대한 사실관계 확인
　2. 법 제37조의3제3항에 따라 제출 또는 보고된 자료의 접수
　3. 법 제59조제1항에 따른 환경친화적 물류활동의 추진 시책 마련에 필요한 조사
　4. 법 제59조제2항에 따른 행정적·재정적 지원을 위한 신청의 접수, 확인 및 심사
　5. 법 제60조제1항에 따른 환경친화적 운송수단으로의 전환을 위한 신청의 접수, 확인 및 심사
　6. 법 제60조의2에 따른 녹색물류협의기구의 운영

④ 시 · 도지사는 제1항에 따라 위임받은 업무를 처리한 때에는 이를 분기별로 종합하여 해당 분기 종료 후 15일 이내에 국토교통부장관에게 보고하여야 한다.

⑤ 국토교통부장관 · 해양수산부장관 또는 시 · 도지사는 제3항에 따라 업무를 위탁한 때에는 위탁받은 기관 및 위탁업무의 내용을 공고하여야 한다.

제67조(과징금) ① 시 · 도지사는 제47조제1항에 따라 국제물류주선업자에게 사업의 정지를 명하여야 하는 경우로서 그 사업의 정지가 해당 사업의 이용자 등에게 심한 불편을 주는 경우에는 그 **사업정지 처분**을 갈음하여 1천만원 이하의 과징금을 부과할 수 있다. **2**

② 제1항에 따른 과징금을 부과하는 위반행위의 종별 및 그 정도에 따른 과징금의 금액, 그 밖에 필요한 사항은 대통령령으로 정한다.

③ 제1항에 따른 과징금을 기한 내에 납부하지 아니한 때에는 시 · 도지사는 「지방행정제재 · 부과금의 징수 등에 관한 법률」에 따라 징수한다. **1**

영 제52조(과징금을 부과할 위반행위와 과징금의 금액 등) ① 법 제67조제1항에 따라 과징금을 부과하는 위반행위의 종별과 과징금의 금액은 별표 3과 같다.

② 시 · 도지사는 국제물류주선업자의 **사업규모**, 사업지역의 특수성, **위반행위의 정도 및 횟수** 등을 고려하여 제1항에 따른 과징금의 금액의 2분의 1의 범위에서 이를 늘리거나 줄일 수 있다. 이 경우 과징금을 늘리더라도 과징금의 총액은 1천만원을 초과할 수 없다. **1**

③ 시 · 도지사는 고의 또는 중과실이 없는 위반행위자가 「소상공인기본법」 제2조에 따른 소상공인에 해당하고, 과징금을 체납하고 있지 않은 경우에는 다음 각 호의 사항을 고려하여 별표 3에 따른 과징금의 100분의 70 범위에서 그 금액을 줄여 부과할 수 있다. 다만, 제2항 전단에 따른 감경과 중복하여 적용하지 않는다.

　1. 위반행위자의 현실적인 부담능력

　2. 경제위기 등으로 위반행위자가 속한 시장 · 산업 여건이 현저하게 변동되거나 지속적으로 악화된 상태인지 여부

제68조(청문) 국토교통부장관, 해양수산부장관, 시 · 도지사 및 행정기관은 다음 각 호의 어느 하나에 해당하는 취소를 하려면 청문을 하여야 한다.

　1. 제28조제8항에 따른 단위물류정보망 전담기관에 대한 지정의 취소 **1**

　2. 제31조에 따른 국가물류통합정보센터운영자에 대한 지정의 취소

　3. 제39조제1항에 따른 인증우수물류기업에 대한 인증의 취소 **1**

　4. 제40조의2에 따른 심사대행기관 지정의 취소 **1**

　5. 제47조제1항에 따른 국제물류주선업자에 대한 **등록의 취소** **2**

　7. 제53조에 따른 물류관리사 자격의 취소 **2**

　8. 제60조의6제1항에 따른 우수녹색물류실천기업의 지정취소 **1**

　9. 제60조의8에 따른 지정심사대행기관의 지정취소 **1**

영 제53조(과징금의 부과 및 납부) ① 시 · 도지사는 제52조제1항에 따른 위반행위를 한 자에 대하여 과징금을 부과하려는 경우에는 해당 위반행위를 조사 · 확인한 후 위반사실 · 이의방법 · 이의기간 등을 서면으로 명시하여 이를 낼 것을 과징금 부과대상자에게 통지하여야 한다.

② 제1항에 따라 통지를 받은 자는 통지를 받은 날부터 20일 이내에 시 · 도지사가 정하는 수납기관에 과징금을 내야 한다.

③ 제2항에 따라 과징금의 납부를 받은 수납기관은 그 납부자에게 영수증을 교부하여야 한다.

④ 과징금의 수납기관은 제3항에 따라 과징금영수증을 교부한 때에는 시 · 도지사에게 영수필통지서를 송부하여야 한다.

제69조(수수료) ① 다음 각 호의 어느 하나에 해당하는 신청을 하는 자는 국토교통부장관(제51조제5항 및 제65조제2항에 따라 업무를 위탁하는 경우 위탁받은 자를 포함한다) · 해양수산부장관, 시 · 도지사, 심사대행기관 또는 지정심사대행기관의 장에게 수수료를 납부하여야 한다.

    1. 제38조에 따른 우수물류기업의 인증 또는 점검의 신청

    2. 제43조에 따른 국제물류주선업의 등록 또는 변경등록의 신청

    3. 제51조에 따른 물류관리사 자격시험 응시와 자격증 발급의 신청

    4. 제60조의3에 따른 우수녹색물류실천기업 지정 또는 점검의 신청

② 제1항에 따른 수수료의 산정기준 및 징수절차 등에 관하여 필요한 사항은 국토교통부령(제1항제1호의 경우에는 공동부령을 말한다)으로 정한다.

규칙 제15조(수수료) ① 법 제69조제1항제2호에 따른 수수료는 1건당 2만원으로 한다.

② 법 제69조제1항제4호에 따른 수수료는 200만원 이하의 범위에서 국토교통부장관이 정하여 고시하는 금액으로 한다.

③ 제1항 및 제2항에 따른 수수료는 정보통신망을 이용하여 전자화폐 · 전자결제 등의 방법으로 낼 수 있다.

④ 그 밖에 제1항부터 제3항까지의 규정에 따른 수수료의 납부에 필요한 사항은 국토교통부장관이 정하여 고시한다.

제70조(벌칙 적용에서의 공무원 의제) 제29조제1항 후단에 따라 업무를 대행하는 한국교통안전공단의 임직원, 제29조의2제7항에 따라 업무를 수행하는 위험물질운송단속원, 제40조에 따라 업무를 행하는 심사대행기관의 임직원, 제60조의7에 따라 업무를 행하는 지정심사대행기관의 임직원은 「형법」 제129조부터 제132조까지의 규정에 따른 벌칙의 적용에서는 공무원으로 본다. **1**

제7장 벌칙

제71조(벌칙) ① 제33조제1항을 위반하여 전자문서를 위작 또는 변작하거나 그 사정을 알면서 위작 또는 변작된 전자문서를 행사한 자는 10년 이하의 징역 또는 1억원 이하의 벌금에 처한다. 이 경우 미수범은 본죄에 준하여 처벌한다.

② 제33조제2항을 위반하여 국가물류통합정보센터 또는 단위물류정보망에 의하여 처리 · 보관 또는 전송되는 물류정보를 훼손하거나 그 비밀을 침해 · 도용 또는 누설한 자는 5년 이하의 징역 또는 **5천만원** 이하의 벌금에 처한다. **1**

③ 제33조제5항을 위반하여 국가물류통합정보센터 또는 단위물류정보망의 보호조치를 침해하거나 훼손한 자는 3년 이하의 징역 또는 3천만원 이하의 벌금에 처한다.

제25조(전자문서 및 물류정보의 보관기간) 법 제33조제3항에 따른 전자문서 및 물류정보의 보관기간은 2년으로 한다.

④ 다음 각 호의 어느 하나에 해당하는 자는 1년 이하의 징역 또는 1천만원 이하의 벌금에 처한다.

1. 제29조제4항을 위반하여 취득한 정보를 목적 외의 용도로 사용한 자

1의2. 제33조제3항을 위반하여 전자문서 또는 물류정보를 대통령령으로 정하는 기간 동안 보관하지 아니한 자

2. 제43조제1항에 따른 국제물류주선업의 등록을 하지 아니하고 국제물류주선업을 경영한 자

3. 제66조의제1항을 위반하여 자신의 성명을 사용하여 사업을 하게 하거나 물류관리사 자격증을 대여한 자

4. 제66조의2제2항을 위반하여 물류관리사로부터 그 성명을 빌려 사업을 하거나 물류관리사 자격증을 대여받은 자 또는 이를 알선한 자

⑥ 다음 각 호의 어느 하나에 해당하는 자는 3천만원 이하의 벌금에 처한다.

1. 제34조제1항을 위반하여 전자문서 또는 물류정보를 공개한 자

2. 제41조제3항을 위반하여 거짓의 인증마크를 제작·사용하거나 그 밖의 방법으로 인증받은 기업임을 사칭한 자

⑦ 다음 각 호의 어느 하나에 해당하는 자는 1천만원 이하의 벌금에 처한다.

1. 제29조의3제2항에 따른 위험물질 운송차량의 운행중지 명령에 따르지 아니한 자

1의2. 제37조의3제3항에 따른 자료 제출 및 보고를 하지 아니하거나 거짓으로 한 자

1의3. 제37조의3제4항에 따른 조사를 거부·방해 또는 기피한 자

1의4. 제60조의4제3항을 위반하여 지정을 받지 아니하고 지정표시 또는 이와 유사한 표시를 사용한 자

2. 제66조를 위반하여 성명 또는 상호를 다른 사람에게 사용하게 하거나 인증서·등록증 또는 지정증을 대여한 자

제72조(양벌규정) 법인의 대표자나 법인 또는 개인의 대리인, 사용인, 그 밖의 종업원이 그 법인 또는 개인의 업무에 관하여 제71조의 위반행위를 하면 그 행위자를 벌하는 외에 그 법인 또는 개인에게도 해당 조문의 벌금형을 과한다. 다만, 법인 또는 개인이 그 위반행위를 방지하기 위하여 해당 업무에 관하여 상당한 주의와 감독을 게을리하지 아니한 경우에는 그러하지 아니하다.	
제73조(과태료) ① 다음 각 호의 어느 하나에 해당하는 자에게는 200만원 이하의 과태료를 부과한다.	**제55조(과태료의 부과)** ① 법 제73조제1항에 따른 과태료의 부과기준은 별표 4와 같다.
1. 제7조제2항, 제11조제3항(제13조제2항에서 준용하는 경우를 포함한다) 또는 제15조제1항(제16조제2항에서 준용하는 경우를 포함한다)에 따른 자료를 제출하지 아니하거나 거짓의 자료를 제출한 자(제7조제2항제3호, 제11조제3항제3호 및 제15조제1항제3호에 해당하는 자에 한정한다)	
1의2. 제43조제2항에 따른 변경등록을 하지 아니한 자	
2. 제45조에 따른 신고를 하지 아니한 자	
3. 제39조제2항을 위반하여 인증마크를 계속 사용한 자 ❶	
4. 제60조의6제2항을 위반하여 지정표시를 계속 사용한 자	
5. 제29조의2제1항을 위반하여 단말장치를 장착하지 아니한 자	
6. 제29조의2제2항을 위반하여 단말장치를 점검·관리하지 아니하거나 단말장치의 작동을 유지하지 아니한 자	
7. 제29조의2제5항을 위반하여 운송계획정보를 입력하지 아니하거나 거짓으로 입력한 자	
8. 제29조의2제8항을 위반하여 정당한 사유 없이 출입·조사를 거부·방해 또는 기피한 자	
② 제1항의 과태료는 대통령령으로 정하는 바에 따라 국토교통부장관, 해양수산부장관 또는 시·도지사가 부과·징수한다.	

Law

변 달 수 물 류 관 리 사 물 류 관 련 법 규

물류시설의 개발 및 운영에 관한 법률

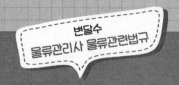
물류시설의 개발 및 운영에 관한 법률

제1장 총칙

제1조(목적) 이 법은 물류시설을 합리적으로 배치·운영하고 물류시설 용지를 원활히 공급하여 물류산업의 발전을 촉진함으로써 국가경쟁력을 강화하고 국토의 균형 있는 발전과 국민경제의 발전에 이바지함을 목적으로 한다.

제2조(정의) 이 법에서 사용하는 용어의 정의는 다음과 같다.
1. "물류시설"이란 다음 각 목의 시설을 말한다.
   가. 화물의 운송·보관·하역을 위한 시설
   나. 화물의 운송·보관·하역과 관련된 가공·조립·분류·수리·포장·상표부착·판매·정보통신 등의 활동을 위한 시설 ❷
   다. 물류의 공동화·자동화 및 정보화를 위한 시설 ❶
   라. 가목부터 다목까지의 시설이 모여 있는 물류터미널 및 물류단지
2. "물류터미널"이란 화물의 집화·하역 및 이와 관련된 분류·포장·보관·가공·조립 또는 통관 등에 필요한 기능을 갖춘 시설물을 말한다. 다만, 가공·조립 시설은 대통령령으로 정하는 규모 이하의 것이어야 한다. ❶
3. "물류터미널사업"이란 물류터미널을 경영하는 사업으로서 복합물류터미널사업과 일반물류터미널사업을 말한다. 다만, 다음 각 목의 시설물을 경영하는 사업은 제외한다. ❷
   가. 「항만법」 제2조제5호의 항만시설 중 항만구역 안에 있는 화물하역시설 및 화물보관·처리 시설 ❸
   나. 「공항시설법」 제2조제7호의 공항시설 중 공항구역 안에 있는 화물운송을 위한 시설과 그 부대시설 및 지원시설 ❶
   다. 「철도사업법」 제2조제8호에 따른 철도사업자가 그 사업에 사용하는 화물운송·하역 및 보관 시설 ❷

제2조(가공·조립시설의 규모 등) ① 「물류시설의 개발 및 운영에 관한 법률」(이하 "법"이라 한다) 제2조제2호 단서에서 "대통령령으로 정하는 규모 이하의 것"이란 가공·조립 시설의 전체 바닥면적 합계가 물류터미널의 전체 바닥면적 합계의 4분의 1 이하인 것을 말한다. ❸
② 법 제2조제7호자목에서 "그 밖에 물류기능을 가진 시설로서 대통령령으로 정하는 시설"이란 다음 각 호의 시설을 말한다.
1. 「관세법」에 따른 보세창고
2. 「수산식품산업의 육성 및 지원에 관한 법률」 제16조에 따른 수산물가공업시설(냉동·냉장업 시설만 해당한다) ❶
3. 「항만법」 제2조제5호의 항만시설 중 항만구역에 있는 화물하역시설 및 화물보관·처리 시설
4. 「공항시설법」 제2조제7호의 공항시설 중 공항구역에 있는 화물운송을 위한 시설과 그 부대시설 및 지원시설
5. 「철도사업법」 제2조제8호에 따른 철도사업자가 그 사업에 사용하는 화물운송·하역 및 보관 시설 ❷

제2조(물류단지 시설 등) ① (이하 "영"이라 한다)제2조제2항제6호에서 "그 밖에 물류기능을 가진 시설로서 국토교통부령으로 정하는 시설"이란 다음 각 호의 시설을 말한다.
1. 「자동차관리법」 제2조제7호에 따른 자동차매매업을 영위하려는 자 또는 자동차매매업자가 공동으로 사용하려는 사업장
2. 「자동차관리법」 제60조제1항에 따른 자동차경매장 ❶
② 영 제2조제3항제5호에서 "그 밖에 국토교통부령으로 정하는 제조·가공시설"이란 「양곡관리법」 제22조제2항에 따라 농업협동조합 등이 설치하는 미곡의 건조·보관·가공시설을 말한다.
③ 영 제2조제4항제3호에서 "그 밖에 물류단지의 기능 증진을 위한 시설로서 국토교통부령으로 정하는 시설"이란 단독주택·공동주택·숙박시설·운동시설·위락시설 및 근린생활시설을 말한다. ❶

라. 「유통산업발전법」 제2조제15호 및 제16호의 집배송시설 및 공동 집배송센터 **2**

4. **"복합물류터미널사업"**이란 두 종류 이상의 운송수단 간의 연계운송을 할 수 있는 규모 및 시설을 갖춘 물류터미널사업을 말한다. **6**

5. **"일반물류터미널사업"**이란 물류터미널사업 중 복합물류터미널사업을 제외한 것을 말한다.

5의2. **"물류창고"**란 화물의 저장·관리, 집화·배송 및 수급조정 등을 위한 보관시설(주문 수요를 예측하여 소형·경량 위주의 화물을 미리 보관하고 소비자의 주문에 대응하여 즉시 배송하기 위한 주문배송시설을 포함한다)·보관장소 또는 이와 관련된 하역·분류·포장·상표부착 등에 필요한 기능을 갖춘 시설을 말한다. **1**

5의3. **"물류창고업"**이란 화주의 수요에 따라 유상으로 물류창고에 화물을 보관하거나 이와 관련된 하역·분류·포장·상표부착 등을 하는 사업을 말한다. 다만, 다음 각 목의 어느 하나에 해당하는 것은 제외한다.

　가. 「주차장법」에 따른 주차장에서 자동차의 보관, 「자전거 이용 활성화에 관한 법률」에 따른 자전거 주차장에서 자전거의 보관 **2**

　나. 「철도사업법」에 따른 철도사업자가 여객의 수하물 또는 소화물을 보관하는 것 **2**

　다. 그 밖에 「위험물안전관리법」에 따른 위험물저장소에 보관하는 것 등 국토교통부와 해양수산부의 공동부령으로 정하는 것

5의4. **"스마트물류센터"**란 첨단물류시설 및 설비, 운영시스템 등을 도입하여 저비용·고효율·안전성·친환경성 등에서 우수한 성능을 발휘할 수 있는 물류창고로서 제21조의4제1항에 따라 국토교통부장관의 인증을 받은 물류창고를 말한다.

6. **"물류단지"**란 물류단지시설과 지원시설을 집단적으로 설치·육성하기 위하여 제22조 또는 제22조의2에 따라 지정·개발하는 일단의 토지 및 시설로서 도시첨단물류단지와 일반물류단지를 말한다.

6. 그 밖에 물류기능을 가진 시설로서 국토교통부령으로 정하는 시설

③ 법 제2조제8호가목에서 "대통령령으로 정하는 가공·제조 시설"이란 다음 각 호의 시설을 말한다.

2. 「농수산물유통 및 가격안정에 관한 법률」 제51조에 따른 농수산물산지유통센터(축산물의 도축·가공·보관 등을 하는 축산물 종합처리시설을 포함한다) **1**

3. 「산업집적활성화 및 공장설립에 관한 법률」 제2조제1호에 따른 공장

4. 「수산식품산업의 육성 및 지원에 관한 법률」 제15조에 따른 수산가공품 생산공장 및 같은 법 제16조에 따른 수산물가공업시설(냉동·냉장업 시설 및 선상가공업시설은 제외한다) **1**

5. 그 밖에 국토교통부령으로 정하는 제조·가공시설

④ 법 제2조제8호마목에서 "대통령령으로 정하는 시설"이란 다음 각 호의 시설을 말한다.

1. 「건축법 시행령」 별표 1 제5호에 따른 문화 및 집회시설 **1**

2. 입주기업체 및 지원기관에서 발생하는 폐기물의 처리를 위한 시설(재활용시설을 포함한다) **2**

2의2. 물류단지의 종사자 및 이용자의 주거를 위한 단독주택, 공동주택 등의 시설 **1**

3. 그 밖에 물류단지의 기능 증진을 위한 시설로서 국토교통부령으로 정하는 시설

6의2. "도시첨단물류단지"란 도시 내 물류를 지원하고 물류 · 유통산업 및 물류 · 유통과 관련된 산업의 육성과 개발을 촉진하려는 목적으로 도시첨단물류단지시설과 지원시설을 집단적으로 설치하기 위하여 「국토의 계획 및 이용에 관한 법률」에 따른 도시지역에 제22조의2에 따라 지정 · 개발하는 일단의 토지 및 시설을 말한다.

6의3. "일반물류단지"란 물류단지 중 도시첨단물류단지를 제외한 것을 말한다. ❶

6의4. "물류단지시설"이란 일반물류단지시설과 도시첨단물류단지시설을 말한다.

7. "일반물류단지시설"이란 화물의 운송 · 집화 · 하역 · 분류 · 포장 · 가공 · 조립 · 통관 · 보관 · 판매 · 정보처리 등을 위하여 일반물류단지 안에 설치되는 다음 각 목의 시설을 말한다.

가. 물류터미널 및 창고

나. 「유통산업발전법」 제2조제3호 · 제8호 · 제16호 및 제17조의2의 대규모점포 · **전문상가단지** · **공동집배송센터** 및 중소유통공동도매물류센터 ❷

다. 「농수산물유통 및 가격안정에 관한 법률」 제2조제2호 · 제5호 및 제12호의 **농수산물도매시장** · 농수산물공판장 및 농수산물종합유통센터 ❶

라. 「궤도운송법」에 따른 궤도사업을 경영하는 자가 그 사업에 사용하는 화물의 운송 · 하역 및 보관 시설 ❶

마. 「축산물위생관리법」 제2조제11호의 작업장

바. 「농업협동조합법」 · 「수산업협동조합법」 · 「산림조합법」 · 「중소기업협동조합법」 또는 「협동조합 기본법」에 따른 조합 또는 그 중앙회(연합회를 포함한다)가 설치하는 구매사업 또는 판매사업 관련 시설 ❶

사. 「화물자동차 운수사업법」 제2조제2호의 화물자동차운수사업에 이용되는 차고, 화물취급소, 그 밖에 화물의 처리를 위한 시설 **1**

아. 「약사법」 제44조제2항제2호의 의약품 도매상의 창고 및 영업소시설 **1**

자. 그 밖에 물류기능을 가진 시설로서 대통령령으로 정하는 시설

차. 가목부터 자목까지의 시설에 딸린 시설(제8호가목 또는 나목의 시설로서 가목부터 자목까지의 시설과 동일한 건축물에 설치되는 시설을 포함한다)

7의2. "도시첨단물류단지시설"이란 도시 내 물류를 지원하고 물류·유통산업 및 물류·유통과 관련된 산업의 육성과 개발을 목적으로 도시첨단물류단지 안에 설치되는 다음 각 목의 시설을 말한다.

가. 제7호가목부터 자목까지의 시설 중에서 도시 내 물류·유통기능 증진을 위한 시설

나. 「산업입지 및 개발에 관한 법률」 제2조제7호의2에 따른 공장, 지식산업 관련 시설, 정보통신산업 관련 시설, 교육·연구시설 중 첨단산업과 관련된 시설로서 국토교통부령으로 정하는 물류·유통 관련 시설

다. 그 밖에 도시 내 물류·유통기능 증진을 위한 시설로서 대통령령으로 정하는 시설

라. 가목부터 다목까지의 시설에 딸린 시설

7의3. "복합용지"란 제7호의2, 제8호, 제9호나목에서 마목까지의 시설을 하나의 용지에 전부 또는 일부 설치하기 위한 용지를 말한다.

8. "지원시설"이란 물류단지시설의 운영을 효율적으로 지원하기 위하여 물류단지 안에 설치되는 다음 각 목의 시설을 말한다. 다만, 가목 또는 나목의 시설로서 제7호가목부터 자목까지의 시설과 동일한 건축물에 설치되는 시설은 제외한다.

가. 대통령령으로 정하는 가공·제조 시설

나. 정보처리시설

다. 금융 · 보험 · 의료 · 교육 · 연구 · 업무 시설 **2**

라. 물류단지의 종사자 및 이용자의 생활과 편의를 위한 시설 **2**

마. 그 밖에 물류단지의 기능 증진을 위한 시설로서 대통령령으로 정하는 시설 **1**

9. "물류단지개발사업"이란 물류단지를 조성하기 위하여 시행하는 다음 각 목의 사업으로서 도시첨단물류단지개발사업과 일반물류단지개발사업을 말한다.

가. 물류단지시설 및 지원시설의 용지조성사업과 건축사업

나. 도로 · 철도 · 궤도 · 항만 또는 공항 시설 등의 건설사업

다. 전기 · 가스 · 용수 등의 공급시설과 전기통신설비의 건설사업

라. **하수도, 폐기물처리시설**, 그 밖의 환경오염방지시설 등의 건설사업 **2**

마. 그 밖에 가목부터 라목까지의 사업에 딸린 사업

10. "도시첨단물류단지개발사업"이란 물류단지개발사업 중 도시첨단물류단지를 조성하기 위하여 시행하는 사업을 말한다.

11. "일반물류단지개발사업"이란 물류단지개발사업 중 도시첨단물류단지사업을 제외한 것을 말한다.

제3조(다른 법률과의 관계) ② 다른 법률에서 물류터미널 및 물류단지 외의 물류시설의 개발 · 관리 및 운영 등에 관하여 규정하고 있는 경우에는 그 법률로 정하는 바에 따른다.

③ 물류 교통 · 환경 정비사업과 관련된 사항에 대하여는 다른 법률에 우선하여 이 법을 적용한다.

제2장 물류시설개발종합계획의 수립

제4조(물류시설개발종합계획의 수립) ① 국토교통부장관은 물류시설의 합리적 개발·배치 및 물류체계의 효율화 등을 위하여 물류시설의 개발에 관한 종합계획(이하 "물류시설개발종합계획"이라 한다)을 5년 단위로 수립하여야 한다. **3**

② 물류시설개발종합계획은 물류시설을 다음 각 호의 기능별 분류에 따라 체계적으로 수립한다. 이 경우 다음 각 호의 물류시설의 기능이 서로 관련되어 있는 때에는 이를 고려하여 수립하여야 한다.

1. 단위물류시설 : 창고 및 집배송센터 등 물류활동을 개별적으로 수행하는 최소 단위의 물류시설 **1**

2. **집적[클러스터(cluster)]물류시설** : 물류터미널 및 물류단지 등 둘 이상의 단위물류시설 등이 함께 설치된 물류시설 **1**

3. 연계물류시설 : 물류시설 상호 간의 화물운송이 원활히 이루어지도록 제공되는 도로 및 철도 등 교통시설

③ 물류시설개발종합계획에는 다음 각 호의 사항이 포함되어야 한다.

1. 물류시설의 장래수요에 관한 사항 **1**

2. 물류시설의 공급정책 등에 관한 사항 **1**

3. 물류시설의 지정·개발에 관한 사항 **1**

4. 물류시설의 지역별·규모별·연도별 배치 및 우선순위에 관한 사항 **1**

5. 물류시설의 기능개선 및 효율화에 관한 사항 **1**

6. 물류시설의 **공동화·집단화**에 관한 사항 **1**

7. 물류시설의 국내 및 국제 연계수송망 구축에 관한 사항

8. 물류시설의 환경보전·관리에 관한 사항 **1**

9. 도심지에 위치한 물류시설의 정비와 교외이전에 관한 사항 **1**

10. 그 밖에 대통령령으로 정하는 사항

제3조(물류시설개발종합계획의 수립) ① 법 제4조제3항제10호에서 "그 밖에 대통령령으로 정하는 사항"이란 용수·에너지·통신시설 등 기반시설에 관한 사항을 말한다. **3**

② 법 제5조제1항 후단에서 "대통령령으로 정하는 사항을 변경하려는 때"란 물류시설별 물류시설용지면적의 100분의 10 이상으로 물류시설의 수요·공급계획을 변경하려는 때를 말한다. **3**

③ 관계 중앙행정기관의 장은 법 제5조제3항에 따라 물류시설개발종합계획의 변경을 요청할 때에는 국토교통부장관에게 다음 각 호의 사항에 관한 서류를 제출하여야 한다. **1**

1. 물류시설의 현황

2. 자금조달계획 및 투자계획

3. 그 밖에 국토교통부령으로 정하는 사항 **1**

④ 국토교통부장관은 법 제5조제4항에 따라 물류시설개발종합계획의 수립 또는 변경에 필요한 자료의 요구나 협조를 요청할 때에는 그 자료 또는 협조의 내용과 제출기간을 명확히 하여야 한다.

제3조(물류시설개발종합계획의 수립) 영 제3조제3항제3호에서 "그 밖에 국토교통부령으로 정하는 사항"이란 물류시설개발종합계획의 주요 변경내용에 관한 대비표를 말한다. **1**

제5조(물류시설개발종합계획의 수립절차) ① 국토교통부장관은 물류시설개발종합계획을 수립하는 때에는 관계 행정기관의 장으로부터 소관별 계획을 제출받아 이를 기초로 물류시설개발종합계획안을 작성하여 특별시장·광역시장·특별자치시장·도지사 또는 특별자치도지사(이하 "시·도지사"라 한다)의 의견을 듣고 관계 중앙행정기관의 장과 협의한 후「물류정책기본법」제19조제1항제2호의 물류시설분과위원회의 심의를 거쳐야 한다. 물류시설개발종합계획 중 대통령령으로 정하는 사항을 변경하려는 때에도 또한 같다. **2**

② 국토교통부장관은 제1항에 따라 물류시설개발종합계획을 수립하거나 변경한 때에는 이를 관보에 고시하여야 한다. **2**

③ 관계 중앙행정기관의 장은 필요한 경우 국토교통부장관에게 물류시설개발종합계획을 변경하도록 요청할 수 있다. **4**

④ 국토교통부장관은 대통령령으로 정하는 바에 따라 관계 기관에 물류시설개발종합계획을 수립하거나 변경하는 데에 필요한 자료의 제출을 요구하거나 협조를 요청할 수 있으며, 그 요구나 요청을 받은 관계 기관은 정당한 사유가 없으면 이에 따라야 한다.

⑤ 국토교통부장관은 물류시설개발종합계획을 효율적으로 수립하기 위하여 필요하다고 인정하는 때에는 물류시설에 대하여 조사할 수 있다. 이 경우 물류시설의 조사에 관하여는「물류정책기본법」제7조를 준용한다. **2**

⑥ 물류시설개발종합계획의 수립 등에 필요한 사항은 대통령령으로 정한다.

제6조(물류시설개발종합계획과 다른 계획과의 관계) ① 물류시설개발종합계획은「물류정책기본법」제11조의 국가물류기본계획과 조화를 이루어야 한다. **2**

② 국토교통부장관, 관계 중앙행정기관의 장 또는 시·도지사는 물류시설을 지정·개발하거나 인·허가를 할 때 이 법에 따라 수립된 물류시설개발종합계획과 상충되거나 중복되지 아니하도록 하여야 한다.

③ 국토교통부장관, 관계 중앙행정기관의 장 또는 시·도지사는 다음 각 호의 어느 하나에 해당하는 경우에는 그 계획을 변경하도록 요청할 수 있다. 이 경우 조정이 필요하면 「물류정책기본법」 제19조제1항제2호의 물류시설분과위원회에 조정을 요청할 수 있다. **1**

 1. 다른 행정기관이 직접 지정·개발하려는 물류시설 개발계획이 물류시설개발종합계획과 상충되거나 중복된다고 인정하는 경우 **1**

 2. 다른 행정기관이 인·허가를 하려는 물류시설 개발계획이 물류시설개발종합계획과 상충되거나 중복된다고 인정하는 경우

제3장 물류터미널사업

제7조(복합물류터미널사업의 등록) ① 복합물류터미널사업을 경영하려는 자는 국토교통부령으로 정하는 바에 따라 국토교통부장관에게 **등록하여야 한다.** **2**
② 제1항에 따른 등록을 할 수 있는 자는 다음 각 호의 어느 하나에 해당하는 자로 한다.

 1. 국가 또는 **지방자치단체** **2**
 2. 「공공기관의 운영에 관한 법률」에 따른 공공기관(이하 "공공기관"이라 한다) 중 대통령령으로 정하는 공공기관
 3. 「지방공기업법」에 따른 지방공사 **1**
 4. 특별법에 따라 설립된 법인 **1**
 5. 「민법」 또는 「상법」에 따라 설립된 법인 **1**

③ 제1항에 따라 복합물류터미널사업의 등록을 한 자(이하 "복합물류터미널사업자"라 한다)가 그 등록한 사항 중 대통령령으로 정하는 사항을 변경하려는 경우에는 대통령령으로 정하는 바에 따라 **변경등록**을 하여야 한다. **1**
④ 제1항에 따른 등록을 하려는 자가 갖추어야 할 등록기준은 다음 각 호와 같다.

 1. 복합물류터미널이 해당 지역 운송망의 중심지에 위치하여 다른 교통수단과 쉽게 연계될 것

제4조(복합물류터미널사업의 등록) ① 법 제7조제2항제2호에서 "대통령령으로 정하는 공공기관"이란 다음 각 호의 기관을 말한다.

 1. 「한국철도공사법」에 따른 한국철도공사
 2. 「한국토지주택공사법」에 따른 한국토지주택공사 **1**
 3. 「한국도로공사법」에 따른 한국도로공사
 5. 「한국수자원공사법」에 따른 한국수자원공사
 6. 「한국농어촌공사 및 농지관리기금법」에 따른 한국농어촌공사 **1**
 7. 「항만공사법」에 따른 항만공사 **1**

② 법 제7조제3항에서 "대통령령으로 정하는 사항"이란 다음 각 호 외의 사항을 말한다.

 1. 복합물류터미널의 부지 면적의 변경(변경 횟수에 불구하고 통산하여 부지 면적의 10분의 1 미만의 변경만 해당한다) **2**
 2. 복합물류터미널의 구조, 설비 또는 입지기준의 변경 **1**

제4조(복합물류터미널사업의 등록신청) 법 제7조제1항에 따라 복합물류터미널사업의 등록을 하려는 자는 별지 제1호서식의 등록신청서(전자문서로 된 신청서를 포함한다)에 다음 각 호의 서류(전자문서로 된 서류를 포함한다)를 첨부하여 국토교통부장관에게 제출하여야 한다. 이 경우 국토교통부장관은 「전자정부법」 제36조제1항에 따른 행정정보의 공동이용을 통하여 양수인의 법인 등기사항증명서(신청인이 법인인 경우만 해당한다)를 확인하여야 한다.

 1. 법 제7조제4항에 따른 등록기준에 적합함을 증명하는 서류
 2. 복합물류터미널의 부지 및 설비의 배치를 표시한 축척 500분의 1 이상의 평면도 **2**

2. 부지 면적이 3만3천제곱미터 이상일 것 **5**

3. 다음 각 목의 시설을 갖출 것 **1**

　가. 주차장

　나. 화물취급장

　다. 창고 또는 배송센터

4. 물류시설개발종합계획 및 「물류정책기본법」 제11조의 국가물류기본계획상의 물류터미널의 개발 및 정비계획 등에 배치되지 아니할 것 **1**

⑤ 국토교통부장관은 제2항 각 호의 어느 하나에 해당하는 자가 제1항에 따라 등록신청을 하는 경우에는 다음 각 호의 어느 하나에 해당하는 경우를 제외하고는 같은 항에 따른 등록을 해주어야 한다.

1. 등록신청자가 제4항 각 호의 등록기준을 갖추지 못한 경우

2. 제8조 각 호의 결격사유에 해당하는 경우

3. 영업소의 명칭 또는 위치의 변경 **2**

③ 법 제7조제1항에 따라 복합물류터미널사업의 등록을 한 자(이하 "복합물류터미널사업자"라 한다)는 같은 조 제3항에 따라 등록사항을 변경하려는 경우에는 국토교통부령으로 정하는 서류를 갖추어 국토교통부장관에게 변경등록신청을 하여야 한다.

3. 신청인(법인인 경우에는 그 임원)이 외국인인 경우에는 법 제8조 각 호의 결격사유 중 어느 하나에 해당하지 아니함을 확인할 수 있는 다음 각 목의 구분에 따른 서류 **1**

　가. 「외국공문서에 대한 인증의 요구를 폐지하는 협약」을 체결한 국가의 경우 : 해당 국가의 정부 그 밖에 권한 있는 기관이 발행한 서류이거나 공증인이 공증한 해당 외국인의 진술서로서 해당 국가의 아포스티유(Apostille) 확인서 발급 권한이 있는 기관이 그 확인서를 발급한 서류

　나. 「외국공문서에 대한 인증의 요구를 폐지하는 협약」을 체결하지 않은 국가의 경우 : 해당 국가의 정부 그 밖에 권한 있는 기관이 발행한 서류이거나 공증인이 공증한 해당 외국인의 진술서로서 해당 국가에 주재하는 우리나라 영사가 확인한 서류

4. 신청인이 외국인투자기업인 경우에는 「외국인투자 촉진법」에 따른 외국인투자를 증명할 수 있는 서류

제6조(복합물류터미널사업의 변경등록) ② 국 토교통부장관은 제1항에 따른 변경등록신청을 받은 경우 법 제7조제4항에 따른 등록기준에 적합한지 여부와 법 제8조에 따른 등록의 결격사유에 해당하는지 여부를 심사한 후 그 신청내용이 적합하다고 인정할 때에는 지체없이 변경등록을 하여야 한다. ❶

제8조(등록의 결격사유) 다음 각 호의 어느 하나에 해당하는 자는 복합물류터미널사업의 등록을 할 수 없다.

1. 이 법을 위반하여 벌금형 이상을 선고받은 후 2년이 지나지 아니한 자 ❸

2. 복합물류터미널사업 등록이 취소(제3호가목에 해당하여 제17조제1항제4호에 따라 등록이 취소된 경우는 제외한다)된 후 2년이 지나지 아니한 자 ❸

3. 법인으로서 그 임원 중에 제1호 또는 다음 각 목의 어느 하나에 해당하는 자가 있는 경우

　가. 피성년후견인 또는 파산선고를 받고 복권되지 아니한 자 ❸

　나. 이 법을 위반하여 금고 이상의 실형을 선고받고 그 집행이 종료(집행이 종료된 것으로 보는 경우를 포함한다)되거나 집행이 면제된 날부터 2년이 지나지 아니한 자 ❸

　다. 이 법을 위반하여 금고 이상의 형의 집행유예를 선고받고 그 유예기간 중에 있는 자 ❷

제9조(공사시행의 인가) ① 복합물류터미널사업자는 건설하려는 물류터미널의 구조 및 설비 등에 관한 공사계획을 수립하여 국토교통부장관의 공사시행인가를 받아야 하며, 일반물류터미널사업을 경영하려는 자는 물류터미널 건설에 관하여 필요한 경우 시·도지사의 공사시행인가를 받을 수 있다. 인가받은 공사계획 중 대통령령으로 정하는 사항을 변경하는 경우와 복합물류터미널사업자가 「산업집적활성화 및 공장설립에 관한 법률」 제2조에 따른 제조시설 및 그 부대시설과 「유통산업발전법」 제2조에 따른 대규모점포 및 준대규모점포의 매장과 그 매장에 포함되는 용역의 제공장소(이하 "점포등"이라 한다)를 설치하는 경우에는 해당 인가권자의 변경인가를 받아야 한다. ❷

② 국토교통부장관 또는 시·도지사는 제1항에 따른 공사시행인가 또는 변경인가를 하려는 때에는 관할 특별자치시장·특별자치도지사·시장·군수 또는 구청장(자치구의 구청장을 말한다)의 의견을 듣고, 제21조제1항 및 제2항 각 호에 따른 관계 법령에 적합한지를 미리 소관 행정기관의 장과 협의하여야 한다.

③ 제2항에 따른 협의를 요청받은 소관 행정기관의 장은 협의 요청받은 날부터 20일 이내에 의견을 제출하여야 하며, 그 기간 내에 의견을 제출하지 아니하면 의견이 없는 것으로 본다.

④ 국토교통부장관 또는 시·도지사는 제1항에 따른 공사계획이 국토교통부령으로 정하는 구조 및 설비기준에 적합한 경우에는 제1항에 따른 인가를 하여야 한다.

⑤ 국토교통부장관 또는 시·도지사는 제1항에 따른 공사시행인가 또는 변경인가를 한 때에는 국토교통부령으로 정하는 바에 따라 고시하여야 한다.

제5조(공사시행의 인가 등) ① 법 제10조제1항에 따른 물류터미널사업자(이하 "물류터미널사업자"라 한다)가 법 제9조제1항에 따라 공사시행의 인가 또는 변경인가를 받으려는 경우에는 국토교통부령으로 정하는 공사시행의 인가 또는 변경인가신청서에 공사계획서를 첨부하여 복합물류터미널사업자는 국토교통부장관에게 제출하고, 일반물류터미널사업을 경영하려는 자는 특별시장·광역시장·**특별자치시장**·도지사 또는 특별자치도지사(이하 "시·도지사"라 한다)에게 **제출해야** 한다.

② 법 제9조제1항 후단에 따라 공사계획의 변경에 관한 인가를 받아야 하는 경우는 다음 각 호와 같다.

1. 공사의 기간을 변경하는 경우 ❸
2. 물류터미널의 부지 면적을 변경하는 경우(부지 면적의 10분의 1 이상을 변경하는 경우만 해당한다) ❸
3. 물류터미널 안의 건축물의 연면적(하나의 건축물의 각 층의 바닥면적의 합계를 말한다)을 변경하는 경우(연면적의 10분의 1 이상을 변경하는 경우만 해당한다) ❸
4. 물류터미널 안의 공공시설 중 도로·철도·광장·녹지나 그 밖에 국토교통부령으로 정하는 시설을 변경하는 경우 ❸

제8조(물류터미널공사시행변경인가의 신청)

① 영 제5조제1항에 따른 공사시행의 변경인가신청서는 별지 제5호서식과 같다.

② 제1항에 따른 공사시행의 변경인가신청서에는 공사계획의 변경내용을 기재한 서류와 그 변경내용을 증명할 수 있는 서류 및 도면을 첨부하여야 한다.

③ 영 제5조제2항제4호에서 "그 밖에 국토교통부령으로 정하는 시설"이란 주차장, 상수도, 하수도, 유수지, 운하, 부두, **오·폐수시설 및 공동구**를 말한다. ❶

④ 국토교통부장관 또는 특별시장·광역시장·특별자치시장·도지사 또는 특별자치도지사(이하 "시·도지사"라 한다)는 변경인가신청의 내용이 제9조에 따른 물류터미널의 구조 및 설비기준에 적합한 경우에는 지체없이 인가를 하여야 한다.

제10조(토지등의 수용·사용) ① 제9조제1항에 따른 공사시행인가를 받은 자(이하 "물류터미널사업자"라 한다)가 물류터미널(「국토의 계획 및 이용에 관한 법률」에 따른 도시·군계획시설에 해당하는 물류터미널에 한정한다. 이하 제13조까지에서 같다)을 건설하는 경우에는 이에 필요한 토지·건축물 또는 토지에 정착한 물건과 이에 관한 소유권 외의 권리, 광업권·어업권·양식업권 및 물의 사용에 관한 권리(이하 "토지등"이라 한다)를 수용하거나 사용할 수 있다. 다만, 다음 각 호에 해당하지 아니하는 자가 토지등을 수용하거나 사용하려면 사업대상 토지(국유지·공유지는 제외한다. 이하 이 항에서 같다)면적의 3분의 2 이상에 해당하는 토지를 소유하고, 토지소유자 총수의 2분의 1 이상에 해당하는 자의 동의를 받아야 한다.

    1. 국가 또는 지방자치단체

    2. 대통령령으로 정하는 공공기관

    3. 그 밖에 공익 목적을 위하여 개발사업을 시행하는 자로서 대통령령으로 정하는 자

② 제1항에 따라 토지등을 수용하거나 사용할 때 제9조제5항에 따른 공사시행인가의 고시가 있는 때에는 「공익사업을 위한 토지 등의 취득 및 보상에 관한 법률」 제20조제1항 및 같은 법 제22조에 따른 사업인정 및 사업인정의 고시를 한 것으로 보며, 재결의 신청은 같은 법 제23조제1항 및 같은 법 제28조제1항에도 불구하고 공사시행인가에서 정한 사업의 시행기간 내에 할 수 있다.

③ 제1항에 따른 토지등의 수용·사용에 관하여는 이 법에 특별한 규정이 있는 경우 외에는 「공익사업을 위한 토지 등의 취득 및 보상에 관한 법률」을 준용한다.

제11조(토지매수업무 등의 위탁) 물류터미널사업자는 물류터미널의 건설을 위한 토지매수업무·손실보상업무 및 이주대책에 관한 업무를 「공익사업을 위한 토지 등의 취득 및 보상에 관한 법률」 제81조제1항 각 호의 기관에 위탁하여 시행할 수 있다. 이 경우 위탁수수료 등에 관하여는 같은 법 제81조제2항을 준용한다.

제12조(토지 출입 등) ① 물류터미널사업자는 물류터미널의 건설을 위하여 필요한 때에는 다른 사람의 토지에 출입하거나 이를 일시 사용할 수 있으며, 나무, 토석, 그 밖의 장애물을 변경하거나 제거할 수 있다. ❷

② 제1항에 따른 다른 사람의 토지 출입 등에 관하여는 「국토의 계획 및 이용에 관한 법률」 제130조 및 제131조를 준용한다.

제13조(국·공유지의 처분제한) ① 물류터미널을 건설하기 위한 부지 안에 있는 국가 또는 지방자치단체 소유의 토지로서 물류터미널 건설사업에 필요한 토지는 해당 물류터미널 건설사업 목적이 아닌 다른 목적으로 매각하거나 양도할 수 없다. ❷

② 물류터미널을 건설하기 위한 부지 안에 있는 국가 또는 지방자치단체 소유의 재산은 「국유재산법」, 「공유재산 및 물품 관리법」, 그 밖의 다른 법령에도 불구하고 물류터미널사업자에게 수의계약으로 매각할 수 있다. 이 경우 그 재산의 용도폐지(행정재산인 경우에 한정한다) 및 매각에 관하여는 국토교통부장관 또는 시·도지사가 미리 관계 행정기관의 장과 협의하여야 한다. ❶

③ 제2항 후단에 따른 협의요청이 있는 때에는 관계 행정기관의 장은 그 요청을 받은 날부터 30일 이내에 용도폐지 및 매각, 그 밖에 필요한 조치를 하여야 한다.

④ 제2항에 따라 물류터미널사업자에게 매각하려는 재산 중 관리청이 불분명한 재산은 다른 법령에도 불구하고 기획재정부장관이 이를 관리하거나 처분한다.

영 제6조(용도폐지 등의 협의) ① 국토교통부장관이나 시·도지사가 법 제13조제2항 후단에 따라 국가 또는 지방자치단체 소유 재산의 용도폐지 및 매각에 관하여 관계 행정기관의 장에게 협의를 요청하려는 경우에는 다음 각 호의 서류를 첨부하여야 한다.

　1. 협의대상 재산의 명세서

　2. 용도폐지·매각 및 재산평가방법 등에 관한 협의 내용을 적은 서류

　5. 위치도

　6. 미등기확인서(등기가 되어 있지 아니한 재산의 경우에만 첨부한다)

② 제1항에 따른 협의를 요청받은 관계 행정기관의 장은 「전자정부법」 제36조제1항에 따른 행정정보의 공동이용을 통하여 다음 각 호의 행정정보를 확인하여야 한다.

　1. 토지(임야)대장 등본

　2. 등기부 등본

　3. 지적도 등본

③ 기획재정부장관은 법 제13조제4항에 따라 관리 또는 처분하는 재산을 「국유재산법」 제42조제1항에 따라 위임하여 관리 또는 처분하게 할 수 있다.

제14조(사업의 승계) ① 복합물류터미널사업자가 그 사업을 양도하거나 법인이 합병한 때에는 그 양수인 또는 합병 후 존속하는 법인이나 합병에 의하여 설립되는 법인은 복합물류터미널사업의 등록에 따른 권리·의무를 승계한다.

② 제1항에 따라 복합물류터미널사업의 등록에 따른 권리·의무를 승계한 자는 국토교통부령으로 정하는 바에 따라 국토교통부장관에게 신고하여야 한다. ❶

③ 국토교통부장관은 제2항에 따른 신고를 받은 날부터 10일 이내에 신고수리 여부를 신고인에게 통지하여야 한다. **1**

④ 국토교통부장관이 제3항에서 정한 기간 내에 신고수리 여부 또는 민원 처리 관련 법령에 따른 처리기간의 연장을 신고인에게 통지하지 아니하면 그 기간(민원 처리 관련 법령에 따라 처리기간이 연장 또는 재연장된 경우에는 해당 처리기간을 말한다)이 끝난 날의 다음 날에 신고를 수리한 것으로 본다.

⑤ 제1항에 따라 승계한 자의 결격사유에 관하여는 제8조를 준용한다.

제15조(사업의 휴업 · 폐업) ① 복합물류터미널사업자는 복합물류터미널사업의 전부 또는 일부를 휴업하거나 폐업하려는 때에는 미리 국토교통부장관에게 신고하여야 한다. **4** ② 복합물류터미널사업자인 법인이 **합병 외의 사유로** 해산한 경우에는 그 청산인(파산에 따라 해산한 경우에는 파산관재인을 말한다)은 지체 없이 그 사실을 국토교통부장관에게 신고하여야 한다. **1** ③ 제1항에 따른 휴업기간은 6개월을 초과할 수 없다. **3** ④ 복합물류터미널사업자가 사업의 전부 또는 일부를 휴업하거나 폐업하려는 때에는 미리 그 취지를 영업소나 그 밖에 일반 공중이 보기 쉬운 곳에 게시하여야 한다. **1**	**규칙 제12조(사업의 휴업 · 폐업 등 신고)** ① 법 제15조에 따라 복합물류터미널사업의 휴업 · 폐업신고 또는 복합물류터미널사업자인 법인의 합병 외의 사유에 따른 해산신고를 하려는 자는 별지 제8호서식의 휴업 · 폐업 또는 해산신고서를 **휴업 · 폐업 또는 해산한 날부터 7일** 이내에 국토교통부장관에게 제출하여야 한다. **2** ② 제1항에 따른 폐업 또는 해산신고서에는 다음 각 호의 서류를 첨부하여야 한다. 　1. 사업을 폐업하려는 자가 법인인 경우에는 사업폐지에 관한 법인의 의사결정을 증명하는 서류 　2. 법인이 합병 외의 사유에 따라 해산한 경우에는 법인의 해산을 증명하는 서류
제16조(등록증대여 등의 금지) 복합물류터미널사업자는 다른 사람에게 자기의 성명 또는 상호를 사용하여 사업을 하게 하거나 그 등록증을 대여하여서는 아니 된다.	
제17조(등록의 취소 등) ① 국토교통부장관은 복합물류터미널사업자가 다음 각 호의 어느 하나에 해당하는 때에는 그 등록을 취소하거나 6개월 이내의 기간을 정하여 사업의 정지를 명할 수 있다. 다만, 제1호 · 제4호 · 제7호 또는 제8호에 해당하는 때에는 등록을 취소하여야 한다. **2** 　1. 거짓이나 그 밖의 부정한 방법으로 제7조제1항에 따른 등록을 한 때 **1** 　2. 제7조제3항에 따른 변경등록을 하지 아니하고 등록사항을 변경한 때 **1**	**규칙 제13조(행정처분의 기준)** 법 제17조제2항에 따른 처분의 기준은 별표 2와 같다.

3. 제7조제4항의 등록기준에 맞지 아니하게 된 때. 다만, 3개월 이내에 그 기준을 충족시킨 때에는 그러하지 아니하다.

4. 제8조 각 호의 어느 하나에 해당하게 된 때. 다만, 같은 조 제3호에 해당하는 경우로서 그 사유가 발생한 날부터 3개월 이내에 해당 임원을 개임한 경우에는 그러하지 아니하다.

5. 제9조제1항에 따른 인가 또는 변경인가를 받지 아니하고 공사를 시행하거나 변경한 때

6. 사업의 전부 또는 일부를 휴업한 후 정당한 사유 없이 제15조제1항에 따라 신고한 휴업기간이 지난 후에도 사업을 재개하지 아니한 때

7. 제16조를 위반하여 다른 사람에게 자기의 성명 또는 상호를 사용하여 사업을 하게 하거나 등록증을 대여한 때 ❸

8. 이 조에 따른 사업정지명령을 위반하여 그 사업정지기간 중에 영업을 한 때 ❷

② 제1항에 따른 처분의 기준 및 절차 등에 관한 사항은 국토교통부령으로 정한다.

제18조(과징금) ① 국토교통부장관은 복합물류터미널사업자가 제17조에 해당하여 사업의 정지를 명하여야 하는 경우로서 그 사업의 정지가 그 사업의 이용자 등에게 심한 불편을 주는 경우에는 그 사업정지처분을 갈음하여 1천만원 이하의 과징금을 부과할 수 있다.

② 제1항에 따라 과징금을 부과하는 위반행위의 종류와 그 정도에 따른 과징금의 금액, 그 밖에 필요한 사항은 대통령령으로 정한다.

③ 제1항에 따른 과징금을 기한까지 내지 아니하면 국토교통부장관은 대통령령으로 정하는 바에 따라 국세 체납처분의 예에 따라 징수한다.

영 제7조(과징금을 부과할 위반행위와 과징금의 금액 등) 법 제18조제1항에 따라 과징금을 부과하는 위반행위의 종류와 위반 정도에 따른 과징금의 금액 등 부과기준은 별표 1과 같다.

제19조(물류터미널사업협회) ① 복합물류터미널사업자 및 일반물류터미널을 경영하는 자는 물류터미널사업의 건전한 발전과 사업자의 공동이익을 도모하기 위하여 대통령령으로 정하는 바에 따라 사업자협회(이하 "물류터미널사업협회"라 한다)를 설립할 수 있다.

② 물류터미널사업협회를 설립하려는 경우에는 해당 협회의 회원의 자격이 있는 자 중 5분의 1 이상의 발기인이 정관을 작성하여 해당 협회의 회원 자격이 있는 자의 3분의 1 이상이 출석한 창립총회의 의결을 거친 후 국토교통부장관의 설립인가를 받아야 한다. ■

③ 물류터미널사업협회는 제2항에 따른 설립인가를 받아 설립등기를 함으로써 성립한다.

④ 물류터미널사업협회는 법인으로 한다.

⑤ 물류터미널사업협회에 관하여 이 법에서 규정한 것 외에는 「민법」 중 사단법인에 관한 규정을 준용한다.

⑥ 물류터미널사업협회의 업무 및 정관 등에 필요한 사항은 대통령령으로 정한다.

영 제10조(협회의 설립) ① 물류터미널사업자는 법 제19조에 따른 물류터미널사업협회를 설립하려는 경우에는 사업자 7명 이상의 발기인이 창립총회의 의결을 거쳐 설립인가신청서에 다음 각 호의 서류를 첨부하여 국토교통부장관에게 제출하여야 한다.

1. 정관
2. 발기인의 명부 및 이력서
3. 회원의 명부
4. 사업계획서 및 예산의 수입지출계획서
5. 창립총회 회의록

영 제12조(업무) 협회는 다음 각 호의 업무를 한다.

1. 물류터미널사업의 건전한 발전과 사업자의 공동이익을 도모하는 사업
2. 물류터미널사업의 진흥 · 발전에 필요한 통계의 작성 · 관리와 외국자료의 수집 · 조사 · 연구사업
3. 경영자와 종업원의 교육훈련
4. 물류터미널사업의 경영개선에 관한 지도
5. 국토교통부장관으로부터 위탁받은 업무
6. 제1호부터 제5호까지의 사업에 딸린 사업

제20조(물류터미널 개발의 지원) ① 국가 또는 지방자치단체는 물류터미널사업자가 다음 각 호의 어느 하나에 해당하는 사업을 수행하는 경우에는 소요자금의 일부를 융자하거나 부지의 확보를 위한 지원을 할 수 있다.

1. 물류터미널의 건설 ■
2. 물류터미널 위치의 변경
3. 물류터미널의 규모 · 구조 및 설비의 확충 또는 개선

② 국가 또는 지방자치단체는 제1항에 따른 물류터미널사업자가 설치한 물류터미널의 원활한 운영에 필요한 도로 · 철도 · 용수시설 등 대통령령으로 정하는 기반시설의 설치 또는 개량에 필요한 예산을 지원할 수 있다. ■

③ 국토교통부장관은 제1항의 사업 또는 제2항의 운영을 위하여 필요하다고 인정하는 경우에는 시 · 도지사에게 부지의 확보 및 도시 · 군계획시설의 설치 등에 관한 협조를 요청할 수 있다. ■

영 제12조의2(기반시설) 법 제20조제2항에서 "도로 · 철도 · 용수시설 등 대통령령으로 정하는 기반시설"이란 다음 각 호의 어느 하나에 해당하는 시설을 말한다. ■

1. 「도로법」 제2조제1호에 따른 도로 ■
2. 「철도산업발전기본법」 제3조제1호에 따른 철도 ■
3. 「수도법」 제3조제17호에 따른 수도시설 ■
4. 「물환경보전법」 제2조제12호에 따른 수질오염방지시설 ■

제20조의2(물류터미널의 활성화 지원) ① 국토교통부장관 또는 시·도지사는 건설·운영 중인 물류터미널의 활성화를 위하여 필요한 경우 제2조제2호에도 불구하고 물류터미널에 「산업집적활성화 및 공장설립에 관한 법률」 제2조에 따른 제조시설 및 그 부대시설과 「유통산업발전법」 제2조에 따른 점포 등의 설치를 포함하여 제9조에 따른 공사시행 변경인가를 할 수 있다. 다만, 일반물류터미널은 화물자동차 운행에 필요한 품목의 제조 또는 판매를 위한 시설의 설치에 한정한다.

② 제1항에 따라 국토교통부장관 또는 시·도지사가 공사시행 변경인가를 하는 경우 다음 각 호의 사항을 준수하여야 한다.

  1. 제조시설 및 그 부대시설과 점포등의 설치 면적 전체의 합계가 물류터미널 전체 부지면적의 4분의 1 이하일 것

  2. 주변의 상권 및 산업단지 수요와의 상호관계를 고려하기 위하여 제9조에 따른 공사시행인가 또는 변경인가를 하는 경우 복합물류터미널사업에 대하여 국토교통부장관은 관계 중앙행정기관의 장과 해당 물류터미널이 소재하는 시·도지사(특별자치시장을 포함한다)와 협의하고, 일반물류터미널사업에 대하여 시·도지사는 해당 물류터미널이 소재하는 시장·군수·구청장과 협의할 것

  3. 복합물류터미널사업은 「국토의 계획 및 이용에 관한 법률」 제106조에 따른 중앙도시계획위원회, 일반물류터미널사업은 같은 법 제113조에 따른 지방도시계획위원회의 심의를 받을 것

제21조(인·허가등의 의제) ① 국토교통부장관 또는 시·도지사가 제9조에 따른 공사시행인가 또는 변경인가를 하는 경우에 다음 각 호의 인가·허가·승인 또는 결정 등(이하 "인·허가등"이라 한다)에 관하여 같은 조 제2항에 따라 관계 행정기관의 장과 협의한 사항은 해당 인·허가등을 받은 것으로 보며, 같은 조 제5항에 따라 공사시행인가 또는 변경인가를 고시한 때에는 다음 각 호의 법률에 따른 해당 인·허가등의 고시 또는 공고를 한 것으로 본다. **1**

1. 「건축법」제11조에 따른 건축허가, 같은 법 제14조에 따른 건축신고, 같은 법 제16조에 따른 건축허가·신고사항의 변경, 같은 법 제20조에 따른 가설건축물의 건축의 허가·신고 및 같은 법 제29조에 따른 건축협의

2. 「공유수면 관리 및 매립에 관한 법률」제8조에 따른 공유수면의 점용·사용허가 및 같은 법 제17조에 따른 점용·사용 실시계획의 승인 또는 신고, 같은 법 제28조에 따른 공유수면의 매립면허 및 같은 법 제38조에 따른 공유수면매립실시계획의 승인

4. 「국토의 계획 및 이용에 관한 법률」제30조에 따른 도시·군관리계획의 결정(같은 법 제2조제4호다목의 계획에 한정한다), 같은 법 제56조제1항제2호·제4호에 따른 토지형질변경의 허가 또는 토지분할의 허가, 같은 법 제86조에 따른 도시·군계획시설사업의 시행자의 지정 및 같은 법 제88조에 따른 실시계획의 인가

5. 「농어촌정비법」제23조에 따른 농업생산기반시설의 사용허가

6. 「농지법」제34조에 따른 농지전용의 허가 및 협의

7. 「도로법」제36조에 따른 도로공사의 시행허가 및 같은 법 제61조에 따른 도로의 점용허가

8. 「도시개발법」제11조에 따른 사업시행자의 지정 및 같은 법 제17조에 따른 실시계획의 인가

9. 「사도법」제4조에 따른 사도개설의 허가

10. 「사방사업법」제14조에 따른 벌채 등의 허가 및 같은 법 제20조에 따른 사방지 지정의 해제

11. 「산지관리법」제14조 및 제15조에 따른 산지전용허가 및 산지전용신고, 같은 법 제15조의2에 따른 산지일시사용허가·신고, 「산림자원의 조성 및 관리에 관한 법률」제36조제1항 및 제5항에 따른 입목벌채등의 허가·신고, 「산림보호법」제9조제1항 및 제2항제1호·제2호에 따른 산림보호구역(산림유전자원보호구역은 제외한다)에서의 행위의 허가·신고

12.「수도법」제17조 및 제49조에 따른 수도사업의 인가, 같은 법 제52조 및 제54조에 따른 전용수도 설치의 인가

13.「장사 등에 관한 법률」제23조에 따른 연고자가 없는 분묘의 개장허가

14.「초지법」제23조에 따른 초지전용허가

15.「하수도법」제16조에 따른 공공하수도공사의 시행허가

16.「하천법」제30조에 따른 하천공사 시행허가, 하천공사실시계획의 인가 및 같은 법 제33조에 따른 하천의 점용허가

17.「항만법」제9조제2항에 따른 항만개발사업 시행의 허가 및 같은 법 제10조제2항에 따른 항만개발사업실시계획의 승인

② 물류터미널사업자가 제9조에 따른 물류터미널의 공사를 완료하고「건축법」제22조에 따른 사용승인을 받은 경우에는 다음 각 호의 사항에 관하여 소관 행정기관의 허가를 받거나 소관 행정기관에 등록 또는 신고한 것으로 본다. 다만, 제1호는 복합물류터미널의 경우에만 적용한다.

1.「물류정책기본법」제43조에 따른 국제물류주선업의 등록

2.「석유 및 석유대체연료 사업법」제10조에 따른 석유판매업 중 주유소의 등록 또는 신고

3.「식품위생법」제37조에 따른 식품접객업(단란주점영업 및 유흥주점영업은 제외한다)의 허가

4.「자동차관리법」제53조에 따른 자동차관리사업 중 자동차매매업 및 자동차정비업의 등록

5.「화물자동차 운수사업법」제24조제1항에 따른 화물자동차운송주선사업의 허가

③ 제1항 및 제2항 각 호의 어느 하나에 해당하는 사항의 관계 법령을 관장하는 중앙행정기관의 장은 그 처리기준을 국토교통부장관에게 통보하여야 한다. 이를 변경한 때에도 또한 같다.

④ 국토교통부장관은 제3항에 따라 처리기준을 통보받으면 이를 통합하여 고시하여야 한다.

제3장의2 물류창고업

제21조의2(물류창고업의 등록) ① 다음 각 호의 어느 하나에 해당하는 물류창고를 소유 또는 임차하여 물류창고업을 경영하려는 자는 국토교통부와 해양수산부의 공동부령으로 정하는 바에 따라 **국토교통부장관**(「항만법」 제2조제4호에 따른 항만구역은 제외한다) 또는 해양수산부장관(「항만법」 제2조제4호에 따른 항만구역만 해당한다)에게 등록하여야 한다. **1**

　　1. 전체 바닥면적의 합계가 1천제곱미터 이상인 보관시설(하나의 필지를 기준으로 해당 물류창고업을 등록하고자 하는 자가 직접 사용하는 바닥면적만을 산정하되, 필지가 서로 연접한 경우에는 연접한 필지를 합산하여 산정한다). 다만, 제2조제5호의2에 따른 주문배송시설로서 「건축법」 제2조제2항제4호에 따른 제2종 근린생활시설을 설치하는 경우에는 본문의 바닥면적 기준을 적용하지 아니한다. **1**

　　2. 전체면적의 합계가 4천500제곱미터 이상인 보관장소(보관시설이 차지하는 토지면적을 포함하고 하나의 필지를 기준으로 물류창고업을 등록하고자 하는 자가 직접 사용하는 면적만을 산정하되, 필지가 서로 연접한 경우에는 연접한 필지를 합산하여 산정한다) **1**

② 제1항에 따라 물류창고업의 등록을 한 자(이하 "물류창고업자"라 한다)가 그 등록한 사항 중 대통령령으로 정하는 사항을 변경하려는 경우에는 국토교통부와 해양수산부의 공동부령으로 정하는 바에 따라 변경등록의 사유가 발생한 날부터 30일 이내에 변경등록을 하여야 한다. **2**

③ 물류창고의 구조 또는 설비 등 물류창고업의 등록 기준에 필요한 사항은 **국토교통부와 해양수산부의 공동부령**으로 정한다. **1**

④ 제1항 각 호의 어느 하나에 해당하는 물류창고를 갖추고 그 전부를 다음 각 호의 어느 하나의 용도로만 사용하며 해당 법률에 따라 해당 영업의 허가 · 변경허가를 받거나 등록 · 변경등록 또는 신고 · 변경신고를 한 때에는 제1항에 따른 물류창고업의 등록 또는 제2항에 따른 변경등록을 한 것으로 본다.

　　1. 「관세법」에 따른 보세창고의 설치 · 운영 **1**

영 제12조의3(물류창고업의 변경등록) 법 제21조의2제2항에서 "대통령령으로 정하는 사항"이란 다음 각 호의 어느 하나에 해당하는 사항을 말한다.

　　1. 법 제21조의2제1항에 따라 물류창고업의 등록을 한 자(이하 "물류창고업자"라 한다)의 성명(법인인 경우에는 그 대표자의 성명) 및 상호

　　2. 물류창고의 소재지 **1**

　　3. 물류창고 면적의 100분의 10 이상의 증감 **2**

2. 「유해화학물질 관리법」에 따른 유독물 보관 · 저장업 또는 취급제한물질 보관 · 저장업 **1**

3. 「식품위생법」에 따른 식품보존업 중 식품냉동 · 냉장업, 「축산물 위생관리법」에 따른 축산물보관업 및 「수산식품산업의 육성 및 지원에 관한 법률」에 따른 수산물가공업 중 냉동 · 냉장업

⑤ 제4항 각 호의 어느 하나에 해당하는 영업의 현황을 관리하는 행정기관은 그 보관업의 허가 · 변경허가, 등록 · 변경등록 등으로 그 현황이 변경될 경우에는 국토교통부장관 또는 해양수산부장관에게 통보하여야 한다. **1**

제21조의3(물류창고 내 시설에 대한 내진설계 기준) 국토교통부장관은 화물을 쌓아놓기 위한 선반 등 물류창고 내 시설에 대하여 내진설계 기준을 정하는 등 지진에 따른 피해를 최소화하기 위하여 필요한 시책을 강구하여야 한다.

제21조의4(스마트물류센터의 인증 등) ① 국토교통부장관은 스마트물류센터의 보급을 촉진하기 위하여 스마트물류센터를 인증할 수 있다. 이 경우 인증의 유효기간은 인증을 받은 날부터 3년으로 한다. **1**

② 국토교통부장관은 제1항에 따른 스마트물류센터의 인증 및 제6항에 따른 점검업무를 수행하기 위하여 인증기관을 지정할 수 있다.

③ 스마트물류센터의 인증을 받으려는 자는 제2항에 따른 인증기관에 신청하여야 한다.

④ 국토교통부장관은 제3항에 따라 스마트물류센터의 인증을 신청한 자가 그 인증을 받은 경우 국토교통부령으로 정하는 바에 따라 인증서를 교부하고, 인증을 나타내는 표시(이하 "인증마크"라 한다)를 사용하게 할 수 있다.

⑤ 제1항에 따른 인증을 받지 않은 자는 거짓의 인증마크를 제작 · 사용하거나 스마트물류센터임을 사칭해서는 아니 된다.

⑥ 국토교통부장관은 제1항에 따라 인증을 받은 자가 제8항에 따른 기준을 유지하는지 여부를 국토교통부령으로 정하는 바에 따라 점검할 수 있다.

⑦ 국토교통부장관은 제2항에 따른 인증기관을 지도 · 감독하고, 인증 및 점검업무에 소요되는 비용의 일부를 지원할 수 있다.

규칙 제13조의2(스마트물류센터 인증기준) ① 법 제21조의4제1항에 따른 스마트물류센터의 인증기준은 다음 각 호와 같다.

1. 입고 · 보관 · 분류 등 물류처리 기능영역의 첨단화 · 자동화 수준이 우수할 것

2. 시설의 구조적 성능, 창고관리 시스템 등 기반영역의 효율성 · 안전성 · 친환경성 수준이 우수할 것

② 제1항에 따른 스마트물류센터 인증의 등급은 5등급으로 구분한다. **1**

③ 제1항 및 제2항에 따른 스마트물류센터 인증의 세부기준은 국토교통부장관이 정하여 고시한다.

규칙 제13조의3(스마트물류센터 인증절차 및 방법) ① 법 제2조제5호의2에 따른 물류창고를 소유하거나 임차하여 운영하는 자는 「건축법」 제22조에 따른 사용승인을 받은 물류창고에 대하여 법 제21조의4제1항에 따른 스마트물류센터의 인증을 신청할 수 있다.

② 제1항에 따른 인증을 신청하려는 자는 별지 제8호의6서식의 스마트물류센터 인증신청서에 다음 각 호의 서류와 그 서류가 저장된 이동식 저장장치 등을 첨부하여 법 제21조의4제2항에 따른 인증기관의 장에게 제출해야 한다.

1. 제13조의2제1항의 인증기준에 따른 자체평가서 및 그 증명자료

2. 물류센터 설계도면 및 입고 · 보관 · 분류 등 물류처리 분야별 설계설명서

3. 설계 변경 확인서(제2호의 설계도면이 변경된 경우에 한한다)

4. 도입 설비 및 장비 명세서

⑧ 제1항부터 제3항까지의 규정에 따른 인증의 기준ㆍ절차 및 방법, 인증기관의 조직ㆍ운영 및 지정 기준ㆍ절차에 관한 사항은 국토교통부령으로 정한다.

참조 규칙 제13조의8(스마트물류센터 인증에 대한 점검 등) ① 인증기관의 장은 법 제21조의4제6항에 따라 인증한 날을 기준으로 3년마다 정기 점검을 실시해야 한다.
② 인증기관의 장은 스마트물류센터가 제13조의2에 따른 인증기준을 유지하지 못한다고 판단되는 경우에는 수시점검을 실시할 수 있다.
③ 인증기관의 장은 제1항 및 제2항에 따른 점검 결과 스마트물류센터가 제13조의2에 따른 인증기준을 유지하고 있다고 판단하는 경우에는 인증의 유효기간을 3년의 범위 내에서 연장할 수 있다.
④ 제1항 및 제2항에 따른 점검의 세부 절차 등에 관하여 필요한 사항은 국토교통부장관이 정하여 고시한다.

5. 물류센터 운영 매뉴얼
6. 품질ㆍ안전ㆍ환경관리 매뉴얼(보유하고 있는 경우에 한한다)
7. 물류정보시스템 기술서 및 물류센터 업무와 시스템 간 연계기술서
8. 예비인증서 사본(제13조의5에 따른 예비인증을 받은 경우만 해당한다)
9. 법인 등기사항증명서 또는 사업자 등록증
10. 그 밖에 인증을 위하여 인증기관의 장이 필요하다고 정하여 공고하는 서류

③ 인증기관의 장은 제1항에 따른 인증신청을 받으면 제13조의7제4항에 따른 인증심사 전문인력 중에서 5명 이내의 사람으로 인증심사단을 구성하여 서류심사와 현장실사를 실시하고, 제13조의2제1항의 인증기준에 따른 심사 내용 및 점수, 인증 여부 및 등급이 포함된 인증심사 결과보고서를 작성한 후 제13조의7제1항에 따른 인증심의위원회의 심의를 거쳐 인증 여부 및 인증 등급을 결정해야 한다.
④ 인증기관의 장은 제1항에 따른 인증의 신청이 인증기준에 적합하지 않으면 스마트물류센터 인증을 신청한 자에게 그 결과를 통보해야 하며, 인증기준에 적합하면 신청인에게 별지 제8호의7서식의 스마트물류센터 인증서를 발급하고 이를 국토교통부장관에게 보고해야 한다.
⑤ 국토교통부장관은 제4항에 따른 보고를 받으면 스마트물류센터 인증에 관한 사항을 관보 또는 국토교통부의 인터넷 홈페이지에 공고해야 한다.
⑥ 신청인은 제4항에 따른 인증심사 결과에 이의가 있는 경우에는 통보를 받은 날부터 14일 내에 인증기관의 장에게 재심사를 신청할 수 있다. 이 경우 재심사의 신청인은 재심사에 필요한 비용을 인증기관의 장에게 추가로 납부해야 한다.
⑦ 제2항 각 호의 첨부서류 작성 및 제6항에 따른 재심사 신청에 관한 세부 사항은 국토교통부장관이 정하여 고시한다.

규칙 제13조의4(인증마크의 사용 등) ① 스마트물류센터 인증을 받은 자는 자신이 제작하거나 취급하는 포장ㆍ용기ㆍ홍보물 등에 인증을 나타내는 표시(이하 "인증마크"라 한다)를 사용할 수 있다.
② 인증마크의 도안 및 표시방법 등에 관하여 필요한 사항은 국토교통부장관이 정하여 고시한다.

규칙 제13조의5(예비인증의 신청 등) ① 스마트물류센터를 소유하려는 자 또는 임차하여 운영하려는 자가 법 제21조의7제2항에 따른 지원을 받기 위하여 필요하면 법 제21조의4제1항에 따른 인증(이하 "본인증"이라 한다)에 앞서 건축물 설계에 반영된 내용을 대상으로 스마트물류센터 예비인증(이하 "예비인증"이라 한다)을 받을 수 있다. **1**

② 제1항에 따른 스마트물류센터의 예비인증을 받으려는 자는 별지 제8호의8서식의 스마트물류센터 예비인증 신청서에 제13조의3제2항제1호부터 제7호까지, 같은 항 제9호 및 제10호의 서류와 해당 서류가 저장된 이동식 저장장치 등을 첨부하여 인증기관의 장에게 제출해야 한다.

③ 인증기관의 장은 제2항에 따른 신청을 받으면 제13조의3제3항에 따른 절차를 거쳐 인증기준에 맞으면 별지 제8호의9서식의 스마트물류센터 예비인증서를 신청인에게 발급하고 이를 국토교통부장관에게 보고해야 한다. 다만, 제13조의3제3항에 따른 현장실사는 필요한 경우 실시할 수 있다.

④ 제3항에 따른 예비인증은 본인증을 받기 전까지 효력을 유지한다. 다만, 제13조의3제1항에 따라 인증을 신청할 수 있게 된 후 1년 이내에 인증을 신청하지 않는 경우 예비인증의 효력은 상실한다.

⑤ 제3항에 따른 예비인증을 받은 자의 예비인증마크의 사용 등에 관하여는 제13조의4를 준용한다. 이 경우 예비인증을 받은 자는 예비인증을 받은 사실을 광고 등의 목적으로 사용하려면 본인증을 받을 경우 그 내용이 달라질 수 있음을 알려야 한다.

⑥ 제3항에 따른 예비인증 받은 자는 법 제21조의7제2항에 따른 지원을 받은 경우에는 제4항 단서에 따른 예비인증의 유효기간 안에 예비인증에 맞게 본인증을 받아야 한다.

⑦ 제2항에 따른 예비인증 첨부서류의 작성 및 예비인증에 관한 사항의 공고 및 재심사에 관하여는 제13조의3제5항부터 제7항까지의 규정을 준용한다.

규칙 제13조의6(인증기관의 지정기준 및 절차 등) ① 법 제21조의4제2항에 따른 인증기관으로 지정받으려는 자는 다음 각 호의 요건을 모두 갖추어야 한다.

1. 「공공기관의 운영에 관한 법률」 제4조에 따른 공공기관이나 「정부출연연구기관 등의 설립·운영 및 육성에 관한 법률」에 따른 정부출연연구기관일 것

2. 스마트물류센터 인증업무를 수행하는데 필요한 전담인력과 전담기구 및 업무수행체계가 적절할 것

3. 첨단물류시설 및 설비와 운영시스템과 관련하여 전문성을 갖추고 있을 것

4. 스마트물류센터 인증과 관련된 교육, 컨설팅, 조사·연구 및 개발 및 홍보 등에 관한 수행능력이 있을 것

5. 그 밖에 국토교통부장관이 정하여 고시하는 기준을 갖추고 있을 것

② 국토교통부장관은 인증기관을 지정하려는 경우에는 다음 각 호의 사항을 인터넷 홈페이지 등을 통해 1개월 이상 공고해야 한다.

   1. 신청 기간 및 방법

   2. 지정 기준

   3. 평가 방법 및 절차

   4. 그 밖에 인증기관 지정에 필요한 사항

③ 인증기관으로 지정을 받으려는 자는 제2항 각 호 외의 부분에 따른 신청기간 내에 별지 제8호의10서식에 따른 스마트물류센터 인증기관 지정 신청서에 다음 각 호의 서류를 첨부하여 국토교통부장관에게 제출해야 한다.

   1. 인증업무를 수행할 전담기구 및 업무수행체계에 관한 설명서

   2. 인증기관의 인증업무 처리규정

   3. 제1항에 따른 요건을 갖추고 있음을 증명하는 서류

   4. 정관(신청인이 법인 또는 법인의 부설기관인 경우만 해당한다)

   5. 그 밖에 제2항에 따른 공고에서 정하고 있는 서류

④ 제3항에 따른 신청을 받은 국토교통부장관은 「전자정부법」 제36조제1항에 따른 행정정보의 공동이용을 통하여 신청인이 법인 또는 법인의 부설기관인 경우 법인 등기사항증명서를, 신청인이 개인인 경우에는 사업자등록증을 확인해야 한다. 다만, 신청인이 사업자등록증의 확인에 동의하지 않는 경우에는 그 사본을 첨부하게 해야 한다.

⑤ 국토교통부장관은 제3항에 따른 신청을 받으면 「물류정책기본법」 제19조제1항제2호의 물류시설분과위원회의 심의를 거쳐 제1항에 따른 인증기관의 지정기준에 적합하면 신청인에게 별지 제8호의11서식에 따른 스마트물류센터 인증기관 지정서를 발급하고, 이를 고시해야 한다.

규칙 제13조의7(인증기관의 조직 및 운영) ① 인증기관은 스마트물류센터 인증을 심사하기 위하여 인증심의위원회를 구성해야 한다.

② 제1항에 따른 인증심의위원회는 위원장 1명을 포함한 7명 이내의 위원으로 성별을 고려하여 구성하되, 위원장은 위원 중에서 호선한다.

③ 인증심의위원회의 위원은 다음 각 호의 사람이 된다.

   1. 국토교통부의 4급 이상 공무원 중에서 국토교통부장관이 지명하는 사람 1명

2. 다음 각 목의 어느 하나에 해당하는 사람으로서 인증기관의 장이 위촉하는 5명 이내의 사람

　　가. 대학에서 물류 및 건축 관련 과목을 강의하는 부교수 이상인 사람

　　나. 물류 및 건축 관련 연구기관에서 선임연구위원급 이상인 사람

　　다. 물류 및 건축 관련 단체의 임원급 이상인 사람

　　라. 가목부터 다목까지의 규정에 따른 사람과 동등 이상의 자격이 있다고 위원장이 인정하는 사람

3. 인증기관 소속 전담조직의 책임자로서 인증기관의 장이 지명하는 사람 1명

④ 인증기관의 장은 성별을 고려하여 인증심사를 수행할 수 있는 50명 이상의 전문인력을 구성해야 한다.

⑤ 인증기관의 장은 인증심사대장을 작성·비치하고, 심사 원본 자료와 함께 3년간 보관해야 한다.

⑥ 인증기관의 장은 분기별 인증심사 실적을 매 분기 종료일부터 30일 이내에 국토교통부장관에게 제출해야 한다.

⑦ 제1항에서 제6항까지 규정한 사항 외에 인증심의위원회 및 인증심사 전문인력의 구성·운영 등에 필요한 사항은 국토교통부장관이 정하여 고시한다.

제21조의5(인증의 취소) ① 국토교통부장관은 제21조의4제1항에 따라 인증을 받은 자가 다음 각 호의 어느 하나에 해당하는 경우에는 대통령령으로 정하는 바에 따라 그 인증을 취소할 수 있다. 다만, 제1호에 해당하는 경우 그 인증을 취소하여야 한다.

1. 거짓이나 그 밖의 부정한 방법으로 인증을 받은 경우

2. 인증의 전제나 근거가 되는 중대한 사실이 변경된 경우

3. 제21조의4제6항에 따른 점검을 정당한 사유 없이 3회 이상 거부한 경우

4. 제21조의4제8항에 따른 인증 기준에 맞지 아니하게 된 경우

5. 인증받은 자가 인증서를 반납하는 경우

② 스마트물류센터의 소유자 또는 대표자는 제1항에 따라 인증이 취소된 경우 제21조의4제4항에 따른 인증서를 반납하고, 인증마크의 사용을 중지하여야 한다.

제12조의4(스마트물류센터 인증의 취소) 국토교통부장관은 법 제21조의5제1항에 따라 인증을 취소한 경우 이를 관보에 고시해야 한다.

제21조의6(인증기관의 지정 취소) 국토교통부장관은 제21조의4제2항에 따라 지정된 인증기관이 다음 각 호의 어느 하나에 해당하면 인증기관의 지정을 취소하거나 1년 이내의 기간을 정하여 업무의 전부 또는 일부를 정지하도록 명할 수 있다. 다만, 제1호에 해당하는 경우에는 그 지정을 취소하여야 한다.

1. 거짓이나 부정한 방법으로 지정을 받은 경우
2. 제21조의4제8항에 따른 지정 기준에 적합하지 아니하게 된 경우
3. 고의 또는 중대한 과실로 인증 기준 및 절차를 위반한 경우
4. 정당한 사유 없이 인증 및 점검업무를 거부한 경우
5. 정당한 사유 없이 지정받은 날부터 2년 이상 계속하여 인증 및 점검업무를 수행하지 아니한 경우
6. 그 밖에 인증기관으로서 업무를 수행할 수 없게 된 경우

규칙 제13조의9(인증기관 지정취소 등의 기준) 법 제21조의6에 따른 인증기관의 지정 취소 및 업무정지 등의 처분기준은 별표 2의2와 같다.

제21조의7(재정지원 등) ① 국가 또는 지방자치단체는 물류창고업자 또는 그 사업자단체가 다음 각 호의 어느 하나에 해당하는 사업을 수행하는 경우로서 재정적 지원이 필요하다고 인정하면 자금의 **일부를 보조 또는 융자**할 수 있다. ❷

1. 물류창고의 건설
2. 물류창고의 보수·개조 또는 개량
3. 물류장비의 투자
4. 물류창고 관련 기술의 개발
5. 그 밖에 물류창고업의 경영합리화를 위한 사항으로서 국토교통부령으로 정하는 사항

② 국가·지방자치단체 또는 공공기관은 스마트물류센터에 대하여 공공기관 등이 운영하는 기금·자금의 우대 조치 등 대통령령으로 정하는 바에 따라 행정적·재정적으로 우선 지원할 수 있다.

영 제12조의5(스마트물류센터에 대한 지원) ① 국가 또는 지방자치단체는 법 제21조의7제2항에 따라 다음 각 호의 지원을 할 수 있다.

1. 스마트물류센터 구축에 드는 비용의 일부 보조 또는 융자
2. 스마트물류센터 인증을 받은 자가 스마트물류센터의 구축 및 운영에 필요한 자금을 마련하기 위해 국내 금융기관에서 대출을 받은 경우 그 금리와 국토교통부장관이 관계 중앙행정기관의 장과 협의하여 정하는 금리와의 차이에 따른 차액의 전부 또는 일부 보전
3. 스마트물류센터 신축 또는 증·개축 시 「국토의 계획 및 이용에 관한 법률」 제78조에 따라 특별시·광역시·특별자치시·특별자치도·시 또는 군의 조례로 정하는 용적률 및 높이의 상한 적용

② 「신용보증기금법」에 따라 설립된 **신용보증기금** 및 「기술보증기금법」에 따라 설립된 **기술보증기금**은 법 제21조의7제2항에 따라 스마트물류센터의 구축 및 운영에 필요한 자금의 대출 등으로 인한 금전채무의 보증한도, 보증료 등 보증조건을 우대할 수 있다. ❶

규칙 제13조의10(재정지원 대상사업) 법 제21조의7제5호에서 "국토교통부령으로 정하는 사항"이란 다음 각 호의 사항을 말한다.

1. 물류창고업의 경영구조 개선에 관한 사항

	2. 물류창고 시설·장비의 효율적 개선에 관한 사항
	3. 물류창고업자 및 관련 종사자에 대한 교육·훈련
	4. 물류창고업의 국제동향에 대한 조사·연구

제21조의8(보조금 등의 사용 등) ① 제21조의7에 따른 보조금 또는 융자금 등은 보조 또는 융자받은 목적 외의 용도로 사용하여서는 아니 된다. **1**
 ② 국토교통부장관·해양수산부장관 또는 지방자치단체의 장은 제21조의7에 따라 보조 또는 융자 등을 받은 자가 그 자금을 적정하게 사용하도록 지도·감독하여야 한다.
 ③ 국토교통부장관·해양수산부장관 또는 지방자치단체의 장은 다음 각 호의 어느 하나에 해당하는 경우 물류창고업자 또는 그 사업자단체에 보조금이나 융자금의 반환을 명하여야 하며 이에 따르지 아니하면 국세강제징수의 예 또는 「지방행정제재·부과금의 징수 등에 관한 법률」에 따라 회수할 수 있다. **1**
   1. 거짓이나 부정한 방법으로 보조금 또는 융자금을 교부받은 경우 **1**
   2. 제1항을 위반하여 보조금 또는 융자금을 목적 외의 용도로 사용한 경우	

제21조의9(준용규정) 제8조 및 제14조부터 제19조까지의 규정은 물류창고업에 관하여 이를 준용한다. 이 경우 "국토교통부장관"을 "국토교통부장관 또는 해양수산부장관"으로, "복합물류터미널사업자"는 "물류창고업자"로, "법인으로서 그 임원 중"은 "물류창고업을 등록하려는 자"로, "복합물류터미널사업"은 "물류창고업"으로, "복합물류터미널사업자 및 일반화물터미널을 경영하는 자"는 "물류창고업자"로, "물류터미널사업협회"는 "물류창고협회"로 본다. 다만, 제21조의2제4항 각 호의 어느 하나에 해당하는 물류창고업에 대하여는 제8조 및 제14조부터 제19조까지의 규정을 준용하지 아니한다.	**규칙 제13조의11(준용규정)** 법 제21조의9에서 준용하는 법 제14조·제15조 및 제17조에 따른 물류창고업의 사업승계 신고, 휴업·폐업 신고, 해산 신고(합병 외의 사유로 해산한 법인만 해당한다) 및 등록취소·사업정지에 관하여는 제11조부터 제13조까지의 규정을 준용한다.

제4장 물류단지의 개발 및 운영

제22조(일반물류단지의 지정) ① 일반물류단지는 다음 각 호의 구분에 따른 자가 지정한다. **7**

1. 국가정책사업으로 물류단지를 개발하거나 물류단지 개발사업의 대상지역이 2개 이상의 특별시·광역시·특별자치시·도 또는 특별자치도(이하 "시·도"라 한다)에 걸쳐 있는 경우 : **국토교통부장관 1**

2. 제1호 외의 경우 : 시·도지사

② 국토교통부장관은 일반물류단지를 지정하려는 때에는 일반물류단지개발계획을 수립하여 **관할 시·도지사 및 시장·군수·구청장의 의견을 듣고** 관계 중앙행정기관의 장과 협의한 후 「물류정책기본법」 제19조제1항제2호의 물류시설분과위원회의 심의를 거쳐야 한다. 일반물류단지개발계획 중 대통령령으로 정하는 중요 사항을 변경하려는 때에도 또한 같다. **2**

③ 시·도지사는 일반물류단지를 지정하려는 때에는 일반물류단지개발계획을 수립하여 관계 행정기관의 장과 협의한 후 「물류정책기본법」 제20조의 **지역물류정책위원회의 심의**를 거쳐야 한다. 일반물류단지개발계획 중 대통령령으로 정하는 중요 사항을 변경하려는 때에도 또한 같다. **2**

④ 관계 행정기관의 장과 제27조제2항제2호부터 제6호까지의 어느 하나에 해당하는 자는 일반물류단지의 지정이 필요하다고 인정하는 때에는 대상지역을 정하여 국토교통부장관 또는 시·도지사에게 일반물류단지의 지정을 요청할 수 있다. 이 경우 **중앙행정기관의 장 이외의 자**는 일반물류단지개발계획안을 작성하여 제출하여야 한다. **2**

⑤ 제2항 및 제3항에 따른 일반물류단지개발계획에는 다음 각 호의 사항이 포함되어야 한다. 다만, 일반물류단지개발계획을 수립할 때까지 제3호의 시행자가 확정되지 아니하였거나 제8호의 세부목록의 작성이 곤란한 경우에는 일반물류단지의 **지정 후에** 이를 일반물류단지개발계획에 포함시킬 수 있다. **2**

1. 일반물류단지의 명칭·위치 및 면적

2. 일반물류단지의 지정목적

영 제13조(일반물류단지의 지정) ② 법 제22조제2항 후단 및 같은 조 제3항 후단에서 "대통령령으로 정하는 중요 사항을 변경하려는 때"란 각각 다음 각 호의 어느 하나에 해당하는 변경을 하려는 때를 말한다.

1. 일반물류단지지정 면적의 변경(10분의 1 이상의 면적을 변경하는 경우만 해당한다)

2. 일반물류단지시설용지 면적의 변경(10분의 1 이상의 면적을 변경하는 경우만 해당한다) 또는 일반물류단지시설용지의 용도변경

3. 기반시설(구거를 포함한다)의 부지 면적의 변경(10분의 1 이상의 면적을 변경하는 경우만 해당한다) 또는 그 시설의 위치 변경

4. 일반물류단지개발사업 시행자의 변경

영 제14조(일반물류단지의 지정요청) ① 국토교통부장관 또는 시·도지사는 법 제22조제2항 또는 제3항에 따라 일반물류단지를 지정할 때에는 일반물류단지개발계획과 제15조에 따른 물류단지개발지침에 적합한 경우에만 일반물류단지를 지정하여야 한다.

② 법 제22조제4항에 따라 일반물류단지의 지정을 요청하려는 자는 일반물류단지개발계획안에 다음 각 호의 서류 및 도면을 첨부하여 국토교통부장관 또는 시·도지사에게 제출하여야 한다.

1. 위치도·시설배치도 및 조감도

2. 지정대상지역의 토지이용 현황에 관한 서류

3. 용수·에너지·교통·통신시설 등 입지 여건의 분석에 관한 서류

4. 개발한 토지·시설 등의 처분계획에 관한 서류(처분계획에는 일반물류단지개발사업으로 공급되는 토지·시설 등의 위치·면적 및 가격결정방법과 공급대상자의 자격요건 및 선정방법, 공급의 시기·방법 및 조건, 임대관리 등에 관한 사항이 포함되어야 한다)

5. 이주대책에 관한 서류

③ 국토교통부장관 또는 시·도지사는 제2항에 따른 일반물류단지지정 요청이 있는 지역이 일반물류단지로 지정하기에 적합하지 아니하다고 인정되는 경우에는 그 이유를 요청한 자에게 알려야 한다.

3. 일반물류단지개발사업의 시행자 **1**

4. 일반물류단지개발사업의 시행기간 및 시행방법

5. 토지이용계획 및 주요 기반시설계획

6. 주요 유치시설 및 그 설치기준에 관한 사항

7. 재원조달계획

8. 수용하거나 사용할 토지, 건축물, 그 밖의 물건이나 권리가 있는 경우에는 그 세부목록

9. 그 밖에 대통령령으로 정하는 사항

④ 법 제22조제5항제9호에서 "그 밖에 대통령령으로 정하는 사항"이란 다음 각 호의 사항을 말한다.

1. 일반물류단지의 개발을 위한 주요시설의 지원계획 **1**

2. 환지의 필요성이 있는 경우 그 환지계획

제22조의2(도시첨단물류단지의 지정 등) ① 도시첨단물류단지는 국토교통부장관 또는 시·도지사가 다음 각 호의 어느 하나에 해당하는 지역에 지정하며, 시·도지사(특별자치도지사는 제외한다)가 지정하는 경우에는 **시장·군수·구청장**의 신청을 받아 지정할 수 있다. **2**

1. 노후화된 일반물류터미널 부지 및 인근 지역 **2**

2. 노후화된 유통업무설비 부지 및 인근 지역

3. 그 밖에 국토교통부장관이 필요하다고 인정하는 지역

② 시장·군수·구청장은 제1항에 따라 시·도지사에게 도시첨단물류단지의 지정을 신청하려는 경우에는 도시첨단물류단지개발계획안을 작성하여 제출하여야 한다.

③ 도시첨단물류단지의 지정 절차 및 개발계획에 관하여는 제22조제2항, 제3항, 제5항을 준용한다. 다만, 도시첨단물류단지개발계획에는 층별·시설별 용도, 바닥면적 등 건축계획 및 복합용지이용계획(복합용지를 계획하는 경우에 한정한다)이 포함되어야 한다.

④ 도시첨단물류단지개발사업의 시행자는 대통령령으로 정하는 바에 따라 대상 부지 토지가액의 100분의 40의 범위에서 다음 각 호의 어느 하나에 해당하는 시설 또는 그 운영비용의 일부를 국가나 지방자치단체에 제공하여야 한다. 다만, 「개발이익 환수에 관한 법률」에 따라 개발부담금이 부과·징수되는 경우에는 대상 부지의 토지가액에서 개발부담금에 상당하는 금액은 제외한다.

영 제14조의2(도시첨단물류단지의 지정 등) ① 법 제22조의2제3항에 따른 도시첨단물류단지의 지정 절차 및 개발계획에 관하여는 제13조제2항, 제14조제1항 및 제4항을 준용한다.

② 도시첨단물류단지개발사업의 시행자가 법 제22조의2제4항에 따라 국가나 지방자치단체에 제공하여야 하는 시설 또는 그 운영비용은 대상 부지 토지가액의 100분의 25의 범위에서 국토교통부장관이 정하여 고시하는 기준에 따라 산정한 금액으로 한다.

③ 제2항에 따른 대상 부지 토지가액은 법 제29조제1항에 따라 물류단지개발실시계획의 승인을 고시한 날을 기준으로 산정하되, 「감정평가 및 감정평가사에 관한 법률」에 따른 감정평가법인 등 2인 이상이 평가한 금액을 산술평균한 금액으로 한다.

④ 법 제22조의2제4항제4호에서 "대통령령으로 정하는 공익시설"이란 다음 각 호의 시설을 말한다.

1. 「국토의 계획 및 이용에 관한 법률」 제2조제13호에 따른 공공시설

2. 「국토의 계획 및 이용에 관한 법률 시행령」 제2조제1항제4호에 따른 공공·문화체육시설

3. 「국토의 계획 및 이용에 관한 법률 시행령」 제2조제1항제6호에 따른 보건위생시설 중 종합의료시설

4. 「국토의 계획 및 이용에 관한 법률 시행령」 제2조제1항제7호에 따른 환경기초시설 중 폐기물처리시설

5. 「공공주택 특별법」 제2조제1호가목 또는 나목에 따른 공공주택

1. 물류산업 창업보육센터 등 해당 도시첨단물류단지를 활용한 일자리 창출을 위한 시설
2. 해당 도시첨단물류단지에서 공동으로 사용하는 물류시설
3. 해당 도시첨단물류단지의 물류산업 활성화를 위한 연구시설
4. 그 밖에 제1호부터 제3호까지의 시설에 준하는 시설로서 대통령령으로 정하는 공익시설

제22조의3(토지소유자 등의 동의) ① 국토교통부장관 또는 시·도지사는 도시첨단물류단지를 지정하려면 도시첨단물류단지 예정지역 토지면적의 2분의 1 이상에 해당하는 토지소유자의 동의와 토지소유자 총수(그 지상권자를 포함하며, 1필지의 토지를 여러 명이 공유하는 경우 그 여러 명은 1인으로 본다) 및 건축물 소유자 총수(집합건물의 경우 각 구분소유자 각자를 1인의 소유자로 본다) 각 2분의 1 이상의 동의를 받아야 한다. ❷
② 제1항에 따른 동의자 수의 산정방법과 그 밖에 필요한 사항은 대통령령으로 정한다.

제14조의3(토지소유자 등의 동의) ① 법 제22조의3제2항에 따른 동의자 수를 산정하는 방법은 다음 각 호와 같다.
1. 1필지의 토지를 여러 명이 공유하는 경우 : 다른 공유자의 동의를 받은 대표 공유자 1명만을 해당 토지의 소유자로 본다. 다만, 「집합건물의 소유 및 관리에 관한 법률」 제2조제2호에 따른 구분소유자는 각각을 토지소유자 1명으로 본다.
2. 하나의 건축물을 여러 명이 공유하는 경우 : 다른 공유자의 동의를 받은 대표 공유자 1명만을 해당 건축물의 소유자로 본다.
3. 제17조제1항에 따른 공고일 후에 「집합건물의 소유 및 관리에 관한 법률」 제2조제1호에 따른 구분소유권을 분할하게 되어 토지소유자 및 건축물 소유자의 수가 증가하게 된 경우 : 공고일 전의 소유자의 수를 기준으로 산정하고, 증가된 소유자의 수는 소유자 총수에 추가 산입하지 아니한다.
4. 토지등기부 등본, 건물등기부 등본, 토지대장 및 건축물대장에 소유자로 등재될 당시 주민등록번호의 기재가 없고, 기재된 주소가 현재 주소와 상이한 경우로서 소재가 확인되지 아니한 자는 토지소유자, 지상권자, 건축물 소유자의 수에서 제외한다.
② 국토교통부장관 또는 시·도지사는 토지소유자, 지상권자 또는 건축물 소유자의 동의나 동의철회를 받으려는 경우에는 국토교통부령으로 정하는 동의서 또는 동의철회서를 제출받아야 하며, 공유 토지, 지상권 또는 건축물의 대표 소유자로부터는 대표자지정 동의서를 추가로 제출받아야 한다.
③ 제1항 및 제2항에서 규정한 사항 외에 동의자 수의 산정 방법 및 절차 등에 관한 세부적인 사항은 국토교통부령으로 정한다.

제22조의4(지원단지의 조성 등의 특례) ① 도시첨단물류단지개발사업의 시행자는 도시첨단물류단지 내 또는 도시첨단물류단지 인근지역에 입주기업 종사자 등을 위하여 주거·문화·복지·교육 시설 등을 포함한 지원단지를 조성할 수 있다.

② 제1항에 따른 지원단지의 조성은 도시첨단물류단지개발사업으로 할 수 있다.

③ 입주기업 종사자 등의 주거마련을 위하여 필요한 경우 제1항에 따라 조성되는 지원단지에서 건설·공급되는 주택에 대하여 「주택법」 제38조제1항에도 불구하고 대통령령으로 정하는 바에 따라 입주자 모집요건 등 주택공급의 기준을 따로 정할 수 있다.

제14조의4(입주기업 종사자 등의 주택공급 특례) ① 법 제22조의4제1항에 따른 지원단지에서 주택을 건설하여 공급하는 자는 같은 조 제3항에 따라 입주예정기업 또는 교육·연구기관의 종사자 등에게 그 건설량의 100분의 50(「수도권정비계획법」 제6조제1항제1호에 따른 과밀억제권역에 위치한 도시첨단물류단지의 경우에는 100분의 30)의 범위에서 특별공급할 수 있다.

② 제1항에 따라 특별공급되는 주택의 입주자격 및 선정방법은 국토교통부령으로 정한다.

제15조의3(입주기업 종사자 등의 주택공급 절차) 영 제14조의4제1항에 따라 입주기업 종사자 등에 특별공급되는 주택의 입주자격 및 선정방법은 「주택공급에 관한 규칙」에서 정하는 바에 따른다.

제22조의5(다른 지구와의 입체개발) ① 국토교통부장관 또는 시·도지사는 「공공주택 특별법」 제2조제2호의 공공주택지구 등 대통령령으로 정하는 지구의 지정권자와 협의하여 도시첨단물류단지와 동일한 부지에 해당 지구를 함께 지정하여 도시첨단물류단지개발사업으로 할 수 있다.

② 시행자는 제1항의 지구 내 사업에 따른 시설과 도시첨단물류단지개발사업에 따른 시설을 일단의 건물로 조성할 수 있다. **1**

영 제14조의5(다른 지구와의 입체개발) 법 제22조의5에서 "「공공주택 특별법」 제2조제2호의 공공주택지구 등 대통령령으로 정하는 지구"란 「공공주택 특별법」 제2조제2호에 따른 공공주택지구를 말한다.

제22조의6(물류단지개발지침) ① 국토교통부장관은 물류단지의 개발에 관한 기본지침(이하 "물류단지개발지침"이라 한다)을 작성하여 관보에 고시하여야 한다. **3**

② 국토교통부장관은 물류단지개발지침을 작성할 때에는 미리 시·도지사의 의견을 듣고 관계 중앙행정기관의 장과 협의한 후 「물류정책기본법」 제19조제1항제2호에 따른 물류시설분과위원회의 심의를 거쳐야 한다. 물류단지개발지침을 변경할 때(국토교통부령으로 정하는 경미한 사항을 변경할 때는 제외한다)에도 또한 같다. **2**

③ 물류단지개발지침의 내용 및 작성 등에 관하여 필요한 사항은 대통령령으로 정한다.

제15조(물류단지개발지침의 내용 등) ① 법 제22조의6제1항에 따른 물류단지개발지침(이하 "물류단지개발지침"이라 한다)에는 다음 각 호의 사항이 포함되어야 한다.

1. 물류단지의 계획적·체계적 개발에 관한 사항
2. 물류단지의 지정·개발·지원에 관한 사항 **1**
3. 「환경영향평가법」에 따른 전략환경영향평가, 소규모 환경영향평가 및 환경영향평가 등 환경보전에 관한 사항 **1**
4. 지역 간의 균형발전을 위하여 고려할 사항
5. 문화재의 보존을 위하여 고려할 사항 **3**

제16조(물류단지개발지침의 경미한 변경) 법 제22조의6제2항 후단에서 "국토교통부령으로 정하는 경미한 사항"이란 영 제15조제1항제6호의 사항을 말한다. **2**

※ 물류단지의 지역별·규모별·연도별 배치 및 우선순위에 관한 사항은 물류단지개발지침의 내용이 아니다.

6. 토지가격의 안정을 위하여 필요한 사항 **1**

7. 분양가격의 결정에 관한 사항 **1**

8. 토지ㆍ시설 등의 공급에 관한 사항

② 물류단지개발지침은 지역 간의 균형 있는 발전을 위하여 물류단지시설용지의 배분이 적정하게 이루어지도록 작성되어야 한다. **1**

제22조의7(물류단지 실수요 검증) ① 제22조 또는 제22조의2에 따라 물류단지를 지정하는 국토교통부장관 또는 시ㆍ도지사(이하 "물류단지지정권자"라 한다)는 무분별한 물류단지 개발을 방지하고 국토의 효율적 이용을 위하여 **물류단지 지정 전에 물류단지 실수요 검증**을 실시하여야 한다. 이 경우 물류단지지정권자는 실수요 검증 대상사업에 대하여 **관계 행정기관과 협의하여야 한다. 2**

② 제1항에 따른 실수요 검증을 실시하기 위하여 국토교통부 또는 특별시ㆍ광역시ㆍ특별자치시ㆍ도ㆍ특별자치도(이하 "시ㆍ도"라 한다)에 각각 실수요검증위원회를 둔다. **1**

③ 도시첨단물류단지개발사업의 경우에는 제1항에 따른 실수요 검증을 실수요검증위원회의 자문으로 **갈음할 수 있다. 2**

④ 제1항에 따른 물류단지 실수요 검증의 평가기준 및 평가방법 등에 관하여 필요한 사항은 국토교통부령으로, 제2항에 따른 실수요검증위원회의 구성 및 운영 등에 필요한 사항은 국토교통부령 또는 해당 시ㆍ도의 조례로 각각 정한다.

참조 **규칙 제16조의2(일반물류단지 실수요 검증 절차)** ① 법 제22조의7제1항에 따른 실수요 검증(이하 "실수요 검증"이라 한다)의 평가기준 및 평가방법 등은 별표 2의3과 같다.

② 국토교통부장관 또는 시ㆍ도지사는 제1항에 따른 실수요 검증을 실시하기 위하여 필요하다고 인정하는 경우에는 법 제22조제4항 및 제22조의2제2항에 따라 물류단지의 지정을 요청하는 자(이하 "지정요청자"라 한다)에게 다음 각 호의 서류의 제출을 요구할 수 있다.

1. 지정요청자의 사업계획서

2. 지정요청자의 재무제표

3. 지정요청자의 자금조달 확약서 또는 자금조달 계획서(연차별 투자계획을 포함한다)

4. 법 제27조제5항에 따른 입주기업체 또는 해당 일반물류단지의 용지ㆍ시설 등을 분양ㆍ임대받으려는 자(이하 "입주기업체 등"이라 한다)의 사업참여 동의서(입주기업체 등의 물류사업의 현황 및 입주계획을 포함한다)

5. 입주기업체 등의 재무제표

6. 그 밖에 국토교통부장관 또는 시ㆍ도지사가 실수요 검증에 필요하다고 인정하는 서류

③ 국토교통부장관 또는 시ㆍ도지사는 제1항에 따른 실수요 검증을 실시하는 경우에는 법 제22조의7제2항에 따른 실수요검증위원회의 심의ㆍ의결을 거쳐야 한다.

④ 시ㆍ도지사는 법 제22조제1항 단서에 따른 일반물류단지를 지정하기 전에 해당 일반물류단지의 실수요검증이 필요하다고 인정하는 경우에는 지정요청자에게 제3항 각 호의 서류를 제출하도록 요구할 수 있다.

⑤ 시ㆍ도지사는 법 제22조제1항 단서에 따른 일반물류단지를 지정하기 전에 해당 일반물류단지에 대하여 국토교통부장관에게 실수요 검증을 실시할 것을 요청할 수 있다. 이 경우 시ㆍ도지사는 제4항에 따라 제출받은 서류에 시ㆍ도지사의 검토의견서를 첨부하여 국토교통부장관에게 제출하여야 한다.

⑥ 국토교통부장관은 제5항에 따른 요청에 따라 일반물류단지 실수요 검증을 실시하는 경우에는 별표 2의2의 일반물류단지 실수요 검증의 평가기준 및 평가방법에 따라야 한다.

⑦ 국토교통부장관은 제1항 및 제6항에 따른 실수요 검증을 실시하는 경우에는 법 제22조의7제2항에 따른 실수요검증위원회의 심의ㆍ의결을 거쳐야 한다. 다만, 제6항에 따른 실수요 검증을 실시하는 경우에는 심의ㆍ의결 전에 시ㆍ도지사와 협의하여야 한다.

참조 **규칙 제16조의3(실수요 검증 결과 통보)** 국토교통부장관 또는 시 · 도지사는 제16조의2제3항에 따른 심의 · 의결을 마친 날부터 14일 이내에 그 심의결과를 물류단지 지정요청자에게 서면으로 알려야 한다. 다만, 심의결과 별표 2의2제2호나목에 따라 일반물류단지 실수요가 없다고 인정되는 경우 에는 그 사유와 평가항목별 평균점수를 알려야 한다. **1**

참조 **규칙 제16조의4(실수요검증위원회의 기능 및 구성)** ① 법 제22조의7제2항에 따른 실수요검증위원회(이하 "실수요검증위원회"라 한다)는 다음 각 호의 사항을 심의 · 의결한다.

    1. 입주기업체 등의 입주 수요 등 물류단지 수요의 타당성에 관한 사항

    2. 지정요청자등의 사업수행능력에 관한 사항

    3. 주변 물류단지에 미치는 영향에 관한 사항

    4. 그 밖에 국토교통부장관이 필요하다고 인정하는 사항

③ 실수요검증위원회의 위원장 및 부위원장은 공무원이 아닌 위원 중에서 각각 호선한다. **1**

참조 **규칙 제16조의8(실수요검증위원회의 운영)** ① 실수요검증위원회의 회의는 분기별로 1회 이상 개최하되, 국토교통부장관 또는 위원장이 필요하다고 인정되는 경우에는 국토교통부장관 또는 위원장이 수시로 소집할 수 있다. 이 경우 위원장은 그 의장이 된다. **1**

| 제23조(물류단지지정의 고시 등) ① 물류단지지정권자가 물류단지를 지정하거나 지정내용을 변경한 때에는 대통령령으로 정하는 사항을 관보 또는 시 · 도의 공보에 고시하고, 관계 서류의 사본을 관할 시장 · 군수 · 구청장에게 보내야 한다.
② 물류단지로 지정되는 지역에 수용하거나 사용할 토지, 건축물, 그 밖의 물건이나 권리가 있는 경우에는 제1항에 따른 고시내용에 그 토지 등의 세부목록을 포함시켜야 한다.
③ 제1항에 따라 관계 서류를 받은 시장 · 군수 · 구청장은 이를 14일 이상 일반인이 열람할 수 있도록 하여야 한다. | 영 제16조(물류단지지정 또는 변경의 고시) ① 법 제23조제1항에서 "대통령령으로 정하는 사항"이란 다음 각 호의 사항을 말한다.
  1. 물류단지의 명칭 · 위치 및 면적
  2. 물류단지의 지정 목적
  3. 물류단지개발사업의 시행자
  4. 물류단지의 개발기간 및 개발방법
  5. 토지이용계획 및 주요 기반시설계획
  5의2. 법 제22조의2제3항 단서에 따른 건축계획 및 복합용지이용계획(도시첨단물류단지를 지정하거나 그 지정내용을 변경하는 경우만 해당한다)
  6. 주요 유치업종 및 유치업종배치계획[법 제22조제1항 또는 제22조의2제1항에 따라 물류단지를 지정하는 자(이하 "물류단지지정권자"라 한다)와 물류단지 입주희망 기업이 입주협약을 체결한 경우에는 그 기업의 배치계획을 포함한다] |

7. 수용 또는 사용의 대상이 되는 토지, 건축물 또는 토지에 정착한 물건과 이에 관한 소유권 외의 권리, 광업권·어업권 및 물의 사용에 관한 권리(이하 "토지등"이라 한다)가 있는 경우에는 그 세목과 소유자 및 「공익사업을 위한 토지 등의 취득 및 보상에 관한 법률」 제2조제5호에 따른 관계인의 성명 및 주소

8. 물류단지의 개발을 위한 주요시설지원계획

9. 종전 토지소유자에 대한 환지계획

10. 「공유수면 관리 및 매립에 관한 법률」 제22조 및 제27조에 따른 공유수면매립 기본계획

11. 「국토의 계획 및 이용에 관한 법률」 제30조에 따른 도시·군관리계획

12. 「토지이용규제 기본법」 제8조제3항에 따른 지형도면등

13. 관계 도서의 열람방법

② 제1항제3호·제7호 또는 제9호의 사항이 물류단지를 지정하는 때 확정되지 아니한 경우에는 그 내용이 확정된 후에 이를 따로 고시할 수 있다.

③ 시·도지사는 물류단지를 지정 또는 변경지정한 후 제1항 각 호의 사항을 고시한 때에는 지체 없이 고시 내용을 국토교통부장관에게 통보하여야 한다.

제24조(주민 등의 의견청취) ① 물류단지지정권자는 물류단지를 지정하려는 때에는 주민 및 관계 전문가의 의견을 들어야 하고 타당하다고 인정하는 때에는 그 의견을 반영하여야 한다. 다만, 국방상 기밀사항이거나 대통령령으로 정하는 경미한 사항인 경우에는 의견 청취를 생략할 수 있다. ❷
② 제1항에 따른 주민 및 관계 전문가의 의견청취에 필요한 사항은 대통령령으로 정한다.

영 제17조(주민 등의 의견청취) ① 물류단지지정권자는 법 제24조제1항에 따라 물류단지의 지정에 관하여 주민 및 관계 전문가의 의견을 들으려는 경우에는 물류단지개발계획안의 내용을 해당 물류단지의 소재지를 관할하는 특별자치시장·특별자치도지사·시장·군수 또는 구청장(자치구의 구청장을 말한다)에게 보내야 하며, 이를 받은 시장·군수·구청장은 그 주요 내용을 해당 지방에서 발간되는 일간신문, 공보, 인터넷 홈페이지 또는 방송 등을 통하여 공고하고 14일 이상 일반에게 열람하게 하여야 한다.
② 제1항에 따라 공고된 물류단지개발계획안의 내용에 대하여 의견이 있는 자는 그 열람기간 내에 해당 **시장·군수·구청장**에게 의견서를 제출할 수 있다. ❶
③ 시장·군수·구청장은 제2항에 따라 제출된 의견에 대한 검토의견을 물류단지지정권자에게 제출하여야 한다.
④ 법 제24조제1항 단서에서 "대통령령으로 정하는 경미한 사항"이란 다음 각 호의 사항을 말한다.
1. 물류단지지정 면적의 변경(10분의 1 미만의 면적을 변경하는 경우만 해당한다)
2. 물류단지시설용지 면적의 변경(10분의 1 미만의 면적을 변경하는 경우만 해당한다) 또는 물류단지시설용지의 용도변경

3. 기반시설(구거를 포함한다)의 부지 면적의 변경(10분의 1 미만의 면적을 변경하는 경우만 해당한다) 또는 그 시설의 위치 변경

⑤ 물류단지지정권자는 법 제24조제1항 단서에 따라 주민 및 관계 전문가의 의견청취를 생략하려는 경우에는 미리 관계 행정기관의 장과 협의하여야 한다.

제25조(행위제한 등) ① 물류단지 안에서 건축물의 건축, 공작물의 설치, 토지의 형질변경, 토석의 채취, 토지분할, 물건을 쌓아놓는 행위 등 대통령령으로 정하는 행위를 하려는 자는 **시장·군수·구청장의 허가**를 받아야 한다. 허가받은 사항을 변경하려는 때에도 **또한 같다.** ❷
② 다음 각 호의 어느 하나에 해당하는 행위는 제1항에도 불구하고 **허가를 받지 아니하고** 할 수 있다. ❶
  1. 재해복구 또는 재난수습에 필요한 응급조치를 위하여 하는 행위 ❷
  2. 그 밖에 대통령령으로 정하는 행위
③ 제1항에 따라 허가를 받아야 하는 행위로서 물류단지의 지정 및 고시 당시 이미 관계 법령에 따라 행위허가를 받았거나 허가를 받을 필요가 없는 행위에 관하여 그 공사 또는 사업에 착수한 자는 대통령령으로 정하는 바에 따라 시장·군수·구청장에게 **신고한 후** 이를 계속 시행할 수 있다. ❷
④ 시장·군수·구청장은 제1항을 위반한 자에게 원상회복을 명할 수 있다. 이 경우 명령을 받은 자가 그 의무를 이행하지 아니하면 시장·군수·구청장은 「행정대집행법」에 따라 대집행할 수 있다.
⑤ 제1항에 따른 허가에 관하여 이 법에서 규정한 것 외에는 「**국토의 계획 및 이용에 관한 법률**」 제57조부터 제60조까지 및 제62조를 준용한다. ❶
⑥ 제1항에 따라 허가를 받은 경우에는 「국토의 계획 및 이용에 관한 법률」 제56조에 따라 허가를 받은 것으로 본다.
	제18조(행위허가의 대상 등) ① 법 제25조제1항에 따라 시장·군수·구청장의 허가를 받아야 하는 행위는 다음 각 호와 같다. ❶
	  1. 건축물의 건축 등 : 「건축법」 제2조제1항제2호에 따른 건축물(가설건축물을 포함한다)의 건축, 대수선 또는 용도변경
	  2. 공작물의 설치 : 인공을 가하여 제작한 시설물(「건축법」 제2조제1항제2호에 따른 건축물은 제외한다)의 설치
	  3. 토지의 형질변경 : 절토(땅깎기)·성토(흙쌓기)·정지(흙고르기)·포장 등의 방법으로 토지의 형상을 변경하는 행위, 토지의 굴착 또는 공유수면의 매립
	  4. 토석의 채취 : 흙·모래·자갈·바위 등의 토석을 채취하는 행위. 다만, 토지의 형질변경을 목적으로 하는 것은 제3호에 따른다.
	  5. 토지분할
	  6. 물건을 쌓아놓는 행위 : 이동이 쉽지 아니한 물건을 1개월 이상 쌓아놓는 행위
	  7. 죽목의 벌채 및 식재 ❶
		제17조(간이공작물) 영 제18조제3항제1호에서 "국토교통부령으로 정하는 간이공작물"이란 다음 각 호의 공작물을 말한다.
		  1. 비닐하우스
		  2. 양잠장
		  3. 고추, 잎담배, 김 등 농림수산물의 건조장
		  4. 버섯재배사
		  5. 종묘배양장
		  6. 퇴비장
		  7. 탈곡장
		  8. 그 밖에 제1호부터 제7호까지와 유사한 것으로서 국토교통부장관이 정하여 관보에 고시하는 공작물

② 시장·군수·구청장은 법 제25조제1항에 따라 제1항 각 호의 행위에 대한 허가를 하려는 경우로서 법 제27조에 따라 물류단지개발사업의 시행자(이하 "시행자"라 한다)가 지정되어 있는 경우에는 미리 그 시행자의 의견을 들어야 한다.

③ 법 제25조제2항제2호에서 "그 밖에 대통령령으로 정하는 행위"란 다음 각 호의 어느 하나에 해당하는 행위로서 「국토의 계획 및 이용에 관한 법률」 제56조에 따른 개발행위허가의 대상이 아닌 것을 말한다.

1. 농림수산물의 생산에 직접 이용되는 것으로서 국토교통부령으로 정하는 간이공작물의 설치 **1**

2. 경작을 위한 토지의 형질변경 **1**

3. 물류단지의 개발에 지장을 주지 아니하고 자연경관을 손상하지 아니하는 범위에서의 토석의 채취 **1**

4. 물류단지에 존치하기로 결정된 대지 안에서 물건을 쌓아놓는 행위 **1**

5. 관상용 죽목의 임시 식재(**경작지에서의** 임시 식재는 제외한다) **1**

④ 법 제25조제3항에 따라 신고하여야 하는 자는 물류단지가 지정·고시된 날부터 30일 이내에 그 공사 또는 사업의 진행상황과 시행계획을 첨부하여 관할 시장·군수·구청장에게 신고하여야 한다.

제26조(물류단지지정의 해제) ① 물류단지로 지정·고시된 날부터 대통령령으로 정하는 기간 이내에 그 물류단지의 전부 또는 일부에 대하여 제28조에 따른 물류단지개발실시계획의 승인을 신청하지 아니하면 그 기간이 지난 다음 날 해당 지역에 대한 물류단지의 지정이 해제된 것으로 본다. **❷**

② 물류단지지정권자는 다음 각 호의 어느 하나에 해당하는 경우에는 대통령령으로 정하는 바에 따라 해당 지역에 대한 물류단지 지정의 전부 또는 일부를 해제할 수 있다.

　　1. 물류단지의 전부 또는 일부에 대한 개발 전망이 없게 된 경우

　　2. 개발이 완료된 물류단지가 준공(부분 준공을 포함한다)된 지 20년 이상 된 것으로서 주변상황과 물류산업여건이 변화되어 제52조의2에 따른 물류단지재정비사업을 하더라도 물류단지 기능수행이 어려울 것으로 판단되는 경우 **❶**

③ 제1항 또는 제2항에 따라 물류단지의 지정이 해제된 것으로 보거나 해제된 경우 해당 물류단지지정권자는 그 사실을 관계 중앙행정기관의 장 및 시·도지사에게 통보하고 고시하여야 하며, 통보를 받은 시·도지사는 지체 없이 시장·군수·구청장으로 하여금 이를 14일 이상 일반인이 열람할 수 있도록 하여야 한다.

④ 물류단지의 지정으로「국토의 계획 및 이용에 관한 법률」에 따른 용도지역이 변경·결정된 후 제1항 또는 제2항에 따라 해당 물류단지의 지정이 해제된 경우에는 같은 법의 규정에도 불구하고 해당 물류단지에 대한 용도지역은 변경·결정되기 전의 용도지역으로 환원된 것으로 본다. 다만, 물류단지의 개발이 완료되어 물류단지의 지정이 해제된 경우에는 변경·결정되기 전의 용도지역으로 환원되지 아니한다.

⑤ 시장·군수·구청장은 제4항에 따라 용도지역이 환원된 경우에는 즉시 그 사실을 고시하여야 한다.

영 제19조(물류단지지정의 해제) ① 법 제26조제1항에서 "대통령령으로 정하는 기간"이란 5년을 말한다. **❶**

② 물류단지지정권자는 법 제26조제2항에 따라 물류단지의 지정을 해제하려는 경우에는 다음 각 호의 사항을 명시하여 관계 행정기관의 장과 협의하여야 한다.

　　1. 해제 사유 및 내역

　　2.「국토의 계획 및 이용에 관한 법률」제36조에 따른 용도지역의 환원에 관한 사항

③ 물류단지지정권자는 법 제26조제1항 및 같은 조 제2항에 따라 물류단지의 지정이 해제된 경우에는 다음 각 호의 사항을 고시하여야 한다.

　　1. 물류단지의 명칭

　　2. 해제되는 물류단지의 위치 및 면적

　　3. 물류단지지정의 해제 사유

　　4.「국토의 계획 및 이용에 관한 법률」제36조에 따른 용도지역의 환원 여부

　　5. 관계 도서의 열람방법

제27조(물류단지개발사업의 시행자) ① 물류단지개발사업을 시행하려는 자는 대통령령으로 정하는 바에 따라 물류단지지정권자로부터 시행자 지정을 받아야 한다.

② 제1항에 따라 물류단지개발사업의 시행자로 지정받을 수 있는 자는 다음 각 호의 자로 한다. **1**

   1. 국가 또는 지방자치단체 **3**

   2. 대통령령으로 정하는 공공기관

   3. 「지방공기업법」에 따른 지방공사 **2**

   4. 특별법에 따라 설립된 법인 **1**

   5. 「민법」 또는 「상법」에 따라 설립된 법인 **1**

   6. 물류단지 예정지역의 토지소유자 또는 그 토지소유자가 물류단지 개발을 위하여 설립한 조합

③ 제1항에 따라 물류단지개발사업의 시행자로 지정받으려는 자는 대통령령으로 정하는 바에 따라 물류단지지정권자에게 시행자 지정을 신청하여야 한다.

④ 물류단지지정권자는 제1항에 따라 물류단지개발사업을 시행하는 자로 지정받은 자(이하 "시행자"라 한다) 중 제2항제5호 또는 제6호에 해당하는 자가 제28조에 따라 승인을 받은 물류단지개발실시계획에서 정하여진 기간 내에 물류단지개발사업을 완료하지 아니하면 제2항의 각 호의 자 중에서 다른 시행자를 지정하여 그 시행자에게 해당 물류단지개발사업을 시행하게 할 수 있다.

⑤ 제2항제1호부터 제4호까지의 시행자는 물류단지개발사업을 효율적으로 시행하기 위하여 필요하다고 인정하는 경우에는 대통령령으로 정하는 바에 따라 해당 물류단지에 입주하거나 입주하려는 물류시설의 운영자(이하 "입주기업체"라 한다) 및 지원시설의 운영자(이하 "지원기관"이라 한다)에게 물류단지개발사업의 일부를 대행하게 할 수 있다. **1**

영 제20조(시행자) ① 물류단지지정권자는 법 제27조제1항에 따라 시행자를 지정할 때에는 사업계획의 타당성 및 재원조달능력과 다른 법률에 따라 수립된 개발계획과의 관계 등을 고려하여야 한다. **2**

② 법 제27조제2항제2호에서 "대통령령으로 정하는 공공기관"이란 다음 각 호의 기관을 말한다. **1**

   1. 「한국토지주택공사법」에 따른 한국토지주택공사

   2. 「한국도로공사법」에 따른 한국도로공사 **1**

   4. 「한국수자원공사법」에 따른 한국수자원공사

   5. 「한국농어촌공사 및 농지관리기금법」에 따른 한국농어촌공사

   6. 「항만공사법」에 따른 항만공사

③ 법 제27조제3항에 따라 시행자로 지정받으려는 자는 다음 각 호의 사항을 적은 시행자지정신청서를 물류단지지정권자에게 제출하여야 한다.

   1. 사업을 시행하려는 자의 성명(법인인 경우에는 그 명칭 및 대표자의 성명) · 주소

   2. 사업을 시행하려는 물류단지의 명칭 · 위치 및 사업시행 면적

   3. 사업의 명칭 · 목적 · 개요 · 시행기간 · 시행방법 등 사업계획의 개요

④ 제3항에 따른 시행자지정신청서에는 다음 각 호의 서류 및 도면을 첨부하여야 한다.

   1. 위치도

   2. 사업계획서

   3. 자금조달계획서

영 제21조(개발사업의 대행) ① 시행자는 물류단지시설용지의 조성과 물류단지시설의 건설을 병행하게 할 필요가 있거나 물류단지개발사업의 원활한 시행을 위하여 필요하다고 인정하는 경우에는 법 제27조제5항에 따라 입주기업체 또는 지원기관으로 하여금 물류단지개발사업 중 해당 입주기업체 또는 지원기관이 사용할 시설의 부지조성사업을 대행하게 할 수 있다.

② 시행자는 법 제27조제5항에 따라 입주기업체 또는 지원기관으로 하여금 물류단지개발사업의 일부를 대행하게 하려는 때에는 이에 관한 계약을 체결하여야 한다. 이 경우 시행자는 계약을 체결한 날부터 14일 이내에 계약서의 사본을 첨부하여 해당 물류단지지정권자에게 물류단지개발사업의 대행에 관한 보고를 하여야 한다.

③ 시행자는 제2항에 따라 계약을 체결한 물류단지개발사업의 대행자가 그 계약에 따라 성실하게 사업을 시행하도록 지도 · 감독하여야 한다.

제28조(물류단지개발실시계획의 승인) ① 시행자는 대통령령으로 정하는 바에 따라 물류단지개발실시계획(이하 "실시계획"이라 한다)을 수립하여 물류단지지정권자의 승인을 받아야 한다. 승인을 받은 사항 중 대통령령으로 정하는 중요 사항을 변경하려는 경우에도 또한 같다. **3**

② 실시계획에는 개발한 토지·시설 등의 처분에 관한 사항이 포함되어야 한다. **1**

③ 물류단지지정권자가 제1항에 따라 실시계획을 승인하거나 승인한 사항을 변경승인할 때에는 제30조제1항 각 호의 관계 법률에 적합한지를 미리 소관 행정기관의 장과 협의하여야 한다.

영 제22조(실시계획의 승인) ① 시행자는 법 제28조제1항에 따른 물류단지개발실시계획의 승인을 신청하려는 경우에는 다음 각 호의 사항을 적은 실시계획승인신청서를 물류단지지정권자에게 제출하여야 한다.

1. 시행자의 성명(법인인 경우에는 그 명칭 및 대표자의 성명)·주소
2. 사업의 명칭
3. 사업의 목적
4. 사업을 시행하려는 위치 및 면적
5. 사업의 시행방법 및 시행기간
6. 사업시행지역의 토지이용 현황
7. 토지이용계획 및 기반시설계획
8. 공공시설의 귀속 및 관리계획

② 제1항에 따른 실시계획승인신청서에는 다음 각 호의 서류 및 도면을 첨부하여야 한다.

1. 위치도
2. 지적도에 따라 작성한 용지도
3. 계획평면도 및 실시설계도서(공유수면의 매립이 포함되는 경우에는 「공유수면 관리 및 매립에 관한 법률 시행령」 제48조제1항에 따라 제출하여야 하는 매립공사에 관한 설명서를 포함한다)
4. 사업비 및 자금조달계획서(연차별 투자계획을 포함한다)
5. 개발한 토지·시설 등의 처분계획에 관한 서류
6. 사업시행지역에 존치하려는 기존의 물류단지시설이나 건축물 등의 명세서
7. 사업시행지역의 토지·건물 또는 권리 등의 매수·보상 및 주민의 이주대책에 관한 서류
8. 토지등이 있는 경우에는 그 세목과 소유자 및 「공익사업을 위한 토지 등의 취득 및 보상에 관한 법률」 제2조제5호에 따른 관계인의 성명 및 주소
9. 공공시설물 및 토지등의 무상귀속 등에 관한 계획서
10. 도시·군관리계획결정에 필요한 관계 서류 및 도면
11. 「해양환경관리법」 제84조제3항에 따라 제출하여야 하는 해역이용협의를 위한 서류(공유수면매립의 경우에만 첨부한다)

12. 「환경영향평가법」에 따른 환경영향평가 대상사업이거나 「도시교통정비 촉진법」에 따른 교통영향평가 대상사업인 경우에는 환경영향평가서 또는 교통영향평가서

13. 문화재 보존대책에 관한 서류

③ 법 제28조제1항 후단에서 "대통령령으로 정하는 중요 사항"이란 다음 각 호 외의 사항을 말한다.

1. 시행자의 주소 변경

2. 법인인 시행자의 대표자 변경

3. 사업시행지역의 변동이 없는 범위에서의 착오 등에 따른 시행면적의 정정

4. 사업시행 면적을 초과하지 아니하는 범위에서 사업을 분할하여 시행하는 경우의 면적 변경 **1**

5. 사업시행 면적의 100분의 10 범위에서의 면적의 감소

6. 사업비의 100분의 10 범위에서의 사업비의 증감 **1**

7. 「공간정보의 구축 및 관리 등에 관한 법률」 제45조제2호에 따른 지적확정측량의 결과에 따른 부지 면적의 변경

제29조(실시계획승인의 고시) ① 물류단지지정권자는 제28조에 따라 실시계획을 승인하거나 승인한 사항을 변경승인한 때에는 대통령령으로 정하는 사항을 관보 또는 시·도의 공보에 고시하고, 관계 서류의 사본을 관할 시장·군수·구청장에게 보내야 한다. **1**

② 제1항에 따라 관계 서류의 사본을 받은 시장·군수·구청장은 이를 14일 이상 일반인이 열람할 수 있도록 하여야 한다.

③ 제1항에 따라 관계 서류의 사본을 받은 시장·군수·구청장은 실시계획에 도시·군관리계획 결정사항이 포함되어 있으면 「국토의 계획 및 이용에 관한 법률」 제32조에 따라 지형도면의 고시 등에 필요한 절차를 취하여야 한다. 이 경우 시행자는 도시·군관리계획에 관한 지형도면의 고시 등에 필요한 서류를 작성하여 시장·군수·구청장에게 제출하여야 한다.

영 제23조(실시계획승인의 고시) 법 제29조제1항에 따라 고시하여야 하는 사항은 다음 각 호와 같다.

1. 사업의 명칭

2. 시행자의 성명(법인인 경우에는 그 명칭 및 대표자의 성명)

3. 사업의 목적 및 개요

4. 사업시행지역의 위치 및 면적

5. 사업시행기간(착공 및 준공예정일을 포함한다)

6. 도시·군계획시설에 대한 「국토의 계획 및 이용에 관한 법률 시행령」 제25조제5항 각 호의 사항

제30조(인 · 허가등의 의제) ① 물류단지지정권자가 실시계획을 승인 또는 변경승인하는 경우에 다음 각 호의 인 · 허가등에 관하여 제28조제3항에 따라 관계 행정기관의 장과 협의한 사항은 해당 인 · 허가등을 받은 것으로 보며, 실시계획승인 또는 변경승인을 고시한 때에는 다음 각 호의 법률에 따른 해당 인 · 허가등의 고시 또는 공고를 한 것으로 본다.

1. 「가축분뇨의 관리 및 이용에 관한 법률」 제11조에 따른 배출시설에 대한 설치허가 또는 신고

2. 「건축법」 제11조에 따른 건축허가, 같은 법 제14조에 따른 건축신고, 같은 법 제16조에 따른 건축허가 · 신고사항의 변경, 같은 법 제20조에 따른 가설건축물의 건축의 허가 · 신고 및 같은 법 제29조에 따른 건축협의

3. 「골재채취법」 제22조에 따른 골재채취의 허가

4. 「공유수면 관리 및 매립에 관한 법률」 제8조에 따른 공유수면의 점용 · 사용허가, 같은 법 제17조에 따른 점용 · 사용 실시계획의 승인 또는 신고, 같은 법 제28조에 따른 공유수면의 매립면허, 같은 법 제35조에 따른 매립의 협의 또는 승인 및 같은 법 제38조에 따른 공유수면매립실시계획의 승인

6. 「공유재산 및 물품 관리법」 제11조에 따른 행정재산의 용도폐지 및 같은 법 제20조제1항에 따른 행정재산의 사용 · 수익의 허가

7. 「광업법」 제24조에 따른 광업권설정불허가처분 및 같은 법 제34조에 따른 광업권의 취소 또는 광구감소처분

8. 「국유재산법」 제30조에 따른 행정재산의 사용허가 및 같은 법 제40조에 따른 행정재산의 용도폐지

9. 「국토의 계획 및 이용에 관한 법률」 제30조에 따른 도시 · 군관리계획의 결정, 같은 법 제56조제1항제2호 · 제4호에 따른 토지형질변경의 허가 또는 토지분할의 허가, 같은 법 제86조에 따른 도시 · 군계획시설사업의 시행자의 지정 및 같은 법 제88조에 따른 실시계획의 인가

10. 「농어촌정비법」 제23조에 따른 농업생산기반시설의 사용허가

11. 「농지법」 제31조에 따른 농업진흥지역 등의 변경 및 해제, 같은 법 제34조에 따른 농지전용의 허가 및 협의

12. 「도로법」 제36조에 따른 도로관리청이 아닌 자에 대한 도로공사 시행의 허가, 같은 법 제61조에 따른 도로의 점용 허가 및 같은 법 제107조에 따른 도로관리청과의 협의 또는 승인

13. 「사도법」 제4조에 따른 사도개설의 허가

14. 「사방사업법」 제14조에 따른 벌채 등의 허가 및 같은 법 제20조에 따른 사방지 지정의 해제

15. 「산지관리법」 제14조 및 제15조에 따른 산지전용허가 및 산지전용신고, 같은 법 제15조의2에 따른 산지일시사용허가·신고, 같은 법 제25조에 따른 토석채취허가, 「산림자원의 조성 및 관리에 관한 법률」 제36조제1항 및 제5항에 따른 입목벌채등의 허가·신고, 「산림보호법」 제9조제1항 및 제2항제1호·제2호에 따른 산림보호구역(산림유전자원보호구역은 제외한다)에서의 행위의 허가·신고 및 같은 법 제11조제1항제1호에 따른 산림보호구역의 지정해제

16. 「소하천정비법」 제10조에 따른 소하천 공사시행의 허가 및 같은 법 제14조에 따른 소하천 점용의 허가

17. 「수도법」 제17조 및 제49조에 따른 수도사업의 인가, 같은 법 제52조 및 제54조에 따른 전용수도 설치의 인가

18. 「물환경보전법」 제49조에 따른 공공폐수처리시설 기본계획의 승인

19. 「에너지이용 합리화법」 제8조에 따른 에너지사용계획의 협의

19의2. 「임업 및 산촌 진흥촉진에 관한 법률」 제20조에 따른 임업진흥권역의 지정변경 및 해제

20. 「장사 등에 관한 법률」 제23조에 따른 연고자가 없는 분묘의 개장허가

20의2. 「전기사업법」 제62조에 따른 자가용전기설비의 공사계획의 인가 또는 신고

21. 「공간정보의 구축 및 관리 등에 관한 법률」 제86조제1항에 따른 사업의 착수·변경 또는 완료의 신고

22. 「집단에너지사업법」 제4조에 따른 집단에너지의 공급 타당성에 관한 협의

23. 「초지법」 제21조의2에 따른 토지의 형질변경 등의 허가 및 같은 법 제23조에 따른 초지전용허가

24. 「공간정보의 구축 및 관리 등에 관한 법률」 제15조제3항에 따른 지도 등의 간행 심사

25. 「폐기물관리법」 제29조에 따른 폐기물처리시설의 설치승인 또는 신고

26. 「하수도법」 제16조에 따른 공공하수도공사의 시행허가 및 같은 법 제24조에 따른 공공하수도의 점용허가

27. 「하천법」 제6조에 따른 하천관리청과의 협의 또는 승인, 같은 법 제30조에 따른 하천공사 시행허가, 하천공사실시계획의 인가, 같은 법 제33조에 따른 하천의 점용허가 및 같은 법 제50조에 따른 하천수의 사용허가

28. 「항만법」 제9조제2항에 따른 항만개발사업 시행의 허가 및 같은 법 제10조제2항에 따른 항만개발사업실시계획의 승인

29. 「산업집적활성화 및 공장설립에 관한 법률」 제13조에 따른 공장설립 등의 승인

30. 「유통산업발전법」 제8조에 따른 대규모점포의 개설등록

31. 「체육시설의 설치·이용에 관한 법률」 제12조에 따른 사업계획의 승인

② 제1항에 따라 다른 법률에 따른 인·허가등을 받은 것으로 보는 경우에는 관계 법률 또는 시·도의 조례에 따라 부과되는 그 인·허가등에 따른 수수료·사용료 등을 면제한다.

③ 제1항에 따른 인·허가등의 의제와 관련된 처리기준에 관하여는 제21조제3항 및 제4항을 준용한다.

제31조(물류단지개발사업의 위탁시행) ① 시행자는 물류단지개발사업 중 항만, 용수시설, 그 밖에 대통령령으로 정하는 공공시설의 건설과 공유수면의 매립에 관한 사항을 대통령령으로 정하는 바에 따라 국가 · 지방자치단체 또는 대통령령으로 정하는 **공공기관**에 위탁하여 시행할 수 있다. **❸**

② 물류단지개발사업을 위한 토지매수업무 등의 위탁에 관하여는 제11조를 준용한다. 이 경우 "물류터미널사업자"는 "시행자"로, "물류터미널"은 "물류단지"로 본다.

영 제24조(물류단지개발사업의 위탁시행) ① 법 제31조제1항에서 "그 밖에 대통령령으로 정하는 공공시설"이란 도로 · 상수도 · 철도 · 공동구 · 공공폐수처리시설 · 폐기물처리시설 · 집단에너지공급시설 · 제방 · 호안(기슭 · 제방 보호시설) · 방조제 · 하굿둑 및 녹지시설을 말한다.

② 시행자는 법 제31조제1항에 따라 물류단지개발사업의 일부를 국가 · 지방자치단체 또는 공공기관에 위탁하여 시행하려는 경우에는 이를 위탁받아 시행할 자와 다음 각 호의 사항에 관하여 협의하여야 한다. **❶**

1. 위탁사업의 사업지
2. 위탁사업의 종류 · 규모 · 금액과 그 밖에 공사설계의 기준이 될 사항
3. 위탁사업의 시행기간(착공 및 준공예정일과 공정계획을 포함한다)
4. 위탁사업에 필요한 비용의 지급방법과 그 자금의 관리에 관한 사항
5. 위탁자가 부동산 · 기자재 또는 근로자를 제공하는 경우에는 그 관리에 관한 사항
6. 위험부담에 관한 사항 **❶**
7. 그 밖에 위탁사업의 내용을 명백히 하기 위하여 필요한 사항

③ 법 제31조제1항에서 "대통령령으로 정하는 공공기관"이란 제20조제2항 각 호의 기관을 말한다.

제32조(토지등의 수용 · 사용) ① 시행자(제27조제2항제6호의 시행자는 제외한다. 이하 이 조에서 같다)는 물류단지개발사업에 필요한 토지등을 수용하거나 사용할 수 있다. 다만, 제27조제2항제5호(「민법」 또는 「상법」에 따라 설립된 법인)의 시행자인 경우에는 사업대상 토지면적의 3분의 2 이상을 매입하여야 토지등을 수용하거나 사용할 수 있다. **❻**

② 제1항에 따라 토지등을 수용하거나 사용하는 경우에 제23조제1항에 따른 물류단지 지정 고시를 한 때(제22조제5항 단서 또는 제22조의2제3항에 따라 시행자 및 수용하거나 사용할 토지등의 세부목록을 물류단지의 지정 후에 물류단지개발계획에 포함시키는 경우에는 그 고시한 때를 말한다)에는 「공익사업을 위한 토지 등의 취득 및 보상에 관한 법률」 제20조제1항 및 같은 법 제22조에 따른 사업인정 및 그 고시를 한 것으로 본다. **❶**

③ 국토교통부장관이 지정하는 물류단지 안의 토지등에 대한 재결은 중앙
토지수용위원회가 관장하고, 시·도지사가 지정하는 물류단지 안의 토지등
에 대한 재결은 관할 지방토지수용위원회가 관장한다. 이 경우 재결의 신청
은「공익사업을 위한 토지 등의 취득 및 보상에 관한 법률」제23조제1항 및
같은 법 제28조제1항에도 불구하고 물류단지개발계획에서 정하는 사업시행
기간 내에 할 수 있다. **1**

④ 제1항에 따른 수용 또는 사용에 관하여는 이 법에 특별한 규정이 있는 경우
외에는「공익사업을 위한 토지 등의 취득 및 보상에 관한 법률」을 준용한다.

제33조(「공유수면 관리 및 매립에 관한 법률」 등의 적용특례) ① 제22조, 제22
조의2 및 제23조에 따라 물류단지가 지정·고시된 경우에는 그 범위에서「공
유수면 관리 및 매립에 관한 법률」제22조 및 제27조에 따른 매립기본계획,
「국토의 계획 및 이용에 관한 법률」제30조에 따른 도시·군관리계획 및「하
천법」제25조 및 제27조에 따른 하천기본계획 및 하천공사시행계획이 수
립·변경된 것으로 본다.

② 제28조에 따라 실시계획의 승인을 받은 시행자가 해당 물류단지 안의 토
지에 관하여 체결하는 토지거래계약에 대하여는「부동산 거래신고 등에 관
한 법률」제11조를 적용하지 아니한다.

③ 지원시설에 대하여는「국토의 계획 및 이용에 관한 법률」제76조에 따른
지역·지구 안에서의 건축금지 및 제한에 관한 규정을 적용하지 아니한다.

제34조(토지소유자에 대한 환지) ① 시행자는 물류단지 안의 토지를 소유하고
있는 자가 물류단지개발계획에서 정한 물류단지시설 또는 대통령령으로 정
하는 지원시설을 운영하려는 경우에는 그 토지를 포함하여 물류단지개발사
업을 시행할 수 있으며, 해당 사업이 완료된 후 대통령령으로 정하는 바에 따
라 해당 토지소유자에게 환지하여 줄 수 있다. **1**

영 제25조(토지소유자에 대한 환지) ① 법 제34조제1항에 따라 환지를 받을 수 있는 토지소유자는 물류단
지개발계획에서 정한 유치업종에 적합한 물류단지시설을 설치하려는 자로서 물류단지의 지정·고시일
현재 물류단지개발계획에서 정한 **최소공급면적 이상**의 토지를 소유한 자로 한다. **1**

② 제1항에 따라 환지를 받으려는 자는 환지신청서에 물류단지시설설치계획서를 첨부하여 시행자에게
제출하여야 한다.

③ 제2항에 따른 환지신청은 시행자가 해당 물류단지에 관한 보상공고에서 정한 협의기간에 하여야 한다.

② 제1항에서 정한 사항 외에 토지소유자에 대한 환지에 관하여는 「도시개발법」 제28조부터 제32조까지, 제32조의2, 제32조의3, 제33조부터 제36조까지, 제36조의2 및 제37조부터 제49조까지의 규정을 준용한다. 다만, 시행자가 「도시개발법」 제28조제1항에 따른 환지 계획을 포함하여 다음 각 호의 어느 하나에 해당하는 승인을 받은 경우에는 같은 법 제29조에 따른 환지 계획의 인가를 받은 것으로 본다.

    1. 실시계획의 승인

    2. 제59조의2에 따라 준용되는 「산업단지 인·허가 절차 간소화를 위한 특례법」에 따른 물류단지계획의 승인

제35조(토지 출입 등) 물류단지개발사업 시행을 위한 토지 출입 등에 관하여는 제12조를 준용한다. 이 경우 "물류터미널사업자"는 "시행자"로, "물류터미널"은 "물류단지"로 본다.

제36조(공공시설 및 토지 등의 귀속) ① 제27조제2항제1호부터 제4호까지의 시행자가 물류단지개발사업의 시행으로 새로 공공시설을 설치하거나 기존의 공공시설에 대체되는 공공시설을 설치한 경우에는 「국유재산법」 및 「공유재산 및 물품 관리법」에도 불구하고 종래의 공공시설은 시행자에게 무상으로 귀속되고 새로 설치된 공공시설은 그 시설을 관리할 국가 또는 지방자치단체에 무상으로 귀속된다.

② 제27조제2항제5호 또는 제6호의 시행자가 물류단지개발사업의 시행으로 새로 설치한 공공시설은 그 시설을 관리할 국가 또는 지방자치단체에 무상으로 귀속되고, 물류단지개발사업의 시행으로 인하여 용도가 폐지되는 국가 또는 지방자치단체 소유의 재산은 「국유재산법」 및 「공유재산 및 물품 관리법」에도 불구하고 새로 설치한 공공시설의 설치비용에 상당하는 범위에서 그 시행자에게 무상으로 양도할 수 있다.

④ 시행자는 다음 각 호의 기준에 따라 환지의 방법 및 절차 등을 물류단지개발계획에서 정하여야 한다.

    1. 환지의 대상이 되는 종전 토지의 가액은 보상공고 시 시행자가 제시한 협의를 위한 보상금액으로 하고, 환지의 가액은 해당 물류단지의 물류단지시설용지의 **분양가격**을 기준으로 한다. ▪

    2. 환지면적은 종전의 토지면적을 기준으로 하되, 지역 여건 및 물류단지의 수급 상황 등을 고려하여 그 면적을 늘리거나 **줄일** 수 있다. ▪

    3. 종전의 토지가액과 환지가액과의 차액은 **현금으로** 정산하여야 한다. ▪

영 제26조(공공시설의 범위) 법 제36조에 따른 공공시설은 「국토의 계획 및 이용에 관한 법률」 제2조제13호에 따른 공공시설 중 다음 각 호의 시설을 말한다.

    1. 도로

    2. 공원 ▪

    3. 광장 ▪

    4. 주차장(국가 또는 지방자치단체가 설치한 것만 해당한다) ▪

    5. 철도 ▪

    6. 하천

    7. 녹지 ▪

    8. 운동장(국가 또는 지방자치단체가 설치한 것만 해당한다) ▪

    9. 공공공지

    10. 수도(한국수자원공사가 설치하는 수도의 경우에는 **관로만** 해당한다) ▪

③ 물류단지지정권자는 제1항 및 제2항에 따른 공공시설의 귀속 및 양도에 관한 사항이 포함된 실시계획을 승인하려는 때에는 미리 그 공공시설을 관리하는 기관(이하 "관리청"이라 한다)의 의견을 들어야 한다. 실시계획을 변경하려는 때에도 또한 같다.

④ 시행자는 제1항 및 제2항에 따라 국가 또는 지방자치단체에 귀속될 공공시설과 시행자에게 귀속되거나 양도될 재산의 종류와 토지의 세부목록을 그 물류단지개발사업의 준공 전에 관리청에 통지하여야 하며, 해당 공공시설과 재산은 그 사업이 준공되어 제46조제3항에 따라 시행자에게 준공인가통지를 한 때에 국가 또는 지방자치단체에 귀속되거나 시행자에게 귀속 또는 양도된 것으로 본다. **1**

⑤ 제4항에 따른 공공시설과 재산의 등기에 관하여는 물류단지개발사업의 실시계획승인서와 준공인가서로써 「부동산등기법」에 따른 등기원인을 증명하는 서면을 갈음할 수 있다.

⑥ 제1항부터 제5항까지의 공공시설의 범위는 대통령령으로 정한다.

11. 하수도
12. 공동구 **1**
13. 유수지시설
14. 구거

제37조(국·공유지의 처분제한) 물류단지개발사업에 필요한 국·공유지의 처분제한 등에 관하여는 제13조를 준용한다. 이 경우 "물류터미널을 건설하기 위한 부지"는 "물류단지"로, "물류터미널 건설사업"은 "물류단지개발사업"으로, "국토교통부장관 또는 시·도지사"는 "물류단지지정권자"로, "물류터미널 사업자"는 "시행자·입주기업체 또는 지원기관"으로 본다.

제38조(물류단지개발사업의 비용) ① 물류단지개발사업에 필요한 비용은 시행자가 부담한다.

② 물류단지에 필요한 전기시설·전기통신설비·가스공급시설 또는 지역난방시설은 대통령령으로 정하는 범위에서 해당 지역에 전기·전기통신·가스 또는 난방을 공급하는 자가 비용을 부담하여 설치하여야 한다. 다만, 물류단지개발사업의 시행자·입주기업·지방자치단체 등의 요청에 따라 전기간선시설을 땅 속에 설치하는 경우에는 전기를 공급하는 자와 땅 속에 설치할 것을 요청하는 자가 각각 100분의 50의 비율로 그 설치비용을 부담한다. **2**

영 제27조(전기시설 등의 설치 범위 및 시기 등) ① 법 제38조제2항에 따른 전기시설·전기통신설비·가스공급시설 및 지역난방시설의 설치 범위는 다음 각 호와 같다.

1. 전기시설 : 물류단지 밖의 기간이 되는 시설로부터 물류단지 안의 토지이용계획상 6미터 이상의 도시·군계획도로에 접하는 개별필지(이하 "개별필지"라 한다)의 경계선까지의 전기시설

2. 전기통신설비 : 물류단지 밖의 기간이 되는 시설로부터 물류단지 안의 개별필지의 경계선까지의 관로시설 및 물류단지 밖의 기간이 되는 시설로부터 물류단지 안의 개별필지의 최초 단자까지의 케이블시설

③ 제2항에 따른 각 시설의 설치시기, 그 밖에 필요한 사항은 대통령령으로 정한다.

3. 가스공급시설 : 물류단지 밖의 기간이 되는 가스공급시설로부터 물류단지 안의 개별필지의 경계선까지의 가스공급시설. 다만, 취사나 개별난방용(중앙집중식난방용은 제외한다)으로 가스를 공급하기 위하여 물류단지 안의 개별필지에 정압조정실을 설치하는 경우에는 그 정압조정실까지의 가스공급시설

4. 지역난방시설 : 물류단지 밖의 기간이 되는 열수송관의 분기점으로부터 물류단지 안의 개별필지의 각 기계실 입구 차단밸브까지의 열수송관

② 물류단지지정권자는 실시계획을 승인한 때에는 지체 없이 법 38조제2항에 따른 전기시설·전기통신설비·가스공급시설 또는 지역난방시설의 설치자에게 그 사실을 알려야 한다.

③ 제1항에 따른 시설의 설치는 특별한 사유가 없으면 법 제46조에 따른 준공인가신청일(물류단지지정권자가 시행자인 경우에는 물류단지개발사업의 완료일)까지 끝내야 한다.

제39조(물류단지개발사업의 지원) ① 국가 또는 지방자치단체는 대통령령으로 정하는 바에 따라 물류단지개발사업에 필요한 비용의 **일부**를 보조하거나 융자할 수 있다. **2**

② 국가 또는 지방자치단체는 물류단지의 원활한 개발을 위하여 필요한 도로·철도·항만·용수시설 등 기반시설의 설치를 우선적으로 지원하여야 한다. **2**

영 제28조(비용의 보조 또는 융자) 법 제39조제1항에 따라 국가나 지방자치단체가 보조 또는 융자할 수 있는 비용의 종목은 다음 각 호와 같다.

1. 물류단지의 간선도로의 건설비 **1**
2. 물류단지의 녹지의 건설비 **1**
3. 이주대책사업비 **3**
4. 물류단지시설용지와 지원시설용지의 조성비 및 매입비 **1**
5. 용수공급시설·하수도 및 공공폐수처리시설의 건설비
6. 문화재 조사비 **2**

영 제29조(기반시설의 설치지원) 법 제39조제2항에 따라 국가나 지방자치단체가 지원하는 기반시설은 다음 각 호와 같다.

1. 도로·철도 및 항만시설
2. 용수공급시설 및 통신시설
3. 하수도시설 및 폐기물처리시설 **1**
4. 물류단지 안의 공동구 **2**
5. 집단에너지공급시설 **3**
6. 그 밖에 물류단지개발을 위하여 특히 필요한 공공시설로서 국토교통부령으로 정하는 시설

제40조(물류단지개발특별회계의 설치) ① 시·도지사 또는 시장·군수는 물류단지개발사업을 촉진하기 위하여 지방자치단체에 물류단지개발특별회계(이하 "특별회계"라 한다)를 설치할 수 있다. **2**

② 특별회계는 다음 각 호의 재원으로 조성된다.

1. 해당 지방자치단체의 일반회계로부터의 전입금 **1**

2. 정부의 보조금 **1**

3. 제67조에 따라 부과·징수된 과태료

4. 「개발이익환수에 관한 법률」 제4조제1항에 따라 지방자치단체에 귀속되는 개발부담금 중 해당 지방자치단체의 조례로 정하는 비율의 금액

5. 「국토의 계획 및 이용에 관한 법률」 제65조제8항에 따른 수익금

6. 「지방세법」 제112조제1항(같은 항 제1호는 제외한다) 및 같은 조 제2항에 따라 부과·징수되는 재산세의 징수액 중 대통령령으로 정하는 비율의 금액 **1**

7. 차입금 **1**

8. 해당 특별회계자금의 융자회수금·이자수입금 및 그 밖의 수익금

영 제30조(물류단지개발특별회계의 재원) 법 제40조제2항제6호에서 "대통령령으로 정하는 비율"이란 10퍼센트를 말한다. 다만, 해당 지방자치단체의 조례로 달리 정하는 경우에는 그 비율을 말한다. **2**

제41조(특별회계의 운용) ① 특별회계는 다음 각 호의 용도로 사용한다.

1. 물류단지개발사업의 시행자에 대한 공사비의 보조 또는 융자

2. 물류단지개발사업에 따른 도시·군계획시설사업에 관한 보조 또는 융자

3. 지방자치단체가 시행하는 물류단지개발사업에 따른 도시·군계획시설의 설치사업비

4. 물류단지지정, 물류시설의 개발계획수립 및 제도발전을 위한 조사·연구비

5. 차입금의 원리금 상환

6. 특별회계의 조성·운용 및 관리를 위한 경비

7. 그 밖에 대통령령으로 정하는 사항

영 제31조(물류단지개발특별회계의 용도) 법 제41조제1항제7호에서 "대통령령으로 정하는 사항"이란 다음을 말한다.

1. 지방자치단체가 시행하는 물류단지개발사업의 사업비

2. 해당 지방자치단체의 조례로 정하는 사항

영 제32조(물류단지개발특별회계의 운용 및 관리) ① 법 제41조제3항에 해당 지방자치단체의 조례 물류단지개발특별회계에서 보조할 수 있는 사항을 정하는 경우 그 범위는 다음 각 호와 같다.

1. 해당 지방자치단체의 장이 시행하는 다음 각 목의 사업비

가. 물류단지개발사업의 공사비

나. 물류단지개발사업과 관련된 「국토의 계획 및 이용에 관한 법률」 제2조제10호에 따른 도시·군계획시설사업의 공사비 및 사유대지의 보상비

② 국토교통부장관은 필요한 경우에는 지방자치단체의 장에게 특별회계의 운용상황을 보고하게 할 수 있다.

③ 특별회계의 설치 및 운용·관리에 필요한 사항은 대통령령으로 정하는 기준에 따라 해당 지방자치단체의 조례로 정한다.

제42조(시설의 존치) 시행자는 물류단지 안에 있는 기존의 시설이나 그 밖의 공작물을 이전하거나 철거하지 아니하여도 물류단지개발사업에 지장이 없다고 인정하는 때에는 이를 남겨두게 할 수 있다. **1**

제43조(선수금) 시행자는 그가 조성하는 용지를 분양·임대받거나 시설을 이용하려는 자로부터 대통령령으로 정하는 바에 따라 대금의 전부 또는 일부를 미리 받을 수 있다. **1**

2. 제1호 외의 자가 시행하는 다음 각 목의 사업비의 2분의 1 이하

　가. 물류단지개발사업 중 도시·군계획시설의 설치에 필요한 공사비

　나. 물류단지개발사업과 관련된 「국토의 계획 및 이용에 관한 법률」 제2조제10호에 따른 도시·군계획시설사업의 공사비

3. 법 제41조제1항제4호의 조사·연구비

4. 법 제41조제1항제6호의 경비

② 법 제41조에 따라 물류단지개발특별회계에서 융자할 수 있는 범위는 다음 각 호와 같다.

1. 물류단지개발사업과 관련된 해당 지방자치단체의 장이 시행하는 「국토의 계획 및 이용에 관한 법률」 제2조제10호에 따른 도시·군계획시설사업의 공사비의 2분의 1 이하 **1**

2. 제1호 외의 자가 시행하는 다음 각 목의 사업비의 3분의 1 이하

　가. 물류단지개발사업 중 도시·군계획시설의 설치에 필요한 공사비

　나. 물류단지개발사업과 관련된 「국토의 계획 및 이용에 관한 법률」 제2조제10호에 따른 도시·군계획시설사업의 공사비

참조 **영 제33조(선수금)** ① 법 제43조에 따른 선수금을 받으려는 시행자는 다음 각 호의 구분에 따른 요건을 갖추어야 한다.

1. 법 제27조제2항제1호부터 제3호까지에 해당하는 시행자 : 실시계획 승인을 받을 것

2. 법 제27조제2항제4호 및 제5호에 해당하는 시행자 : 다음 각 목의 요건을 모두 갖출 것

　가. 실시계획 승인을 받을 것

　나. 분양하려는 토지에 대한 소유권을 확보하고 해당 토지에 설정된 저당권을 말소하였을 것. 다만, 부득이한 사유로 토지소유권을 확보하지 못하였거나 저당권을 말소하지 못한 경우에는 시행자·토지소유자 및 저당권자는 다음 내용의 공동약정서를 공증하여 법 제28조제1항에 따른 실시계획 승인권자에게 제출하여야 한다.

　　1) 토지소유자는 제3자에게 해당 토지를 양도하거나 담보로 제공하지 아니할 것

　　2) 법 제43조에 따라 해당 대금을 낸 자가 준공인가 또는 준공인가 전 사용허가를 받아 해당 토지를 사용하게 되는 경우에는 토지소유자 및 저당권자는 지체 없이 소유권을 이전하고 저당권을 말소할 것

　다. 분양하려는 토지에 대한 개발사업의 공사 진척률이 100분의 10 이상에 달하였을 것

라. 분양계약을 이행하지 아니하는 경우 선수금의 환불을 담보하기 위하여 다음의 내용이 포함된 보증서 등(「국가를 당사자로 하는 계약에 관한 법률 시행령」 제37조제2항 각 호의 보증서 · 보험증권 · 정기예금증서 · 수익증권 등을 말한다)을 물류단지지정권자에게 제출할 것

1) 보증 또는 보험금액은 선수금에 그 금액에 대한 보증 또는 보험기간에 해당하는 약정이자 상당액(지방은행을 제외한 일반은행의 어음대출 금리수준에 따라 산출한 금액을 말한다)을 더한 금액 이상으로 할 것

2) 보증 또는 보험기간의 개시일은 선수금을 받은 날 이전이어야 하며, 종료일은 준공일부터 30일 이상 지난 날일 것. 다만, 그 사업기간을 연장한 경우에는 당초의 보증 또는 보험기간에 그 연장한 기간을 더한 기간을 보증 또는 보험기간으로 하는 보증서 등을 제출하여야 한다.

② 시행자는 제1항에 따라 선수금을 받은 후에는 그가 조성한 용지나 시설을 담보로 제공하여서는 아니 된다.

③ 물류단지지정권자는 시행자가 분양계약의 내용대로 사업을 이행하지 아니하거나 이행할 능력이 없다고 인정되는 경우에는 해당 물류단지의 준공 전에 보증서 등을 선수금의 환불을 위하여 사용할 수 있다.

제44조(시설부담금) ① 물류단지지정권자는 시행자에게 도로, 공원, 녹지, 그 밖에 대통령령으로 정하는 공공시설을 설치하게 하거나 기존의 공원 및 녹지를 보존하게 할 수 있다. **1**

② 시행자는 제1항에 따른 공공시설의 설치나 기존의 공원 및 녹지의 보존에 필요한 비용에 충당하기 위하여 그 비용의 범위에서 제42조에 따른 존치시설의 소유자에게 시설부담금을 납부하게 할 수 있다.

③ 제2항에 따른 시설부담금의 산정기준, 징수방법, 그 밖에 필요한 사항은 대통령령으로 정한다.

제45조(이주대책 등) ① 시행자는 「공익사업을 위한 토지 등의 취득 및 보상에 관한 법률」로 정하는 바에 따라 물류단지개발사업으로 인하여 생활의 근거를 상실하게 되는 자(이하 "이주자"라 한다)에 대한 이주대책 등을 수립 · 시행하여야 한다. **1**

② 입주기업체 및 지원기관은 특별한 사유가 없으면 이주자 또는 인근지역의 주민을 우선적으로 고용하여야 한다. **1**

제34조(시설부담금) ① 법 제44조제1항에서 "대통령령으로 정하는 공공시설"이란 다음 각 호의 시설을 말한다.

1. 물류단지의 진입도로 및 간선도로 **1**
2. 물류단지의 공원 및 녹지(도시 · 군계획시설로 결정된 공원 및 녹지를 말한다)
3. 용수공급시설 · 하수도시설 · 전기통신시설 및 폐기물처리시설 **1**
4. 법 제36조에 따라 국가나 지방자치단체에 무상으로 귀속되는 공공시설

② 제1항에 따른 공공시설의 설치비용은 제39조제3항의 기준에 따라 산정한 용지비, 용지부담금, 조성비, 기반시설 설치비, 직접인건비, 이주대책비, 판매비, 일반관리비, 자본비용 및 그 밖의 비용을 합산한 금액으로 한다.

제21조(시설부담금의 면제) ① 시행자는 영 제34조제6항에 따라 다음 각 호에 해당하는 존치시설의 소유자에 대해서 시설부담금을 면제할 수 있다.

1. 「건축법 시행령」 별표 1 제1호라목의 시설물
2. 「건축법 시행령」 별표 1 제3호바목부터 아목까지의 규정에 따른 시설물
3. 「건축법 시행령」 별표 1 제10호가목 및 같은 별표 제14호가목의 시설물
4. 「건축법 시행령」 별표 1 제23호부터 제25호까지의 규정에 따른 시설물

제46조(물류단지개발사업의 준공인가) ① 시행자는 물류단지개발사업의 전부 또는 일부를 완료하면 대통령령으로 정하는 바에 따라 물류단지지정권자의 준공인가를 받아야 한다. **1**

② 시행자가 제1항에 따른 준공인가를 신청한 경우에 물류단지지정권자는 관계 중앙행정기관, 지방자치단체 또는 대통령령으로 정하는 공공기관, 연구기관, 그 밖의 전문기관의 장에게 준공인가에 필요한 검사를 의뢰할 수 있다. 이 경우 공공시설에 대한 검사는 원칙적으로 그 시설을 관리할 국가 또는 지방자치단체에 의뢰하여야 한다.

③ 물류단지지정권자는 제2항에 따른 준공검사를 한 결과 실시계획대로 완료된 경우에는 준공인가를 하고 대통령령으로 정하는 바에 따라 이를 공고한 후 시행자 및 관리청에 통지하여야 하며, 실시계획대로 완료되지 아니한 경우에는 지체 없이 보완시공 등 필요한 조치를 명하여야 한다. **1**

④ 시행자가 제1항에 따른 준공인가를 받은 때에는 제30조제1항에 따라 실시계획승인으로 의제되는 인·허가등에 따른 해당 사업의 준공에 관한 검사·인가·신고·확인 등을 받은 것으로 본다. **1**

⑤ 제1항에 따른 준공인가 전에는 물류단지개발사업으로 개발된 토지나 설치된 시설을 사용할 수 없다. 다만, 대통령령으로 정하는 바에 따라 물류단지지정권자의 사용허가를 받은 경우에는 그러하지 아니하다.

⑥ 물류단지지정권자는 제5항 단서에 따른 사용허가의 신청을 받은 날부터 15일 이내에 허가 여부를 신청인에게 통지하여야 한다.

제47조(관계 서류 등의 열람) ① 시행자는 물류단지개발사업을 시행할 때 필요하면 국가 또는 지방자치단체에 서류의 열람 또는 등사를 하거나 그 등본 또는 초본의 교부를 청구할 수 있다. **1**

② 국가 또는 지방자치단체는 제1항에 따라 발급하는 서류에 대하여는 수수료를 부과하지 아니한다.

③ 법 제44조제1항을 적용할 때에 시행자가 2명 이상인 경우 해당 물류단지에 설치하는 공공시설의 설치비용은 해당 물류단지의 총 가용면적(기존시설 등의 총 부지 면적을 포함한다)에 대한 시행자가 분양받는 개별 가용면적의 비율에 따라 각 시행자가 이를 나누어 부담한다.

④ 제3항에도 불구하고 공공시설이 특정한 시행자만 사용하기 위한 용도로 설치되는 경우에는 공공시설의 위치, 설치목적, 이용 상황, 지역 여건 등을 종합적으로 고려하여 공공시설을 사용할 해당 시행자에게 그 설치비용의 전부 또는 일부를 부담하게 할 수 있다.

⑤ 시행자가 법 제44조제2항에 따라 존치시설의 소유자에게 내게 할 수 있는 시설부담금(이하 이 조, 제32조의2 및 별표 1의2에서 "존치시설부담금"이라 한다)은 별표 1의2에 따른 존치부담금 단가에 존치하는 부지면적을 곱하여 산정한다.

⑥ 시행자는 국토교통부령으로 정하는 바에 따라 제5항에 따라 산정된 시설물별 존치시설부담금을 감면할 수 있다.

② 시행자는 제1항에 따라 시설부담금을 면제하는 경우에는 물류단지지정권자에게 시설부담금 산정금액 및 면제사유를 물류단지지정권자의 인터넷 홈페이지를 통해 공개하여 줄 것을 요청해야 한다. 이 경우 물류단지지정권자는 특별한 사유가 없으면 요청에 따라야 한다.

③ 제1항 및 제2항에 따라 부담금을 감면하는 경우에는 시설부담금 산정금액, 감면율 및 감면사유 등을 물류단지지정권자의 인터넷 홈페이지를 통해 공개하여야 한다.

제49조(물류단지개발 관련 사업에 대한 준용) 물류단지의 인근지역에서 물류단지개발과 관련되는 사업으로서 다음 각 호의 어느 하나에 해당하는 사업을 시행하는 경우 해당 사업에 대하여는 제25조, 제28조부터 제37조까지, 제39조, 제45조부터 제47조까지, 제52조 및 제61조를 준용한다. 이 경우 "물류단지"는 "물류단지개발과 관련되는 사업에 대한 실시계획승인이 고시된 지역"으로, "물류단지개발실시계획"은 "물류단지개발과 관련되는 사업에 대한 실시계획"으로, "물류단지 지정의 고시"는 "물류단지개발과 관련되는 사업에 대한 실시계획 승인의 고시"로, "물류단지개발계획"은 "물류단지개발과 관련되는 사업에 대한 실시계획"으로 본다.

1. 항만·도로·하천·철도·용수공급시설·하수도·공공폐수처리시설·폐기물처리시설·전기시설 또는 통신시설사업
2. 가스 또는 유류의 공급시설사업
3. 물류단지의 조성을 위하여 그 물류단지에 연접한 취토장 또는 돌산을 개발하는 사업
4. 물류단지를 조성하기 위한 준설사업

제50조(개발한 토지·시설 등의 처분) ① 시행자는 물류단지개발사업에 따라 개발한 토지·시설 등(도시첨단물류단지개발사업의 경우에는 시설의 설치가 완료되지 아니한 토지는 제외한다)을 분양 또는 임대할 수 있다.
② 제1항에 따른 토지·시설 등의 처분방법·절차·가격기준 등에 관하여 필요한 사항은 대통령령으로 정한다.

영 제39조(분양가격의 결정 등) ① 시행자가 법 제50조제1항에 따라 개발한 토지·시설 등을 물류단지시설용지 또는 도시첨단물류단지시설로서 국토교통부장관이 정하는 시설로 분양하는 경우 그 분양가격은 조성원가에 적정이윤을 합한 금액으로 한다. 다만, 시행자가 필요하다고 인정하는 경우에는 분양가격을 그 이하의 금액(공유재산인 경우에는 「공유재산 및 물품관리법」에 따른 금액)으로 할 수 있다.
② 시행자는 제1항에도 불구하고 대규모점포, 전문상가단지 등 판매를 목적으로 사용될 토지·시설 등(주민의 당초 토지등의 소유상황과 생업 등을 고려하여 생활대책에 필요한 토지·시설 등을 대체하여 공급하는 경우는 제외한다)의 분양가격은 「감정평가 및 감정평가사에 관한 법률」에 따른 감정평가액을 예정가격으로 하여 실시한 경쟁입찰에 따라 정할 수 있다.
③ 제1항에 따른 조성원가는 별표 2의 기준에 따라 산정한 용지비, 용지부담금, 조성비, 기반시설 설치비, 직접인건비, 이주대책비, 판매비, 일반관리비, 자본비용 및 그 밖의 비용을 합산한 금액으로 한다. 1
④ 제1항에 따른 적정이윤은 제3항에 따라 산정한 조성원가에서 자본비용, 법 제27조제5항에 따른 개발사업대행비용, 선수금을 각각 제외한 금액의 100분의 5를 초과하지 아니하는 범위에서 해당 물류단지의 입주 수요와 지역 간 균형발전의 촉진 등 지역 여건을 고려하여 시행자가 정한다. 1

⑤ 시행자는 준공인가 전에 제1항에 따른 물류단지시설용지 또는 도시첨단물류단지시설로서 국토교통부장관이 정하는 시설을 분양한 경우에는 해당 물류단지개발사업을 위하여 투입된 총사업비 및 적정이윤을 기준으로 준공인가 후에 분양가격을 정산할 수 있다.

⑥ 제5항에 따라 선수금을 낸 자에 대하여 정산을 하는 경우에는 선수금 납부일부터 정산일까지의 시중은행의 1년 만기 정기예금 이자율에 해당하는 금액을 정산금에서 빼야 한다.

⑦ 제1항에 따른 물류단지시설용지 또는 도시첨단물류단지시설로서 국토교통부장관이 정하는 시설 외의 용도로 공급하는 토지·시설 등의 분양가격은 「감정평가 및 감정평가사에 관한 법률」에 따른 감정평가액을 기준으로 결정하되, 시행자가 필요하다고 인정하는 경우에는 그 이하의 금액(공유재산인 경우에는 「공유재산 및 물품관리법」에 따른 금액)으로 할 수 있다.

⑧ 시행자는 제7항에도 불구하고 제2조제4항제2호의2의 시설 중 「민간임대주택에 관한 특별법」 제2조제2호에 따른 민간건설임대주택 또는 「공공주택 특별법」 제2조제1호의2에 따른 공공건설임대주택의 건설을 위한 용도로 토지를 공급하는 경우 그 분양가격은 조성원가에 적정이윤을 합한 금액으로 한다. 이 경우 조성원가 및 적정이윤에 관하여는 제3항 및 제4항을 준용한다.

제40조(임대료의 산정기준) 시행자가 물류단지개발사업으로 개발한 토지·시설 등을 법 제50조제1항에 따라 임대하는 경우 그 임대료의 산정기준은 다음 각 호와 같다. 다만, 시행자가 필요하다고 인정하는 경우에는 그 이하의 금액으로 할 수 있다. 　1. 임대하려는 토지·시설 등의 최초의 임대료 : 제39조에 따라 산정한 분양가격에 국토교통부령으로 정하는 임대요율을 곱한 금액 　2. 임대기간의 만료 등으로 인하여 재계약을 하는 경우의 임대료 : 다음 각 목의 구분에 따른 금액 　　가. 토지만을 임대하는 경우에는 「부동산 가격공시에 관한 법률」 제10조에 따라 산정한 개별공시지가에 국토교통부령으로 정하는 임대요율을 곱한 금액	**제25조(임대요율)** 영 제40조제1호 및 제2호에서 "국토교통부령으로 정하는 임대요율"이란 100분의 3을 말한다. 다만 시행자는 지역 여건 및 해당 물류단지시설용지 등의 분양실적 등을 고려하여 임대요율에 100분의 1을 더하거나 뺀 범위에서 임대요율을 산정할 수 있다.

나. 토지와 시설 등을 함께 임대하거나 시설 등만을 임대하는 경우에는 「감정평가 및 감정평가사에 관한 법률」에 따른 감정평가법인 등이 평가한 감정평가액에 국토교통부령으로 정하는 임대요율을 곱한 금액

제50조의2(물류단지시설 등의 건설공사 착수 등) ① 입주기업체 또는 지원기관은 시행자와 분양계약을 체결한 날(물류단지개발사업의 준공 전에 분양계약을 체결한 경우에는 준공일을 말하고, 물류단지개발사업의 준공인가 전 사용허가를 받은 경우에는 사용허가일을 말한다)부터 국토교통부령으로 정하는 기간 안에 그 물류단지시설 또는 지원시설의 건설공사에 착수하거나 토지·시설 등을 처분하여야 한다. 다만, 국토교통부령으로 정하는 정당한 사유가 있는 경우에는 그러하지 아니하다.

② 제1항에 따른 토지·시설 등의 처분에 관하여는 제51조를 준용한다.

제41조(토지·시설 등의 공급방법 등) ① 시행자는 물류단지개발사업으로 개발한 토지·시설 등을 법 제22조제2항 또는 제3항(법 제22조의2제3항에 따라 준용되는 경우를 포함한다)에 따라 수립된 물류단지개발계획에서 정한 용도에 따라 분양 또는 임대(이하 "공급"이라 한다)하여야 한다. 이 경우 시행자는 기반시설의 원활한 설치를 위하여 필요하다고 인정하는 때에는 공급대상자의 자격을 제한하거나 공급조건을 부여할 수 있다.

② 제1항에 따른 토지·시설 등의 공급은 시행자가 미리 정한 가격으로 추첨의 방법에 따른다. 다만, 대규모점포, 전문상가단지 등 판매를 목적으로 사용될 토지·시설 등(주민의 당초 토지등의 소유상황과 생업 등을 고려하여 생활대책에 필요한 토지·시설 등을 대체하여 공급하는 경우는 제외한다)은 경쟁입찰의 방법에 따른다.

③ 시행자가 제2항에 따라 토지·시설 등을 공급하려는 경우에는 다음 각 호의 사항을 공고하여야 한다. 다만, 공급대상자가 특정되어 있거나 자격이 제한되어 있는 경우로서 개별통지를 한 경우에는 그러하지 아니하다.

1. 시행자의 명칭 및 주소와 대표자의 성명
2. 토지·시설 등의 위치·면적 및 용도(토지·시설 등의 사용에 제한이 있는 경우에는 그 제한 내용을 포함한다)

제27조의2(물류단지시설 등의 건설공사 착수 기간 등) ① 법 제50조의2제1항 본문에서 "국토교통부령으로 정하는 기간"이란 4년을 말한다. 다만, 2012년 11월 1일부터 2013년 10월 31일까지는 3년으로 한다.

② 법 제50조의2제1항 단서에서 "국토교통부령으로 정하는 정당한 사유"란 다음 각 호의 어느 하나에 해당하는 사유로서 물류단지지정권자가 인정한 경우를 말한다.

1. 물류단지시설 또는 지원시설 용지의 사용이 불가능한 경우
2. 입주기업체 또는 지원기관의 책임이 없는 사유로 인하여 건설공사 착수가 지연된 경우

3. 공급의 방법 및 조건

4. 공급가격 또는 그 결정방법

5. 공급대상자의 자격요건 및 선정방법

6. 공급신청의 기간 및 장소

7. 그 밖에 시행자가 필요하다고 인정하는 사항

④ 시행자는 다음 각 호의 어느 하나에 해당하는 경우에는 제2항에도 불구하고 수의계약의 방법으로 토지·시설 등을 공급할 수 있다.

1. 학교용지·공공청사용지 등 일반에게 분양할 수 없는 공공시설용지를 국가·지방자치단체나 그 밖에 관계 법령에 따라 해당 공공시설을 설치할 수 있는 자에게 공급하는 경우

2. 법 제29조제1항에 따라 고시한 실시계획에 따라 존치하는 시설물의 유지·관리에 필요한 최소한의 토지를 공급하는 경우

3. 「공익사업을 위한 토지 등의 취득 및 보상에 관한 법률」에 따른 협의에 응하여 자신이 소유하는 물류단지의 토지등의 **전부**를 시행자에게 양도한 자에게 국토교통부령으로 정하는 기준에 따라 토지를 공급하는 경우

4. 토지상환채권에 따라 토지를 상환하는 경우

5. 토지의 규모 및 형상, 입지조건 등에 비추어 토지의 이용가치가 현저히 낮은 토지로서 인접 토지소유자 등에게 공급하는 것이 불가피하다고 인정되는 경우

6. 법 제27조제2항제1호부터 제3호까지에 해당하는 시행자가 물류산업의 발전을 위하여 물류단지에서 복합적이고 입체적인 개발이 필요하여 국토교통부령으로 정하는 절차와 방법에 따라 선정된 자에게 토지를 공급하는 경우

6의2. 법 제23조제1항에 따라 고시된 사항 중 유치업종배치계획에 포함된 기업에 대하여 물류단지지정권자와 협의하여 그 기업이 직접 사용할 물류시설(판매시설은 제외한다) 용지를 공급하는 경우

7. 그 밖에 관계 법령에 따라 수의계약으로 공급할 수 있는 경우

⑤ 그 밖에 토지·시설 등의 공급방법 등에 필요한 사항은 국토교통부장관이 정한다.

제50조의3(이행강제금) ① 물류단지지정권자는 제50조의2에 따른 의무를 이행하지 아니한 자에 대하여 국토교통부령으로 정하는 기한까지 그 의무를 이행할 것을 명하여야 하며, 그 기한까지 의무를 이행하지 아니하면 해당 토지·시설 등 재산가액(「감정평가 및 감정평가사에 관한 법률」에 따른 감정평가법인등의 감정평가액을 말한다)의 100분의 20에 해당하는 금액의 이행강제금을 부과할 수 있다.

② 물류단지지정권자는 제1항에 따른 이행강제금을 부과하기 전에 제1항에 따른 이행강제금을 부과하고 징수한다는 뜻을 미리 문서로 알려야 한다.

③ 물류단지지정권자는 제1항에 따른 이행강제금을 부과하려는 경우에는 이행강제금의 금액, 부과 사유, 납부기한, 수납기관, 이의제기방법 및 이의제기기관 등을 명시한 문서로써 하여야 한다.

규칙 제27조의3(이행강제금 부과 전 이행기간 등) ① 법 제50조의3제1항에서 "국토교통부령으로 정하는 기한"이란 법 제50조의2제1항 본문에 따른 의무이행기간이 끝난 날부터 6개월이 경과한 날을 말한다.

② 법 제50조의3제6항에 따른 이행강제금의 부과 및 징수 절차는 「국고금관리법 시행규칙」을 준용한다.

④ 물류단지지정권자는 제50조의2제1항에 정한 기간이 만료한 다음 날을 기준으로 하여 매년 1회 그 의무가 이행될 때까지 반복하여 제1항에 따른 이행강제금을 부과하고 징수할 수 있다.

⑤ 물류단지지정권자는 제50조의2에 따른 의무가 있는 자가 그 의무를 이행한 경우에는 새로운 이행강제금의 부과를 중지하되, 이미 부과된 이행강제금은 징수하여야 한다.

⑥ 제1항부터 제5항까지에서 규정한 사항 외에 이행강제금의 부과 및 징수 절차는 국토교통부령으로 정한다.

제51조(개발한 토지·시설 등의 처분제한) ① 입주기업체 또는 지원기관은 물류단지시설 또는 지원시설의 설치를 완료하기 전에 분양받은 토지·시설 등을 처분하려는 때에는 시행자 또는 제53조에 따른 관리기관에 양도하여야 한다. 다만, 시행자나 관리기관이 매수할 수 없는 때에는 대통령령으로 정하는 바에 따라 시행자나 관리기관이 매수신청을 받아 선정한 다른 입주기업체, 지원기관 또는 다음 각 호의 자에게 양도하여야 한다.

1. 한국토지주택공사
2. 「은행법」 제8조에 따라 은행업의 인가를 받은 은행
3. 그 밖에 대통령령으로 정하는 자

② 제1항에 따른 토지의 양도가격은 취득가격에 대통령령으로 정하는 이자 및 비용을 더한 금액으로 하고, 시설 등의 양도가격은 「감정평가 및 감정평가사에 관한 법률」에 따른 감정평가법인등의 감정평가액을 고려하여 결정할 수 있다. 다만, 입주기업체 또는 지원기관의 요청이 있는 경우 토지의 양도가격은 취득가격에 대통령령으로 정하는 이자 및 비용을 더한 금액 이하로 할 수 있다.

③ 제1항 각 호의 자가 매수한 토지·시설 등의 매각가격·매각절차 등에 필요한 사항은 대통령령으로 정한다.

제42조(처분제한대상 토지·시설 등의 양도 등) ① 입주기업체 또는 지원기관은 분양받은 토지·시설 등을 법 제51조제1항에 따라 물류단지시설 또는 지원시설의 설치를 끝내기 전에 시행자나 법 제53조에 따른 관리기관에 양도하려는 경우에는 처분신청서에 국토교통부령으로 정하는 서류를 첨부하여 시행자나 관리기관에 제출하여야 한다.

② 제1항에 따라 처분신청서를 받은 시행자나 관리기관은 그 처분신청서를 받은 날부터 국토교통부령으로 정하는 기간에 법 제51조제1항에 따라 양도할 대상자를 선정하여 처분신청인에게 알려야 한다.

③ 시행자나 관리기관이 제2항에 따라 양도할 대상자를 선정하려는 경우에는 미리 다음 각 호의 사항을 공고한 후 입주희망자로부터 매수신청을 받아야 한다.

1. 매도물건의 표시
2. 매도가격 및 대금 지급방법
3. 매수시기
4. 매수자의 입주자격
5. 그 밖에 시행자나 관리기관이 필요로 하는 사항

제28조(처분신청서 등) ① 영 제42조제1항에 따라 분양받은 토지·시설 등을 양도하려는 자는 별지 제20호서식의 처분신청서에 다음 각 호의 서류를 첨부하여 시행자 또는 법 제53조에 따른 물류단지의 관리기관에 제출하여야 한다.

1. 처분사유서
2. 「감정평가 및 감정평가사에 관한 법률」에 따른 감정평가법인 등이 그 처분을 신청한 날 전 3개월 이내에 발행한 감정평가서
3. 총회 또는 이사회의 의결서 사본(법인인 경우만 해당한다)

② 영 제42조제2항에서 "국토교통부령으로 정하는 기간"이란 45일을 말한다.

제52조(물류단지시설 등의 건축허가 및 사용승인) ① 물류단지 안에서 물류단지시설 또는 지원시설을 건축하려는 자가 「건축법」 제11조에 따른 건축허가를 받은 때(제28조제1항의 실시계획의 승인에 따라 건축허가가 의제된 시설의 경우에는 「건축법」 제22조에 따른 사용승인을 받은 때를 말한다)에는 다음 각 호의 인·허가등을 받은 것으로 본다.

1. 「가축분뇨의 관리 및 이용에 관한 법률」 제11조에 따른 배출시설에 대한 설치허가 또는 신고 및 같은 법 제15조에 따른 준공검사
2. 「건축법」 제20조제1항·제3항에 따른 가설건축물의 건축허가 또는 신고 및 같은 법 제83조에 따른 공작물축조의 신고
3. 「고압가스 안전관리법」 제4조제3항에 따른 고압가스저장소 설치의 허가, 같은 법 제16조제3항에 따른 고압가스의 제조·저장·판매·수입시설이나 용기등의 제조시설의 설치공사의 완성검사 및 같은 법 제20조에 따른 특정고압가스시설의 완성검사
4. 「국토의 계획 및 이용에 관한 법률」 제56조제1항에 따른 개발행위(건축물의 건축 또는 공작물의 설치에 한정한다)의 허가, 같은 법 제62조제1항에 따른 준공검사, 같은 법 제86조에 따른 도시·군계획시설사업의 시행자의 지정, 같은 법 제88조에 따른 실시계획의 인가 및 같은 법 제98조제2항에 따른 준공검사
5. 「대기환경보전법」 제23조, 「물환경보전법」 제33조 및 「소음·진동관리법」 제8조에 따른 배출시설 설치의 허가 또는 신고
6. 「대기환경보전법」 제30조 및 「물환경보전법」 제37조에 따른 배출시설과 방지시설의 가동개시 신고
7. 「도로법」 제61조에 따른 도로점용허가

④ 법 제51조제1항제3호에서 "그 밖에 대통령령으로 정하는 자"란 다음 각 호의 기관을 말한다.

1. 「신용보증기금법」에 따른 신용보증기금
2. 「기술보증기금법」에 따른 기술보증기금
3. 「한국자산관리공사 설립 등에 관한 법률」에 따른 한국자산관리공사
4. 「농업협동조합법」에 따른 농협은행
5. 「수산업협동조합법」에 따른 수협은행
6. 「산림조합법」에 따른 산림조합중앙회
7. 「중소기업협동조합법」에 따른 중소기업중앙회
8. 「중소기업진흥에 관한 법률」에 따른 중소벤처기업진흥공단
9. 토지개발사업을 목적으로 하여 「지방공기업법」에 따라 설립된 지방공사
10. 시행자나 관리기관이 해당 물류단지를 관리하기 위하여 특히 필요하다고 인정하는 기관

⑤ 법 제51조제2항에서 "대통령령으로 정하는 이자 및 비용"이란 다음 각 호의 금액을 말한다.

1. 양도할 토지·시설 등의 취득가격에 그 취득일부터 양도일까지의 기간 중의 생산자물가지수를 곱하여 계산한 금액
2. 매수에 들어간 취득세 및 그 밖의 제세공과금. 다만, 취득자의 귀책사유로 추징된 세금은 포함하여 계산할 수 없다.
3. 양도할 토지·시설 등을 유지·보존 또는 개량하기 위하여 지출한 비용

8. 「소방시설 설치 및 관리에 관한 법률」 제6조제1항에 따른 건축허가 등의 동의, 「소방시설공사업법」 제13조제1항에 따른 소방시설공사의 신고, 같은 법 제14조에 따른 완공검사, 「위험물안전관리법」 제6조제1항에 따른 제조소등의 설치허가 및 같은 법 제9조에 따른 완공검사

9. 「수도법」 제52조 및 제54조에 따른 전용수도 설치의 인가

10. 「액화석유가스의 안전관리 및 사업법」 제8조제1항에 따른 액화석유가스 저장소 설치의 허가 및 같은 법 제36조제2항에 따른 저장소 설치와 가스용품제조시설의 완성검사

11. 「전기사업법」 제62조에 따른 자가용전기설비 공사계획의 인가 또는 신고 및 같은 법 제63조에 따른 자가용전기설비의 사용전검사

12. 「정보통신공사업법」 제36조에 따른 사용전검사

13. 「공간정보의 구축 및 관리 등에 관한 법률」 제64조제2항에 따른 토지이동의 등록신청

14. 「총포·도검·화약류 등 단속법」 제25조제1항에 따른 화약류(간이)저장소설치의 허가 및 같은 법 제43조에 따른 완성검사

15. 「토양환경보전법」 제12조에 따른 특정토양오염관리대상시설 설치의 신고

16. 「폐기물관리법」 제29조제2항에 따른 폐기물처리시설의 설치승인 또는 신고 및 같은 법 제29조제4항에 따른 폐기물처리시설의 사용개시신고

17. 「하수도법」 제24조에 따른 공공하수도 점용허가, 같은 법 제27조제3항에 따른 배수설비설치신고, 같은 법 제34조제2항에 따른 개인하수처리시설의 설치신고 및 같은 법 제37조에 따른 준공검사

② 제1항 각 호의 어느 하나에 해당하는 사항이 해당 특별시장·광역시장 또는 시장·군수·구청장 외의 다른 행정기관의 권한에 속하는 경우에는 해당 특별시장·광역시장 또는 시장·군수·구청장은 미리 그 다른 행정기관의 장과 협의를 하여야 한다.

⑥ 법 제51조제1항 각 호의 자가 같은 항에 따라 매수한 토지·시설 등을 양도하려는 경우에는 미리 관리기관과 협의하여야 한다.

⑦ 법 제51조제1항 각 호의 자가 같은 항에 따라 매수한 토지·시설 등의 양도가격은 취득가격에 제5항 각 호의 이자 및 비용을 합산한 금액으로 할 수 있다.

③ 제1항에 따른 인·허가등의 의제와 관련된 처리기준에 관하여는 제21조 제3항 및 제4항을 준용한다.

제52조의2(물류단지의 재정비) ① 물류단지지정권자는 준공(부분 준공을 포함한다)된 날부터 20년이 지나서 물류산업구조의 변화 및 물류시설의 노후화 등으로 물류단지를 재정비할 필요가 있는 경우에는 직접 또는 관계 중앙행정기관의 장이나 시장·군수·구청장의 요청에 따라 물류단지를 재정비하는 사업(이하 "물류단지재정비사업"이라 한다)을 할 수 있다. 다만, 준공된 날부터 20년이 지나지 아니한 물류단지에 대하여도 업종의 재배치 등이 필요한 경우에는 물류단지재정비사업을 할 수 있다. **1**

② 물류단지재정비사업은 대통령령으로 정하는 바에 따라 물류단지의 전부 또는 부분 재정비사업으로 구분하여 할 수 있다.

③ 물류단지지정권자는 물류단지재정비사업을 하려는 경우에는 입주업체와 관계 지방자치단체의 장의 의견을 듣고 관계 행정기관의 장과 협의하여 물류단지재정비계획(이하 "재정비계획"이라 한다)을 수립·고시하되, 부분 재정비사업인 경우에는 재정비계획 고시를 생략할 수 있다. 재정비계획을 변경할 때(대통령령으로 정하는 경미한 사항을 변경할 때는 제외한다)에도 또한 같다. **1**

④ 재정비계획에는 다음 각 호의 사항이 포함되어야 한다.

1. 물류단지의 명칭·위치 및 면적
2. 물류단지재정비사업의 목적
3. 물류단지재정비사업의 시행자
4. 물류단지재정비사업의 시행방법
5. 주요 유치시설 및 그 설치기준에 관한 사항
6. 당초 토지이용계획 및 주요 기반시설의 변경 계획
7. 재원조달방안
8. 그 밖에 대통령령으로 정하는 사항

참조 **규칙 제42조의2(물류단지재정비사업의 구분 등)** ① 법 제52조의2제2항에 따른 물류단지의 전부 재정비사업은 법 제22조제5항제5호의 토지이용계획 및 주요 기반시설계획의 변경을 수반하는 경우(법 제22조의2제3항 단서에 따른 건축계획 및 복합용지이용계획의 변경을 수반하는 경우를 포함한다)로서 지정된 물류단지 면적의 100분의 50 이상을 재정비(단계적 재정비를 포함한다)하는 사업을 말한다. **1**

② 법 제52조의2제2항에 따른 물류단지의 부분 재정비사업은 **제1항 이외의 물류단지재정비사업을 말한다.** **1**

③ 법 제52조의2제3항 후단에서 "대통령령으로 정하는 경미한 사항"이란 제13조제2항 각 호 외의 사항을 말한다.

④ 법 제52조의2제4항제8호에서 "대통령령으로 정하는 사항"이란 다음 각 호의 사항을 말한다.

    1. 물류단지재정비사업의 시행기간

    2. 지원시설의 확충 계획

    3. 입주수요에 대한 조사자료

    4. 물류단지재정비계획에 포함된 토지의 세목과 소유자 및 「공익사업을 위한 토지 등의 취득 및 보상에 관한 법률」 제2조제5호에 따른 관계인의 성명 및 주소

⑤ 법 제52조의2제5항 후단에서 "대통령령으로 정하는 경미한 사항"이란 제22조제3항 각 호의 사항을 말한다.

⑤ 제4항제3호에 따른 물류단지재정비사업의 시행자로 지정받은 자는 물류단지재정비시행계획(이하 "재정비시행계획"이라 한다)을 수립하여 물류단지지정권자의 승인을 받아야 한다. 승인을 받은 사항을 변경할 때(대통령령으로 정하는 경미한 사항을 변경할 때는 제외한다)에도 또한 같다.

⑥ 물류단지지정권자는 제5항에 따라 재정비시행계획을 승인하려면 미리 입주업체 및 관계 지방자치단체의 장의 의견을 듣고 관계 행정기관의 장과 협의하여야 한다. **1**

⑦ 관계 중앙행정기관의 장 또는 시장·군수·구청장이 물류단지지정권자에게 물류단지재정비사업의 실시를 요청할 때에는 국토교통부장관이 정하는 바에 따라 물류단지재정비사업의 기본방향 및 재원조달방안 등을 제출하여야 한다.

⑧ 제22조제4항 전단 또는 제22조의2제2항에 따라 물류단지 지정을 요청할 수 있는 자는 물류단지지정권자에게 물류단지재정비사업의 실시를 요청할 수 있다. 이 경우 물류단지 전부에 대한 재정비사업의 실시를 요청하려면 재정비계획을 작성하여 제출하여야 한다.

⑨ 물류단지재정비사업에 관하여는 제22조, 제22조의2, 제22조의6, 제25조부터 제27조까지, 제30조부터 제44조까지, 제46조, 제49조, 제50조, 제50조의2, 제50조의3, 제51조 및 제52조를 준용한다. 다만, 제2항에 따른 부분 재정비사업은 「물류정책기본법」 제19조제1항제2호에 따른 물류시설분과위원회 또는 같은 법 제20조에 따른 지역물류정책위원회의 심의를 거치지 아니할 수 있으며, 제25조는 물류단지지정권자가 개발행위에 대하여 제한이 필요하다고 인정하여 지정·고시한 지역에만 준용한다.

제52조의3(지정 · 승인 · 인가의 취소 등) ① 국토교통부장관 또는 시 · 도지사는 시행자(제49조에서 준용하는 물류단지개발 관련 사업을 하는 자 및 제52조의2제9항에서 준용하는 물류단지재정비사업의 시행자를 포함한다)가 다음 각 호의 어느 하나에 해당하는 경우에는 이 법에 따른 지정 · 승인 또는 인가를 취소하거나 공사의 중지, 공작물의 개축, 이전, 그 밖에 필요한 조치를 할 수 있다. 다만, 제1호부터 제5호까지의 경우에는 그 지정 · 승인 또는 인가를 취소하여야 한다.

1. 거짓이나 그 밖의 부정한 방법으로 제22조제1항 또는 제22조의2제1항 (제52조의2제9항에서 준용하는 경우를 포함한다)에 따른 물류단지의 지정을 받은 경우

2. 거짓이나 그 밖의 부정한 방법으로 제27조제1항(제52조의2제9항에서 준용하는 경우를 포함한다)에 따른 시행자의 지정을 받은 경우

3. 거짓이나 그 밖의 부정한 방법으로 제28조제1항(제49조에서 준용하는 경우를 포함한다)에 따른 실시계획의 승인을 받은 경우

4. 거짓이나 그 밖의 부정한 방법으로 제46조제1항(제49조 및 제52조의2제9항에서 준용하는 경우를 포함한다)에 따른 준공인가를 받은 경우

5. 거짓이나 그 밖의 부정한 방법으로 제52조의2제5항에 따른 재정비시행계획의 승인을 받은 경우

6. 사정이 변경되어 물류단지개발사업을 계속 시행하는 것이 불가능하게 된 경우

② 국토교통부장관 또는 시 · 도지사는 제1항에 따른 처분을 한 때에는 대통령령으로 정하는 바에 따라 그 사실을 고시하여야 한다.

영 제42조의3(지정 · 승인 · 인가의 취소 등에 따른 고시) 법 제52조의3제2항에 따라 고시하여야 할 사항은 다음 각 호와 같다.

1. 사업의 명칭
2. 시행자의 성명(법인인 경우에는 그 명칭 및 대표자의 성명) · 주소
3. 사업지역의 위치 및 면적
4. 처분의 내용 및 사유

제53조(물류단지의 관리기관) ① 물류단지지정권자는 효율적인 관리를 위하여 대통령령으로 정하는 관리기구 또는 입주기업체가 자율적으로 구성한 협의회(이하 "입주기업체협의회"라 한다)에 물류단지를 관리하도록 하여야 한다.
② 제1항에 따른 관리기구 및 입주기업체협의회의 구성과 운영에 필요한 사항은 대통령령으로 정한다.

영 제43조(관리기구의 범위) 법 제53조제1항에서 "대통령령으로 정하는 관리기구"란 다음 각 호의 어느 하나에 해당하는 자를 말한다.
　1. 「한국토지주택공사법」에 따른 한국토지주택공사
　2. 「한국도로공사법」에 따른 한국도로공사
　3. 「한국수자원공사법」에 따른 한국수자원공사
　4. 「한국농어촌공사 및 농지관리기금법」에 따른 한국농어촌공사
　5. 「항만공사법」에 따른 항만공사
　6. 「지방공기업법」에 따른 지방공사

영 제43조의2(입주기업체협의회의 구성과 운영) ① 법 제53조제1항에 따른 입주기업체협의회는 그 구성 당시에 해당 물류단지 입주기업체의 75퍼센트 이상이 회원으로 가입되어 있어야 한다. ❶
② 입주기업체협의회는 일반회원과 특별회원으로 구성한다.
③ 입주기업체협의회의 일반회원은 입주기업체의 대표자로 하고, 특별회원은 일반회원 외의 자 중에서 정하되 회원자격은 입주기업체협의회의 정관으로 정하는 바에 따른다. ❶
④ 입주기업체협의회는 매 사업연도 개시일부터 2개월 이내에 정기총회를 개최하여야 하며, 필요한 경우에는 임시총회를 개최할 수 있다. ❶
⑤ 입주기업체협의회의 회의는 정관에 다른 규정이 있는 경우를 제외하고는 회원 과반수의 출석과 출석회원 과반수의 찬성으로 의결한다. ❶

제54조(물류단지의 관리지침) ① 국토교통부장관은 물류단지의 관리에 관한 지침(이하 "물류단지관리지침"이라 한다)을 작성하여 관보에 고시하여야 한다.
② 국토교통부장관은 물류단지관리지침을 작성하려는 때에는 시·도지사의 의견을 듣고 관계 중앙행정기관의 장과 협의한 후 「물류정책기본법」 제19조제1항제2호의 물류시설분과위원회의 심의를 거쳐야 한다. 물류단지관리지침 중 대통령령으로 정하는 사항을 변경하려는 때에도 또한 같다.
③ 물류단지관리지침의 내용 및 작성 등에 필요한 사항은 대통령령으로 정한다.

영 제44조(물류단지관리지침의 내용) 법 제54조제1항에 따른 물류단지관리지침에는 다음 각 호의 사항이 포함되어야 한다.
　1. 법 제55조에 따른 물류단지관리계획의 수립에 관한 사항
　2. 물류단지의 유치업종 및 기준에 관한 사항
　3. 물류단지의 용지 및 시설을 유지·보수·개량하는 등의 물류단지관리업무에 필요한 사항

제55조(물류단지관리계획) ① 제53조에 따른 관리기관은 물류단지관리계획을 수립하여 물류단지지정권자에게 제출하여야 한다.

② 제1항에 따른 물류단지관리계획에는 다음 각 호의 사항이 포함되어야 한다.

   1. 관리할 물류단지의 면적 및 범위에 관한 사항

   2. 물류단지시설과 지원시설의 설치 · 운영에 관한 사항

   3. 그 밖에 물류단지의 관리에 필요한 사항

③ 제1항에 따른 물류단지관리계획의 작성에 필요한 사항은 대통령령으로 정한다.

제56조(공동부담금) ② 제53조에 따른 관리기관은 물류단지 안의 폐기물처리장, 가로등, 그 밖에 대통령령으로 정하는 공동시설의 설치 · 유지 및 보수를 위하여 필요하면 입주기업체 및 지원기관으로부터 공동부담금을 받을 수 있다.

③ 제2항에 따른 공동부담금에 관한 기준 및 방법 등에 필요한 사항은 대통령령으로 정한다.

영 제46조(공동부담금의 징수) ① 법 제56조제2항에서 "그 밖에 대통령령으로 정하는 공동시설"이란 다음 각 호의 시설을 말한다.

   1. 단지의 도로

   2. 수질오염방지시설

   3. 그 밖에 국토교통부령으로 정하는 시설

② 관리기관은 법 제56조제2항에 따라 공동시설의 공동부담금을 입주기업체 및 지원기관의 공동시설 사용에 따른 수익의 정도에 따라 징수한다. 다만, 그 수익의 정도를 산출하기 어려울 때에는 그 비용 전체를 입주기업체 및 지원기관의 용지면적 · 건축연면적 및 종업원 수에 따라 산출한 부담비율에 따라 징수한다.

③ 관리기관은 공동부담금을 물류단지의 운영 상황에 따라 매월 또는 매 분기별로 징수할 수 있다.

제57조(권고) 물류단지지정권자는 물류단지의 기능이 원활히 수행되도록 하기 위하여 관리기관 · 입주기업체 및 지원기관에 그 관리 및 운영방법, 그 밖에 대통령령으로 정하는 사항에 관하여 필요한 조치를 권고할 수 있다. 이 경우 필요하다고 인정할 때에는 그 권고를 받은 자에게 그 권고에 따라 강구한 조치에 대하여 보고를 하게 할 수 있다.

제58조(조세 등의 감면) 국가 또는 지방자치단체는 물류단지의 원활한 개발 및 입주기업체의 유치를 위하여 「지방세특례제한법」 · 지방세감면조례 · 「농업 · 농촌기본법」 · 「농지법」 · 「산지관리법」 · 「개발이익환수에 관한 법률」 · 「수도권정비계획법」 등으로 정하는 바에 따라 지방세 · 농지보전부담금 · 대체산림자원조성비 · 개발부담금 또는 과밀부담금 등을 감면할 수 있다.

제59조(자금지원) 국가 또는 지방자치단체는 물류단지의 원활한 개발 및 입주기업체의 유치를 위하여 자금지원에 대한 필요한 조치를 할 수 있다.

제59조의2(「산업단지 인·허가 절차 간소화를 위한 특례법」의 준용) ① 물류단지 지정 및 개발절차에 관하여 「산업단지 인·허가 절차 간소화를 위한 특례법」을 준용한다. 다만, 같은 법 제17조 및 제18조는 준용하지 아니한다.

② 제1항에 따라 「산업단지 인·허가 절차 간소화를 위한 특례법」을 준용하는 경우 "산업단지"는 "제2조제6호에 따른 물류단지"로, "국가산업단지"는 "제22조제1항 본문 또는 제22조의2에 따라 국토교통부장관이 지정한 물류단지"로, "산업단지개발지원센터"는 "물류단지개발지원센터"로, "산업단지계획심의위원회"는 "물류단지계획심의위원회"로, "중앙산업단지계획심의위원회"는 "중앙물류단지계획심의위원회"로, "지방산업단지계획심의위원회"는 "지방물류단지계획심의위원회"로, "산업단지계획"은 "물류단지계획"으로, "민간기업 등"은 "제22조 또는 제22조의2에 따라 물류단지를 지정하는 자 외의 자"로, "산업입지정책심의위원회"는 "「물류정책기본법」 제19조제1항제2호에 따른 물류시설분과위원회 또는 같은 법 제20조에 따른 지역물류정책위원회"로, "산업단지계획 통합기준"은 "물류단지계획 통합기준"으로 본다.

③ 국토교통부장관은 물류단지 지정 및 개발을 원활히 수행하기 위하여 물류단지지정권자에게 사업추진현황 등에 관한 자료를 요청할 수 있으며, 관계기관 협의 등을 위하여 필요한 경우 국무총리에게 조정을 요청할 수 있다.

제59조의3(물류단지 안의 조경의무 면제) 입주기업체에 대해서는 「건축법」 제42조에도 불구하고 해당 입주기업체 부지 안의 조경의무를 면제한다.

제4장의2 물류 교통·환경 정비사업

제59조의4(물류 교통·환경 정비지구의 지정 신청) ① 시장·군수·구청장은 물류시설의 밀집으로 도로 등 기반시설의 정비와 소음·진동·미세먼지 저감 등 생활환경의 개선이 필요한 경우로서 대통령령으로 정하는 요건에 해당하는 경우 시·도지사에게 물류 교통·환경 정비지구(이하 "정비지구"라 한다)의 지정을 신청할 수 있다. 정비지구를 변경하려는 경우에도 또한 같다.

영 제46조의2(물류 교통·환경 정비지구의 지정 요건 등) ① 법 제59조의4제1항에 따라 물류 교통·환경 정비지구(이하 "정비지구"라 한다)의 지정을 신청할 수 있는 지역은 다음 각 호의 요건을 모두 충족하는 지역으로 한다.

1. 물류시설의 밀집으로 도로의 신설·확장·개량 및 보수 등 기반시설의 정비가 필요하거나 소음·진동 방지, 미세먼지 저감 등 생활환경의 개선이 필요한 지역일 것
2. 정비지구로 지정하려는 지역의 면적이 30만 제곱미터 이상일 것

② 제1항에 따라 정비지구의 지정 또는 변경을 신청하려는 시장 · 군수 · 구청장은 다음 각 호의 사항을 포함한 물류 교통 · 환경 정비계획(이하 "정비계획"이라 한다)을 수립하여 시 · 도지사에게 제출하여야 한다. 이 경우 정비지구가 둘 이상의 시 · 군 · 구의 관할지역에 걸쳐있는 경우에는 관할 시장 · 군수 · 구청장이 공동으로 이를 수립 · 제출한다.

  1. 위치 · 면적 · 정비기간 등 정비계획의 개요
  2. 정비지구의 현황(인구수, 물류시설의 수와 면적 · 교통량 · 물동량 등)
  3. 도로의 신설 · 확장 · 개량 및 보수 등 교통정비계획
  4. 소음 · 진동 방지, 대기오염 저감 등 환경정비계획
  5. 물류 교통 · 환경 정비사업의 비용분담계획
  6. 그 밖에 대통령령으로 정하는 사항

③ 시장 · 군수 · 구청장은 제1항에 따른 정비지구의 지정 또는 변경을 신청하려는 경우에는 주민설명회를 열고, 그 내용을 14일 이상 주민에게 공람하여 의견을 들어야 하며, 지방의회의 의견을 들은 후(이 경우 지방의회는 시장 · 군수 · 구청장이 정비지구의 지정 또는 변경 신청서를 통지한 날부터 60일 이내에 의견을 제시하여야 하며, 의견제시 없이 60일이 지난 때에는 이의가 없는 것으로 본다) 그 의견을 첨부하여 신청하여야 한다. 다만, 대통령령으로 정하는 경미한 사항의 변경을 신청하려는 경우에는 주민설명회, 주민 공람, 주민의 의견청취 및 지방의회의 의견청취 절차를 거치지 아니할 수 있다.

④ 제3항에 따른 주민설명회, 주민 공람 및 주민의 의견청취 방법 등에 관하여 필요한 사항은 대통령령으로 정한다.

  3. 물류시설 총부지면적이 정비지구로 지정하려는 지역의 면적의 100분의 30 이상일 것
② 법 제59조의4제2항제6호에서 "대통령령으로 정하는 사항"이란 다음 각 호의 사항을 말한다.
  1. 물류시설의 체계적 개발 및 정비 등에 관한 사항
  2. 정비사업을 통해 예상되는 교통 · 환경 개선 효과
  3. 「국토의 계획 및 이용에 관한 법률」에 따른 도시 · 군관리계획의 수립 또는 변경에 관한 사항
  4. 그 밖에 시 · 도지사가 물류 교통 · 환경 정비에 필요하다고 인정하여 포함하도록 요청하는 사항

영 제46조의3(주민의 의견청취 등) ① 시장 · 군수 · 구청장은 법 제59조의4제3항 본문에 따른 주민 공람을 하려는 경우 미리 다음 각 호의 사항을 인터넷 홈페이지 또는 일간신문에 공고해야 한다.
  1. 정비지구의 개요
  2. 정비계획안에 대한 공람 기간과 장소
  3. 의견제출의 시기 및 방법
② 정비지구 대상지역의 주민은 법 제59조의4제3항에 따른 공람이 시작된 날부터 공람기간이 끝난 후 7일이 되는 날까지의 기간 동안 시장 · 군수 · 구청장에게 의견을 제출할 수 있다.
③ 시장 · 군수 · 구청장은 공람기간 내에 법 제59조의6제2항에 따른 주민설명회(이하 "주민설명회"라 한다)를 개최해야 하며, 정비지구 대상지역이 둘 이상의 시 · 군 · 구의 관할지역에 걸쳐있는 경우에는 각각의 시 · 군 · 구에서 주민설명회를 개최해야 한다.

영 제46조의4(경미한 사항의 변경) 법 제59조의4제3항 단서에서 "대통령령으로 정하는 경미한 사항의 변경"이란 다음 각 호의 어느 하나에 해당하는 변경을 말한다.
  1. 정비지구의 면적 또는 정비사업 비용의 100분의 5 미만의 변경
  2. 계산착오, 오기, 누락 또는 이에 준하는 명백한 오류의 수정

제59조의5(물류 교통·환경 정비지구의 지정) ① 시·도지사는 제59조의4에 따라 정비지구의 지정을 신청받은 경우에는 관계 행정기관의 장과 협의하고 대통령령으로 정하는 바에 따라 제59조의2에 따른 물류단지계획심의위원회와 「국토의 계획 및 이용에 관한 법률」 제113조에 따른 지방도시계획위원회가 공동으로 하는 심의를 거쳐 정비지구를 지정한다. 정비지구의 지정을 변경하려는 경우에도 또한 같다.

② 제1항에 따라 협의를 요청받은 관계 행정기관의 장은 특별한 사유가 없으면 그 요청을 받은 날부터 30일 이내에 의견을 제시하여야 한다.

③ 시·도지사는 제1항에 따라 정비지구를 지정하거나 변경할 때에는 대통령령으로 정하는 바에 따라 그 내용을 지체 없이 해당 지방자치단체의 공보에 고시하여야 한다.

④ 제1항에 따라 시·도지사가 정비지구를 지정하거나 변경하였을 때에는 국토교통부령으로 정하는 바에 따라 국토교통부장관에게 보고하여야 한다.

제46조의5(공동위원회의 구성·운영) ① 시·도지사는 법 제59조의5제1항에 따라 법 제59조의2에 따른 물류단지계획심의위원회와 「국토의 계획 및 이용에 관한 법률」 제113조에 따른 지방도시계획위원회가 공동으로 정비지구의 지정을 심의하게 하기 위하여 공동위원회를 구성한다.

② 제1항에 따른 공동위원회는 다음 각 호의 기준에 따라 구성한다.

1. 위원장을 제외한 공동위원회의 위원은 물류단지계획심의위원회와 지방도시계획위원회의 위원 중에서 시·도지사가 임명하거나 위촉할 것
2. 공동위원회의 위원 수는 25명 이내로 할 것
3. 공동위원회의 위원 중 물류단지계획심의위원회 위원이 2분의 1 이상이 되도록 할 것

③ 공동위원회의 위원장은 특별시·광역시·특별자치시의 경우에는 시장이 지명하는 부시장으로 하고, 도·특별자치도의 경우에는 도지사가 지명하는 부지사로 한다.

제46조의6(정비지구 지정고시) 법 제59조의5제3항에 따른 고시에는 다음 각 호의 사항이 포함되어야 한다.

1. 정비지구의 위치·면적, 정비기간 등 정비계획의 개요
2. 정비지구의 현황(인구수, 물류시설의 수와 면적·교통량·물동량 등)
3. 도로의 신설·확장·개량 및 보수 등 기반시설 정비계획

제29조(물류 교통·환경 정비지구의 지정) 시·도지사는 정비지구를 지정하거나 변경했을 때에는 법 제59조의5제4항에 따라 다음 각 호의 사항을 국토교통부장관에게 보고해야 한다.

1. 법 제59조의4제2항에 따른 물류 교통·환경 정비계획
2. 그 밖에 정비계획과 관련하여 국토교통부장관이 제출을 요청하는 사항

	4. 소음·진동 방지, 미세먼지 저감 등 생활환경 정비계획 5. 정비사업의 비용분담 계획 6. 정비사업을 통해 예상되는 교통·환경 개선 효과 7. 정비지구 안의 물류시설의 체계적 개발 및 정비 등에 관한 사항 8. 「국토의 계획 및 이용에 관한 법률」에 따른 도시·군관리계획의 수립 또는 변경에 관한 사항 9. 그 밖에 시·도지사가 고시할 필요가 있다고 인정하는 사항	
제59조의6(물류 교통·환경 정비지구 지정의 해제) ① 시·도지사는 물류 교통·환경 정비사업의 추진 상황으로 보아 정비지구의 지정 목적을 달성하였거나 달성할 수 없다고 인정하는 경우에는 대통령령으로 정하는 바에 따라 제59조의2에 따른 물류단지계획심의위원회와 「국토의 계획 및 이용에 관한 법률」 제113조에 따른 지방도시계획위원회가 공동으로 하는 심의를 거쳐 정비지구의 지정을 해제할 수 있다. ② 제1항에 따라 정비지구의 지정을 해제하려는 시·도지사는 제59조의2에 따른 물류단지계획심의위원회와 「국토의 계획 및 이용에 관한 법률」 제113조에 따른 지방도시계획위원회가 공동으로 하는 심의 전에 주민설명회를 열고, 그 내용을 14일 이상 주민에게 공람하여 의견을 들어야 하며, 지방의회의 의견을 들어야 한다. 이 경우 지방의회는 의견을 요청받은 날부터 60일 이내에 의견을 제시하여야 하며, 의견제시 없이 60일이 지난 때에는 이의가 없는 것으로 본다. ③ 시·도지사는 제1항에 따라 정비지구의 지정을 해제할 때에는 대통령령으로 정하는 바에 따라 그 내용을 지체 없이 해당 지방자치단체의 공보에 고시하여야 한다.	**제46조의7(정비지구의 지정 해제)** ① 시·도지사는 법 제59조의6제1항에 따라 정비지구의 지정을 해제하려는 때에는 물류단지계획심의위원회와 지방도시계획위원회가 공동으로 하는 심의 전에 관할 시장·군수·구청장의 의견을 들어야 한다. ② 법 제59조의6제1항에 따른 정비지구 지정 해제의 심의에 관하여는 제46조의5를, 법 제59조의6제2항에 따른 주민설명회, 주민 공람 및 주민의 의견청취 방법 등에 관하여는 제46조의3을 각각 준용한다. ③ 법 제59조의6제3항에 따른 고시에는 다음 각 호의 사항이 포함되어야 한다. 1. 정비지구의 위치·면적, 정비기간 등 정비계획의 개요 2. 정비지구의 현황(정비지구 지정 신청 당시와 비교하여 변경된 사항을 포함한다) 3. 정비지구 해제 사유	**제29조의2(물류 교통·환경 정비지구지정의 해제)** 시·도지사는 정비지구의 지정을 해제했을 때에는 법 제59조의6제4항에 따라 다음 각 호의 사항을 국토교통부장관에게 보고해야 한다. 1. 영 제46조의7제3항 각 호의 사항 2. 그 밖에 정비지구 해제와 관련하여 국토교통부장관이 제출을 요청하는 사항

④ 제1항에 따라 시 · 도지사가 정비지구의 지정을 해제하였을 때에는 국토교통부령으로 정하는 바에 따라 국토교통부장관에게 보고하여야 한다.

⑤ 제2항에 따른 주민설명회, 주민 공람 및 주민의 의견청취 방법 등에 관하여 필요한 사항은 대통령령으로 정한다.

4. 그 밖에 시 · 도지사가 고시할 필요가 있다고 인정하는 사항

제59조의7(물류 교통 · 환경 정비사업의 지원) 국가 또는 시 · 도지사는 제59조의5에 따라 지정된 정비지구에서 시장 · 군수 · 구청장에게 다음 각 호의 사업에 대한 행정적 · 재정적 지원을 할 수 있다.

1. 도로 등 기반시설의 신설 · 확장 · 개량 및 보수 **1**
2. 「화물자동차 운수사업법」에 따른 공영차고지 및 화물자동차 휴게소의 설치 **1**
3. 「소음 · 진동관리법」에 따른 방음 · 방진시설의 설치 **1**
4. 그 밖에 정비지구의 교통 · 환경 정비를 위하여 대통령령으로 정하는 사업

제46조의8(물류 교통 · 환경 정비사업의 지원) 법 제59조의7제4호에서 "대통령령으로 정하는 사업"이란 「환경친화적 자동차의 개발 및 보급 촉진에 관한 법률」 제2조제3호에 따른 전기자동차의 충전시설 및 같은 조 제9호에 따른 수소연료공급시설을 설치 · 정비 또는 개량하는 사업을 말한다.

제5장 보칙

제61조(보고 등) ① 국토교통부장관은 복합물류터미널사업자에게 복합물류터미널의 건설에 관하여 필요한 보고를 하게 하거나 자료의 제출을 명할 수 있으며 소속 공무원에게 복합물류터미널의 건설에 관한 업무를 검사하게 할 수 있다.

② 국토교통부장관 또는 해양수산부장관은 물류창고업자에게 물류창고의 운영에 관하여 보고를 하게 하거나 자료의 제출을 명할 수 있으며 소속 공무원에게 물류창고의 운영에 관한 업무를 검사하게 할 수 있다. 다만, 제21조의2제4항 각 호의 어느 하나에 해당하는 물류창고업을 경영하는 자는 제외한다.

③ 국토교통부장관 또는 시 · 도지사는 시행자에게 물류단지의 개발에 관하여 필요한 보고를 하게 하거나 자료의 제출을 명할 수 있으며 소속 공무원에게 물류단지의 개발에 관한 업무를 검사하게 할 수 있다.

규칙 제30조(증표) 법 제61조제4항에 따른 증표는 별지 제21호서식에 따른다.

④ 국토교통부장관 또는 시·도지사는 제53조에 따른 관리기관·입주기업체 및 지원기관에 물류단지의 관리에 관하여 필요한 보고를 하게 하거나 자료의 제출을 명할 수 있으며, 소속 공무원에게 물류단지의 관리에 관한 업무를 검사하게 할 수 있다.

⑤ 제1항부터 제4항까지의 규정에 따라 검사를 하는 공무원은 그 권한을 나타내는 증표를 지니고 이를 관계인에게 내보여야 한다.

⑥ 제5항에 따른 증표에 필요한 사항은 국토교통부령으로 정한다.

제62조(청문) 국토교통부장관·해양수산부장관 또는 시·도지사는 다음 각 호의 어느 하나에 해당하는 경우에는 청문을 실시하여야 한다.

　　1. 제17조제1항(제21조의9에서 준용하는 경우를 포함한다)에 따른 복합물류터미널사업 등록의 취소 또는 물류창고업 등록의 취소

　　1의2. 제21조의5제1항에 따른 인증의 취소 또는 제21조의6에 따른 지정의 취소

　　2. 제52조의3제1항에 따른 지정·승인 또는 인가의 취소

제63조(수수료) 다음 각 호의 어느 하나에 해당하는 신청을 하려는 자는 국토교통부령으로 정하는 바에 따라 수수료를 내야 한다.

　　1. 제7조제1항 및 제3항에 따른 복합물류터미널사업의 등록신청 및 변경등록의 신청

　　2. 제9조에 따른 물류터미널의 구조 및 설비 등에 관한 공사시행인가와 변경인가의 신청

　　3. 제21조의2제1항, 제2항에 따른 물류창고업의 등록 및 변경등록

　　4. 제21조의4에 따른 스마트물류센터 인증의 신청

제6장 벌칙

제65조(벌칙) ① 다음 각 호의 어느 하나에 해당하는 자는 1년 이하의 징역 또는 1천만원 이하의 벌금에 처한다. 다만, 제7호에 해당하는 자로서 그 처분행위로 얻은 이익이 3천만원 이상인 경우에는 1년 이하의 징역 또는 그 이익에 상당하는 금액 이하의 벌금에 처한다.

1. 제7조제1항을 위반하여 등록을 하지 아니하고 복합물류터미널사업을 경영한 자 **1**

3. 제9조제1항을 위반하여 공사시행인가 또는 변경인가를 받지 아니하고 공사를 시행한 자 **1**

4. 제16조(제21조의9에서 준용하는 경우를 포함한다)를 위반하여 성명 또는 상호를 다른 사람에게 사용하게 하거나 등록증을 대여한 자 **2**

4의2. 제21조의2제1항을 위반하여 등록을 하지 아니하고 물류창고업을 경영한 자. 다만, 제21조의2제4항 각 호의 어느 하나에 해당하는 물류창고업을 경영한 자는 **제외한다. 1**

4의3. 제21조의2제2항을 위반하여 변경등록을 하지 아니하고 물류창고업을 경영한 자. 다만, 제21조의2제4항 각 호의 어느 하나에 해당하는 물류창고업을 경영한 자는 제외한다.

5. 제25조제1항(제49조 및 제52조의2제9항에서 준용하는 경우를 포함한다)을 위반하여 건축물의 건축 등을 한 자

6. 거짓이나 그 밖의 부정한 방법으로 제27조제1항(제52조의2제9항에서 준용하는 경우를 포함한다) 또는 제28조제1항(제49조에서 준용하는 경우를 포함한다)에 따른 지정 또는 승인을 받은 자

7. 제51조제1항(제52조의2제9항에서 준용하는 경우를 포함한다)을 위반하여 토지 또는 시설을 처분한 자

② 제21조의4제5항을 위반하여 거짓의 인증마크를 제작·사용하거나 스마트물류센터임을 사칭한 자는 3천만원 이하의 벌금에 처한다. **1**

제66조(양벌규정) 법인의 대표자나 법인 또는 개인의 대리인, 사용인, 그 밖의 종업원이 그 법인 또는 개인의 업무에 관하여 제65조의 위반행위를 하면 그 행위자를 벌하는 외에 그 법인 또는 개인에게도 해당 조문의 벌금형을 과한다. 다만, 법인 또는 개인이 그 위반행위를 방지하기 위하여 해당 업무에 관하여 상당한 주의와 감독을 게을리하지 아니한 경우에는 그러하지 아니하다.	
제67조(과태료) ① 제61조제1항부터 제4항까지의 규정(제49조에서 준용하는 경우를 포함한다)에 따른 보고 또는 자료제출을 하지 아니하거나 거짓 보고 또는 거짓 자료를 제출한 자 또는 검사를 방해·거부한 자에게는 300만원 이하의 과태료를 부과한다. **1** ② 다음 각 호의 어느 하나에 해당하는 자에게는 200만원 이하의 과태료를 부과한다. 　1. 제14조제2항(제21조의9에서 준용하는 경우를 포함한다)에 따른 승계의 신고를 하지 아니한 자 **1** 　2. 제21조의5제2항을 위반하여 인증마크를 계속 사용한 자 ③ 제1항 및 제2항에 따른 과태료는 대통령령으로 정하는 바에 따라 국토교통부장관·해양수산부장관 또는 시·도지사가 부과·징수한다.	**영 제48조(과태료의 부과기준)** 법 제67조제1항 및 제2항에 따른 과태료의 부과기준은 별표 3과 같다.

Law

유통산업발전법

유통산업발전법

제1장 총칙

제1조(목적) 이 법은 유통산업의 효율적인 진흥과 균형 있는 발전을 꾀하고, 건전한 상거래질서를 세움으로써 소비자를 보호하고 국민경제의 발전에 이바지함을 목적으로 한다.

제2조(정의) 이 법에서 사용하는 용어의 뜻은 다음과 같다.

1. "유통산업"이란 농산물 · 임산물 · 축산물 · 수산물(가공물 및 조리물을 포함한다) 및 공산품의 도매 · 소매 및 이를 경영하기 위한 보관 · 배송 · 포장과 이와 관련된 정보 · 용역의 제공 등을 목적으로 하는 산업을 말한다. ①

2. "매장"이란 상품의 판매와 이를 지원하는 용역의 제공에 직접 사용되는 장소를 말한다. 이 경우 매장에 포함되는 용역의 제공 장소의 범위는 대통령령으로 정한다. ①

3. "대규모점포"란 다음 각 목의 요건을 모두 갖춘 매장을 보유한 점포의 집단으로서 별표에 규정된 것을 말한다.

   가. 하나 또는 대통령령으로 정하는 둘 이상의 연접되어 있는 건물 안에 하나 또는 여러 개로 나누어 설치되는 매장일 것 ①

   나. 상시 운영되는 매장일 것 ①

   다. 매장면적의 합계가 3천제곱미터 이상일 것 ①

4. "준대규모점포"란 다음 각 목의 어느 하나에 해당하는 점포로서 대통령령으로 정하는 것을 말한다.

   가. 대규모점포를 경영하는 회사 또는 그 계열회사(「독점규제 및 공정거래에 관한 법률」에 따른 계열회사를 말한다)가 직영하는 점포

   나. 「독점규제 및 공정거래에 관한 법률」에 따른 상호출자제한기업집단의 계열회사가 직영하는 점포

제2조(용역제공장소의 범위) 법 제2조제2호 후단에 따라 매장에 포함되는 용역의 제공장소는 다음 각 호의 어느 하나에 해당하는 시설이 설치되는 장소로 한다.

1. 「건축법 시행령」 별표 1(이하 이 조에서 "같은 표"라 한다) 제3호나목부터 마목까지의 규정에 따른 제1종 근린생활시설

2. 같은 표 제4호에 따른 제2종 근린생활시설

3. 같은 표 제5호에 따른 문화 및 집회시설

4. 같은 표 제13호에 따른 운동시설

5. 같은 표 제14호나목에 따른 일반업무시설(오피스텔은 제외한다)

제2조(무점포판매의 유형) 법 제2조제9호에서 "산업통상자원부령으로 정하는 것"이라 함은 다음 각 호의 어느 하나에 해당하는 것을 말한다.

1. 방문판매 및 가정내 진열판매

2. 다단계판매

3. 전화권유판매

4. 카탈로그판매

5. 텔레비전홈쇼핑

5의2. 인터넷 멀티미디어 방송(IPTV)을 통한 상거래

6. 인터넷쇼핑몰 또는 사이버몰 등 전자상거래

6의2. 온라인 오픈마켓 등 전자상거래중개

7. 이동통신기기를 이용한 판매

8. 자동판매기를 통한 판매

다. 가목 및 나목의 회사 또는 계열회사가 제6호가목에 따른 직영점형 체인사업 및 같은 호 나목에 따른 프랜차이즈형 체인사업의 형태로 운영하는 점포

5. "임시시장"이란 다수의 수요자와 공급자가 일정한 기간 동안 상품을 매매하거나 용역을 제공하는 일정한 장소를 말한다. **3**

6. "체인사업"이란 같은 업종의 여러 소매점포를 직영(자기가 소유하거나 임차한 매장에서 자기의 책임과 계산하에 직접 매장을 운영하는 것을 말한다.)하거나 같은 업종의 여러 소매점포에 대하여 계속적으로 경영을 지도하고 상품·원재료 또는 용역을 공급하는 다음 각 목의 어느 하나에 해당하는 사업을 말한다.

가. 직영점형 체인사업
체인본부가 주로 소매점포를 직영하되, 가맹계약을 체결한 일부 소매점포(이하 이 호에서 "가맹점"이라 한다)에 대하여 상품의 공급 및 경영지도를 계속하는 형태의 체인사업

나. 프랜차이즈형 체인사업 **1**
독자적인 상품 또는 판매·경영 기법을 개발한 체인본부가 상호·판매방법·매장운영 및 광고방법 등을 결정하고, 가맹점으로 하여금 그 결정과 지도에 따라 운영하도록 하는 형태의 체인사업

다. 임의가맹점형 체인사업 **2**
체인본부의 계속적인 경영지도 및 체인본부와 가맹점 간의 협업에 의하여 가맹점의 취급품목·영업방식 등의 표준화사업과 공동구매·공동판매·공동시설활용 등 공동사업을 수행하는 형태의 체인사업

라. 조합형 체인사업
같은 업종의 소매점들이 「중소기업협동조합법」 제3조에 따른 중소기업협동조합, 「협동조합 기본법」 제15조에 따른 협동조합, 같은 법 제71조에 따른 협동조합연합회, 같은 법 제85조에 따른 사회적협동조합 또는 같은 법 제114조에 따른 사회적협동조합연합회를 설립하여 공동구매·공동판매·공동시설활용 등 사업을 수행하는 형태의 체인사업

제3조(대규모점포의 요건 등) ② 법 제2조제3호가목에서 "대통령령으로 정하는 둘 이상의 연접되어 있는 건물"이란 건물간의 가장 가까운 거리가 50미터 이내이고 소비자가 통행할 수 있는 지하도 또는 지상통로가 설치되어 있어 하나의 대규모점포로 기능할 수 있는 것을 말한다.

③ 법 제2조제3호다목의 매장면적 산정 시 「집합건물의 소유 및 관리에 관한 법률」이 적용되는 건물 내의 매장과 바로 접한 공유부분인 복도가 있는 경우에는 그 복도의 면적을 포함한다.

제3조의2(준대규모점포의 범위) 법 제2조제4호 각 목 외의 부분에서 "대통령령으로 정하는 것"이란 「통계법」 제22조에 따라 통계청장이 2007년 12월 28일 고시한 한국표준산업분류상의 슈퍼마켓(47121)과 기타 음·식료품 위주 종합소매업(47129)을 영위하는 점포를 말한다.

제5조(상점가의 범위) 법 제2조제7호에서 "일정 범위의 가로 또는 지하도에 대통령령으로 정하는 수 이상의 도매점포·소매점포 또는 용역점포가 밀집하여 있는 지구"란 다음 각 호의 어느 하나에 해당하는 지구를 말한다.

1. 2천제곱미터 이내의 가로 또는 지하도에 30개 이상의 도매점포·소매점포 또는 용역점포가 밀집하여 있는 지구

제3조(유통표준코드) 법 제2조제10호에서 "산업통상자원부령으로 정하는 것"이라 함은 「산업표준화법」 제5조에 따라 산업통상자원부장관이 산업표준심의회의 심의를 거쳐 제정한 유통표준코드 중 다음 각 호의 것을 말한다.

1. 공통상품코드용 바코드심벌(KS X 6703)
2. 유통상품코드용 바코드심벌(KS X 6704)
3. 물류정보시스템용 응용식별자와 UCC/EAN-128바코드심벌(KS X 6705)

제4조(유통표준전자문서) 법 제2조제11호에서 "산업통상자원부령으로 정하는 것"이라 함은 산업통상자원부장관이 「전자문서 및 전자거래 기본법」 제22조제1항에 따른 정보통신산업진흥원과 협의를 거쳐 유통표준문서로 정하여 고시한 전자문서를 말한다.

7. "상점가"란 일정 범위의 가로(街路) 또는 지하도에 대통령령으로 정하는 수 이상의 도매점포·소매점포 또는 용역점포가 밀집하여 있는 지구를 말한다. **1**

8. "전문상가단지"란 같은 업종을 경영하는 여러 도매업자 또는 소매업자가 일정 지역에 점포 및 부대시설 등을 집단으로 설치하여 만든 상가단지를 말한다. **2**

9. "무점포판매"란 상시 운영되는 매장을 가진 점포를 두지 아니하고 상품을 판매하는 것으로서 산업통상자원부령으로 정하는 것을 말한다. **2**

10. "유통표준코드"란 상품·상품포장·포장용기 또는 운반용기의 표면에 표준화된 체계에 따라 표기된 숫자와 바코드 등으로서 산업통상자원부령으로 정하는 것을 말한다.

11. "유통표준전자문서"란 「전자문서 및 전자거래 기본법」 제2조제1호에 따른 전자문서 중 유통부문에 관하여 표준화되어 있는 것으로서 산업통상자원부령으로 정하는 것을 말한다.

12. "판매시점 정보관리시스템"이란 상품을 판매할 때 활용하는 시스템으로서 광학적 자동판독방식에 따라 상품의 판매·매입 또는 배송 등에 관한 정보가 수록된 것을 말한다.

13. "물류설비"란 화물의 수송·포장·하역·운반과 이를 관리하는 물류정보처리활동에 사용되는 물품·기계·장치 등의 설비를 말한다. **1**

14. "도매배송서비스"란 집배송시설을 이용하여 자기의 계산으로 매입한 상품을 도매하거나 위탁받은 상품을 「화물자동차 운수사업법」 제3조 및 제29조에 따른 허가를 받은 자가 수수료를 받고 도매점포 또는 소매점포에 공급하는 것을 말한다.

15. "집배송시설"이란 상품의 주문처리·재고관리·수송·보관·하역·포장·가공 등 집하 및 배송에 관한 활동과 이를 유기적으로 조정하거나 지원하는 정보처리활동에 사용되는 기계·장치 등의 일련의 시설을 말한다.

16. "공동집배송센터"란 여러 유통사업자 또는 제조업자가 공동으로 사용할 수 있도록 집배송시설 및 부대업무시설이 설치되어 있는 지역 및 시설물을 말한다. **1**

2. 상품 또는 영업활동의 특성상 전시·판매 등을 위하여 넓은 면적이 필요한 동일 업종의 도매점포 또는 소매점포(이하 이 조에서 "특성업종도소매점포"라 한다)를 포함한 점포가 밀집하여 있다고 특별자치시장·시장·군수·구청장이 인정하는 지구로서 다음 각 목의 요건을 모두 충족하는 지구

가. 가로 또는 지하도의 면적이 특성업종도소매점포의 평균면적에 도매점포 또는 소매점포의 수를 합한 수를 곱한 면적과 용역점포의 면적을 합한 면적 이내일 것

나. 도매점포·소매점포 또는 용역점포가 30개 이상 밀집하여 있을 것

다. 특성업종도소매점포의 수가 나목에 따른 점포 수의 100분의 50 이상일 것

제3조(유통산업시책의 기본방향) 정부는 제1조의 목적을 달성하기 위하여 다음 각 호의 시책을 마련하여야 한다.

　　1. 유통구조의 선진화 및 유통기능의 효율화 촉진

　　2. 유통산업에서의 소비자 편익의 증진

　　3. 유통산업의 지역별 균형발전의 도모

　　4. 유통산업의 종류별 균형발전의 도모

　　5. 중소유통기업(유통산업을 경영하는 자로서 「중소기업기본법」 제2조에 따른 중소기업자에 해당하는 자를 말한다)의 구조개선 및 경쟁력 강화

　　6. 유통산업의 국제경쟁력 제고

　　7. 유통산업에서의 건전한 상거래질서의 확립 및 공정한 경쟁여건의 조성

　　8. 그 밖에 유통산업의 발전을 촉진하기 위하여 필요한 사항

제4조(적용 배제) 다음 각 호의 시장·사업장 및 매장에 대하여는 이 법을 적용하지 아니한다.

　　1. 「농수산물 유통 및 가격안정에 관한 법률」 제2조제2호·제5호·제6호 및 제12호에 따른 농수산물도매시장·농수산물공판장·민영농수산물도매시장 및 농수산물종합유통센터 **3**

　　2. 「축산법」 제34조에 따른 가축시장 **2**

제2장 유통산업발전계획 등

제5조(기본계획의 수립·시행 등) ① 산업통상자원부장관은 유통산업의 발전을 위하여 5년마다 유통산업발전기본계획(이하 "기본계획"이라 한다)을 관계 중앙행정기관의 장과 협의를 거쳐 세우고 시행하여야 한다. **2**

② 기본계획에는 다음 각 호의 사항이 포함되어야 한다.

　　1. 유통산업 발전의 기본방향

　　2. 유통산업의 국내외 여건 변화 전망 **1**

　　3. 유통산업의 현황 및 평가

영 제6조(기본계획 등의 수립을 위한 자료의 제출요청 등) ① 산업통상자원부장관은 관계 중앙행정기관의 장에게 법 제5조제1항에 따른 유통산업발전기본계획(이하 "기본계획"이라 한다)의 수립을 위하여 필요한 자료를 해당 기본계획 개시연도의 전년도 10월 말일까지 제출하여 줄 것을 요청할 수 있다.

② 산업통상자원부장관은 관계 중앙행정기관의 장에게 법 제6조제1항에 따른 유통산업발전시행계획의 수립을 위하여 필요한 다음 각호의 사항이 포함된 자료를 매년 3월 말일까지 제출하여 줄 것을 요청할 수 있다.

4. 유통산업의 지역별 · 종류별 발전 방안 **2**

5. 산업별 · 지역별 유통기능의 효율화 · 고도화 방안 **1**

6. 유통전문인력 · 부지 및 시설 등의 수급 변화에 대한 전망 **1**

7. 중소유통기업의 구조개선 및 경쟁력 강화 방안 **1**

8. 대규모점포와 중소유통기업 및 중소제조업체 사이의 건전한 상거래질서의 유지 방안 **2**

9. 그 밖에 유통산업의 규제완화 및 제도개선 등 유통산업의 발전을 촉진하기 위하여 필요한 사항

③ 산업통상자원부장관은 기본계획을 세우기 위하여 필요하다고 인정하는 경우에는 관계 중앙행정기관의 장에게 필요한 자료를 요청할 수 있다. 이 경우 자료를 요청받은 관계 중앙행정기관의 장은 특별한 사정이 없으면 요청에 따라야 한다.

④ 산업통상자원부장관은 기본계획을 특별시장 · 광역시장 · 특별자치시장 · 도지사 · 특별자치도지사(이하 "시 · 도지사"라 한다)에게 알려야 한다. **1**

제6조(시행계획의 수립 · 시행 등) ① 산업통상자원부장관은 기본계획에 따라 매년 유통산업발전시행계획(이하 "시행계획"이라 한다)을 관계 중앙행정기관의 장과 협의를 거쳐 세워야 한다. **2**

② 산업통상자원부장관은 시행계획을 세우기 위하여 필요하다고 인정하는 경우에는 관계 중앙행정기관의 장에게 필요한 자료를 요청할 수 있다. 이 경우 자료를 요청받은 관계 중앙행정기관의 장은 특별한 사정이 없으면 요청에 따라야 한다.

③ 산업통상자원부장관 및 관계 중앙행정기관의 장은 시행계획 중 소관 사항을 시행하고 이에 필요한 재원을 확보하기 위하여 노력하여야 한다.

④ 산업통상자원부장관은 시행계획을 시 · 도지사에게 알려야 한다.

1. 유통산업발전시책의 기본방향

2. 사업주체 및 내용

3. 필요한 자금과 그 조달방안

4. 사업의 시행방법

5. 그 밖에 시행계획의 수립에 필요한 사항

③ 관계 중앙행정기관의 장은 시행계획의 집행실적을 다음 연도 2월 말일까지 산업통상자원부장관에게 제출하여야 한다. **2**

제7조(지방자치단체의 사업시행 등) ① 시 · 도지사는 기본계획 및 시행계획에 따라 다음 각 호의 사항을 포함하는 지역별 시행계획을 세우고 시행하여야 한다. 이 경우 시 · 도지사(특별자치시장은 제외한다)는 미리 시장(「제주특별자치도 설치 및 국제자유도시 조성을 위한 특별법」 제11조제1항에 따른 행정시장을 포함한다) · 군수 · 구청장(자치구의 구청장을 말한다)의 의견을 들어야 한다. **1**

1. 지역유통산업 발전의 기본방향 **1**
2. 지역유통산업의 여건 변화 전망
3. 지역유통산업의 현황 및 평가
4. 지역유통산업의 종류별 발전 방안 **1**
5. 지역유통기능의 효율화 · 고도화 방안 **1**
6. 유통전문인력 · 부지 및 시설 등의 수급 방안 **1**
7. 지역중소유통기업의 구조개선 및 경쟁력 강화 방안
8. 그 밖에 지역유통산업의 규제완화 및 제도개선 등 지역유통산업의 발전을 촉진하기 위하여 필요한 사항

② 관계 중앙행정기관의 장은 유통산업의 발전을 위하여 필요하다고 인정하는 경우에는 시 · 도지사 또는 시장 · 군수 · 구청장에게 시행계획의 시행에 필요한 조치를 할 것을 요청할 수 있다.

제7조의4(유통산업의 실태조사) ① 산업통상자원부장관은 기본계획 및 시행계획 등을 효율적으로 수립 · 추진하기 위하여 유통산업에 대한 실태조사를 할 수 있다.

② 산업통상자원부장관은 유통산업의 실태조사를 위하여 필요하다고 인정하는 경우에는 관계 중앙행정기관의 장, 지방자치단체의 장, 공공기관의 장, 유통사업자 및 관련 단체 등에 필요한 자료를 요청할 수 있다. 이 경우 자료를 요청받은 관계 중앙행정기관의 장 등은 특별한 사정이 없으면 요청에 따라야 한다.

③ 유통산업의 실태조사를 위한 범위 등 필요한 사항은 대통령령으로 정한다.

제6조의4(유통산업 실태조사의 범위) ① 법 제7조의4 제3항에 따른 유통산업 실태조사의 범위는 다음 각 호와 같다.

1. 대규모점포, 무점포판매 및 도 · 소매점포의 현황, 영업환경, 물품구매, 영업실태 및 사업체 특성 등에 관한 사항
2. 지역별 · 업태별 유통기능효율화를 위한 물류표준화 · 정보화 및 물류공동화에 관한 사항

제4조의2(유통업상생발전협의회의 구성) ① 법 제7조의5에 따른 유통업상생발전협의회는 성별 및 분야별 대표성 등을 고려하여 회장 1명을 포함한 11명 이내의 위원으로 구성한다. **2**

제7조의5(유통업상생발전협의회) ① 대규모점포 및 준대규모점포(이하 "대규모점포 등"이라 한다)와 지역중소유통기업의 균형발전을 협의하기 위하여 특별자치시장 · 시장 · 군수 · 구청장 소속으로 유통업상생발전협의회를 둔다.
② 협의회의 구성 및 운영 등에 필요한 사항은 **산업통상자원부령**으로 정한다. **❶**

3. 그 밖에 산업통상자원부장관이 유통산업발전 정책수립을 위하여 실태조사가 필요하다고 인정하는 사항
② 산업통상자원부장관은 제1항에 따른 실태조사를 다음 각 호의 구분에 따라 실시한다.
　1. 정기조사 : 유통산업에 관한 계획 및 정책수립과 집행에 활용하기 위하여 3년마다 실시하는 조사
　2. 수시조사 : 산업통상자원부장관이　기본계획 및 시행계획 등의 효율적인 수립을 위하여 필요하다고 인정하는 경우 특정 업태 및 부문 등을 대상으로 실시하는 조사

② 회장은 부시장(특별자치시의 경우 행정부시장을 말한다) · 부군수 · 부구청장이 되고, 위원은 **특별자치시장 · 시장**(「제주특별자치도 설치 및 국제자유도시 조성을 위한 특별법」 제11조에 따른 행정시장을　포함한다) · **군수 · 구청장**(자치구의 구청장을 말한다)이 임명하거나 위촉하는 다음 각 호의 자가 된다. **❶**
　1. 해당 지역에 대규모점포 등을 개설하였거나 개설하려는 대형유통기업의 대표 3명
　2. 해당 지역의 전통시장, 슈퍼마켓, 상가 등 중소유통기업의 대표 3명
　3. 다음 각 목의 어느 하나에 해당하는 자
　　가. 해당 지역의 소비자단체의 대표 또는 주민단체의 대표 **❶**
　　나. 해당 지역의 유통산업분야에 관한 학식과 경험이 풍부한 자
　　다. 그 밖에 대 · 중소유통 협력업체 · 납품업체 · 농어업인　등 이해관계자 **❶**
　4. 해당 특별자치시 · 시 · 군 · 구의 유통업무를 담당하는 과장급 공무원
③ 위원의 임기는 2년으로 한다. **❷**

④ 특별자치시장 · 시장 · 군수 · 구청장은 제2항제1호 · 제2호 및 제3호의 위원이 다음 각 호의 어느 하나에 해당하는 경우에는 해당 위원을 해촉할 수 있다.

1. 금고 이상의 형을 선고받은 경우 **1**

2. 직무와 관련된 비위사실이 있는 경우

3. 위원이 6개월 이상 장기 출타 또는 심신장애로 인하여 직무를 수행하기 어려운 경우

4. 직무태만, 품위 손상 또는 그 밖의 사유로 인하여 위원으로 적합하지 아니하다고 인정되는 경우

⑤ 제1항부터 제4항까지에서 규정한 사항 외에 협의회의 구성 등에 필요한 사항은 협의회의 의결을 거쳐 회장이 정한다.

제4조의3(협의회의 운영 등) ① 협의회의 회의는 재적위원 3분의 2 이상의 출석으로 개의하고, 출석위원 3분의 2 이상의 찬성으로 의결한다. **3**

② 회장은 회의를 소집하려는 경우에는 회의 개최일 5일 전까지 회의의 날짜 · 시간 · 장소 및 심의 안건을 각 위원에게 통지하여야 한다. 다만, 긴급한 경우나 부득이한 사유가 있는 경우에는 그러하지 아니하다.

③ 협의회의 사무를 처리하기 위하여 간사 1명을 두되, 간사는 유통업무를 담당하는 공무원으로 한다.

④ 협의회는 분기별로 1회 이상 개최하는 것을 원칙으로 하되, 회장은 필요에 따라 그 개최 주기를 달리할 수 있다. **2**

⑤ 협의회는 대형유통기업과 지역중소유통기업의 균형발전을 촉진하기 위하여 다음 각 호의 사항에 대해 특별자치시장·시장·군수·구청장에게 의견을 제시할 수 있다.

1. 대형유통기업과 지역중소유통기업 간의 상생협력촉진을 위한 지역별 시책의 수립에 관한 사항 **1**

1의2. 법 제8조제7항에 따른 상권영향평가서 및 지역협력계획서 검토에 관한 사항

2. 법 제12조의2에 따른 대규모점포 등에 대한 영업시간의 제한 등에 관한 사항 **1**

3. 법 제13조의3에 따른 전통상업보존구역의 지정 등에 관한 사항 **1**

4. 그 밖에 대·중소유통기업 간의 상생협력촉진, **공동조사연구**, 지역유통산업발전, 전통시장 또는 전통상점가 보존을 위한 협력 및 지원에 관한 사항 **1**

⑥ 제1항부터 제5항까지에서 규정한 사항 외에 협의회의 운영 등에 필요한 사항은 협의회의 의결을 거쳐 회장이 정한다.

제3장 대규모점포 등

제8조(대규모점포등의 개설등록 및 변경등록) ① 대규모점포를 개설하거나 제13조의3에 따른 전통상업보존구역에 준대규모점포를 개설하려는 자는 영업을 시작하기 전에 산업통상자원부령으로 정하는 바에 따라 상권영향평가서 및 지역협력계획서를 첨부하여 **특별자치시장·시장·군수·구청장**에게 등록하여야 한다. 등록한 내용을 변경하려는 경우에도 또한 같다. ❸

② 특별자치시장·시장·군수·구청장은 제1항에 따라 제출받은 상권영향평가서 및 지역협력계획서가 미진하다고 판단하는 경우에는 제출받은 날부터 대통령령으로 정하는 기간 내에 그 사유를 명시하여 보완을 요청할 수 있다. ❶

③ 특별자치시장·시장·군수·구청장은 제1항에 따라 개설등록 또는 변경등록[점포의 소재지를 변경하거나 매장면적이 개설등록(매장면적을 변경등록한 경우에는 변경등록) 당시의 매장면적보다 10분의 1이상 증가하는 경우로 한정한다]을 하려는 대규모점포등의 위치가 제13조의3에 따른 전통상업보존구역에 있을 때에는 등록을 제한하거나 조건을 붙일 수 있다. ❸

④ 제3항에 따른 등록 제한 및 조건에 관한 세부 사항은 해당 지방자치단체의 조례로 정한다.

⑤ 특별자치시장·시장·군수·구청장은 개설등록 또는 변경등록하려는 점포의 소재지로부터 산업통상자원부령으로 정하는 거리 이내의 범위 일부가 인접 특별자치시·시·군·구(자치구를 말한다)에 속하여 있는 경우 인접지역의 특별자치시장·시장·군수·구청장에게 개설등록 또는 변경등록을 신청 받은 사실을 통보하여야 한다. ❶

⑥ 제5항에 따라 신청 사실을 통보받은 인접지역의 특별자치시장·시장·군수·구청장은 신청 사실을 통보받은 날로부터 20일 이내에 개설등록 또는 변경등록에 대한 의견을 제시할 수 있다.

제6조의5(상권영향평가서 및 지역협력계획서의 보완 요청 기간 등) ① 법 제8조제2항에서 "대통령령으로 정하는 기간"이란 30일을 말한다. 이 경우 토요일 및 공휴일은 산입하지 아니한다. ❶

제6조의6(상권영향평가서 및 지역협력계획서 조사 전문기관) ① 법 제8조제7항에서 "대통령령으로 정하는 전문기관"이란 다음 각 호의 어느 하나에 해당하는 기관을 말한다.

1. 「상공회의소법」에 따른 대한상공회의소
2. 「정부출연연구기관 등의 설립·운영 및 육성에 관한 법률」 제8조에 따른 산업연구원

제5조(대규모점포등의 개설등록 등) ①법 제8조에 따라 대규모점포 및 준대규모점포의 개설등록을 하려는 자는 별지 제1호서식의 대규모점포등개설등록신청서에 다음 각 호의 서류를 첨부하여 특별자치시장·시장·군수 또는 구청장에게 제출하여야 한다.

1. 다음 각 목의 사항이 포함된 사업계획서 ❶

   가. 사업의 개요(개설자·사업추진 일정 및 영업개시예정일 등에 관한 사항을 포함한다)

   나. 건축물의 위치도 및 구조

   다. 사업의 규모(대지면적·건축물 면적·매장면적·점포수 및 종사자수 등에 관한 사항을 포함한다)

   라. 시설의 명세 및 점포의 배치도 (분양·직영 및 임대계획에 관한 사항을 포함한다)

   마. 업종의 구성

   바. 운영·관리계획(기구 및 인력에 관한 사항을 포함한다)

   사. 재무구조

⑦ 특별자치시장·시장·군수·구청장은 제1항에 따라 제출받은 상권영향평가서 및 지역협력계획서를 검토하는 경우 협의회의 의견을 청취하여야 하며, 필요한 때에는 대통령령으로 정하는 전문기관에 이에 대한 조사를 하게 할 수 있다.

제8조의2(지역협력계획서의 내용 및 이행실적 평가·점검) ① 제8조에 따른 지역협력계획서에는 지역 중소유통기업과의 상생협력, 지역 고용 활성화 등의 사항을 포함할 수 있다.

② 특별자치시장·시장·군수·구청장은 지역협력계획서의 이행실적을 점검하고, 이행실적이 미흡하다고 판단되는 경우에는 개선을 권고할 수 있다.

2. 다음 각 목의 사항이 포함된 상권영향평가서

　가. 요약문

　나. 사업의 개요

　다. 상권영향분석의 범위

　라. 상권의 특성

　마. 기존 사업자 현황 분석

　바. 상권영향기술서

3. 지역협력계획서(지역 상권 및 경제를 활성화하거나 전통시장 및 중소상인과 상생협력을 강화하는 등의 지역협력을 위한 사업계획서를 말한다)

4. 대지 또는 건축물의 소유권 또는 그 사용에 관한 권리를 증명하는 서류(토지 등기사항증명서 및 건물 등기사항증명서 외의 서류를 말한다)

② 제1항제2호의 상권영향평가서의 작성 기준 및 방법은 별표 1과 같다.

③ 제1항제3호의 지역협력계획서를 작성할 때에는 다음 각 호의 어느 하나에 해당하는 사업계획은 배제하여야 한다.

　1. 불공정 경쟁이나 부정 거래를 유발할 수 있는 사업

　2. 소비자후생을 현저히 감소시키는 사업

3. 지역 사업자에게 과도한 경제적 부담을 주거나 자유로운 영업활동을 방해하는 사업

④ 법 제8조제1항 후단에 따라 변경등록을 하여야 하는 사항은 다음 각 호의 어느 하나의 사항을 말한다.

1. 법인의 명칭, 개인 또는 법인 대표자의 성명, 개인 또는 법인의 주소 ❶

2. 개설등록(매장면적을 변경등록한 경우에는 변경등록) 당시 매장면적의 10분의 1 이상의 변경 ❷

3. 업태 변경(대규모점포만 해당한다) ❶

4. 점포의 소재지 · 상호 ❶

⑤ 법 제8조에 따라 대규모점포등의 개설등록을 한 자(이하 "대규모점포등개설자"라 한다) 또는 제6조제1항에 따른 대규모점포등관리자가 같은 법 제8조제1항 후단에 따라 변경등록을 하려는 경우에는 별지 제1호서식의 대규모점포등개설변경등록신청서에 변경내용을 증명하는 서류 및 대규모점포등개설등록증을 첨부하여 특별자치시장 · 시장 · 군수 또는 구청장에게 제출하되, 다음 각 호의 어느 하나에 해당하는 변경등록의 경우에는 제1항제2호 및 제3호의 상권영향평가서와 지역협력계획서를 함께 첨부하여야 한다.

1. 점포의 소재지 변경
2. 매장면적이 개설등록(매장면적을 변경등록한 경우에는 변경등록) 당시의 매장면적보다 10분의 1 이상 증가하는 변경
3. 업태 변경(대규모점포만 해당한다)

⑥ 특별자치시장·시장·군수 또는 구청장은 대규모점포등의 개설등록 또는 개설변경등록을 한 때에는 그 신청인에게 별지 제2호서식의 대규모점포등개설등록증(대규모점포등의 개설변경등록을 한 때에는 뒤쪽에 그 사실을 기재한 대규모점포등개설등록증)을 교부하여야 하며, 별지 제3호서식의 대규모점포등개설(변경)등록관리대장을 갖추어 두고 개설(변경)등록에 관한 사항을 기록·관리하되, 대규모점포 안에 위치하는 준대규모점포의 개설등록을 하거나 개설변경등록을 하는 경우에는 해당 대규모점포의 대규모점포등개설(변경)등록관리대장에도 그 사실을 덧붙여 적어야 한다. **1**

⑦ 제1항에 따른 대규모점포등개설등록 신청서를 제출받은 특별자치시장·시장·군수 또는 구청장은 「전자정부법」 제36조제1항에 따른 행정정보의 공동이용을 통하여 다음 각 호의 **서류를 확인하여야** 한다. 다만, 제2호의 경우 신청인이

확인에 동의하지 않는 경우에는 이를 첨부하도록 하여야 한다. **1**
1. 법인 등기사항증명서(신청인이 법인인 경우만 해당한다)
2. 주민등록표 초본(신청인이 개인인 경우만 해당하며, 신청인의 신분을 확인할 수 있는 신분증명서의 확인으로 이에 갈음할 수 있다)
3. 토지 등기사항증명서
4. 건물 등기사항증명서
5. 건축물의 건축 또는 용도변경 등에 관한 허가서 또는 신고필증

⑧ 법 제8조제5항에서 "산업통상자원부령으로 정하는 거리"란 다음 각 호의 어느 하나에 해당하는 거리를 말한다.
1. 대규모점포의 경우 점포의 경계로부터 반경 3킬로미터
2. 매장면적 330제곱미터 이상인 준대규모점포의 경우 점포의 경계로부터 반경 500미터
3. 매장면적 330제곱미터 미만인 준대규모점포의 경우 점포의 경계로부터 반경 300미터

제8조의3(대규모점포등의 개설계획 예고) 대규모점포를 개설하려는 자는 영업을 개시하기 60일 전까지, 준대규모점포를 개설하려는 자는 영업을 시작하기 30일 전까지 산업통상자원부령으로 정하는 바에 따라 개설 지역 및 시기 등을 포함한 개설계획을 예고하여야 한다. **2**

제9조(허가등의 의제 등) ① 제8조에 따라 대규모점포등을 등록하는 경우 다음 각 호의 신고 · 지정 · 등록 또는 허가(이하 이 조에서 "허가등"이라 한다)에 관하여 특별자치시장 · 시장 · 군수 · 구청장이 제3항에 따라 다른 행정기관의 장과 협의를 한 사항에 대하여는 해당 허가등을 받은 것으로 본다.

1. 「영화 및 비디오물의 진흥에 관한 법률」에 따른 비디오물제작업 · 비디오물배급업, 「게임산업진흥에 관한 법률」에 따른 게임제작업 · 게임배급업 · 게임제공업 또는 「음악산업진흥에 관한 법률」에 따른 음반 · 음악영상물제작업 및 음반 · 음악영상물배급업의 신고 또는 등록
2. 「담배사업법」 제16조제1항에 따른 소매인의 지정
3. 「식품위생법」 제37조제1항 또는 제4항에 따른 식품의 제조업 · 가공업 · 판매업 또는 식품접객업의 허가 또는 신고로서 대통령령으로 정하는 것
4. 「식품위생법」 제88조제1항에 따른 집단급식소 설치 · 운영의 신고
5. 「관광진흥법」 제5조제4항에 따른 유원시설업의 신고
6. 「평생교육법」 제35조제2항 전단에 따른 평생교육시설 설치의 신고
7. 「체육시설의 설치 · 이용에 관한 법률」 제20조에 따른 체육시설업의 신고
8. 「전자상거래 등에서의 소비자보호에 관한 법률」 제12조제1항에 따른 통신판매업자의 신고
9. 「공연법」 제9조제1항에 따른 공연장의 등록
10. 「옥외광고물 등의 관리와 옥외광고산업 진흥에 관한 법률」 제3조에 따른 광고물 또는 게시시설의 허가 또는 신고
11. 「외국환거래법」 제8조에 따른 외국환업무의 등록
12. 「주류 면허 등에 관한 법률」 제9조에 따른 주류 판매업면허 승계의 신고
13. 「축산물 위생관리법」 제24조에 따른 축산물판매업의 신고

제7조(의제되는 허가 등의 범위) 법 제9조제1항제3호에서 "식품의 제조업 · 가공업 · 판매업 또는 식품접객업의 허가 또는 신고로서 대통령령으로 정하는 것"이란 다음 각 호의 허가 또는 신고를 말한다.

1. 「식품위생법 시행령」 제23조에 따른 단란주점영업 · 유흥주점영업의 허가
2. 「식품위생법 시행령」 제25조에 따른 식품제조 · 가공업, 즉석판매제조 · 가공업, 식품첨가물제조업, 식품소분 · 판매업, 휴게음식점영업, 일반음식점영업, 제과점영업의 신고

제5조의2(대규모점포등의 개설계획 예고)

① 대규모점포등을 개설하려는 자는 법 제8조의3에 따라 개설계획을 예고하기 위하여 해당 지역을 관할하는 특별자치시장 · 시장 · 군수 또는 구청장에게 다음 각 호의 사항이 포함된 개설계획을 해당 지방자치단체의 인터넷 홈페이지에 게재하여 줄 것을 신청하여야 한다.

1. 개설자(법인인 경우에는 그 명칭과 대표자 성명)
2. 개설지역(주소)
3. 영업개시예정일
4. 대규모점포등의 종류
5. 매장면적(㎡)

② 대규모점포등을 개설하려는 자는 개설계획을 예고한 후 영업을 개시하기 전에 제1항 각 호의 어느 하나가 변경된 경우에는 지체 없이 해당 특별자치시장 · 시장 · 군수 또는 구청장에게 변경된 개설계획을 게재해 줄 것을 신청해야 한다.

③ 제1항 및 제2항에 따라 신청을 받은 특별자치시장 · 시장 · 군수 또는 구청장은 신청일로부터 5일 이내에 해당 지방자치단체의 인터넷 홈페이지에 대규모점포등의 개설계획 또는 변경된 개설계획을 게재해야 한다.

14. 「물환경보전법」 제33조에 따른 배출시설 설치의 허가 또는 신고

15. 「폐기물관리법」 제17조제2항에 따른 사업장폐기물배출자의 신고

16. 「약사법」 제20조에 따른 약국 개설의 등록

17. 「의료기사 등에 관한 법률」 제12조에 따른 안경업소개설의 등록

② 허가등의 의제를 받으려는 자는 대규모점포등의 개설등록 신청 시에 허가등에 필요한 서류를 함께 제출하여야 한다.

③ 특별자치시장·시장·군수·구청장은 대규모점포등의 등록신청 서류와 제2항에 따른 서류를 받은 경우에 제1항 각 호의 어느 하나에 해당하는 사항이 다른 행정기관의 권한에 속하는 경우에는 미리 그 다른 행정기관의 장과 협의하여야 한다.

제10조(등록의 결격사유) 다음 각 호의 어느 하나에 해당하는 자는 대규모점포등의 등록을 할 수 없다.

1. 피성년후견인 또는 미성년자 **2**

2. 파산선고를 받고 **복권되지 아니한 자 2**

3. 이 법을 위반하여 징역의 실형을 선고받고 그 집행이 끝나거나(집행이 끝난 것으로 보는 경우를 포함한다) 집행이 면제된 날부터 1년이 지나지 아니한 사람 **2**

4. 이 법을 위반하여 징역형의 집행유예선고를 받고 그 유예기간 중에 있는 사람 **1**

5. 제11조제1항에 따라 등록이 취소(이 조 제1호 또는 제2호에 해당하여 등록이 취소된 경우는 제외한다)된 후 1년이 지나지 아니한 자

6. 대표자가 제1호부터 제5호까지의 어느 하나에 해당하는 법인

제11조(등록의 취소 등) ① 특별자치시장·시장·군수·구청장은 제8조에 따라 대규모점포등의 개설등록을 한 자가 다음 각 호의 어느 하나에 해당하는 경우에는 그 등록을 취소하여야 한다. 이 경우 특별자치시장·시장·군수·구청장은 제9조제1항 각 호의 어느 하나에 해당하는 사항과 관련되는 행정기관의 장에게 등록의 취소에 관한 사항을 지체 없이 알려야 한다.

1. 대규모점포등개설자가 정당한 사유 없이 1년 이내에 영업을 시작하지 아니한 경우. 이 경우 대규모점포등의 건축에 정상적으로 소요되는 기간은 산입하지 아니한다. **2**

2. 대규모점포등의 영업을 정당한 사유 없이 1년 이상 계속하여 휴업한 경우 **1**

3. 제10조 각 호의 어느 하나에 해당하게 된 경우

4. 제8조제3항에 따른 조건을 이행하지 아니한 경우

② 다음 각 호의 어느 하나에 해당하는 경우에는 제10조제6호에 해당하게 된 날 또는 상속을 개시한 날부터 6개월이 지난 날까지는 제1항을 적용하지 아니한다.

1. 법인이 제10조제6호에 해당하게 된 경우

2. 대규모점포등개설자의 지위를 승계한 상속인이 제10조제1호부터 제5호까지의 어느 하나에 해당하는 경우

제12조(대규모점포등개설자의 업무 등) ① 대규모점포등개설자는 다음 각 호의 업무를 수행한다.

1. 상거래질서의 확립

2. 소비자의 안전유지와 소비자 및 인근 지역주민의 피해·불만의 신속한 처리 **1**

3. 그 밖에 대규모점포등을 유지·관리하기 위하여 필요한 업무

② 매장이 분양된 대규모점포 및 등록 준대규모점포에서는 다음 각 호의 어느 하나에 해당하는 자(이하 "대규모점포등관리자"라 한다)가 제1항 각 호의 업무를 수행한다.

1. 매장면적의 2분의 1 이상을 직영하는 자가 있는 경우에는 그 직영하는 자 **2**

2. 매장면적의 2분의 1 이상을 직영하는 자가 없는 경우에는 다음 각 목의 어느 하나에 해당하는 자

가. 해당 대규모점포 또는 등록 준대규모점포에 입점하여 영업을 하는 상인(이하 "입점상인"이라 한다) 3분의 2 이상이 동의(동의를 얻은 입점상인이 운영하는 매장면적의 합은 전체 매장면적의 2분의 1 이상이어야 한다)하여 설립한 「민법」 또는 「상법」에 따른 법인 **1**

제7조의2(동의자 수 산정방법 등) ① 법 제12조제2항제2호에 따른 대규모점포 또는 준대규모점포(이하 "대규모점포등"이라 한다)에 입점하여 영업을 하는 상인(이하 "입점상인"이라 한다)의 동의자 수 산정방법은 다음 각 호와 같다.

1. 해당 대규모점포등에서 「부가가치세법」 제8조, 「소득세법」 제168조 또는 「법인세법」 제111조에 따른 사업자등록을 하고 영업을 하는 입점상인 1명당 하나의 동의권을 가진 사람으로 산정한다.

2. 제1호에도 불구하고 다음 각 목의 구분에 해당하는 경우에는 그에 따라 산정한다.

가. 1명의 입점상인이 2 이상의 점포에서 영업을 하는 경우 하나의 동의권을 가진 사람으로 산정한다.

제6조(대규모점포등관리자의 신고) ① 법 제12조제2항에 따라 대규모점포등개설자의 업무를 수행하는 자는 법 제12조제3항 전단에 따라 업무를 수행하게 된 날부터 20일 이내에 별지 제4호서식의 대규모점포등관리자신고서에 다음 각호의 서류를 첨부하여 특별자치시장·시장·군수 또는 구청장에게 신고하여야 한다.

1. 법 제12조제2항 각 호의 1에 해당함을 증명하는 서류

2. 입점상인의 현황

3. 정관 또는 자치규약

② 영 제7조의2제3항제2호에 따른 서면 동의서는 별지 제4호의2서식과 같다.

나. 입점상인 3분의 2 이상이 동의하여 설립한 「중소기업협동조합법」 제3조 제1항제1호에 따른 협동조합 또는 같은 항 제2호에 따른 사업협동조합(이하 "사업조합"이라 한다)

다. 입점상인 3분의 2 이상이 동의하여 조직한 자치관리단체. 이 경우 6개월 이내에 가목 또는 나목에 따른 법인·협동조합 또는 사업조합의 자격을 갖추어야 한다.

라. 가목부터 다목까지의 어느 하나에 해당하는 자가 없는 경우에는 입점상인 2분의 1 이상이 동의하여 지정하는 자. 이 경우 6개월 이내에 가목 또는 나목에 따른 법인·협동조합 또는 사업조합을 설립하여야 한다.

③ 대규모점포등관리자는 산업통상자원부령으로 정하는 바에 따라 특별자치시장·시장·군수·구청장에게 신고를 하여야 한다. 신고한 사항을 변경하려는 경우에도 또한 같다.

④ 매장이 분양된 대규모점포 및 등록 준대규모점포에서는 제1항 각 호의 업무 중 구분소유와 관련된 사항에 대하여는 「집합건물의 소유 및 관리에 관한 법률」에 따른다.

⑤ 제2항에 따른 입점상인의 동의자 수 산정방법과 그 밖에 필요한 사항은 대통령령으로 정한다.

나. 2명 이상의 입점상인이 하나의 점포에서 영업을 하는 경우에는 해당 입점상인 간 합의에 따라 동의권을 행사하기로 선정된 1명을 하나의 동의권을 가진 사람으로 산정한다.

② 법 제12조제2항제2호가목에 따라 전체 매장면적에 대한 동의를 얻은 입점상인 운영 매장면적의 비율을 산정할 때 입점상인이 없는 매장을 제외한 매장면적을 전체 매장면적으로 하여 그 비율을 산정한다.

③ 동의권은 다음 각 호의 어느 하나에 해당하는 방법으로 행사할 수 있다.

1. 다음 각 목의 어느 하나에 해당하는 전자적 방법
   가. 「전자서명법」 제2조제3호에 따른 공인전자서명 또는 같은 조 제8호에 따른 공인인증서를 통하여 본인확인을 거쳐 동의권을 행사하는 방법
   나. 법 제12조의6에 따른 관리규정에서 「전자서명법」 제2조제1호에 따른 전자문서를 제출하는 방법 등 가목보다 본인 확인절차를 완화하여 동의권을 행사할 수 있도록 정하고 있는 경우에는 그에 따른 방법

2. 입점상인의 사업자등록번호, 기명날인 또는 서명이 있는 서면으로 행사하는 방법. 이 경우 대리인으로 하여금 행사하게 할 수 있다.

③ 제1항에 따라 신고를 한 대규모점포등관리자는 그 명칭, 성명(개인 또는 대표자의 성명을 말한다) 또는 주소가 변경된 경우 법 제12조제3항 후단에 따라 특별자치시장·시장·군수 또는 구청장에게 변경신고를 해야 한다.

④ 법 제12조제3항 후단에 따라 변경신고를 하려는 자는 별지 제4호서식의 대규모점포등관리자변경신고서에 변경내용을 증명하는 서류를 첨부하여 특별자치시장·시장·군수 또는 구청장에게 제출하여야 한다.

⑤ 특별자치시장·시장·군수 또는 구청장은 제1항 또는 제4항에 따라 대규모점포등관리자의 신고 또는 변경신고를 받은 때에는 별지 제5호서식의 대규모점포등관리자확인서를 신고인에게 교부하여야 한다.

	④ 법 제12조제2항에 따른 대규모점포등관리자가 되기 위하여 동의를 얻으려는 자는 입점상인의 동의를 받기 1주일 전에 대규모점포등관리자의 구성방법 및 운영계획, 동의권 행사의 기간과 방법을 입점상인에게 통지하여야 한다.	
제12조의2(대규모점포등에 대한 영업시간의 제한 등) ① 특별자치시장 · 시장 · 군수 · 구청장은 건전한 유통질서 확립, 근로자의 건강권 및 대규모점포등과 중소유통업의 상생발전을 위하여 필요하다고 인정하는 경우 **대형마트**(대규모점포에 개설된 점포로서 대형마트의 요건을 갖춘 점포를 포함한다)와 **준대규모점포**에 대하여 다음 각 호의 영업시간 제한을 명하거나 의무휴업일을 지정하여 의무휴업을 **명할 수 있다.** 다만, 연간 총매출액 중 「농수산물 유통 및 가격안정에 관한 법률」에 따른 농수산물의 매출액 비중이 **55퍼센트** 이상인 대규모점포등으로서 해당 지방자치단체의 조례로 정하는 대규모점포등에 대하여는 그러하지 아니하다. **3** 　1. 영업시간 제한 　2. 의무휴업일 지정 ② 특별자치시장 · 시장 · 군수 · 구청장은 제1항제1호에 따라 오전 0시부터 오전 10시까지의 범위에서 영업시간을 제한할 수 있다. **3** ③ 특별자치시장 · 시장 · 군수 · 구청장은 제1항제2호에 따라 매월 이틀을 의무휴업일로 지정하여야 한다. 이 경우 의무휴업일은 공휴일 중에서 지정하되, 이해당사자와 합의를 거쳐 공휴일이 아닌 날을 의무휴업일로 지정할 수 있다. **2** ④ 제1항부터 제3항까지의 규정에 따른 영업시간 제한 및 의무휴업일 지정에 필요한 사항은 해당 지방자치단체의 조례로 정한다. **1**		

제12조의3(대규모점포등의 관리비 등) ① 대규모점포등관리자는 대규모점포등을 유지·관리하기 위한 관리비를 입점상인에게 청구·수령하고 그 금원을 관리할 수 있다.

② 제1항에 따른 관리비의 내용 등에 필요한 사항은 대통령령으로 정한다.

③ 대규모점포등관리자는 입점상인이 납부하는 대통령령으로 정하는 사용료 등을 입점상인을 대행하여 그 사용료 등을 받을 자에게 납부할 수 있다.

④ 대규모점포등관리자는 다음 각 호의 내역(항목별 산출내역을 말하며, 매장별 부과내역은 제외한다)을 대통령령으로 정하는 바에 따라 해당 대규모점포등의 인터넷 홈페이지(인터넷 홈페이지가 없는 경우에는 해당 대규모점포등의 관리사무소나 게시판 등을 말한다)에 공개하여야 한다.

  1. 제1항에 따른 관리비
  2. 제3항에 따른 사용료 등
  3. 그 밖에 대통령령으로 정하는 사항

⑤ 대규모점포등관리자가 대규모점포등의 유지·관리를 위하여 위탁관리, 공사 또는 용역 등을 위한 계약을 체결하는 경우 계약의 성질 및 규모 등을 고려하여 대통령령으로 정하는 경우를 제외하고는 대통령령으로 정하는 입찰방식으로 계약을 체결하여야 한다.

⑥ 대규모점포등관리자가 제5항의 계약을 체결하는 경우에 계약체결일부터 1개월 이내에 그 계약서를 해당 대규모점포등의 인터넷 홈페이지에 공개하여야 한다. 이 경우 제12조의4제3항제1호의 정보는 제외하고 공개하여야 한다.

참조 **영 제7조의3(관리비등)** ① 법 제12조의3제2항에 따른 관리비의 내용은 다음 각 호와 같고, 각 비용의 세부적인 내용은 별표 3의3과 같다.

  1. 일반관리비
  2. 청소비
  3. 경비비
  4. 소독비
  5. 승강기유지비
  6. 냉난방비
  7. 급탕비
  8. 수선유지비(냉난방시설의 청소비를 포함한다)
  9. 위탁관리수수료

② 법 제12조의3제3항에서 "대통령령으로 정하는 사용료 등"이란 다음 각 호의 비용을 말한다.

  1. 전기료(공동으로 사용하는 시설의 전기료를 포함한다)
  2. 수도료(공동으로 사용하는 수도료를 포함한다)
  3. 가스사용료
  4. 지역난방 방식인 대규모점포등의 냉난방비와 급탕비
  5. 분뇨 처리 수수료
  6. 폐기물 처리 수수료
  7. 건물 전체를 대상으로 하는 보험료

③ 대규모점포등관리자는 보수가 필요한 시설[누수되는 시설을 포함한다]이 2개 이상 점포의 공동사용에 제공되는 경우에는 직접 보수하고 해당 입점상인이나 소유자에게 그 비용을 따로 부과할 수 있다.

④ 대규모점포등관리자는 제1항부터 제3항에 따른 금전의 지급을 입점상인에게 청구하는 경우에는 관리비등의 항목별 산출명세, 연체내용, 수입 및 집행 세부내용을 쉽게 알 수 있도록 정리하여 입점상인에게 알려주어야 한다.

⑤ 대규모점포등관리자는 관리비등을 다음 각 호의 어느 하나에 해당하는 금융기관에 예치하여 관리하여야 한다.

  1. 「은행법」에 따른 은행
  2. 「중소기업은행법」에 따른 중소기업은행
  3. 「상호저축은행법」에 따른 상호저축은행
  4. 「보험업법」에 따른 보험회사
  5. 「농업협동조합법」에 따른 조합, 농업협동조합중앙회 및 농협은행

6. 「수산업협동조합법」에 따른 조합, 수산업협동조합중앙회 및 수협은행

7. 「신용협동조합법」에 따른 신용협동조합 및 신용협동조합중앙회

8. 「새마을금고법」에 따른 새마을금고 및 새마을금고중앙회

9. 「산림조합법」에 따른 조합 및 산림조합중앙회

10. 「우체국예금 · 보험에 관한 법률」에 따른 체신관서

⑥ 대규모점포등관리자는 법 제12조의3제4항에 따라 관리비등의 명세(제1항제6호 · 제7호 및 제2항제1호부터 제4호까지는 사용량을 포함한다) 및 제7항에 따른 잡수입의 명세를 관리비등을 청구한 달의 다음 달 말일까지 해당 대규모점포등의 인터넷 홈페이지(인터넷 홈페이지가 없는 경우에는 해당 대규모점포등의 관리사무소나 게시판 등을 말한다)에 공개하여야 한다.

⑦ 법 제12조의3제4항제3호에서 "대통령령으로 정하는 사항"이란 잡수입(공용부분 및 복리시설의 사용료 등 대규모점포등을 관리하면서 부수적으로 발생하는 수입을 말한다)을 말한다.

제12조의4(회계서류의 작성 · 보관) ① 대규모점포등관리자는 제12조의3제4항 각 호의 금전을 입점상인에게 청구 · 수령하거나 그 금원을 관리하는 행위 등 모든 거래행위에 관하여 장부를 월별로 작성하여 그 증빙서류와 함께 해당 회계연도 종료일부터 5년간 보관하여야 한다.
② 대규모점포등관리자가 제12조제2항제1호에 해당하는 경우에는 대규모점포등관리자의 고유재산과 분리하여 제1항의 회계처리를 하여야 한다.
③ 대규모점포등관리자는 입점상인이 제1항에 따른 장부나 증빙서류, 그 밖에 대통령령으로 정하는 정보의 열람을 요구하거나 자기의 비용으로 복사를 요구하는 때에는 다음 각 호의 정보는 제외하고 이에 응하여야 한다. 이 경우 관리규정에서 열람과 복사를 위한 방법 등 필요한 사항을 정할 수 있다.
  1. 「개인정보 보호법」 제24조에 따른 고유식별정보 등 개인의 사생활의 비밀 또는 자유를 침해할 우려가 있는 정보
  2. 의사결정과정 또는 내부검토과정에 있는 사항 등으로서 공개될 경우 업무의 공정한 수행에 현저한 지장을 초래할 우려가 있는 정보
	영 제7조의5(열람대상 정보의 범위) 법 제12조의4제3항 각 호 외의 부분 전단에서 "대통령령으로 정하는 정보"란 관리비등의 집행에 관한 사업계획, 예산안, 사업실적서 및 결산서를 말한다.

제12조의5(대규모점포등관리자의 회계감사) ① 대규모점포등관리자는 대통령령으로 정하는 바에 따라 「주식회사의 외부감사에 관한 법률」 제3조제1항에 따른 감사인의 회계감사를 매년 1회 이상 받아야 한다. 다만 입점상인의 3분의 2 이상이 서면으로 회계감사를 받지 아니하는 데 동의한 연도에는 회계감사를 받지 아니할 수 있다. **❶**

② 대규모점포등관리자는 제1항에 따른 회계감사결과를 제출받은 날부터 1개월 이내에 대규모점포등의 인터넷 홈페이지에 그 결과를 공개하여야 한다.

③ 대규모점포등관리자는 특별자치시장·시장·군수·구청장 또는 「공인회계사법」 제41조에 따른 한국공인회계사회에 감사인의 추천을 의뢰할 수 있다.

④ 제1항에 따라 회계감사를 받는 대규모점포등관리자는 다음 각 호의 어느 하나에 해당하는 행위를 하여서는 아니 된다.

  1. 정당한 사유 없이 감사인의 자료 열람·등사·제출 요구 또는 조사를 거부·방해·기피하는 행위
  2. 감사인에게 거짓 자료를 제출하는 등 부정한 방법으로 회계감사를 방해하는 행위

참조 영 제7조의6(대규모점포등관리자의 회계감사) ① 법 제12조의5제1항에 따라 회계감사를 받아야 하는 대규모점포등관리자는 매 회계연도 종료 후 9개월 이내에 다음 각 호의 재무제표에 대하여 회계감사를 받아야 한다.

  1. 재무상태표
  2. 운영성과표
  3. 이익잉여금처분계산서(또는 결손금처리계산서)
  4. 주석

② 제1항에 따른 회계감사에 대해서는 「주식회사 등의 외부감사에 관한 법률」 제16조에 따른 회계감사기준을 적용한다.

③ 법 제12조의5제1항 본문에 따른 감사인은 제1항에 따라 대규모점포등관리자가 회계감사를 받은 날부터 1개월 이내에 대규모점포등관리자에게 감사보고서를 제출하여야 한다.

제12조의6(관리규정) ① 대규모점포등관리자는 대규모점포등의 관리 또는 사용에 관하여 입점상인의 3분의 2 이상의 동의를 얻어 관리규정을 제정하여야 하며 관리규정에 따라 대규모점포등을 관리하여야 한다. **❷**

② 관리규정을 제정·개정하는 방법 등에 필요한 사항은 대통령령으로 정한다.

③ 대규모점포등관리자는 입점상인이 제1항에 따른 관리규정의 열람이나 복사를 요구하는 때에는 이에 응하여야 한다.

④ 시·도지사는 이 법을 적용받는 대규모점포등의 효율적이고 공정한 관리를 위하여 대통령령으로 정하는 바에 따라 표준관리규정을 마련하여 보급하여야 한다. **❶**

영 제7조의7(관리규정의 제정·개정 방법) ① 법 제12조의6제1항에 따른 관리규정을 제정하려는 대규모점포등관리자는 법 제12조제3항(대규모점포등관리자신고)에 따른 신고를 한 날부터 3개월 이내에 법 제12조의6제4항에 따른 표준관리규정을 참조하여 관리규정을 제정하여야 한다. **❶**

② 대규모점포등관리자는 관리규정을 개정하려는 경우 제안내용에 다음 각 호의 사항을 적어 입점상인의 3분의 2 이상의 동의를 얻어야 한다. **❶**

  1. 개정안
  2. 개정 목적
  3. 현행의 관리규정과 달라진 내용
  4. 표준관리규정과 다른 내용

③ 대규모점포등관리자는 관리규정을 제정하거나 개정하려는 경우 해당 대규모점포등 인터넷 홈페이지에 제안내용을 공고하고 입점상인들에게 개별적으로 통지하여야 한다. **❶**

④ 대규모점포등관리자가 관리규정을 제정하거나 개정하려는 경우 입점상인의 동의자 수 산정 방법 및 동의권 행사방법에 관하여는 제7조의2제1항부터 제3항까지의 규정을 준용한다.

영 제7조의8(표준관리규정) 표준관리규정에는 다음 각 호의 사항이 포함되어야 한다.

1. 입점상인의 권리와 의무에 관한 사항
2. 관리규정의 제정 · 개정 · 폐지에 관한 사항
3. 입점상인 공동의 이익과 관련된 점포의 사용에 관한 사항
4. 대규모점포등의 대지, 공용부분 및 부속시설의 사용 및 보존 · 관리에 관한 사항
5. 대규모점포등의 유지 · 관리를 위하여 대규모점포등관리자가 체결하는 계약에 관한 사항
6. 대규모점포등관리자의 운영경비의 용도 및 사용금액
7. 관리비등의 점포별 부담액 산정방법, 징수, 보관, 예치 및 사용절차
8. 회계장부나 증빙서류 등의 복사 및 열람방법
9. 관리비등을 납부하지 아니하는 입점상인에 대한 조치 및 가산금의 부과
10. 회계처리 및 회계감사에 관한 사항
11. 관리 등으로 인하여 발생한 수입의 용도 및 사용절차
12. 대규모점포등의 관리책임 및 비용부담
13. 관리규정을 위반한 자와 상거래질서를 문란하게 한 자에 대한 조치
14. 그 밖에 대규모점포등의 관리에 필요한 사항

제13조(대규모점포등개설자의 지위승계) ① 다음 각 호의 어느 하나에 해당하는 자는 종전의 대규모점포등개설자의 지위를 승계한다. **1**

1. 대규모점포등개설자가 사망한 경우 그 상속인 **2**
2. 대규모점포등개설자가 대규모점포등을 양도한 경우 그 양수인 **2**
3. 법인인 대규모점포등개설자가 다른 법인과 합병한 경우 합병 후 존속하는 법인이나 합병으로 설립되는 법인 **1**

② 제1항에 따라 지위를 승계한 자에 대하여는 제10조를 준용한다. **1**

참조 **법 제10조(등록의 결격사유)**

다음 각 호의 어느 하나에 해당하는 자는 대규모점포등의 등록을 할 수 없다.

1. 피성년후견인 또는 미성년자
2. 파산선고를 받고 복권되지 아니한 자
3. 이 법을 위반하여 징역의 실형을 선고받고 그 집행이 끝나거나 집행이 면제된 날부터 1년이 지나지 아니한 사람
4. 이 법을 위반하여 징역형의 집행유예선고를 받고 그 유예기간 중에 있는 사람
5. 제11조제1항에 따라 등록이 취소된 후 1년이 지나지 아니한 자
6. 대표자가 제1호부터 제5호까지의 어느 하나에 해당하는 법인

제13조의2(대규모점포등의 휴업·폐업 신고) 대규모점포등개설자(제12조제3항에 따라 신고한 자를 포함한다)가 대규모점포등을 휴업하거나 폐업하려는 경우에는 산업통상자원부령으로 정하는 바에 따라 특별자치시장·시장·군수·구청장에게 신고를 하여야 한다. **1**

제13조의3(전통상업보존구역의 지정) ① 특별자치시장·시장·군수·구청장은 지역 유통산업의 전통과 역사를 보존하기 위하여 「전통시장 및 상점가 육성을 위한 특별법」에 따른 전통시장이나 중소벤처기업부장관이 정하는 전통상점가(이하 "전통시장 등"이라 한다)의 경계로부터 1킬로미터 이내의 범위에서 해당 지방자치단체의 조례로 정하는 지역을 전통상업보존구역으로 지정할 수 있다.

② 제1항에 따라 전통상업보존구역을 지정하려는 특별자치시장·시장·군수·구청장은 관할구역 전통시장등의 경계로부터 1킬로미터 이내의 범위 일부가 인접 특별자치시·시·군·구에 속해 있는 경우에는 인접지역의 특별자치시장·시장·군수·구청장에게 해당 지역을 전통상업보존구역으로 지정할 것을 요청할 수 있다.

③ 제2항에 따라 요청을 받은 인접지역의 특별자치시장·시장·군수·구청장은 요청한 특별자치시장·시장·군수·구청장과 협의하여 해당 지역을 전통상업보존구역으로 지정하여야 한다.

④ 제1항부터 제3항까지에 따른 전통상업보존구역의 범위, 지정 절차 및 지정 취소 등에 관하여 필요한 사항은 해당 지방자치단체의 조례로 정한다.

[제48조의2의 규정에 의해 제13조의3은 2020년 11월 23일까지 유효함] **1**

제13조의4(영업정지) 특별자치시장·시장·군수·구청장은 다음 각 호의 어느 하나에 해당하는 경우에는 1개월 이내의 기간을 정하여 영업의 정지를 명할 수 있다.

　1. 제12조의2제1항제1호에 따른 명령을 1년 이내에 3회 이상 위반하여 영업제한 시간에 영업을 한 자 또는 같은 항 제2호에 따른 명령을 1년 이내에 3회 이상 위반하여 의무휴업일에 영업을 한 자. 이 경우 제12조의2제1항제1호에 따른 명령 위반과 같은 항 제2호에 따른 명령 위반의 횟수는 합산한다. **1**

　2. 이 조에 따른 영업정지 명령을 위반하여 영업정지기간 중 영업을 한 자

제14조(임시시장의 개설 등) ① 임시시장의 개설방법·시설기준과 그 밖에 임시시장의 운영·관리에 관한 사항은 특별자치시·시·군·구의 조례로 정한다.

② 지방자치단체의 장은 임시시장의 활성화를 위하여 임시시장을 체계적으로 육성·지원하여야 한다.

제4장 유통산업의 경쟁력 강화

제15조(분야별 발전시책) ① 산업통상자원부장관은 유통산업의 경쟁력을 강화하기 위하여 다음 각 호의 시책을 수립·시행할 수 있다.

　　1. 체인사업의 발전시책

　　2. 무점포판매업의 발전시책

　　3. 그 밖에 유통산업의 분야별 경쟁력 강화를 위하여 필요한 시책

② 제1항 각 호의 시책에는 다음 각 호의 사항이 포함되어야 한다.

　　1. 국내외 사업현황

　　2. 산업별·유형별 발전전략에 관한 사항

　　3. 유통산업에 대한 인식의 제고에 관한 사항

　　4. 전문인력의 양성에 관한 사항

　　5. 관련 정보의 원활한 유통에 관한 사항

　　6. 그 밖에 유통산업의 분야별 발전 또는 경쟁력 강회를 위하여 필요한 사항

③ 정부는 재래시장의 활성화에 필요한 시책을 수립·시행하여야 하고, 정부 또는 **지방자치단체의 장**은 이에 필요한 행정적·재정적 지원을 할 수 있다. **1**

④ 정부 또는 지방자치단체의 장은 다음 각 호의 사항이 포함된 **중소유통기업의 구조개선 및 경쟁력 강화**에 필요한 시책을 수립·시행할 수 있고, 이에 필요한 행정적·재정적 지원을 할 수 있다. **1**

　　1. 중소유통기업의 창업을 지원하기 위한 사항 **1**

　　2. 중소유통기업에 대한 자금·경영·정보·기술·인력의 지원에 관한 사항

　　3. 선진유통기법의 도입·보급 등을 위한 중소유통기업자의 교육·연수의 지원에 관한 사항

4. 제17조의2제1항에 따른 중소유통공동도매물류센터의 설립·운영 등 중소유통 기업의 공동협력사업 지원에 관한 사항 ❶

5. 그 밖에 중소유통기업의 구조개선을 촉진하기 위하여 필요하다고 인정되는 사 항으로서 대통령령으로 정하는 사항

제16조(체인사업자의 경영개선사항 등) ① 체인사업자는 직영하거나 체인에 가입되어 있는 점포(이하 "체인점포"라 한다)의 경영을 개선하기 위하여 다음 각 호의 사항을 추진하여야 한다.

1. 체인점포의 시설 현대화

2. 체인점포에 대한 원재료·상품 또는 용역 등의 원활한 공급

3. 체인점포에 대한 점포관리·품질관리·판매촉진 등 경영활동 및 영업활동에 관한 지도

4. 체인점포 종사자에 대한 유통교육·훈련의 실시

5. 체인사업자와 체인점포 간의 유통정보시스템의 구축

6. 집배송시설의 설치 및 공동물류사업의 추진

7. 공동브랜드 또는 자기부착상표의 개발·보급

8. 유통관리사의 고용 촉진 ❷

9. 그 밖에 중소벤처기업부장관이 체인사업의 경영개선을 위하여 필요하다고 인 정하는 사항

② 산업통상자원부장관·중소벤처기업부장관 또는 지방자치단체의 장은 체인사업 자 또는 체인사업자단체가 제1항 각 호의 사업을 추진하는 경우에는 예산의 범위에 서 필요한 자금 등을 지원할 수 있다. ❶

제17조의2(중소유통공동도매물류센터에 대한 지원) ① 산업통상자원부장관, 중소벤처기업부장관 또는 지방자치단체의 장은 「중소기업기본법」 제2조에 따른 중소기업자 중 대통령령으로 정하는 소매업자 50인 또는 도매업자 10인 이상의 자(이하 이 조에서 "중소유통기업자단체"라 한다)가 공동으로 중소유통기업의 경쟁력 향상을 위하여 다음 각 호의 사업을 하는 물류센터(이하 "중소유통공동도매물류센터"라 한다)를 건립하거나 운영하는 경우에는 필요한 행정적·재정적 지원을 할 수 있다. **3**

1. 상품의 보관·배송·포장 등 공동물류사업
2. 상품의 전시
3. 유통·물류정보시스템을 이용한 정보의 수집·가공·제공
4. 중소유통공동도매물류센터를 이용하는 중소유통기업의 서비스능력 향상을 위한 교육 및 연수
5. 그 밖에 중소유통공동도매물류센터 운영의 고도화를 위하여 산업통상자원부장관이 필요하다고 인정하여 공정거래위원회와 협의를 거친 사업

② **지방자치단체의 장은** 중소유통공동도매물류센터를 건립하여 다음 각 호의 단체 또는 법인에 그 운영을 위탁할 수 있다. **2**

1. 중소유통기업자단체
2. 중소유통공동도매물류센터를 운영하기 위하여 지방자치단체와 중소유통기업 사난체가 출자하여 설립한 법인

③ 제2항에 따라 지방자치단체가 중소유통공동도매물류센터를 건립하여 운영을 위탁하는 경우에는 운영주체와 협의하여 해당 중소유통공동도매물류센터의 매출액의 1천분의 5 이내에서 시설 및 장비의 이용료를 징수하여 시설물 및 장비의 유지·관리 등에 드는 비용에 충당할 수 있다. **1**

④ 중소유통공동도매물류센터의 건립, 운영 및 관리 등에 필요한 사항은 중소벤처기업부장관이 정하여 고시한다. **2**

제7조의9(중소유통공동도매물류센터 건립지원의 대상) 법 제17조의2제1항 각 호 외의 부분에서 "대통령령으로 정하는 소매업자 50인 또는 도매업자 10인 이상의 자"란 「중소기업기본법 시행령」 별표 1에 따른 도매 및 소매업 중 산업통상자원부령으로 정하는 업을 하는 소매업자 50인 또는 도매업자 10인 이상의 자를 말한다.

제7조의2(중소유통공동도매물류센터의 건립지원의 대상 업종) 영 제7조의9에서 "산업통상자원부령으로 정하는 업"이란 「통계법」 제22조에 따라 통계청장이 고시하는 한국표준산업분류 46(도매 및 상품중개업)에 해당하는 업과 471(종합소매업)에 해당하는 업을 말한다.

제18조(상점가진흥조합) ① 상점가에서 도매업·소매업·용역업이나 그 밖의 영업을 하는 자는 해당 상점가의 진흥을 위하여 상점가진흥조합을 결성할 수 있다. **❶**

② 상점가진흥조합의 조합원이 될 수 있는 자는 제1항의 자로서 「중소기업기본법」 제2조에 따른 중소기업자에 해당하는 자로 한다. **❷**

③ 상점가진흥조합은 제2항에 따른 조합원의 자격이 있는 자의 3분의 2 이상의 동의를 받아 결성한다. 다만, 조합원의 자격이 있는 자 중 같은 업종을 경영하는 자가 2분의 1 이상인 경우에는 그 같은 업종을 경영하는 자의 5분의 3 이상의 동의를 받아 결성할 수 있다. **❹**

④ 상점가진흥조합은 협동조합 또는 사업조합으로 설립한다. **❹**

⑤ 상점가진흥조합의 구역은 다른 상점가진흥조합의 구역과 중복되어서는 아니 된다. **❸**

제19조(상점가진흥조합에 대한 지원) 지방자치단체의 장은 상점가진흥조합이 다음 각 호의 사업을 하는 경우에는 예산의 범위에서 필요한 자금을 지원할 수 있다.

1. 점포시설의 표준화 및 현대화 **❶**
2. 상품의 매매·보관·수송·검사 등을 위한 공동시설의 설치 **❶**
3. 주차장·휴게소 등 공공시설의 설치 **❶**
4. 조합원의 판매촉진을 위한 공동사업 **❷**
5. 가격표시 등 상거래질서의 확립
6. 조합원과 그 종사자의 자질향상을 위한 연수사업 및 정보제공 **❶**
7. 그 밖에 지방자치단체의 장이 상점가 진흥을 위하여 필요하다고 인정하는 사업

제20조(전문상가단지 건립의 지원 등) ① 산업통상자원부장관, 관계 중앙행정기관의 장 또는 지방자치단체의 장은 다음 각 호의 어느 하나에 해당하는 자가 전문상가단지를 세우려는 경우에는 필요한 행정적 · 재정적 지원을 할 수 있다.

　　1. 도매업자 또는 소매업자로 구성되는 「중소기업협동조합법」 제3조제1항제1호부터 제4호까지에 규정된 협동조합 · 사업협동조합 · 협동조합연합회 또는 중소기업중앙회로서 산업통상자원부령으로 정하는 기준에 해당하는 자

　　2. 제1호에 해당하는 자와 신탁계약을 체결한 「자본시장과 금융투자업에 관한 법률」에 따른 신탁업자로서 자본금 또는 연간 매출액이 산업통상자원부령으로 정하는 금액 이상인 자

② 제1항에 따른 지원을 받으려는 자는 전문상가단지 조성사업계획을 작성하여 산업통상자원부장관, 관계 중앙행정기관의 장 또는 지방자치단체의 장에게 제출하여야 한다.

규칙 제8조(전문상가단지 지원요건 등) ①법 제20조제1항제1호에서 "산업통상자원부령으로 정하는 기준에 해당하는 자"라 함은 다음 각호의 요건을 갖춘 자를 말한다.

　　1. 5천제곱미터 이상의 부지를 확보하고 있을 것

　　2. 단지내에 입주하는 조합원이 50인 이상일 것

② 법 제20조제1항제2호에서 "산업통상자원부령으로 정하는 금액"이라 함은 100억원을 말한다.

③ 법 제20조제2항에 따라 전문상가단지건립에 소요되는 자금의 지원을 받고자 하는 자는 신청서에 다음 각호의 서류를 첨부하여 산업통상자원부장관 · 관계중앙행정기관의 장 또는 지방자치단체의 장에게 제출하여야 한다.

　　1. 법 제20조제1항 각호의 1에 해당함을 증명하는 설립인가증 사본

　　2. 부지확보를 증명하는 서류

　　3. 자금조달계획서

　　4. 상가단지건립 조감도

　　5. 당해 부지에 유통상업시설의 건축이 가능함을 증명하는 서류

　　6. 상가단지건립계획을 승인한 법 제20조제1항제1호에 따른 협동조합 · 사업조합 · 협동조합연합회 또는 협동조합중앙회의 총회 또는 이사회 의사록 사본

　　7. 법 제20조제1항제2호에 따른 신탁회사의 경우 신탁계약서 사본

제5장 유통산업발전기반의 조성

제21조(유통정보화시책 등) ① 산업통상자원부장관은 유통정보화의 촉진 및 유통부문의 전자거래기반을 넓히기 위하여 다음 각 호의 사항이 포함된 유통정보화시책을 세우고 시행하여야 한다.

　　1. 유통표준코드의 보급

　　2. 유통표준전자문서의 보급

　　3. 판매시점 정보관리시스템의 보급 **❶**

　　4. 점포관리의 효율화를 위한 재고관리시스템 · 매장관리시스템 등의 보급

　　5. 상품의 전자적 거래를 위한 전자장터 등의 시스템의 구축 및 보급

6. 다수의 유통·물류기업 간 기업정보시스템의 연동을 위한 시스템의 구축 및 보급 **1**

7. 유통·물류의 효율적 관리를 위한 무선주파수 인식시스템의 적용 및 실용화 촉진 **1**

8. 유통정보 또는 유통정보시스템의 표준화 촉진

9. 그 밖에 유통정보화를 촉진하기 위하여 필요하다고 인정되는 사항

② 산업통상자원부장관은 유통정보화에 관한 시책을 세우기 위하여 필요하다고 인정하는 경우에는 과학기술정보통신부장관에게 유통정보화서비스를 제공하는 전기통신사업자에 관한 자료를 요청할 수 있다. **1**

③ 산업통상자원부장관은 유통사업자·제조업자 또는 유통 관련 단체가 제1항 각 호의 사업을 추진하는 경우에는 예산의 범위에서 필요한 자금을 지원할 수 있다.

제22조(유통표준전자문서 및 유통정보의 보안 등) ① 누구든지 유통표준전자문서를 위작 또는 변작하거나 위작 또는 변작된 전자문서를 사용하거나 유통시켜서는 아니 된다.

② 유통정보화서비스를 제공하는 자는 유통표준전자문서 또는 컴퓨터 등 정보처리조직의 파일에 기록된 유통정보를 공개하여서는 아니 된다. 다만, 국가의 안전보장에 위해가 없고 타인의 비밀을 침해할 우려가 없는 정보로서 대통령령으로 정하는 것은 그러하지 아니하다.

③ 유통정보화서비스를 제공하는 자는 유통표준전자문서를 대통령령으로 정하는 기간 동안 보관하여야 한다.

영 제8조(공개가능한 유통정보의 범위) 법 제22조제2항 단서에서 "대통령령으로 정하는 것"이란 다음 각 호의 어느 하나에 해당하는 정보를 말한다.

1. 관계행정기관의 장, 특별시장·광역시장·도지사 또는 특별자치도지사가 행정목적상 필요에 의하여 신청하는 정보

2. 수사기관이 수사목적상 필요에 의하여 신청하는 정보

3. 법원이 제출을 명하는 정보

영 제9조(유통표준전자문서의 보관기간) 법 제22조제3항에서 "대통령령으로 정하는 기간"이란 3년을 말한다.

제23조(유통전문인력의 양성) ① 산업통상자원부장관 또는 중소벤처기업부장관은 유통전문인력을 양성하기 위하여 다음 각 호의 사업을 할 수 있다.

1. 유통산업에 종사하는 사람의 자질 향상을 위한 교육·연수

2. 유통산업에 종사하려는 사람의 취업·재취업 또는 창업의 촉진을 위한 교육·연수

3. 선진유통기법의 개발·보급

4. 그 밖에 유통전문인력을 양성하기 위하여 필요하다고 인정되는 사업

영 제9조의2(유통인력 양성을 위한 법인) 법 제23조제3항제3호에서 "대통령령으로 정하는 시설·인력 및 연수실적의 기준에 적합한 법인"이란 별표 2의2의 유통연수기관의 지정기준을 갖춘 법인을 말한다.

② **산업통상자원부장관** 또는 중소벤처기업부장관은 다음 각 호의 기관이 제1항 각 호의 사업을 하는 경우에는 예산의 범위에서 그 사업에 필요한 경비의 전부 또는 일부를 지원할 수 있다.

    1. 「정부출연연구기관 등의 설립 · 운영 및 육성에 관한 법률」 또는 「과학기술분야 정부출연연구기관 등의 설립 · 운영 및 육성에 관한 법률」에 따른 정부출연연구기관

    2. 「고등교육법」 제2조제1호에 따른 대학 또는 같은 법 제29조에 따른 대학원

    3. 유통연수기관 **1**

③ 제2항제3호의 "유통연수기관"이란 다음 각 호의 어느 하나에 해당하는 기관을 말한다.

    1. 「상공회의소법」 제34조에 따른 대한상공회의소

    2. 「산업발전법」 제32조에 따른 한국생산성본부

    3. 유통인력 양성을 위한 대통령령으로 정하는 시설 · 인력 및 연수 실적의 기준에 적합한 법인으로서 산업통상자원부장관이 지정하는 기관

④ 제3항제3호에 따른 유통연수기관(이하 "지정유통연수기관"이라 한다)의 지정절차 등에 관하여 필요한 사항은 산업통상자원부령으로 정한다.

⑤ 산업통상자원부장관은 지정유통연수기관이 제1호에 해당하는 경우에는 그 지정을 취소하여야 하고, 제2호에 해당하는 경우에는 그 지정을 취소하거나 3개월 이내의 기간을 정하여 지정의 효력을 정지할 수 있다.

    1. 거짓이나 그 밖의 부정한 방법으로 지정받은 경우

    2. 제3항제3호에 따른 지정기준에 적합하지 아니한 경우

⑥ 지정유통연수기관이 해산되는 경우 해당 기관의 장은 산업통상자원부령으로 정하는 바에 따라 산업통상자원부장관에게 통보하여야 한다.

제24조(유통관리사) ① 유통관리사는 다음 각 호의 직무를 수행한다.

1. 유통경영·관리 기법의 향상

2. 유통경영·관리와 관련한 계획·조사·연구

3. 유통경영·관리와 관련한 진단·평가

4. 유통경영·관리와 관련한 상담·자문

5. 그 밖에 유통경영·관리에 필요한 사항

② 유통관리사가 되려는 사람은 산업통상자원부장관이 실시하는 유통관리사 자격시험에 합격하여야 한다.

③ 유통관리사의 등급, 유통관리사 자격시험의 실시방법·응시자격·시험과목 및 시험과목의 면제나 시험점수의 가산, 자격증의 발급 등에 필요한 사항은 대통령령으로 정한다.

④ 산업통상자원부장관 또는 지방자치단체의 장은 유통관리사를 고용한 유통사업자 및 유통사업자단체에 대하여 다른 유통사업자 및 사업자단체에 우선하여 자금 등을 지원할 수 있다.

⑤ 산업통상자원부장관은 거짓이나 그 밖의 부정한 방법으로 유통관리사의 자격을 취득한 사람에 대하여 그 자격을 취소하여야 한다.

⑥ 산업통상자원부장관은 다른 사람에게 유통관리사의 명의를 사용하게 하거나 자격증을 빌려준 사람에 대하여 대통령령으로 정하는 바에 따라 6개월 이내의 기간을 정하여 자격을 정지할 수 있다.

⑦ 제5항에 따라 유통관리사의 자격이 취소된 사람은 취소일부터 3년간 유통관리사 자격시험에 응시할 수 없다.

제25조(유통산업의 국제화 촉진) 산업통상자원부장관은 유통사업자 또는 유통사업자단체가 다음 각 호의 사업을 추진하는 경우에는 예산의 범위에서 필요한 경비의 전부 또는 일부를 지원할 수 있다.

1. 유통 관련 정보·기술·인력의 국제교류

2. 유통 관련 국제 표준화·공동조사·연구·기술 협력

영 제10조(유통관리사자격시험의 실시 등) ① 산업통상자원부장관은 법 제24조제2항에 따른 유통관리사자격시험을 실시할 때에는 시험일 90일 전까지 시험일시·시험과목·시험장소·응시자격·합격기준 그 밖에 시험의 실시를 위하여 필요한 사항을 일간신문, 인터넷 홈페이지, 방송이나 그 밖의 효과적인 방법으로 공고해야 한다.

② 유통관리사는 1급·2급 및 3급으로 구분한다.

③ 유통관리사의 등급별 구분기준 및 시험과목은 별표 3과 같다.

④ 시험은 필기시험 및 면접시험의 방법에 의하여 실시한다.

⑤ 1급 시험의 응시자격이 있는 자는 다음 각 호의 어느 하나에 해당하는 자이어야 한다.

1. 유통분야에서 7년 이상의 실무경력이 있는 자

2. 유통관리사 2급 자격을 취득한 후 5년 이상의 실무경력이 있는 자

3. 「경영지도사 및 기술지도사에 관한 법률」 제3조에 따른 경영지도사 자격을 취득한 자로서 실무경력이 3년 이상인 자

3. 유통 관련 국제학술대회·국제박람회 등의 개최

4. 해외유통시장의 조사·분석 및 수집정보의 체계적인 유통

5. 해외유통시장에 공동으로 진출하기 위한 공동구매·공동판매망의 구축 등 공동협력사업

6. 그 밖에 유통산업의 국제화를 위하여 필요하다고 인정되는 사업

제6장 유통기능의 효율화

제26조(유통기능 효율화 시책) ① 산업통상자원부장관은 유통기능을 효율화하기 위하여 다음 각 호의 사항에 관한 시책을 마련하여야 한다. **1**

1. 물류표준화의 촉진

2. 물류정보화 기반의 확충

3. 물류공동화의 촉진

4. 물류기능의 외부 위탁 촉진

5. 물류기술·기법의 고도화 및 선진화

6. 집배송시설 및 공동집배송센터의 확충 및 효율적 배치 **1**

7. 그 밖에 유통기능의 효율화를 촉진하기 위하여 필요하다고 인정되는 사항

② 산업통상자원부장관은 제1항제5호에 따른 물류기술·기법의 고도화 및 선진화를 위하여 다음 각 호의 사업을 할 수 있다.

1. 국내외 물류기술 수준의 조사

2. 물류기술·기법의 연구개발 및 개발된 물류기술·기법의 활용

3. 물류에 관한 기술협력·기술지도 및 기술이전

4. 그 밖에 물류기술·기법의 개발 및 그 수준의 향상을 위하여 필요하다고 인정되는 사업

③ 산업통상자원부장관은 유통사업자·제조업자·물류사업자 또는 관련 단체가 제1항 및 제2항 각 호의 사업을 하는 경우에는 산업통상자원부령으로 정하는 바에 따라 예산의 범위에서 필요한 자금을 지원할 수 있다.

제29조(공동집배송센터의 지정 등) ① 산업통상자원부장관은 물류공동화를 촉진하기 위하여 필요한 경우에는 시·도지사의 추천을 받아 부지 면적, 시설 면적 및 유통시설로의 접근성 등 산업통상자원부령으로 정하는 요건에 해당하는 지역 및 시설물을 공동집배송센터로 지정할 수 있다. **2**

② 제1항에 따른 공동집배송센터의 지정을 받으려는 자는 산업통상자원부령으로 정하는 바에 따라 공동집배송센터의 조성·운영에 관한 사업계획을 첨부하여 **시·도지사에게 공동집배송센터 지정 추천을 신청**하여야 한다. **2**

③ 제2항에 따라 추천 신청을 받은 시·도지사는 그 사업의 타당성 등을 검토한 결과 해당 지역 집배송체계의 효율화를 위하여 필요하다고 인정하는 경우에는 추천 사유서와 산업통상자원부령으로 정하는 서류를 산업통상자원부장관에게 제출하여야 한다.

④ 제1항에 따라 지정받은 공동집배송센터를 조성·운영하려는 자(이하 "공동집배송센터사업자"라 한다)는 지정받은 사항 중 산업통상자원부령으로 정하는 중요 사항을 변경하려면 **산업통상자원부장관의 변경지정**을 받아야 한다. **2**

⑤ 산업통상자원부장관은 공동집배송센터를 지정하거나 변경지정하려면 미리 관계 중앙행정기관의 장과 협의하여야 한다. **2**

⑥ 산업통상자원부장관은 제1항에 따라 공동집배송센터를 지정하였을 때에는 산업통상자원부령으로 정하는 바에 따라 고시하여야 한다. **1**

⑦ 공동집배송센터사업자는 산업통상자원부령으로 정하는 시설기준 및 운영기준에 따라 공동집배송센터를 설치하고 운영하여야 한다.

규칙 제19조(공동집배송센터의 지정요건) 법 제29조제1항에서 "산업통상자원부령으로 정하는 요건"이라 함은 다음 각호의 요건을 말한다.

1. 부지면적이 3만제곱미터 이상(「국토의 계획 및 이용에 관한 법률」 제36조에 따른 상업지역 또는 공업지역의 경우에는 2만제곱미터 이상)이고, 집배송시설면적이 1만제곱미터 이상일 것 **2**

2. 도시내 유통시설로의 접근성이 우수하여 집배송기능이 효율적으로 이루어질 수 있는 지역 및 시설물

■ 유통산업발전법 시행규칙 [별표 6]

공동집배송센터의 시설기준(규칙 제23조제1항 관련)

1. 주요시설 : 다음 각 목에 해당하는 집배송시설을 갖추어야 하며, 그 연면적이 공동집배송센터 전체 연면적의 100분의 50 이상이 되도록 하여야 한다. **1**

    가. 보관 · 하역시설

      (1) 「건축법 시행령」 별표 1 제18호 가목 및 나목에 따른 창고 · 하역장 또는 이와 유사한 것

      (2) 화물적치용 건조물 또는 이와 유사한 것

      (3) 보관 · 하역 관련 물류자동화설비

    나. 분류 · 포장 및 가공시설

      (1) 「건축법 시행령」 별표 1 제17호에 따른 공장(제조에 사용되는 시설을 제외한다) 또는 이와 유사한 것

      (2) 분류 · 포장 관련 물류자동화설비

    다. 수송 · 배송시설

      (1) 상품의 입하 · 출하시설 또는 이와 유사한 시설

      (2) 수송 · 배송 관련 물류자동화설비

    라. 정보 및 주문처리시설 : 전자주문시스템(EOS), 전자문서교환(EDI), 판매시점관리시스템(POS) 등 집배송시설 이용 상품의 흐름 및 거래업체간 상품의 주문, 수주 · 발주 활동을 자동적으로 파악 · 처리할 수 있는 정보화 시설 **1**

2. 부대시설 : 집배송시설의 기능을 원활히 하기 위한 다음 각 목에 해당하는 시설이 우선적으로 설치 · 운영되도록 노력하여야 한다.

    가. 「건축법 시행령」 별표 1 제3호 가목 및 나목에 따른 소매점 및 휴게음식점

    나. 「건축법 시행령」 별표 1 제4호 가목 · 나목 · 바목 및 사목에 따른 일반음식점, 휴게음식점, 금융업소, 사무소, 부동산중개업소, 결혼상담소 등 소개업소, 출판사, 제조업소, 수리점, 세탁소 또는 이와 유사한 것

    다. 「건축법 시행령」 별표 1 제5호 라목에 따른 전시장

    라. 「건축법 시행령」 별표 1 제7호 가목 · 나목 및 다목(1)에 따른 도매시장, 소매시장, 상점

    마. 「건축법 시행령」 별표 1 제14호 나목에 따른 일반업무시설

    바. 그 밖의 후생복리시설

제23조(공동집배송센터의 시설기준 및 운영기준) ① 법 제29조제7항에 따른 공동집배송센터의 시설기준은 **별표 6**같다.

② 법 제29조제7항에 따른 공동집배송센터의 운영기준은 **별표 7**과 같다.

제30조(인·허가등의 의제) ① 제29조제1항에 따라 공동집배송센터를 지정하는 경우 다음 각 호의 허가·신고·승인·인가·협의·해제·지정 및 심사(이하 이 조에서 "인·허가등"이라 한다)에 관하여 산업통상자원부장관이 제2항에 따라 다른 행정기관의 장과 협의한 결과 동의를 받은 사항에 대하여는 해당 인·허가등을 받은 것으로 본다.

1. 「농지법」 제34조제1항에 따른 농지의 전용허가

2. 「산지관리법」 제14조·제15조에 따른 산지전용허가 및 산지전용신고, 같은 법 제15조의2에 따른 산지일시사용 허가·신고, 「산림자원의 조성 및 관리에 관한 법률」 제36조제1항·제5항에 따른 입목벌채등의 허가·신고 및 「산림보호법」 제9조제2항제1호·제2호에 따른 입목·죽의 벌채, 임산물의 굴취·채취, 가축의 방목, 그 밖에 토지의 형질을 변경하는 행위의 허가·신고

3. 「초지법」 제23조제2항 및 제3항에 따른 초지의 전용 허가 또는 신고

4. 「공유수면 관리 및 매립에 관한 법률」 제8조에 따른 공유수면의 점용·사용허가, 같은 법 제35조에 따른 국가 등이 시행하는 매립의 협의 또는 승인 및 같은 법 제38조에 따른 공유수면매립실시계획의 승인

5. 「하천법」 제30조제1항에 따른 하천공사의 허가 및 같은 법 제33조제1항에 따른 하천의 점용허가

6. 「도로법」 제36조에 따른 도로공사 시행의 허가 및 같은 법 제61조제1항에 따른 도로의 점용허가(도로굴착을 수반하는 경우는 제외한다)

7. 「사도법」 제4조에 따른 사도의 개설·개축·증축 또는 변경의 허가

8. 「수도법」 제17조제1항에 따른 일반수도사업의 인가, 같은 법 제49조에 따른 공업용수도사업의 인가, 같은 법 제52조제1항에 따른 전용상수도의 인가 및 같은 법 제54조에 따른 전용공업용수도의 인가

9. 「하수도법」 제16조제1항에 따른 공공하수도공사 시행의 허가

10. 「농어촌정비법」 제23조제1항에 따른 농업생산기반시설의 사용허가

11. 「항만법」 제9조제2항에 따른 항만개발사업 시행의 허가 및 같은 법 제10조제2항에 따른 항만개발사업실시계획의 승인

제14조(협의기간) 법 제30조제2항 후단에서 "대통령령으로 정하는 기간"이란 30일을 말한다.

12. 「사방사업법」 제14조제1항에 따른 입목·죽의 벌채, 토석·나무뿌리 또는 풀뿌리의 채취, 가축의 방목, 그 밖에 사방시설을 훼손·변경하거나 토지의 형질을 변경하는 행위의 허가 및 같은 법 제20조제1항에 따른 사방지의 지정해제

13. 「국토의 계획 및 이용에 관한 법률」 제56조제1항에 따른 개발행위의 허가 및 같은 법 제86조에 따른 도시·군계획시설사업의 시행자 지정

14. 「장사 등에 관한 법률」 제27조제1항에 따른 개장의 허가

15. 「공간정보의 구축 및 관리 등에 관한 법률」 제15조제4항에 따른 지도등의 간행 심사

② 산업통상자원부장관은 제29조에 따라 공동집배송센터를 지정하려는 경우 그 지정 내용에 제1항 각 호의 어느 하나에 해당하는 사항이 포함되어 있을 때에는 관계 행정기관의 장과 협의하여야 한다. 이 경우 관계 행정기관의 장은 산업통상자원부장관의 협의 요청을 받은 날부터 대통령령으로 정하는 기간 이내에 의견을 제출하여야 한다.

제31조(공동집배송센터의 지원) ① 산업통상자원부장관은 지정받은 공동집배송센터의 조성에 필요한 자금 등을 지원할 수 있다. **1**

③ 산업통상자원부장관은 공동집배송센터의 조성을 위하여 필요하다고 인정하는 경우에는 부지의 확보, 도시·군계획의 변경 또는 도시·군계획시설의 설치 등에 관하여 시·도지사에게 협조를 요청할 수 있다. **1**

제32조(공동집배송센터의 신탁개발) ① 공동집배송센터사업자는 「자본시장과 금융투자업에 관한 법률」에 따른 신탁업자와 신탁계약을 체결하여 공동집배송센터를 신탁개발할 수 있다.

② 제1항에 따라 신탁계약을 체결한 신탁업자는 공동집배송센터사업자의 지위를 승계한다. 이 경우 공동집배송센터사업자는 계약체결일부터 14일 이내에 신탁계약서 사본을 산업통상자원부장관에게 제출하여야 한다. **4**

제33조(시정명령 및 지정취소) ① 산업통상자원부장관은 제29조제1항 및 제7항에 따른 공동집배송센터의 지정요건 및 시설·운영 기준에 미달하는 경우에는 산업통상자원부령으로 정하는 바에 따라 공동집배송센터사업자에 대하여 시정명령을 할 수 있다.

② 산업통상자원부장관은 다음 각 호의 어느 하나에 해당하는 경우에는 공동집배송센터의 지정을 취소할 수 있다. 다만, 제1호에 해당하는 경우에는 그 지정을 **취소하여야 한다.**

    1. 거짓이나 그 밖의 부정한 방법으로 공동집배송센터의 지정을 받은 경우 **2**

    2. 공동집배송센터의 지정을 받은 날부터 정당한 사유 없이 3년 이내에 시공을 하지 아니하는 경우 **3**

    3. 제1항에 따른 시정명령을 이행하지 아니하는 경우 **1**

    4. 공동집배송센터사업자의 파산 등 대통령령으로 정하는 사유로 정상적인 사업추진이 곤란하다고 인정되는 경우 **1**

영 제15조(공동집배송센터의 지정취소사유) 법 제33조제2항제4호에서 "대통령령으로 정하는 사유로 정상적인 사업추진이 곤란하다고 인정되는 경우"란 다음 각 호의 경우를 말한다.

    1. 공동집배송센터사업자가 파산한 경우

    2. 공동집배송센터사업자인 법인, 조합 등이 해산된 경우

    3. 공동집배송센터의 시공후 공사가 6월 이상 중단된 경우 **1**

    4. 공동집배송센터의 지정을 받은 날부터 5년 이내에 준공되지 아니한 경우 **1**

제34조(공동집배송센터 개발촉진지구의 지정 등) ① 시·도지사는 집배송시설의 집단적 설치를 촉진하고 집배송시설의 효율적 배치를 위하여 공동집배송센터 개발촉진지구(이하 "촉진지구"라 한다)의 지정을 산업통상자원부장관에게 요청할 수 있다. **2**

② 산업통상자원부장관은 시·도지사가 제1항에 따라 요청한 지역이 산업통상자원부령으로 정하는 요건에 적합하다고 판단하는 경우에는 촉진지구로 지정하고, 그 내용을 산업통상자원부령으로 정하는 바에 따라 고시하여야 한다.

③ 산업통상자원부장관은 촉진지구를 지정하려면 미리 관계 중앙행정기관의 장과 협의하여야 한다.

④ 제1항 및 제2항에 따른 지정의 요건 및 절차 등에 관하여 필요한 사항은 산업통상자원부령으로 정한다.

규칙 제24조(공동집배송센터개발촉진지구 지정요건 등) ① 법 제34조제1항에 따라 촉진지구의 지정을 요청하고자 하는 시·도지사는 다음 각호의 서류를 산업통상자원부장관에게 제출하여야 한다.

    1. 촉진지구사업계획서(촉진지구의 명칭·위치 및 면적, 개발주체 및 개발방식, 센터의 배치계획 및 주요시설의 설치계획을 포함한다)

    2. 부지 및 시설배치를 표시한 축척 2만5천분의 1 이상 평면도

② 법 제34조제4항에 따른 지정요건은 다음 각호와 같다.

    1. 부지의 면적이 10만제곱미터 이상일 것 **1**

    2. 다음 각 목의 어느 하나에 해당하는 지역일 것

       가. 「외국인투자촉진법」 제18조에 따른 외국인투자지역

       나. 「자유무역지역의 지정 및 운영에 관한 법률」 제2조제1호에 따른 자유무역지역

       다. 「경제자유구역의 지정 및 운영에 관한 특별법」 제2조제1호에 따른 경제자유구역

       라. 「물류시설의 개발 및 운영에 관한 법률」 제2조제6호에 따른 물류단지

제35조(촉진지구에 대한 지원) ① 산업통상자원부장관 또는 시·도지사는 촉진지구의 개발을 활성화하기 위하여 촉진지구에 설치되거나 촉진지구로 이전하는 집배송시설에 대하여 자금이나 그 밖에 필요한 사항을 지원할 수 있다.

② 산업통상자원부장관은 촉진지구의 집배송시설에 대하여는 제29조제1항에도 불구하고 시·도지사의 추천이 없더라도 공동집배송센터로 지정할 수 있다.

마. 「산업입지 및 개발에 관한 법률」 제2조제5호가목부터 다목까지의 규정에 따른 국가산업단지, 일반산업단지 및 도시첨단산업단지

바. 「항공법」 제2조제7호에 따른 공항 및 배후지

사. 「항만법」 제2조제1호에 따른 항만 및 배후지

3. 집배송시설 또는 공동집배송센터가 2 이상 설치되어 있을 것

③ 산업통상자원부장관은 시·도지사로부터 지정요청을 받은 지역이 제2항의 규정에 의한 지정요건에 적합하다고 인정하여 촉진지구로 지정한 경우에는 다음 각호의 사항을 고시하여야 한다.

1. 촉진지구의 명칭·위치 및 면적
2. 촉진지구의 개발주체 및 개발방식
3. 센터의 배치계획 및 주요시설의 설치계획 등

제35조의2(국유재산·공유재산의 매각 등) ① 국가 또는 지방자치단체는 제8조에 따른 대규모점포의 개설과 중소유통공동도매물류센터의 건립을 위하여 필요한 경우로서 대통령령으로 정하는 경우에는 「국유재산법」 또는 「공유재산 및 물품 관리법」에도 불구하고 국유재산·공유재산을 수의계약으로 매각할 수 있다. 이 경우 국유재산·공유재산의 매각의 내용 및 조건에 관하여는 「국유재산법」 또는 「공유재산 및 물품 관리법」에서 정하는 바에 따른다.

② 대규모점포를 개설하려는 자 또는 중소유통공동도매물류센터를 건립하려는 자는 도로의 개설에 관한 업무를 대통령령으로 정하는 바에 따라 국가기관 또는 지방자치단체에 위탁하여 시행할 수 있다.

③ 대규모점포를 개설하려는 자 또는 중소유통공동도매물류센터를 건립하려는 자가 제2항에 따라 도로의 개설에 관한 업무를 국가기관 또는 지방자치단체에 위탁하여 시행하는 경우에는 산업통상자원부령으로 정하는 요율의 위탁수수료를 지급하여야 한다.

영 제15조의2(국·공유재산의 매각) 법 제35조의2제1항 전단에서 "대통령령으로 정하는 경우"란 대규모점포를 개설하거나 중소유통공동도매물류센터를 건립하려는 예정부지에 있는 「국유재산법」 또는 「공유재산 및 물품관리법」에 따른 일반재산을 매각하려는 경우를 말한다.

영 제15조의3(도로개설의 위탁시행) 법 제35조의2제2항에 따라 대규모점포를 개설하려는 자 또는 중소유통공동도매물류센터를 건립하려는 자가 도로의 개설을 위탁하여 시행하려는 경우에는 국가 또는 지방자치단체와 다음 각 호의 사항에 관한 위탁계약을 체결하여야 한다.

1. 위탁사업의 사업지
2. 위탁사업의 규모·금액 그 밖에 공사설계의 기준이 되는 사항
3. 위탁사업의 시행기간(착공 및 준공예정일과 공정계획을 포함한다)
4. 위탁사업에 필요한 비용의 지급방법과 그 자금의 관리에 관한 사항
5. 위탁자가 부동산·기자재 또는 노무자를 제공하는 경우에는 그 관리에 관한 사항
6. 위험부담에 관한 사항
7. 그 밖에 위탁사업의 내용을 명백히 하는 데 필요한 사항

제7장 상거래질서의 확립

제36조(유통분쟁조정위원회) ① 유통에 관한 다음 각 호의 분쟁을 조정하기 위하여 특별시·광역시·특별자치시·도·특별자치도(이하 "시·도"라 한다) 및 시(「제주특별자치도 설치 및 국제자유도시 조성을 위한 특별법」 제10조제2항에 따른 행정시를 포함한다)·군·구에 각각 유통분쟁조정위원회를 둘 수 있다. **1**

1. 등록된 대규모점포등과 인근 지역의 도매업자·소매업자 사이의 영업활동에 관한 분쟁. 다만, 「독점규제 및 공정거래에 관한 법률」을 적용받는 사항은 제외한다. **1**

2. 등록된 대규모점포등과 중소제조업체 사이의 영업활동에 관한 사항. 다만, 「독점규제 및 공정거래에 관한 법률」을 적용받는 사항은 제외한다.

3. 등록된 대규모점포등과 인근 지역의 주민 사이의 생활환경에 관한 분쟁

4. 제12조제1항 각 호에 따른 업무 수행과 관련한 분쟁

② 위원회는 위원장 1명을 포함하여 11명 이상 15명 이하의 위원으로 구성한다. **1**

③ 위원회의 위원장은 위원 중에서 호선한다.

④ 위원회의 위원은 다음 각 호의 사람이 된다.

1. 다음 각 목의 어느 하나에 해당하는 사람으로서 해당 지방자치단체의 장이 위촉하는 사람

   가. 판사·검사 또는 변호사의 자격이 있는 사람

   나. 대한상공회의소의 임원 또는 직원

   다. 소비자단체의 대표

   라. 유통산업 분야에 관한 학식과 경험이 풍부한 사람

   마. 해당 지방자치단체에 거주하는 소비자

2. 해당 지방자치단체의 도매업·소매업에 관한 업무를 담당하는 공무원으로서 그 지방자치단체의 장이 지명하는 사람

⑤ 공무원이 아닌 위원의 임기는 2년으로 한다. **1**

영 제15조의4(분쟁의 범위) 법 제36조제6항에 따른 생활환경은 다음 각 호의 어느 하나로 한다.

1. 대규모점포등의 개설로 인한 인근지역의 교통 혼잡

2. 대규모점포등의 개설로 인한 인근지역의 소음, 진동 및 악취

3. 대규모점포등의 개설로 인한 인근지역의 대기오염, 토양오염, 수질오염 및 해양오염

4. 그 밖에 대규모점포등의 개설로 인하여 발생하는 인근지역 주민의 생활 불편

영 제16조(유통분쟁조정절차) ①법 제36조에 따른 유통분쟁조정위원회는 유통분쟁조정신청을 받은 경우 신청일부터 3일 이내에 신청인외의 관련 당사자에게 분쟁의 조정신청에 관한 사실과 그 내용을 통보하여야 한다. **2**

② 유통분쟁조정위원회는 법 제39조에 따른 조정이 성립되거나 법 제40조에 따른 조정의 거부 또는 중지가 있는 경우에는 그 내용을 지체없이 당사자 및 시장(「제주특별자치도 설치 및 국제자유도시 조성을 위한 특별법」 제11조에 따른 행정시장을 포함한다)·군수 또는 구청장(자치구의 구청장을 말한다)에게 통보하여야 한다.

⑥ 제1항 각 호에 따른 대규모점포등, 영업활동 및 생활환경의 범위에 대하여는 대통령령으로 정한다.

⑦ 제1항부터 제5항까지에서 규정한 사항 외에 위원회의 조직 및 운영 등에 필요한 사항은 해당 지방자치단체의 조례로 정한다.

제37조(분쟁의 조정) ① 제36조에 따른 대규모점포등과 관련된 분쟁의 조정을 원하는 자는 특별자치시·시·군·구의 위원회에 분쟁의 조정을 신청할 수 있다. **1**

② 제1항에 따라 분쟁의 조정신청을 받은 위원회는 신청을 받은 날부터 60일 이내에 이를 심사하여 조정안을 작성하여야 한다. 다만, 부득이한 사정이 있는 경우에는 위원회의 의결로 그 기간을 연장할 수 있다. **2**

③ 제2항에 따른 시(특별자치시는 제외한다)·군·구의 위원회의 조정안에 불복하는 자는 조정안을 제시받은 날부터 15일 이내에 시·도의 위원회에 조정을 신청할 수 있다. **1**

④ 제3항에 따라 조정신청을 받은 시·도의 위원회는 그 신청 내용을 시·군·구의 위원회 및 신청인 외의 당사자에게 통지하고, 조정신청을 받은 날부터 30일 이내에 이를 심사하여 조정안을 작성하여야 한다. 다만, 부득이한 사정이 있는 경우에는 위원회의 의결로 그 기간을 연장할 수 있다.

⑤ 위원회는 제2항 단서 및 제4항 단서에 따라 기간을 연장하는 경우에는 기간을 연장하게 된 사유 등을 당사자에게 통보하여야 한다.

제38조(자료 요청 등) ① 위원회는 분쟁조정을 위하여 필요한 자료를 제공하여 줄 것을 당사자 또는 참고인에게 요청할 수 있다. 이 경우 해당 당사자는 정당한 사유가 없으면 요청에 따라야 한다.

② 위원회는 필요하다고 인정하는 경우에는 당사자 또는 참고인으로 하여금 위원회에 출석하게 하여 그 의견을 들을 수 있다.

제39조(조정의 효력) ① 위원회는 제37조에 따라 조정안을 작성하였을 때에는 지체 없이 조정안을 각 당사자에게 제시하여야 한다.

② 제1항에 따라 조정안을 제시받은 당사자는 그 제시를 받은 날부터 15일 이내에 그 수락 여부를 위원회에 통보하여야 한다. ❷

③ 당사자가 조정안을 수락하였을 때에는 위원회는 즉시 조정서를 작성하여야 하며, 위원장 및 각 당사자는 조정서에 기명날인하거나 서명하여야 한다. ❶

④ 당사자가 제3항에 따라 조정안을 수락하고 조정서에 기명날인하거나 서명하였을 때에는 당사자 간에 조정서와 동일한 내용의 합의가 성립된 것으로 본다. ❷

제40조(조정의 거부 및 중지) ① 위원회는 분쟁의 성질상 위원회에서 조정함이 적합하지 아니하다고 인정하거나 부정한 목적으로 신청되었다고 인정하는 경우에는 조정을 거부할 수 있다. 이 경우 조정거부의 사유 등을 당사자에게 통보하여야 한다. ❶

② 위원회는 신청된 조정사건에 대한 처리절차의 진행 중에 한쪽 당사자가 소(訴)를 제기한 때에는 그 조정의 처리를 중지하고 그 사실을 당사자에게 통보하여야 한다.

제41조(조정절차 등) 제36조부터 제40조까지에서 규정한 사항 외에 분쟁의 조정방법, 조정절차, 조정업무의 처리 및 조정비용의 분담 등에 필요한 사항은 대통령령으로 정한다.

제42조(비영리법인에 대한 권고) ① 지방자치단체의 장은 「민법」이나 그 밖의 법률에 따라 설립된 비영리법인이 판매사업을 할 때 그 법인의 목적사업의 범위를 벗어남으로써 인근 지역의 도매업자 또는 소매업자의 이익을 현저히 해치고 있다고 인정하는 경우에는 해당 법인에 대하여 목적사업의 범위를 벗어난 판매사업을 중단하도록 권고할 수 있다.

② 지방자치단체의 장은 제1항에 해당하는 비영리법인에 대하여 판매사업에 관한 현황 등의 자료를 제공하여 줄 것을 요청할 수 있다.

영 제16조의3(조정신청의 통합) 유통분쟁조정위원회는 동일한 시기에 동일한 사안에 대하여 다수의 분쟁조정이 신청된 경우에는 그 다수의 분쟁조정신청을 통합하여 조정할 수 있다. ❷

제43조(상거래의 투명화) 정부는 유통부문에서 공정하고 투명한 상거래가 이루어질 수 있도록 노력하여야 한다.

제8장 보칙

제44조(청문) 산업통상자원부장관, 중소벤처기업부장관 또는 특별자치시장 · 시장 · 군수 · 구청장은 다음 각 호의 어느 하나에 해당하는 처분을 하려면 청문을 하여야 한다.

1. 제11조제1항에 따른 대규모점포등 개설등록의 취소 **1**

3. 제23조제5항에 따른 지정유통연수기관의 취소 **1**

4. 제24조제5항에 따른 유통관리사 자격의 취소 **1**

7. 제33조제2항에 따른 공동집배송센터 지정의 취소 **1**

제44조의2(대규모점포등의 관리현황 점검 · 감독 등) ① 산업통상자원부장관 또는 특별자치시장 · 시장 · 군수 · 구청장은 대규모점포등관리자의 업무집행 및 비용의 징수 · 관리 등에 관하여 확인이 필요하다고 인정될 때에는 대규모점포등관리자에 대하여 그 업무에 관한 사항을 보고하게 하거나 자료를 제출하게 할 수 있으며, 관계 공무원에게 사업장 등을 출입하여 관계 서류 등을 검사하게 할 수 있다.

② 제1항에 따른 검사를 하려는 공무원은 검사 3일 전까지 그 일시 · 목적 및 내용을 검사대상자에게 통지하여야 한다. 다만, 긴급히 검사하여야 하거나 사전에 알리면 증거인멸 등으로 검사목적을 달성할 수 없다고 인정하는 경우에는 그러하지 아니하다.

③ 제1항에 따라 출입 · 검사를 하는 공무원은 그 권한을 표시하는 증표를 지니고 이를 관계인에게 보여 주어야 한다.

④ 산업통상자원부장관은 특별자치시장 · 시장 · 군수 · 구청장으로 하여금 대규모점포등관리자의 현황, 업무의 집행 및 비용의 징수 · 관리 등에 관한 사항을 보고하게 할 수 있다.

제45조(보고) ① 시 · 도지사 또는 시장 · 군수 · 구청장은 산업통상자원부령으로 정하는 바에 따라 다음 각 호의 사항을 산업통상자원부장관에게 보고하여야 한다.

1. 제7조에 따른 지역별 시행계획 및 추진 실적

2. 제8조 · 제11조 및 제12조에 따른 대규모점포등 개설등록 · 취소 및 대규모점포등개설자의 업무를 수행하는 자의 신고현황

규칙 제25조(보고 등) ① 법 제45조제1항에 따라 시장 · 군수 또는 구청장은 같은 조 제1항제2호부터 제4호까지의 규정에 따른 사항을 매년 2월 15일까지 관할 시 · 도지사에게 보고하여야 한다. 다만, 법 제11조에 따라 대규모점포등개설등록을 취소한 때에는 산업통상자원부장관에게 그 사실을 지체없이 보고하여야 한다.

3. 제37조에 따른 분쟁의 조정 실적

4. 제42조에 따른 비영리법인에 대한 권고 실적

② 산업통상자원부장관, 중소벤처기업부장관 또는 지방자치단체의 장은 이 법에 따른 자금 등의 지원을 위하여 특히 필요하다고 인정하는 경우에는 다음 각 호에 해당하는 자에 대하여 사업실적 등 산업통상자원부령으로 정하는 사항을 보고하게 할 수 있다.

1. 중소유통공동도매물류센터운영자 또는 공동집배송센터사업시행자

2. 유통사업자단체

3. 제23조제3항 각 호의 유통연수기관

② 시·도지사는 법 제45조제1항제1호·제3호 및 제4호에 따른 사항과 제1항의 본문에 따라 관할 시장·군수 또는 구청장으로부터 보고받은 사항을 종합하여 매년 2월 말일까지 산업통상자원부장관에게 보고하여야 한다.

③ 법 제45조제2항에서 "산업통상자원부령으로 정하는 사항"이라 함은 다음 각호의 사항을 말한다.

3. 공동집배송센터사업자의 경우 공동집배송센터의 운영실적

제46조(권한 또는 업무의 위임·위탁) ① 이 법에 따른 산업통상자원부장관의 권한은 대통령령으로 정하는 바에 따라 그 일부를 국가기술표준원장에게 위임할 수 있다.

② 이 법에 따른 산업통상자원부장관 또는 중소벤처기업부장관의 권한은 대통령령으로 정하는 바에 따라 그 일부를 시·도지사에게 위임할 수 있다.

③ 이 법에 따른 산업통상자원부장관의 권한은 대통령령으로 정하는 바에 따라 그 일부를 중소벤처기업부장관에게 위탁할 수 있다.

④ 산업통상자원부장관은 제24조에 따른 유통관리사 자격시험의 실시에 관한 업무를 대통령령으로 정하는 바에 따라 대한상공회의소에 위탁할 수 있다.

⑤ 산업통상자원부장관은 제7조의4에 따른 유통산업의 실태조사에 관한 업무를 「통계법」 제15조에 따른 통계작성지정기관에 위탁할 수 있다.

영 제18조(업무의 위탁) 법 제46조제4항에 따라 산업통상자원부장관은 법 제24조에 따른 유통관리사의 자격시험 실시에 관한 업무 및 제12조제2항에 따른 자격증교부에 관한 업무를 대한상공회의소에 위탁한다.

제47조(벌칙 적용 시의 공무원 의제) 제46조제4항에 따라 위탁한 업무에 종사하는 대한상공회의소의 임원 및 직원은 「형법」 제129조부터 제132조까지의 규정을 적용할 때에는 공무원으로 본다.

제48조(수수료) ① 제8조에 따라 대규모점포등의 개설등록을 하려는 자는 산업통상자원부령으로 정하는 범위에서 특별자치시·시·군·구의 조례로 정하는 바에 따라 수수료를 내야 한다.

규칙 제26조(수수료) ① 법 제48조제1항에서 "산업통상자원부령으로 정하는 범위"라 함은 10만원을 말한다.

제48조의2(규제의 존속기한) 제2조제4호, 제8조제1항·제2항 중 준대규모점포와 관련된 부분, 제8조제3항·제4항 및 제13조의3은 2025년 11월 23일까지 그 효력을 가진다.

제9장 벌칙

제49조(벌칙) ① 제22조제1항을 위반하여 유통표준전자문서를 위작 또는 변작하거나 위작 또는 변작된 전자문서를 사용하거나 유통시킨 자는 10년 이하의 징역 또는 1억원 이하의 벌금에 처한다.

② 다음 각 호의 어느 하나에 해당하는 자는 1년 이하의 징역 또는 3천만원 이하의 벌금에 처한다.

    1. 제8조제1항 전단을 위반하여 등록을 하지 아니하고 대규모점포등을 개설하거나 거짓이나 그 밖의 부정한 방법으로 대규모점포등의 개설등록을 한 자 ❷

    2. 제12조제3항을 위반하여 신고를 하지 아니하고 대규모점포등개설자의 업무를 수행하거나 거짓이나 그 밖의 부정한 방법으로 대규모점포등개설자의 업무수행신고를 한 자 ❶

③ 제22조제3항을 위반하여 유통표준전자문서를 보관하지 아니한 자는 1년 이하의 징역 또는 1천만원 이하의 벌금에 처한다. ❶

④ 제1항에 규정된 죄의 미수범은 처벌한다. ❶

제50조(벌칙) 제22조제2항을 위반하여 유통표준전자문서 또는 컴퓨터 등 정보처리조직의 파일에 기록된 유통정보를 공개한 자는 1천만원 이하의 벌금에 처한다.

제51조(양벌규정) 법인의 대표자나 법인 또는 개인의 대리인, 사용인, 그 밖의 종업원이 그 법인 또는 개인의 업무에 관하여 제49조 또는 제50조의 위반행위를 하면 그 행위자를 벌하는 외에 그 법인 또는 개인에게도 해당 조문의 벌금형을 과(科)한다. 다만, 법인 또는 개인이 그 위반행위를 방지하기 위하여 해당 업무에 관하여 상당한 주의와 감독을 게을리하지 아니한 경우에는 그러하지 아니하다.

제52조(과태료) ① 다음 각 호의 어느 하나에 해당하는 자에게는 1억원 이하의 과태료를 부과한다.

    1. 제12조의2제1항제1호에 따른 명령을 위반하여 영업제한시간에 영업을 한 자

    2. 제12조의2제1항제2호에 따른 의무휴업 명령을 위반한 자

영 제19조(과태료의 부과기준) 법 제52조에 따른 과태료의 부과기준은 별표 4와 같다.

② 다음 각 호의 어느 하나에 해당하는 자에게는 1천만원 이하의 과태료를 부과한다.

1. 제12조의5제1항을 위반하여 회계감사를 받지 아니하거나 부정한 방법으로 받은 자

2. 제12조의5제4항을 위반하여 회계감사를 방해하는 등 같은 항 각 호의 어느 하나에 해당하는 행위를 한 자

③ 다음 각 호의 어느 하나에 해당하는 자에게는 500만원 이하의 과태료를 부과한다.

1. 제8조제1항 후단을 위반하여 대규모점포등의 변경등록을 하지 아니하거나 거짓이나 그 밖의 부정한 방법으로 변경등록을 한 자

2. 제12조제1항 및 제2항에 따른 대규모점포등개설자의 업무를 수행하지 아니한 자

2의2. 제12조의3제4항을 위반하여 관리비 등의 내역을 공개하지 아니하거나 거짓으로 공개한 자

2의3. 제12조의3제5항을 위반하여 계약을 체결한 자

2의4. 제12조의3제6항을 위반하여 계약서를 공개하지 아니하거나 거짓으로 공개한 자

2의5. 제12조의4제1항을 위반하여 장부 및 증빙서류를 작성 또는 보관하지 아니하거나 거짓으로 작성한 자

2의6. 제12조의4제2항을 위반하여 회계처리를 한 자

2의7. 제12조의4제3항을 위반하여 장부나 증빙서류 등의 정보에 대한 열람, 복사의 요구에 응하지 아니하거나 거짓으로 응한 자

2의8. 제12조의5제2항을 위반하여 회계감사의 결과를 공개하지 아니하거나 거짓으로 공개한 자

2의9. 제12조의6제3항을 위반하여 관리규정에 대한 열람이나 복사의 요구에 응하지 아니하거나 거짓으로 응한 자

3. 제14조제1항을 위반하여 임시시장을 개설한 자

4. 제29조제4항을 위반하여 변경지정을 받지 아니한 자

5. 제33조제1항에 따른 시정명령을 이행하지 아니한 공동집배송센터사업자

6. 제45조제2항에 따른 보고를 거짓으로 한 자

④ 제1항부터 제3항까지의 규정에 따른 과태료는 대통령령으로 정하는 바에 따라 산업통상자원부장관, 중소벤처기업부장관 또는 지방자치단체의 장이 부과·징수한다.

MEMO

Law ⚖ 🏛 🔨

변 달 수 물 류 관 리 사 물 류 관 련 법 규

화물자동차 운수사업법

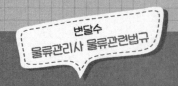
화물자동차 운수사업법

제1장 총칙

제1조(목적) 이 법은 화물자동차 운수사업을 효율적으로 관리하고 건전하게 육성하여 화물의 원활한 운송을 도모함으로써 공공복리의 증진에 기여함을 목적으로 한다.

제2조(정의) 이 법에서 사용하는 용어의 뜻은 다음과 같다.

1. "화물자동차"란 「자동차관리법」 제3조에 따른 화물자동차 및 특수자동차로서 국토교통부령으로 정하는 자동차를 말한다.
2. "화물자동차 운수사업"이란 화물자동차 운송사업, 화물자동차 운송주선사업 및 화물자동차 운송가맹사업을 말한다. **1**
3. "화물자동차 운송사업"이란 다른 사람의 요구에 응하여 화물자동차를 사용하여 화물을 유상으로 운송하는 사업을 말한다. 이 경우 화주가 화물자동차에 함께 탈 때의 화물은 중량, 용적, 형상 등이 여객자동차 운송사업용 자동차에 싣기 부적합한 것으로서 그 기준과 대상차량 등은 국토교통부령으로 정한다. **2**
4. "화물자동차 운송주선사업"이란 다른 사람의 요구에 응하여 유상으로 화물운송계약을 중개·대리하거나 화물자동차 운송사업 또는 화물자동차 운송가맹사업을 경영하는 사의 화물 운송수난을 이용하여 자기 병의와 계산으로 화물을 운송하는 사업(화물이 이사화물인 경우에는 포장 및 보관 등 부대서비스를 함께 제공하는 사업을 포함한다)을 말한다. **2**
5. "화물자동차 운송가맹사업"이란 다른 사람의 요구에 응하여 **자기 화물자동차를 사용하여** 유상으로 화물을 운송하거나 화물정보망(인터넷 홈페이지 및 이동통신단말장치에서 사용되는 응용프로그램을 포함한다)을 통하여 소속 화물자동차 운송가맹점(제3조제3항에 따른 운송사업자 및 제40조제1항에 따라 화물자동차 운송사업의 경영의 일부를 위탁받은 사람인 운송가맹점만을 말한다)에 의뢰하여 화물을 운송하게 하는 사업을 말한다. **2**

영 제2조(공영차고지 설치 대상 공공기관) 법 제2조제9호다목에서 "대통령령으로 정하는 공공기관"이란 다음 각 호의 기관을 말한다.

1. 「인천국제공항공사법」에 따른 인천국제공항공사
2. 「한국공항공사법」에 따른 한국공항공사
3. 「한국도로공사법」에 따른 한국도로공사
4. 「한국철도공사법」에 따른 한국철도공사
5. 「한국토지주택공사법」에 따른 한국토지주택공사 **1**
6. 「항만공사법」에 따른 항만공사

규칙 제3조(화물자동차) 「화물자동차 운수사업법」(이하 "법"이라 한다) 제2조제1호에서 "국토교통부령으로 정하는 자동차"란 「자동차관리법 시행규칙」 별표 1에 따른 일반형·덤프형·밴형 및 특수용도형 화물자동차와 견인형·구난형 및 특수용도형 특수자동차(「여객자동차 운수사업법」 제30조에 따라 자동차대여사업에 사용할 수 있는 자동차로서 「자동차관리법 시행규칙」 별표 1에 따른 경형 또는 소형 특수용도형 특수자동차 중 같은 규칙 제30조의2에 따른 캠핑용자동차는 제외한다)를 말한다. 이 경우 밴형 화물자동차는 다음 각 호의 요건을 모두 충족하는 구조이어야 한다.

1. 물품적재장치의 바닥면적이 승차장치의 바닥면적보다 넓을 것
2. 승차 정원이 3명 이하일 것. 다만, 다음 각 목의 어느 하나에 해당하는 경우는 예외로 한다.
   가. 「경비업법」 제4조제1항에 따라 같은 법 제2조제1호나목의 호송경비업무 허가를 받은 경비업자의 호송용 차량
   나. 2001년 11월 30일 전에 화물자동차 운송사업 등록을 한 6인승 밴형 화물자동차

6. "화물자동차 운송가맹사업자"란 제29조제1항에 따라 화물자동차 운송가맹사업의 허가를 받은 자를 말한다.

7. "화물자동차 운송가맹점"이란 화물자동차 운송가맹사업자(이하 "운송가맹사업자"라 한다)의 운송가맹점으로 가입한 자로서 다음 각 목의 어느 하나에 해당하는 자를 말한다.

　가. 운송가맹사업자의 화물정보망을 이용하여 운송 화물을 배정받아 화물을 운송하는 제3조제3항에 따른 운송사업자

　나. 운송가맹사업자의 화물운송계약을 중개 · 대리하는 제24조제2항에 따른 운송주선사업자 **1**

　다. 운송가맹사업자의 화물정보망을 이용하여 운송 화물을 배정받아 화물을 운송하는 자로서 제40조제1항에 따라 화물자동차 운송사업의 경영의 일부를 위탁받은 사람. 다만, 경영의 일부를 위탁한 운송사업자가 화물자동차 운송가맹점으로 가입한 경우는 제외한다.

7의2. "영업소"란 주사무소 외의 장소에서 다음 각 목의 어느 하나에 해당하는 사업을 영위하는 곳을 말한다.

　가. 제3조제1항에 따라 화물자동차 운송사업의 허가를 받은 자 또는 화물자동차 운송가맹사업자가 화물자동차를 배치하여 그 지역의 화물을 운송하는 사업

　나. 제24조제1항에 따라 화물자동차 운송주선사업의 허가를 받은 자가 화물 운송을 주선하는 사업

8. "운수종사자"란 화물자동차의 운전자, 화물의 운송 또는 운송주선에 관한 사무를 취급하는 사무원 및 이를 보조하는 보조원, 그 밖에 화물자동차 운수사업에 종사하는 자를 말한다. **1**

9. "공영차고지"란 화물자동차 운수사업에 제공되는 차고지로서 다음 각 목의 어느 하나에 해당하는 자가 설치한 것을 말한다.

　가. 특별시장 · 광역시장 · 특별자치시장 · 도지사 · 특별자치도지사(이하 "시 · 도지사"라 한다) **2**

규칙 제3조의2(화물의 기준 및 대상차량) ① 법 제2조제2호 후단에 따른 화물의 기준은 다음 각 호의 어느 하나에 해당하는 것으로 한다.

　1. 화주 1명당 화물의 중량이 20킬로그램 이상일 것 **3**

　2. 화주 1명당 화물의 용적이 4만 세제곱센티미터 이상일 것 **3**

　3. 화물이 다음 각 목의 어느 하나에 해당하는 물품일 것

　　가. 불결하거나 악취가 나는 농산물 · 수산물 또는 축산물 **1**

　　나. 혐오감을 주는 동물 또는 식물 **2**

　　다. 기계 · 기구류 등 공산품 **2**

　　라. 합판 · 각목 등 건축기자재 **1**

　　마. 폭발성 · 인화성 또는 부식성 물품 **1**

② 법 제2조제3호 후단에 따른 대상차량은 밴형 화물자동차로 한다.

규칙 제4조(관할관청) ① 화물자동차 운수사업은 주사무소(법인이 아닌 경우에는 주소지를 말하되, 주소지 외의 장소에 사업장 · 공동사업장 또는 사무실을 마련하여 화물자동차 운수사업을 경영하는 경우에는 그 사업장 · 공동사업장 또는 사무실을 주사무소로 본다) 소재지를 관할하는 시 · 도지사가 관장한다.

② 화물자동차 운수사업의 영업소 및 화물취급소와 영업소에 배치된 화물자동차는 제1항에도 불구하고 그 소재지를 관할하는 시 · 도지사가 관장한다.

③ 화물자동차 운수사업을 양도 · 양수하거나 법인을 합병할 때 둘 이상의 관할관청이 있는 경우에는 양수인 또는 합병으로 존속하거나 신설되는 법인의 주사무소 소재지를 관할하는 시 · 도지사가 관할관청이 된다.

④ 화물운송 종사자격의 취소 또는 효력정지 처분은 처분 대상자의 주소지를 관할하는 시 · 도지사가 관장한다. **1**

나. 시장 · 군수 · 구청장(자치구의 구청장을 말한다) **2**

다. 「공공기관의 운영에 관한 법률」에 따른 공공기관 중 대통령령으로 정하는 공공기관 **1**

라. 「지방공기업법」에 따른 지방공사 **1**

10. "화물자동차 휴게소"란 화물자동차의 운전자가 화물의 운송 중 휴식을 취하거나 화물의 하역을 위하여 대기할 수 있도록 「도로법」에 따른 도로 등 화물의 운송경로나 「물류시설의 개발 및 운영에 관한 법률」에 따른 물류시설 등 물류거점에 휴게시설과 차량의 주차 · 정비 · 주유(注油) 등 화물운송에 필요한 기능을 제공하기 위하여 건설하는 시설물을 말한다.

11. "화물차주"란 화물을 직접 운송하는 자로서 다음 각 목의 어느 하나에 해당하는 자를 말한다.

가. 제3조제1항제2호에 따라 개인화물자동차 운송사업의 허가를 받은 자(이하 "개인 운송사업자"라 한다)

나. 제40조제1항에 따라 경영의 일부를 위탁받은 사람(이하 "위 · 수탁차주"라 한다)

12. "화물자동차 안전운송원가"란 화물차주에 대한 적정한 운임의 보장을 통하여 과로, 과속, 과적 운행을 방지하는 등 교통안전을 확보하기 위하여 화주, 운송사업자, 운송주선사업자 등이 화물운송의 운임을 산정할 때에 참고할 수 있는 운송원가로서 제5조의2에 따른 화물자동차 안전운임위원회의 심의 · 의결을 거쳐 제5조의4에 따라 국토교통부장관이 공표한 원가를 말한다.

13. "화물자동차 안전운임"이란 화물차주에 대한 적정한 운임의 보장을 통하여 과로, 과속, 과적 운행을 방지하는 등 교통안전을 확보하기 위하여 필요한 최소한의 운임으로서 제12호에 따른 화물자동차 안전운송원가에 적정 이윤을 더하여 제5조의2에 따른 화물자동차 안전운임위원회의 심의 · 의결을 거쳐 제5조의4에 따라 국토교통부장관이 공표한 운임을 말하며 다음 각 목으로 구분한다.

가. 화물자동차 안전운송운임 : 화주가 제3조제3항에 따른 운송사업자, 제24
조제2항에 따른 운송주선사업자 및 운송가맹사업자(이하 "운수사업자"라
한다) 또는 화물차주에게 지급하여야 하는 최소한의 운임

나. 화물자동차 안전위탁운임 : 운수사업자가 화물차주에게 지급하여야 하는
최소한의 운임

제2장 화물자동차 운송사업

제3조(화물자동차 운송사업의 허가 등) ① 화물자동차 운송사업을 경영하려는 자는 각 호의 구분에 따라 국토교통부장관의 허가를 받아야 한다. **1**

1. 일반화물자동차 운송사업 : 20대 이상의 범위에서 대통령령으로 정하는 대수 이상의 화물자동차를 사용하여 화물을 운송하는 사업 **1**

2. 개인화물자동차 운송사업 : 화물자동차 1대를 사용하여 화물을 운송하는 사업으로서 대통령령으로 정하는 사업

② 제29조제1항에 따라 화물자동차 운송가맹사업의 허가를 받은 자는 제1항에 따른 허가를 받지 아니한다. **1**

③ 제1항에 따라 화물자동차 운송사업의 허가를 받은 자(이하 "운송사업자"라 한다)가 허가사항을 변경하려면 국토교통부령으로 정하는 바에 따라 국토교통부장관의 **변경허가**를 받아야 한다. 다만, 대통령령으로 정하는 경미한 사항을 변경하려면 국토교통부령으로 정하는 바에 따라 국토교통부장관에게 **신고**하여야 한다. **2**

④ 국토교통부장관은 제3항 단서에 따른 변경신고를 받은 날부터 3일 이내에 신고수리 여부를 신고인에게 통지하여야 한다.

⑤ 국토교통부장관이 제4항에서 정한 기간 내에 신고수리 여부 또는 민원 처리 관련 법령에 따른 처리기간의 연장 여부를 신고인에게 통지하지 아니하면 그 기간이 **끝난 날의 다음 날**에 신고를 수리한 것으로 본다. **1**

⑥ 제1항에 따른 허가의 신청방법 및 절차 등에 필요한 사항은 국토교통부령으로 정한다.

제3조(화물자동차 운송사업의 허가 및 신고 대상) ① 법 제3조제1항제1호에서 "대통령령으로 정하는 대수"란 20대를 말한다.

② 법 제3조제3항 단서에서 "대통령령으로 정하는 경미한 사항"이란 다음 각 호의 어느 하나에 해당하는 사항을 말한다.

1. 상호의 변경 **3**
2. 대표자의 변경(법인인 경우만 해당한다) **3**
3. 화물취급소의 설치 또는 폐지 **1**
4. 화물자동차의 대폐차 **3**
5. 주사무소·영업소 및 화물취급소의 이전. 다만, 주사무소의 경우 관할 관청의 행정구역 내에서의 이전만 해당한다. **4**

③ 법 제3조제9항(법 제24조제7항 및 제29조제4항에서 준용하는 경우를 포함한다)에서 "대통령령으로 정하는 기간"이란 5년을 말한다.

제5조(차고지의 설치 등) ① 법 제3조제1항에 따라 운송사업자는 주사무소 또는 영업소가 있는 특별시·광역시·특별자치시·특별자치도·시·군(광역시의 군은 제외한다) 또는 같은 도 내에 있는 이에 맞닿은 시·군에 차고지를 설치하여야 한다. 다만, 다음 각 호의 어느 하나에 해당하는 경우에는 그러하지 아니하다. **1**

1. 주사무소 또는 영업소가 특별시·광역시에 있는 경우 그 특별시·광역시·특별자치시와 맞닿은 특별시·광역시·특별자치시 또는 도에 있는 **공동차고지**, 공영차고지, 화물자동차 휴게소, 화물터미널 또는 지방자치단체의 조례로 정한 시설을 차고지로 이용하는 경우 **2**

⑦ 제1항 및 제3항 본문에 따른 화물자동차 운송사업의 허가 또는 증차를 수반하는 변경허가의 기준은 다음 각 호와 같다.

　　1. 국토교통부장관이 화물의 운송 수요를 고려하여 제6항에 따라 업종별로 고시하는 공급기준에 맞을 것. 다만, 다음 각 목의 어느 하나에 해당하는 경우는 제외한다.

　　　가. 제12항에 따라 6개월 이내로 기간을 한정하여 허가를 하는 경우

　　　나. 제13항에 따라 허가를 신청하는 경우

　　　다. 「환경친화적 자동차의 개발 및 보급 촉진에 관한 법률」 제2조에 따른 전기자동차 또는 수소전기자동차로서 국토교통부령으로 정하는 최대 적재량 이하인 화물자동차에 대하여 해당 차량과 그 경영을 다른 사람에게 위탁하지 아니하는 것을 조건으로 변경허가를 신청하는 경우

　　2. 화물자동차의 대수, 차고지 등 운송시설, 그 밖에 국토교통부령으로 정하는 기준에 맞을 것

⑧ 운송사업자는 다음 각 호의 어느 하나에 해당하면 증차를 수반하는 허가사항을 변경할 수 없다.

　　1. 제13조에 따른 개선명령을 받고 이를 이행하지 아니한 경우

　　2. 제19조제1항에 따른 감차조치 명령을 받은 후 1년이 지나지 아니한 경우 ❷

⑨ 운송사업자는 제1항에 따라 허가받은 날부터 5년의 범위에서 대통령령으로 정하는 기간마다 국토교통부령으로 정하는 바에 따라 제5항에 따른 허가기준에 관한 사항을 국토교통부장관에게 신고하여야 한다. ❸

⑩ 제9항에 따른 신고가 신고서의 기재사항 및 첨부서류에 흠이 없고, 법령 등에 규정된 형식상의 요건을 충족하는 경우에는 신고서가 접수기관에 도달된 때에 신고 의무가 이행된 것으로 본다.

⑪ 운송사업자는 주사무소 외의 장소에서 상주하여 영업하려면 국토교통부령으로 정하는 바에 따라 국토교통부장관의 허가를 받아 영업소를 설치하여야 한다. 다만, 개인 운송사업자의 경우에는 그러하지 아니하다. ❷

　　2. 주사무소 또는 영업소가 시·군에 있는 경우 그 시·군이 속하는 도에 있는 공동차고지, 공영차고지, 화물자동차 휴게소, 화물터미널 또는 지방자치단체의 조례로 정한 시설을 차고지로 이용하는 경우

　　3. 주사무소 또는 영업소가 시·군에 있는 경우 그 시·군이 속하는 도와 맞닿은 특별시·광역시·특별자치시 또는 도에 있는 공동차고지, 공영차고지, 화물자동차 휴게소, **화물터미널** 또는 지방자치단체의 조례로 정한 시설을 차고지로 이용하는 경우 ❶

② 운송사업 허가를 받으려는 자가 제13조에 따라 차고지를 설치하였을 때에는 그 차고지의 소재지를 관할하는 특별자치시장·특별자치도지사·시장·군수 또는 구청장(자치구의 구청장을 말한다)에게 별지 제1호서식의 차고지 설치 확인 신청서에 차고지가 자기 소유가 아닌 경우에는 차고지의 임대차계약서를 첨부해서 차고지 설치에 관한 확인을 신청할 수 있다.

⑫ 국토교통부장관은 제40조의3제3항에 따라 해지된 위·수탁계약의 위·수탁차주였던 자가 허가취소 또는 감차 조치가 있는 날부터 **3개월** 내에 제1항에 따른 허가를 신청하는 경우 **6개월** 이내로 기간을 한정하여 허가(이하 "임시허가"라 한다)를 할 수 있다. 다만, 운송사업자의 허가취소 또는 감차 조치의 사유와 직접 관련이 있는 화물자동차의 위·수탁차주였던 자는 **제외**한다. **2**

⑬ 제12항에 따라 임시허가를 받은 자가 허가 기간 내에 다른 운송사업자와 위·수탁계약을 체결하지 못하고 임시허가 기간이 만료된 경우 **3개월** 내에 제1항에 따른 허가를 신청할 수 있다. **1**

⑭ 국토교통부장관은 화물자동차 운수사업의 질서를 확립하기 위하여 화물자동차 운송사업의 허가 또는 증차를 수반하는 변경허가에 조건 또는 기한을 붙일 수 있다. **4**

⑮ 국토교통부장관은 운송사업자가 사업정지처분을 받은 경우에는 주사무소를 이전하는 변경허가를 하여서는 **아니 된다.** **4**

③ 제2항에 따른 차고지 설치 확인 신청서를 받은 특별자치시장·특별자치도지사·시장·군수 또는 구청장은 「전자정부법」 제36조제1항에 따른 행정정보의 공동이용을 통하여 다음 각 호의 사항을 확인하여야 한다. 다만, 신청인이 주민등록표 초본의 확인에 동의하지 않는 경우에는 그 서류를 첨부하도록 해야 한다.
　1. 신청인의 주민등록표 초본(법인인 경우에는 법인 등기사항증명서를 말한다)
　2. 토지등기부 등본 및 토지대장(화물터미널을 차고지로 이용하는 경우는 제외한다)
　3. 토지이용계획정보(화물터미널을 차고지로 이용하는 경우는 제외한다)

④ 특별자치시장·특별자치도지사·시장·군수 또는 구청장은 제3항 각 호의 사항과 차고지 설치 여부를 검토 또는 확인한 후 신청일부터 10일 이내에 별지 제2호서식의 차고지 설치 확인서를 발급(전자문서에 의한 발급을 포함한다)해서 신청인 및 화물자동차 운송사업 허가관청에 송부해야 한다.

제4조(결격사유) 다음 각 호의 어느 하나에 해당하는 자는 제3조제1항에 따른 화물자동차 운송사업의 허가를 받을 수 없다. 법인의 경우 그 임원 중 다음 각 호의 어느 하나에 해당하는 자가 있는 경우에도 또한 같다. ■

　　1. 피성년후견인 또는 피한정후견인

　　2. 파산선고를 받고 복권되지 아니한 자 ■

　　3. 이 법을 위반하여 징역 이상의 실형을 선고받고 그 집행이 끝나거나(집행이 끝난 것으로 보는 경우를 포함한다) 집행이 면제된 날부터 2년이 지나지 아니한 자 ■

　　4. 이 법을 위반하여 징역 이상의 형의 집행유예를 선고받고 그 유예기간 중에 있는 자 ■

　　5. 제19조제1항(제1호 및 제2호는 제외한다)에 따라 허가가 취소(제4조제1호 또는 제2호에 해당하여 제19조제1항제5호에 따라 허가가 취소된 경우는 제외한다)된 후 2년이 지나지 아니한 자 ■

　　6. 제19조제1항제1호 또는 제2호에 해당하여 허가가 취소된 후 5년이 지나지 아니한 자 ■

참조 **법 제19조(화물자동차 운송사업의 허가취소 등)**

① 국토교통부장관은 운송사업자가 다음 각 호의 어느 하나에 해당하면 그 허가를 취소하거나 6개월 이내의 기간을 정하여 그 사업의 전부 또는 일부의 정지를 명령하거나 감차 조치를 명할 수 있다.

　　1. 부정한 방법으로 제3조제1항에 따른 허가를 받은 경우

　　2. 부정한 방법으로 제3조제3항에 따른 변경허가를 받거나, 변경허가를 받지 아니하고 허가사항을 변경한 경우

　　5. 제4조 각 호의 어느 하나에 해당하게 된 경우. 다만, 법인의 임원 중 제4조 각 호의 어느 하나에 해당하는 자가 있는 경우에 3개월 이내에 그 임원을 개임하면 허가를 취소하지 아니한다.

(중략)

제5조(운임 및 요금 등) ① 운송사업자는 운임과 요금을 정하여 미리 국토교통부장관에게 신고하여야 한다. 이를 변경하려는 때에도 또한 같다. ■

② 제1항에 따라 운임과 요금을 신고하여야 하는 운송사업자의 범위는 대통령령으로 정한다.

③ 국토교통부장관은 제1항에 따른 신고 또는 변경신고를 받은 날부터 14일 이내에 신고수리 여부를 신고인에게 통지하여야 한다. ■

④ 국토교통부장관이 제3항에서 정한 기간 내에 신고수리 여부 또는 민원 처리 관련 법령에 따른 처리기간의 연장 여부를 신고인에게 통지하지 아니하면 그 기간이 끝난 날의 다음 날에 신고를 수리한 것으로 본다.

⑤ 제1항에 따른 운임 및 요금의 신고절차 등에 필요한 사항은 국토교통부령으로 정한다.

제4조(운임 및 요금의 신고) 법 제5조제1항(법 제33조에서 준용하는 경우를 포함한다)에 따라 운임 및 요금을 신고하여야 하는 화물자동차 운송사업의 허가를 받은 자(이하 "운송사업자"라 한다) 또는 화물자동차 운송가맹사업의 허가를 받은 자(이하 "운송가맹사업자"라 한다)는 다음 각 호의 어느 하나에 해당하는 운송사업자 또는 운송가맹사업자(화물자동차를 직접 소유한 운송가맹사업자만 해당한다)를 말한다.

　　1. **구난형** 특수자동차를 사용하여 고장차량·사고차량 등을 운송하는 운송사업자 또는 운송가맹사업자 ■

제15조(운임 및 요금의 신고) ① 운송사업자는 법 제5조제1항에 따라 화물자동차 운송사업의 운임 및 요금을 신고하거나 변경신고할 때에는 별지 제11호서식의 운송사업 운임 및 요금신고서를 국토교통부장관에게 제출하여야 한다.

② 제1항의 운송사업 운임 및 요금신고서에는 다음 각 호의 서류를 첨부하여야 한다.

　　1. 원가계산서(행정기관에 등록한 원가계산기관 또는 공인회계사가 작성한 것을 말한다)

3. 밴형 화물자동차를 사용하여 화주와 화물을 함께 운송하는 운송사업자 및 운송가맹사업자	2. 운임·요금표[구난형 특수자동차를 사용하여 고장차량·사고차량 등을 운송하는 운송사업의 경우에는 구난 작업에 사용하는 장비 등의 사용료를 포함한다] 3. 운임 및 요금의 신·구대비표(변경신고인 경우만 해당한다) ③ 제1항에 따른 운임 및 요금의 신고 또는 변경신고는 법 제50조에 따른 연합회로 하여금 대리하게 할 수 있다. ❶

제5조의2(화물자동차 안전운임위원회의 설치 등) ① 다음 각 호의 사항을 심의·의결하기 위하여 국토교통부장관 소속으로 화물자동차 안전운임위원회를 둔다. 1. 화물자동차 안전운송원가 및 화물자동차 안전운임의 결정 및 조정에 관한 사항 2. 화물자동차 안전운송원가 및 화물자동차 안전운임이 적용되는 운송품목 및 차량의 종류 등에 관한 사항 3. 화물자동차 안전운임제도의 발전을 위한 연구 및 건의에 관한 사항 4. 그 밖에 화물자동차 안전운임에 관한 중요 사항으로서 국토교통부장관이 회의에 부치는 사항 ② 위원회는 위원장을 포함하여 15명 이내의 범위에서 다음 각 호의 위원으로 구성하며, 위원장은 공익을 대표하는 위원 중에서 위원회가 선출한다. 1. 화물차주를 대표하는 위원 2. 운수사업자를 대표하는 위원 3. 화주를 대표하는 위원 4. 공익을 대표하는 위원 ③ 위원회에는 제2항 각 호의 위원 외에 관계 행정기관의 공무원으로 구성된 3명 이내의 특별위원을 둘 수 있고, 특별위원은 위원회의 회의에 출석하여 발언할 수 있다.	**영 제4조의2(화물자동차 안전운임위원회 구성 및 운영 등)** ① 법 제5조의2제1항에 따른 화물자동차 안전운임위원회는 다음 각 호의 위원으로 구성한다. 1. 화물차주를 대표하는 위원 3명 2. 운송사업자, 법 제24조제2항에 따른 운송주선사업자 및 운송가맹사업자(이하 "운수사업자"라 한다)를 대표하는 위원 3명 3. 화주를 대표하는 위원 3명 4. 공익을 대표하는 위원 4명 ② 위원회의 위원은 다음 각 호의 구분에 따라 국토교통부장관이 성별을 고려하여 위촉한다. 1. 제1항제1호부터 제3호까지의 규정에 따른 위원 : 화물차주, 운수사업자 및 화주를 대표할 수 있는 단체로부터 추천을 받은 사람 2. 제1항제4호에 따른 위원 : 다음 각 목의 어느 하나에 해당하는 사람 　가. 5년 이상 대학에서 물류학, 물류산업, 화물교통과 관련된 학과에서 부교수 이상의 직위에 재직 중이거나 재직하였던 사람 　나. 10년(가목에 따른 학과의 박사학위 소지자는 5년) 이상 공인된 연구기관에서 관련 분야에 관한 연구에 종사하고 있거나 종사하였던 사람 　다. 가목 및 나목에 상당하는 학식과 경험이 있다고 국토교통부장관이 인정하는 사람

④ 화물자동차 안전운송원가 산정 등 위원회 업무에 관한 자문이나 위원회 심의·의결사항에 관한 사전검토 등을 위하여 위원회에 해당 분야 전문가로 구성된 전문위원회를 둔다. 이 경우 위원회는 전문위원회에 위원회 사무 중 일부를 위임할 수 있다.

⑤ 제1항부터 제4항까지에서 규정한 사항 외에 위원회의 구성 및 운영, 특별위원의 자격 및 위촉, 전문위원회의 구성 및 운영 등에 필요한 사항은 대통령령으로 정한다.

③ 위원의 임기는 1년으로 하되, 연임할 수 있다. 다만, 위원의 사임 등으로 새로 위촉된 위원의 임기는 전임 위원의 잔여임기로 한다. **1**

④ 국토교통부장관은 위원이 다음 각 호의 어느 하나에 해당하는 경우에는 해당 위원을 해촉할 수 있다.

    1. 심신장애로 인하여 직무를 수행할 수 없게 된 경우

    2. 직무와 관련된 비위사실이 있는 경우

    3. 직무태만, 품위손상이나 그 밖의 사유로 인하여 위원으로 적합하지 않다고 인정되는 경우

    4. 위원 스스로 직무를 수행하는 것이 곤란하다고 의사를 밝히는 경우

⑤ 위원회의 회의는 다음 각 호의 어느 하나에 해당하는 경우에 위원회의 위원장이 소집한다.

    1. 국토교통부장관이 소집을 요구하는 경우

    2. 재적위원 3분의 1 이상이 소집을 요구하는 경우

    3. 위원장이 필요하다고 인정하는 경우

⑥ 위원회의 회의는 위원장을 포함한 재적위원 과반수의 출석으로 개의하고 출석위원 과반수의 찬성으로 의결한다.

⑦ 제1항부터 제6항까지에서 규정한 사항 외에 위원회의 구성 및 운영 등에 필요한 사항은 국토교통부장관이 정하여 고시한다.

영 제4조의3(특별위원의 자격 및 위촉) 법 제5조의2제3항에 따른 특별위원은 다음 각 호의 관계 행정기관의 3급 또는 4급 공무원이나 고위공무원단에 속하는 공무원 중에서 국토교통부장관이 위촉하거나 임명한다. **1**

    1. 산업통상자원부

    2. 국토교통부

    3. 해양수산부

제5조의3(화물자동차 안전운송원가 및 화물자동차 안전운임의 심의기준) ① 위원회는 다음 각 호의 사항을 고려하여 화물자동차 안전운송원가를 심의 · 의결한다.

　　1. 인건비, 감가상각비 등 고정비용

　　2. 유류비, 부품비 등 변동비용

　　3. 그 밖에 상 · 하차 대기료, 운송사업자의 운송서비스 수준 등 평균적인 영업조건을 고려하여 대통령령으로 정하는 사항 **1**

② 위원회는 화물자동차 안전운송원가에 적정 이윤을 더하여 화물자동차 안전운임을 심의 · 의결한다. 이 경우 적정 이윤의 산정에 필요한 사항은 대통령령으로 정한다.

제5조의4(화물자동차 안전운송원가 및 화물자동차 안전운임의 공표) ① 국토교통부장관은 매년 10월 31일까지 위원회의 심의 · 의결을 거쳐 대통령령으로 정하는 운송품목에 대하여 다음 연도에 적용할 화물자동차 안전운송원가를 공표하여야 한다.

② 국토교통부장관은 매년 10월 31일까지 위원회의 심의 · 의결을 거쳐 다음 각 호의 운송품목에 대하여 다음 연도에 적용할 화물자동차 안전운임을 공표하여야 한다.

　　1. 「자동차관리법」 제3조에 따른 특수자동차로 운송되는 수출입 컨테이너

　　2. 「자동차관리법」 제3조에 따른 특수자동차로 운송되는 시멘트

③ 화물자동차 안전운송원가 및 화물자동차 안전운임의 공표 방법 및 절차 등에 필요한 사항은 대통령령으로 정한다.

제5조의5(화물자동차 안전운임의 효력) ① 화주는 운수사업자 또는 화물차주에게 화물자동차 안전운송운임 이상의 운임을 지급하여야 한다. **1**

② 운수사업자는 화물차주에게 화물자동차 안전위탁운임 이상의 운임을 지급하여야 한다.

③ 화물운송계약 중 화물자동차 안전운임에 미치지 못하는 금액을 운임으로 정한 부분은 무효로 하며, 해당 부분은 화물자동차 안전운임과 동일한 운임을 지급하기로 한 것으로 본다. **2**

④ 화주와 운수사업자 · 화물차주는 제1항에 따른 운임 지급과 관련하여 서로 부정한 금품을 주고받아서는 아니 된다.]

영 제4조의6(화물자동차 안전운송원가 등) ① 법 제5조의3제1항제3호에서 "대통령령으로 정하는 사항"이란 다음 각 호의 사항을 말한다.

　　1. 화물의 상 · 하차 대기료

　　2. 운송사업자의 운송서비스 수준

　　3. 운송서비스 제공에 필요한 추가적인 시설 및 장비 사용료

　　4. 그 밖에 화물의 안전한 운송에 필수적인 사항으로서 위원회에서 필요하다고 인정하는 사항

② 법 제5조의3제2항에 따른 적정 이윤을 산정하는 경우 「국가를 당사자로 하는 계약에 관한 법률 시행령」 제9조의 예정가격 결정기준을 고려해야 한다.

영 제4조의7(화물자동차 안전운송원가 대상 품목 등) ① 법 제5조의4제1항에서 "대통령령으로 정하는 운송품목"이란 다음 각 호의 품목을 말한다.

　　1. 「자동차관리법」 제2조제1호에 따른 피견인자동차의 경우 : 철강재

　　2. 「자동차관리법」 제3조에 따른 일반형 화물자동차의 경우 : 해당 화물자동차로 운송할 수 있는 모든 품목

② 국토교통부장관은 위원회의 심의 · 의결을 거친 화물자동차 안전운송원가 및 화물자동차 안전운임을 관보에 고시해야 한다.

제5조의6(화물자동차 안전운임의 주지 의무) 화물자동차 안전운임의 적용을 받는 화주와 운수사업자는 대통령령으로 정하는 바에 따라 해당 화물자동차 안전운임을 게시하거나 그 밖에 적당한 방법으로 운수사업자와 화물차주에게 알려야 한다. **1**

영 제4조의8(화물자동차 안전운임의 주지 의무) 법 제5조의6에 따른 화주와 운수사업자는 운송계약 또는 운송주선계약을 체결하려는 다른 운수사업자와 화물차주에게 다음 각 호의 사항을 계약 체결 전까지 알려야 한다.
　　1. 화물자동차 안전운임의 액수
　　2. 화물자동차 안전운임의 효력발생 연월일

제5조의7(화물자동차 안전운임신고센터) ① 국토교통부장관은 화물자동차 안전운임에 미치지 못하는 운임의 지급에 대한 신고를 위하여 화물자동차 안전운임신고센터를 설치·운영하여야 한다.
② 화물자동차 안전운임신고센터의 설치 및 운영에 필요한 사항은 대통령령으로 정한다.

영 제4조의9(화물자동차 안전운임신고센터의 업무) 법 제5조의7제1항에 따른 화물자동차 안전운임신고센터는 다음 각 호의 업무를 수행한다.
　　1. 안전운임 위반 신고 접수
　　2. 위반사실 확인 및 관할 관청에의 통보
　　3. 신고 처리상황 안내
　　4. 화물자동차 안전운임제 홍보
　　5. 화물자동차 안전운임제 정착을 위한 연구 등

제5조의8(운송비용 등 조사) ① 국토교통부장관은 화물자동차 안전운송원가 및 화물자동차 안전운임의 효율적인 심의를 위하여 화물운송에 소요되는 비용 등을 주기적으로 조사하여야 한다.
② 제1항의 조사 방법 및 주기 등은 국토교통부령으로 정한다.

규칙 제15조의2(운송비용 조사 주기) 법 제5조의8에 따른 화물운송 소요비용 조사 주기는 1년으로 한다.

제6조(운송약관) ① 운송사업자는 운송약관을 정하여 국토교통부장관에게 신고하여야 한다. 이를 변경하려는 때에도 또한 같다. **1**
② 국토교통부장관은 제1항에 따른 신고 또는 변경신고를 받은 날부터 3일 이내에 신고수리 여부를 신고인에게 통지하여야 한다. **2**
③ 국토교통부장관이 제2항에서 정한 기간 내에 신고수리 여부 또는 민원 처리 관련 법령에 따른 처리기간의 연장 여부를 신고인에게 통지하지 아니하면 그 기간이 끝난 날의 다음 날에 신고를 수리한 것으로 본다. **1**

규칙 제16조(운송약관의 신고 등) ① 운송사업자는 법 제6조에 따라 운송약관을 신고하거나 변경신고할 때에는 별지 제12호서식의 운송약관 신고서를 관할관청에 제출하여야 한다.
② 제1항의 운송약관 신고서에는 다음 각 호의 서류를 첨부하여야 한다. **1**
　　1. 운송약관
　　2. 운송약관의 신·구대비표(변경신고인 경우만 해당한다)
③ 제2항제1호의 운송약관에는 다음 각 호의 사항을 적어야 한다.
　　1. 사업의 종류
　　2. 운임 및 요금의 수수 또는 환급에 관한 사항
　　3. 화물의 인도·인수·보관 및 취급에 관한 사항
　　4. 운송책임이 시작되는 시기 및 끝나는 시기

④ 국토교통부장관은 제48조 또는 제50조에 따라 설립된 **협회 또는 연합회가** 작성한 것으로서 「약관의 규제에 관한 법률」 제19조의2에 따라 공정거래위원회의 심사를 거친 화물운송에 관한 표준이 되는 약관(이하 "표준약관"이라 한다)이 있으면 운송사업자에게 그 사용을 권장할 수 있다. ❶

⑤ 운송사업자가 제3조에 따른 화물자동차 운송사업의 허가(변경허가를 포함한다)를 받는 때에 표준약관의 사용에 동의하면 제1항에 따라 신고한 것으로 본다. ❷

5. 손해배상 및 면책에 관한 사항 ❶

6. 그 밖에 화물자동차 운송사업을 경영하는 데에 필요한 사항

④ 제1항에 따른 운송약관의 신고 또는 변경신고는 협회로 하여금 대리하게 할 수 있다. ❸

제7조(운송사업자의 책임) ① 화물의 멸실 · 훼손 또는 인도의 지연(이하 "적재물사고"라 한다)으로 발생한 운송사업자의 손해배상 책임에 관하여는 「상법」 제135조를 준용한다.

② 제1항을 적용할 때 화물이 인도기한이 지난 후 **3개월** 이내에 인도되지 아니하면 그 화물은 멸실된 것으로 본다. ❹

③ 국토교통부장관은 제1항에 따른 손해배상에 관하여 화주가 요청하면 국토교통부령으로 정하는 바에 따라 이에 관한 분쟁을 조정할 수 있다. ❸

④ 국토교통부장관은 화주가 제3항에 따라 분쟁조정을 요청하면 **지체 없이** 그 사실을 확인하고 손해내용을 조사한 후 조정안을 작성하여야 한다. ❷

⑤ 당사자 쌍방이 제4항에 따른 조정안을 수락하면 당사자 간에 조정안과 동일한 합의가 성립된 것으로 본다. ❷

⑥ 국토교통부장관은 제3항 및 제4항에 따른 분쟁조정 업무를 「소비자기본법」 제33조제1항에 따른 한국소비자원 또는 같은 법 제29조제1항에 따라 등록한 소비자단체에 위탁할 수 있다. ❸

제8조(화물자동차 운수사업의 운전업무 종사자격 등) ① 화물자동차 운수사업의 운전업무에 종사하려는 자는 제1호 및 제2호의 요건을 갖춘 후 제3호 또는 제4호의 요건을 갖추어야 한다.

1. 국토교통부령으로 정하는 연령·운전경력 등 운전업무에 필요한 요건을 갖출 것

2. 국토교통부령으로 정하는 운전적성에 대한 정밀검사기준에 맞을 것. 이 경우 운전적성에 대한 정밀검사는 국토교통부장관이 시행한다.

3. 화물자동차 운수사업법령, 화물취급요령 등에 관하여 국토교통부장관이 시행하는 시험에 합격하고 정하여진 교육을 받을 것

4. 「교통안전법」 제56조에 따른 교통안전체험에 관한 연구·교육시설에서 교통안전체험, 화물취급요령 및 화물자동차 운수사업법령 등에 관하여 국토교통부장관이 실시하는 이론 및 실기 교육을 이수할 것

② 국토교통부장관은 제1항에 따른 요건을 갖춘 자에게 화물자동차 운수사업의 운전업무에 종사할 수 있음을 표시하는 자격증(이하 "화물운송 종사자격증"이라 한다)을 내주어야 한다.

③ 제2항에 따라 화물운송 종사자격증을 받은 사람은 다른 사람에게 그 자격증을 빌려주어서는 아니 된다.

④ 누구든지 다른 사람의 화물운송 종사자격증을 빌려서는 아니 된다.

⑤ 누구든지 제3항 또는 제4항에서 금지한 행위를 알선하여서는 아니 된다.

⑥ 제1항과 제2항에 따른 시험·교육·자격증의 교부 등에 필요한 사항은 국토교통부령으로 정한다.

규칙 제18조(화물자동차 운전자의 연령·운전경력 등의 요건) 법 제8조제1항제1호에 따른 화물자동차 운수사업의 운전업무에 종사할 수 있는 자(이하 "화물자동차 운전자"라 한다)의 연령·운전경력 등의 요건은 다음 각 호와 같다.

1. 화물자동차를 운전하기에 적합한 「도로교통법」 제80조에 따른 운전면허를 가지고 있을 것

2. 20세 이상일 것 **1**

3. 운전경력이 2년 이상일 것. 다만, 여객자동차 운수사업용 자동차 또는 화물자동차 운수사업용 자동차를 운전한 경력이 있는 경우에는 그 운전경력이 1년 이상이어야 한다. **2**

제9조(결격사유) 다음 각 호의 어느 하나에 해당하는 자는 제8조에 따른 화물운송 종사 자격을 취득할 수 없다.

1. 제4조제3호 또는 제4호에 해당하는 자

2. 제23조제1항(제7호는 제외한다)에 따라 화물운송 종사자격이 취소(화물운송 종사자격을 취득한 자가 제4조제1호에 해당하여 제23조제1항제1호에 따라 허가가 취소된 경우는 제외한다)된 날부터 2년이 지나지 아니한 자

3. 제8조제1항제3호에 따른 시험일 전 또는 같은 항 제4호에 따른 교육일 전 5년간 다음 각 목의 어느 하나에 해당하는 사람

   가. 「도로교통법」 제93조제1항제1호부터 제4호까지에 해당하여 운전면허가 취소된 사람

   나. 「도로교통법」 제43조를 위반하여 운전면허를 받지 아니하거나 운전면허의 효력이 정지된 상태로 같은 법 제2조제21호에 따른 자동차등을 운전하여 벌금형 이상의 형을 선고받거나 같은 법 제93조제1항제19호에 따라 운전면허가 취소된 사람

   다. 운전 중 고의 또는 과실로 3명 이상이 사망(사고발생일부터 30일 이내에 사망한 경우를 포함한다)하거나 20명 이상의 사상자가 발생한 교통사고를 일으켜 「도로교통법」 제93조제1항제10호에 따라 운전면허가 취소된 사람

4. 제8조제1항제3호에 따른 시험일 전 또는 같은 항 제4호에 따른 교육일 전 3년간 「도로교통법」 제93조제1항제5호 및 제5호의2에 해당하여 운전면허가 취소된 사람

제9조의2(화물자동차 운수사업의 운전업무 종사의 제한) ① 다음 각 호의 어느 하나에 해당하는 사람은 제8조에 따른 화물운송 종사자격의 취득에도 불구하고 「생활물류서비스산업발전법」 제2조제3호가목에 따른 택배서비스사업의 운전업무에는 종사할 수 없다.

1. 다음 각 목의 어느 하나에 해당하는 죄를 범하여 금고 이상의 실형을 선고받고 그 집행이 끝나거나(집행이 끝난 것으로 보는 경우를 포함한다) 면제된 날부터 최대 20년의 범위에서 범죄의 종류, 죄질, 형기의 장단 및 재범위험성 등을 고려하여 대통령령으로 정하는 기간이 지나지 아니한 사람
   가. 「특정강력범죄의 처벌에 관한 특례법」 제2조제1항 각 호에 따른 죄
   나. 「특정범죄 가중처벌 등에 관한 법률」 제5조의2, 제5조의4, 제5조의5, 제5조의9 및 제11조에 따른 죄
   다. 「마약류 관리에 관한 법률」에 따른 죄
   라. 「성폭력범죄의 처벌 등에 관한 특례법」 제2조제1항제2호부터 제4호까지, 제3조부터 제9조까지 및 제15조(제14조의 미수범은 제외한다)에 따른 죄
   마. 「아동·청소년의 성보호에 관한 법률」 제2조제2호에 따른 죄
2. 제1호에 따른 죄를 범하여 금고 이상의 형의 집행유예를 선고받고 그 유예기간 중에 있는 사람

② 국토교통부장관 또는 시·도지사는 제1항에 따른 범죄경력을 확인하기 위하여 필요한 정보에 한정하여 경찰청장에게 범죄경력자료의 조회를 요청할 수 있다.

제10조(화물자동차 운전자 채용 기록의 관리) ① 운송사업자는 화물자동차의 운전자를 채용할 때에는 근무기간 등 운전경력증명서의 발급을 위하여 필요한 사항을 기록·관리하여야 한다. **1**

② 제48조 및 제50조에 따라 설립된 협회 및 연합회(이하 "사업자단체"라 한다)는 제1항에 따른 근무기간 등을 기록·관리하는 일 등에 필요한 업무를 국토교통부령으로 정하는 바에 따라 행할 수 있다.

제4조의10(화물자동차 운수사업의 운전업무 종사의 제한) ② 법 제9조의2제1항제1호 각 목 외의 부분에서 "대통령령으로 정하는 기간"이란 다음 각 호의 기간을 말한다.

1. 「특정강력범죄의 처벌에 관한 특례법」 제2조제1항 각 호에 따른 죄 : 20년
2. 「특정범죄 가중처벌 등에 관한 법률」 제5조의2, 제5조의4, 제5조의5, 제5조의9(제4항은 제외한다) 및 제11조에 따른 죄 : 20년
3. 「특정범죄 가중처벌 등에 관한 법률」 제5조의9제4항에 따른 죄 : 6년
4. 「마약류 관리에 관한 법률」 제58조부터 제60조까지의 규정에 따른 죄 : 20년
5. 「마약류 관리에 관한 법률」 제61조제1항 각 호에 따른 죄 및 같은 조 제3항에 따른 그 각 미수죄(같은 조 제1항제2호, 제3호 및 제9호의 미수범은 제외한다) : 10년
6. 「마약류 관리에 관한 법률」 제61조제2항에 따른 죄 및 같은 조 제3항에 따른 그 각 미수죄(같은 조 제1항제2호, 제3호 및 제9호의 미수범은 제외한다) : 15년
7. 「마약류 관리에 관한 법률」 제62조제1항 각 호에 따른 죄 및 같은 조 제3항에 따른 그 각 미수죄 : 6년
8. 「마약류 관리에 관한 법률」 제62조제2항에 따른 죄 및 같은 조 제3항에 따른 그 각 미수죄 : 9년

제19조(화물자동차 운전자의 관리) ① 운송사업자는 화물자동차 운전자를 채용하거나 채용된 화물자동차 운전자가 퇴직하였을 때에는 그 명단(개인화물자동차 운송사업자가 화물자동차를 직접 운전하는 경우에는 운송사업자 본인의 명단을 말한다)을 채용 또는 퇴직한 날이 속하는 달의 다음 달 10일까지 협회에 제출해야 하며, 협회는 이를 종합해서 제출받은 달의 말일까지 연합회에 보고해야 한다. **1**

② 제1항에 따른 운전자 명단에는 운전자의 성명·생년월일과 운전면허의 종류·취득일 및 화물운송 종사자격의 취득일을 분명히 밝혀야 한다.

③ 운송사업자는 폐업을 하게 되었을 때에는 화물자동차 운전자의 경력에 관한 기록 등 관련 서류를 협회에 이관하여야 한다. **1**

⑤ 협회는 개인화물자동차 운송사업자의 화물자동차를 운전하는 사람에 대한 경력증명서 발급에 필요한 사항을 기록·관리하고, 운송사업자로부터 경력증명서 발급을 요청받은 경우 경력증명서를 발급해야 한다. **1**

9. 「마약류 관리에 관한 법률」 제63조제1항 각 호에 따른 죄 및 같은 조 제3항에 따른 그 각 미수죄(같은 조 제1항제2호부터 제5호까지, 제11호 및 제12호에 따른 죄의 미수범에 한정한다) : 4년

10. 「마약류 관리에 관한 법률」 제63조제2항에 따른 죄 및 같은 조 제3항에 따른 그 각 미수죄(같은 조 제2항에 따른 죄의 미수범에 한정한다) : 6년

11. 「마약류 관리에 관한 법률」 제64조 각 호에 따른 죄 : 2년

12. 「성폭력범죄의 처벌 등에 관한 특례법」 제2조제1항제2호부터 제4호까지, 제3조부터 제9조까지 및 제15조(제14조의 미수범은 제외한다)에 따른 죄 : 20년

13. 「아동·청소년의 성보호에 관한 법률」 제2조제2호에 따른 죄 : 20년

⑥ 운송사업자는 매 분기 말 현재 화물자동차 운전자의 취업 현황을 별지 제14호서식에 따라 다음 분기 첫 달 5일까지 협회에 통지하여야 하며, 협회는 이를 종합하여 그 다음 달 말일까지 시·도지사 및 연합회에 보고하여야 한다.

⑦ 연합회는 제1항 및 제6항에 따른 기록의 유지·관리를 위하여 전산정보처리조직을 운영하여야 한다.

제10조의2(화물자동차 운전자의 교통안전 기록·관리) ① 국토교통부장관은 화물자동차의 안전운전을 확보하기 위하여 화물자동차 운전자의 교통사고, 교통법규 위반사항 및 제9조의2제1항에 따른 범죄경력을 기록·관리하여야 한다. 이 경우 국토교통부장관은 경찰청장에게 필요한 자료의 제공 등 협조를 요청할 수 있다. ◪

② 제1항에 따라 협조요청을 받은 경찰청장은 특별한 사정이 없으면 그 요청에 따라야 한다.

③ 국토교통부장관은 국토교통부령으로 정하는 화물자동차 운전자의 인명사상사고 및 교통법규 위반사항에 대하여는 해당 시·도지사 및 사업자단체에 그 내용을 제공하여야 한다. 다만, 제9조의2제1항에 따른 범죄경력에 대하여는 필요한 경우에 한정하여 시·도지사에게 그 내용을 제공할 수 있다. ◪

규칙 제20조(화물자동차 운전자의 교통안전 관리 등) ① 한국교통안전공단은 법 제10조의2제1항에 따라 매월 화물자동차 운전자의 교통사고, 교통법규 위반사항 및 범죄경력을 경찰청장에게 확인하여 그에 관한 기록을 별지 제14호의2서식 및 별지 제14호의4서식에 따라 관리하여야 한다.

② 법 제10조의2제3항에서 "국토교통부령으로 정하는 화물자동차 운전자의 인명사상사고 및 교통법규 위반사항"이란 다음 각 호의 어느 하나에 해당하는 것을 말한다.

1. 영 별표 1 제2호러목에 해당하는 인명사상사고

2. 「교통사고처리특례법」 제3조제2항 단서에 해당하는 교통법규 위반

3. 별표 3의2 제4호 및 제7호에 따른 인명사상사고 또는 교통법규 위반

4. 법 제8조제1항에 따른 자격요건을 갖추지 아니한 사람이 운송사업자의 화물을 운송하다가 발생한 인명사상사고

④ 국토교통부장관은 제1항에 따른 기록·관리를 위하여 사업자단체 또는 운송사업자에게 제10조에 따라 기록·관리하는 자료를 요청할 수 있다. 이 경우 사업자단체 또는 운송사업자는 특별한 사유가 없으면 지체 없이 자료를 제공하여야 한다.

③ 시·도지사는 법 제10조의2제3항 단서에 따라 한국교통안전공단이 관리하는 범죄경력을 제공받으려면 범죄경력자료를 요청하려는 운수종사자의 성명, 주민등록번호, 운송형태 등 필요한 자료를 제공해야 한다.

④ 법 제10조의2제4항에 따라 한국교통안전공단으로부터 자료 제공을 요청받은 법 제10조제2항에 따른 사업자단체 또는 운송사업자는 그 요청받은 날부터 10일 이내에 별지 제14호의3서식에 따라 해당 자료를 제출하여야 한다.

제11조(운송사업자의 준수사항) ① 운송사업자는 허가받은 사항의 범위에서 사업을 성실하게 수행하여야 하며, 부당한 운송조건을 제시하거나 정당한 사유 없이 운송계약의 인수를 거부하거나 그 밖에 화물운송 질서를 현저하게 해치는 행위를 하여서는 아니 된다. **1**

② 운송사업자는 화물자동차 운전자의 과로를 방지하고 안전운행을 확보하기 위하여 운전자를 과도하게 승차근무하게 하여서는 아니 된다.

③ 운송사업자는 제2조제3호 후단에 따른 화물의 기준에 맞지 아니하는 화물을 운송하여서는 아니 된다.

④ 운송사업자는 고장 및 사고차량 등 화물의 운송과 관련하여「자동차관리법」에 따른 자동차관리사업자와 부정한 금품을 주고받아서는 아니 된다.

⑤ 운송사업자는 해당 화물자동차 운송사업에 종사하는 운수종사자가 제12조에 따른 준수사항을 성실히 이행하도록 지도·감독하여야 한다.

⑥ 운송사업자는 화물운송의 대가로 받은 운임 및 요금의 전부 또는 일부에 해당하는 금액을 부당하게 화주, 다른 운송사업자 또는 화물자동차 운송주선사업을 경영하는 자에게 되돌려주는 행위를 하여서는 아니 된다.

⑦ 운송사업자는 택시(「여객자동차 운수사업법」 제3조제1항제2호에 따른 구역 여객자동차운송사업에 사용되는 승용자동차를 말한다) 요금미터기의 장착 등 국토교통부령으로 정하는 택시 유사표시행위를 하여서는 아니 된다. **1**

⑧ 운송사업자는 운임 및 요금과 운송약관을 영업소 또는 화물자동차에 갖추어 두고 이용자가 요구하면 이를 내보여야 한다.

규칙 제21조(운송사업자의 준수사항) 법 제11조제1항 및 제24항에 따른 화물운송 질서 확립, 화물자동차 운송사업의 차고지 이용 및 운송시설에 관한 사항과 그 밖에 수송의 안전 및 화주의 편의를 위하여 운송사업자가 준수해야 할 사항은 다음 각 호와 같다.

2. 개인화물자동차 운송사업자의 경우 주사무소가 있는 특별시·광역시·특별자치시 또는 도와 이와 맞닿은 특별시·광역시·특별자치시 또는 도 외의 지역에 상주하여 화물자동차 운송사업을 경영하지 아니할 것 **1**

3. 밤샘주차(0시부터 4시까지 사이에 하는 1시간 이상의 주차를 말한다)하는 경우에는 다음 각 목의 어느 하나에 해당하는 시설 및 장소에서만 할 것

   가. 해당 운송사업자의 차고지

   나. 다른 운송사업자의 차고지

   다. 공영차고지

   라. 화물자동차 휴게소

   마. 화물터미널

   바. 그 밖에 지방자치단체의 조례로 정하는 시설 또는 장소

4. 최대적재량 1.5톤 이하의 화물자동차의 경우에는 주차장, 차고지 또는 지방자치단체의 조례로 정하는 시설 및 장소에서만 밤샘주차할 것 **2**

5. 신고한 운임 및 요금 또는 화주와 합의된 운임 및 요금이 아닌 부당한 운임 및 요금을 받지 아니할 것

6. 화주로부터 부당한 운임 및 요금의 환급을 요구받았을 때에는 환급할 것 **2**

7. 신고한 운송약관을 준수할 것

⑬ 위·수탁차주나 개인 운송사업자에게 화물운송을 위탁한 운송사업자는 해당 위·수탁차주나 개인 운송사업자가 요구하면 화물적재요청자와 화물의 종류·중량 및 운임 등 국토교통부령으로 정하는 사항을 적은 화물위탁증을 내주어야 한다. 다만, 운송사업자가 최대 적재량 1.5톤 이상의 「자동차관리법」에 따른 화물자동차를 소유한 위·수탁차주나 개인 운송사업자에게 화물운송을 위탁하는 경우 국토교통부령으로 정하는 화물을 제외하고는 화물위탁증을 발급하여야 하며, 위·수탁차주나 개인 운송사업자는 화물위탁증을 수령하여야 한다.

⑭ 운송사업자는 제16조제1항에 따라 화물자동차 운송사업을 양도·양수하는 경우에는 양도·양수에 소요되는 비용을 위·수탁차주에게 부담시켜서는 아니 된다. ◼

⑮ 운송사업자는 위·수탁차주가 현물출자한 차량을 위·수탁차주의 동의 없이 타인에게 매도하거나 저당권을 설정하여서는 아니 된다. 다만, 보험료 납부, 차량 할부금 상환 등 위·수탁차주가 이행하여야 하는 차량관리 의무의 해태로 인하여 운송사업자의 채무가 발생하였을 경우에는 위·수탁차주에게 저당권을 설정한다는 사실을 사전에 통지하고 그 채무액을 넘지 아니하는 범위에서 저당권을 설정할 수 있다. ◼

⑯ 운송사업자는 제40조제3항에 따른 위·수탁계약으로 차량을 현물출자 받은 경우에는 위·수탁차주를 「자동차관리법」에 따른 자동차등록원부에 현물출자자로 기재하여야 한다. ◼

⑰ 운송사업자는 위·수탁차주가 다른 운송사업자와 동시에 1년 이상의 운송계약을 체결하는 것을 제한하거나 이를 이유로 불이익을 주어서는 아니 된다. ◼

⑱ 운송사업자는 제11조의2에 따라 화물운송을 위탁하는 경우 「도로법」 제77조 또는 「도로교통법」 제39조에 따른 기준을 위반하는 화물의 운송을 위탁하여서는 아니 된다.

⑲ 운송사업자는 제11조의2제5항에 따라 운송가맹사업자의 화물정보망이나 「물류정책기본법」 제38조에 따라 인증 받은 화물정보망을 통하여 위탁 받은 물량을 재위탁하는 등 화물운송질서를 문란하게 하는 행위를 하여서는 아니 된다.

⑳ 운송사업자는 적재된 화물이 떨어지지 아니하도록 국토교통부령으로 정하는 기준 및 방법에 따라 덮개·포장·고정장치 등 필요한 조치를 하여야 한다.

8. 사업용 화물자동차의 바깥쪽에 일반인이 알아보기 쉽도록 해당 운송사업자의 명칭(개인 화물자동차 운송사업자인 경우에는 그 화물자동차 운송사업의 종류를 말한다)을 표시할 것. 이 경우 「자동차관리법 시행규칙」 별표 1에 따른 밴형 화물자동차를 사용해서 화주와 화물을 함께 운송하는 사업자는 "화물"이라는 표기를 한국어 및 외국어(영어, 중국어 및 일본어)로 표시할 것 ◼

9. 화물자동차 운전자의 취업 현황 및 퇴직 현황을 보고하지 아니하거나 거짓으로 보고하지 아니할 것

10. 교통사고로 인한 손해배상을 위한 대인보험이나 공제사업에 가입하지 아니한 상태로 화물자동차를 운행하거나 그 가입이 실효된 상태로 화물자동차를 운행하지 아니할 것

11. 적재물배상보험등에 가입하지 아니한 상태로 화물자동차를 운행하거나 그 가입이 실효된 상태로 화물자동차를 운행하지 아니할 것

12. 화물자동차(영 제5조의2에 따른 차령 이상의 화물자동차는 제외한다)를 「자동차관리법」 제43조제1항제2호에 따른 정기검사 또는 같은 법 제43조의2에 따른 자동차종합검사를 받지 않은 상태로 운행하거나 운행하게 하지 않을 것

14. 화물자동차 운전자에게 차 안에 화물운송 종사자격증명을 게시하고 운행하도록 할 것

16. 화물자동차 운전자에게 「자동차 및 자동차부품의 성능과 기준에 관한 규칙」 제56조에 따른 운행기록장치가 설치된 운송사업용 화물자동차를 그 장치 또는 기기가 정상적으로 작동되는 상태에서 운행하도록 할 것

18. 개인화물자동차 운송사업자는 자기 명의로 운송계약을 체결한 화물에 대하여 다른 운송사업자에게 수수료나 그 밖의 대가를 받고 그 운송을 위탁하거나 대행하게 하는 등 화물운송 질서를 문란하게 하는 행위를 하지 말 것

19. 제6조제3항에 따라 허가를 받은 자는 집화등 외의 운송을 하지 말 것

20. 「자동차관리법 시행규칙」 별표 1에 따른 구난형 특수자동차를 사용하여 고장·사고차량을 운송하는 운송사업자의 경우 고장·사고차량 소유자 또는 운전자의 의사에 반하여 구난을 지시하거나 구난하지 아니할 것. 다만, 다음 각 목의 어느 하나에 해당하는 경우는 제외한다.

㉑ 제3조제7항제1호다목에 따라 같은 조 제1항의 허가 또는 같은 조 제3항의 변경허가를 받은 운송사업자는 허가 또는 변경허가의 조건을 위반하여 다른 사람에게 차량이나 그 경영을 위탁하여서는 아니 된다. **1**

㉒ 운송사업자는 제59조제1항에 따라 화물자동차의 운전업무에 종사하는 운수종사자가 교육을 받는 데에 필요한 조치를 하여야 하며, 그 교육을 받지 아니한 화물자동차의 운전업무에 종사하는 운수종사자를 화물자동차 운수사업에 종사하게 하여서는 아니 된다.

㉓ 운송사업자는 「자동차관리법」 제35조를 위반하여 전기·전자장치(최고속도제한장치에 한정한다)를 무단으로 해체하거나 조작해서는 아니 된다.

㉔ 국토교통부장관은 제1항부터 제23항까지의 준수사항 외에 다음 각 호의 사항을 국토교통부령으로 정할 수 있다.

    1. 화물자동차 운송사업의 차고지 이용과 운송시설에 관한 사항

    2. 그 밖에 수송의 안전과 화주의 편의를 도모하기 위하여 운송사업자가 지켜야 할 사항

가. 고장·사고차량 소유자 또는 운전자가 사망·중상 등으로 의사를 표현할 수 없는 경우

나. 교통의 원활한 흐름 또는 안전 등을 위하여 경찰공무원이 차량의 이동을 명한 경우

21. 「자동차관리법 시행규칙」 별표 1에 따른 구난형 특수자동차를 사용하여 고장·사고차량을 운송하는 운송사업자는 차량의 소유자 또는 운전자로부터 최종 목적지까지의 총 운임·요금에 대하여 별지 제15호서식에 따른 구난동의를 받은 후 운송을 시작하고, 운수종사자로 하여금 운송하게 하는 경우에는 구난동의를 받은 후 운송을 시작하도록 지시할 것. 다만, 다음 각 목에 따른 특별한 사정이 있는 경우에는 다음 각 목에서 정하는 기준에 따른다.

가. 고장·사고차량이 주·정차 금지구역에 있는 경우 : 다음의 순서에 따른 통지 및 구난동의를 받을 것

    1) 운송을 시작하기 전에 주·정차 가능 구역까지의 운임·요금에 대해 차량의 소유자 또는 운전자에게 구두 또는 서면으로 통지할 것

    2) 주·정차 가능 구역에서 1)에 따른 운임·요금을 포함한 최종 목적지까지의 총 운임·요금에 대하여 별지 제15호서식에 따른 구난동의를 받을 것

나. 고장·사고차량의 소유자 또는 운전자의 사망·중상 등 부득이한 사유가 있는 경우 : 구난동의 및 통지 생략 가능

22. 「자동차관리법 시행규칙」 별표 1에 따른 밴형 화물자동차를 사용하여 화주와 화물을 함께 운송하는 운송사업자는 운송을 시작하기 전에 화주에게 구두 또는 서면으로 총 운임·요금을 통지하거나 소속 운수종사자로 하여금 통지하도록 지시할 것

23. 휴게시간 없이 2시간 연속운전한 운수종사자에게 15분 이상의 휴게시간을 보장할 것. 다만, 다음 각 목의 어느 하나에 해당하는 경우에는 1시간까지 연장운행을 하게 할 수 있으며 운행 후 30분 이상의 휴게시간을 보장해야 한다.

가. 운송사업자 소유의 다른 화물자동차가 교통사고, 차량고장 등의 사유로 운행이 불가능하여 이를 일시적으로 대체하기 위하여 수송력 공급이 긴급히 필요한 경우

나. 천재지변이나 이에 준하는 비상사태로 인하여 수송력 공급을 긴급히 증가할 필요가 있는 경우

다. 교통사고, 차량고장 또는 교통정체 등 불가피한 사유로 2시간 연속운전 후 휴게시간 확보가 불가능한 경우

24. 화물자동차 운전자가 「도로교통법」 제46조의3을 위반해서 난폭운전을 하지 않도록 운행 관리를 할 것 **1**

25. 「자동차관리법 시행규칙」 별표 1에 따른 밴형 화물자동차를 사용해 화주와 화물을 함께 운송하는 사업자는 법 제12조제1항제5호의 행위를 하거나 소속 운수종사자로 하여금 같은 호의 행위를 하도록 지시하지 말 것

26. 위·수탁계약서에 명시된 금전 외의 금전을 위·수탁차주에게 요구하지 않을 것

제11조의2(운송사업자의 직접운송 의무 등) ① 국토교통부령으로 정하는 운송사업자는 화주와 운송계약을 체결한 화물에 대하여 국토교통부령으로 정하는 비율 이상을 해당 운송사업자에게 소속된 **차량으로 직접 운송하여야 한다. 다만, 국토교통부령으로 정하는 차량으로 운송하는 경우에는 이를 직접 운송한 것으로 본다. **1**

② 운송사업자는 제1항에 따라 직접 운송하는 화물 이외의 화물에 대하여 다음 각 호의 자 외의 자에게 운송을 위탁하여서는 아니 된다.

   1. 다른 운송사업자

   2. 다른 운송사업자에게 소속된 위·수탁차주 **1**

③ 다른 운송사업자나 운송주선사업자로부터 화물운송을 위탁받은 운송사업자와 운송가맹사업자로부터 화물운송을 위탁받은 운송사업자(운송가맹점인 운송사업자만 해당한다)는 해당 운송사업자에게 **소속된 차량으로** 직접 화물을 운송하여야 한다. 다만, 다른 운송사업자나 운송주선사업자로부터 화물운송을 위탁받은 운송사업자가 제1항 단서에 따른 국토교통부령으로 정하는 차량으로 운송하는 경우에는 이를 직접 운송한 것으로 본다. **1**

④ 운송사업자가 운송주선사업을 동시에 영위하는 경우에도 제1항 본문에 따른 직접운송 규정을 적용한다.

⑤ 운송사업자(제3항에 따른 다른 운송사업자나 운송주선사업자로부터 화물운송을 위탁받은 운송사업자를 포함한다)가 국토교통부령으로 정하는 바에 따라 운송가맹사업자의 **화물정보망**이나 「물류정책기본법」 제38조에 따라 인증 받은 화물정보망을 이용하여 운송을 위탁하면 직접 운송한 것으로 본다. **2**

규칙 제21조의5(운송사업자의 직접운송의무 등) ① 법 제11조의2제1항에 따라 **일반화물자동차 운송사업자는 연간 운송계약 화물의 100분의 50 이상을 직접 운송하여야 한다.** 다만, 사업기간이 1년 미만인 경우에는 신규허가를 받은 날 또는 휴업 후 사업개시일부터 그 해의 12월 31일까지의 운송계약 화물을 기준으로 한다. **5**

② 법 제11조의2제1항 단서에서 "국토교통부령으로 정하는 차량"이란 다음 각 호의 어느 하나에 해당하는 차량을 말한다.

   1. 제1항에 따른 운송사업자와 1년 이상 운송계약을 체결하고 그 계약에 따른 운송횟수[법 제47조의2제3항]에 따른 화물운송실적관리시스템에 입력된 운송완료 횟수를 말하되, 1일 1회 이상인 경우에는 1일 1회로 계산한다. 이하 이 조 및 제44조의2제2항에서 같다]가 연간 96회 이상인 다른 운송사업자 소속의 화물자동차 **1**

   2. 제1항에 따른 운송사업자와 1년 이상 운송계약을 체결하였으나 다음 각 목의 어느 하나에 해당하는 사유로 인하여 그 계약에 따른 운송횟수가 연간 96회 미만인 다른 운송사업자 소속의 화물자동차

      가. 화물자동차의 운전자가 사망·질병 또는 국외 체류 등의 사유로 화물운송을 할 수 없는 경우

      나. 천재지변, 화재 또는 그 밖에 불가항력적인 사유로 화물운송을 할 수 없는 경우

③ 제1항의 규정에도 불구하고 법 제11조의2제4항에 따라 운송사업자가 운송주선사업을 동시에 영위하는 경우에는 연간 운송계약 및 운송주선계약 화물의 100분의 30 이상을 직접 운송하여야 한다. 다만, 사업기간이 1년 미만인 경우는 제1항 단서를 준용한다. **4**

④ 법 제11조의2제5항에 따른 직접운송의 인정기준은 위탁운송 화물의 100분의 80에서 100분의 100의 범위에서 국토교통부장관이 정하여 고시하는 기준에 따른다. **2**

제12조(운수종사자의 준수사항) ① 화물자동차 운송사업에 종사하는 운수종사자는 다음 각 호의 어느 하나에 해당하는 행위를 하여서는 아니 된다.

1. 정당한 사유 없이 화물을 중도에서 내리게 하는 행위
2. 정당한 사유 없이 화물의 운송을 거부하는 행위
3. 부당한 운임 또는 요금을 요구하거나 받는 행위
4. 고장 및 사고차량 등 화물의 운송과 관련하여 자동차관리사업자와 부정한 금품을 주고받는 행위 ❶
5. 일정한 장소에 오랜 시간 정차하여 화주를 호객하는 행위 ❶
6. 문을 완전히 닫지 아니한 상태에서 자동차를 출발시키거나 운행하는 행위 ❶
7. 택시 요금미터기의 장착 등 국토교통부령으로 정하는 택시 유사표시행위 ❶
8. 제11조제20항에 따른 조치를 하지 아니하고 화물자동차를 운행하는 행위
9. 「자동차관리법」 제35조를 위반하여 전기 · 전자장치(최고속도제한장치에 한정한다)를 무단으로 해체하거나 조작하는 행위

② 국토교통부장관은 제1항에 따른 준수사항 외에 안전운행을 확보하고 화주의 편의를 도모하기 위하여 운수종사자가 지켜야 할 사항을 국토교통부령으로 정할 수 있다.

규칙 제22조(운수종사자의 준수사항) 법 제12조제2항에 따른 안전운행의 확보와 화주의 편의를 도모하기 위하여 운수종사자가 준수하여야 할 사항은 다음 각 호와 같다.

3. 운행하기 전에 일상점검 및 확인을 할 것
4. 「자동차관리법 시행규칙」 별표 1에 따른 구난형 특수자동차를 사용하여 고장 · 사고차량을 운송하는 운수종사자의 경우 고장 · 사고차량 소유자 또는 운전자의 의사에 반하여 구난하지 아니할 것. 다만, 다음 각 목의 어느 하나에 해당하는 경우는 제외한다.
   가. 고장 · 사고차량 소유자 또는 운전자가 사망 · 중상 등으로 의사를 표현할 수 없는 경우
   나. 교통의 원활한 흐름 또는 안전 등을 위하여 경찰공무원이 차량의 이동을 명한 경우
5. 「자동차관리법 시행규칙」 별표 1에 따른 구난형 특수자동차를 사용하여 고장 · 사고차량을 운송하는 운수종사자는 차량의 소유자 또는 운전자로부터 최종 목적지까지의 총 운임 · 요금에 대하여 별지 제15호서식에 따른 구난동의를 받은 후 운송을 시작할 것. 다만, 다음 각 목에 따른 특별한 사정이 있는 경우에는 다음 각 목에서 정하는 기준에 따른다.
   가. 고장 · 사고차량이 주 · 정차 금지구역에 있는 경우 : 다음의 순서에 따른 통지 및 구난동의를 받을 것
      1) 운송을 시작하기 전에 주 · 정차 가능 구역까지의 운임 · 요금에 대해 차량의 소유자 또는 운전자에게 구두 또는 서면으로 통지할 것
      2) 주 · 정차 가능 구역에서 1)에 따른 운임 · 요금을 포함한 최종 목적지까지의 총 운임 · 요금에 대하여 별지 제15호서식에 따른 구난동의를 받을 것
   나. 고장 · 사고차량의 소유자 또는 운전자의 사망 · 중상 등 부득이한 사유가 있는 경우 : 구난동의 및 통지 생략 가능
6. 휴게시간 없이 2시간 연속운전한 후에는15분 이상의 휴게시간을 가질 것. 다만, 제21조제23호 각 목의 어느 하나에 해당하는 경우에는 1시간까지 연장운행을 할 수 있으며 운행 후 30분 이상의 휴게시간을 가져야 한다.
7. 「도로교통법」 제49조제1항제10호, 제11호 및 제11호의2의 준수사항을 위반해서 운전 중 휴대용 전화를 사용하거나 영상표시장치를 시청 · 조작 등을 하지 말 것

제12조의2(운행 중인 화물자동차에 대한 조사 등) ① 국토교통부장관은 공공의 안전 유지 및 교통사고의 예방을 위하여 필요하다고 인정되는 경우에는 다음 각 호의 사항을 확인하기 위하여 관계 공무원, 「자동차관리법」 제73조의2제1항에 따른 자동차 안전단속원 또는 「도로법」 제77조제4항에 따른 운행제한단속원(이하 이 조에서 "관계공무원등"이라 한다)에게 운행 중인 화물자동차를 조사하게 할 수 있다.

    1. 제11조제20항 또는 제12조제1항제8호를 위반하여 덮개·포장·고정장치 등 필요한 조치를 하지 아니하였는지 여부

    2. 제11조제23항 또는 제12조제1항제9호를 위반하여 전기·전자장치(최고속도 제한장치에 한정한다)를 무단으로 해체하거나 조작하였는지 여부

② 운행 중인 화물자동차를 소유한 운송사업자 또는 해당 차량을 운전하는 운수종사자는 정당한 사유 없이 제1항에 따른 조사를 거부·또는 기피하여서는 아니 된다.

③ 제1항에 따라 조사를 하는 관계공무원등은 그 권한을 표시하는 증표를 지니고 이를 운행 중인 화물자동차를 소유한 운송사업자 또는 해당 차량을 운전하는 운수종사자에게 보여주어야 한다.

④ 그 밖에 제1항에 따른 조사에 필요한 사항은 국토교통부령으로 정한다.

제13조(개선명령) 국토교통부장관은 안전운행을 확보하고, 운송 질서를 확립하며, 화주의 편의를 도모하기 위하여 필요하다고 인정되면 운송사업자에게 다음 각 호의 사항을 명할 수 있다.

    1. 운송약관의 변경

    2. 화물자동차의 구조변경 및 운송시설의 개선

    3. 화물의 안전운송을 위한 조치

    4. 제35조에 따른 적재물배상보험등의 가입과 「자동차손해배상 보장법」에 따라 운송사업자가 의무적으로 가입하여야 하는 보험·공제에 가입

    5. 제40조제3항에 따른 위·수탁계약에 따라 운송사업자 명의로 등록된 차량의 자동차등록번호판이 훼손 또는 분실된 경우 위·수탁차주의 요청을 받은 즉시 「자동차관리법」 제10조제3항에 따른 등록번호판의 부착 및 봉인을 신청하는 등 운행이 가능하도록 조치

영 제4조의11(개선명령) 법 제13조제8호에서 "대통령령으로 정하는 사항"이란 운송사업자가 법 제40조제3항에 따른 계약을 체결하면서 정당한 사유 없이 같은 조 제4항 전단에 따른 사항을 계약서에 명시하지 아니하거나 같은 조 제5항에 따른 위·수탁계약의 기간을 준수하지 아니하는 경우 그 위반사항을 시정하도록 하는 조치를 말한다.

6. 제40조제3항에 따른 위·수탁계약에 따라 운송사업자 명의로 등록된 차량의 노후, 교통사고 등으로 대폐차가 필요한 경우 위·수탁차주의 요청을 받은 즉시 운송사업자가 대폐차 신고 등 절차를 진행하도록 조치

7. 제40조제3항에 따른 위·수탁계약에 따라 운송사업자 명의로 등록된 차량의 사용본거지를 다른 시·도로 변경하는 경우 즉시 자동차등록번호판의 교체 및 봉인을 신청하는 등 운행이 가능하도록 조치

8. 그 밖에 화물자동차 운송사업의 개선을 위하여 필요한 사항으로 대통령령으로 정하는 사항

제14조(업무개시 명령) ① 국토교통부장관은 운송사업자나 운수종사자가 정당한 사유 없이 집단으로 화물운송을 거부하여 화물운송에 커다란 지장을 주어 국가경제에 매우 심각한 위기를 초래하거나 초래할 우려가 있다고 인정할 만한 상당한 이유가 있으면 그 운송사업자 또는 운수종사자에게 **업무개시**를 명할 수 있다. **4**

② 국토교통부장관은 제1항에 따라 운송사업자 또는 운수종사자에게 업무개시를 명하려면 국무회의의 심의를 거쳐야 한다. **1**

③ 국토교통부장관은 제1항에 따라 업무개시를 명한 때에는 구체적 이유 및 향후 대책을 국회 소관 상임위원회에 보고하여야 한다. **2**

④ 운송사업자 또는 운수종사자는 정당한 사유 없이 제1항에 따른 명령을 거부할 수 없다. **1**

제16조(화물자동차 운송사업의 양도와 양수 등) ① 화물자동차 운송사업을 양도·양수하려는 경우에는 국토교통부령으로 정하는 바에 따라 **양수인**은 **국토교통부장관**에게 신고하여야 한다. **3**

② 운송사업자인 법인이 서로 합병하려는 경우(운송사업자인 법인이 운송사업자가 아닌 법인을 흡수 합병하는 경우는 제외한다)에는 국토교통부령으로 정하는 바에 따라 합병으로 존속하거나 신설되는 법인은 국토교통부장관에게 신고하여야 한다. **1**

③ 국토교통부장관은 제1항 또는 제2항에 따른 신고를 받은 날부터 5일 이내에 신고 수리 여부를 신고인에게 통지하여야 한다.

참조 **규칙 제23조(사업의 양도·양수 신고 등)** ① 법 제16조제1항에 따라 화물자동차 운송사업의 양도·양수 신고를 하려는 자는 별지 제16호서식의 양도·양수 신고서를 관할관청에 제출하여야 한다. 이 경우 양도·양수 신고서를 받은 관할관청은 양도인의 관할관청과 양도인 및 양수인의 관할 협회에 그 사실을 통지하여야 한다.

② 제1항의 양도·양수 신고서에는 다음 각 호의 서류를 첨부하여야 한다. 이 경우 관할관청은 「전자정부법」 제36조제1항에 따른 행정정보의 공동이용을 통하여 법인 등기사항증명서(양수인이 법인에 해당하나 운송사업자가 아닌 경우만 해당한다)를 확인하여야 한다.

　1. 양도·양수계약서 사본
　2. 양수인이 법 제4조 각 호의 결격사유에 해당하지 아니함을 증명하는 서류(양수인이 운송사업자가 아닌 경우만 해당한다)

④ 국토교통부장관이 제3항에서 정한 기간 내에 신고수리 여부 또는 민원 처리 관련 법령에 따른 처리기간의 연장 여부를 신고인에게 통지하지 아니하면 그 기간이 끝난 날의 다음 날에 신고를 수리한 것으로 본다.

⑤ 국토교통부장관은 화물자동차의 지역 간 수급균형과 화물운송시장의 안정과 질 서유지를 위하여 국토교통부령으로 정하는 바에 따라 제1항과 제2항에 따른 화물자동차 운송사업의 양도·양수와 합병을 제한할 수 있다. **2**

⑥ 제1항 또는 제2항에 따른 신고가 있으면 화물자동차 운송사업을 양수한 자는 화물자동차 운송사업을 양도한 자의 운송사업자로서의 지위를 승계하며, 합병으로 설립되거나 존속되는 법인은 합병으로 소멸되는 법인의 운송사업자로서의 지위를 승계한다.

⑦ 제1항 또는 제2항의 양수인, 합병으로 존속하거나 신설되는 법인의 결격사유에 관하여는 제4조를 준용한다.

⑧ 제1항 또는 제2항에 따른 신고가 있으면 화물자동차 운송사업을 양도한 자와 위·수탁계약을 체결한 위·수탁차주는 그 동일한 내용의 위·수탁계약을 화물자동차 운송사업을 양수한 자와 체결한 것으로 보며, 합병으로 소멸되는 법인과 위·수탁계약을 체결한 위·수탁차주는 그 동일한 내용의 위·수탁계약을 합병으로 존속하거나 신설되는 법인과 체결한 것으로 본다.

⑨ 다음 각 호의 어느 하나에 해당하는 운송사업자는 그 사업을 양도할 수 없다.
　1. 제3조제7항제1호나목에 따라 같은 조 제1항의 허가를 받은 운송사업자
　2. 제3조제7항제1호다목에 따라 같은 조 제1항의 허가 또는 같은 조 제3항에 따른 변경허가를 받은 운송사업자

3. 양도인 또는 양수인이 법인인 경우에는 화물자동차 운송사업의 양도 또는 양수에 관한 그 법인의 의사결정을 증명하는 서류
4. 별지 제2호서식의 차고지 설치 확인서. 다만, 양도·양수계약서 사본 등으로 차고지의 양도·양수가 확인되는 경우는 제외한다.
5. 양수된 차량을 이용하여 화물자동차 운수사업의 운전업무에 종사하려는 사람의 화물운송 종사자격증 또는 화물운송 종사자격증명 사본
6. 법 제40조제1항에 따라 화물자동차 운송사업의 일부를 위탁받은 자의 동의서(화물자동차 운송사업의 전부를 양도하는 경우에는 해당 운송사업자와 위·수탁계약을 체결한 위·수탁차주 2분의 1 이상의 동의서)

③ 화물자동차 운송사업의 양도는 해당 화물자동차 운송사업의 전부를 대상으로 한다. 다만, 허가기준대수 이상을 소유한 운송사업자가 허가기준대수를 초과하는 부분을 다음 각 호의 어느 하나에 해당하는 자에게 양도하는 경우에는 그 초과대수만을 대상으로 할 수 있다.
　1. 주사무소가 양도인의 주사무소와 같은 시·도 내에 있는 같은 업종의 다른 운송사업자. 이 경우 세종특별자치시와 충청남도는 하나의 같은 시·도로 본다.
　2. 법 제40조제1항에 따라 자기 운송사업의 일부를 위탁받은 자

④ 법 제16조제1항 및 제3항에 따라 화물자동차 운송사업의 양도·양수를 위하여는 다음 각 호의 구분에 따른 날부터 2년의 기간이 지나야 한다. 다만, 제6조제3항에 따라 허가를 받은 자를 제외한 개인화물자동차 운송사업자는 6개월의 기간이 지나야 한다.
　1. 화물자동차 운송사업 허가를 받은 자 : 그 허가를 받은 날. 다만, 법률 제7100호「화물자동차 운수사업법 일부개정법률」부칙 제3조제2항에 따른 위·수탁차주에 대한 허가로 인하여 차량을 충당한 경우는 그 차량 충당의 변경신고일로 한다.
　2. 화물자동차 운송사업을 양수한 자 : 양도·양수신고일

⑤ 제6조제3항에 따라 허가를 받은 자가 제4항에 따라 양도할 때에는 해당 관할관청이 관할하는 지역에서 집화등만을 하고 있거나 하려는 자에게만 양도하여야 한다. 다만, 지역 간 수급 균형과 화물운송시장의 안정과 질서유지를 위해 관할관청 간에 사전합의가 있는 경우에는 다른 관할관청이 관할하는 지역으로 양도할 수 있다.

⑥ 제4항에도 불구하고 다음 각 호의 어느 하나에 해당하는 경우에는 제4항에 따른 양도금지의 기간제한을 받지 아니하고 양도할 수 있다. 다만, 제6조제3항에 따라 허가를 받은 자는 그러하지 아니하다.
　2. 「물류정책기본법」제38조에 따라 인증받은 우수물류기업(운송사업자만 해당한다)에게 양도하는 경우

3. 개인화물자동차 운송사업자가 다음 각 목의 어느 하나에 해당하는 사유로 운전할 수 없는 경우
    가. 질병으로 6개월 이상 직접 운전할 수 없는 경우
    나. 해외이주에 따라 국내에서 운전할 수 없는 경우
4. 그 밖에 화물운송실적, 화물운수서비스, 경영상태 등을 종합적으로 고려하여 국토교통부장관이 정하여 고시하는 우수운송사업자에게 양도하는 경우
5. 운송사업의 양수를 통해 별표 1의 허가기준 대수를 충족하게 되는 일반화물자동차 운송사업자에게 양도하는 경우
⑦ 법 제16조제5항에 따라 법 제3조제12항에 따른 임시허가를 받은 화물자동차 운송사업은 양도·양수의 대상에서 제외한다.

제17조(화물자동차 운송사업의 상속) ① 운송사업자가 사망한 경우 상속인이 그 화물자동차 운송사업을 계속하려면 피상속인이 사망한 후 90일 이내에 국토교통부장관에게 신고하여야 한다. ❷

② 국토교통부장관은 제1항에 따른 신고를 받은 날부터 5일 이내에 신고수리 여부를 신고인에게 통지하여야 한다. ❶

③ 국토교통부장관이 제2항에서 정한 기간 내에 신고수리 여부 또는 민원 처리 관련 법령에 따른 처리기간의 연장 여부를 신고인에게 통지하지 아니하면 그 기간이 끝난 날의 다음 날에 신고를 수리한 것으로 본다. ❶

④ 상속인이 제1항의 신고를 하면 피상속인이 사망한 날부터 신고한 날까지 피상속인에 대한 화불자동차 운송사업의 허가는 상속인에 대한 허가로 본다. ❶

⑤ 제1항에 따라 신고한 상속인은 피상속인의 운송사업자로서의 지위를 승계한다.

⑥ 제1항의 상속인의 결격사유에 관하여는 제4조를 준용한다. 다만, 상속인이 피상속인의 사망일부터 3개월 이내에 그 화물자동차 운송사업을 다른 사람에게 양도하면 피상속인의 사망일부터 양도일까지 피상속인에 대한 화물자동차 운송사업의 허가는 상속인에 대한 허가로 본다. ❶

제18조(화물자동차 운송사업의 휴업 및 폐업 신고) ① 운송사업자가 화물자동차 운송사업의 전부 또는 일부를 휴업하거나 화물자동차 운송사업의 전부를 폐업하려면 국토교통부령으로 정하는 바에 따라 미리 국토교통부장관에게 신고하여야 한다. **2**

② 제1항에 따른 신고가 신고서의 기재사항 및 첨부서류에 흠이 없고, 법령 등에 규정된 형식상의 요건을 충족하는 경우에는 신고서가 **접수기관에 도달된** 때에 신고 의무가 이행된 것으로 본다. **1**

③ 운송사업자가 화물자동차 운송사업의 전부 또는 일부를 휴업하거나 화물자동차 운송사업의 전부를 폐업하려면 미리 그 취지를 영업소나 그 밖에 일반 공중이 보기 쉬운 곳에 게시하여야 한다. **2**

규칙 제26조(사업의 휴업 · 폐업 신고) ① 법 제18조제1항에 따라 화물자동차 운송사업의 휴업 또는 폐업 신고를 하려는 자는 별지 제19호서식의 사업 휴업 또는 폐업 신고서를 관할관청에 제출하여야 한다.

② 제1항의 사업 휴업 또는 폐업 신고서에는 다음 각 호의 서류를 첨부하여야 한다.

    1. 사업을 폐업하려는 자가 법인인 경우에는 사업 폐업에 관한 그 법인의 의사결정을 증명하는 서류

    2. 법 제40조제1항에 따라 화물자동차 운송사업의 일부를 위탁받은 자의 동의서(화물자동차 운송사업의 일부를 휴업하거나 폐업하는 경우만 해당한다)

③ 관할관청은 제1항에 따라 화물자동차 운송사업의 휴업 또는 폐업 신고를 받은 경우 그 사실을 관할 협회에 통지하여야 한다. **1**

제19조(화물자동차 운송사업의 허가취소 등) ① 국토교통부장관은 운송사업자가 다음 각 호의 어느 하나에 해당하면 그 허가를 취소하거나 6개월 이내의 기간을 정하여 그 사업의 전부 또는 일부의 정지를 명령하거나 감차 조치를 명할 수 있다. 다만, 제1호 · 제5호 또는 제13호의 경우에는 그 허가를 취소하여야 한다. **3**

    1. 부정한 방법으로 제3조제1항에 따른 허가를 받은 경우

    1의2. 허가를 받은 후 6개월간의 운송실적이 국토교통부령으로 정하는 기준에 미달한 경우 **1**

    2. 부정한 방법으로 제3조제3항에 따른 변경허가를 받거나, 변경허가를 받지 아니하고 허가사항을 변경한 경우 **1**

    3. 제3조제7항에 따른 기준을 충족하지 못하게 된 경우

    4. 제3조제9항에 따른 신고를 하지 아니하였거나 거짓으로 신고한 경우

    4의2. 화물자동차 소유 대수가 2대 이상인 운송사업자가 제3조제11항에 따른 영업소 설치 허가를 받지 아니하고 주사무소 외의 장소에서 상주하여 영업한 경우 **1**

    4의3. 제3조제14항에 따른 조건 또는 기한을 위반한 경우

제5조(화물자동차 운송사업의 허가취소 등의 기준) ① 법 제19조제1항에 따른 허가취소, 사업정지처분 또는 감차 조치 명령은 다음 각 호의 구분에 따라 별표 1의 기준에 따라 해야 한다. 이 경우 별표 1 제2호차목20의 위반행위에 대한 처분의 세부 기준은 국토교통부령으로 정한다.

    1. 허가취소 : 화물자동차 운송사업의 허가취소

    2. 감차 조치 : 화물자동차의 감차를 수반하는 허가사항의 변경

    3. 위반차량 감차 조치 : 위반행위와 직접 관련된 화물자동차(위반행위와 직접 관련된 화물자동차가 없는 경우에는 위반행위를 한 운송사업자의 다른 화물자동차를 말한다)에 대한 감차 조치

    4. 사업 전부정지 : 화물자동차 운송사업 전부의 정지

제27조(처분기준) 영 제5조제1항 후단의 운송사업자에 대한 행정처분의 세부 기준은 별표 2와 같다.

5. 제4조 각 호의 어느 하나에 해당하게 된 경우. 다만, 법인의 임원 중 제4조 각 호의 어느 하나에 해당하는 자가 있는 경우에 3개월 이내에 그 임원을 개임하면 허가를 취소하지 아니한다. **1**

6. 화물운송 종사자격이 없는 자에게 화물을 운송하게 한 경우 **1**

7. 제11조에 따른 준수사항을 위반한 경우

7의2. 제11조의2에 따른 직접운송 의무 등을 위반한 경우

7의4. 1대의 화물자동차를 본인이 직접 운전하는 운송사업자, 운송사업자가 채용한 운수종사자 또는 위·수탁차주가 제12조제1항제5호를 위반하여 제70조에 따른 과태료 처분을 1년 동안 3회 이상 받은 경우

8. 정당한 사유 없이 제13조에 따른 개선명령을 이행하지 아니한 경우 **1**

9. 정당한 사유 없이 제14조에 따른 업무개시 명령을 이행하지 아니한 경우

9의2. 제16조제9항을 위반하여 사업을 양도한 경우

10. 이 조에 따른 사업정지처분 또는 감차 조치 명령을 위반한 경우

11. 중대한 교통사고 또는 빈번한 교통사고로 1명 이상의 사상자를 발생하게 한 경우 **2**

12. 제44조의2제1항에 따라 보조금의 지급이 정지된 자가 그 날부터 5년 이내에 다시 같은 항 각 호의 어느 하나에 해당하게 된 경우

12의2. 제47조의2제1항에 따른 신고를 하지 아니하였거나 거짓으로 신고한 경우

12의3. 제47조의2제2항에 따른 기준을 충족하지 못하게 된 경우

13. 화물자동차 교통사고와 관련하여 거짓이나 그 밖의 부정한 방법으로 보험금을 청구하여 금고 이상의 형을 선고받고 그 형이 확정된 경우 **2**

14. 대통령령으로 정하는 연한 이상의 화물자동차를 「자동차관리법」 제43조제1항제2호에 따른 정기검사 또는 같은 법 제43조2에 따른 자동차종합검사를 받지 아니한 상태로 운행하거나 운행하게 한 경우

② 제1항제11호에 따른 중대한 교통사고와 빈번한 교통사고의 범위는 대통령령으로 정한다.

5. 사업 일부정지 : 화물자동차의 5분의 1(이 경우 소수점 이하의 수는 버린다. 다만, 5분의 1에 해당하는 화물자동차의 대수가 1 미만인 경우에는 이를 1대로 본다)에 대한 사용정지

6. 위반차량 운행정지 : 위반행위와 직접 관련된 화물자동차(위반행위와 직접 관련된 화물자동차가 없는 경우에는 위반행위를 한 운송사업자의 다른 화물자동차를 말한다)의 사용정지

② 제1항에서 규정한 사항 외에 허가취소 등의 방법 및 절차 등에 관하여 필요한 사항은 국토교통부령으로 정한다.

제5조의2(화물자동차 운소사업의 화물자동차 연한 기준) ① 법 제19조제1항제14에서 "대통령령으로 정하는 연한"이란 차령 13년을 말한다.

② 제1항에 따른 차령의 기산일은 「자동차관리법 시행령」 제3조에 따른다.

제6조(중대한 교통사고 등의 범위) ① 법 제19조제2항에 따른 중대한 교통사고는 다음 각 호의 어느 하나에 해당하는 사유로 별표 1 제2호·개별기준의 제18호가목에 따른 사상자가 발생한 경우로 한다.

1. 「교통사고처리 특례법」 제3조제2항 단서에 해당하는 사유

2. 화물자동차의 정비불량

3. 화물자동차의 전복 또는 추락. 다만, 운수종사자에게 귀책사유가 있는 경우만 해당한다.

제28조(허가취소 등의 방법 및 절차) ① 관할관청은 법 제19조제1항 각 호의 위반행위를 적발하였을 때에는 특별한 사유가 없으면 적발한 날부터 30일 이내에 처분을 하여야 한다. 다만, 위반행위와 관련된 화물자동차가 자기 관할이 아닌 경우에는 적발한 날부터 5일 이내에 별지 제20호서식에 따른 적발통보서를 관할관청에 통지하여야 한다.

② 관할관청은 법 제19조제1항 및 영 제5조에 따라 허가취소, 감차 조치, 사업 전부정지, 사업 일부정지 또는 위반차량 운행정지 처분을 하였을 때에는 해당 화물자동차에 대하여 법 제20조제1항에 따라 자동차등록증과 자동차등록번호판을 반납하도록 하여야 한다.

③ 제1항에 따른 허가취소·사업정지 처분 또는 감차 조치 명령의 기준과 절차, 그 밖에 필요한 사항은 대통령령으로 정한다.

② 법 제19조제2항에 따른 빈번한 교통사고는 사상자가 발생한 교통사고가 별표 1 제2호 개별기준의 제18호나목에 따른 교통사고지수 또는 교통사고 건수에 이르게 된 경우로 한다.

③ 관할관청은 법 제19조제1항 및 영 제5조에 따라 사업 전부정지, 사업 일부정지 또는 위반차량 운행정지 처분을 하였을 때에는 처분기간 동안 별지 제21호서식의 처분 화물자동차 표시증을 해당 화물자동차의 앞면 유리창에 붙이도록 하여야 한다.

④ 관할관청은 법 제19조제1항 및 영 제5조에 따라 허가취소, 감차 조치, 사업 전부정지, 사업 일부정지 또는 위반차량 운행정지 처분을 하였을 때에는 그 사실을 연합회에 통지하여야 하며, 별지 제22호서식의 화물자동차 행정처분 기록카드에 그 사실을 기록하여 5년간 보존하여야 한다.

⑤ 연합회는 제4항에 따라 관할관청으로부터 처분 결과를 통지받았을 때에는 운송사업자별로 처분내용을 기록하여 관리하여야 하며, 관할관청이 법 제4조제5호에 해당하는지를 조회하는 경우에는 지체 없이 응하여야 한다.

⑥ 제4항의 화물자동차 행정처분 기록카드는 전자적 처리가 불가능한 특별한 사유가 없으면 전자적 처리가 가능한 방법으로 작성하여 관리하여야 한다.

제28조의2(운송실적 기준) 법 제19조제1항 제1호의2에서 "국토교통부령으로 정하는 기준"이란 국토교통부장관이 매년 고시하는 연간 시장평균운송매출액(화물자동차의 종류별 연평균 운송매출액의 합계액을 말한다)의 100분의 5 이상에 해당하는 운송매출액을 말한다. **1**

제20조(자동차 사용의 정지) ① 운송사업자는 다음 각 호의 어느 하나에 해당하면 해당 화물자동차의 자동차등록증과 자동차등록번호판을 국토교통부장관에게 반납하여야 한다. **1**

    1. 제18조제1항에 따라 화물자동차 운송사업의 휴업 · 폐업신고를 한 경우 **1**

    2. 제19조제1항에 따라 허가취소 또는 사업정지처분을 받은 경우

    3. 감차를 목적으로 허가사항을 변경한 경우(제19조제1항에 따른 감차 조치 명령에 따른 경우를 포함한다)

    4. 제3조제12항에 따른 임시허가 기간이 만료된 경우

② 국토교통부장관은 다음 각 호의 어느 하나에 해당하면 제1항에 따라 반납받은 자동차등록증과 자동차등록번호판을 해당 운송사업자에게 되돌려 주어야 한다. **1**

    1. 제18조제1항에 따라 신고한 휴업기간이 끝난 때

    2. 제19조제1항에 따른 사업정지기간이 끝난 때

③ 제2항에 따라 자동차등록번호판을 되돌려 받은 운송사업자는 이를 해당 화물자동차에 달고 시 · 도지사의 봉인을 받아야 한다.

제21조(과징금의 부과) ① 국토교통부장관은 운송사업자가 제19조제1항 각 호의 어느 하나에 해당하여 사업정지처분을 하여야 하는 경우로서 그 사업정지처분이 해당 화물자동차 운송사업의 이용자에게 심한 불편을 주거나 그 밖에 공익을 해칠 우려가 있으면 대통령령으로 정하는 바에 따라 **사업정지처분을 갈음하여 2천만원 이하의 과징금을 부과·징수할 수 있다.** ▮

② 제1항에 따라 과징금을 부과하는 위반행위의 종류·정도 등에 따른 과징금의 금액과 그 밖에 필요한 사항은 대통령령으로 정한다.

③ 국토교통부장관은 제1항에 따라 과징금 부과처분을 받은 자가 과징금을 정한 기한에 내지 아니하면 국세 체납처분의 예에 따라 징수한다. ▮

④ 제1항에 따라 징수한 과징금은 다음 각 호 외의 용도로는 사용(보조 또는 융자를 포함한다)할 수 없다.

1. 화물 터미널의 건설과 확충

2. 공동차고지(사업자단체, 운송사업자 또는 운송가맹사업자가 운송사업자 또는 운송가맹사업자에게 공동으로 제공하기 위하여 설치하거나 임차한 차고지를 말한다)의 건설과 확충

3. 경영개선이나 그 밖에 화물에 대한 정보 제공사업 등 화물자동차 운수사업의 발전을 위하여 필요한 사업

4. 제60조의2제1항에 따른 신고포상금의 지급

⑤ 국토교통부장관은 국토교통부령으로 정하는 바에 따라 과징금으로 징수한 금액의 운용계획을 수립·시행하여야 한다.

제22조(청문) 국토교통부장관은 다음 각 호의 어느 하나에 해당하는 처분을 하려면 청문을 하여야 한다.

2. 제19조제1항에 따른 화물자동차 운송사업의 허가 취소

3. 제23조제1항에(같은 항 제7호의 사유에 따른 취소는 제외한다)에 따른 화물운송 종사자격의 취소

4. 제27조에 따른 화물자동차 운송주선사업의 허가 취소 ▮

5. 제32조에 따른 화물자동차 운송가맹사업의 허가 취소

제8조(과징금의 납부) ① 국토교통부장관은 제7조에 따라 위반행위를 한 자에게 과징금을 부과하려면 그 위반행위의 종류와 해당 과징금의 금액을 명시하여 이를 낼 것을 서면으로 통지(과징금 부과대상자가 원하는 경우에는 전자문서에 의한 통지를 포함한다)하여야 한다.

② 제1항에 따라 통지를 받은 자는 국토교통부령으로 정하는 수납기관에 납부통지일부터 30일 이내에 과징금을 내야 한다. ▮

③ 제2항에 따라 과징금을 받은 수납기관은 과징금을 낸 자에게 과징금 영수증을 내주어야 한다.

④ 수납기관은 제3항에 따라 과징금 영수증을 내주었을 때에는 지체 없이 국토교통부장관에게 영수확인통지서를 송부하여야 한다.

제32조(과징금의 수납기관) 영 제8조제2항에서 "국토교통부령으로 정하는 수납기관"이란 「은행법」에 따른 은행 및 우체국을 말한다.

제33조(과징금의 운용계획 수립 등) ① 국토교통부장관 또는 관할관청은 법 제21조제5항(법 제28조 및 제33조에서 준용하는 경우를 포함한다)에 따라 매년 10월 31일까지 다음 해의 과징금운용계획을 수립하여 시행하여야 한다.

② 시·도지사는 전년도의 과징금 부과 실적, 징수 실적 및 사용 실적을 매년 3월 31일까지 국토교통부장관에게 제출하여야 한다.

제23조(화물운송 종사자격의 취소) ① 국토교통부장관은 화물운송 종사자격을 취득한 자가 다음 각 호의 어느 하나에 해당하면 그 자격을 취소하거나 6개월 이내의 기간을 정하여 그 자격의 효력을 정지시킬 수 있다. 다만, 제1호·제2호·제5호·제6호·제7호·제9호 및 제10호의 경우에는 그 자격을 취소하여야 한다. **1**

　　1. 제9조제1호에서 준용하는 제4조 각 호의 어느 하나에 해당하게 된 경우

　　2. 거짓이나 그 밖의 부정한 방법으로 화물운송 종사자격을 취득한 경우

　　3. 제14조제4항을 위반한 경우

　　4. 화물운송 중에 고의나 과실로 교통사고를 일으켜 사람을 사망하게 하거나 다치게 한 경우 **1**

　　5. 제8조제3항을 위반하여 화물운송 종사자격증을 다른 사람에게 빌려준 경우

　　6. 화물운송 종사자격 정지기간 중에 화물자동차 운수사업의 운전 업무에 종사한 경우

　　7. 화물자동차를 운전할 수 있는 「도로교통법」에 따른 운전면허가 취소된 경우

　　7의2. 「도로교통법」 제46조의3을 위반하여 같은 법 제93조제1항제5호의2에 따라 화물자동차를 운전할 수 있는 운전면허가 정지된 경우

　　8. 제12조제1항제3호·제7호 및 제9호를 위반한 경우

　　9. 화물자동차 교통사고와 관련하여 거짓이나 그 밖의 부정한 방법으로 보험금을 청구하여 금고 이상의 형을 선고받고 그 형이 확정된 경우

　　10. 제9조의2제1항을 위반한 경우

② 제1항에 따른 처분의 기준 및 절차에 필요한 사항은 국토교통부령으로 정한다.

참조 **규칙 제33조의2(화물운송 종사자격의 취소 등)** ① 법 제23조제2항에 따른 화물운송 종사자격의 취소 및 효력정지의 처분기준은 별표 3의2와 같다.

② 관할관청은 화물운송 종사자격의 효력정지 처분을 하는 경우에는 위반행위의 동기·횟수 등을 고려하여 제1항에 따른 처분기준 일수의 2분의 1의 범위 에서 줄이거나 늘릴 수 있다. 다만, 늘리는 경우에는 위반행위를 한 날을 기준으로 최근 1년 이내에 같은 위반행위를 2회 이상 한 경우만 해당한다.

③ 관할관청은 화물운송 종사자격의 취소 또는 효력정지 처분을 하였을 때에는 그 사실을 처분 대상자, 한국교통안전공단 및 협회에 각각 통지하고 처분 대상자에게 화물운송 종사자격증 및 화물운송 종사자격증명을 반납하게 하여야 한다.

④ 관할관청은 화물운송 종사자격의 효력정지기간이 끝났을 때에는 제3항에 따라 반납받은 화물운송 종사자격증 및 화물운송 종사자격증명을 해당 화물자동차 운전자에게 반환하여야 한다.

⑤ 한국교통안전공단은 제3항에 따라 화물운송 종사자격 취소처분사실을 통보받았을 때에는 화물운송 종사자격등록을 말소하고 화물운송 종사자격등록대장에 그 말소 사실을 적어야 한다.

제3장 화물자동차 운송주선사업

제24조(화물자동차 운송주선사업의 허가 등) ① 화물자동차 운송주선사업을 경영하려는 자는 국토교통부령으로 정하는 바에 따라 국토교통부장관의 허가를 받아야 한다. 다만, 제29조제1항에 따라 화물자동차 운송가맹사업의 허가를 받은 자는 허가를 받지 아니한다. **2**

② 제1항 본문에 따라 화물자동차 운송주선사업의 허가를 받은 자(이하 "운송주선사업자"라 한다)가 허가사항을 변경하려면 국토교통부령으로 정하는 바에 따라 **국토교통부장관에게 신고하여야 한다.** 4

③ 국토교통부장관은 제2항에 따른 변경신고를 받은 날부터 5일 이내에 신고수리 여부를 신고인에게 통지하여야 한다. 1

④ 국토교통부장관이 제3항에서 정한 기간 내에 신고수리 여부 또는 민원 처리 관련 법령에 따른 처리기간의 연장 여부를 신고인에게 통지하지 아니하면 그 기간이 끝난 날의 다음 날에 신고를 수리한 것으로 본다.

⑥ 제1항에 따른 화물자동차 운송주선사업의 허가기준은 다음과 같다.

　　1. 국토교통부장관이 화물의 운송주선 수요를 고려하여 고시하는 공급기준에 맞을 것

　　2. 사무실의 면적 등 국토교통부령으로 정하는 기준에 맞을 것

⑦ 운송주선사업자의 허가기준에 관한 사항의 신고에 관하여는 제3조제9항을 준용한다.

⑧ 운송주선사업자는 주사무소 외의 장소에서 상주하여 영업하려면 국토교통부령으로 정하는 바에 따라 국토교통부장관의 **허가**를 받아 영업소를 설치하여야 한다. 2

제25조(운송주선사업자의 명의이용 금지) 운송주선사업자는 자기 명의로 다른 사람에게 화물자동차 운송주선사업을 경영하게 할 수 없다. 6

제26조(운송주선사업자의 준수사항) ① 운송주선사업자는 자기의 명의로 운송계약을 체결한 화물에 대하여 그 계약금액 중 일부를 제외한 나머지 금액으로 다른 운송주선사업자와 재계약하여 이를 운송하도록 하여서는 아니 된다. 다만, 화물운송을 효율적으로 수행할 수 있도록 위·수탁차주나 개인 운송사업자에게 화물운송을 직접 위탁하기 위하여 다른 운송주선사업자에게 중개 또는 대리를 의뢰하는 때에는 그러하지 아니하다. 1

② 운송주선사업자는 화주로부터 중개 또는 대리를 의뢰받은 화물에 대하여 다른 운송주선사업자에게 수수료나 그 밖의 대가를 받고 중개 또는 대리를 의뢰하여서는 아니 된다. 5

규칙 제38조의3(운송주선사업자의 준수사항) 법 제26조제7항에 따라 화물운송 질서의 확립 및 화주의 편의를 위하여 운송주선사업자가 준수하여야 할 사항은 다음 각 호와 같다.

　　1. 신고한 운송주선약관을 준수할 것

　　2. 적재물배상보험 등에 가입한 상태에서 운송주선사업을 영위할 것 1

　　3. 자가용 화물자동차의 소유자 또는 사용자에게 화물운송을 주선하지 아니할 것

　　4. 허가증에 기재된 상호만 사용할 것 1

　　5. 운송주선사업자가 이사화물운송을 주선하는 경우 화물운송을 시작하기 전에 다음 각 목의 사항이 포함된 견적서 또는 계약서(전자문서를 포함한다)를 화주에게 발급할 것. 다만, 화주가 견적서 또는 계약서의 발급을 원하지 아니하는 경우는 제외한다.

④ 운송주선사업자는 운송사업자에게 화물의 종류·무게 및 부피 등을 거짓으로 통보하거나 「도로법」 제77조 또는 「도로교통법」 제39조에 따른 기준을 위반하는 화물의 운송을 주선하여서는 아니 된다. ❶

⑥ 운송주선사업자가 운송가맹사업자에게 화물의 운송을 주선하는 행위는 제1항 및 제2항에 따른 재계약·중개 또는 대리로 보지 아니한다. ❷

⑦ 제1항, 제2항, 제4항부터 제6항까지에서 규정한 사항 외에 화물운송질서의 확립 및 화주의 편의를 위하여 운송주선사업자가 지켜야 할 사항은 국토교통부령으로 정한다.

가. 운송주선사업자의 성명 및 연락처

나. 화주의 성명 및 연락처

다. 화물의 인수 및 인도 일시, 출발지 및 도착지

라. 화물의 종류, 수량

마. 운송 화물자동차의 종류 및 대수, 작업인원, 포장 및 정리 여부, 장비사용 내역

바. 운임 및 그 세부내역(포장 및 보관 등 부대서비스 이용 시 해당 부대서비스의 내용 및 가격을 포함한다)

6. 운송주선사업자가 이사화물 운송을 주선하는 경우에 포장 및 운송 등 이사 과정에서 화물의 멸실, 훼손 또는 연착에 대한 사고확인서를 발급할 것(화물의 멸실, 훼손 또는 연착에 대하여 사업자가 고의 또는 과실이 없음을 증명하지 못한 경우로 한정한다)

제26조의2(국제물류주선업자에 대한 운송주선사업자의 준수사항 등 적용) 「물류정책기본법」 제43조제1항에 따라 국제물류주선업을 등록한 자가 수출입화물의 국내 운송을 위하여 화물자동차 운송을 주선하는 때에는 운송주선사업자의 준수사항에 관하여 제26조를 적용한다.

제27조(화물자동차 운송주선사업의 허가취소 등) ① 국토교통부장관은 운송주선사업자가 다음 각 호의 어느 하나에 해당하면 그 허가를 취소하거나 6개월 이내의 기간을 정하여 그 사업의 정지를 명할 수 있다. 다만, 제1호·제2호 및 제9호의 경우에는 그 허가를 취소하여야 한다. ❶ 1. 제28조에서 준용하는 제4조 각 호의 어느 하나에 해당하게 된 경우. 다만, 법인의 임원 중 제4조 각 호의 어느 하나에 해당하는 자가 있는 경우 3개월 이내에 그 임원을 개임한 경우에는 취소하지 아니한다. 2. 거짓이나 그 밖의 부정한 방법으로 제24조제1항에 따른 허가를 받은 경우 3. 제24조제6항에 따른 허가기준을 충족하지 못하게 된 경우 4. 제24조제7항에 따른 신고를 하지 아니하거나 거짓으로 신고한 경우 4의2. 제24조제8항에 따른 영업소 설치 허가를 받지 아니하고 주사무소 외의 장소에서 상주하여 영업한 경우	**제9조(화물자동차 운송주선사업의 허가취소 등의 기준)** ① 법 제27조에 따른 허가취소 또는 사업정지처분의 기준은 별표 3과 같다. 이 경우 별표 3 제2호 개별기준의 제7호바목의 위반행위에 대한 처분의 세부 기준은 국토교통부령으로 정한다. ② 제1항에서 규정한 사항 외에 허가취소 등의 방법 및 절차 등에 관하여 필요한 사항은 국토교통부령으로 정한다.	**제39조의2(허가취소 등의 방법 및 절차)** ① 관할관청은 법 제27조제1항 각 호에 따른 위반행위를 적발하였을 때에는 특별한 사유가 없으면 적발한 날부터 30일 이내에 처분을 하여야 한다. ❶ ② 관할관청은 법 제27조제1항 및 영 제9조에 따라 허가취소 또는 사업 정지처분을 하였을 때에는 그 사실을 연합회에 통지하여야 하며, 별지 제26호서식의 화물자동차 운송주선사업 허가대장에 기록하여 5년간 보존하여야 한다.

5. 제25조를 위반한 경우

6. 제26조에 따른 준수사항을 위반한 경우

7. 제28조에서 준용하는 제11조(같은 조 제3항·제4항·제7항·제14항부터 제18항까지 및 제20항부터 제24항까지는 제외한다)에 따른 준수사항을 위반한 경우

8. 제28조에서 준용하는 제13조(같은 조 제2호 및 제5호부터 제7호까지는 제외한다)에 따른 개선명령을 이행하지 아니한 경우

8의2. 제47조의2제1항에 따른 신고를 하지 아니하였거나 거짓으로 신고한 경우

9. 이 조에 따른 사업정지명령을 위반하여 그 사업정지기간 중에 사업을 한 경우

② 제1항에 따른 허가취소 또는 사업정지처분의 기준·절차, 그 밖에 필요한 사항은 대통령령으로 정한다.

③ 연합회는 제2항에 따라 관할관청으로부터 처분 결과를 통지받았을 때에는 운송주선사업자별로 처분내용을 기록하여 관리하여야 하며, 관할관청이 법 제4조 제5호에 해당하는지를 조회하는 경우에는 지체 없이 응하여야 한다.

제39조의3(행정처분의 세부기준) 영 제9조의제1항 후단에 따른 운송주선사업자에 대한 행정처분의 세부기준은 별표 4의2와 같다.

제28조(준용 규정) 화물자동차 운송주선사업에 관하여는 제4조, 제6조, 제7조, 제11조(같은 조 제3항·제4항·제7항·제10항·제14항부터 제18항까지 및 제20항부터 제24항까지는 제외한다), 제12조(같은 조 제1항제4호는 제외한다), 제13조(같은 조 제2호 및 제5호부터 제7호까지는 제외한다), 제16조부터 제18조까지 및 제21조를 준용한다. 이 경우 "운송약관"은 "운송주선약관"으로, "운송사업자"는 "운송주선사업자"로 본다.

제4장 화물자동차 운송가맹사업 및 화물정보망

제29조(화물자동차 운송가맹사업의 허가 등) ① 화물자동차 운송가맹사업을 경영하려는 자는 국토교통부령으로 정하는 바에 따라 국토교통부장관에게 허가를 받아야 한다. **❷**

② 제1항에 따라 허가를 받은 운송가맹사업자는 허가사항을 변경하려면 국토교통부령으로 정하는 바에 따라 국토교통부장관의 변경허가를 받아야 한다. 다만, 대통령령으로 정하는 경미한 사항을 변경하려면 국토교통부령으로 정하는 바에 따라 국토교통부장관에게 신고하여야 한다. **❶**

제9조의2(운송가맹사업자의 허가사항 변경신고의 대상) 법 제29조제2항 단서에 따라 변경신고를 하여야 하는 사항은 다음 각 호와 같다.

1. 대표자의 변경(법인인 경우만 해당한다)

2. 화물취급소의 설치 및 폐지 **❷**

3. 화물자동차의 대폐차(화물자동차를 직접 소유한 운송가맹사업자만 해당한다)

제41조의2(사업 허가신청) ① 법 제29조제1항에 따라 화물자동차 운송가맹사업의 허가를 받으려는 자는 별지 제31호서식의 화물자동차 운송가맹사업 허가신청서를 국토교통부장관에게 제출하여야 한다.

③ 제1항 및 제2항 본문에 따른 화물자동차 운송가맹사업의 허가 또는 증차를 수반하는 변경허가의 기준은 다음과 같다.

1. 국토교통부장관이 화물의 운송수요를 고려하여 고시하는 공급기준에 맞을 것
2. 화물자동차의 대수(운송가맹점이 보유하는 화물자동차의 대수를 포함한다), 운송시설, 그 밖에 국토교통부령으로 정하는 기준에 맞을 것

④ 운송가맹사업자의 허가기준에 관한 사항의 신고에 관하여는 제3조제9항을 준용한다.

⑤ 운송가맹사업자는 주사무소 외의 장소에서 상주하여 영업하려면 국토교통부령으로 정하는 바에 따라 국토교통부장관의 허가를 받아 영업소를 설치하여야 한다. ❶

⑥ 국토교통부장관은 제1항, 제2항 또는 제5항에 따른 허가·변경허가의 신청을 받거나 변경신고를 받은 날부터 20일 이내에 허가 또는 신고수리 여부를 신청인에게 통지하여야 한다.

⑦ 국토교통부장관이 제6항에서 정한 기간 내에 허가 또는 신고수리 여부나 민원 처리 관련 법령에 따른 처리기간의 연장 여부를 신청인에게 통지하지 아니하면 그 기간이 끝난 날의 다음 날에 허가 또는 신고수리를 한 것으로 본다.

4. 주사무소·영업소 및 화물취급소의 이전 ❷
5. 화물자동차 운송가맹계약의 체결 또는 해제·해지 ❶

※ 상호의 변경은 허가사항 변경신고의 대상이 아니다.

② 제1항에 따른 화물자동차 운송가맹사업 허가신청서에는 다음 각 호의 서류를 첨부하여야 한다. 이 경우 국토교통부장관은 「전자정부법」 제36조제1항에 따른 행정정보의 공동이용을 통하여 법인 등기사항증명서(신청인이 법인인 경우만을 말한다)를 확인하여야 한다.

1. 주사무소·영업소 및 화물취급소의 명칭·위치 및 규모를 적은 서류
2. 주사무소 및 영업소에 배치하는 화물자동차의 대수·종류·차명·형식·연식 및 최대 적재량을 적은 서류(화물자동차를 직접 소유하는 경우만 해당한다)
4. 별지 제2호서식의 차고지 설치 확인서(화물자동차를 직접 소유하는 경우만 해당한다)
5. 화물자동차의 매매계약서·양도증명서 또는 「자동차등록규칙」 제27조제1항제2호에 따른 자동차제작증(화물자동차를 직접 소유하는 경우만 해당한다)
6. 화물자동차 운송가맹계약서 사본
7. 화물운송전산망을 설치하였음을 증명할 수 있는 서류

제30조(운송가맹사업자 및 운송가맹점의 역할 등) ① 운송가맹사업자는 화물자동차 운송가맹사업의 원활한 수행을 위하여 다음 각 호의 사항을 성실히 이행하여야 한다.

　　1. 운송가맹사업자의 직접운송물량과 운송가맹점의 운송물량의 공정한 배정

　　2. 효율적인 운송기법의 개발과 보급

　　3. 화물의 원활한 운송을 위한 화물정보망의 설치 · 운영 ■

② 운송가맹점은 화물자동차 운송가맹사업의 원활한 수행을 위하여 다음 각 호의 사항을 성실히 이행하여야 한다.

　　1. 운송가맹사업자가 정한 기준에 맞는 운송서비스의 제공(운송사업자 및 위 · 수탁차주인 운송가맹점만 해당된다) ■

　　2. 화물의 원활한 운송을 위한 차량 위치의 통지(운송사업자 및 위 · 수탁차주인 운송가맹점만 해당된다) ②

　　3. 운송가맹사업자에 대한 운송화물의 확보 · 공급(운송주선사업자인 운송가맹점만 해당된다) ■

③ 운송가맹사업자와 운송가맹점 간의 분쟁조정에 관하여는 제7조제3항부터 제6항까지의 규정을 준용한다. 이 경우 "화주"를 "운송가맹사업자 또는 운송가맹점"으로 본다.

제31조(개선명령) 국토교통부장관은 안전운행의 확보, 운송질서의 확립 및 화주의 편의를 도모하기 위하여 필요하다고 인정하면 운송가맹사업자에게 다음 각 호의 사항을 명할 수 있다. ■

　　1. 운송약관의 변경 ■

　　2. 화물자동차의 구조변경 및 운송시설의 개선 ■

　　3. 화물의 안전운송을 위한 조치 ■

　　4. 제34조에서 준용하는 「가맹사업거래의 공정화에 관한 법률」 제7조 · 제10조 · 제11조 및 제13조에 따른 정보공개서의 제공의무 등, 가맹금의 반환, 가맹계약서의 기재사항 등, 가맹계약의 갱신 등의 통지

　　5. 제35조에 따른 적재물배상보험등과 「자동차손해배상 보장법」에 따라 운송가맹사업자가 의무적으로 가입하여야 하는 보험 · 공제의 가입

■ 화물자동차 운수사업법 시행규칙 [별표 5]

화물자동차 운송가맹사업의 허가기준

항목	허가기준
허가기준 대수	50대 이상(운송가맹점이 소유하는 화물자동차 대수를 포함하되, 8개 이상의 시 · 도에 각각 5대 이상 분포되어야 한다) ■
사무실 및 영업소	영업에 필요한 면적 ■
최저보유차고면적	화물자동차 1대당 그 화물자동차의 길이와 너비를 곱한 면적(화물자동차를 직접 소유하는 경우만 해당한다) ■
화물자동차의 종류	규칙 제3조에 따른 화물자동차(화물자동차를 직접 소유하는 경우만 해당한다) ■
그 밖의 운송시설	화물정보망을 갖출 것 ■

※ 개선명령의 유형 중 '감차 조치'는 없다.

6. 그 밖에 화물자동차 운송가맹사업의 개선을 위하여 필요한 사항으로서 대통령령으로 정하는 사항

제32조(화물자동차 운송가맹사업의 허가취소 등) ① 국토교통부장관은 운송가맹사업자가 다음 각 호의 어느 하나에 해당하면 그 허가를 취소하거나 6개월 이내의 기간을 정하여 그 사업의 전부 또는 일부의 정지를 명하거나 감차 조치를 명할 수 있다. 다만, 제1호 및 제4호의 경우에는 그 허가를 취소하여야 한다.

1. 제33조에서 준용하는 제4조 각 호의 어느 하나에 해당하게 된 경우. 다만, 법인의 임원 중 제4조 각 호의 어느 하나에 해당하는 자가 있는 경우 3개월 이내에 그 임원을 개임하면 취소하지 아니한다.
2. 화물운송 종사자격이 없는 자에게 화물을 운송하게 한 경우
3. 제33조에서 준용하는 제14조에 따른 업무개시 명령을 정당한 사유 없이 이행하지 아니한 경우
4. 거짓이나 그 밖의 부정한 방법으로 제29조제1항에 따른 허가를 받은 경우 **❶**
5. 거짓이나 그 밖의 부정한 방법으로 제29조제2항에 따른 변경허가를 받은 경우
6. 제29조제3항에 따른 허가 또는 변경허가의 기준을 충족하지 못하게 된 경우
7. 제29조제4항에 따른 신고를 하지 아니하였거나 거짓으로 신고한 경우
7의2. 제29조제5항에 따른 영업소 설치 허가를 받지 아니하고 주사무소 외의 장소에서 상주하여 영업한 경우
8. 정당한 사유 없이 제31조에 따른 개선명령을 이행하지 아니한 경우
9. 제33조에서 준용하는 제11조 및 제25조(소속 운송가맹점에 자기의 영업표지를 사용하게 하는 경우는 제외한다)를 위반한 경우
10. 제34조에서 준용하는 「가맹사업거래의 공정화에 관한 법률」 제7조, 제9조부터 제11조까지, 제13조 및 제14조를 위반한 경우(제31조에 따라 개선명령을 받은 경우는 제외한다)
11. 이 조에 따른 사업정지명령 또는 감차 조치 명령을 위반한 경우
12. 중대한 교통사고 또는 빈번한 교통사고로 1명 이상의 사상자를 발생하게 한 경우

제9조의3(화물자동차 운송가맹사업의 허가취소 등의 기준) ① 법 제32조에 따른 허가취소·사업정지처분 또는 감차 조치 명령은 다음 각 호의 구분에 따라 별표 4의 기준에 따라 하여야 한다. 이 경우 별표 4 제2호 개별기준의 제10호파목의 위반행위에 대한 처분의 세부 기준은 국토교통부령으로 정한다.

1. 허가취소 : 화물자동차 운송가맹사업의 허가취소
2. 감차 조치 : 운송가맹사업자가 직접 소유한 화물자동차의 감차를 수반하는 허가사항의 변경
3. 위반차량 감차 조치 : 운송가맹사업자가 직접 소유한 화물자동차로서 위반행위와 직접 관련된 화물자동차(위반행위와 직접 관련된 화물자동차가 없는 경우에는 위반행위를 한 운송가맹사업자가 직접 소유한 다른 화물자동차를 말한다)에 대한 감차 조치
4. 사업 전부정지 : 화물자동차 운송가맹사업 전부의 정지
5. 사업 일부정지 : 운송가맹사업자가 직접 소유한 화물자동차 전부의 사용정지
6. 위반차량 운행정지 : 운송가맹사업자가 직접 소유한 화물자동차로서 위반행위와 직접 관련된 화물자동차(위반행위와 직접 관련된 화물자동차가 없는 경우에는 위반행위를 한 운송가맹사업자가 직접 소유한 다른 화물자동차를 말한다)의 사용정지

제41조의10(허가취소 등의 방법 및 절차) ① 국토교통부장관은 법 제32조제1항 각 호에 따른 위반행위를 적발하였을 때 또는 제2항에 따른 보고를 받았을 때에는 특별한 사유가 없으면 적발한 날 또는 보고를 받은 날부터 30일 이내에 처분을 하여야 한다.

② 시·도지사, 시장·군수 및 구청장은 운송가맹사업자의 위반행위를 적발한 경우에는 적발한 날부터 5일 이내에 그 사실을 별지 제20호서식의 적발보고서에 따라 국토교통부장관에게 보고하여야 한다.

제41조의9(처분기준) 영 제9조의3제1항 후단에 따른 운송가맹사업자에 대한 행정처분의 세부 기준은 별표 6과 같다.

13. 제44조의2제1항에 따라 보조금의 지급이 정지된 자가 그 날부터 5년 이내에 다시 같은 항 각 호의 어느 하나에 해당하게 된 경우

13의2. 제47조의2제1항에 따른 신고를 하지 아니하였거나 거짓으로 신고한 경우

14. 대통령령으로 정하는 연한 이상의 화물자동차를 「자동차관리법」 제43조제1항제2호에 따른 정기검사 또는 같은 법 제43조의2에 따른 자동차종합검사를 받지 아니한 상태로 운행하거나 운행하게 한 경우

② 제1항제12호에 따른 중대한 교통사고와 빈번한 교통사고의 범위는 대통령령으로 정한다.

③ 제1항에 따른 허가취소·사업정지 처분 또는 감차 조치 명령의 기준·절차, 그 밖에 필요한 사항은 대통령령으로 정한다.

② 제1항에서 규정한 사항 외에 허가취소 등의 방법 및 절차 등에 관하여 필요한 사항은 국토교통부령으로 정한다.

제9조의5(중대한 교통사고 등의 범위) 제32조제1항제12호에 따른 중대한 교통사고와 빈번한 교통사고의 범위에 대해서는 제6조를 준용한다. 이 경우 "별표 1 제2호러목1)"은 "별표 4 제2호자목1)"로, "별표 1 제2호러목2)"는 "별표 4 제2호자목2)"로 본다.

제33조(준용 규정) 화물자동차 운송가맹사업에 관하여는 제4조, 제5조, 제6조, 제7조, 제10조, 제10조의2, 제11조, 제11조의2, 제12조, 제12조의2, 제13조, 제14조, 제16조부터 제18조까지, 제20조, 제21조 및 제25조(소속 운송가맹점에 자기의 영업표지를 사용하게 하는 경우는 제외한다)를 준용한다. 이 경우 "운송약관"은 "운송가맹약관"으로, "운송사업자"는 "운송가맹사업자"로 본다.

제34조(「가맹사업거래의 공정화에 관한 법률」의 준용) 운송가맹사업자와 운송가맹점 간의 정보의 제공, 가맹금의 반환, 가맹계약 등에 관해서는 「가맹사업거래의 공정화에 관한 법률」 제7조, 제9조부터 제11조까지, 제13조 및 제14조를 준용한다. 이 경우 "가맹희망자"를 "운송가맹점으로 가입하려는 자"로, "가맹점사업자"를 "운송가맹점"으로 보고, "가맹본부", 같은 법 제7조제1항의 "가맹본부(가맹지역본부 또는 가맹중개인이 가맹점사업자를 모집하는 경우도 포함한다)" 및 같은 법 제7조제3항의 "가맹본부 또는 가맹본부로 구성된 사업자단체"를 각각 "운송가맹사업자"로 보며, 같은 법 제10조제1항에 따른 "제2조제6호가목 및 나목의 가맹금"을 "명칭이나 지급형태를 가리지 않고 운송가맹점으로 가입할 때 영업표지 사용허가의 대가로 운송가맹사업자에게 지급한 금전"으로 본다.

제34조의4(화물정보망 등의 이용) ① 운송사업자가 다른 운송사업자나 다른 운송사업자에게 소속된 위 · 수탁차주에게 화물운송을 위탁하는 경우에는 운송가맹사업자의 화물정보망이나 「물류정책기본법」 제38조에 따라 인증 받은 화물정보망을 **이용할 수 있다.** 2

② 운송주선사업자가 운송사업자나 위 · 수탁차주에게 화물운송을 위탁하는 경우에는 운송가맹사업자의 화물정보망이나 「물류정책기본법」 제38조에 따라 인증 받은 화물정보망을 이용할 수 있다. 1

제5장 적재물배상보험등의 가입 등

제35조(적재물배상보험등의 의무 가입) 다음 각 호의 어느 하나에 해당하는 자는 제7조제1항에 따른 손해배상 책임을 이행하기 위하여 대통령령으로 정하는 바에 따라 적재물배상 책임보험 또는 공제(이하 "적재물배상보험등"이라 한다)에 가입하여야 한다. 1

1. 최대 적재량이 5톤 이상이거나 총 중량이 10톤 이상인 화물자동차 중 국토교통부령으로 정하는 화물자동차를 소유하고 있는 운송사업자 2
2. 국토교통부령으로 정하는 화물을 취급하는 운송주선사업자 1
3. 운송가맹사업자

제9조의7(적재물배상 책임보험 등의 가입 범위) 법 제35조에 따라 적재물배상 책임보험 또는 공제에 가입하려는 자는 다음 각 호의 구분에 따라 사고 건당 2천만원[법 제24조제1항본문에 따라 화물자동차 운송주선사업의 허가를 받은 자(이하 "운송주선사업자"라 한다)가 이사화물운송만을 주선하는 경우에는 500만원] 이상의 금액을 지급할 책임을 지는 적재물배상보험등에 가입하여야 한다. 6

1. 운송사업자 : 각 화물자동차별로 가입
2. 운송주선사업자 : 각 **사업자별로 가입** 3
3. 운송가맹사업자 : 법 제35조제1호에 따른 화물자동차를 직접 소유한 자는 각 화물자동차별 및 각 사업자별로, 그 외의 자는 각 사업자별로 가입 1

제41조의13(적재물배상보험등의 가입 대상차량 등) ① 법 제35조제1호에서 "국토교통부령으로 정하는 화물자동차"란 제3조에 따른 화물자동차 중 일반형 · 밴형 및 특수용도형 화물자동차와 견인형 특수자동차를 말한다. 다만, 다음 각 호의 어느 하나에 해당하는 화물자동차는 **제외**한다.

1. 건축폐기물 · 쓰레기 등 경제적 가치가 없는 화물을 운송하는 차량으로서 국토교통부장관이 정하여 고시하는 화물자동차 2
2. 「대기환경보전법」 제2조제17호에 따른 배출가스저감장치를 차체에 부착함에 따라 총중량이 10톤 이상이 된 화물자동차 중 최대 적재량이 5톤 미만인 화물자동차 2

3. 특수용도형 화물자동차 중 「자동차관리법」 제2조제1호에 따른 피견인자동차 ③

② 법 제35조제2호에서 "국토교통부령으로 정하는 화물"이란 이사화물을 말한다. ②

③ 제1항 및 제2항에서 정한 사항 외에 적재물배상보험 의무가입과 관련하여 필요한 사항은 국토교통부장관이 정하여 고시한다.

제36조(적재물배상보험등 계약의 체결 의무) ① 「보험업법」에 따른 보험회사(적재물배상책임 공제사업을 하는 자를 포함한다)는 적재물배상보험등에 가입하여야 하는 자(이하 "보험등 의무가입자"라 한다)가 적재물배상보험등에 가입하려고 하면 대통령령으로 정하는 사유가 있는 경우 외에는 적재물배상보험등의 계약(이하 "책임보험계약등"이라 한다)의 체결을 거부할 수 없다. ②

② 보험등 의무가입자가 적재물사고를 일으킬 개연성이 높은 경우 등 국토교통부령으로 정하는 사유에 해당하면 제1항에도 불구하고 다수의 보험회사등이 공동으로 책임보험계약등을 체결할 수 있다. ②

규칙 제41조의14(책임보험계약등을 공동으로 체결할 수 있는 경우) 법 제36조제2항에서 "국토교통부령으로 정하는 사유"란 법 제36조제1항에 따른 보험등 의무가입자가 다음 각 호의 어느 하나에 해당하는 경우를 말한다.

1. 운송사업자의 화물자동차 운전자가 그 운송사업자의 사업용 화물자동차를 운전하여 과거 2년 동안 다음 각 목의 어느 하나에 해당하는 사항을 2회 이상 위반한 경력이 있는 경우 ②
   가. 「도로교통법」 제43조에 따른 무면허운전 등의 금지 ①
   나. 「도로교통법」 제44조제1항에 따른 술에 취한 상태에서의 운전금지 ②
   다. 「도로교통법」 제54조제1항에 따른 사고발생 시 조치의무 ①
2. 보험회사가 「보험업법」에 따라 허가를 받거나 신고한 적재물배상보험요율과 책임준비금 산출기준에 따라 손해배상책임을 담보하는 것이 현저히 곤란하다고 판단한 경우 ②

제37조(책임보험계약등의 해제) 보험등 의무가입자 및 보험회사등은 다음 각 호의 어느 하나에 해당하는 경우 외에는 책임보험계약등의 전부 또는 일부를 해제하거나 해지하여서는 아니 된다. ①

1. 제3조제3항 본문에 따라 화물자동차 운송사업의 허가사항이 변경(감차만을 말한다)된 경우 ①
2. 제18조제1항(제28조 및 제33조에서 준용하는 경우를 포함한다)에 따라 화물자동차 운송사업을 휴업하거나 폐업한 경우 ③

영 제9조의8(책임보험계약등을 해제·해지할 수 있는 사유) 법 제37조제9호에서 "대통령령으로 정하는 경우"란 「상법」 제650조제1항·제2항, 제651조 또는 제652조제1항에 따른 계약해제 또는 계약해지의 사유가 발생한 경우를 말한다.

3. 제19조제1항에 따라 화물자동차 운송사업의 허가가 취소되거나 감차 조치 명령을 받은 경우 **2**

4. 제27조제1항에 따라 화물자동차 운송주선사업의 허가가 취소된 경우 **1**

5. 제29조제2항 본문에 따라 화물자동차 운송가맹사업의 허가사항이 변경(감차만을 말한다)된 경우 **1**

6. 제32조제1항에 따라 화물자동차 운송가맹사업의 허가가 취소되거나 감차 조치 명령을 받은 경우 **1**

7. 적재물배상보험등에 이중으로 가입되어 하나의 책임보험계약등을 해제하거나 해지하려는 경우 **1**

8. 보험회사등이 파산 등의 사유로 영업을 계속할 수 없는 경우 **2**

9. 그 밖에 제1호부터 제8호까지의 규정에 준하는 경우로서 대통령령으로 정하는 경우

제38조(책임보험계약등의 계약 종료일 통지 등) ① 보험회사등은 자기와 책임보험계약등을 체결하고 있는 보험등 의무가입자에게 그 계약종료일 30일 전까지 그 계약이 끝난다는 사실을 알려야 한다. **1**

② 보험회사등은 자기와 책임보험계약등을 체결한 보험등 의무가입자가 그 계약이 끝난 후 새로운 계약을 체결하지 아니하면 그 사실을 지체 없이 국토교통부장관에게 알려야 한다. **1**

③ 제1항 및 제2항에 따른 통지의 방법·절차에 필요한 사항은 국토교통부령으로 정한다.

참조 **규칙 제41조의15(책임보험계약등의 계약 종료사실 통지)** ① 법 제38조제1항에 따라 법 제36조제1항에 따른 보험회사등은 자기와 법 제36조제1항에 따른 책임보험계약등을 체결하고 있는 자에게 계약기간이 종료된다는 사실을 해당 계약 종료일 30일 전과 10일 전에 각각 통지하여야 한다.

② 제1항에 따른 통지에는 계약기간이 종료된 후 적재물배상보험등에 가입하지 아니하는 경우에는 법 제70조제2항제15호에 따라 500만원 이하의 과태료가 부과된다는 사실에 관한 안내가 포함되어야 한다.

③ 보험회사등이 법 제38조제2항에 따라 관할관청에 알리는 내용에는 적재물배상보험등에 가입하여야 하는 운수사업자의 상호·성명 및 주민등록번호(법인인 경우에는 법인명칭·대표자 및 법인등록번호를 말한다)와 자동차등록번호가 포함되어야 한다.

제6장 경영의 합리화

제39조(경영합리화 등의 노력) 운수사업자는 화물운송 질서의 확립, 경영관리의 건전화, 화물운송 기법의 개발 등 경영합리화와 수송서비스 향상을 위하여 노력하여야 한다.

제40조(경영의 위탁) ① 운송사업자는 화물자동차 운송사업의 효율적인 수행을 위하여 필요하면 다른 사람(운송사업자를 **제외한** 개인을 말한다)에게 차량과 그 경영의 일부를 위탁하거나 차량을 현물출자한 사람에게 그 경영의 일부를 위탁할 수 있다. **❸**

② 국토교통부장관은 화물운송시장의 질서유지 및 운송사업자의 운송서비스 향상을 유도하기 위하여 필요한 경우 제1항에도 불구하고 제3조제14항에 따라 경영의 위탁을 제한할 수 있다. **❶**

③ 운송사업자와 위·수탁차주는 대등한 입장에서 합의에 따라 공정하게 위·수탁계약을 체결하고, 신의에 따라 성실하게 계약을 이행하여야 한다. **❷**

④ 제3항에 따른 계약의 당사자는 그 계약을 체결하는 경우 차량소유자·계약기간, 그 밖에 국토교통부령으로 정하는 사항을 계약서에 명시하여야 하며, 서명날인한 계약서를 서로 교부하여 보관하여야 한다. 이 경우 국토교통부장관은 건전한 거래질서의 확립과 공정한 계약의 정착을 위하여 표준 위·수탁계약서를 고시하여야 하고, 이를 우선적으로 사용하도록 **권고**할 수 있다. **❸**

⑤ 제3항에 따른 위·수탁계약의 기간은 2년 이상으로 하여야 한다. **❹**

⑥ 시·도지사는 제3항에 따른 위·수탁계약의 체결·이행으로 발생하는 분쟁의 해결을 지원하기 위하여 대통령령으로 정하는 바에 따라 화물운송사업분쟁조정협의회를 설치·운영할 수 있다. **❶**

⑦ 제3항에 따른 위·수탁계약의 내용이 당사자 일방에게 현저하게 불공정한 경우로서 다음 각 호의 어느 하나에 해당하는 경우에는 그 **부분에 한정하여 무효**로 한다.

1. 운송계약의 형태·내용 등 관련된 모든 사정에 비추어 계약체결 당시 예상하기 어려운 내용에 대하여 상대방에게 책임을 떠넘기는 경우 **❶**

2. 계약내용에 대하여 구체적인 정함이 없거나 당사자 간 이견이 있는 경우 계약내용을 일방의 의사에 따라 정함으로써 상대방의 정당한 이익을 침해한 경우 **❷**

3. 계약불이행에 따른 당사자의 손해배상책임을 과도하게 경감하거나 가중하여 정함으로써 상대방의 정당한 이익을 침해한 경우 **❷**

4. 「민법」 및 이 법 등 관계 법령에서 인정하고 있는 상대방의 권리를 상당한 이유 없이 배제하거나 제한하는 경우

제9조의9(화물운송사업분쟁조정협의회) ① 법 제40조제6항에 따라 시·도지사가 설치하는 화물운송사업분쟁조정협의회는 다음 각 호의 사항을 심의·조정한다.

1. 운송사업자와 법 제40조제1항에 따라 경영의 일부를 위탁받은 사람(이하 "위·수탁차주"라 한다) 간 금전지급에 관한 분쟁 **❶**

2. 운송사업자와 위·수탁차주 간 차량의 소유권에 관한 분쟁 **❶**

3. 운송사업자와 위·수탁차주 간 차량의 대폐차에 관한 분쟁 **❶**

4. 운송사업자와 위·수탁차주 간 화물자동차 운송사업의 양도·양수에 관한 분쟁 **❶**

5. 그 밖에 분쟁의 성격·빈도 및 중요성 등을 고려하여 국토교통부장관이 정하여 고시하는 사항에 관한 분쟁

② 협의회는 위원장 1명을 포함하여 5명 이상 10명 이내의 위원으로 구성하며, 위원은 다음 각 호의 어느 하나에 해당하는 사람 중에서 시·도지사가 위촉하거나 임명한다.

1. 「변호사법」에 따른 변호사

2. 화물운수와 관련된 업무를 담당하는 공무원

3. 물류 관련 분야의 연구기관이나 대학에서 재직 중인 연구원 또는 교수

4. 그 밖에 화물운수 및 분쟁해결에 관한 경험과 학식이 풍부한 사람

제41조의16(경영의 위탁) 법 제40조제4항에서 "국토교통부령으로 정하는 사항"이란 다음 각 호의 사항을 말한다.

1. 계약기간 및 계약갱신

2. 차량소유자

3. 금전지급 및 채권·채무 관계

4. 차량의 대폐차

5. 차량의 관리 및 운영

6. 교통사고보상 및 사고처리

7. 적재물배상보험 등 보험가입

8. 운수종사자 교육

9. 계약의 해지사유

10. 위·수탁계약에 대한 상호통지

11. 협회의 계약내용 확인

12. 양도·양수에 관한 사항

13. 그 밖에 화물자동차 운송사업의 효율적 수행 및 합리적 경영위탁을 위하여 국토교통부장관이 필요하다고 인정하는 사항

5. 그 밖에 위·수탁계약의 내용 중 일부가 당사자 일방에게 현저하게 불공정하여 해당 부분을 무효로 할 필요가 있는 경우로서 대통령령으로 정하는 경우

③ 협의회는 매월 1회 개최한다. 다만, 시·도지사가 분쟁의 신속한 해결을 위하여 협의회의 개최를 요청하는 경우에는 수시로 개최할 수 있다.

④ 분쟁당사자는 협의회의 회의에 출석하여 의견을 진술하거나 관계 자료 등을 제출할 수 있다.

⑤ 협의회는 제1항에 따른 심의 결과 조정안을 작성하여 분쟁당사자에게 권고할 수 있다. 다만, 분쟁의 성격·빈도 및 중요성 등을 고려하여 필요하다고 인정하는 경우에는 분쟁당사자 간의 자율적인 분쟁해결을 권고할 수 있다.

⑥ 제1항부터 제5항까지에서 규정한 사항 외에 협의회의 구성·운영 및 분쟁조정 신청 등에 필요한 사항은 국토교통부장관이 정하여 고시하는 기준에 따라 해당 시·도의 규칙으로 정하여 운영할 수 있다.

제40조의2(위·수탁계약의 갱신 등) ① 운송사업자는 위·수탁차주가 위·수탁계약 기간 만료 전 150일부터 60일까지 사이에 위·수탁계약의 갱신을 요구하는 때에는 다음 각 호의 어느 하나에 해당하는 경우를 제외하고는 이를 거절할 수 없다. **2**

1. 최초 위·수탁계약기간을 포함한 전체 위·수탁계약기간이 6년 이하인 경우로서 다음 각 목의 어느 하나에 해당하는 경우 **1**

   가. 위·수탁차주가 거짓이나 그 밖의 부정한 방법으로 위·수탁계약을 체결한 경우 **1**

   나. 그 밖에 운송사업자가 위·수탁계약을 갱신하기 어려운 중대한 사유로서 대통령령으로 정하는 사유에 해당하는 경우

2. 최초 위·수탁계약기간을 포함한 전체 위·수탁계약기간이 6년을 초과하는 경우로서 다음 각 목의 어느 하나에 해당하는 경우

   가. 제1호 각 목의 어느 하나에 해당하는 경우

영 제9조의10(위·수탁계약 갱신요구의 거절 사유 등) ① 법 제40조의2제1항제1호나목에서 "대통령령으로 정하는 사유에 해당하는 경우"란 다음 각 호의 어느 하나에 해당하는 경우를 말한다.

2. 위·수탁차주가 계약기간 동안 법 제12조에 따른 운수종사자의 준수사항을 위반하여 법 제67조에 따른 처벌 또는 법 제70조에 따른 과태료 처분을 받은 경우

3. 위·수탁차주가 계약기간 동안 법 제23조에 따른 처분을 받은 경우

4. 다음 각 목의 어느 하나에 해당하는 운송사업자의 요청 또는 지도·감독을 위·수탁차주가 정당한 사유 없이 따르지 아니한 경우

   가. 법 제3조제9항에 따른 신고에 필요한 자료의 제출 요청

   나. 법 제11조제5항에 따른 지도·감독

② 법 제40조의2제1항제2호라목에서 "대통령령으로 정하는 사유에 해당하는 경우"란 운송사업자가 운송사업의 전부를 폐업하는 경우를 말한다.

나. 위·수탁차주가 운송사업자에게 지급하기로 한 위·수탁계약상의 월지급액(월 2회 이상 지급하는 것으로 계약한 경우에는 해당 월에 지급하기로 한 금액의 합을 말한다)을 6회 이상 지급하지 아니한 경우(위·수탁계약상의 월지급액이 같은 업종의 통상적인 월지급액보다 뚜렷하게 높은 경우는 제외한다)

다. 제40조제4항 후단에 따른 표준 위·수탁계약서에 기재된 계약 조건을 위·수탁차주가 준수하지 아니한 경우

라. 그 밖에 운송사업자가 운송사업의 경영을 정상적으로 유지하기 어려운 사유로서 대통령령으로 정하는 사유에 해당하는 경우

② 운송사업자가 제1항에 따른 갱신 요구를 거절하는 경우에는 그 요구를 받은 날부터 15일 이내에 위·수탁차주에게 거절 사유를 적어 서면으로 통지하여야 한다. **2**

③ 운송사업자가 제2항의 거절 통지를 하지 아니하거나 위·수탁계약기간 만료 전 150일부터 60일까지 사이에 위·수탁차주에게 계약 조건의 변경에 대한 통지나 위·수탁계약을 갱신하지 아니한다는 사실의 통지를 서면으로 하지 아니한 경우에는 계약 만료 전의 위·수탁계약과 같은 조건으로 다시 위·수탁계약을 체결한 것으로 본다. 다만, 위·수탁차주가 계약이 만료되는 날부터 30일 전까지 이의를 제기하거나 운송사업자나 위·수탁차주에게 천재지변이나 그 밖에 대통령령으로 정하는 부득이한 사유가 있는 경우에는 그러하지 아니하다.

제40조의3(위·수탁계약의 해지 등) ① 운송사업자는 위·수탁계약을 해지하려는 경우에는 위·수탁차주에게 2개월 이상의 유예기간을 두고 계약의 위반 사실을 구체적으로 밝히고 이를 시정하지 아니하면 그 계약을 해지한다는 사실을 서면으로 2회 이상 통지하여야 한다. 다만, 대통령령으로 정하는 바에 따라 위·수탁계약을 지속하기 어려운 중대한 사유가 있는 경우에는 그러하지 아니하다. **3**

② 제1항에 따른 절차를 거치지 아니한 위·수탁계약의 해지는 그 효력이 없다.

③ 법 제40조의2제3항 단서에서 "대통령령으로 정하는 부득이한 사유가 있는 경우"란 다음 각 호의 어느 하나에 해당하는 경우를 말한다.

1. 운송사업자가 사고·질병 등 일신상의 사유로 위·수탁계약의 갱신에 관한 의사표시를 할 수 없는 경우

2. 위·수탁차주의 소재 불명이나 국외 이주 등으로 운송사업자가 위·수탁차주에게 위·수탁계약의 갱신에 관한 의사표시를 할 수 없는 경우

영 제9조의11(위·수탁계약 해지 절차의 예외) 법 제40조의3제1항 단서에 따른 위·수탁계약을 지속하기 어려운 중대한 사유가 있는 경우는 다음 각 호의 어느 하나에 해당하는 경우로 한다.

1. 위·수탁차주가 법 제8조제1항에 따른 화물운송 종사자격을 갖추지 아니한 경우 **1**

2. 위·수탁차주가 계약기간 동안 법 제12조에 따른 운수종사자의 준수사항을 위반하여 법 제67조에 따른 처벌 또는 법 제70조에 따른 과태료 처분을 받은 경우

3. 위·수탁차주가 계약기간 동안 법 제23조에 따른 처분을 받은 경우

4. 위·수탁차주가 사고·질병 또는 국외 이주 등 일신상의 사유로 더 이상 위탁받은 운송사업을 경영할 수 없게 된 경우

③ 운송사업자가 다음 각 호의 어느 하나에 해당하는 사유로 제19조제1항에 따른 허가취소 또는 감차 조치(위·수탁차주의 화물자동차가 감차 조치의 대상이 된 경우에만 해당한다)를 받은 경우 해당 운송사업자와 위·수탁차주의 위·수탁계약은 해지된 것으로 본다. **2**

    1. 제19조제1항제1호·제2호·제3호 또는 제5호

    2. 그 밖에 운송사업자의 귀책사유(위·수탁차주의 고의에 의하여 허가취소 또는 감차 조치될 수 있는 경우는 제외한다)로 허가취소 또는 감차 조치되는 경우로서 대통령령으로 정하는 경우

④ 국토교통부장관 또는 연합회는 제3항에 따라 해지된 위·수탁계약의 위·수탁차주였던 자가 다른 운송사업자와 위·수탁계약을 체결할 수 있도록 지원하여야 한다. 이 경우 해당 위·수탁차주였던 자와 위·수탁계약을 체결한 운송사업자는 위·수탁계약의 체결을 명목으로 부당한 금전지급을 요구하여서는 아니 된다.

참조 **제19조제1항제1호·제2호·제3호 또는 제5호**

1. 부정한 방법으로 운송사업허가를 받은 경우 **1**

2. 부정한 방법으로 변경허가를 받거나, 변경허가를 받지 아니하고 허가사항을 변경한 경우 **1**

3. 운송사업 허가기준을 충족하지 못하게 된 경우 **1**

5. 결격사유의 어느 하나에 해당하게 된 경우. 다만, 법인의 임원 중 결격사유에 해당하는 자가 있는 경우에 3개월 이내에 그 임원을 개임하면 허가를 취소하지 아니한다. **1**

제40조의4(위·수탁계약의 양도·양수) ① 위·수탁차주는 운송사업자의 동의를 받아 제40조제3항에 따른 위·수탁계약상의 지위를 타인에게 양도할 수 있다. 다만, 다음 각 호의 어느 하나의 해당하는 사유가 발생하는 경우에는 운송사업자는 양수인이 제8조에 따른 화물운송 종사자격을 갖추지 못한 경우 등 대통령령으로 정하는 경우를 제외하고는 위·수탁계약의 양도에 대한 동의를 거절할 수 없다.

    1. 업무상 부상 또는 질병의 발생 등으로 자신이 위탁받은 경영의 일부를 수행할 수 없는 경우

    2. 그 밖에 위·수탁차주에게 부득이한 사유가 발생하는 경우로서 대통령령으로 정하는 경우

② 제1항에 따라 위·수탁계약상의 지위를 양수한 자는 양도인의 위·수탁계약상 권리와 의무를 승계한다.

③ 제1항 단서에 따라 위·수탁계약상의 지위를 양도하는 경우 위·수탁차주는 운송사업자에게 양도 사실을 서면으로 통지하여야 한다.

④ 제3항의 통지가 있은 날부터 1개월 이내에 운송사업자가 양도에 대한 동의를 거절하지 아니하는 경우에는 운송사업자가 양도에 동의한 것으로 본다.

제40조의5(위·수탁계약의 실태조사 등) ① 국토교통부장관 또는 시·도지사는 정기적으로 제40조제3항에 따른 위·수탁계약서의 작성 여부에 대한 실태조사를 할 수 있다. ② 국토교통부장관 또는 시·도지사는 제40조제3항에 따른 위·수탁계약의 당사자에게 계약과 관련된 자료를 요청할 수 있다. 이 경우 자료를 요청받은 계약의 당사자는 특별한 사정이 없으면 요청에 따라야 한다. ③ 제1항에 따른 실태조사의 시기·범위 및 방법 등에 필요한 사항은 대통령령으로 정한다.	**영 제9조의12(위·수탁계약 실태조사의 시기 등)** ① 법 제40조의5제1항에 따른 위·수탁계약서의 작성 여부에 대한 실태조사는 매년 1회 이상 실시한다. **1** ② 실태조사의 범위는 다음 각 호와 같다. 　1. 위·수탁계약서의 작성 여부에 관한 사항 　2. 법 제40조제4항 후단에 따른 표준 위·수탁계약서의 사용에 관한 사항 　3. 위·수탁계약 내용의 불공정성에 관한 사항 　4. 위·수탁계약의 체결 절차·과정에 관한 사항 　5. 그 밖에 화물운송시장의 질서 확립 및 건전한 발전을 위하여 조사가 필요한 사항 ③ 국토교통부장관 또는 시·도지사는 법 제40조의5제2항에 따라 자료를 요청할 때에는 위·수탁계약의 당사자에게 자료의 범위와 내용, 요청 사유 및 제출기한 등을 명시한 문서(전자문서를 포함한다)로 요청하여야 한다.
제41조(경영 지도) ① 국토교통부장관 또는 시·도지사는 화물자동차 운수사업의 경영개선 또는 운송서비스의 향상을 위하여 다음 각 호의 어느 하나에 해당하는 경우 운수사업자를 지도할 수 있다. 　1. 제11조(제33조에서 준용하는 경우를 포함한다), 제26조 등에 따른 운수사업자의 준수사항에 대한 지도가 필요한 경우 　2. 과로, 과속, 과적 운행의 예방 등 안전한 수송을 위한 지도가 필요한 경우 　3. 그 밖에 화물자동차의 운송에 따른 안전 확보 및 운송서비스 향상에 필요한 경우 ② **국토교통부장관 또는 시·도지사는** 재무관리 및 사업관리 등 경영실태가 부실하다고 인정되는 운수사업자에게는 경영개선에 관한 **권고**를 할 수 있으며, 필요하면 경영개선에 관한 중·장기 또는 연차별 계획 등을 제출하게 할 수 있다. **1**	

③ 국토교통부장관 또는 시·도지사는 제2항에 따라 운수사업자가 제출한 경영개선에 관한 계획 등이 불합리하다고 인정되면 변경할 것을 권고할 수 있다.

제42조(경영자 연수교육) 시·도지사는 운수사업자의 경영능력 향상을 위하여 필요하다고 인정하면 경영을 담당하는 임원(개인인 경우에는 운수사업자를 말한다)에게 경영자 연수교육을 실시할 수 있다.

제43조(재정지원) ① 국가는 지방자치단체, 「공공기관의 운영에 관한 법률」에 따른 공공기관 중 대통령령으로 정하는 공공기관, 「지방공기업법」에 따른 지방공사, 사업자단체 또는 운수사업자가 다음 각 호의 어느 하나에 해당하는 사업을 수행하는 경우로서 재정적 지원이 필요하다고 인정되면 대통령령으로 정하는 바에 따라 소요자금의 일부를 보조하거나 융자할 수 있다.

　1. 공동차고지 및 공영차고지 건설 ❷

　2. 화물자동차 운수사업의 정보화 ❶

　3. 낡은 차량의 대체 ❷

　4. 연료비가 절감되거나 환경친화적인 화물자동차 등으로의 전환 및 이를 위한 시설·장비의 투자 ❶

　5. 화물자동차 휴게소의 건설 ❷

　6. 화물자동차 운수사업의 서비스 향상을 위한 시설·장비의 확충과 개선 ❷

　7. 그 밖에 화물자동차 운수사업의 경영합리화를 위한 사항으로서 국토교통부령으로 정하는 사항

② 특별시장·광역시장·특별자치시장·특별자치도지사·시장 또는 군수(광역시의 군수를 포함한다)는 운송사업자, 운송가맹사업자 및 제40조제1항에 따라 화물자동차 운송사업을 위탁받은 자(이하 이 조, 제44조 및 제44조의2 및 제60조의2에서 "운송사업자등"이라 한다)에게 유류에 부과되는 다음 각 호의 세액 등의 인상액에 상당하는 금액의 전부 또는 일부를 대통령령으로 정하는 바에 따라 보조할 수 있다.

　1. 「교육세법」 제5조제1항, 「교통·에너지·환경세법」 제2조제1항제2호, 「지방세법」 제136조제1항에 따라 경유에 각각 부과되는 교육세, 교통·에너지·환경세, 자동차세

제9조의13(보조 또는 융자의 신청) ① 법 제43조제1항 각 호 외의 부분에서 "대통령령으로 정하는 공공기관"이란 제9조의19제1항 각 호의 공공기관을 말한다.

② 법 제43조제1항에 따라 보조 또는 융자를 받으려는 자는 다음 각 호의 사항을 적은 신청서를 시·도지사를 거쳐 국토교통부장관에게 제출하여야 한다.

　1. 신청인의 성명(법인인 경우에는 그 명칭 및 대표자의 성명을 말한다) 및 주소

　2. 사업등록의 종류·등록일 및 등록번호

　3. 보조 또는 융자를 받으려는 사유

　4. 보조 또는 융자를 받으려는 금액

③ 제1항의 신청서에는 다음 각 호의 서류를 첨부하여야 한다.

　1. 보조 또는 융자를 받으려는 사업의 목적, 시행계획, 자금조달계획, 효과 및 시설 등을 적은 사업계획서

　2. 보조금 또는 융자금의 사용계획서

제43조(재정지원) 법 제43조제1항제7호에서 "국토교통부령으로 정하는 사항"이란 다음 각 호의 사항을 말한다.

　5. 화물자동차의 감차

　6. 그 밖에 긴급한 공익적 목적을 위하여 일시적으로 화물운송에 대체 사용된 차량에 대한 피해의 보상

2. 「개별소비세법」제1조제2항제4호바목, 「교육세법」제5조제1항, 「석유 및 석유대체연료 사업법」제18조제2항제1호에 따라 석유가스 중 부탄에 각각 부과되는 개별소비세·교육세·부과금

③ 특별시장·광역시장·특별자치시장·특별자치도지사·시장 또는 군수는 운송사업자등이 「환경친화적 자동차의 개발 및 보급 촉진에 관한 법률」제2조제6호에 따른 수소전기자동차를 운행하기 위하여 수소를 구매하는 경우 그 비용의 전부 또는 일부를 대통령령으로 정하는 바에 따라 보조할 수 있다.

참조 **영 제9조의14(유가보조금 지급 기준·방법 및 절차)** ① 법 제43조제2항에 따라 운송사업자, 운송가맹사업자 또는 위·수탁차주에게 보조하는 금전(이하 "유가보조금"이라 한다)은 다음 각 호의 요건을 모두 갖춘 경우에 지급한다.

1. 「부가가치세법」제8조에 따라 사업자등록을 하고 실제로 사업을 영위하는 운송사업자·운송가맹사업자 또는 위·수탁차주가 구매한 유류일 것
2. 법 또는 다른 법령에 따라 운행의 제한을 받지 아니할 것
3. 법 제8조제1항에 따른 화물자동차 운수사업의 운전업무 종사자격 요건을 갖춘 자가 운행할 것
4. 주유소·충전소·자가주유시설 또는 자가충전시설의 고정된 설비에서 유류를 직접 주유 또는 충전받을 것
5. 해당 화물자동차의 연료와 일치하는 종류의 유류를 구매할 것
6. 유류 구매를 입증하는 자료에 적힌 구매자 이름, 자동차등록번호, 구매 일시·장소, 구매량, 구매금액, 구매한 유류의 종류·단가 등이 실제 주유 또는 충전한 내용과 일치할 것
7. 운송사업자, 운송가맹사업자 또는 위·수탁차주가 다른 법령이나 국가 간의 조약·협정에 따라 유류비를 지원받거나 조세가 면제된 유류를 공급받지 않을 것
8. 그 밖에 유가보조금의 부정수급을 방지하기 위하여 국토교통부장관이 정하여 고시하는 사항을 지킬 것

② 유가보조금 지급액은 운송사업자, 운송가맹사업자 또는 위·수탁차주가 구매한 유류의 양에 국토교통부장관이 정하여 고시하는 지급단가를 곱하여 산정한 금액으로 한다.

③ 유가보조금은 유류를 주유받은 화물자동차가 소속된 운송사업자 또는 운송가맹사업자에게 지급한다. 다만, 위·수탁차주가 현물출자한 화물자동차의 경우에는 해당 위·수탁차주에게 지급한다.

④ 제1항부터 제3항까지에서 규정한 사항 외에 유가보조금의 지급 기준·방법 및 절차 등에 관한 세부사항은 국토교통부장관이 정하여 고시한다.

제44조(보조금의 사용 등) ① 제43조제1항에 따라 보조 또는 융자받은 자는 그 자금을 보조 또는 융자받은 목적 외의 용도로 사용하여서는 아니 된다.

② 국토교통부장관·특별시장·광역시장·특별자치시장·특별자치도지사·시장 또는 군수는 제43조제1항에 따라 보조 또는 융자를 받은 자가 그 자금을 적정하게 사용하도록 지도·감독하여야 한다.

③ 국토교통부장관 · 특별시장 · 광역시장 · 특별자치시장 · 특별자치도지사 · 시장 또는 군수는 거짓이나 부정한 방법으로 제43조제1항부터 제3항까지의 규정에 따라 보조금이나 융자금을 교부받은 사업자단체 또는 운송사업자등에게 보조금이나 융자금의 반환을 명하여야 하며, 이에 따르지 아니하면 국세 또는 지방세 체납처분의 예에 따라 회수할 수 있다.

제44조의2(보조금의 지급 정지 등) ① 특별시장 · 광역시장 · 특별자치시장 · 특별자치도지사 · 시장 또는 군수는 운송사업자등이 다음 각 호의 어느 하나에 해당하면 대통령령으로 정하는 바에 따라 5년의 범위에서 제43조제2항 또는 제3항에 따른 보조금의 지급을 정지하여야 한다.

1. 「석유 및 석유대체연료 사업법」 제2조제9호에 따른 석유판매업자, 「액화석유가스의 안전관리 및 사업법」 제2조제5호에 따른 액화석유가스 충전사업자 또는 「수소경제 육성 및 수소 안전관리에 관한 법률」 제50조제1항에 따른 수소판매사업자(이하 "주유업자등"이라 한다)로부터 「부가가치세법」 제32조에 따른 세금계산서를 거짓으로 발급받아 보조금을 지급받은 경우 **1**

2. 주유업자등으로부터 유류 또는 수소의 구매를 가장하거나 실제 구매금액을 초과하여 「여신전문금융업법」 제2조에 따른 신용카드, 직불카드, 선불카드 등으로서 보조금의 신청에 사용되는 카드(이하 "유류구매카드"라 한다)로 거래를 하거나 이를 대행하게 하여 보조금을 지급받은 경우 **1**

3. 화물자동차 운수사업이 아닌 다른 목적에 사용한 유류분 또는 수소구매분에 대하여 보조금을 지급받은 경우 **1**

4. 다른 운송사업자등이 구입한 유류 또는 수소 사용량을 자기가 사용한 것으로 위장하여 보조금을 지급받은 경우 **1**

5. 그 밖에 제43조제2항 또는 3항에 따라 대통령령으로 정하는 사항을 위반하여 거짓이나 부정한 방법으로 보조금을 지급받은 경우

6. 제3항에 따른 소명서 및 증거자료의 **제출요구에 따르지 아니하거나**, 같은 항에 따른 검사나 조사를 거부 · 기피 또는 방해한 경우 **1**

영 제9조의16(보조금의 지급정지 등) 법 제44조의2제1항에 따른 보조금의 지급정지는 위반 횟수별로 다음 각 호의 기준에 따른다.

1. 1차 위반 : 6개월의 보조금 지급정지

2. 2차 위반 : 1년의 보조금 지급정지. 다만, 보조금의 지급이 정지된 날부터 5년이 지나지 않은 경우는 제외한다.

영 제9조의17(유류구매카드 거래기능 정지의 기준) ① 법 제44조의2제2항에 따른 유류구매카드의 거래기능 정지는 다음 각 호의 기준에 따른다.

1. 1회 가담 · 공모한 경우 : 유류구매카드의 거래기능 정지 3년

2. 2회 이상 가담 · 공모한 경우 : 유류구매카드의 거래기능 정지 5년

② 제1항에 따른 유류구매카드 거래기능 정지에 관한 세부사항은 국토교통부장관이 정하여 고시한다.

② 특별시장·광역시장·특별자치시장·특별자치도지사·시장 또는 군수는 주유업 자등이 제1항 각 호의 어느 하나에 해당하는 행위에 가담하였거나 이를 공모한 경우 대통령령으로 정하는 바에 따라 5년의 범위에서 해당 사업소에 대한 유류구매카드의 거래기능을 정지하여야 한다. 다만, 주유업자등이 유류구매카드의 거래기능이 정지 된 날부터 5년 이내에 다시 제1항 각 호의 어느 하나에 해당하는 행위에 가담하였거 나 이를 공모한 경우에는 유류구매카드의 거래기능을 영구적으로 정지하여야 한다.

③ 특별시장·광역시장·특별자치시장·특별자치도지사·시장 또는 군수는 다음 각 호의 어느 하나에 해당하는 사항을 확인하기 위하여 운송사업자등으로 하여금 소 명서 또는 거래내역을 입증할 수 있는 증거자료를 제출하게 할 수 있으며, 필요하면 소속 공무원이 운송사업자등의 사업장에 출입하여 장부·서류, 그 밖의 물건을 검사 하게 하거나 관계인에게 질문하게 할 수 있다.

   1. 운송사업자등이 제1항제1호부터 제5호까지의 어느 하나에 해당하는 행위를 하였는지 여부

   2. 주유업자등이 제1항제1호부터 제5호까지의 어느 하나에 해당하는 행위에 가 담하였거나 이를 공모하였는지 여부

④ 제3항에 따른 조사나 검사를 하려면 조사 또는 검사 7일 전에 조사 또는 검사할 내용, 일시, 이유 등에 대한 계획서를 운송사업자등에게 알려야 한다. 다만, 긴급한 경우 또는 사전통지를 하면 증거인멸 등으로 조사목적을 달성할 수 없다고 인정하는 경우에는 그러하지 아니하다.

⑤ 제3항에 따라 조사나 검사를 하는 공무원은 그 권한을 표시하는 증표를 지니고 이 를 관계인에게 내보여야 하며, 출입할 때에는 출입자의 성명, 출입시간, 출입목적 등 이 표시된 문서를 관계인에게 내주어야 한다.

제45조(공영차고지의 설치) ① 제2조제9호 각 목의 어느 하나에 해당하는 자는 공영차고지를 설치하여 직접 운영하거나 다음 각 호의 어느 하나에 해당하는 자에게 임대(운영의 위탁을 포함한다)할 수 있다.

    1. 사업자단체

    2. 운송사업자 ❶

    3. 운송가맹사업자

    4. 운송사업자로 구성된 「협동조합 기본법」 제2조제1호에 따른 협동조합

② 제1항에 따라 공영차고지를 설치한 자(이하 "차고지설치자"라 한다)는 공영차고지를 설치하려면 공영차고의 설치 · 운영에 관한 계획을 수립하여야 한다.

③ 제2항에 따라 시 · 도지사를 제외한 차고지설치자가 설치 · 운영계획을 수립하는 경우에는 미리 시 · 도지사의 인가를 받아야 한다. 인가받은 계획을 변경하려는 경우에도 또한 같다. ❶

④ 차고지설치자는 제2항 또는 제3항에 따라 설치 · 운영계획을 수립 · 변경하거나 인가 · 변경인가를 받은 때에는 이를 공보에 고시하거나 일간신문 등에 게재하여야 한다.

⑤ 시 · 도지사가 제2항 및 제3항에 따라 설치 · 운영계획을 수립하거나 시 · 도지사를 제외한 차고지설치자의 설치 · 운영계획을 인가하는 경우에 그에 관련된 각종 인가 · 허가 등에 관하여는 제46조의4를 준용한다.

⑥ 차고지설치자가 제2항 또는 제3항에 따라 설치 · 운영계획을 수립 · 변경하는 경우 공영차고지의 설치 · 변경이 학생의 통학안전에 미치는 영향에 대하여 특별시 · 광역시 · 특별자치시 · 도 · 특별자치도(이하 "시 · 도"라 한다)의 교육감과 협의하여야 한다.

제46조의2(화물자동차 휴게소의 확충) ① 국토교통부장관은 화물자동차 운전자의 근로 여건을 개선하고 화물의 원활한 운송을 도모하기 위하여 운송경로 및 주요 물류거점에 화물자동차 휴게소를 확충하기 위한 종합계획(이하 "휴게소 종합계획"이라 한다)을 5년 단위로 수립하여야 한다. ❷

② 휴게소 종합계획에는 다음 각 호의 사항이 포함되어야 한다.

　1. 화물자동차 휴게소의 현황 및 장래수요에 관한 사항

　2. 화물자동차 휴게소의 계획적 공급에 관한 사항

　3. 화물자동차 휴게소의 연도별 · 지역별 배치에 관한 사항

　4. 화물자동차 휴게소의 기능 개선 및 효율화에 관한 사항

　5. 그 밖에 화물자동차 휴게소 확충과 관련된 사항으로서 국토교통부령으로 정하는 사항

③ 국토교통부장관은 휴게소 종합계획을 수립하거나 **국토교통부령으로 정하는 사항**을 변경하려는 경우 미리 시 · 도지사의 의견을 듣고 관계 중앙행정기관의 장과 협의하여야 한다. ❷

④ 국토교통부장관은 휴게소 종합계획을 제1항에 따라 수립하거나 제3항에 따라 변경한 때에는 이를 관보에 고시하여야 한다. ❶

⑤ 제46조의3제2항에 따른 사업시행자는 필요한 경우 국토교통부장관에게 휴게소 종합계획을 변경하도록 요청할 수 있다. ❶

⑥ 국토교통부장관 또는 시 · 도지사는 제46조의3제6항 및 제7항에 따라 건설계획의 승인 또는 변경승인을 할 때에는 휴게소 종합계획과 상충하거나 중복되지 아니하도록 하여야 한다.

⑦ 휴게소 종합계획의 수립 등에 필요한 사항은 대통령령으로 정한다.

제9조의18(화물자동차 휴게소 종합계획 수립) ① 국토교통부장관은 법 제46조의2제5항에 따른 사업시행자가 법 제46조의2제1항에 따른 휴게소 종합계획의 변경을 요청하는 경우에는 해당 사업시행자에게 그 변경에 관련된 자료의 제출이나 그 밖의 필요한 협력을 요청할 수 있다.

② 국토교통부장관은 법 제46조의2제7항에 따라 휴게소 종합계획의 수립이나 변경을 위하여 필요하다고 인정하는 경우에는 물류 관련 기관이나 단체 또는 전문가 등에 대하여 의견 및 자료제출 또는 그 밖의 필요한 협력을 요청할 수 있다.

제43조의2(화물자동차 휴게소의 확충) ① 법 제46조의2제2항제5호에서 "국토교통부령으로 정하는 사항"이란 다음 각 호의 사항을 말한다.

　1. 국내 주요 물류시설의 현황 및 건설계획에 관한 사항

　2. 화물자동차의 운행실태에 관한 사항

　3. 화물자동차 교통량의 연구분석 및 변동예측에 관한 사항 ❶

② 법 제46조의2제3항에서 "국토교통부령으로 정하는 사항"이란 다음 각 호의 사항을 말한다. ❶

　1. 화물자동차 휴게소의 계획적 공급에 관한 사항

　2. 화물자동차 휴게소의 연도별 · 지역별 배치에 관한 사항

제46조의3(화물자동차 휴게소의 건설사업 시행 등) ① 화물자동차 휴게소 건설사업을 할 수 있는 자는 다음 각 호의 어느 하나에 해당하는 자로 한다.

1. 국가 또는 지방자치단체
2. 「공공기관의 운영에 관한 법률」에 따른 공공기관 중 대통령령으로 정하는 공공기관
3. 「지방공기업법」에 따른 지방공사 **1**
4. 대통령령으로 정하는 바에 따라 제1호부터 제3호까지의 자로부터 지정을 받은 법인 **1**

② 제1항에 따라 화물자동차 휴게소 건설사업을 시행하려는 자(이하 "사업시행자"라 한다)는 사업의 명칭·목적, 사업을 시행하려는 위치와 면적 등 대통령령으로 정하는 사항이 포함된 화물자동차 휴게소 건설에 관한 계획(이하 "건설계획"이라 한다)을 수립하여야 한다. **1**

③ 화물자동차 휴게소의 건설 대상지역 및 시설기준은 국토교통부령으로 정한다.

④ 사업시행자는 제2항에 따라 건설계획을 수립한 때에는 대통령령으로 정하는 바에 따라 이를 공고하고, 관계 서류의 사본을 20일 이상 일반인이 열람할 수 있도록 하여야 한다. **3**

⑤ 화물자동차 휴게소 건설사업의 이해관계인은 제4항에 따른 열람기간에 사업시행자에게 건설계획에 대한 의견서를 제출할 수 있으며, 사업시행자는 제출된 의견이 타당하다고 인정하는 경우에는 이를 건설계획에 반영하여야 한다.

⑥ 사업시행자는 제4항에 따른 공고 및 열람을 마친 후 그 건설계획에 대하여 시·도지사의 승인을 받아야 한다. 다만, 국가, 제1항제2호의 사업시행자 및 국가 또는 제1항제2호의 사업시행자로부터 지정을 받은 자는 국토교통부장관의 승인을 받아야 한다. **1**

⑦ 제6항에 따라 승인을 받은 사업시행자는 승인받은 건설계획 중 사업을 시행하려는 위치와 면적 등 대통령령으로 정하는 사항을 변경하려면 해당 승인권자의 변경승인을 받아야 한다. **1**

제9조의19(화물자동차 휴게소 건설사업의 시행 등) ① 법 제46조의3제1항제2호에서 "대통령령으로 정하는 공공기관"이란 다음 각 호의 기관을 말한다.

1. 「한국철도공사법」에 따른 **한국철도공사 1**
2. 「한국토지주택공사법」에 따른 한국토지주택공사
3. 「한국도로공사법」에 따른 한국도로공사
4. 「한국수자원공사법」에 따른 한국수자원공사
5. 「한국농어촌공사 및 농지관리기금법」에 따른 한국농어촌공사
6. 「항만공사법」에 따른 항만공사
7. 「인천국제공항공사법」에 따른 인천국제공항공사
8. 「한국공항공사법」에 따른 한국공항공사 **1**
9. 「한국교통안전공단법」에 따른 한국교통안전공단
10. 「국가철도공단법」에 따른 국가철도공단

② 법 제46조의3제1항제4호에 따라 사업시행자로 지정받으려는 법인은 다음 각 호의 사항을 적은 신청서를 시·도지사에게 제출하여야 한다. 다만, 법 제50조에 따른 연합회의 경우에는 국토교통부장관에게 제출하여야 한다.

1. 법인의 명칭 및 주소(대표자의 성명을 포함한다)
2. 사업을 시행하려는 화물자동차 휴게소의 명칭·위치 및 운영계획 등에 관한 사항
3. 사업의 시행기간·시행방법·시행면적 등 사업 시행에 관한 사항
4. 자금조달계획서

제43조의3(화물자동차 휴게소의 건설 대상지역 및 시설기준) ① 법 제46조의3제3항에 따른 화물자동차 휴게소의 건설 대상지역은 다음 각 호의 어느 하나에 해당하는 지역을 말한다.

1. 「항만법」 제2조제1호에 따른 항만 또는 「산업입지 및 개발에 관한 법률」 제2조제8호에 따른 산업단지 등이 위치한 지역으로서 화물자동차의 일일 평균 왕복 교통량이 1만 5천대 이상인 지역 **1**
2. 「항만법」 제3조제2항제1호에 따른 국가관리항이 위치한 지역
3. 「물류시설의 개발 및 운영에 관한 법률」 제2조제6호에 따른 물류단지 중 면적이 50만 제곱미터 이상인 물류단지가 위치한 지역
4. 「도로법」 제10조에 따른 고속국도, 일반국도, 지방도 또는 같은 법 제15조제2항에 따른 국가지원지방도에 인접한 지역으로서 화물자동차의 일일 평균 편도 교통량이 3천5백대 이상인 지역 **1**

② 법 제46조의3제3항에 따른 화물자동차 휴게소의 시설기준은 별표 6의2와 같다.

⑧ 국토교통부장관 또는 시·도지사는 제6항 또는 제7항에 따른 건설계획의 승인 또는 변경승인의 신청을 받은 경우에는 특별한 사유가 없으면 승인 또는 변경승인 신청을 받은 날부터 60일 이내에 승인 또는 변경승인 여부를 결정하여야 하며, 건설계획의 승인 또는 변경승인을 한 경우에는 이를 고시하여야 한다.

⑨ 국토교통부장관 또는 시·도지사가 제6항 또는 제7항에 따른 건설계획의 승인 또는 변경승인 신청을 받은 날부터 60일 이내에 승인 또는 변경승인 여부를 결정하지 아니하였을 때에는 승인 또는 변경승인을 한 것으로 본다.

⑩ 국토교통부장관 또는 시·도지사는 사업시행자가 다음 각 호의 어느 하나에 해당하는 경우에는 건설계획의 승인을 취소 또는 변경하거나 그 밖에 필요한 조치를 명할 수 있다. 다만, 제1호에 해당하는 경우에는 건설계획의 승인을 취소하여야 한다.

    1. 거짓 또는 그 밖의 부정한 방법으로 제6항에 따른 건설계획의 승인을 받은 경우

    2. 제7항에 따른 변경승인을 받지 아니하고 건설계획을 변경하여 사업을 진행한 경우

참조 **법 제46조의4(인·허가등의 의제)** ① 국토교통부장관 또는 시·도지사는 제46조의3제6항 또는 제7항에 따라 건설계획의 승인 또는 변경승인을 하는 경우에 그 건설계획에 대한 다음 각 호의 인가·허가·승인 또는 결정 등(이하 "인·허가등"이라 한다)에 관하여 제2항에 따라 관계 행정기관의 장과 협의한 사항에 대하여는 해당 사업시행자가 해당 인·허가등을 받은 것으로 보며, 제46조의3제8항에 따라 고시된 때에는 다음 각 호의 법률에 따른 해당 인·허가등이 고시 또는 공고된 것으로 본다.

    1. 「건축법」 제11조에 따른 건축허가, 같은 법 제14조에 따른 건축신고, 같은 법 제16조에 따른 건축허가·신고 사항의 변경, 같은 법 제20조에 따른 가설건축물의 건축허가·신고 및 같은 법 제29조에 따른 건축협의

    2. 「골재채취법」 제22조에 따른 골재채취의 허가

    3. 「공유수면 관리 및 매립에 관한 법률」 제8조에 따른 공유수면의 점용·사용허가, 같은 법 제17조에 따른 실시계획의 승인이나 신고, 같은 법 제28조에 따른 매립면허 및 같은 법 제38조에 따른 공유수면매립실시계획의 승인

    4. 「공유재산 및 물품 관리법」 제11조에 따른 행정재산의 용도폐지 및 같은 법 제20조제1항에 따른 행정재산의 사용·수익의 허가

③ 국토교통부장관 또는 시·도지사는 제2항에 따른 신청서를 제출받은 경우 사업계획의 타당성, 재원조달능력 및 휴게소 종합계획과의 적합 여부 등을 종합적으로 고려하여 사업시행자를 지정하여야 한다.

④ 국토교통부장관 또는 시·도지사는 제3항에 따라 사업시행자를 지정하는 경우에는 그 지정사실을 관보에 고시한다.

⑤ 법 제46조의3제2항에서 "사업의 명칭·목적, 사업을 시행하려는 위치와 면적 등 대통령령으로 정하는 사항"이란 다음 각 호의 사항을 말한다.

    1. 사업의 명칭 및 목적

    2. 사업시행지의 위치와 면적

    3. 사업 시행시기 및 시행방법

    4. 사업에 대한 자금조달계획

    5. 수용 또는 사용할 토지 또는 건물 등에 관한 사항

    6. 설치 또는 폐지되는 공공시설 등에 관한 사항

    7. 그 밖에 사업의 원활한 시행을 위하여 국토교통부장관이 정하여 고시하는 사항

⑥ 법 제46조의3제7항에서 "사업을 시행하려는 위치와 면적 등 대통령령으로 정하는 사항"이란 다음 각 호 외의 사항을 말한다.

    1. 전체 **사업시행 면적의 100분의 10 범위에서의 면적의 감소** ❶

    2. 전체 사업비의 100분의 10 범위에서의 사업비의 변경. 다만, 해당 사업비의 변경에 따라 해당 사업에 대한 보조금이 변경되는 경우는 제외한다.

5. 「국유재산법」제30조에 따른 행정재산의 사용허가 및 같은 법 제40조에 따른 행정재산의 용도폐지

6. 「국토의 계획 및 이용에 관한 법률」제30조에 따른 도시관리계획의 결정(「국토의 계획 및 이용에 관한 법률」제2조제4호다목만 해당한다), 같은 법 제56조제1항에 따른 개발행위의 허가, 같은 법 제86조에 따른 도시계획시설사업 시행자의 지정 및 같은 법 제88조에 따른 실시계획의 인가

7. 「농어촌정비법」제23조에 따른 농업생산기반시설의 사용허가

8. 「농지법」제34조에 따른 농지전용의 허가 및 협의

9. 「대기환경보전법」제23조, 「물환경보전법」제33조 및 「소음·진동관리법」제8조에 따른 배출시설 설치의 허가 또는 신고

10. 「도로법」제36조에 따른 도로공사시행의 허가 및 같은 법 제61조에 따른 도로의 점용허가

11. 「도시개발법」제11조에 따른 사업시행자의 지정 및 같은 법 제17조에 따른 실시계획의 인가

12. 「사도법」제4조에 따른 사도의 개설허가

13. 「사방사업법」제14조에 따른 벌채 등의 허가 및 같은 법 제20조에 따른 사방지의 지정해제

14. 「산지관리법」제14조 및 제15조에 따른 산지전용허가 및 산지전용신고

15. 「산림자원의 조성 및 관리에 관한 법률」제36조에 따른 입목벌채등의 허가·신고, 「산림보호법」제9조제2항제1호·제2호에 따른 산림보호구역에서의 행위의 허가 및 신고

16. 「산업입지 및 개발에 관한 법률」제16조제1항에 따른 사업시행자의 지정 및 같은 법 제17조제1항·제18조제1항 및 제19조제1항에 따른 실시계획의 승인

17. 「석유 및 석유대체연료 사업법」제10조에 따른 석유판매업 중 대통령령으로 정하는 석유판매업의 등록

18. 「소하천정비법」제10조에 따른 소하천공사 시행의 허가 및 같은 법 제14조에 따른 소하천 점용의 허가

19. 「수도법」제17조 및 제49조에 따른 수도사업의 인가, 같은 법 제52조 및 제54조에 따른 전용수도 설치의 인가

20. 「물환경보전법」제49조에 따른 공공폐수처리시설 기본계획의 승인

21. 「에너지이용 합리화법」제10조에 따른 에너지사용계획의 협의

3. 전체 사업을 분할하여 시행하는 경우에는 해당 분할사업에서의 면적의 변경. 다만, 전체 사업면적이 변경되지 아니하는 경우만 해당한다. ❶

4. 「공간정보의 구축 및 관리 등에 관한 법률」제45조제2호에 따른 지적확정측량의 결과에 따른 부지 면적의 변경 ❶

5. 그 밖에 계산착오, 오기, 누락 또는 이에 준하는 사유로서 그 변경근거가 분명한 사항의 변경

22. 「자동차관리법」 제53조에 따른 자동차관리사업 중 자동차매매업 및 자동차정비업의
   등록
23. 「장사 등에 관한 법률」 제27조에 따른 타인의 토지 등에 설치된 분묘의 처리허가
24. 「집단에너지사업법」 제4조에 따른 집단에너지의 공급타당성에 관한 협의
25. 「초지법」 제23조에 따른 초지의 전용허가
26. 「공간정보의 구축 및 관리 등에 관한 법률」 제15조에 따른 측량성과의 사용심사 및 같
   은 법 제86조에 따른 사업의 착수, 변경 또는 완료의 신고
27. 「폐기물관리법」 제29조에 따른 폐기물처리시설의 설치 승인 또는 신고
28. 「하수도법」 제16조에 따른 공공하수도 공사의 시행허가 및 같은 법 제24조에 따른 공
   공하수도의 점용 허가
29. 「하천법」 제30조에 따른 하천공사 시행의 허가, 하천공사실시계획의 인가 및 같은 법
   제33조에 따른 하천의 점용허가
30. 「항만법」 제9조제2항에 따른 항만개발사업 시행의 허가 및 같은 법 제10조제2항에 따
   른 항만개발사업실시계획의 승인

② 국토교통부장관 또는 시·도지사는 제46조의3제6항 또는 제7항에 따라 건설계획의 승인
또는 변경승인을 할 때 그 건설계획에 제1항 각 호의 사항이 포함되어 있는 경우에는 관계 행
정기관의 장과 미리 협의하여야 한다. 이 경우 관계 행정기관의 장은 협의요청을 받은 날부터
20일 이내에 의견을 제출하여야 한다.
③ 제1항에 따른 인·허가등의 의제를 받으려는 사업시행자는 건설계획의 승인 또는 변경승
인을 신청할 때에 해당 법률에서 정하는 관련 서류를 함께 제출하여야 한다.

제46조의5(수용 및 사용) ① 다음 각 호의 어느 하나에 해당하는 사업을 시행하는 자는
필요한 경우 「공익사업을 위한 토지 등의 취득 및 보상에 관한 법률」 제2조제1호에
따른 토지등을 수용 또는 사용할 수 있다.
   1. 제45조에 따른 공영차고지의 설치
   2. 제46조의3에 따른 화물자동차 휴게소 건설사업
② 다음 각 호의 어느 하나에 해당하는 인·허가 및 고시 등이 있는 경우에는 각각 「
공익사업을 위한 토지 등의 취득 및 보상에 관한 법률」 제20조제1항에 따른 사업인
정 및 같은 법 제22조에 따른 사업인정의 고시가 있는 것으로 본다.
   1. 설치·운영계획의 수립·인가 및 제45조제4항에 따른 고시 또는 게재

2. 건설계획의 승인 및 제46조의3제8항에 따른 고시

③ 제1항에 따른 토지등의 수용 또는 사용에 관한 재결의 신청은 「공익사업을 위한 토지 등의 취득 및 보상에 관한 법률」 제23조제1항 및 제28조제1항에도 불구하고 설치·운영계획 또는 건설계획에서 정한 사업의 시행기간 내에 할 수 있다.

④ 제1항에 따른 수용 또는 사용에 관하여는 이 법에 특별한 규정이 있는 경우를 제외하고는 「공익사업을 위한 토지 등의 취득 및 보상에 관한 법률」을 준용한다.

제46조의6(화물자동차 휴게소 운영의 위탁) ① 사업시행자는 화물자동차 휴게소의 운영을 사업자단체 등 대통령령으로 정하는 자에게 위탁할 수 있다.

② 제1항에 따른 화물자동차 휴게소 운영의 위탁 기간 및 위탁 방법 등에 필요한 사항은 국토교통부령으로 정한다.

제9조의20(화물자동차 휴게소 운영의 위탁) ① 법 제46조의6제1항에서 "사업자단체 등 대통령령으로 정하는 자"란 다음 각 호의 어느 하나에 해당하는 자를 말한다. 다만, 제2호의 경우에는 국가 또는 지방자치단체가 위탁하는 경우만 해당한다.

1. 연합회 또는 법 제48조에 따른 협회 **1**
2. 제9조의18제1항에 따른 공공기관 또는 「지방공기업법」에 따른 지방공기업
3. 「민법」 또는 「상법」에 따라 설립된 법인으로서 그 설립목적이 화물운수와 관련이 있는 법인

제43조의4(화물자동차 휴게소 운영의 위탁) ① 법 제46조의6제1항에 따라 화물자동차 휴게소 운영을 위탁하는 경우에는 제한경쟁의 방식에 따라 수탁자를 정한다. 다만, 국토교통부장관이 화물자동차 휴게소 운영의 효율성 및 안정성 등을 고려하여 필요하다고 인정하는 경우에는 수의계약의 방식에 따라 위탁할 수 있다.

② 법 제46조의6제2항에 따른 화물자동차 휴게소 운영의 위탁기간은 5년으로 하되 국토교통부장관이 정하는 기준 및 절차에 따라 갱신할 수 있다.

③ 제1항 및 제2항에서 규정한 사항 외에 위탁의 내용, 조건 및 절차 등에 관하여 필요한 사항은 국토교통부장관이 정하여 고시한다.

제47조의2(실적 신고 및 관리 등) ① 운송사업자(개인 운송사업자는 제외한다), 운송주선사업자 및 운송가맹사업자는 국토교통부령으로 정하는 바에 따라 운송 또는 주선 실적을 관리하고 이를 국토교통부장관에게 신고하여야 한다. **1**

② 제11조의2제1항에 따른 직접운송 의무가 있는 운송사업자는 국토교통부령으로 정하는 기준 이상으로 화물을 운송하여야 한다. 이 경우 기준내역에 관하여는 국토교통부령으로 정한다.

③ 국토교통부장관은 제1항의 운송 또는 주선 실적 등 화물운송정보를 체계적으로 관리하기 위한 화물운송실적관리시스템을 구축·운영할 수 있다.

④ 국토교통부장관은 화물운송실적관리시스템의 운영을 국토교통부령으로 정하는 자에게 위탁할 수 있으며, 필요한 비용을 지원할 수 있다.

⑤ 화물운송실적관리시스템의 운영방식 및 활용방법 등에 필요한 사항은 국토교통부령으로 정한다.

제47조의4(화물운송실적관리시스템의 보안대책) 화물운송실적관리시스템의 관리자는 화물운송실적관리시스템에 대한 제3자의 불법적인 접근, 입력된 정보의 변경, 훼손, 파괴, 해킹, 유출 등에 대비한 기술적·물리적·관리적 보안대책을 세워야 한다.

제47조의5(화물운송실적관리자료의 비밀유지) 다음 각 호의 어느 하나에 해당하거나 해당하였던 자는 그 직무와 관련하여 알게 된 화물운송실적관리자료를 다른 사람에게 제공 또는 누설하거나 그 목적 외의 용도로 사용하여서는 아니 된다.
  1. 국토교통부 소속 공무원

참조 **규칙 제44조의2(운송 또는 주선실적의 신고 및 관리 등)** ① 법 제47조의2제1항에 따라 운수사업자는 국토교통부장관이 정하여 고시하는 기준과 절차에 따라 다음 각 호의 형태에 따른 실적을 관리하고 이를 법 제47조의2제3항에 따라 구축된 화물운송실적관리시스템을 통해 국토교통부장관에게 신고하여야 한다. **1**
  1. 운수사업자가 화주와 계약한 실적 **1**
  2. 운수사업자가 다른 운수사업자와 계약한 실적 **1**
  3. 운수사업자가 다른 운송사업자 소속의 위·수탁차주와 계약한 실적
  4. 운송가맹사업자가 소속 운송가맹점과 계약한 실적 **1**
  5. 운수사업자가 직접 운송한 실적(법 제11조의2제1항 단서에 따른 차량으로 운송한 실적 및 법 제11조의2제5항에 따른 정보망을 이용한 위탁운송실적을 포함한다) **1**

② 법 제47조의2제2항 전단에서 "국토교통부령으로 정하는 기준"이란 국토교통부장관이 매년 고시하는 연간 시장평균운송매출액(종류별·톤급별 화물자동차 1대당 연간 평균운송매출액을 말한다)에 소속 화물자동차(제21조의5제2항에 따른 화물자동차로서 소속된 운송사업자의 운송화물이 아닌 화물의 운송횟수가 연간 144회 이상인 화물자동차는 제외한다)의 대수를 각각 곱하여 산출한 금액의 합계액의 100분의 20 이상에 해당하는 운송매출액을 말한다.

③ 법 제47조의2제2항 후단에 따른 화물운송의 기준내역은 다음 각 호와 같다.
  1. 화주와 계약한 실적
  2. 운송주선사업자 및 국제물류주선업자와 계약한 실적
  3. 다른 운송사업자(다른 운송사업자로부터 운송을 위탁받은 경우에 한한다)와 계약한 실적
  4. 운송가맹사업자와 계약한 실적

④ 제1항부터 제3항까지에서 규정한 사항 외에 운송 또는 주선실적의 조사, 실적의 산정방법 및 관리 등에 필요한 사항은 국토교통부장관이 정하여 고시한다.

2. 지방자치단체 소속 공무원

3. 제64조에 따라 화물운송실적관리와 관련한 업무를 위탁받은 자

제47조의6(화물운송서비스평가 등) ① 국토교통부장관은 화물운송서비스 증진과 이용자의 권익보호를 위하여 운수사업자가 제공하는 화물운송서비스에 대한 평가를 할 수 있다.

② 제1항에 따른 화물운송서비스에 대한 평가의 기준은 다음 각 호와 같다.

1. 화물운송서비스의 이용자 만족도

2. 화물운송서비스의 신속성 및 정확성

3. 화물운송서비스의 안전성

4. 그 밖에 제1호부터 제3호까지에 준하는 사항으로서 국토교통부령으로 정하는 사항

③ 제1항에 따른 화물운송서비스에 대한 평가는 이용자에 대한 설문조사를 포함하여야 하며, 세부 평가방법 및 절차 등에 필요한 사항은 국토교통부령으로 정한다.

④ 국토교통부장관은 제1항에 따른 화물운송서비스의 평가를 한 후 평가 항목별 평가 결과, 서비스 품질 등 세부사항을 대통령령으로 정하는 바에 따라 공표하여야 한다.

⑤ 국토교통부장관은 화물운송서비스의 평가를 할 경우 운수사업자에게 관련 자료 및 의견 제출 등을 요구하거나 서비스에 대한 실지조사를 할 수 있다.

⑥ 제5항에 따른 자료 또는 의견 제출 등을 요구받은 운수사업자는 특별한 사유가 없으면 이에 따라야 한다.

제9조의21(화물운송서비스 평가결과의 공표) 국토교통부장관은 법 제47조의6제4항에 따라 화물운송서비스에 대한 평가 항목별 평가 결과 및 서비스 품질에 관한 세부사항을 국토교통부 인터넷 홈페이지에 공표하여야 한다.

제44조의4(화물운송서비스의 평가기준 등)

① 국토교통부장관은 법 제47조의6제1항에 따른 화물운송서비스에 대한 평가를 실시하기 위하여 국토교통부장관이 정하여 고시하는 바에 따라 화물운송서비스 전문평가단을 구성하여 운영할 수 있다.

② 국토교통부장관은 법 제47조의6제1항에 따른 화물운송서비스에 대한 평가를 위하여 필요하다고 인정하는 경우에는 관계 전문가 또는 기관 등에게 필요한 자료의 제출을 요청하거나 의견을 수렴할 수 있다.

③ 법 제47조의6제2항제4호에서 "국토교통부령으로 정하는 사항"이란 다음 각 호를 말한다.

1. 화물운송서비스의 신뢰성

2. 화물운송서비스의 친절성

3. 화물운송서비스의 대응성

4. 화물운송서비스 제공을 위한 물리적 환경의 적정성

5. 그 밖에 국토교통부장관이 정하는 사항

④ 제1항부터 제3항까지에서 규정한 사항 외에 세부 평가방법 및 절차 등 그 밖에 필요한 세부사항은 국토교통부장관이 정하여 고시한다.

제7장 사업자단체

제48조(협회의 설립) ① 운수사업자는 화물자동차 운수사업의 건전한 발전과 운수사업자의 공동이익을 도모하기 위하여 국토교통부장관의 인가를 받아 화물자동차 운송사업, 화물자동차 운송주선사업 및 화물자동차 운송가맹사업의 종류별 또는 시·도·별로 협회를 설립할 수 있다. **1**

② 협회는 법인으로 한다.

③ 협회는 주된 사무소의 소재지에서 설립등기를 함으로써 성립한다.

④ 협회를 설립하려면 해당 협회의 회원 자격이 있는 자의 5분의 1 이상이 발기하고, 회원 자격이 있는 자의 3분의 1 이상의 동의를 받아 창립총회에서 정관을 작성한 후 국토교통부장관에게 인가를 신청하여야 한다.

⑤ 운수사업자는 정관으로 정하는 바에 따라 협회에 가입할 수 있다.

⑥ 회원의 자격, 임원의 정수 및 선출방법, 그 밖에 협회의 운영에 필요한 사항은 정관으로 정한다.

⑦ 정관을 변경하려면 국토교통부장관의 인가를 받아야 한다.

⑧ 협회의 정관의 기재사항과 감독에 필요한 사항은 국토교통부령으로 정한다.

⑨ 협회에 관하여는 이 법에 규정된 사항 외에는 「민법」 중 사단법인에 관한 규정을 준용한다.

규칙 제45조(협회의 설립 등) ① 시·도지사는 법 제48조제1항에 따라 협회의 설립인가를 하였을 때에는 공고하여야 한다.

② 협회가 설립되고 임원이 선임될 때까지 필요한 사무는 발기인이 수행한다.

규칙 제46조(협회의 정관 기재사항) 법 제48조제8항에 따른 사업자단체의 정관의 기재사항은 다음 각 호와 같다.

1. 목적
2. 명칭
3. 주된 사무소의 소재지
4. 회원 및 총회에 관한 사항
5. 임원에 관한 사항
6. 업무에 관한 사항
7. 회계에 관한 사항
8. 해산에 관한 사항
9. 그 밖에 협회의 운영에 관한 사항

제49조(협회의 사업) 협회는 다음 각 호의 사업을 한다.

    1. 화물자동차 운수사업의 건전한 발전과 운수사업자의 공동이익을 도모하는 사업

    2. 화물자동차 운수사업의 진흥 및 발전에 필요한 통계의 작성 및 관리, 외국 자료의 수집·조사 및 연구사업

    3. 경영자와 운수종사자의 교육훈련

    4. 화물자동차 운수사업의 경영개선을 위한 지도

    5. 이 법에서 협회의 업무로 정한 사항

    6. 국가나 지방자치단체로부터 위탁받은 업무 ❶

    7. 제1호부터 제5호까지의 사업에 따르는 업무

제50조(연합회) ① 운송사업자로 구성된 협회, 운송주선사업자로 구성된 협회 및 운송가맹사업자로 구성된 협회는 그 공동목적을 달성하기 위하여 국토교통부령으로 정하는 바에 따라 각각 연합회를 설립할 수 있다. 이 경우 운송사업자로 구성된 협회, 운송주선사업자로 구성된 협회 및 운송가맹사업자로 구성된 협회는 각각 그 연합회의 회원이 된다. ❶

② 연합회의 설립 및 사업에 관하여는 제48조와 제49조를 준용한다.

규칙 제47조(연합회에의 준용) 연합회의 설립과 정관 기재사항에 관하여는 제45조 및 제46조를 각각 준용한다. 이 경우 "시·도지사"는 "국토교통부장관"으로 본다.

제51조(공제사업) ① 운수사업자가 설립한 협회의 연합회는 대통령령으로 정하는 바에 따라 국토교통부장관의 허가를 받아 운수사업자의 자동차 사고로 인한 손해배상 책임의 보장사업 및 적재물배상 공제사업 등을 할 수 있다. ❶

② 제1항에 따른 공제사업의 분담금, 운영위원회, 공제사업의 범위, 공제규정, 보고·검사, 개선명령, 공제사업을 관리·운영하는 연합회의 임직원에 대한 제재, 재무건전성의 유지 등에 관하여는 제51조의2제5항, 제51조의4부터 제51조의10까지의 규정을 준용한다.

영 제10조(공제사업의 허가) ① 연합회는 법 제51조제1항에 따라 공제사업의 허가를 신청할 때에는 허가신청서에 다음 각 호의 서류를 첨부하여 국토교통부장관에게 제출하여야 한다.

    1. 공제규정

    2. 사업계획서

    3. 수지계산서

② 공제사업에 관한 회계는 다른 사업에 관한 회계와 구분하여 경리하여야 한다.

제51조의2(공제조합의 설립 등) ① 운수사업자는 상호간의 협동조직을 통하여 조합원이 자주적인 경제 활동을 영위할 수 있도록 지원하고 조합원의 자동차 사고로 인한 손해배상책임의 보장사업 및 적재물배상 공제사업을 하기 위하여 대통령령으로 정하는 바에 따라 국토교통부장관의 인가를 받아 공제조합을 설립할 수 있다. **❶**

② 공제조합은 법인으로 한다.

③ 공제조합은 주된 사무소의 소재지에 설립등기를 함으로써 성립된다.

④ 운수사업자는 정관으로 정하는 바에 따라 공제조합에 가입할 수 있다.

⑤ 공제조합의 조합원은 공제사업에 필요한 분담금을 부담하여야 한다.

⑥ 조합원의 자격과 임원에 관한 사항, 그 밖에 공제조합의 운영에 필요한 사항은 정관으로 정한다.

⑦ 정관의 기재 사항, 그 밖에 공제조합의 감독에 필요한 사항은 대통령령으로 정한다.

제51조의3(공제조합의 설립인가 절차 등) ① 공제조합을 설립하려면 공제조합의 조합원 자격이 있는 자의 10분의 1 이상이 발기하고, 조합원 자격이 있는 자 200인 이상의 동의를 받아 창립총회에서 정관을 작성한 후 국토교통부장관에게 인가를 신청하여야 한다. **❷**

② 국토교통부장관은 제1항에 따른 인가를 한 경우 이를 공고하여야 한다.

참조 **영 제11조의2(공제조합의 설립 등)** ① 법 제51조의2제1항에 따라 공제조합의 설립인가를 받으려는 자는 국토교통부령으로 정하는 인가신청서에 다음 각 호의 서류를 첨부하여 국토교통부장관에게 제출하여야 한다.

1. 정관
2. 사업계획서
3. 수지계산서
4. 창립총회의 회의록

② 국토교통부장관은 법 제50조제1항에 따른 연합회(연합회가 설립되지 아니한 경우에는 그 업종을 말한다)별로 하나의 공제조합만을 인가하여야 한다.

③ 법 제51조의2제7항에 따른 공제조합의 정관에 포함되어야 할 사항은 다음 각 호와 같다.

1. 목적
2. 명칭
3. 사무소의 소재지
4. 조합원의 자격 및 가입·탈퇴에 관한 사항
5. 자산과 회계에 관한 사항
6. 총회에 관한 사항
7. 운영위원회에 관한 사항
8. 임원과 직원에 관한 사항
9. 업무와 그 집행에 관한 사항
10. 정관의 변경에 관한 사항
11. 해산과 잔여재산의 처리에 관한 사항

제51조의4(공제조합의 운영위원회) ① 공제조합은 제51조의6에 따른 공제사업에 관한 사항을 심의·의결하고 그 업무집행을 감독하기 위하여 운영위원회를 둔다.

② 운영위원회 위원은 조합원, 운수사업·금융·보험·회계·법률 분야 전문가, 관계 공무원 및 그 밖에 화물자동차 운수사업 관련 이해관계자로 구성하되, 그 수는 25명 이내로 한다. 다만, 제51조에 따라 연합회가 공제사업을 하는 경우의 운영위원회 위원은 시·도별 협회의 대표 전원을 포함하여 **37명 이내로 한다.** ❶

③ 이 법에서 규정한 사항 외에 운영위원회의 구성과 운영에 필요한 사항은 대통령령으로 정한다.

제51조의5(운영위원회 위원의 결격 사유) ① 다음 각 호의 어느 하나에 해당하는 사람은 제51조의4제2항에 따른 위원이 될 수 없다.

1. 미성년자, 피성년후견인 또는 피한정후견인

2. 파산선고를 받고 복권되지 아니한 사람 ❶

3. 이 법 또는 「보험업법」 등 대통령령으로 정하는 금융 관련 법률을 위반하여 금고 이상의 형의 집행유예를 선고받고 그 유예기간 중에 있는 사람

4. 이 법 또는 「보험업법」 등 대통령령으로 정하는 금융 관련 법률을 위반하여 금고 이상의 형을 선고받고 그 집행이 끝나거나(집행이 끝난 것으로 보는 경우를 포함한다) 집행이 면제된 날부터 5년이 지나지 아니한 사람

5. 이 법에 따른 공제조합의 업무와 관련하여 벌금 이상의 형을 선고받고 그 집행이 끝나거나(집행이 끝난 것으로 보는 경우를 포함한다) 집행이 면제된 날부터 5년이 지나지 아니한 사람

6. 제51조의9에 따른 징계·해임의 요구 중에 있거나 징계·해임의 처분을 받은 후 3년이 지나지 아니한 사람

② 제51조의4제2항에 따른 위원이 제1항 각 호의 어느 하나에 해당하게 된 때에는 그 날로 위원자격을 잃는다.

③ 국토교통부장관은 제1항제3호부터 제5호까지의 범죄경력자료의 조회를 경찰청장에게 요청하여 공제조합에 제공할 수 있다.

참조 **규칙 제11조의4(운영위원회)** ① 법 제51조의4에 따른 운영위원회(이하 "운영위원회"라 한다)는 다음 각 호의 위원으로 구성한다. 이 경우 제2호 및 제3호에 해당하는 위원의 수는 전체위원 수의 2분의 1 미만으로 한다.

1. 다음 각 목의 어느 하나에 해당하는 사람으로서 공제조합 이사장(법 제51조제1항에 따라 연합회가 국토교통부장관의 허가를 받아 공제사업을 하는 경우에는 해당 연합회의 회장을 말한다)이 국토교통부장관의 승인을 받아 위촉하는 사람

   가. 금융·보험·회계 분야를 전공하고, 대학에서 부교수 이상으로 재직하고 있거나 재직하였던 사람

   나. 변호사·공인회계사·보험계리사·세무사 또는 손해사정사의 자격이 있는 사람

   다. 「보험업법」에 따른 보험회사나 「소비자기본법」에 따른 한국소비자원 또는 같은 법 제29조에 따라 등록한 소비자단체의 임원으로 재직 중인 사람

   라. 교통분야 정책 또는 연구 업무에 5년 이상 종사한 경력이 있는 사람

2. 총회가 조합원(법 제51조제1항에 따라 연합회가 국토교통부장관의 허가를 받아 공제사업을 하는 경우에는 해당 연합회의 회원인 조합의 조합원을 말한다) 중에서 선임하는 사람

3. 해당 연합회의 회장

4. 해당 공제조합의 이사장(법 제51조제1항에 따라 연합회가 국토교통부장관의 허가를 받아 공제사업을 하는 경우에는 공제규정에서 정하는 바에 따라 공제사업을 총괄하는 사람을 말한다)

② 제1항제1호 및 제2호에 따른 위원의 임기는 2년으로 하되, 보궐위원의 임기는 전임자 임기의 남은 기간으로 한다.

③ 운영위원회에는 위원장과 부위원장 각각 1명을 두되, 위원장 및 부위원장은 위원 중에서 각각 호선한다. 이 경우 위원장과 부위원장 중 1명은 제1항제1호에 해당하는 사람이어야 한다.

④ 운영위원회의 위원장은 운영위원회의 회의를 소집하며 그 의장이 된다.

⑤ 운영위원회의 부위원장은 위원장을 보좌하며, 위원장이 부득이한 사유로 그 직무를 수행할 수 없을 때에는 그 직무를 대행한다.

⑥ 운영위원회의 회의는 재적위원 과반수의 출석으로 개의하고, 출석위원 과반수의 찬성으로 의결한다. 다만, 제7항제6호 및 제7호의 사항은 출석위원 3분의 2 이상의 찬성으로 의결한다.

⑦ 운영위원회는 공제사업에 관하여 다음 각 호의 사항을 심의·의결하며 그 업무집행을 감독한다.

1. 사업계획·운영 및 관리에 관한 기본 방침

2. 예산 및 결산에 관한 사항

3. 차입금에 관한 사항

4. 주요 예산집행에 관한 사항

5. 임원의 임면에 관한 사항

6. 공제약관ㆍ공제규정의 변경과 각종 내부규정의 제정ㆍ개정 및 폐지에 관한 사항

7. 공제금, 공제 가입금, 분담금 및 요율에 관한 사항

8. 정관으로 정하는 사항

9. 그 밖에 위원장이 필요하다고 인정하여 회의에 부치는 사항

⑧ 운영위원회의 사무를 처리하기 위하여 간사 및 서기를 두되, 간사 및 서기는 해당 공제조합의 직원(법 제51조제1항에 따라 연합회가 국토교통부장관의 허가를 받아 공제사업을 하는 경우에는 해당 연합회의 직원을 말한다) 중에서 위원장이 임명한다.

⑨ 간사는 회의마다 회의록을 작성하여 다음 회의에 보고하고 이를 보관하여야 한다.

⑩ 이 영에서 규정한 사항 외에 운영위원회의 운영에 필요한 사항은 운영위원회의 의결을 거쳐 위원장이 정한다.

제51조의6(공제조합사업) ① 공제조합은 다음 각 호의 사업을 한다.

1. 조합원의 **사업용 자동차**의 사고로 생긴 배상 책임 및 적재물배상에 대한 공제 **1**

2. 조합원이 사업용 자동차를 소유ㆍ사용ㆍ관리하는 동안 발생한 사고로 그 자동차에 생긴 손해에 대한 공제

3. 운수종사자가 조합원의 사업용 자동차를 소유ㆍ사용ㆍ관리하는 동안에 발생한 사고로 입은 자기 신체의 손해에 대한 공제

4. 공제조합에 고용된 자의 업무상 재해로 인한 손실을 보상하기 위한 공제 **1**

5. 공동이용시설의 설치ㆍ운영 및 관리, 그 밖에 조합원의 편의 및 복지 증진을 위한 사업 **1**

6. 화물자동차 운수사업의 경영 개선을 위한 조사ㆍ연구 사업 **1**

7. 제1호부터 제6호까지의 사업에 딸린 사업으로서 정관으로 정하는 사업

② 공제조합은 제1항제1호부터 제4호까지의 규정에 따른 공제사업을 하려면 공제규정을 정하여 국토교통부장관의 인가를 받아야 한다. 인가받은 사항을 변경하려는 경우에도 또한 같다. **1**

③ 제2항의 공제규정에는 공제사업의 범위, 공제계약의 내용과 분담금, 공제금, 공제금에 충당하기 위한 책임준비금, 지급준비금의 계상 및 적립 등 공제사업의 운영에 필요한 사항이 포함되어야 한다.

규칙 제11조의3(예산과 결산의 제출) ① 공제조합은 매 사업연도의 총수입과 총지출을 예산으로 편성하여 사업연도가 시작되기 1개월 전까지 국토교통부장관에게 제출하여야 한다.

② 공제조합은 매 사업연도가 끝난 후 2개월 이내에 결산을 완료하고 결산보고서에 재무상태표와 손익계산서를 첨부하여 국토교통부장관에게 제출해야 한다.

③ 공제조합은 제2항에 따라 국토교통부장관에게 제출한 재무상태표와 손익계산서를 주사무소와 지부에 갖추어 두되, 재무상태표는 공고해야 한다.

④ 공제조합은 결산기마다 그 사업의 종류에 따라 제3항의 책임준비금 및 지급준비금을 계상하고 이를 적립하여야 한다.

⑤ 제1항제1호부터 제4호까지의 규정에 따른 공제사업에는 「보험업법」(「보험업법」 제193조는 제외한다)을 적용하지 아니한다.

제51조의7(보고서의 제출 명령 등) ① 국토교통부장관은 필요하다고 인정하면 공제조합에 대하여 다음 각 호의 조치를 할 수 있다.

    1. 교통사고 피해자에 대한 피해보상에 관한 보고서의 제출 명령

    2. 공제자금의 운용이나 그 밖에 공제사업과 관련된 사항에 관한 보고서의 제출 명령

    3. 소속 공무원에게 공제조합의 업무 또는 회계의 상황을 조사하게 하는 조치

    4. 소속 공무원에게 공제조합의 장부나 그 밖의 서류를 검사하게 하는 조치

② 제1항에 따른 조사나 검사를 하려면 조사 또는 검사 7일 전에 조사 또는 검사할 내용, 일시, 이유 등에 대한 계획서를 공제조합에 알려야 한다. 다만, 긴급한 경우 또는 사전통지를 하면 증거인멸 등으로 조사목적을 달성할 수 없다고 인정하는 경우에는 그러하지 아니하다.

③ 제1항에 따라 조사나 검사를 하는 공무원은 그 권한을 표시하는 증표를 지니고 이를 관계인에게 내보여야 하며, 출입할 때에는 출입자의 성명, 출입시간, 출입목적 등이 표시된 문서를 관계인에게 내주어야 한다.

제51조의8(공제조합업무의 개선명령) 국토교통부장관은 공제조합의 업무 운영이 적정하지 아니하거나 자산상황이 불량하여 교통사고 피해자 및 공제 가입자 등의 권익을 해칠 우려가 있다고 인정하면 다음 각 호의 조치를 명할 수 있다.

    1. 업무집행방법의 변경

    2. 자산예탁기관의 변경

    3. 자산의 장부가격의 변경

    4. 불건전한 자산에 대한 적립금의 보유

    5. 가치가 없다고 인정되는 자산의 손실 처리

제51조의9(공제조합 임직원에 대한 제재 등) 국토교통부장관은 공제조합의 임직원이 다음 각 호의 어느 하나에 해당하여 공제사업을 건전하게 운영하지 못할 우려가 있다고 인정하면 임직원에 대한 징계·해임을 요구하거나 해당 위반행위를 시정하도록 명할 수 있다.

1. 제51조의6제2항에 따른 공제규정을 위반하여 업무를 처리한 경우
2. 제51조의8에 따른 개선명령을 이행하지 아니한 경우
3. 제51조의10에 따른 재무건전성 기준을 지키지 아니한 경우

제51조의10(재무건전성의 유지) ① 공제조합은 공제금 지급능력과 경영의 건전성을 확보하기 위하여 다음 각 호의 사항에 관하여 대통령령으로 정하는 재무건전성 기준을 지켜야 한다. **1**

1. 자본의 적정성에 관한 사항
2. 자산의 건전성에 관한 사항
3. 유동성의 확보에 관한 사항

② 국토교통부장관은 공제조합이 제1항의 기준을 지키지 아니하여 경영의 건전성을 해칠 우려가 있다고 인정하면 대통령령으로 정하는 바에 따라 자본금의 증액을 명하거나 주식 등 위험자산의 소유를 제한하는 조치를 취할 수 있다.

제51조의11(감독 기준) 국토교통부장관은 제51조의6제1항제1호부터 제4호까지의 규정에 따른 공제사업의 건전한 육성과 공제 가입자의 보호를 위하여 금융위원회 위원장과 협의하여 감독에 필요한 기준을 정하고 이를 고시하여야 한다.

제51조의12(다른 법률과의 관계) 공제조합에 관하여 이 법에 규정된 사항 외에는 「민법」 중 사단법인에 관한 규정과 「상법」 제3편제4장제7절을 준용한다.

제52조(분쟁조정의 신청) 제51조에 따른 공제사업을 할 때 공제계약 및 공제금의 지급 등에 관하여 분쟁이 있으면 분쟁 당사자는 「여객자동차 운수사업법」 제70조에 따른 공제분쟁조정위원회에 조정을 신청할 수 있다.

영 제11조의5(운영위원회 위원의 결격사유) 법 제51조의5제1항제3호 및 제4호에서 "대통령령으로 정하는 금융 관련 법률"이란 별표 4의2에서 정하는 법률을 말한다.

영 제11조의6(재무건전성) ① 이 조에서 사용하는 용어의 뜻은 다음과 같다.

1. "지급여력금액"이란 자본금, 대손충당금, 이익잉여금 및 그 밖에 이에 준하는 것으로서 국토교통부장관이 정하는 금액을 합산한 금액에서 영업권, 선급비용 등 국토교통부장관이 정하는 금액을 뺀 금액을 말한다.
2. "지급여력기준금액"이란 공제사업을 운영함에 따라 발생하게 되는 위험을 국토교통부장관이 정하는 방법에 따라 금액으로 환산한 것을 말한다. **1**
3. "지급여력비율"이란 지급여력금액을 지급여력기준금액으로 나눈 비율을 말한다. **1**

② 법 제51조의10제1항에 따라 공제조합이 준수하여야 하는 재무건전성 기준은 다음 각 호와 같다.

1. 지급여력비율은 100분의 100 이상을 유지할 것 **1**
2. 구상채권 등 보유자산의 건전성을 정기적으로 분류하고 대손충당금을 적립할 것 **1**

③ 법 제51조의10제2항에 따라 국토교통부장관이 공제조합에 대하여 자본금의 증액을 명하거나 주식 등 위험자산의 소유를 제한하는 조치를 하려는 경우에는 다음 각 호의 사항을 고려하여야 한다.

1. 해당 조치가 공제계약자의 보호를 위하여 적정한지 여부 **1**
2. 해당 조치가 공제조합의 부실화를 예방하고 건전한 경영을 유도하기 위하여 필요한지 여부

④ 국토교통부장관은 제1항부터 제3항까지의 규정에 관하여 필요한 세부 기준을 정할 수 있다.

제54조(감독) ① 국토교통부장관은 협회 및 연합회를 지도 · 감독한다.

② 국토교통부장관은 다음 각 호의 어느 하나에 해당하는 경우 협회 및 연합회에 대하여 업무(제49조 및 제50조에 따른 협회 및 연합회의 업무만 해당한다)에 관한 보고서의 제출이나 그 밖에 필요한 조치를 명하거나 소속 공무원에게 업무상황이나 회계상황을 조사하게 하거나 장부를 비롯한 서류를 검사하게 할 수 있다.

1. 이 법의 위반 여부에 대한 확인이 필요하거나 민원 등이 발생한 경우
2. 이 법에 따른 허가 · 신고 · 또는 승인 등의 업무를 적정하게 수행하기 위하여 필요한 경우
3. 그 밖에 화물자동차 운수사업과 관련된 정책수립을 위하여 필요한 경우

③ 제2항에 따라 조사 또는 검사를 하는 공무원은 그 권한을 표시하는 증표를 지니고 이를 관계인에게 내보여야 한다.

제8장 자가용 화물자동차의 사용

제55조(자가용 화물자동차 사용신고) ① 화물자동차 운송사업과 화물자동차 운송가맹사업에 이용되지 아니하고 자가용으로 사용되는 화물자동차(이하 "자가용 화물자동차"라 한다)로서 대통령령으로 정하는 화물자동차로 사용하려는 자는 국토교통부령으로 정하는 사항을 시 · 도지사에게 신고하여야 한다. 신고한 사항을 변경하려는 때에도 또한 같다. 4

② 시 · 도지사는 제1항에 따른 신고 또는 변경신고를 받은 날부터 10일 이내에 신고수리 여부를 신고인에게 통지하여야 한다. 1

③ 시 · 도지사가 제2항에서 정한 기간 내에 신고수리 여부 또는 민원 처리 관련 법령에 따른 처리기간의 연장 여부를 신고인에게 통지하지 아니하면 그 기간이 끝난 날의 다음 날에 신고를 수리한 것으로 본다.

제12조(사용신고대상 화물자동차) 법 제55조제1항에서 "대통령령으로 정하는 화물자동차"란 다음 각 호의 어느 하나에 해당하는 화물자동차를 말한다.

1. 국토교통부령으로 정하는 특수자동차
2. 특수자동차를 제외한 화물자동차로서 최대 적재량이 2.5톤 이상인 화물자동차 1

제48조(자가용 화물자동차의 사용신고) ① 영 제12조제1호에서 "국토교통부령으로 정하는 특수자동차"란 「자동차관리법 시행규칙」 별표 1에 따른 특수자동차를 말한다. 다만, 다음 각 호의 어느 하나에 해당하는 경우는 제외한다.

1. 「자동차관리법 시행규칙」 별표 1에 따른 경형 또는 소형 특수용도형 특수자동차를 사용하여 「식품위생법 시행령」 제21조제8호가목의 휴게음식점영업 또는 같은 호 바목의 제과점영업을 하려는 경우

2. 「자동차관리법 시행규칙」 별표 1에 따른 경형 및 소형 특수자동차 중 특별시·광역시·특별자치시·도 또는 특별자치도의 조례로 정하는 경우

3. 「자동차관리법 시행규칙」 별표 1에 따른 경형 또는 소형 특수용도형 특수자동차로서 같은 규칙 제30조의2에 따른 캠핑용자동차(「자동차관리법」 제2조제1호 본문에 따른 피견인자동차인 캠핑용자동차는 제외한다)에 해당하는 경우

② 법 제55조에 따라 자가용 화물자동차의 사용을 신고하려는 자는 「자동차관리법」에 따라 자동차등록을 신청할 때에 별지 제34호서식의 자가용 화물자동차 사용신고서를 차고시설 소재지를 관할하는 시·도지사에게 제출(전자문서에 의한 제출을 포함한다)하여야 한다. **1**

③ 제2항의 자가용 화물자동차 사용신고서에는 차고시설(임대 차고를 포함한다.)을 확보하였음을 증명하는 서류를 첨부하여야 한다. **1**

④ 제3항에 따라 확보하여야 하는 차고시설에 관하여는 별표 1을 준용한다.

⑤ 시 · 도지사는 제2항에 따른 자가용 화물자동차의 사용에 관한 신고를 받으면 신고 내용을 확인한 후 별지 제35호서식의 신고확인증을 발급하여야 하며, 자가용 화물자동차의 소유자는 그 자가용 화물자동차에 신고확인증을 갖추어 두고 운행하여야 한다.

⑥ 제5항에 따라 신고확인증을 발급받은 자는 제3항에 따른 차고시설을 변경하였을 때에는 변경한 날부터 10일 이내에 별지 제34호서식의 변경신고서를 시 · 도지사에게 제출하여야 한다. ❶

제56조(유상운송의 금지) 자가용 화물자동차의 소유자 또는 사용자는 자가용 화물자동차를 유상(그 자동차의 운행에 필요한 경비를 포함한다)으로 화물운송용으로 제공하거나 임대하여서는 아니 된다. 다만, 국토교통부령으로 정하는 사유에 해당되는 경우로서 시 · 도지사의 허가를 받으면 화물운송용으로 제공하거나 임대할 수 있다. ❷	**규칙 제49조(유상운송의 허가 사유)** 법 제56조 단서에서 "국토교통부령으로 정하는 사유에 해당되는 경우"란 다음 각 호의 어느 하나에 해당하는 경우를 말한다. 　1. 천재지변이나 이에 준하는 비상사태로 인하여 수송력 공급을 긴급히 증가시킬 필요가 있는 경우 ❸ 　2. 사업용 화물자동차 · 철도 등 화물운송수단의 운행이 불가능하여 이를 일시적으로 대체하기 위한 수송력 공급이 긴급히 필요한 경우 　3. 「농어업경영체 육성 및 지원에 관한 법률」 제16조에 따라 설립된 영농조합법인이 그 사업을 위하여 화물자동차를 직접 소유 · 운영하는 경우 ❶
제56조의2(자가용 화물자동차 사용의 제한 또는 금지) ① 시 · 도지사는 자가용 화물자동차의 소유자 또는 사용자가 다음 각 호의 어느 하나에 해당하면 6개월 이내의 기간을 정하여 그 자동차의 사용을 제한하거나 금지할 수 있다. ❷ 　1. 자가용 화물자동차를 사용하여 화물자동차 운송사업을 경영한 경우 ❸ 　2. 제56조 단서에 따른 허가를 받지 아니하고 자가용 화물자동차를 유상으로 운송에 제공하거나 임대한 경우 ❷	**규칙 제51조(유상운송 허가조건 등)** ① 시 · 도지사는 제49조제3호에 따라 영농조합법인에 대하여 자가용 화물자동차의 유상운송을 허가하려는 경우에는 다음 각 호의 조건을 붙여야 한다. 　1. 자동차의 운행으로 사람이 사망하거나 부상한 경우의 손해배상책임을 보장하는 보험에 계속 가입할 것 ❶ 　2. 차량안전점검과 정비를 철저히 하고 각종 교통 관련 법규를 성실히 준수할 것 ❶

② 시·도지사가 제1항에 따라 자가용 화물자동차의 사용을 금지한 경우에는 제20조를 준용한다. **1**

② 영농조합법인이 소유하는 자가용 화물자동차에 대한 유상운송 허가기간은 3년 이내로 하여야 한다. **2**

③ 시·도지사는 **영농조합법인의 신청에 의하여** 유상운송 허가기간의 연장을 허가할 수 있다. 이 경우 영농조합법인은 허가기간 만료일 30일 전까지 시·도지사에게 유상운송 허가기간의 연장을 신청하여야 한다. **3**

제57조(차량충당조건) ① 화물자동차 운송사업 및 화물자동차 운송가맹사업의 신규등록, 증차 또는 대폐차(대폐차 : 차령이 만료된 차량 등을 다른 차량으로 대체하는 것을 말한다)에 충당되는 화물자동차는 차령이 3년의 범위에서 대통령령으로 정하는 연한 이내여야 한다. 다만, 국토교통부령으로 정하는 차량은 차량충당조건을 달리할 수 있다. **1**

② 제1항에 따른 대폐차의 대상, 기한, 절차 및 방법 등에 필요한 사항은 국토교통부령으로 정한다.

제13조(차량충당 연한) ① 법 제57조에 따라 화물자동차 운송사업 및 화물자동차 운송가맹사업에 충당되는 화물자동차는 차령 3년 이내의 차량으로 한다.

② 제1항에 따른 차령의 기산일은 「자동차관리법 시행령」 제3조에 따른다.

제52조의2(차량충당조건 적용 제외 차량) 법 제57조제1항 단서에서 "국토교통부령으로 정하는 차량"이란 다음 각 호의 차량을 말한다.

1. 운송사업자가 화물자동차 운송사업의 종류를 변경하여 허가를 받으려는 경우 운송사업자가 사업의 종류를 변경하기 전에 화물자동차 운송사업용으로 사용한 차량

2. 운송사업자가 화물자동차 운송사업을 폐업하고 화물자동차 운송가맹사업의 허가를 받으려는 경우 운송사업자가 폐업하기 전에 화물자동차 운송사업용으로 사용한 차량

3. 운송가맹사업자(화물자동차를 직접 소유한 경우만 해당한다)가 화물자동차 운송가맹사업을 폐업하고 화물자동차 운송사업의 허가를 받으려는 경우 운송가맹사업자가 폐업하기 전에 화물자동차 운송가맹사업용으로 사용한 차량

4. 법 제40조제1항에 따라 경영을 위탁받은 위·수탁차주가 화물자동차 운송사업용으로 사용한 화물자동차를 그 사업용으로 사용하지 아니하게 된 날부터 6개월 이내에 화물자동차 운송사업용으로 충당하려는 경우 그 차량

5. 운송사업자 또는 운송가맹사업자가 아닌 법인에 최근 2년 이상 소속된 5대 이상의 자가용 화물자동차를 그 법인이 화물자동차 운송사업용 또는 화물자동차 운송가맹사업용으로 충당하려는 경우 그 차량

6. 운송사업자 또는 운송가맹사업자가 화물자동차를 대폐차할 때 폐차되는 화물자동차의 차령보다 대차되는 화물자동차의 차령이 적은 경우 대차되는 차량

7. 덤프형 화물자동차, 피견인자동차(「소방기본법 시행령」 제6조에 따른 특수가연물 및 「위험물안전관리법 시행령」 제2조에 따른 위험물을 수송하기 위한 탱크트레일러는 제외한다) 또는 특수자동차

8. 제6조제3항에 따라 허가를 받으려는 자의 차량

제52조의3(대폐차의 대상 및 절차 등) ①
법 제57조제2항에 따른 대폐차의 대상·
기한·절차·범위 및 주기는 다음 각 호
의 구분에 따른다.

1. 대상 : 동일한 용도의 화물자동차
   (공급이 허용되는 경우만 해당한
   다)로 할 것. 이 경우 해당 화물자
   동차의 세부유형 및 최대적재량 등
   에 관하여는 국토교통부장관이 정
   하여 고시한다.

2. 기한 : 대폐차 변경신고를 한 날부
   터 15일 이내에 대폐차할 것. 다만,
   국토교통부장관이 정하여 고시하는
   부득이한 사유가 있는 경우에는 6개
   월 이내에 대폐차할 수 있다. **1**

3. 절차 : 대폐차를 완료한 경우에는
   협회에 통지할 것

4. 범위 : 개인화물자동차 운송사업의
   대폐차의 범위는 「자동차관리법」
   에 따른 화물자동차로서 다음 각
   목의 구분에 따를 것. 이 경우 대폐
   차 범위의 세부기준에 관하여는 국
   토교통부 장관이 정하여 고시한다.

가. 개인 소형 : 최대 적재량 1.5톤 이하인 차량. 다만, 제6조제3항에 따라 허가를 받은 자로서 국토교통부장관이 고시로 정하는 자가 대폐차하려는 경우에는 최대 적재량 2.5톤 이하인 차량을 말한다.

나. 개인 중형 : 최대 적재량 1.5톤 초과 16톤 이하인 차량(가목 단서에 따라 개인 소형에 포함되는 최대 적재량 1.5톤 초과 2.5톤 이하인 차량은 제외한다)

다. 개인 대형 : 최대 적재량 16톤 초과인 차량

라. 「환경친화적 자동차의 개발 및 보급 촉진에 관한 법률」 제2조제3호에 따른 전기자동차(이하 "전기자동차"라 한다) 또는 같은 법 제2조제6호에 따른 수소전기자동차(이하 "수소전기자동차"라 한다)인 화물자동차(전기자동차 또는 수소전기자동차로 대폐차하려는 화물자동차를 포함한다) : 제한 없음

② 제1항에도 불구하고 운송사업자가 법률 제7100호「화물자동차 운수사업법 일부개정법률」부칙 제3조제2항에 따른 허가로 인하여 대폐차하고자 하는 경우에는 국토교통부장관이 별도로 정하여 고시하는 바에 따른다.

③ 제1항 및 제2항에서 규정한 사항 외에 대폐차의 절차 및 방법 등에 관하여 필요한 세부사항은 국토교통부장관이 정하여 고시한다.

제9장 보칙

제58조(압류금지) 제40조제3항에 따른 계약으로 운송사업자에게 현물출자된 차량 및 제43조제2항 또는 제3항에 따라 지급된 금품과 이를 받을 권리는 압류하지 못한다. 다만, 현물출자된 차량에 대한 세금 또는 벌금·과태료 미납 및 저당권의 설정(운송사업자가 설정한 저당권은 제11조제15항 단서에 따라 설정된 것에 한정한다)으로 인하여 해당 차량을 압류하는 경우에는 그러하지 아니하다.

제59조(운수종사자의 교육 등) ① 화물자동차의 운전업무에 종사하는 운수종사자는 국토교통부령으로 정하는 바에 따라 시·도지사가 실시하는 다음 각 호의 사항에 관한 교육을 매년 1회 이상 받아야 한다.

1. 화물자동차 운수사업 관계 법령 및 도로교통 관계 법령
2. 교통안전에 관한 사항
3. 화물운수와 관련한 업무수행에 필요한 사항
4. 그 밖에 화물운수 서비스 증진 등을 위하여 필요한 사항

② 시·도지사는 제1항에 따른 교육을 효율적으로 실시하기 위하여 필요하면 그 시·도의 조례로 정하는 바에 따라 운수종사자 연수기관을 직접 설립·운영하거나 이를 지정할 수 있으며, 운수종사자 연수기관의 운영에 필요한 비용을 지원할 수 있다.

[참조] **규칙 제53조(운수종사자 교육 등)** ① 관할관청은 법 제59조제1항에 따른 운수종사자 교육을 실시하는 때에는 운수종사자 교육계획을 수립하여 운수사업자에게 교육을 시작하기 1개월 전까지 통지하여야 한다.

② 제1항에 따른 운수종사자 교육의 교육시간은 4시간으로 한다. 다만, 다음 각 호에 해당하는 사람의 교육시간은 8시간으로 한다.

1. 법 제12조의 운수종사자 준수사항을 위반하여 법 제67조에 따른 벌칙 또는 법 제70조제2항에 따른 과태료 부과처분을 받은 사람
2. 제18조의2제2항제3호에 따른 특별검사 대상자
3. 「물류정책기본법」제29조의2제1항에 따라 이동통신단말장치를 장착해야 하는 위험물질 운송차량을 운전하는 사람

③ 제2항에 따른 운수종사자 연수기관은 제1항에 따른 교육을 받은 운수종사자의 현황을 시 · 도지사에게 제출하여야 하고, 시 · 도지사는 이를 취합하여 매년 국토교통부장관에게 제출하여야 한다.

④ 제3항에 따른 교육현황의 제출 시기 · 방법에 관하여 필요한 사항은 국토교통부령으로 정한다.

제60조(화물자동차 운수사업의 지도 · 감독) 국토교통부장관은 화물자동차 운수사업의 합리적인 발전을 도모하기 위하여 이 법에서 시 · 도지사의 권한으로 정한 사무를 지도 · 감독한다.

제60조의2(신고포상금 지급 등) ① 시 · 도지사는 다음 각 호의 어느 하나에 해당하는 자를 시 · 도지사나 수사기관에 신고 또는 고발한 자에 대하여 대통령령으로 정하는 바에 따라 포상금을 지급할 수 있다.

　1. 제56조를 위반하여 자가용 화물자동차를 유상으로 화물운송용으로 제공하거나 임대한 자 ❶

　1의2. 제11조제4항 또는 제12조제1항제4호를 위반하여 고장 및 사고차량의 운송과 관련하여 자동차관리사업자와 부정한 금품을 주고 받은 운송사업자 또는 운수종사자

　1의3. 제11조제20항(제33조에서 준용하는 경우를 포함한다)을 위반하여 덮개 · 포장 · 고정장치 등 필요한 조치를 하지 아니하는 운송사업자

　2. 제11조의2제3항, 제26조제1항 본문 또는 제2항을 위반한 자

　2의2. 제12조제1항제8호(제33조에서 준용하는 경우를 포함한다)를 위반하여 제11조제20항에 따른 조치를 하지 아니하고 화물자동차를 운행한 운수종사자

　3. 거짓이나 부정한 방법으로 제43조제2항 또는 제3항에 따른 보조금을 지급받은 자

　4. 제3조제1항 또는 제3항에 따른 허가 또는 변경허가를 받지 아니하거나 거짓이나 그 밖의 부정한 방법으로 허가 또는 변경허가를 받고 화물자동차 운송사업을 경영한 자

② 제1항에 따른 포상금의 지급에 소요되는 비용은 시 · 도 또는 시 · 군 · 구의 재원으로 충당한다.

참조 영 제13조의2(신고포상금 지급) ① 법 제60조의2에 따라 고발을 받은 수사기관은 지체 없이 그 사실을 관할 시 · 도지사에게 알려야 한다.

② 시 · 도지사는 법 제60조의2제1항에 따라 신고를 받거나 제1항에 따라 통보를 받은 경우에는 그 내용을 확인한 후 포상금 지급 여부를 결정하여야 한다. 다만, 다음 각 호의 어느 하나에 해당하는 경우에는 포상금을 지급하지 아니한다.

　1. 법 제60조의2에 따라 신고 또는 고발이 있은 후 같은 위반행위에 대하여 같은 내용의 신고 또는 고발을 한 경우

　2. 신고 또는 고발이 있는 사항에 대하여 이미 재판절차가 진행 중인 경우

　3. 관계 법령을 위반하여 신고 또는 고발을 한 경우

③ 시 · 도지사는 제2항에 따라 포상금 지급 결정을 한 경우에는 신고인 또는 고발인에게 알려야 한다.

④ 제3항에 따라 포상금 지급결정을 통보받은 신고인 또는 고발인은 관할 시 · 도지사에게 포상금 지급을 신청하여야 한다. 이 경우 시 · 도지사는 포상금 지급 신청을 받은 날부터 1개월 이내에 신고인 또는 고발인에게 포상금을 지급하여야 한다.

⑤ 제4항에 따른 포상금은 시 · 도의 조례로 정하는 금액을 지급한다.

⑥ 제1항부터 제5항까지에서 규정한 사항 외에 포상금의 지급기준 · 지급절차 및 지급방법 등에 관하여 필요한 사항은 시 · 도의 조례로 정한다.

제61조(보고와 검사) ① 국토교통부장관 또는 시·도지사는 다음 각 호의 어느 하나에 해당하는 경우에는 운수사업자나 화물자동차의 소유자 또는 사용자에 대하여 그 사업 및 운임에 관한 사항이나 그 화물자동차의 소유 또는 사용에 관하여 보고하게 하거나 서류를 제출하게 할 수 있으며, 필요하면 소속 공무원에게 운수사업자의 사업장에 출입하여 장부·서류, 그 밖의 물건을 검사하거나 관계인에게 질문을 하게 할 수 있다.

    1. 제3조제7항, 제24조제6항 또는 제29조제3항에 따른 허가기준에 맞는지를 확인하기 위하여 필요한 경우

    2. 화물운송질서 등의 문란행위를 파악하기 위하여 필요한 경우

    3. 운수사업자의 위법행위 확인 및 운수사업자에 대한 허가취소 등 행정 처분을 위하여 필요한 경우

② 제1항에 따라 출입하거나 검사하는 공무원은 그 권한을 나타내는 증표를 지니고 이를 관계인에게 내보여야 하며, 국토교통부령으로 정하는 바에 따라 자신의 성명, 소속 기관, 출입의 목적 및 일시 등을 적은 서류를 상대방에게 내주거나 관계 장부에 적어야 한다.

제62조(자료 제공 요청) ① 국토교통부장관은 화물운송 종사자격에 관한 관리를 효율적으로 하기 위하여 경찰청장에게 제8조제1항제3호에 따른 자격시험 응시자와 같은 항 제4호에 따른 이론 및 실기 교육 참가자의 자격 확인과 제23조에 따른 화물운송 종사자격의 취소나 정지 등에 필요한 자료를 제공하여 줄 것을 요청할 수 있다.

② 국토교통부장관 및 특별시장·광역시장·특별자치시장·특별자치도지사·시장 또는 군수(광역시의 군수를 포함한다)는 제43조제2항 및 제3항에 따른 보조금 지급 업무의 효율적 운영을 위하여 국가기관, 지방자치단체, 「공공기관의 운영에 관한 법률」에 따른 공공기관, 이 법에 따른 공제조합, 「보험업법」에 따른 보험회사 및 보험 요율 산출기관, 그 밖의 관계 기관 등에 대통령령으로 정하는 자료를 제공하여 줄 것을 요청할 수 있다.

③ 제1항 및 제2항에 따라 자료의 제공을 요청받은 자는 정당한 사유가 없으면 요청받은 자료를 제공하여야 한다.

참조 **규칙 제57조(검사공무원증 등)** ① 법 제61조제2항에 따른 증표는 별지 제44호서식에 따른다.

② 법 제61조제2항에 따라 공무원이 운수사업자의 사업장에 출입·검사 등을 하는 경우 상대방에게 발급하여야 하는 서류는 별지 제45호의2서식에 따른다.

제62조의2(화물차주 등의 협조의무 등) ① 위원회는 화물자동차 안전운송원가 산정과 관련하여 필요한 경우에는 화물차주, 운수사업자 및 화주에 대하여 자료의 제출이나 의견의 진술 등을 요청할 수 있다. 이 경우 요청을 받은 화물차주 등은 특별한 사정이 없으면 이에 따라야 한다.

② 제1항에 따라 제출된 자료 등을 열람·검토한 자는 업무상 알게 된 비밀을 누설하여서는 아니 된다.

제63조(권한의 위임) ① 국토교통부장관은 이 법에 따른 권한의 일부를 대통령령으로 정하는 바에 따라 시·도지사에게 위임할 수 있다.

② 시·도지사는 제1항에 따라 국토교통부장관으로부터 위임받은 권한의 일부를 국토교통부장관의 승인을 받아 시장·군수 또는 구청장에게 재위임할 수 있다. ❶

③ 시·도지사는 이 법에 따른 권한의 일부를 시·도의 조례로 정하는 바에 따라 시장·군수 또는 구청장에게 위임할 수 있다.

영 제14조(권한의 위임) 국토교통부장관은 법 제63조제1항에 따라 다음 각 호의 사항에 관한 권한을 시·도지사에게 위임한다.

1. 법 제3조제1항에 따른 화물자동차 운송사업의 허가 ❶
2. 법 제3조제3항 본문에 따른 화물자동차 운송사업의 허가사항 변경허가
3. 법 제3조제9항(법 제24조제7항 및 제29조제4항에서 준용하는 경우를 포함한다)에 따른 허가기준에 관한 사항의 신고
3의2. 법 제3조제12항에 따른 화물자동차 운송사업의 임시허가 ❶
3의3. 법 제3조제11항에 따른 화물자동차 운송사업 영업소의 허가
4. 법 제6조(법 제28조 및 제33조에서 준용하는 경우를 포함한다)에 따른 운송약관의 신고 및 변경신고
6. 법 제13조(법 제28조 및 제33조에서 준용하는 경우를 포함한다)에 따른 개선명령
7. 법 제16조(법 제28조 및 제33조에서 준용하는 경우를 포함한다)에 따른 양도·양수 또는 합병의 신고
8. 법 제17조(법 제28조 및 제33조에서 준용하는 경우를 포함한다)에 따른 상속의 신고
9. 법 제18조(법 제28조 및 제33조에서 준용하는 경우를 포함한다)에 따른 사업의 휴업 및 폐업 신고 ❶
10. 법 제19조제1항에 따른 화물자동차 운송사업의 허가취소, 사업정지처분 및 감차 조치 명령
11. 법 제20조(법 제33조에서 준용하는 경우를 포함한다)에 따른 화물자동차의 자동차등록증과 자동차등록번호판의 반납 및 반환
12. 법 제21조(법 제28조 및 제33조에서 준용하는 경우를 포함한다)에 따른 과징금의 부과·징수 및 과징금 운용계획의 수립·시행

13. 법 제22조에 따른 청문

14. 법 제23조제1항에 따른 화물운송 종사자격의 취소 및 효력의 정지

15. 법 제23조제3항에 따른 청문

16. 법 제24조제1항 본문에 따른 화물자동차 운송주선사업의 허가

17. 법 제27조에 따른 화물자동차 운송주선사업의 허가취소 및 사업정지처분

17의2. 법 제29조제1항에 따른 화물자동차 운송가맹사업의 허가

17의3. 법 제29조제2항에 따른 화물자동차 운송가맹사업의 변경허가 및 변경신고

17의4. 법 제31조에 따른 개선명령

17의5. 법 제32조제1항에 따른 화물자동차 운송가맹사업의 허가취소, 사업정지처분 및 감차
　　 조치 명령

18. 법 제38조제2항에 따른 통지의 수령

20. 법 제48조에 따른 협회의 설립인가

21. 법 제54조에 따른 협회사업의 지도·감독

22. 법 제62조제1항에 따른 자료 제공 요청(법 제23조제1항에 따른 화물운송 종사자격의 취
　　 소나 효력의 정지에 필요한 자료만 해당한다)

23. 법 제70조에 따른 과태료의 부과 및 징수

제64조(권한의 위탁 등) ① 국토교통부장관 또는 시·도지사는 이 법에 따른 권한의 일부를 대통령령 또는 시·도의 조례로 정하는 바에 따라 협회·연합회, 「한국교통안전공단법」에 따른 한국교통안전공단, 「자동차손해배상 보장법」에 따른 자동차손해배상진흥원 또는 대통령령으로 정하는 전문기관에 위탁할 수 있다. 이 경우 시·도지사가 업무를 위탁하는 경우에는 미리 국토교통부장관의 승인을 받아야 한다. ② 제1항에 따라 위탁받은 업무에 종사하는 협회·연합회, 「한국교통안전공단법」에 따른 한국교통안전공단, 「자동차손해배상 보장법」에 따른 자동차손해배상진흥원 또는 전문기관의 임원과 직원은 「형법」 제129조부터 제132조까지의 규정에 따른 벌칙을 적용할 때에는 공무원으로 본다.	**영 제15조(권한의 위탁)** ① 국토교통부장관은 법 제64조제1항에 따라 다음 각 호의 사항에 관한 권한을 협회에 위탁한다. 1. 법 제3조제3항 단서에 따른 허가사항 변경신고 2. 법 제24조제2항에 따른 허가사항 변경신고 ② 국토교통부장관은 법 제64조제1항에 따라 법 제41조에 따른 경영 지도 중 다음 각 호의 사항에 관한 권한을 **연합회**에 위탁한다. 1. 사업자 준수사항에 대한 계몽활동 2. 과적 운행, 과로 운전, 과속 운전의 예방 등 안전한 수송을 위한 지도·계몽 ❶ 3. 법령 위반사항에 대한 처분의 건의

제65조(수수료) ① 이 법에 따라 허가·인가 등을 신청하거나 신고하려는 자는 국토교통부령 및 해당 지방자치단체의 조례로 정하는 수수료를 내야 한다. 다만, 제64조제1항에 따라 권한이 위탁된 경우에는 해당 수탁기관이 정하는 수수료를 그 수탁기관에 내야 한다.

② 제1항 단서에 따른 수수료는 위탁업무의 종류별로 국토교통부령으로 정하는 기준에 따라 수탁기관이 자율적으로 정한다.

제65조의2(규제의 재검토) 국토교통부장관은 다음 각 호의 사항에 대하여 2014년 1월 1일을 기준으로 3년마다(매 3년이 되는 해의 기준일과 같은 날 전까지를 말한다) 그 타당성을 검토하여 개선 등의 조치를 하여야 한다. **1**

   1. 제3조제1항·제3항 및 제7항에 따른 화물자동차 운송사업의 허가·변경허가 및 기준

   2. 제8조에 따른 화물자동차 운수사업의 운전업무 종사자격

   3. 제9조의2제1항에 따른 화물자동차 운수사업의 운전업무 종사의 제한

   4. 제13조에 따른 운송사업자에 대한 개선명령(제28조에 따라 운송주선사업자에 대하여 준용하는 경우를 포함한다)

   5. 제24조제1항 및 제6항에 따른 화물자동차 운송주선사업의 허가 및 허가기준

   6. 제29조제1항부터 제3항까지에 따른 화물자동차 운송가맹사업의 허가·변경허가 및 기준

   7. 제31조에 따른 운송가맹사업자에 대한 개선명령

   8. 제57조에 따른 차량충당조건 **1**

제65조의3(벌칙 적용에서 공무원 의제) 제12조의2에 따라 조사를 수행하는 「자동차관리법」 제73조의2제1항에 따른 자동차안전단속원 및 「도로법」 제77조4항에 따른 운행제한단속원은 「형법」 제129조부터 제132조까지의 규정을 적용할 때에는 공무원으로 본다.

③ 국토교통부장관은 법 제64조제1항에 따라 다음 각 호의 사항에 관한 권한을 「한국교통안전공단법」에 따라 설립된 **한국교통안전공단**에 위탁한다.

   1. 법 제5조의7제1항에 따른 화물자동차 안전운임신고센터의 설치·운영

   2. 법 제8조제1항제2호에 따른 운전적성에 대한 정밀검사의 시행 **1**

   2의2. 법 제8조제1항제4호에 따른 이론 및 실기 교육

   3. 법 제8조제1항제3호에 따른 시험의 실시·관리 및 교육

   4. 법 제8조제2항에 따른 화물운송 종사자격증의 발급 **2**

   4의2. 법 제9조의2제2항에 따른 범죄경력자료의 조회 요청

   5. 법 제10조의2제1항에 따른 화물자동차 운전자의 교통사고 및 교통법규 위반사항과 범죄경력의 제공요청 및 기록·관리 **2**

   6. 법 제10조의2제3항에 따른 화물자동차 운전자의 인명사상사고 및 교통법규 위반사항과 범죄경력의 제공 **1**

   7. 법 제10조의2제4항에 따른 화물자동차 운전자채용 기록·관리 자료의 요청

④ 국토교통부장관은 법 제64조제1항에 따라 법 제5조의8제1항에 따른 화물운송에 소요되는 비용 등의 조사에 관한 업무를 「정부출연연구기관 등의 설립·운영 및 육성에 관한 법률」에 따라 설립된 한국교통연구원에 위탁한다.

⑤ 국토교통부장관은 제2항에 따라 위탁한 업무의 원활한 수행을 위하여 필요하다고 인정하는 경우에는 연합회로 하여금 그 업무 처리에 관한 지침을 작성하여 제출하게 할 수 있다.

제10장 벌칙

제66조(벌칙) 다음 각 호의 어느 하나에 해당하는 자는 5년 이하의 징역 또는 2천만원 이하의 벌금에 처한다.

1. 제11조제20항(제33조에서 준용하는 경우를 포함한다)에 따른 필요한 조치를 하지 아니하여 사람을 상해 또는 사망에 이르게 한 운송사업자

2. 제12조제1항제8호(제33조에서 준용하는 경우를 포함한다)를 위반하여 제11조 제20항에 따른 조치를 하지 아니하고 화물자동차를 운행하여 사람을 상해 또는 사망에 이르게 한 운수종사자

제66조의2(벌칙) 다음 각 호의 어느 하나에 해당하는 자는 3년 이하의 징역 또는 3천만 원 이하의 벌금에 처한다.

1. 제14조제4항(제33조에서 준용하는 경우를 포함한다)을 위반한 자

2. 거짓이나 부정한 방법으로 제43조제2항 또는 제3항에 따른 보조금을 교부받은 자

3. 제44조의2제1항제1호부터 제5호까지의 어느 하나에 해당하는 행위에 가담하였거나 이를 공모한 주유업자등

제67조(벌칙) 다음 각 호의 어느 하나에 해당하는 자는 2년 이하의 징역 또는 2천만원 이하의 벌금에 처한다.

1. 제3조제1항 또는 제3항에 따른 허가를 받지 아니하거나 거짓이나 그 밖의 부정한 방법으로 허가를 받고 화물자동차 운송사업을 경영한 자

1의2. 제5조의5제4항을 위반하여 서로 부정한 금품을 주고받은 자

2. 제11조제4항(제33조에서 준용하는 경우를 포함한다)을 위반하여 자동차관리 사업자와 부정한 금품을 주고 받은 운송사업자

3. 제12조제1항제4호(제33조에서 준용하는 경우를 포함한다)를 위반하여 자동차 관리사업자와 부정한 금품을 주고 받은 운수종사자

3의2. 제13조제5호 및 제7호에 따른 개선명령을 이행하지 아니한 자

3의3. 제16조제9항을 위반하여 사업을 양도한 자

4. 제24조제1항에 따른 허가를 받지 아니하거나 거짓이나 그 밖의 부정한 방법으로 허가를 받고 화물자동차 운송주선사업을 경영한 자 ❶

5. 제25조(제33조에서 준용하는 경우를 포함한다)에 따른 명의이용 금지 의무를 위반한 자

6. 제29조제1항 또는 제2항에 따른 허가를 받지 아니하거나 거짓이나 그 밖의 부정한 방법으로 허가를 받고 화물자동차 운송가맹사업을 경영한 자

6의2. 제47조의4에 따른 화물운송실적관리시스템의 정보를 변경, 삭제하거나 그 밖의 방법으로 이용할 수 없게 한 자 또는 권한 없이 정보를 검색, 복제하거나 그 밖의 방법으로 이용한 자

6의3. 제47조의5를 위반하여 직무와 관련하여 알게 된 화물운송실적관리자료를 다른 사람에게 제공 또는 누설하거나 그 목적 외의 용도로 사용한 자

7. 제56조를 위반하여 자가용 화물자동차를 유상으로 화물운송용으로 제공하거나 임대한 자 ❷

제68조(벌칙) 다음 각 호의 어느 하나에 해당하는 자는 1년 이하의 징역 또는 1천만원 이하의 벌금에 처한다.

1. 제8조제3항을 위반하여 다른 사람에게 자신의 화물운송 종사자격증을 빌려 준 사람

2. 제8조제4항을 위반하여 다른 사람의 화물운송 종사자격증을 빌린 사람

3. 제8조제5항을 위반하여 같은 조 제3항 또는 제4항에서 금지하는 행위를 알선한 사람

4. 거짓이나 부정한 방법으로 제43조제2항 또는 제3항에 따른 보조금을 교부받은 자

제69조(양벌규정) ① 법인의 대표자, 대리인, 사용인, 그 밖의 종업원이 그 법인의 업무에 관하여 제67조의 위반행위를 하면 그 행위자를 벌할 뿐만 아니라 그 법인에도 해당 조문의 벌금형을 과(科)한다. 다만, 법인이 그 위반행위를 방지하기 위하여 해당 업무에 관하여 상당한 주의와 감독을 게을리하지 아니한 때에는 그러하지 아니하다.
② 개인의 대리인, 사용인, 그 밖의 종업원이 그 개인의 업무에 관하여 제67조의 위반행위를 하면 그 행위자를 벌할 뿐만 아니라 그 개인에게도 해당 조문의 벌금형을 과한다. 다만, 개인이 그 위반행위를 방지하기 위하여 해당 업무에 관하여 상당한 주의와 감독을 게을리하지 아니한 때에는 그러하지 아니하다.

제70조(과태료) ① 다음 각 호의 어느 하나에 해당하는 자에게는 1천만원 이하의 과태료를 부과한다.
 1. 제5조의5제1항 또는 제2항을 위반하여 국토교통부장관이 공표한 화물자동차 안전운임보다 적은 운임을 지급한 자
 2. 제51조의8(제51조제2항에서 준용하는 경우를 포함한다)에 따른 개선명령을 따르지 아니한 자
 3. 제51조의9(제51조제2항에서 준용하는 경우를 포함한다)에 따른 임직원에 대한 징계ㆍ해임의 요구에 따르지 아니하거나 시정명령을 따르지 아니한 자
② 다음 각 호의 어느 하나에 해당하는 자에게는 500만원 이하의 과태료를 부과한다.
 1. 제3조제3항 단서에 따른 허가사항 변경신고를 하지 아니한 자
 2. 제5조제1항(제33조에서 준용하는 경우를 포함한다)에 따른 운임 및 요금에 관한 신고를 하지 아니한 자
 3. 제6조(제28조 및 제33조에서 준용하는 경우를 포함한다)에 따른 운송약관의 신고를 하지 아니한 자 ❶
 3의2. 화물운송 종사자격증을 받지 아니하고 화물자동차 운수사업의 운전 업무에 종사한 자
 3의3. 거짓이나 그 밖의 부정한 방법으로 화물운송 종사자격을 취득한 자
 4. 제10조를 위반한 자
 4의2. 제10조의2제4항을 위반하여 자료를 제공하지 아니하거나 거짓으로 제공한 자

영 제16조(과태료의 부과기준) 법 제70조제1항 및 제2항에 따른 과태료의 부과기준은 별표 5와 같다.

5. 제11조(같은 조 제3항 및 제4항은 제외하며, 제28조 및 제33조에서 준용하는 경우를 포함한다)에 따른 준수사항을 위반한 운송사업자(제66조제1호에 따라 형벌을 받은 자는 제외한다)

6. 제12조(같은 조 제1항제4호는 제외하며, 제28조 및 제33조에서 준용하는 경우를 포함한다)에 따른 준수사항을 위반한 운수종사자(제66조제2호에 따라 형벌을 받은 자는 제외한다)

6의2. 제12조의2제2항을 위반하여 조사를 거부 · 방해 또는 기피한 자

7. 제13조에 따른 개선명령(같은 조 제5호 및 제7호에 따른 개선명령은 제외한다)을 이행하지 아니한 자(제28조에서 준용하는 경우를 포함한다)

8. 제16조제1항 · 제2항 또는 제17조제1항(제28조 및 제33조에서 준용하는 경우를 포함한다)에 따른 양도 · 양수, 합병 또는 상속의 신고를 하지 아니한 자

9. 제18조제1항(제28조 및 제33조에서 준용하는 경우를 포함한다)에 따른 휴업 · 폐업신고를 하지 아니한 자

10. 제20조제1항(제33조에서 준용하는 경우를 포함한다)을 위반하여 자동차등록증 또는 자동차등록번호판을 반납하지 아니한 자

11. 제24조제2항에 따른 허가사항 변경신고를 하지 아니한 자

12. 제26조제1항, 제2항, 제4항 및 제6항의 준수사항을 위반한 운송주선사업자

12의2. 제26조의2에서 적용하는 운송주선사업자의 준수사항을 위반한 국제물류주선업자

13. 제29조제2항 단서에 따른 허가사항 변경신고를 하지 아니한 자

14. 제31조에 따른 개선명령을 이행하지 아니한 자

15. 제35조에 따른 적재물배상보험등에 가입하지 아니한 자 **1**

16. 제36조를 위반하여 책임보험계약등의 체결을 거부한 보험회사등

17. 제37조를 위반하여 책임보험계약등을 해제하거나 해지한 보험등 의무가입자 또는 보험회사등

18. 제38조제1항 및 제2항을 위반하여 해당 사항을 알리지 아니한 보험회사등

18의2. 제40조제4항에 따라 서명날인한 계약서를 위·수탁차주에게 교부하지 아니한 운송사업자

18의3. 제40조의3제4항을 위반하여 위·수탁계약의 체결을 명목으로 부당한 금전지급을 요구한 운송사업자

19. 제44조제1항을 위반하여 보조금 또는 융자금을 보조받거나 융자받은 목적 외의 용도로 사용한 자

21의2. 제47조의6에 따른 화물운송서비스평가를 위한 자료제출 등의 요구 또는 실지조사를 거부하거나 거짓으로 자료제출 등을 한 자

22. 제54조제2항에 따른 조치명령을 이행하지 아니하거나 조사 또는 검사를 거부·방해 또는 기피한 자

23. 제55조에 따른 자가용 화물자동차의 사용을 신고하지 아니한 자

23의2. 제56조의2에 따른 자가용 화물자동차의 사용 제한 또는 금지에 관한 명령을 위반한 자

23의3. 제59조제1항에 따른 교육을 받지 아니한 자

24. 제61조제1항에 따른 보고를 하지 아니하거나 거짓으로 보고한 자

25. 제61조제1항에 따른 서류를 제출하지 아니하거나 거짓 서류를 제출한 자

26. 제61조제1항에 따른 검사를 거부·방해 또는 기피한 자

27. 제62조의2에 따른 화물자동차 안전운송원가의 산정을 위한 자료 제출 또는 의견 진술의 요구를 거부하거나 거짓으로 자료 제출 또는 의견을 진술한 자

③ 제1항 및 제2항에 따른 과태료는 대통령령으로 정하는 바에 따라 국토교통부장관 또는 시·도지사가 부과·징수한다.

제71조(과태료 규정 적용에 관한 특례) 제70조의 과태료에 관한 규정을 적용할 경우 제19조제1항, 제23조제1항, 제27조제1항 또는 제32조제1항에 따라 허가 또는 종사자격을 취소하거나 사업 또는 종사자격의 정지, 감차 조치를 명하는 행위 및 제21조제1항(제28조 및 제33조에서 준용하는 경우를 포함한다)에 따라 과징금을 부과한 행위에 대하여는 과태료를 부과할 수 없다.

MEMO

Law ⚖ 🏛 🔨

변 달 수 물 류 관 리 사 물 류 관 련 법 규

철도사업법

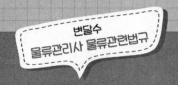
제1장 총칙

제1조(목적) 이 법은 철도사업에 관한 질서를 확립하고 효율적인 운영 여건을 조성함으로써 철도사업의 건전한 발전과 철도 이용자의 편의를 도모하여 국민경제의 발전에 이바지함을 목적으로 한다.

제2조(정의) 이 법에서 사용하는 용어의 뜻은 다음과 같다.

1. "철도"란 「철도산업발전 기본법」 제3조제1호에 따른 철도를 말한다.
2. "철도시설"이란 「철도산업발전 기본법」 제3조제2호에 따른 철도시설을 말한다.
3. "철도차량"이란 「철도산업발전 기본법」 제3조제4호에 따른 철도차량을 말한다.
4. "사업용철도"란 철도사업을 목적으로 설치하거나 운영하는 철도를 말한다.
5. "전용철도"란 다른 사람의 수요에 따른 영업을 목적으로 하지 아니하고 자신의 수요에 따라 특수 목적을 수행하기 위하여 설치하거나 운영하는 철도를 말한다.
6. "철도사업"이란 다른 사람의 수요에 응하여 철도차량을 사용하여 유상으로 여객이나 화물을 운송하는 사업을 말한다.
7. "철도운수종사자"란 철도운송과 관련하여 승무, 동력차 운전과 열차 내 승무를 말한다) 및 역무서비스를 제공하는 직원을 말한다.
8. "철도사업자"란 「한국철도공사법」에 따라 설립된 한국철도공사 및 제5조에 따라 철도사업 면허를 받은 자를 말한다.
9. "전용철도운영자"란 제34조에 따라 전용철도 등록을 한 자를 말한다.

제3조(다른 법률과의 관계) 철도사업에 관하여 다른 법률에 특별한 규정이 있는 경우를 제외하고는 이 법에서 정하는 바에 따른다.

제3조의2(조약과의 관계) 국제철도(대한민국을 포함한 둘 이상의 국가에 걸쳐 운행되는 철도를 말한다)를 이용한 화물 및 여객 운송에 관하여 대한민국과 외국 간 체결된 조약에 이 법과 다른 규정이 있는 때에는 그 조약의 규정에 따른다.

제2장 철도사업의 관리

제4조(사업용철도노선의 고시 등) ① 국토교통부장관은 사업용철도노선의 노선번호, 노선명, 기점, 종점, 중요 경과지(정차역을 포함한다)와 그 밖에 필요한 사항을 국토교통부령으로 정하는 바에 따라 지정 · 고시하여야 한다.

② 국토교통부장관은 제1항에 따라 사업용철도노선을 지정 · 고시하는 경우 사업용철도노선을 다음 각 호의 구분에 따라 분류할 수 있다.

1. 운행지역과 운행거리에 따른 분류

    가. 간선철도

    나. 지선철도

2. 운행속도에 따른 분류

    가. 고속철도노선

    나. 준고속철도노선

    다. 일반철도노선

③ 제2항에 따른 사업용철도노선 분류의 기준이 되는 운행지역, 운행거리 및 운행속도는 국토교통부령으로 정한다.

제4조의2(철도차량의 유형 분류) 국토교통부장관은 철도 운임 상한의 산정, 철도차량의 효율적인 관리 등을 위하여 철도차량을 국토교통부령으로 정하는 운행속도에 따라 다음 각 호의 구분에 따른 유형으로 분류할 수 있다.

1. 고속철도차량

2. 준고속철도차량

3. 일반철도차량

[참조] 규칙 제2조(사업용철도노선의 지정 · 고시) ① 법 제4조의 규정에 의하여 국토교통부장관은 「철도의 건설 및 철도시설 유지관리에 관한 법률」 제9조에 따른 철도건설사업실시계획을 승인 · 고시한 날부터 1월 이내에 사업용철도노선을 지정한다. 이 경우 철도건설사업실시계획을 구간별 또는 시설별로 승인 · 고시하는 때에는 당해 철도건설사업실시계획을 전부 승인 · 고시한 날부터 1월 이내에 사업용철도노선을 지정할 수 있다.

② 국토교통부장관은 제1항의 규정에 의하여 사업용철도노선을 지정한 경우에는 이를 관보에 고시하여야 한다. 고시한 사항의 변경이 있거나 사업용철도노선의 폐지가 있는 때에도 또한 같다.

③ 제1항에 따른 사업용철도노선의 지정에 필요한 세부적인 사항은 국토교통부장관이 정하여 고시한다.

[참조] 규칙 제2조의2(사업용철도노선의 유형 분류) ① 법 제4조제2항제1호의 운행지역과 운행거리에 따른 사업용철도노선의 분류기준은 다음 각 호와 같다.

1. 간선철도 : 특별시 · 광역시 · 특별자치시 또는 도 간의 교통수요를 처리하기 위하여 운영 중인 10km 이상의 사업용철도노선으로서 국토교통부장관이 지정한 노선

2. 지선철도 : 제1호에 따른 간선철도를 제외한 사업용철도노선

② 법 제4조제2항제2호의 운행속도에 따른 사업용철도노선의 분류기준은 다음 각 호와 같다.

1. 고속철도노선 : 철도차량이 대부분의 구간을 300km/h 이상의 속도로 운행할 수 있도록 건설된 노선

2. 준고속철도노선 : 철도차량이 대부분의 구간을 200km/h 이상 300km/h 미만의 속도로 운행할 수 있도록 건설된 노선

3. 일반철도노선 : 철도차량이 대부분의 구간을 200km/h 미만의 속도로 운행할 수 있도록 건설된 노선

[참조] 규칙 제2조의3(철도차량의 유형 분류) 법 제4조의2에서 "국토교통부령으로 정하는 운행속도"란 다음 각 호의 구분에 따른 운행속도를 말한다.

1. 고속철도차량 : 최고속도 300km/h 이상

2. 준고속철도차량 : 최고속도 200km/h 이상 300km/h 미만

3. 일반철도차량 : 최고속도 200km/h 미만

제5조(면허 등) ① 철도사업을 경영하려는 자는 제4조제1항에 따라 지정·고시된 사업용철도노선을 정하여 국토교통부장관의 면허를 받아야 한다. 이 경우 국토교통부장관은 철도의 공공성과 안전을 강화하고 이용자 편의를 증진시키기 위하여 국토교통부령으로 정하는 바에 따라 필요한 부담을 붙일 수 있다. 🄴

② 제1항에 따른 면허를 받으려는 자는 국토교통부령으로 정하는 바에 따라 사업계획서를 첨부한 면허신청서를 국토교통부장관에게 제출하여야 한다.

③ 철도사업의 면허를 받을 수 있는 자는 법인으로 한다. 🄲

참조 **규칙 제3조(철도사업의 면허 등)** ② 제1항제1호의 규정에 의한 사업계획서에는 다음 각 호의 사항을 포함하여야 한다.

1. 운행구간의 기점·종점·정차역
2. 여객운송·화물운송 등 철도서비스의 종류
3. 사용할 철도차량의 대수·형식 및 확보계획 🄱
4. 운행횟수, 운행시간계획 및 선로용량 사용계획
5. 당해 철도사업을 위하여 필요한 자금의 내역과 조달방법(공익서비스비용 및 철도시설 사용료의 수준을 포함한다)
6. 철도역·철도차량정비시설 등 운영시설 개요
7. 철도운수종사자의 자격사항 및 확보방안
8. 여객·화물의 취급예정수량 및 그 산출의 기초와 예상 사업수지

제6조(면허의 기준) 철도사업의 면허기준은 다음 각 호와 같다.

1. 해당 사업의 시작으로 철도교통의 안전에 지장을 줄 염려가 없을 것
2. 해당 사업의 운행계획이 그 운행 구간의 철도 수송 수요와 수송력 공급 및 이용자의 편의에 적합할 것
3. 신청자가 해당 사업을 수행할 수 있는 재정적 능력이 있을 것 🄱
4. 해당 사업에 사용할 철도차량의 대수, 사용연한 및 규격이 국토교통부령으로 정하는 기준에 맞을 것

제7조(결격사유) 다음 각 호의 어느 하나에 해당하는 법인은 철도사업의 면허를 받을 수 없다.

1. 법인의 임원 중 다음 각 목의 어느 하나에 해당하는 사람이 있는 법인
   가. 피성년후견인 또는 피한정후견인 🄱
   나. 파산선고를 받고 복권되지 아니한 사람 🄱
   다. 이 법 또는 대통령령으로 정하는 철도 관계 법령을 위반하여 금고 이상의 실형을 선고받고 그 집행이 끝나거나(끝난 것으로 보는 경우를 포함한다) 면제된 날부터 2년이 지나지 아니한 사람 🄲
   라. 이 법 또는 대통령령으로 정하는 철도 관계 법령을 위반하여 금고 이상의 형의 집행유예를 선고받고 그 유예 기간 중에 있는 사람 🄱

영 제2조(철도관계법령) 「철도사업법」제7조제1호 다목 및 라목에서 "대통령령으로 정하는 철도 관계 법령"이란 각각 다음 각 호의 법령을 말한다.

1. 「철도산업발전 기본법」🄱
2. 「철도안전법」
3. 「도시철도법」🄱
4. 「국가철도공단법」
5. 「한국철도공사법」🄱

2. 제16조제1항에 따라 철도사업의 면허가 취소된 후 그 취소일부터 2년이 지나지 아니한 법인. 다만, 제1호가목 또는 나목에 해당하여 철도사업의 면허가 취소된 경우는 제외한다. **3**

제8조(운송 시작의 의무) 철도사업자는 국토교통부장관이 지정하는 날 또는 기간에 운송을 시작하여야 한다. 다만, 천재지변이나 그 밖의 불가피한 사유로 철도사업자가 국토교통부장관이 지정하는 날 또는 기간에 운송을 시작할 수 없는 경우에는 국토교통부장관의 승인을 받아 날짜를 연기하거나 기간을 연장할 수 있다. **2**

제9조(여객 운임·요금의 신고 등) ① 철도사업자는 여객에 대한 운임(여객운송에 대한 직접적인 대가를 말하며, 여객운송과 관련된 설비·용역에 대한 대가는 **제외한**다)·요금(이하 "여객 운임·요금"이라 한다)을 국토교통부장관에게 **신고하여야** 한다. 이를 변경하려는 경우에도 같다. **3**

② 철도사업자는 여객 운임·요금을 정하거나 변경하는 경우에는 원가와 버스 등 다른 교통수단의 여객 운임·요금과의 형평성 등을 고려하여야 한다. 이 경우 여객에 대한 운임은 제4조제2항에 따른 사업용철도노선의 분류, 제4조의2에 따른 철도차량의 유형 등을 고려하여 국토교통부장관이 지정·고시한 상한을 초과하여서는 아니 된다.

③ 국토교통부장관은 제2항에 따라 여객 운임의 상한을 지정하려면 미리 기획재정부장관과 협의하여야 한다. **2**

④ 국토교통부장관은 제1항에 따른 신고 또는 변경신고를 받은 날부터 3일 이내에 신고수리 여부를 신고인에게 통지하여야 한다.

⑤ 철도사업자는 제1항에 따라 신고 또는 변경신고를 한 여객 운임·요금을 그 시행 1주일 이전에 인터넷 홈페이지, 관계 역·영업소 및 사업소 등 일반인이 잘 볼 수 있는 곳에 게시하여야 한다. **1**

제9조의2(여객 운임 · 요금의 감면) ① 철도사업자는 재해복구를 위한 긴급지원, 여객 유치를 위한 기념행사, 그 밖에 철도사업의 경영상 필요하다고 인정되는 경우에는 일정한 기간과 대상을 정하여 제9조제1항에 따라 신고한 여객 운임 · 요금을 감면할 수 있다. **2**

② 철도사업자는 제1항에 따라 여객 운임 · 요금을 감면하는 경우에는 그 시행 3일 이전에 감면 사항을 인터넷 홈페이지, 관계 역 · 영업소 및 사업소 등 일반인이 잘 볼 수 있는 곳에 게시하여야 한다. 다만, 긴급한 경우에는 미리 게시하지 아니할 수 있다. **1**

제10조(부가 운임의 징수) ① 철도사업자는 열차를 이용하는 여객이 정당한 운임 · 요금을 지급하지 아니하고 열차를 이용한 경우에는 승차 구간에 해당하는 운임 외에 그의 30배의 범위에서 부가 운임을 징수할 수 있다. **3**

② 철도사업자는 송하인이 운송장에 적은 화물의 품명 · 중량 · 용적 또는 개수에 따라 계산한 운임이 정당한 사유 없이 정상 운임보다 적은 경우에는 송하인에게 그 부족 운임 외에 그 부족 운임의 5배의 범위에서 부가 운임을 징수할 수 있다. **1**

③ 철도사업자는 제1항 및 제2항에 따른 부가 운임을 징수하려는 경우에는 사전에 부가 운임의 징수 대상 행위, 열차의 종류 및 운행 구간 등에 따른 부가 운임 산정기준을 정하고 제11조에 따른 철도사업약관에 포함하여 국토교통부장관에게 신고하여야 한다. **1**

④ 국토교통부장관은 제3항에 따른 신고를 받은 날부터 3일 이내에 신고수리 여부를 신고인에게 통지하여야 한다.

⑤ 제1항 및 제2항에 따른 부가 운임의 징수 대상자는 이를 성실하게 납부하여야 한다.

제10조의2(승차권 등 부정판매의 금지) 철도사업자 또는 철도사업자로부터 승차권 판매위탁을 받은 자가 아닌 자는 철도사업자가 발행한 승차권 또는 할인권 · 교환권 등 승차권에 준하는 증서를 상습 또는 영업으로 자신이 구입한 가격을 초과한 금액으로 다른 사람에게 판매하거나 이를 알선하여서는 아니 된다.

제11조(철도사업약관) ① 철도사업자는 철도사업약관을 정하여 **국토교통부장관에게** 신고하여야 한다. 이를 변경하려는 경우에도 같다. **2**

② 제1항에 따른 철도사업약관의 기재 사항 등에 필요한 사항은 국토교통부령으로 정한다.

③ 국토교통부장관은 제1항에 따른 신고 또는 변경신고를 받은 날부터 3일 이내에 신고수리 여부를 신고인에게 통지하여야 한다. **1**

규칙 제7조(철도사업약관의 신고 등) ① 철도사업자가 법 제11조제1항의 규정에 의하여 철도사업약관을 신고 또는 변경신고를 하고자 하는 때에는 별지 제6호서식의 철도사업약관신고(변경신고)서에 다음 각 호의 서류를 첨부하여 국토교통부장관에게 제출하여야 한다.

    1. 철도사업약관

    2. 철도사업약관 신·구대비표 및 변경사유서(변경신고의 경우에 한한다)

② 제1항에 따른 철도사업약관에는 다음 각 호의 사항을 기재하여야 한다.

    1. 철도사업약관의 적용범위 **1**

    2. 여객 운임·요금의 수수 또는 환급에 관한 사항 **1**

    3. 부가운임에 관한 사항 **1**

    4. 운송책임 및 배상에 관한 사항 **1**

    5. 면책에 관한 사항

    6. 여객의 금지행위에 관한 사항

    7. 화물의 인도·인수·보관 및 취급에 관한 사항

    8. 그 밖에 이용자의 보호 등을 위하여 필요한 사항

③ 철도사업자는 제1항의 규정에 의하여 철도사업약관을 신고하거나 변경신고를 한 때에는 그 철도사업약관을 인터넷 홈페이지, 관계 역·영업소 및 사업소 등의 이용자가 보기 쉬운 장소에 비치하고, 이용자가 이를 열람할 수 있도록 하여야 한다.

제12조(사업계획의 변경) ① 철도사업자는 사업계획을 변경하려는 경우에는 국토교통부장관에게 신고하여야 한다. 다만, 대통령령으로 정하는 중요 사항을 변경하려는 경우에는 **국토교통부장관의 인가를 받아야 한다.** **2**

② 국토교통부장관은 철도사업자가 다음 각 호의 어느 하나에 해당하는 경우에는 제1항에 따른 사업계획의 변경을 제한할 수 있다.

    1. 제8조에 따라 국토교통부장관이 지정한 날 또는 기간에 운송을 시작하지 아니한 경우 **1**

    2. 제16조에 따라 노선 운행중지, 운행제한, 감차 등을 수반하는 사업계획 변경명령을 받은 후 1년이 지나지 아니한 경우 **1**

제5조(사업계획의 중요한 사항의 변경) 법 제12조제1항 단서에서 "대통령령으로 정하는 중요 사항을 변경하려는 경우"란 다음 각 호의 어느 하나에 해당하는 경우를 말한다.

제8조(사업계획의 변경절차 등) ①철도사업자는 법 제12조제1항에 따라 사업계획을 변경하려는 때에는 사업계획을 변경하려는 날 1개월 전까지(변경하려는 사항이 인가사항인 경우에는 2개월 전까지) 별지 제7호서식의 사업계획변경신고서 또는 별지 제8호서식의 사업계획변경인가신청서에 다음 각 호의 서류를 첨부하여 국토교통부장관에게 제출하여야 한다. **1**

3. 제21조에 따른 개선명령을 받고 이행하지 아니한 경우 **1**

4. 철도사고(「철도안전법」 제2조제11호에 따른 철도사고를 말한다)의 규모 또는 발생 빈도가 대통령령으로 정하는 기준 이상인 경우

③ 제1항과 제2항에 따른 사업계획 변경의 절차·기준과 그 밖에 필요한 사항은 국토교통부령으로 정한다.

④ 국토교통부장관은 제1항 본문에 따른 신고를 받은 날부터 3일 이내에 신고수리 여부를 신고인에게 통지하여야 한다.

1. 철도이용수요가 적어 수지균형의 확보가 극히 곤란한 벽지 노선으로서 「철도산업발전기본법」 제33조제1항에 따라 공익서비스비용의 보상에 관한 계약이 체결된 노선의 철도운송서비스(철도여객운송서비스 또는 철도화물운송서비스를 말한다)의 종류를 변경하거나 다른 종류의 철도운송서비스를 추가하는 경우 **1**

2. 운행구간의 변경(여객열차의 경우에 한한다) **4**

3. 사업용철도노선별로 여객열차의 정차역을 신설 또는 폐지하거나 10분의 2 이상 변경하는 경우 **1**

4. 사업용철도노선별로 10분의 1 이상의 운행횟수의 변경(여객열차의 경우에 한한다). 다만, 공휴일·방학기간 등 수송수요와 열차운행계획상의 수송력과 현저한 차이가 있는 경우로서 3월 이내의 기간동안 운행횟수를 변경하는 경우를 제외한다. **2**

제6조(사업계획의 변경을 제한할 수 있는 철도사고의 기준) 법 제12조제2항제4호에서 "대통령령으로 정하는 기준"이란 사업계획의 변경을 신청한 날이 포함된 연도의 직전 연도의 열차운행거리 100만 킬로미터당 철도사고(철도사업자 또는 그 소속 종사자의 고의 또는 과실에 의한 철도사고를 말한다)로 인한 사망자수 또는 철도사고의 발생횟수가 최근(직전연도를 제외한다) 5년간 평균보다 10분의 2 이상 증가한 경우를 말한다.

1. 신·구 사업계획을 대비한 서류 또는 도면

2. 철도안전 확보 계획

3. 사업계획 변경 후의 예상 사업수지 계산서

② 국토교통부장관은 제1항의 규정에 의하여 사업계획변경인가신청을 받은 때에는 당해 사업계획의 변경내용이 법 제6조의 규정에 의한 면허기준에 적합한지의 여부 등을 검토하여 그 인가신청을 받은 날부터 1월 이내에 그 결정내용을 신청인에게 통보하여야 한다.

제13조(공동운수협정) ① 철도사업자는 다른 철도사업자와 공동경영에 관한 계약이나 그 밖의 운수에 관한 협정(이하 "공동운수협정"이라 한다)을 체결하거나 변경하려는 경우에는 국토교통부령으로 정하는 바에 따라 국토교통부장관의 **인가**를 받아야 한다. 다만, 국토교통부령으로 정하는 **경미한 사항**을 변경하려는 경우에는 국토교통부령으로 정하는 바에 따라 **국토교통부장관에게 신고하여야 한다.** **2**
② 국토교통부장관은 제1항 본문에 따라 공동운수협정을 인가하려면 미리 공정거래위원회와 협의하여야 한다.
③ 국토교통부장관은 제1항 단서에 따른 신고를 받은 날부터 3일 이내에 신고수리 여부를 신고인에게 통지하여야 한다.

제14조(사업의 양도 · 양수 등) ① 철도사업자는 그 철도사업을 양도 · 양수하려는 경우에는 국토교통부장관의 인가를 받아야 한다. **4**
② 철도사업자는 다른 철도사업자 또는 철도사업 외의 사업을 경영하는 자와 합병하려는 경우에는 국토교통부장관의 인가를 받아야 한다. **1**
③ 제1항이나 제2항에 따른 인가를 받은 경우 철도사업을 양수한 자는 철도사업을 양도한 자의 철도사업자로서의 지위를 승계하며, 합병으로 설립되거나 존속하는 법인은 합병으로 소멸되는 법인의 철도사업자로서의 지위를 승계한다.
④ 제1항과 제2항의 인가에 관하여는 제7조를 준용한다.

제15조(사업의 휴업 · 폐업) ① 철도사업자가 그 사업의 전부 또는 일부를 휴업 또는 폐업하려는 경우에는 국토교통부령으로 정하는 바에 따라 국토교통부장관의 허가를 받아야 한다. 다만, 선로 또는 교량의 파괴, **철도시설의 개량**, 그 밖의 정당한 사유로 휴업하는 경우에는 국토교통부령으로 정하는 바에 따라 국토교통부장관에게 신고하여야 한다. **2** ② 제1항에 따른 휴업기간은 6개월을 넘을 수 없다. 다만, 제1항 단서에 따른 휴업의 경우에는 예외로 한다. **3** ③ 제1항에 따라 허가를 받거나 신고한 휴업기간 중이라도 휴업 사유가 소멸된 경우에는 국토교통부장관에게 신고하고 사업을 재개할 수 있다. **1**	**제7조(사업의 휴업 · 폐업 내용의 게시)** 철도사업자는 법 제15조제1항에 따라 철도사업의 휴업 또는 폐업의 허가를 받은 때에는 그 허가를 받은 날부터 7일 이내에 법 제15조제4항에 따라 다음 각 호의 사항을 철도사업자의 인터넷 홈페이지, 관계 역 · 영업소 및 사업소 등 일반인이 잘 볼 수 있는 곳에 게시하여야 한다. 다만, 법 제15조제1항 단서에 따라 휴업을 신고하는 경우에는 해당 사유가 발생한 때에 즉시 다음 각 호의 사항을 게시하여야 한다.	**제11조(사업의 휴업 · 폐업)** ① 철도사업자는 법 제15조제1항 본문에 따라 철도사업의 전부 또는 일부에 대하여 휴업 또는 폐업의 허가를 받으려면 휴업 또는 폐업 예정일 3개월 전에 별지 제13호서식의 철도사업휴업(폐업)허가신청서에 다음 각 호의 서류를 첨부하여 국토교통부장관에게 제출하여야 한다.

④ 국토교통부장관은 제1항 단서 및 제3항에 따른 신고를 받은 날부터 60일 이내에 신고수리 여부를 신고인에게 통지하여야 한다.

⑤ 철도사업자는 철도사업의 전부 또는 일부를 휴업 또는 폐업하려는 경우에는 대통령령으로 정하는 바에 따라 휴업 또는 폐업하는 사업의 내용과 그 기간 등을 인터넷 홈페이지, 관계 역ㆍ영업소 및 사업소 등 일반인이 잘 볼 수 있는 곳에 게시하여야 한다. **1**

---

1. 휴업 또는 폐업하는 철도사업의 내용 및 그 사유
2. 휴업의 경우 그 기간
3. 대체교통수단 안내
4. 그 밖에 휴업 또는 폐업과 관련하여 철도사업자가 공중에게 알려야 할 필요성이 있다고 인정하는 사항이 있는 경우 그에 관한 사항

---

1. 사업의 휴업 또는 폐업에 관한 총회 또는 이사회의 의결서 사본
2. 휴업 또는 폐업하려는 철도노선, 정거장, 열차의 종별 등에 관한 사항을 적은 서류
3. 철도사업의 휴업 또는 폐업을 하는 경우 대체 교통수단의 이용에 관한 사항을 적은 서류

② 국토교통부장관은 제1항에 따라 철도사업의 휴업 또는 폐업 허가의 신청을 받은 경우에는 허가신청을 받은 날부터 2개월 이내에 신청인에게 허가 여부를 통지하여야 한다.

③ 철도사업자가 법 제15조제1항 단서에 따라 철도사업의 휴업을 신고하려는 경우에는 휴업사유가 발생한 즉시 별지 제13호서식의 철도사업휴업신고서에 제1항 제2호 및 제3호에 따른 서류를 첨부하여 국토교통부장관에게 제출하여야 한다.

제16조(면허취소 등) ① 국토교통부장관은 철도사업자가 다음 각 호의 어느 하나에 해당하는 경우에는 면허를 취소하거나, 6개월 이내의 기간을 정하여 사업의 전부 또는 일부의 정지를 명하거나, 노선 운행중지ㆍ운행제한ㆍ감차 등을 수반하는 사업계획의 변경을 명할 수 있다. 다만, 제4호 및 제7호의 경우에는 면허를 취소하여야 한다. **1**

  1. 면허받은 사항을 정당한 사유 없이 시행하지 아니한 경우 **1**

  2. 사업 경영의 불확실 또는 자산상태의 현저한 불량이나 그 밖의 사유로 사업을 계속하는 것이 적합하지 아니할 경우 **2**

제8조(면허취소 또는 사업정지 등의 처분대상이 되는 사상자 수) 법 제16조제1항제3호에서 "대통령령으로 정하는 다수의 사상자가 발생한 경우"란 1회 철도사고로 사망자 **5명 이상**이 발생하게 된 경우를 말한다. **2**

제12조(면허취소 등 처분기준과 절차 등) 법 제16조제1항에 따라 부과하는 행정처분의 기준은 **별표 2**와 같다.

3. 고의 또는 중대한 과실에 의한 철도사고로 대통령령으로 정하는 다수의 사상자가 발생한 경우 ❶

4. 거짓이나 그 밖의 부정한 방법으로 제5조에 따른 철도사업의 면허를 받은 경우 ❷

5. 제5조제1항 후단에 따라 면허에 붙인 부담을 위반한 경우 ❷

6. 제6조에 따른 철도사업의 면허기준에 미달하게 된 경우. 다만, 3개월 이내에 그 기준을 충족시킨 경우에는 예외로 한다. ❷

7. 철도사업자의 임원 중 제7조제1호 각 목의 어느 하나의 결격사유에 해당하게 된 사람이 있는 경우. 다만, 3개월 이내에 그 임원을 바꾸어 임명한 경우에는 예외로 한다.

8. 제8조를 위반하여 국토교통부장관이 지정한 날 또는 기간에 운송을 시작하지 아니한 경우

9. 제15조에 따른 휴업 또는 폐업의 허가를 받지 아니하거나 신고를 하지 아니하고 영업을 하지 아니한 경우

10. 제20조제1항에 따른 준수사항을 1년 이내에 3회 이상 위반한 경우

11. 제21조에 따른 개선명령을 위반한 경우

12. 제23조에 따른 명의 대여 금지를 위반한 경우

② 제1항에 따른 처분의 기준 및 절차와 그 밖에 필요한 사항은 국토교통부령으로 정한다.

③ 국토교통부장관은 제1항에 따라 철도사업의 면허를 취소하려면 청문을 하여야 한다.

■ 철도사업법 시행규칙 [별표 2]

행정처분의 기준(제12조제1항 관련)

1. 일반기준

가. 국토교통부장관은 공공복리의 침해정도, 철도사고로 인한 피해의 정도, 철도사업자와 그 종사자의 과실의 정도와 위반행위의 내용·횟수 등을 고려하여 제2호에 따른 해당 처분기준의 2분의 1 범위에서 그 일수를 줄이거나 늘릴 수 있다.

나. 가목에 따라 일수를 늘리는 경우 그 기간은 6개월을 넘을 수 없다.

2. 개별기준 ❶

위반내용	관련조문	처분기준
가. 면허받은 사항을 정당한 사유 없이 시행하지 아니한 경우	법 제16조제1항제1호	사업일부정지(20일)
나. 사업 경영의 불확실 또는 자산상태의 현저한 불량이나 그 밖의 사유로 사업을 계속하는 것이 적합하지 아니할 경우	법 제16조제1항제2호	사업일부정지(30일)
다. 철도사업자 또는 그 소속 종사자의 고의 또는 중대한 과실로 다음 각 목의 사고가 발생한 경우	법 제16조제1항제3호	사업일부정지
1) 1회에 40명 이상의 사망자가 발생한 철도사고		(180일)
2) 1회에 20명 이상 40명 미만의 사망자가 발생한 철도사고		(90일)
3) 1회에 10명 이상 20명 미만의 사망자가 발생한 철도사고		(60일)
4) 1회에 5명 이상 10명 미만의 사망자가 발생한 철도사고		(30일)
라. 거짓이나 그 밖의 부정한 방법으로 법 제5조에 따른 철도사업의 면허를 받은 경우	법 제16조제1항제4호	사업면허취소
마. 법 제5조제1항 후단에 따라 면허에 붙인 부담을 위반한 경우	법 제16조제1항제5호	사업일부정지(60일)
바. 법 제6조에 따른 면허기준에 미달하게 된 때부터 3개월이 경과된 후에도 그 기준을 충족시키지 아니한 경우	법 제16조제1항제6호	사업일부정지(60일)
사. 법 제7조제1호 각 목의 어느 하나에 해당하게 된 때부터 3개월이 경과된 후에도 그 임원을 바꾸어 임명하지 아니한 경우	법 제16조제1항제7호	사업면허취소

아. 법 제8조를 위반하여 국토교통부장관이 지정한 날 또는 기간에 운송을 개시하지 아니한 경우	법 제16조 제1항제8호	사업일부정지 (20일)
자. 법 제15조에 따른 휴업 또는 폐업의 허가를 받지 않거나 신고를 하지 않고 영업을 하지 않은 경우	법 제16조 제1항제9호	사업일부정지 (20일)
차. 법 제20조제1항에 따른 준수사항을 1년 이내에 3회 이상 위반한 경우	법 제16조 제1항제10호	사업일부정지 (30일)
카. 법 제21조에 따른 개선명령을 위반한 경우	법 제16조 제1항제11호	사업일부정지 (20일)
타. 법 제23조에 따른 명의 대여 금지를 위반한 경우	법 제16조 제1항제12호	사업일부정지 (20일)

제17조(과징금처분) ① 국토교통부장관은 제16조제1항에 따라 철도사업자에게 사업정지처분을 하여야 하는 경우로서 그 **사업정지처분**이 그 철도사업자가 제공하는 철도서비스의 이용자에게 심한 불편을 주거나 그 밖에 공익을 해칠 우려가 있을 때에는 그 사업정지처분을 갈음하여 1억원 이하의 **과징금**을 부과·징수할 수 있다. **4**

② 제1항에 따라 과징금을 부과하는 위반행위의 종류, 과징금의 부과기준·징수방법 등 필요한 사항은 대통령령으로 정한다.

③ 국토교통부장관은 제1항에 따라 과징금 부과처분을 받은 자가 납부기한까지 과징금을 내지 아니하면 국세 체납처분의 예에 따라 징수한다. **2**

④ 제1항에 따라 징수한 과징금은 다음 각 호 외의 용도로는 사용할 수 없다. **1**

  1. 철도사업 종사자의 양성·교육훈련이나 그 밖의 자질향상을 위한 시설 및 철도사업 종사자에 대한 지도업무의 수행을 위한 시설의 건설·운영 **1**

  2. 철도사업의 경영개선이나 그 밖에 철도사업의 발전을 위하여 필요한 사업 **1**

  3. 제1호 및 제2호의 목적을 위한 보조 또는 융자

⑤ 국토교통부장관은 과징금으로 징수한 금액의 운용계획을 수립하여 시행하여야 한다. **3**

⑥ 제4항과 제5항에 따른 과징금 사용의 절차, 운용계획의 수립·시행에 관한 사항과 그 밖에 필요한 사항은 국토교통부령으로 정한다.

제9조(철도사업에 대한 과징금의 부과기준) 법 제17조제1항에 따라 사업정지처분에 갈음하여 과징금을 부과하는 위반행위의 종류와 정도에 따른 과징금의 금액은 별표 1과 같다.

제10조(과징금의 부과 및 납부) ① 국토교통부장관은 법 제17조제1항의 규정에 의하여 과징금을 부과하고자 하는 때에는 그 위반행위의 종별과 해당 과징금의 금액 등을 명시하여 이를 납부할 것을 서면으로 통지하여야 한다. **1**

② 제1항의 규정에 의하여 통지를 받은 자는 20일 이내에 과징금을 국토교통부장관이 지정한 수납기관에 납부하여야 한다. 다만, 천재·지변 그 밖의 부득이한 사유로 인하여 그 기간 내에 과징금을 납부할 수 없는 때에는 그 사유가 없어진 날부터 7일 이내에 납부하여야 한다.

제13조(과징금운용계획 수립·시행) 국토교통부장관은 법 제17조제5항의 규정에 의하여 매년 10월 31일까지 다음 연도의 과징금 운용계획을 수립하여 시행하여야 한다. **1**

③ 제2항의 규정에 의하여 과징금의 납부를 받은 수납기관은 납부자에게 영수증을 교부하여야 한다.

④ 과징금의 수납기관은 제2항의 규정에 의하여 과징금을 수납한 때에는 지체 없이 그 사실을 국토교통부장관에게 통보하여야 한다. **1**

제18조(철도차량 표시) 철도사업자는 철도사업에 사용되는 철도차량에 철도사업자의 명칭과 그 밖에 국토교통부령으로 정하는 사항을 표시하여야 한다. **1**

> **참조 규칙 제14조(철도차량표시)** ① 법 제18조에서 "국토교통부령이 정하는 사항"이라 함은 철도차량 외부에서 철도사업자를 식별할 수 있는 도안 또는 문자를 말한다.
> ② 철도사업자는 법 제18조의 규정에 의한 철도차량의 표시를 함에 있어 차체 면에 인쇄하거나 도색하는 등의 방법으로 외부에서 용이하게 알아볼 수 있도록 하여야 한다.

제19조(우편물 등의 운송) 철도사업자는 여객 또는 화물 운송에 부수하여 우편물과 신문 등을 운송할 수 있다. **1**

제20조(철도사업자의 준수사항) ① 철도사업자는 「철도안전법」 제21조에 따른 요건을 갖추지 아니한 사람을 운전업무에 종사하게 하여서는 아니 된다. **1**

② 철도사업자는 사업계획을 성실하게 이행하여야 하며, 부당한 운송 조건을 제시하거나 정당한 사유 없이 운송계약의 체결을 거부하는 등 철도운송 질서를 해치는 행위를 하여서는 아니 된다. **1**

③ 철도사업자는 여객 운임표, 여객 요금표, 감면 사항 및 철도사업약관을 인터넷 홈페이지에 게시하고 관계 역·영업소 및 사업소 등에 갖추어 두어야 하며, 이용자가 요구하는 경우에는 제시하여야 한다. **1**

④ 제1항부터 제3항까지에 따른 준수사항 외에 운송의 안전과 여객 및 화주의 편의를 위하여 철도사업자가 준수하여야 할 사항은 국토교통부령으로 정한다.

제21조(사업의 개선명령) 국토교통부장관은 원활한 철도운송, 서비스의 개선 및 운송의 안전과 그 밖에 공공복리의 증진을 위하여 필요하다고 인정하는 경우에는 철도사업자에게 다음 각 호의 사항을 명할 수 있다.

1. 사업계획의 변경
2. 철도차량 및 운송 관련 장비·시설의 개선

3. 운임·요금 징수 방식의 개선

4. 철도사업약관의 변경

5. 공동운수협정의 체결

6. 철도차량 및 철도사고에 관한 손해배상을 위한 보험에의 가입

7. 안전운송의 확보 및 서비스의 향상을 위하여 필요한 조치

8. 철도운수종사자의 양성 및 자질향상을 위한 교육

제22조(철도운수종사자의 준수사항) 철도사업에 종사하는 철도운수종사자는 다음 각 호의 어느 하나에 해당하는 행위를 하여서는 아니 된다.

1. 정당한 사유 없이 여객 또는 화물의 운송을 거부하거나 여객 또는 화물을 중도에서 내리게 하는 행위

2. 부당한 운임 또는 요금을 요구하거나 받는 행위

3. 그 밖에 안전운행과 여객 및 화주의 편의를 위하여 철도운수종사자가 준수하여야 할 사항으로서 국토교통부령으로 정하는 사항을 위반하는 행위

제23조(명의 대여의 금지) 철도사업자는 타인에게 자기의 성명 또는 상호를 사용하여 철도사업을 경영하게 하여서는 아니 된다. **2**

제24조(철도화물 운송에 관한 책임) ① 철도사업자의 화물의 멸실·훼손 또는 인도의 지연에 대한 손해배상책임에 관하여는 「상법」 제135조를 준용한다. **2**

② 제1항을 적용할 때에 화물이 인도 기한을 지난 후 3개월 이내에 인도되지 아니한 경우에는 그 화물은 멸실된 것으로 본다. **1**

참조 **상법 제135조(손해배상책임)**

운송인은 자기 또는 운송주선인이나 사용인, 그 밖에 운송을 위하여 사용한 자가 운송물의 수령, 인도, 보관 및 운송에 관하여 주의를 게을리하지 아니하였음을 증명하지 아니하면 운송물의 멸실, 훼손 또는 연착으로 인한 손해를 배상할 책임이 있다. **1**

제25조(민자철도의 유지·관리 및 운영에 관한 기준 등) ① 국토교통부장관은 「철도의 건설 및 철도시설 유지관리에 관한 법률」 제2조제2호부터 제4호까지에 따른 고속철도, 광역철도 및 일반철도로서 「사회기반시설에 대한 민간투자법」 제2조제6호에 따른 민간투자사업으로 건설된 철도(이하 "민자철도"라 한다)의 관리운영권을 「사회기반시설에 대한 민간투자법」 제26조제1항에 따라 설정받은 자(이하 "민자철도사업자"라 한다)가 해당 민자철도를 안전하고 효율적으로 유지·관리할 수 있도록 민자철도의 유지·관리 및 운영에 관한 기준을 정하여 고시하여야 한다.

규칙 제17조(민자철도의 운영평가 방법 등) ① 국토교통부장관은 법 제25조제3항에 따라 소관 민자철도(전년도 1월 1일 이후 개통된 민자철도는 제외한다. 이하 이 조에서 같다)의 전년도 1월 1일부터 12월 31일까지의 운영에 대하여 다음 각 호의 항목을 포함하여 국토교통부장관이 정하여 고시한 운영평가 기준에 따라 운영평가를 실시해야 한다.

1. 철도의 안전성

2. 이용자의 편의성

3. 민자철도 운영의 효율성

② 민자철도사업자는 민자철도의 안전하고 효율적인 유지·관리와 이용자 편의를 도모하기 위하여 제1항에 따라 고시된 기준을 준수하여야 한다.

③ 국토교통부장관은 제1항에 따른 민자철도의 유지·관리 및 운영에 관한 기준에 따라 매년 소관 민자철도에 대하여 운영평가를 실시하여야 한다.

④ 국토교통부장관은 제3항에 따른 운영평가 결과에 따라 민자철도에 관한 유지·관리 및 체계 개선 등 필요한 조치를 민자철도사업자에게 명할 수 있다.

⑤ 민자철도사업자는 제4항에 따른 명령을 이행하고 그 결과를 국토교통부장관에게 보고하여야 한다.

⑥ 제3항에 따른 운영평가의 절차, 방법 및 그 밖에 필요한 사항은 국토교통부령으로 정한다.

② 국토교통부장관은 제1항에 따른 운영평가를 실시하려면 매년 3월 31일까지 소관 민자철도에 대한 평가일정, 평가방법 등을 포함한 운영평가계획을 수립한 후 평가를 실시하기 2주 전까지 법 제25조제1항에 따른 민자철도사업자(이하 "민자철도사업자"라 한다. 이하 이 조에서 같다)에게 통보해야 한다.

③ 국토교통부장관은 제1항에 따른 운영평가를 위하여 필요한 경우에는 관계 공무원, 철도 관련 전문가 등으로 민자철도 운영 평가단을 구성·운영할 수 있다.

④ 국토교통부장관이 법 제25조제4항에 따라 민자철도사업자에게 필요한 조치를 명한 경우 해당 민자철도사업자는 30일 이내에 조치계획을 마련하여 국토교통부장관에게 제출해야 한다.

⑤ 제1항부터 제4항까지에서 정한 사항 외에 민자철도의 운영평가에 관한 세부사항은 국토교통부장관이 정하여 고시한다.

제25조의2(민자철도사업자에 대한 과징금 처분) ① 국토교통부장관은 민자철도사업자가 다음 각 호의 어느 하나에 해당하는 경우에는 1억원 이하의 과징금을 부과·징수할 수 있다.

1. 제25조제2항을 위반하여 민자철도의 유지·관리 및 운영에 관한 기준을 준수하지 아니한 경우
2. 제25조제5항을 위반하여 명령을 이행하지 아니하거나 그 결과를 보고하지 아니한 경우

② 제1항에 따라 과징금을 부과하는 위반행위의 종류와 위반 정도 등에 따른 과징금의 금액 및 징수방법 등에 필요한 사항은 대통령령으로 정한다.

③ 국토교통부장관은 제1항에 따라 과징금 부과처분을 받은 자가 납부기한까지 과징금을 내지 아니하면 국세강제징수의 예에 따라 징수한다.

④ 제1항에 따라 징수한 과징금의 용도 등에 관하여는 제17조제4항부터 제6항까지를 준용한다.

규칙 제18조(민자철도 관리지원센터의 업무)
법 제25조의5제2항제6호에서 "국토교통부령으로 정하는 업무"란 다음 각 호의 업무를 말한다.

1. 민자철도 관련 연구의 수행
2. 민자철도 관련 전자정보 수집 및 관리 시스템의 구축
3. 민자철도 관련 정책 수립·조정에 대한 지원
4. 민자철도 관련 지표의 개발

제25조의3(사정변경 등에 따른 실시협약의 변경 요구 등) ① 국토교통부장관은 중대한 사정변경 또는 민자철도사업자의 위법한 행위 등 다음 각 호의 어느 하나에 해당하는 사유가 발생한 경우 민자철도사업자에게 그 사유를 소명하거나 해소 대책을 수립할 것을 요구할 수 있다.

1. 민자철도사업자가 「사회기반시설에 대한 민간투자법」 제2조제7호에 따른 실시협약(이하 "실시협약"이라 한다)에서 정한 자기자본의 비율을 대통령령으로 정하는 기준 미만으로 변경한 경우. 다만, 같은 조 제5호에 따른 주무관청의 승인을 받아 변경한 경우는 제외한다.

2. 민자철도사업자가 대통령령으로 정하는 기준을 초과한 이자율로 자금을 차입한 경우

3. 교통여건이 현저히 변화되는 등 실시협약의 기초가 되는 사실 또는 상황에 중대한 변경이 생긴 경우로서 대통령령으로 정하는 경우

② 제1항에 따른 요구를 받은 민자철도사업자는 국토교통부장관이 요구한 날부터 30일 이내에 그 사유를 소명하거나 해소 대책을 수립하여야 한다.

③ 국토교통부장관은 다음 각 호의 어느 하나에 해당하는 경우 제25조의5에 따른 민자철도 관리지원센터의 자문을 거쳐 실시협약의 변경 등을 요구할 수 있다.

1. 민자철도사업자가 제2항에 따른 소명을 하지 아니하거나 그 소명이 충분하지 아니한 경우

2. 민자철도사업자가 제2항에 따른 해소 대책을 수립하지 아니한 경우

3. 제2항에 따른 해소 대책으로는 제1항에 따른 사유를 해소할 수 없거나 해소하기 곤란하다고 판단되는 경우

④ 국토교통부장관은 민자철도사업자가 제3항에 따른 요구에 따르지 아니하는 경우 정부지급금, 실시협약에 따른 보조금 및 재정지원금의 전부 또는 일부를 지급하지 아니할 수 있다.

영 제10조의4(사정변경 등에 따른 실시협약의 변경 요구 등) ① 법 제25조의3제1항제1호 본문에서 "대통령령으로 정하는 기준"이란 「사회기반시설에 대한 민간투자법」 제7조에 따른 민간투자사업기본계획에 따라 민자철두사업자가 유지해야 하는 자기자본의 비율을 말한다.

② 법 제25조의3제1항제2호에서 "대통령령으로 정하는 기준을 초과한 이자율"이란 다음 각 호의 이자율 중 가장 낮은 이자율을 초과한 이자율을 말한다.

1. 「대부업 등의 등록 및 금융이용자 보호에 관한 법률 시행령」 제5조제2항에 따른 이자율

2. 「이자제한법 제2조제1항의 최고이자율에 관한 규정」에 따른 최고이자율

3. 민자철도사업자가 자금을 차입하는 때의 최고이자율에 관하여 국토교통부장관과 합의가 있는 경우에는 그 이자율

③ 법 제25조의3제1항제3호에서 "대통령령으로 정하는 경우"란 「사회기반시설에 대한 민간투자법」 제2조제7호에 따른 실시협약(이하 이 항에서 "실시협약"이라 한다)의 체결 이후 다음 각 호의 경우로 인하여 연간 실제 교통량이 실시협약에서 정한 교통량의 100분의 30 이상 변경된 경우를 말한다.

1. 해당 민자철도의 실시협약 체결 당시 예상되지 않았던 다른 철도가 연결되는 경우

2. 해당 민자철도의 운영 여건 변화로 이용자의 안전 및 편의 등 민자철도의 기능에 심각한 지장이 초래된 경우

3. 해당 민자철도가 「국가통합교통체계효율화법 시행령」 제36조제1항에 따른 연계교통체계 영향권의 설정 범위에 포함된 경우

4. 관련 법령이 개정되거나 민자철도에 관한 정책이 변경된 경우

5. 그 밖에 제1호부터 제4호까지에 준하는 사유로 교통 여건이 현저히 변화된 경우

제25조의4(민자철도사업자에 대한 지원) 국토교통부장관은 정책의 변경 또는 법령의 개정 등으로 인하여 민자철도사업자가 부담하여야 하는 비용이 추가로 발생하는 경우 그 비용의 전부 또는 일부를 지원할 수 있다.

제25조의5(민자철도 관리지원센터의 지정 등) ① 국토교통부장관은 민자철도에 대한 감독 업무를 효율적으로 수행하기 위하여 다음 각 호의 어느 하나에 해당하는 기관을 민자철도에 대한 전문성을 고려하여 민자철도 관리지원센터(이하 "관리지원센터"라 한다)로 지정할 수 있다.

　1. 「정부출연연구기관 등의 설립·운영 및 육성에 관한 법률」에 따른 정부출연연구기관

　2. 「공공기관의 운영에 관한 법률」에 따른 공공기관

② 관리지원센터는 다음 각 호의 업무를 수행한다.

　1. 민자철도의 교통수요 예측, 적정 요금 또는 운임 및 운영비 산출과 관련한 자문 및 지원

　2. 제25조제1항에 따른 민자철도의 유지·관리 및 운영에 관한 기준과 관련한 자문 및 지원

　3. 제25조제3항에 따른 운영평가와 관련한 자문 및 지원

　4. 제25조의3제3항에 따른 실시협약 변경 등의 요구와 관련한 자문 및 지원

　5. 제5항에 따라 국토교통부장관이 위탁하는 업무

　6. 그 밖에 이 법에 따른 민자철도에 관한 감독 지원을 위하여 국토교통부령으로 정하는 업무

③ 국토교통부장관은 관리지원센터가 업무를 수행하는 데에 필요한 비용을 예산의 범위에서 지원할 수 있다.

④ 국토교통부장관은 관리지원센터가 다음 각 호의 어느 하나에 해당하는 경우에는 지정을 취소할 수 있다. 다만, 제1호에 해당하는 경우에는 지정을 취소하여야 한다.

　1. 거짓이나 그 밖의 부정한 방법으로 지정을 받은 경우

　2. 지정받은 사항을 위반하여 업무를 수행한 경우

규칙 제18조의2(민자철도 관련 업무의 위탁) ① 법 제25조의5제5항에서 "국토교통부령으로 정하는 업무"란 다음 각 호의 업무를 말한다.

　1. 「사회기반시설에 대한 민간투자법」 제9조에 따른 민간부문의 사업제안과 관련한 자문 및 지원

　2. 「사회기반시설에 대한 민간투자법」 제10조에 따른 민간투자시설사업기본계획의 수립과 관련한 자문 및 지원

　3. 「사회기반시설에 대한 민간투자법」 제13조에 따른 사업계획의 검토·평가 및 실시협약 체결 등 사업시행자 지정과 관련한 자문 및 지원

② 국토교통부장관은 법 제25조의5제5항에 따라 업무를 위탁하는 경우 위탁받는 기관 및 위탁업무의 내용을 고시해야 한다.

⑤ 국토교통부장관은 민자철도와 관련하여 이 법과 「사회기반시설에 대한 민간투자법」에 따른 업무로서 국토교통부령으로 정하는 업무를 관리지원센터에 위탁할 수 있다.

제25조의6(국회에 대한 보고 등) ① 국토교통부장관은 「사회기반시설에 대한 민간투자법」 제53조에 따라 국가가 재정을 지원한 민자철도의 건설 및 유지·관리 현황에 관한 보고서를 작성하여 매년 5월 31일까지 국회 소관 상임위원회에 제출하여야 한다.
② 국토교통부장관은 제1항에 따른 보고서를 작성하기 위하여 민자철도사업자에게 필요한 자료의 제출을 요구할 수 있다.

제3장 철도서비스 향상 등

제26조(철도서비스의 품질평가 등) ① 국토교통부장관은 공공복리의 증진과 철도서비스 이용자의 권익보호를 위하여 철도사업자가 제공하는 철도서비스에 대하여 적정한 철도서비스 기준을 정하고, 그에 따라 철도사업자가 제공하는 철도서비스의 품질을 평가하여야 한다. **2**
② 제1항에 따른 철도서비스의 기준, 품질평가의 항목·절차 등에 필요한 사항은 국토교통부령으로 정한다.

규칙 제19조(철도서비스의 품질평가 등) ① 법 제26조제1항의 규정에 의한 철도서비스의 기준은 다음 각 호와 같다.
1. 철도의 시설·환경관리 등이 이용자의 편의와 공익적 목적에 부합할 것
2. 열차가 정시에 목적지까지 도착하도록 하는 등 철도이용자의 편의를 도모할 수 있도록 할 것
3. 예·매표의 이용편리성, 역 시설의 이용편리성, 고객을 상대로 승무 또는 역무서비스를 제공하는 종사원의 친절도, 열차의 쾌적성 등을 제고하여 철도이용자의 만족도를 높일 수 있을 것
4. 철도사고와 운행장애를 최소화하는 등 철도에서의 안전이 확보되도록 할 것

② 국토교통부장관은 철도사업자에 대하여 2년마다 법 제26조제1항의 규정에 의한 철도서비스의 품질평가를 실시하여야 한다. 다만, 국토교통부장관이 필요하다고 인정하는 경우에는 수시로 품질평가를 실시할 수 있다. **1**
③ 국토교통부장관은 품질평가를 실시하고자 하는 때에는 제1항의 규정에 의한 철도서비스 기준의 세부내역, 품질평가의 항목 등이 포함된 철도서비스품질평가실시계획을 수립하여야 한다. **1**
④ 국토교통부장관은 품질평가를 하고자 하는 경우 품질평가를 개시하는 날 2주 전까지 철도사업자에게 품질평가실시계획, 품질평가의 기간 등을 통보하여야 한다. **1**
⑤ 국토교통부장관은 품질평가의 공정하고 객관적인 실시를 위하여 서비스 평가 등에 관한 전문지식과 경험이 풍부한 자가 포함된 품질평가단을 구성·운영할 수 있다.

제27조(평가 결과의 공표 및 활용) ① 국토교통부장관은 제26조에 따른 철도서비스의 품질을 평가한 경우에는 그 평가 결과를 대통령령으로 정하는 바에 따라 신문 등 대중매체를 통하여 공표하여야 한다. **1**

② 국토교통부장관은 철도서비스의 품질평가 결과에 따라 제21조에 따른 사업 개선 명령 등 필요한 조치를 할 수 있다.

> **참조** **영 제11조(평가결과의 공표)** ① 국토교통부장관이 법 제27조의 규정에 의하여 철도서비스의 품질평가결과를 공표하는 경우에는 다음 각 호의 사항을 포함하여야 한다.
> 1. 평가지표별 평가결과
> 2. 철도서비스의 품질 향상도
> 3. 철도사업자별 평가순위
> 4. 그 밖에 철도서비스에 대한 품질평가결과 국토교통부장관이 공표가 필요하다고 인정하는 사항
>
> ② 국토교통부장관은 철도서비스의 품질평가결과가 우수한 철도사업자 및 그 소속 종사자에게 예산의 범위안에서 포상 등 지원시책을 시행할 수 있다.

제28조(우수 철도서비스 인증) ① 국토교통부장관은 공정거래위원회와 협의하여 철도사업자 간 경쟁을 제한하지 아니하는 범위에서 철도서비스의 질적 향상을 촉진하기 위하여 우수 철도서비스에 대한 인증을 할 수 있다. **3**

② 제1항에 따라 인증을 받은 철도사업자는 그 인증의 내용을 나타내는 표지(이하 "우수서비스마크"라 한다)를 철도차량, 역 시설 또는 철도 용품 등에 붙이거나 인증 사실을 홍보할 수 있다. **1**

③ 제1항에 따라 인증을 받은 자가 아니면 우수서비스마크 또는 이와 유사한 표지를 철도차량, 역 시설 또는 철도 용품 등에 붙이거나 인증 사실을 홍보하여서는 아니 된다. **2**

④ 우수 철도서비스 인증의 절차, 인증기준, 우수서비스마크, 인증의 사후관리에 관한 사항과 그 밖에 인증에 필요한 사항은 국토교통부령으로 정한다.

규칙 제20조(우수철도서비스 인증절차 등) ① 국토교통부장관은 품질평가결과가 우수한 철도서비스에 대하여 직권으로 또는 철도사업자의 신청에 의하여 법 제28조제1항의 규정에 의한 우수철도서비스에 대한 인증을 할 수 있다. **1**

② 제1항의 규정에 의한 우수철도서비스인증을 받고자 하는 철도사업자는 별지 제14호서식의 우수철도서비스인증신청서에 당해 철도서비스가 우수철도서비스임을 입증 또는 설명할 수 있는 자료를 첨부하여 국토교통부장관에게 제출하여야 한다.

③ 철도사업자의 신청에 의하여 우수철도서비스인증을 하는 경우에는 그에 소요되는 비용은 당해 **철도사업자가 부담**한다. **2**

④ 법 제28조제4항의 규정에 의한 우수철도서비스의 인증기준은 다음 각 호와 같다.
1. 당해 철도서비스의 종류와 내용이 철도이용자의 이용편의를 제고하는 것일 것
2. 당해 철도서비스의 종류와 내용이 공익적 목적에 부합될 것
3. 당해 철도서비스로 인하여 철도의 안전확보에 지장을 주지 아니할 것
4. 그 밖에 국토교통부장관이 정하는 인증기준에 적합할 것

⑤ 국토교통부장관은 품질평가결과가 우수한 철도서비스 중 제4항의 규정에 의한 우수철도서비스인증기준에 적합하다고 인정되는 철도서비스 또는 제2항의 규정에 의하여 우수철도서비스인증신청을 받아 심사한 결과 제4항의 규정에 의한 우수철도서비스인증기준에 적합하다고 인정되는 철도서비스에 대하여 우수철도서비스인증을 하고, 당해 철도사업자에게 별지 제15호서식의 우수철도서비스인증서를 교부할 수 있다.

제29조(평가업무 등의 위탁) 국토교통부장관은 효율적인 철도 서비스 품질평가 체제를 구축하기 위하여 필요한 경우에는 관계 전문기관 등에 철도서비스 품질에 대한 조사·평가·연구 등의 업무와 제28조제1항에 따른 우수 철도서비스 인증에 필요한 심사업무를 위탁할 수 있다.

제30조(자료 등의 요청) ① 국토교통부장관이나 제29조에 따라 평가업무 등을 위탁받은 자는 철도서비스의 평가 등을 할 때 철도사업자에게 관련 자료 또는 의견 제출 등을 요구하거나 철도서비스에 대한 실지조사를 할 수 있다. **1**

② 제1항에 따라 자료 또는 의견 제출 등을 요구받은 관련 철도사업자는 특별한 사유가 없으면 이에 따라야 한다.

제31조(철도시설의 공동 활용) 공공교통을 목적으로 하는 선로 및 다음 각 호의 공동 사용시설을 관리하는 자는 철도사업자가 그 시설의 공동 활용에 관한 요청을 하는 경우 협정을 체결하여 이용할 수 있게 하여야 한다.

1. 철도역 및 역 시설(물류시설, 환승시설 및 편의시설 등을 포함한다)
2. 철도차량의 정비·검사·점검·보관 등 유지관리를 위한 시설
3. 사고의 복구 및 구조·피난을 위한 설비
4. 열차의 조성 또는 분리 등을 위한 시설
5. 철도 운영에 필요한 정보통신 설비

제32조(회계의 구분) ① 철도사업자는 철도사업 외의 사업을 경영하는 경우에는 철도사업에 관한 회계와 철도사업 외의 사업에 관한 회계를 **구분하여** 경리하여야 한다. **3**

② 철도사업자는 철도운영의 효율화와 회계처리의 투명성을 제고하기 위하여 국토교통부령으로 정하는 바에 따라 철도사업의 종류별·노선별로 회계를 구분하여 경리하여야 한다.

제33조(벌칙 적용 시의 공무원 의제) 제29조에 따라 위탁받은 업무에 종사하는 관계 전문기관 등의 임원 및 직원은 「형법」 제129조부터 제132조까지의 규정을 적용할 때에는 공무원으로 본다.

---

⑥ 국토교통부장관은 우수철도서비스인증의 공정하고 객관적인 실시를 위하여 서비스 평가 등에 관한 전문지식과 경험이 풍부한 자가 포함된 우수철도서비스인증심사단을 구성·운영할 수 있다.

⑦ 국토교통부장관은 우수철도서비스인증을 받은 철도사업자에 대하여 예산의 범위안에서 필요한 재정지원을 하거나 포상 등 각종 지원시책을 시행할 수 있다.

규칙 제21조(우수서비스마크) 법 제28조제4항의 규정에 의한 우수서비스마크는 우수철도서비스의 종류 및 내용에 따라 그 모양, 표시방법 등을 달리 정할 수 있으며, 우수서비스마크의 모양 등에 관하여 필요한 세부적인 사항은 국토교통부장관이 따로 정한다.

규칙 제22조(우수철도서비스인증의 사후관리) ① 국토교통부장관은 법 제28조제4항의 규정에 의하여 우수철도서비스인증을 받은 철도사업자가 다음 각 호의 어느 하나에 해당되는 경우 당해 철도사업자에 대하여 철도서비스의 실태조사 등 필요한 사후관리를 할 수 있다.

1. 철도사고를 발생시키는 등 사회적 물의를 야기한 경우
2. 소비자 불만신고가 현저히 많이 접수된 경우
3. 민간단체·관계기관 등의 요구가 있는 경우
4. 그 밖에 국토교통부장관이 사후관리가 필요하다고 인정하는 경우

② 국토교통부장관은 우수철도서비스인증을 받은 철도사업자에 대한 사후관리 결과 당해 철도서비스의 제공 및 관리실태가 미흡하거나 당해 철도서비스가 우수철도서비스인증기준에 미달되는 경우에는 이의 시정·보완의 요구 등 필요한 조치를 할 수 있다. **1**

규칙 제22조의2(회계의 구분 및 경리에 관한 사항) ① 법 제32조제2항에 따라 철도사업자는 여객 및 화물 등 철도사업별로 관련된 자산, 부채, 자본, 수익 및 비용을 구분·경리하여 각 해당사업에 직접 귀속·배분되도록 회계처리하여야 한다.

② 철도사업자는 제1항에 따라 회계처리를 할 때 회계법인의 검증을 거친 원가배분 기준에 따라 사업용철도노선별로 관련된 영업수익 및 비용을 산출하여야 한다.

③ 철도사업자는 제2항에 따라 산출된 영업수익 및 비용의 결과를 회계법인의 확인을 거쳐 회계연도 종료 후 4개월 이내에 국토교통부장관에게 제출하여야 한다. **1**

제4장 전용철도

제34조(등록) ① 전용철도를 운영하려는 자는 국토교통부령으로 정하는 바에 따라 전용철도의 건설·운전·보안 및 운송에 관한 사항이 포함된 운영계획서를 첨부하여 국토교통부장관에게 등록을 하여야 한다. 등록사항을 변경하려는 경우에도 같다. 다만 대통령령으로 정하는 경미한 변경의 경우에는 예외로 한다. ④

② 전용철도의 등록기준과 등록절차 등에 관하여 필요한 사항은 국토교통부령으로 정한다.

③ 국토교통부장관은 제2항에 따른 등록기준을 적용할 때에 환경오염, 주변 여건 등 지역적 특성을 고려할 필요가 있거나 그 밖에 공익상 필요하다고 인정하는 경우에는 등록을 제한하거나 부담을 붙일 수 있다.

제35조(결격사유) 다음 각 호의 어느 하나에 해당하는 자는 전용철도를 등록할 수 없다. 법인인 경우 그 임원 중에 다음 각 호의 어느 하나에 해당하는 자가 있는 경우에도 같다.

1. 제7조제1호 각 목의 어느 하나에 해당하는 사람
2. 이 법에 따라 전용철도의 등록이 취소된 후 그 취소일부터 1년이 지나지 아니한 자 ❶

제36조(전용철도 운영의 양도·양수 등) ① 전용철도의 운영을 양도·양수하려는 자는 국토교통부령으로 정하는 바에 따라 국토교통부장관에게 신고하여야 한다. ④

② 전용철도의 등록을 한 법인이 합병하려는 경우에는 국토교통부령으로 정하는 바에 따라 국토교통부장관에게 신고하여야 한다. ❶

③ 국토교통부장관은 제1항 및 제2항에 따른 신고를 받은 날부터 30일 이내에 신고수리 여부를 신고인에게 통지하여야 한다.

④ 제1항 또는 제2항에 따른 신고가 수리된 경우 전용철도의 운영을 양수한 자는 전용철도의 운영을 양도한 자의 전용철도운영자로서의 지위를 승계하며, 합병으로 설립되거나 존속하는 법인은 합병으로 소멸되는 법인의 전용철도운영자로서의 지위를 승계한다.

⑤ 제1항과 제2항의 신고에 관하여는 제35조를 준용한다.

영 제12조(전용철도 등록사항의 경미한 변경 등) ① 법 제34조제1항 단서에서 "대통령령으로 정하는 경미한 변경의 경우"란 다음 각 호의 어느 하나에 해당하는 경우를 말한다.

1. 운행시간을 연장 또는 단축한 경우 ❷
2. 배차간격 또는 운행횟수를 단축 또는 연장한 경우 ❷
3. 10분의 1의 범위 안에서 철도차량 대수를 변경한 경우 ❶
4. 주사무소·철도차량기지를 제외한 운송관련 부대시설을 변경한 경우 ❶
5. 임원을 변경한 경우(법인에 한한다) ❶
6. 6월의 범위안에서 전용철도 건설기간을 조정한 경우 ❷

② 전용철도운영자는 법 제38조에 따라 전용철도 운영의 전부 또는 일부를 휴업 또는 폐업하는 경우 다음 각 호의 조치를 하여야 한다. ❶

1. 휴업 또는 폐업으로 인하여 철도운행 및 철도운행의 안전에 지장을 초래하지 아니하도록 하는 조치
2. 휴업 또는 폐업으로 인하여 자연재해·환경오염 등이 가중되지 아니하도록 하는 조치

규칙 제24조(전용철도 운영의 양도·양수) 법 제36조제1항의 규정에 의하여 전용철도의 운영을 양도·양수하고자 하는 자는 별지 제19호서식의 전용철도운영양도·양수신고서에 다음 각 호의 서류를 첨부하여 국토교통부장관에게 제출하여야 한다. 이 경우 국토교통부장관은 「전자정부법」 제36조제1항에 따른 행정정보의 공동이용을 통하여 법인 등기사항증명서(신청인이 법인인 경우만 해당한다)를 확인하여야 한다.

1. 양도·양수계약서 사본
2. 양도·양수에 관한 총회 또는 이사회의 의결서 사본 1부(법인의 경우에 한한다)
4. 법인 임원의 성명·주민등록번호를 기재한 서류(법인의 경우에 한한다)

제37조(전용철도 운영의 상속) ① 전용철도운영자가 사망한 경우 상속인이 그 전용철도의 운영을 계속하려는 경우에는 피상속인이 사망한 날부터 3개월 이내에 국토교통부장관에게 신고하여야 한다. **3**

② 국토교통부장관은 제1항에 따른 신고를 받은 날부터 10일 이내에 신고수리 여부를 신고인에게 통지하여야 한다.

③ 제1항에 따른 신고가 수리된 경우 상속인은 피상속인의 전용철도운영자로서의 지위를 승계하며, 피상속인이 사망한 날부터 신고가 수리된 날까지의 기간 동안은 피상속인의 전용철도 등록은 상속인의 등록으로 본다.

④ 제1항의 신고에 관하여는 제35조를 준용한다. 다만, 제35조 각 호의 어느 하나에 해당하는 상속인이 피상속인이 사망한 날부터 3개월 이내에 그 전용철도의 운영을 다른 사람에게 양도한 경우 피상속인의 사망일부터 양도일까지의 기간에 있어서 피상속인의 전용철도 등록은 상속인의 등록으로 본다.

제38조(전용철도 운영의 휴업·폐업) 전용철도운영자가 그 운영의 전부 또는 일부를 휴업 또는 폐업한 경우에는 1개월 이내에 국토교통부장관에게 신고하여야 한다. **5**

제39조(전용철도 운영의 개선명령) 국토교통부장관은 전용철도 운영의 건전한 발전을 위하여 필요하다고 인정하는 경우에는 전용철도운영자에게 다음 각 호의 사항을 명할 수 있다. **1**

　　1. 사업장의 이전

　　2. 시설 또는 운영의 개선

제40조(등록의 취소·정지) 국토교통부장관은 전용철도운영자가 다음 각 호의 어느 하나에 해당하는 경우에는 그 등록을 취소하거나 1년 이내의 기간을 정하여 그 운영의 전부 또는 일부의 정지를 명할 수 있다. 다만, 제1호에 해당하는 경우에는 등록을 취소하여야 한다. **1**

　　1. 거짓이나 그 밖의 부정한 방법으로 제34조에 따른 등록을 한 경우

　　2. 제34조제2항에 따른 등록기준에 미달하거나 같은 조 제3항에 따른 부담을 이행하지 아니한 경우

3. 휴업신고나 폐업신고를 하지 아니하고 3개월 이상 전용철도를 운영하지 아니한 경우 **1**

제41조(준용규정) 전용철도에 관하여는 제16조제3항과 제23조를 준용한다. 이 경우 "철도사업의 면허"는 "전용철도의 등록"으로, "철도사업자"는 "전용철도운영자"로, "철도사업"은 "전용철도의 운영"으로 본다.

제5장 국유철도시설의 활용·지원 등

제42조(점용허가) ① 국토교통부장관은 국가가 소유·관리하는 철도시설에 건물이나 그 밖의 시설물을 설치하려는 자에게 「국유재산법」 제18조에도 불구하고 대통령령으로 정하는 바에 따라 시설물의 종류 및 기간 등을 정하여 점용허가를 할 수 있다.
② 제1항에 따른 점용허가는 철도사업자와 철도사업자가 출자·보조 또는 출연한 사업을 경영하는 자에게만 하며, 시설물의 종류와 경영하려는 사업이 철도사업에 지장을 주지 아니하여야 한다. **2**

제42조의2(점용허가의 취소) ① 국토교통부장관은 제42조제1항에 따른 점용허가를 받은 자가 다음 각 호의 어느 하나에 해당하면 그 점용허가를 취소할 수 있다.
  1. 점용허가 목적과 다른 목적으로 철도시설을 점용한 경우
  2. 제42조제2항을 위반하여 시설물의 종류와 경영하는 사업이 철도사업에 지장을 주게 된 경우
  3. 점용허가를 받은 날부터 1년 이내에 해당 점용허가의 목적이 된 공사에 착수하지 아니한 경우. 다만, 정당한 사유가 있는 경우에는 1년의 범위에서 공사의 착수기간을 연장할 수 있다.
  4. 제44조에 따른 점용료를 납부하지 아니하는 경우
  5. 점용허가를 받은 자가 스스로 점용허가의 취소를 신청하는 경우
② 제1항에 따른 점용허가 취소의 절차 및 방법은 국토교통부령으로 정한다.

제13조(점용허가의 신청 및 점용허가기간) ① 법 제42조제1항의 규정에 의하여 국가가 소유·관리하는 철도시설의 점용허가를 받고자 하는 자는 국토교통부령이 정하는 점용허가신청서에 다음 각 호의 서류를 첨부하여 국토교통부장관에게 제출하여야 한다. 이 경우 국토교통부장관은 「전자정부법」 제36조제1항에 따른 행정정보의 공동이용을 통하여 법인 등기사항증명서(법인인 경우로 한정한다)를 확인하여야 한다.
  1. 사업개요에 관한 서류
  2. 시설물의 건설계획 및 사용계획에 관한 서류
  3. 자금조달계획에 관한 서류
  4. 수지전망에 관한 서류
  5. 법인의 경우 정관
  6. 설치하고자 하는 시설물의 설계도서(시방서·위치도·평면도 및 주단면도를 말한다)
  7. 그 밖에 참고사항을 기재한 서류

제28조(점용허가신청 등) ① 영 제13조의 규정에 의한 철도시설의 점용허가신청서는 별지 제23호서식에 의한다.
② 점용허가를 받은 자가 점용허가기간의 연장을 받기 위하여 다시 점용허가를 신청하고자 하는 때에는 종전의 점용허가기간 만료예정일 3월 전까지 제1항의 규정에 의한 점용허가신청서를 국토교통부장관에게 제출하여야 한다.

제43조(시설물 설치의 대행) 국토교통부장관은 제42조에 따라 점용허가를 받은 자가 설치하려는 시설물의 전부 또는 일부가 철도시설 관리에 관계되는 경우에는 점용허가를 받은 자의 부담으로 그의 위탁을 받아 시설물을 직접 설치하거나 「국가철도공단법」에 따라 설립된 국가철도공단으로 하여금 설치하게 할 수 있다.

② 국토교통부장관은 법 제42조제1항의 규정에 의하여 국가가 소유·관리하는 철도시설에 대한 점용허가를 하고자 하는 때에는 다음 각 호의 기간을 초과하여서는 아니된다. 다만, 건물 그 밖의 시설물을 설치하는 경우 그 공사에 소요되는 기간은 이를 산입하지 아니한다.

1. 철골조·철근콘크리트조·석조 또는 이와 유사한 견고한 건물의 축조를 목적으로 하는 경우에는 50년 ❶
2. 제1호 외의 건물의 축조를 목적으로 하는 경우에는 15년
3. 건물 외의 공작물의 축조를 목적으로 하는 경우에는 5년

제44조(점용료) ① 국토교통부장관은 대통령령으로 정하는 바에 따라 점용허가를 받은 자에게 점용료를 부과한다. ❶
② 제1항에도 불구하고 점용허가를 받은 자가 다음 각 호에 해당하는 경우에는 대통령령으로 정하는 바에 따라 점용료를 감면할 수 있다.

1. 국가에 무상으로 양도하거나 제공하기 위한 시설물을 설치하기 위하여 점용허가를 받은 경우
2. 제1호의 시설물을 설치하기 위한 경우로서 공사기간 중에 점용허가를 받거나 임시 시설물을 설치하기 위하여 점용허가를 받은 경우
3. 「공공주택 특별법」에 따른 공공주택을 건설하기 위하여 점용허가를 받은 경우 ❷
4. 재해, 그 밖의 특별한 사정으로 본래의 철도 점용 목적을 달성할 수 없는 경우
5. 국민경제에 중대한 영향을 미치는 공익사업으로서 대통령령으로 정하는 사업을 위하여 점용허가를 받은 경우

제14조(점용료) ① 법 제44조제1항의 규정에 의한 점용료는 점용허가를 할 철도시설의 가액과 점용허가를 받아 행하는 사업의 매출액을 기준으로 하여 산출하되, 구체적인 점용료 산정기준에 대하여는 국토교통부장관이 정한다. ❶
② 제1항의 규정에 의한 철도시설의 가액은 「국유재산법 시행령」 제42조를 준용하여 산출하되, 당해 철도시설의 가액은 산출 후 3년 이내에 한하여 적용한다. ❶
③ 법 제44조제2항에 따른 점용료의 감면은 다음 각 호의 구분에 따른다.

제28조의3(점용료) 법 제44조제2항제3호 및 영 제14조제3항제2호에 따른 점용료 감면기준은 「공공주택 특별법 시행령」 제34조제2항부터 제4항까지의 규정에 따른다.

③ 국토교통부장관이 「철도산업발전기본법」 제19조제2항에 따라 철도시설의 건설 및 관리 등에 관한 업무의 일부를 「국가철도공단법」에 따른 국가철도공단으로 하여금 대행하게 한 경우 제1항에 따른 점용료 징수에 관한 업무를 위탁할 수 있다.

④ 국토교통부장관은 점용허가를 받은 자가 제1항에 따른 점용료를 내지 아니하면 국세 체납처분의 예에 따라 징수한다. **1**

제44조의2(변상금의 징수) 국토교통부장관은 제42조제1항에 따른 점용허가를 받지 아니하고 철도시설을 점용한 자에 대하여 제44조제1항에 따른 점용료의 100분의 120에 해당하는 금액을 변상금으로 징수할 수 있다. 이 경우 변상금의 징수에 관하여는 제44조제3항을 준용한다. **1**

1. 법 제44조제2항제1호 및 제2호에 해당하는 경우 : 전체 시설물 중 국가에 무상으로 양도하거나 제공하기 위한 시설물의 비율에 해당하는 점용료를 감면

2. 법 제44조제2항제3호에 해당하는 경우 : 해당 철도시설의 부지에 대하여 국토교통부령으로 정하는 기준에 따른 점용료를 감면

3. 법 제44조제2항제4호에 해당하는 경우 : 다음 각 목의 구분에 따른 점용료를 감면

  가. 점용허가를 받은 시설의 전부를 사용하지 못한 경우 : 해당 기간의 점용료 전액을 감면

  나. 점용허가를 받은 시설의 일부를 사용하지 못한 경우 : 전체 점용허가 면적에서 사용하지 못한 시설의 면적 비율에 따라 해당 기간 동안의 점용료를 감면

④ 점용료는 매년 1월 말까지 당해연도 해당분을 선납하여야 한다. 다만, 국토교통부장관은 부득이한 사유로 선납이 곤란하다고 인정하는 경우에는 그 납부기한을 따로 정할 수 있다. **3**

제45조(권리와 의무의 이전) 제42조에 따른 점용허가로 인하여 발생한 권리와 의무를 이전하려는 경우에는 대통령령으로 정하는 바에 따라 **국토교통부장관의 인가를 받아야 한다.** **2**

제15조(권리와 의무의 이전) ① 법 제42조의 규정에 의하여 점용허가를 받은 자가 법 제45조의 규정에 의하여 그 권리와 의무의 이전에 대하여 인가를 받고자 하는 때에는 국토교통부령이 정하는 신청서에 다음 각 호의 서류를 첨부하여 권리와 의무를 이전하고자 하는 날 3월 전까지 국토교통부장관에게 제출하여야 한다.

제29조(권리와 의무의 이전) 영 제15조제1항의 규정에 의하여 점용허가를 받은 자가 그 권리와 의무의 이전에 대하여 인가를 받고자 하는 경우의 신청서는 별지 제24호서식에 의한다.

제46조(원상회복의무) ① 점용허가를 받은 자는 점용허가기간이 만료되거나 제42조의 2제1항에 따라 점용허가가 취소된 경우에는 점용허가된 철도 재산을 원상으로 회복하여야 한다. 다만, 국토교통부장관은 원상으로 회복할 수 없거나 원상회복이 부적당하다고 인정하는 경우에는 원상회복의무를 면제할 수 있다. **1**

② 국토교통부장관은 점용허가를 받은 자가 제1항 본문에 따른 원상회복을 하지 아니하는 경우에는 「행정대집행법」에 따라 시설물을 철거하거나 그 밖에 필요한 조치를 할 수 있다. **1**

③ 국토교통부장관은 제1항 단서에 따라 원상회복의무를 면제하는 경우에는 해당 철도 재산에 설치된 시설물 등의 무상 국가귀속을 조건으로 할 수 있다. **2**

1. 이전계약서 사본
2. 이전가격의 명세서

② 법 제45조의 규정에 의하여 국토교통부장관의 인가를 받아 철도시설의 점용허가로 인하여 발생한 권리와 의무를 이전한 경우 당해 권리와 의무를 이전받은 자의 점용허가기간은 권리와 의무를 이전한 자가 받은 점용허가기간의 잔여기간으로 한다.

제46조의2(국가귀속 시설물의 사용허가기간 등에 관한 특례) ① 제46조제3항에 따라 국가귀속된 시설물을 「국유재산법」에 따라 사용허가하려는 경우 그 허가의 기간은 같은 법 제35조에도 불구하고 10년 이내로 한다.

② 제1항에 따른 허가기간이 끝난 시설물에 대해서는 10년을 초과하지 아니하는 범위에서 1회에 한하여 종전의 사용허가를 갱신할 수 있다.

③ 제1항에 따른 사용허가를 받은 자는 「국유재산법」 제30조제2항에도 불구하고 그 사용허가의 용도나 목적에 위배되지 않는 범위에서 국토교통부장관의 승인을 받아 해당 시설물의 일부를 다른 사람에게 사용·수익하게 할 수 있다.

제6장 보칙

제47조(보고·검사 등) ① 국토교통부장관은 필요하다고 인정하면 철도사업자와 전용철도운영자에게 해당 철도사업 또는 전용철도의 운영에 관한 사항이나 철도차량의 소유 또는 사용에 관한 사항에 대하여 보고나 서류 제출을 명할 수 있다.

② 국토교통부장관은 필요하다고 인정하면 소속 공무원으로 하여금 철도사업자 및 전용철도운영자의 장부, 서류, 시설 또는 그 밖의 물건을 검사하게 할 수 있다.

③ 제2항에 따라 검사를 하는 공무원은 그 권한을 표시하는 증표를 지니고 이를 관계인에게 보여 주어야 한다.

④ 제3항에 따른 증표에 관하여 필요한 사항은 국토교통부령으로 정한다.

규칙 제30조(검사원증) 법 제47조제4항의 규정에 의한 검사공무원의 증표는 별지 제25호서식에 의한다.

제48조(수수료) 이 법에 따른 면허 · 인가를 받으려는 자, 등록 · 신고를 하려는 자, 면허증 · 인가서 · 등록증 · 인증서 또는 허가서의 재발급을 신청하는 자는 국토교통부령으로 정하는 수수료를 내야 한다.

규칙 제31조(수수료) ① 법 제48조의 규정에 의한 수수료는 별표 5와 같다.

② 제1항에 따른 수수료는 수입인지로 내거나 정보통신망을 이용하여 전자화폐 · 전자결제 등의 방법으로 내야 한다.

제48조의2(규제의 재검토) 국토교통부장관은 다음 각 호의 사항에 대하여 2014년 1월 1일을 기준으로 3년마다(매 3년이 되는 해의 기준일과 같은 날 전까지를 말한다) 그 타당성을 검토하여 개선 등의 조치를 하여야 한다.

1. 제9조에 따른 여객 운임 · 요금의 신고 등
2. 제10조제1항 및 제2항에 따른 부가 운임의 상한
3. 제21조에 따른 사업의 개선명령
4. 제39조에 따른 전용철도 운영의 개선명령

제7장 벌칙

제49조(벌칙) ① 다음 각 호의 어느 하나에 해당하는 자는 2년 이하의 징역 또는 2천만원 이하의 벌금에 처한다.

1. 제5조제1항에 따른 면허를 받지 아니하고 철도사업을 경영한 자
2. 거짓이나 그 밖의 부정한 방법으로 제5조제1항에 따른 철도사업의 면허를 받은 자
3. 제16조제1항에 따른 사업정지처분기간 중에 철도사업을 경영한 자
4. 제16조제1항에 따른 사업계획의 변경명령을 위반한 자
5. 제23조(제41조에서 준용하는 경우를 포함한다)를 위반하여 타인에게 자기의 성명 또는 상호를 대여하여 철도사업을 경영하게 한 자
6. 제31조를 위반하여 철도사업자의 공동 활용에 관한 요청을 정당한 사유 없이 거부한 자

② 다음 각 호의 어느 하나에 해당하는 자는 1년 이하의 징역 또는 1천만원 이하의 벌금에 처한다.

1. 제34조제1항을 위반하여 등록을 하지 아니하고 전용철도를 운영한 자
2. 거짓이나 그 밖의 부정한 방법으로 제34조제1항에 따른 전용철도의 등록을 한 자

③ 다음 각 호의 어느 하나에 해당하는 자는 1천만원 이하의 벌금에 처한다.

  1. 제13조를 위반하여 국토교통부장관의 인가를 받지 아니하고 공동운수협정을 체결하거나 변경한 자

  3. 제28조제3항을 위반하여 우수서비스마크 또는 이와 유사한 표지를 철도차량 등에 붙이거나 인증 사실을 홍보한 자

제50조(양벌규정) 법인의 대표자나 법인 또는 개인의 대리인, 사용인, 그 밖의 종업원이 그 법인 또는 개인의 업무에 관하여 제49조의 위반행위를 하면 그 행위자를 벌하는 외에 그 법인 또는 개인에게도 해당 조문의 벌금형을 과(科)한다. 다만, 법인 또는 개인이 그 위반행위를 방지하기 위하여 해당 업무에 관하여 상당한 주의와 감독을 게을리하지 아니한 경우에는 그러하지 아니하다.

제51조(과태료) ① 다음 각 호의 어느 하나에 해당하는 자에게는 1천만원 이하의 과태료를 부과한다.

  1. 제9조제1항에 따른 여객 운임 · 요금의 신고를 하지 아니한 자

  2. 제11조제1항에 따른 철도사업약관을 신고하지 아니하거나 신고한 철도사업약관을 이행하지 아니한 자

  3. 제12조에 따른 인가를 받지 아니하거나 신고를 하지 아니하고 사업계획을 변경한 자

  4. 제10조의2를 위반하여 상습 또는 영업으로 승차권 또는 이에 준하는 증서를 자신이 구입한 가격을 초과한 금액으로 다른 사람에게 판매하거나 이를 알선한 자

② 다음 각 호의 어느 하나에 해당하는 자에게는 500만원 이하의 과태료를 부과한다.

  1. 제18조에 따른 사업용철도차량의 표시를 하지 아니한 철도사업자

  3. 제32조제1항 또는 제2항을 위반하여 회계를 구분하여 경리하지 아니한 자

  4. 정당한 사유 없이 제47조제1항에 따른 명령을 이행하지 아니하거나 제47조제2항에 따른 검사를 거부 · 방해 또는 기피한 자

③ 다음 각 호의 어느 하나에 해당하는 자에게는 100만원 이하의 과태료를 부과한다.

  1. 제20조제2항부터 제4항까지에 따른 준수사항을 위반한 자

영 제17조(과태료의 부과기준) 법 제51조제1항부터 제4항까지의 규정에 따른 과태료의 부과기준은 별표 2와 같다.

④ 제22조를 위반한 철도운수종사자 및 그가 소속된 철도사업자에게는 50만원 이하의 과태료를 부과한다.

⑤ 제1항부터 제4항까지의 규정에 따른 과태료는 대통령령으로 정하는 바에 따라 국토교통부장관이 부과·징수한다.

MEMO

Law ⚖ 🏛 🔨

항만운송사업법

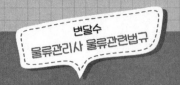

항만운송사업법

제1장 총칙

제1조(목적) 이 법은 항만운송에 관한 질서를 확립하고, 항만운송사업의 건전한 발전을 도모하여 공공의 복리를 증진함을 목적으로 한다.

제2조(정의) ① 이 법에서 "항만운송"이란 타인의 수요에 응하여 하는 행위로서 다음 각 호의 어느 하나에 해당하는 것을 말한다.

1. 선박을 이용하여 운송된 화물을 화물주 또는 선박운항업자의 위탁을 받아 항만에서 선박으로부터 인수하거나 화물주에게 인도하는 행위
2. 선박을 이용하여 운송될 화물을 화물주 또는 선박운항업자의 위탁을 받아 항만에서 화물주로부터 인수하거나 선박에 인도하는 행위
3. 제1호 또는 제2호의 행위에 선행하거나 후속하여 제4호부터 제13호까지의 행위를 하나로 연결하여 하는 행위
4. 항만에서 화물을 선박에 싣거나 선박으로부터 내리는 일 **1**
5. 항만에서 선박 또는 부선을 이용하여 화물을 운송하는 행위, 해양수산부령으로 정하는 항만과 항만 외의 장소와의 사이(이하 "지정구간"이라 한다)에서 부선 또는 범선을 이용하여 화물을 운송하는 행위와 항만 또는 지정구간에서 부선 또는 뗏목을 예인선으로 끌고 항해하는 행위. 다만, 다음 각 목의 어느 하나에 해당하는 운송은 제외한다.
   가. 「해운법」에 따른 해상화물운송사업자가 하는 운송 **2**
   나. 「해운법」에 따른 해상여객운송사업자가 여객선을 이용하여 하는 여객운송에 수반되는 화물 운송 **1**
   다. 해양수산부령으로 정하는 운송
6. 항만에서 선박 또는 부선을 이용하여 운송된 화물을 창고 또는 하역장(수면 목재저장소는 제외한다)에 들여놓는 행위
7. 항만에서 선박 또는 부선을 이용하여 운송될 화물을 하역장에서 내가는 행위 **1**

제2조(항만운송관련사업의 종류) 법 제2조제4항에 따른 항만운송관련사업의 업종별 사업의 내용은 다음 각 호와 같다.

1. 항만용역업 : 다음 각 목의 행위를 하는 사업
   가. 통선으로 본선과 육지 사이에서 사람이나 문서 등을 운송하는 행위 **4**
   나. 본선을 경비하는 행위나 본선의 이안 및 접안을 보조하기 위하여 줄잡이 역무를 제공하는 행위 **4**
   다. 선박의 청소[유창청소는 제외한다], 오물 제거, 소독, 폐기물의 수집·운반, 화물 고정, 칠 등을 하는 행위 **3**
   라. 선박에서 사용하는 맑은 물을 공급하는 행위 **5**
2. 선용품공급업 : 선박(건조 중인 선박 및 해양 구조물 등을 포함한다)에 음료, 식품, 소모품, 밧줄, 수리용 예비부분품 및 부속품, 집기, 그 밖에 이와 유사한 선용품을 공급하는 사업 **1**
3. **선박연료공급업** : 선박용 **연료**를 공급하는 사업 **1**

제2조(항만운송에서 제외되는 운송) 법 제2조제1항제5호다목에서 "해양수산부령으로 정하는 운송"이란 다음 각 호의 운송을 말한다.

1. 선박에서 사용하는 물품을 공급하기 위한 운송 **2**
2. 선박에서 발생하는 분뇨 및 폐기물의 운송 **3**
3. 탱커선 또는 어획물운반선[어업장에서부터 양륙지까지 어획물 또는 그 제품을 운반하는 선박을 말한다]에 의한 운송 **2**

제3조(항만의 지정) ① 법 제2조제3항제1호에서 "해양수산부령으로 지정하는 항만"이란 「항만법 시행령」 별표 1의 무역항을 말한다.
② 법 제2조제3항제2호에서 "해양수산부령으로 수역을 정하여 지정하는 항만"은 별표 1과 같다.

8. 항만에서 제6호 또는 제7호에 따른 화물을 하역장에서 싣거나 내리거나 보관하는 행위

9. 항만에서 제6호 또는 제7호에 따른 화물을 부선에 싣거나 부선으로부터 내리는 행위

10. 항만이나 지정구간에서 목재를 뗏목으로 편성하여 운송하는 행위 **2**

11. 항만에서 뗏목으로 편성하여 운송된 목재를 수면 목재저장소에 들여놓는 행위나, 선박 또는 부선을 이용하여 운송된 목재를 수면 목재저장소에 들여놓는 행위 **1**

12. 항만에서 뗏목으로 편성하여 운송될 목재를 수면 목재저장소로부터 내가는 행위나, 선박 또는 부선을 이용하여 운송될 목재를 수면 목재저장소로부터 내가는 행위

13. 항만에서 제11호 또는 제12호에 따른 목재를 수면 목재저장소에서 싣거나 내리거나 보관하는 행위

14. 선적화물을 싣거나 내릴 때 그 화물의 개수를 계산하거나 그 화물의 인도·인수를 증명하는 일[이하 "**검수**"라 한다] **4**

15. 선적화물 및 선박(부선을 포함한다)에 관련된 증명·조사·감정을 하는 일[이하 "**감정**"이라 한다] **3**

16. 선적화물을 싣거나 내릴 때 그 화물의 용적 또는 중량을 계산하거나 증명하는 일[이하 "**검량**"이라 한다] **3**

② 이 법에서 "항만운송사업"이란 **영리를 목적으로 하는지 여부에 관계없이** 항만운송을 하는 사업을 말한다. **1**

③ 이 법에서 "항만"이란 다음 각 호의 어느 하나에 해당하는 것을 말한다.

1. 「항만법」 제2조제1호에 따른 항만 중 해양수산부령으로 지정하는 항만(항만시설을 포함한다)

2. 「항만법」 제2조제1호에 따른 항만 외의 항만으로서 해양수산부령으로 수역을 정하여 지정하는 항만(항만시설을 포함한다)

3. 「항만법」 제2조제5호에 따라 해양수산부장관이 지정·고시한 항만시설

3의2. 선박수리업 : 선체, 기관 등 선박시설 및 설비를 수리, 교체 또는 도색하는 사업 **1**

4. 컨테이너수리업 : 컨테이너를 수리하는 사업 **1**

④ 이 법에서 "항만운송관련사업"이란 항만에서 선박에 물품이나 역무를 제공하는 항만용역업·선용품공급업·선박연료공급업·선박수리업 및 컨테이너수리업을 말하며, 업종별 사업의 내용은 대통령령으로 정한다. 이 경우 선용품공급업은 건조 중인 선박 또는 해상구조물 등에 선용품을 공급하는 경우를 포함한다. ❶

⑤ 이 법에서 "검수사"란 직업으로서 검수에 종사하는 자를, "감정사"란 직업으로서 감정에 종사하는 자를, "검량사"란 직업으로서 검량에 종사하는 자를 말한다.

⑥ 이 법에서 "부두운영회사"란 제3조제1호에 따른 항만하역사업 및 그 부대사업을 수행하기 위하여 「항만법」 제41조제1항제1호에 따른 항만시설운영자 또는 「항만공사법」에 따른 항만공사(이하 "항만시설운영자등"이라 한다)와 제26조의6제1항에 따라 부두운영계약을 체결하고, 「항만법」 제2조제5호에 따른 항만시설 및 그 항만시설의 운영에 필요한 장비·부대시설 등을 일괄적으로 임차하여 사용하는 자를 말한다. 다만, 다음 각 호의 어느 하나에 해당하는 자는 제외한다.

1. 「항만공사법」에 따른 항만공사와 임대차계약을 체결하고, 해양수산부장관이 컨테이너 부두로 정하여 고시한 항만시설을 임차하여 사용하는 자

2. 그 밖에 특정 화물에 대하여 전용 사용되는 등 해양수산부장관이 부두운영회사가 운영하기에 적합하지 아니하다고 인정하여 고시한 항만시설을 임차하여 사용하는 자

⑦ 이 법에서 "관리청"이란 항만운송사업·항만운송관련사업 및 항만종합서비스업의 등록, 신고 및 관리 등에 관한 행정업무를 수행하는 다음 각 호의 구분에 따른 행정관청을 말한다.

1. 「항만법」 제3조제2항제1호 및 제3항제1호에 따른 국가관리무역항 및 국가관리연안항 : 해양수산부장관

2. 「항만법」 제3조제2항제2호 및 제3항제2호에 따른 지방관리무역항 및 지방관리연안항 : 특별시장·광역시장·도지사 또는 특별자치도지사(이하 "시·도지사"라 한다)

⑧ 이 법에서 "항만종합서비스업"이란 제4항에 따른 항만용역업(이안 및 접안을 보조하기 위하여 줄잡이 역무를 제공하는 행위 및 화물 고정 행위가 포함되어야 한다)과 제3조제2호부터 제4호까지의 검수사업·감정사업 및 검량사업 중 1개 이상의 사업을 포함하는 내용의 사업을 말한다.

제3조(사업의 종류) 항만운송사업의 종류는 다음 각 호와 같다. **①**

 1. 항만하역사업(제2조제1항제1호부터 제13호까지의 행위를 하는 사업)

 2. 검수사업(제2조제1항제14호의 행위를 하는 사업)

 3. 감정사업(제2조제1항제15호의 행위를 하는 사업)

 4. 검량사업(제2조제1항제16호의 행위를 하는 사업)

제2장 항만운송사업

제4조(사업의 등록) ① 항만운송사업을 하려는 자는 제3조에 따른 사업의 **종류별**로 관리청에 등록하여야 한다. **④**

② 제3조제1호의 항만하역사업과 같은 조 제2호의 **검수사업**은 항만별로 등록한다. **⑤**

③ 제3조제1호의 항만하역사업의 등록은 이용자별·취급화물별 또는 「항만법」 제2조제5호의 항만시설별로 등록하는 한정하역사업과 그 외의 일반하역사업으로 구분하여 행한다. **①**

제5조(등록의 신청) ① 항만운송사업의 등록을 신청하려는 자는 해양수산부령으로 정하는 바에 따라 사업계획을 첨부한 등록신청서를 관리청에 제출하여야 한다. **②**

② 관리청은 제1항에 따른 등록신청을 받으면 사업계획과 제6조의 등록기준을 검토한 후 등록요건을 모두 갖추었다고 인정하는 경우에는 해양수산부령으로 정하는 바에 따라 등록증을 발급하여야 한다. **①**

[별표 2] 검수사업·감정사업 및 검량사업의 등록기준(제4조 관련)

구분	검수사업			감정사업	검량사업
	1급지 (부산항, 인천항, 울산항, 포항항, 광양항)	2급지 (마산항, 군산항)	3급지 (1급지와 2급지를 제외한 항)		
1. 자본금	5천만원 이상	5천만원 이상	5천만원 이상	5천만원 이상	5천만원 이상
2. 검수사	가. 부산항 : 40명 이상 나. 인천항 : 25명 이상 다. 울산항, 포항항, 광양항 : 7명 이상	3명 이상	2명 이상		
3. 감정사				6명 이상	
4. 검량사					6명 이상

비고 : 사업자가 개인인 경우에는 자본금을 갈음하여 재산평가액을 적용한다.

제6조(등록기준) 제4조에 따른 등록에 필요한 시설·자본금·노동력 등에 관한 기준은 대통령령으로 정한다. 다만, 관리청은 제4조제3항에 따른 한정하역사업에 대하여는 이용자·취급화물 또는 항만시설의 특성을 고려하여 그 등록기준을 완화할 수 있다. ❶	**영 제4조(항만운송사업의 등록기준)** 법 제6조에 따른 항만하역사업의 등록기준은 별표 1과 같고, 검수사업·감정사업 및 검량사업의 등록기준은 **별표 2**와 같다. ❶	
제7조(검수사등의 자격 및 등록) ① 검수사·감정사 또는 검량사(이하 "검수사등"이라 한다)가 되려는 자는 해양수산부장관이 실시하는 자격시험에 합격한 후 해양수산부령으로 정하는 바에 따라 해양수산부장관에게 등록하여야 한다. ② 검수사등 자격시험의 시행일을 기준으로 제8조의 결격사유에 해당하는 사람은 검수사등 자격시험에 응시할 수 없다. ③ 제1항에 따른 자격시험의 응시자격, 시험과목 및 시험방법 등에 관하여 필요한 사항은 대통령령으로 정한다.	**제5조(검수사등의 자격시험)** ① 법 제7조에 따른 검수사·감정사 또는 검량사의 자격시험은 그 종류별로 시행한다. ② 해양수산부장관은 시험을 시행하려는 경우에는 시험 일시 및 장소, 시험과목, 응시절차, 그 밖에 필요한 사항을 시험 실시 90일 전까지 공고하여야 한다. ③ 시험에 응시하려는 사람은 해양수산부령으로 정하는 응시원서를 해양수산부장관에게 제출하여야 한다.	**제10조(검수사등의 등록)** ① 법 제7조제1항에 따라 검수사등의 등록을 하려는 사람은 별지 제4호서식의 검수사등 등록신청서에 다음 각 호의 서류를 첨부하여 영 제27조제4항에 따른 한국검수검정협회의 장에게 제출하여야 한다. 　　1. 주민등록증 사본 　　2. 검수사등 자격증 사본 　　3. 사진(모자를 쓰지 않은 정면 상반신 반명함판) ② 한국검수검정협회장은 제1항에 따라 검수사등의 등록신청서를 받았을 때에는 신청인에게 별지 제5호서식의 검수사등 수첩을 발급하여야 한다.
제7조의2(부정행위자에 대한 제재) ① 해양수산부장관은 제7조제1항에 따른 검수사등의 자격시험에서 부정행위를 한 응시자에 대하여 그 시험을 정지 또는 무효로 하고, 그 시험을 정지하거나 무효로 한 날부터 3년간 같은 종류의 자격시험 응시자격을 정지한다. ❶ ② 해양수산부장관은 제1항에 따른 처분을 하려는 경우에는 미리 그 처분 내용과 사유를 부정행위를 한 응시자에게 통지하여 소명할 기회를 주어야 한다.	**제7조(시험의 구분)** ① 시험은 필기시험과 면접시험으로 구분하여 실시한다. ② 필기시험에 합격한 사람이 아니면 면접시험에 응시할 수 없다. ③ 면접시험의 시험위원은 2명 이상으로 한다.	
제8조(결격사유) 다음 각 호의 어느 하나에 해당하는 사람은 검수사등의 자격을 취득할 수 없다. 　　1. 미성년자 ❶ 　　2. 피성년후견인 또는 피한정후견인 　　3. 이 법 또는 「관세법」에 따른 죄를 범하여 금고 이상의 형의 선고를 받고 그 집행이 끝나거나(집행이 끝난 것으로 보는 경우를 포함한다) 집행이 면제된 날부터 3년이 지나지 아니한 사람 ❶	※ 파산선고는 검수사등의 결격사유가 아니다.	

제4조의2제1항을 위반하여 다른 사람에게 자기의 성명을 사용하여 검수사등의

변달수 물류관리사 물류관련법규

4. 이 법 또는 「관세법」에 따른 죄를 범하여 금고 이상의 형의 집행유예를 선고받고 그 유예기간 중에 있는 사람 **1**

5. 검수사등의 자격이 취소된 날부터 2년이 지나지 아니한 사람 **4**

제8조의2(자격증 대여 등의 금지) ① 검수사등은 다른 사람에게 자기의 성명을 사용하여 검수사등의 업무를 하게 하거나 자기의 검수사등의 자격증을 양도 또는 대여하여서는 아니 된다.

② 누구든지 다른 사람의 검수사등의 자격증을 양수하거나 대여받아 사용하여서는 아니 된다.

③ 누구든지 다른 사람의 검수사등의 자격증의 양도 · 양수 또는 대여를 알선해서는 아니 된다.

제8조의3(자격의 취소 등) ① 해양수산부장관은 다음 각 호의 어느 하나에 해당하는 경우에는 검수사등의 자격을 취소하여야 한다.

　1. 거짓이나 그 밖의 부정한 방법으로 검수사등의 자격을 취득한 경우

　2. 제8조의2제1항을 위반하여 다른 사람에게 자기의 성명을 사용하여 검수사등의 업무를 하게 하거나 검수사등의 자격증을 다른 사람에게 양도 또는 대여한 경우

② 해양수산부장관은 제1항에 따라 검수사등의 자격을 취소한 때에는 해양수산부령으로 정하는 바에 따라 이를 공고하여야 한다.

규칙 제13조의2(자격취소의 공고) 해양수산부장관은 법 제8조의3제2항에 따라 검수사등의 자격을 취소한 때에는 다음 각 호의 사항을 관보에 게재하여야 한다.

　1. 자격이 취소되는 검수사등의 성명 및 생년월일

　2. 취소되는 자격의 종류

　3. 자격취소 사유

제9조(등록의 말소) 해양수산부장관은 검수사등이 다음 각 호의 어느 하나에 해당하면 그 등록을 말소하여야 한다.

　1. 업무를 폐지한 경우

　2. 사망한 경우

항만운송사업법　301

제10조(운임 및 요금) ① 항만하역사업의 등록을 한 자는 해양수산부령으로 정하는 바에 따라 운임과 요금을 정하여 관리청의 인가를 받아야 한다. 이를 변경할 때에도 또한 같다. **1**

② 제1항에도 불구하고 해양수산부령으로 정하는 항만시설에서 하역하는 화물 또는 해양수산부령으로 정하는 품목에 해당하는 화물에 대하여는 해양수산부령으로 정하는 바에 따라 그 운임과 요금을 정하여 관리청에 **신고**하여야 한다. 이를 변경할 때에도 또한 같다. **2**

③ 검수사업·감정사업 또는 검량사업(이하 "검수사업등"이라 한다)의 등록을 한 자는 해양수산부령으로 정하는 바에 따라 요금을 정하여 관리청에 미리 **신고**하여야 한다. 이를 변경할 때에도 또한 같다. **2**

④ 관리청은 제2항에 따른 신고를 받은 경우 신고를 받은 날부터 30일 이내에, 제3항에 따른 신고를 받은 경우 신고를 받은 날부터 14일 이내에 신고수리 여부를 신고인에게 통지하여야 한다. **1**

⑤ 관리청이 제4항에서 정한 기간 내에 신고수리 여부 또는 민원 처리 관련 법령에 따른 처리기간의 연장을 신고인에게 통지하지 아니하면 그 기간(민원 처리 관련 법령에 따라 처리기간이 연장 또는 재연장된 경우에는 해당 처리기간을 말한다)이 **끝**난 날의 다음 날에 신고를 수리한 것으로 본다. **1**

⑥ 관리청은 제1항에 따른 인가에 필요한 경우 표준운임 산출 및 표준요금의 산정을 위하여 선박운항업자, 부두운영회사 등 이해관계자들이 참여하는 협의체를 구성·운영할 수 있다.

⑦ 관리청은 제2항 또는 제3항에 따라 신고된 운임 및 요금에 대하여 항만운송사업의 건전한 발전과 공공복리의 증진을 위하여 필요하다고 인정할 때에는 이 운임 및 요금의 변경 또는 조정에 필요한 조치를 명할 수 있다.

참조 **규칙 제15조(운임 및 요금)** ① 항만하역사업의 등록을 한 자가 법 제10조제1항 및 같은 조 제2항에 따라 운임 및 요금의 설정 또는 변경의 인가신청이나 신고를 할 때에는 별지 제9호서식의 항만하역운임 및 요금 인가(변경인가) 신청서 또는 별지 제10호서식의 항만하역운임 및 요금 신고(변경신고)서를 지방해양수산청장 또는 시·도지사에게 제출하여야 한다.

② 제1항에 따른 항만하역운임 및 요금 인가(변경인가) 신청서 또는 항만하역운임 및 요금 신고(변경신고)서에는 다음 각 호의 서류를 첨부하여야 한다.

    1. 운임 및 요금의 산출기초와 화물별 운임 및 요금의 세부내역에 관한 서류

    2. 사업의 수입·지출 예산서

    3. 운임 및 요금의 신·구 대조표(운임 및 요금을 변경하는 경우에 한정한다)

③ 검수사업·감정사업 또는 검량사업의 등록을 한 자는 법 제10조제3항에 따라 요금의 설정신고 또는 변경신고를 할 때에는 다음 각 호의 사항을 기재한 서류(전자문서를 포함한다)를 해양수산부장관, 지방해양수산청장 또는 시·도지사에게 제출하여야 한다.

    1. 상호

    2. 성명 및 주소

    3. 사업의 종류 **1**

    4. 취급화물의 종류 **1**

    5. 항만명(검수사업만 해당한다)

    6. 변경 전후의 요금 비교, 변경 사유와 변경 예정일(요금을 변경하는 경우만 해당한다)

    7. 설정하거나 변경하려는 요금의 적용방법 **1**

참조 **규칙 제15조의2(운임 및 요금의 신고)** ① 법 제10조제2항에서 "해양수산부령으로 정하는 항만시설"이란 다음 각 호의 어느 하나에 해당하는 항만시설 중 지방해양수산청장 또는 시·도지사가 고시한 항만시설을 말한다.

    1. 특정 화물주의 화물만을 취급하는 항만시설

    2. 「항만법」 제9조제2항에 따라 항만개발사업 시행허가를 받은 비관리청이나 「신항만건설촉진법」 제7조제1항 또는 「사회기반시설에 대한 민간투자법」 제13조제3항에 따라 지정된 사업시행자가 설치한 항만시설

② 법 제10조제2항에서 "해양수산부령으로 정하는 품목에 해당하는 화물"이란 컨테이너 전용 부두에서 취급하는 컨테이너 화물을 말한다. **1**

제23조(권리·의무의 승계) ① 다음 각 호의 어느 하나에 해당하는 자는 제4조에 따라 항만운송사업의 등록을 한 자(이하 "항만운송사업자"라 한다)의 등록에 따른 권리·의무를 승계한다.

　1. 항만운송사업자가 사망한 경우 그 상속인

　2. 항만운송사업자가 그 사업을 양도한 경우 그 양수인 **1**

　3. 법인인 항만운송사업자가 합병한 경우 합병 후 존속하는 법인이나 합병으로 설립되는 법인

② 다음 각 호의 어느 하나에 해당하는 절차에 따라 항만운송사업의 시설·장비 전부를 인수한 자는 종전의 항만운송사업자의 권리·의무를 승계한다. **1**

　1. 「민사집행법」에 따른 경매 **2**

　2. 「채무자 회생 및 파산에 관한 법률」에 따른 환가

　3. 「국세징수법」, 「관세법」 또는 「지방세징수법」에 따른 압류재산의 매각

　4. 그 밖에 제1호부터 제3호까지의 규정에 준하는 절차

제26조(사업의 정지 및 등록의 취소) ① 관리청은 항만운송사업자가 다음 각 호의 어느 하나에 해당하면 그 등록을 취소하거나 6개월 이내의 기간을 정하여 그 항만운송사업의 정지를 명할 수 있다. 다만, 제5호 또는 제6호에 해당하는 경우에는 그 등록을 취소하여야 한다. **1**

　1. 정당한 사유 없이 운임 및 요금을 인가·신고된 운임 및 요금과 다르게 받은 경우

　2. 제6조에 따른 등록기준에 미달하게 된 경우 **1**

　3. 항만운송사업자 또는 그 대표자가 「관세법」 제269조부터 제271조까지에 규정된 죄 중 어느 하나의 죄를 범하여 공소가 제기되거나 통고처분을 받은 경우

　4. 사업 수행 실적이 1년 이상 없는 경우 **2**

　5. 부정한 방법으로 사업을 등록한 경우 **2**

　6. 사업정지명령을 위반하여 그 정지기간에 사업을 계속한 경우 **5**

② 제1항에 따른 처분의 기준·절차와 그 밖에 필요한 사항은 대통령령으로 정한다.

제26조의2(항만종합서비스업의 등록 등) ① 항만종합서비스업을 하려는 자는 대통령령으로 정하는 자본금, 노동력 등에 관한 기준을 갖추어 관리청에 등록하여야 한다.

② 제1항에 따라 항만종합서비스업의 등록을 신청하려는 자는 해양수산부령으로 정하는 바에 따라 사업계획을 첨부한 등록신청서를 관리청에 제출하여야 한다. 이 경우 등록증 발급에 관하여는 제5조제2항을 준용한다.

③ 항만종합서비스업의 등록을 한 자(이하 "항만종합서비스업자"라 한다)는 제2조제8항의 각각의 사업의 등록을 한 자로 본다.

④ 항만종합서비스업자의 권리·의무의 승계, 사업의 정지 및 등록의 취소 등에 대하여는 제23조 및 제26조를 준용한다. 이 경우 "항만운송사업자"는 "항만종합서비스업자"로 본다.

제2장의2 항만운송관련사업

제26조의3(사업의 등록 등) ① 항만운송관련사업을 하려는 자는 항만별·업종별로 해양수산부령으로 정하는 바에 따라 관리청에게 등록하여야 한다. 다만, 선용품공급업을 하려는 자는 해양수산부령으로 정하는 바에 따라 해양수산부장관에게 신고하여야 한다. **3**

② 제1항 본문에 따라 항만운송관련사업의 등록을 하려는 자는 해양수산부령으로 정하는 바에 따라 등록신청서에 사용하려는 장비의 목록이 포함된 사업계획서 등을 첨부하여 관리청에 제출하여야 한다.

③ 제1항 본문에 따라 항만운송관련사업 중 선박연료공급업을 등록한 자는 사용하려는 장비를 추가하거나 그 밖에 사업계획 중 해양수산부령으로 정하는 사항을 변경하려는 경우 해양수산부령으로 정하는 바에 따라 관리청에 사업계획 변경신고를 하여야 한다. **1**

④ 관리청은 제1항 단서에 따른 신고를 받은 경우 신고를 받은 날부터 6일 이내에, 제3항에 따른 신고를 받은 경우 신고를 받은 날부터 5일 이내에 신고수리 여부를 신고인에게 통지하여야 한다.

규칙 제26조(항만운송관련사업의 등록 신청 및 신고) ① 법 제26조의3제1항에 따라 항만운송관련사업의 등록을 신청하거나 신고를 하려는 자는 별지 제14호서식의 항만운송관련사업(항만용역업·선박연료공급업·선박수리업·컨테이너수리업) 등록신청서(전자문서로 된 신청서를 포함한다) 또는 별지 제14호의2서식의 선용품공급업 신고서(전자문서로 된 신고서를 포함한다)에 사업계획서(물품공급업은 제외한다)와 다음 각 호의 서류를 첨부하여 지방해양수산청장 또는 시·도지사에게 제출하여야 한다.

  1. 정관(법인인 경우에만 제출한다) **2**
  3. 재산 상태를 기재한 서류
  4. 부두시설 등 항만시설을 사용하는 경우에는 해당 항만시설의 사용허가서 사본(선박수리업 및 컨테이너수리업의 경우에만 제출한다) **1**

② 제1항에 따른 신청서 또는 신고서를 제출받은 지방해양수산청장 또는 시·도지사는 「전자정부법」 제36조제1항에 따른 행정정보의 공동이용을 통하여 법인 등기사항증명서(법인인 경우만 해당한다) 또는 주민등록표 등본(개인인 경우만 해당한다)을 확인하여야 한다. 다만, 주민등록표 등본의 경우 신청인 또는 신고인이 확인에 동의하지 아니하면 이를 첨부하게 하여야 한다.

⑤ 관리청은 제4항에서 정한 기간 내에 신고수리 여부 또는 민원 처리 관련 법령에 따른 처리기간의 연장을 신고인에게 통지하지 아니하면 그 기간(민원 처리 관련 법령에 따라 처리기간이 연장 또는 재연장된 경우에는 해당 처리기간을 말한다)이 끝난 날의 다음 날에 신고를 수리한 것으로 본다.

⑥ 제1항에 따른 선박수리업과 선용품공급업의 영업구역은 제2조제3항 각 호의 항만시설로 하고, 「해운법」 제24조제1항에 따라 내항 화물운송사업 등록을 한 선박연료공급선(운항구간의 제한을 받지 아니하는 선박에 한정한다)은 영업구역의 제한을 받지 아니한다.

⑦ 제1항에 따른 등록 및 신고에 필요한 자본금, 시설, 장비 등에 관한 기준은 대통령령으로 정한다.

제26조의4(권리·의무의 승계) 다음 각 호의 어느 하나에 해당하는 자는 항만운송관련사업의 등록 또는 신고를 한 자(이하 "항만운송관련사업자"라 한다)의 등록 또는 신고에 따른 권리·의무를 승계한다.

1. 항만운송관련사업자가 사망한 경우 그 상속인
2. 항만운송관련사업자가 그 사업을 양도한 경우 그 양수인
3. 법인인 항만운송관련사업자가 합병한 경우 합병 후 존속하는 법인이나 합병으로 설립되는 법인

제26조의5(등록의 취소 등) ① 관리청은 항만운송관련사업자가 다음 각 호의 어느 하나에 해당하면 그 등록을 취소하거나 6개월 이내의 기간을 정하여 그 사업의 전부 또는 일부의 정지를 명할 수 있다. 다만, 제3호 또는 제5호에 해당하는 경우에는 그 등록을 취소하여야 한다.

1. 제26조제1항제3호에 해당하게 된 경우

③ 제1항에 따른 사업계획서에는 다음 각 호의 사항이 포함되어야 한다.

1. 사업의 개요
2. 종사자의 현황
3. 보유 시설 및 장비의 목록과 현황
4. 사업개시 예정일

④ 제1항에 따라 항만용역업의 등록을 신청하려는 자 중 선박에서 발생하는 분뇨·오물을 제거하거나 폐기물을 수집·운반하려는 자는 다음 각 호의 어느 하나에 해당하는 자여야 한다.

1. 「하수도법」에 따라 분뇨수집·운반업의 허가를 받은 자
2. 「폐기물관리법」에 따라 폐기물 수집·운반업을 허가받은 자
3. 제1호 또는 제2호에 해당하는 자와 바다 위에서 분뇨나 폐기물을 운반하기로 위탁계약을 체결한 자

⑤ 지방해양수산청장 또는 시·도지사는 제1항에 따라 항만운송관련사업의 등록 신청 또는 신고를 받았을 때에는 영 별표 6에 따른 등록 및 신고의 기준에 적합한지를 확인한 후 별지 제15호서식의 항만운송관련사업(항만용역업·선박연료공급업·선박수리업·컨테이너수리업) 등록증 또는 별지 제16호서식의 선용품공급업 신고확인증을 신청인 또는 신고인에게 발급하여야 한다.

⑥ 선박연료공급업을 등록한 자가 법 제26조의3제3항에 따라 사업계획 변경신고를 하려는 경우에는 별지 제16호의2서식의 선박연료공급업 사업계획 변경신고서에 사업계획서를 첨부하여 지방해양수산청장 또는 시·도지사에게 제출하여야 한다.

⑦ 지방해양수산청장 또는 시·도지사는 제6항에 따른 선박연료공급업 사업계획의 변경신고를 받은 경우 영 별표 6에 따른 등록 기준에 적합하면 변경사항을 반영하여 별지 제16호의3서식의 선박연료공급업 사업계획 변경신고확인증을 발급하여야 한다.

영 제11조(사업의 정지 및 등록의 취소) 법 제26조 및 제26조의5에 따른 항만운송사업자 및 항만운송관련사업자에 대한 행정처분의 기준은 별표 5와 같다.

1의2. 제26조의3제3항에 따른 변경신고를 하지 아니하고 장비를 추가하거나 그
밖에 사업계획 중 해양수산부령으로 정하는 사항을 변경한 경우

2. 제26조의3제7항에 따른 등록 또는 신고의 기준에 미달하게 된 경우

3. 부정한 방법으로 사업의 등록 또는 신고를 한 경우

4. 사업 수행 실적이 1년 이상 없는 경우

5. 사업정지명령을 위반하여 그 정지기간에 사업을 계속한 경우

② 제1항에 따른 처분의 기준·절차와 그 밖에 필요한 사항은 대통령령으로 정한다.

제2장의3 부두운영회사의 운영 등

제26조의6(부두운영계약의 체결 등) ① 항만시설운영자등은 항만 운영의 효율성 및 항만운송사업의 생산성 향상을 위하여 필요한 경우에는 해양수산부령으로 정하는 기준에 적합한 자를 선정하여 부두운영계약을 체결할 수 있다. **1**

② 제1항에 따른 부두운영계약에는 다음 각 호의 사항이 포함되어야 한다.

1. 부두운영회사가 부두운영계약으로 임차·사용하려는 항만시설 및 그 밖의 장비·부대시설 등(이하 이 장에서 "항만시설등"이라 한다)의 범위

2. 부두운영회사가 부두운영계약 기간 동안 항만시설등의 임차·사용을 통하여 달성하려는 화물유치·투자 계획과 해당 화물유치·투자 계획을 이행하지 못하는 경우에 부두운영회사가 부담하여야 하는 위약금에 관한 사항

3. 해양수산부령으로 정하는 기준에 따른 항만시설등의 임대료에 관한 사항

4. 계약기간

5. 그 밖에 부두운영회사의 항만시설등의 사용 및 운영 등과 관련하여 해양수산부령으로 정하는 사항

③ 제1항 및 제2항에서 정한 것 외에 부두운영회사의 선정 절차 및 부두운영계약의 갱신 등에 필요한 사항은 해양수산부령으로 정한다.

참조 **규칙 제27조(부두운영회사의 선정기준)** ① 법 제26조의6제1항에서 "해양수산부령으로 정하는 기준"이란 다음 각 호를 말한다.

1. 법 제26조의6제2항제3호에 따른 임대료 및 그 밖에 부두운영회사가 「항만법」 제41조제1항제1호에 따른 항만시설운영자 또는 「항만공사법」에 따른 항만공사에 내야 하는 비용의 지급 능력

2. 화물의 유치 능력 및 법 제26조의6제1항에 따른 부두운영계약으로 임차·사용하려는 항만시설 및 그 밖의 장비·부대시설 등에 대한 투자 능력

3. 재무구조의 건전성

② 제1항에 따른 기준의 세부내용에 대해서는 항만시설운영자등이 정할 수 있다.

참조 **규칙 제29조(부두운영계약의 내용)** 법 제26조의6제2항제5호에서 "해양수산부령으로 정하는 사항"이란 다음 각 호의 사항을 말한다.

1. 부두운영회사의 항만시설등의 안전관리에 관한 사항

2. 부두운영회사의 항만시설등의 분할 운영 금지 등 금지행위 및 위반시 책임에 관한 사항

3. 항만시설등의 효율적인 사용 및 운영 등을 위하여 항만시설운영자등과 해양수산부장관이 협의한 사항

참조 **규칙 제29조의3(부두운영계약의 갱신)** ① 부두운영회사가 법 제26조의6제2항제4호에 따른 계약기간을 연장하려는 경우에는 그 계약기간이 만료되기 **6개월** 전까지 항만시설운영자등에게 부두운영계약의 갱신을 신청하여야 한다. **1**

제26조의7(화물유치 계획 등의 미이행에 따른 위약금 부과) ① 항만시설운영자등은 제26조의6제2항제2호에 따른 화물유치 또는 투자 계획을 이행하지 못한 부두운영회사에 대하여 위약금을 부과할 수 있다. 다만, 부두운영회사가 화물유치 또는 투자 계획을 이행하지 못하는 데 귀책사유가 없는 경우에는 위약금을 부과하지 아니한다.

② 제1항에 따른 위약금의 부과 대상 · 기간, 산정 방법 및 납부에 필요한 사항은 해양수산부령으로 정한다.

참조 **규칙 제29조의4(위약금의 부과)** ① 법 제26조의7제1항 본문에 따른 위약금은 부두운영회사가 부두운영계약 기간 동안의 총 화물유치 또는 투자 계획을 이행하지 못한 경우에 부과한다. 이 경우 위약금은 별표 4에 따라 **연도별**로 산정하여 합산한다. **1**

② 항만시설운영자등은 제1항에도 불구하고 다음 각 호의 어느 하나에 해당하는 경우에는 위약금의 전부 또는 일부를 감면한다. 이 경우 항만시설운영자등은 해양수산부장관과 미리 협의할 수 있다.
  1. 정부의 항만 개발에 관한 계획 등이 미이행되거나 연기되어 부두운영회사가 화물유치 또는 투자 계획을 이행하지 못한 경우
  2. 천재지변 등 부두운영회사에게 책임이 없는 불가항력적인 사유로 정상적인 경영이 불가능하다고 항만시설운영자등이 인정하는 경우

제26조의8(부두운영회사 운영성과의 평가) ① 해양수산부장관은 항만 운영의 효율성을 높이기 위하여 매년 부두운영회사의 운영성과에 대하여 평가를 실시할 수 있다.

② 항만시설운영자등은 제1항에 따른 평가 결과에 따라 부두운영회사에 대하여 항만시설등의 임대료를 감면하거나 그 밖에 필요한 조치를 할 수 있다.

③ 제1항에 따른 평가의 대상 · 항목 · 방법 및 절차 등에 관하여 필요한 사항은 해양수산부장관이 정하여 고시한다.

제26조의9(부두운영계약의 해지) ① 항만시설운영자등은 다음 각 호의 어느 하나에 해당하는 사유가 있으면 부두운영계약을 해지할 수 있다.
  1. 「항만 재개발 및 주변지역 발전에 관한 법률」 제2조제4호에 따른 항만재개발사업의 시행 등 공공의 목적을 위하여 항만시설등을 부두운영회사에 계속 임대하기 어려운 경우 **1**
  2. 부두운영회사가 항만시설등의 임대료를 3개월 이상 연체한 경우 **1**
  3. 항만시설등이 멸실되거나 그 밖에 해양수산부령으로 정하는 사유로 부두운영계약을 계속 유지할 수 없는 경우 **1**

② 항만시설운영자등은 제1항에 따라 부두운영계약을 해지하려면 서면으로 그 뜻을 부두운영회사에 통지하여야 한다.

참조 **규칙 제29조의5(부두운영계약의 해지)** 법 제26조의9제1항제3호에서 "해양수산부령으로 정하는 사유"란 다음 각 호의 어느 하나에 해당하는 경우를 말한다.
  1. 부두운영회사가 부두운영계약 기간 동안 자기의 귀책사유로 법 제26조의6제2항제2호에 따른 투자계획을 이행하지 못한 경우
  2. 부두운영회사가 제29조제2호에 따른 항만시설등의 분할 운영 금지 등 금지행위를 한 경우 **1**
  3. 정당한 사유 없이 부두운영회사가 제29조제3호에 따른 사항을 이행하지 아니한 경우

제26조의10(부두운영회사의 항만시설 사용) 이 법에서 정한 것 외에 부두운영회사의 항만시설 사용에 대해서는 「항만법」 또는 「항만공사법」에 따른다. **1**

제3장 보칙

제27조의2(미등록 항만에서의 일시적 영업행위) ① 항만운송사업자 또는 항만운송관련사업자는 대통령령으로 정하는 부득이한 사유로 등록을 하지 아니한 항만에서 일시적으로 영업행위를 하려는 경우에는 미리 관리청에 신고하여야 한다.

② 관리청은 제1항에 따른 신고를 받은 날부터 3일 이내에 신고수리 여부를 신고인에게 통지하여야 한다.

③ 관리청이 제2항에서 정한 기간 내에 신고수리 여부 또는 민원 처리 관련 법령에 따른 처리기간의 연장을 신고인에게 통지하지 아니하면 그 기간(민원 처리 관련 법령에 따라 처리기간이 연장 또는 재연장된 경우에는 해당 처리기간을 말한다)이 끝난 날의 다음 날에 신고를 수리한 것으로 본다.

④ 제1항에 따른 일시적 영업행위의 업종별 특성에 따른 신고 요건, 신고 절차 및 신고자의 준수 사항 등에 관하여 필요한 사항은 대통령령으로 정한다.

제14조(미등록 항만에서의 일시적 영업행위) ① 법 제27조의2제1항에서 "대통령령으로 정하는 부득이한 사유"란 다음 각 호의 어느 하나에 해당하는 경우를 말한다.

1. 같은 사업을 하는 사업자가 해당 항만에 없거나 행정처분 등으로 일시적으로 사업을 할 수 없게 된 경우
2. 사업의 성질상 해당 항만의 사업자가 그 사업을 할 수 없는 경우

② 항만운송사업자 또는 항만운송관련사업자가 법 제27조의2에 따라 등록하지 아니한 항만에서 일시적 영업행위의 신고를 할 때에는 해양수산부령으로 정하는 바에 따라 영업기간 등을 구체적으로 밝힌 서면으로 하여야 한다.

③ 법 제27조의2에 따라 등록을 하지 아니한 항만에서 일시적으로 영업행위를 하기 위하여 신고한 항만운송사업자 또는 항만운송관련사업자는 그 신고한 내용에 맞게 영업행위를 하여야 한다.

제30조(미등록 항만에서의 일시적 영업행위) ① 항만운송사업자 또는 항만운송관련사업의 등록을 한 자는 영 제14조제2항에 따라 영업개시 3일 전까지 별지 제18호서식의 일시적 영업행위 신고서에 사업계획서을 첨부하여 지방해양수산청장 또는 시·도지사에게 제출하여야 한다.

② 지방해양수산청장 또는 시·도지사는 제1항에 따라 일시적 영업행위 신고서를 받았을 때에는 영 제14조제1항에 따른 사유에 해당되는지를 확인한 후 별지 제18호서식의 일시적 영업행위 신고확인증을 신고인에게 발급하여야 한다.

제27조의3(항만운송 종사자 등에 대한 교육훈련) ① 항만운송사업 또는 항만운송관련사업에 종사하는 사람 중 해양수산부령으로 정하는 안전사고가 발생가 우려가 높은 작업에 종사하는 사람은 해양수산부장관이 실시하는 **교육훈련을 받아야 한다.** ❶

규칙 제30조의2(항만운송 종사자 등에 대한 교육훈련) ① 법 제27조의3제1항에서 "해양수산부령으로 정하는 안전사고가 발생할 우려가 높은 작업"이란 다음 각 호의 작업을 말한다.

1. 법 제3조제1호의 항만하역사업
2. 영 제2조제1호나목 중 줄잡이 **항만용역업** ❶
3. 영 제2조제1호다목 중 화물 고정 항만용역업

② 해양수산부장관은 제1항에 따른 교육훈련을 받지 아니한 사람에 대하여 해양수산부령으로 정하는 바에 따라 항만운송사업 또는 항만운송관련사업 중 해양수산부령으로 정하는 작업에 종사하는 것을 제한하여야 한다. 다만, 해양수산부령으로 정하는 정당한 사유로 교육훈련을 받지 못한 경우에는 그러하지 아니하다.

③ 제1항에 따른 교육훈련의 내용·방법 및 교육훈련의 유효기간 등에 관하여 필요한 사항은 해양수산부령으로 정한다.

② 제1항에 따른 작업에 종사하는 사람은 법 제27조의3제1항에 따라 법 제27조의4제1항에 따른 교육훈련기관이 실시하는 교육훈련을 다음 각 호의 구분에 따라 받아야 한다.

1. 신규자 교육훈련 : 제1항에 따른 작업에 채용된 날부터 6개월 이내에 실시하는 교육훈련

2. 재직자 교육훈련 : 제1호의 **교육훈련을 받은 연도의 다음 연도** 및 그 후 매 2년마다 실시하는 교육훈련

③ 제2항에 따른 교육훈련의 내용·방법·시간 및 교육훈련의 유효기간은 별표 5와 같다.

④ 법 제27조의4제1항에 따른 교육훈련기관은 교육훈련을 이수한 사람에게 교육훈련 이수증을 발급하여야 한다.

⑤ 법 제27조의3제2항 본문에서 "해양수산부령으로 정하는 작업"이란 제1항의 작업을 말한다.

⑥ 법 제27조의3제2항 단서에서 "해양수산부령으로 정하는 정당한 사유"란 다음 각 호의 어느 하나에 해당하는 사유를 말한다.

1. 교육훈련 수요의 급격한 증가에 따라 법 제27조의4제1항에 따른 교육훈련기관이 그 수요를 충족하지 못하는 경우

2. 그 밖에 제1항에 따른 작업에 종사하는 사람의 귀책사유 없이 교육훈련을 받지 못한 경우

제27조의4(교육훈련기관의 설립 등) ① 항만운송사업자 또는 항만운송관련사업자에게 고용되거나 역무를 제공하는 자에 대하여 항만운송·항만안전 등에 관한 교육훈련을 하기 위하여 대통령령으로 정하는 바에 따라 교육훈련기관을 설립할 수 있다.

② 교육훈련기관은 법인으로 한다.

③ 교육훈련기관은 해양수산부장관의 설립인가를 받아 그 주된 사무소의 소재지에서 설립등기를 함으로써 성립한다.

④ 교육훈련기관의 교육훈련 대상자, 교육훈련 과정, 교육훈련 내용 등에 관하여 필요한 사항은 대통령령으로 정한다.

⑤ 교육훈련기관의 운영에 필요한 경비는 대통령령으로 정하는 바에 따라 항만운송사업자, 항만운송관련사업자 및 해당 교육훈련을 받는 자가 부담한다.

제15조(교육훈련기관의 설립) 법 제27조의4제1항에 따라 교육훈련기관을 설립하려는 자는 설립인가신청서에 정관 등 해양수산부령으로 정하는 서류를 첨부하여 해양수산부장관에게 제출하여야 한다.

제17조(교육훈련기관의 운영경비 부담) 법 제27조의4제5항에 따라 항만운송사업자, 항만운송관련사업자 및 해당 교육훈련을 받는 사람이 부담하는 경비의 내용은 별표 8과 같다.

제31조(교육훈련기관의 설립) ① 법 제27조의4제1항에 따라 교육훈련기관을 설립하려는 자는 영 제15조에 따라 별지 제19호서식의 교육훈련기관 설립인가신청서에 다음 각 호의 서류를 첨부하여 해양수산부장관에게 제출하여야 한다. 이 경우 교육훈련기관의 설립인가신청서를 제출받은 해양수산부장관은 「전자정부법」 제36조제1항에 따른 행정정보의 공동이용을 통하여 법인 등기사항증명서를 확인하여야 한다.

⑥ 교육훈련기관에 관하여 이 법에 규정된 것을 제외하고는 「민법」 중 사단법인에 관한 규정을 준용한다.

⑦ 교육훈련기관의 운영, 정관, 감독 등에 관하여 필요한 사항은 대통령령으로 정한다.

제27조의5(표준계약서의 보급 등) 해양수산부장관은 항만운송사업 · 항만운송관련사업 및 항만종합서비스업의 공정한 거래질서 확립을 위하여 표준계약서를 작성 · 보급하고, 그 사용을 권장할 수 있다.

제18조(교육훈련기관의 운영) ① 교육훈련기관은 법 제27조의4제7항에 따라 다음 해의 사업계획 및 예산안을 매년 11월 30일까지 해양수산부장관에게 제출하여야 한다.

② 교육훈련기관은 법 제27조의4제7항에 따라 매 사업연도의 세입 · 세출결산서를 다음 해 3월 31일까지 해양수산부장관에게 제출하여야 한다.

1. 설립취지서
2. 정관
3. 설립자의 성명, 주소 및 약력(설립자가 법인인 경우에는 그 명칭, 정관, 주된 사무소의 소재지 및 대표자의 성명 · 주소)을 기재한 서류
4. 사업계획서 및 수입 · 지출 예산서
5. 재산목록 및 재산 출연을 증명할 수 있는 서류

② 해양수산부장관은 법 제27조의4제3항에 따라 교육훈련기관의 설립을 인가하였을 때에는 별지 제20호서식의 교육훈련기관 설립인가증을 발급하여야 한다.

제27조의6(과징금) ① 관리청은 항만운송사업자 또는 항만운송관련사업자가 제26조제1항 또는 제26조의5제1항 각 호의 어느 하나에 해당하여 사업정지처분을 하여야 하는 경우로서 그 사업의 정지가 그 사업의 이용자 등에게 심한 불편을 주거나 공익을 해칠 우려가 있는 경우에는 **사업정지처분을 갈음하여 500만원 이하의 과징금을** 부과할 수 있다. **2**

② 제1항에 따른 과징금을 부과하는 위반행위의 종류, 위반 정도에 따른 과징금의 금액, 그 밖에 필요한 사항은 대통령령으로 정한다.

③ 관리청은 제1항에 따른 과징금을 내야 할 자가 납부기한까지 과징금을 내지 아니하면 국세 체납처분의 예 또는 체납체분의 예 또는 「지방행정제재 · 부과금의 징수 등에 관한 법률」에 따라 징수한다. **1**

영 제25조(과징금의 부과 및 납부) ① 관리청은 법 제27조의6제1항에 따라 과징금을 부과하려는 경우에는 위반행위의 종류와 과징금의 금액 등을 구체적으로 밝혀 이를 낼 것을 서면으로 통지해야 한다. **1**

② 제1항에 따라 통지를 받은 자는 통지를 받은 날부터 20일 이내에 과징금을 관리청이 정하는 수납기관에 내야 한다. **1**

③ 제2항에 따라 과징금을 받은 수납기관은 납부자에게 영수증을 발급하여야 한다.

④ 과징금의 수납기관은 제2항에 따라 과징금을 수납했을 때에는 지체 없이 그 사실을 관리청에게 통보하여야 한다.

제27조의7(항만인력 수급관리협의회) ① 항만운송사업자 또는 항만운송관련사업자가 구성한 단체(이하 "항만운송사업자 단체"라 한다), 항만운송사업자 또는 항만운송관련사업자에게 고용되거나 역무를 제공하는 자가 구성한 단체(이하 "항만운송근로자 단체"라 한다) 및 그 밖에 대통령령으로 정하는 자는 항만운송사업 또는 항만운송관련사업에 필요한 적정한 근로자의 수 산정, 근로자의 채용 및 교육훈련에 관한 사항 등 항만운송사업 또는 항만운송관련사업에 종사하는 인력의 원활한 수급과 투명하고 효율적인 관리에 필요한 사항을 협의하기 위하여 항만별로 항만인력 수급관리협의회를 구성·운영할 수 있다.
② 제1항에 따른 항만인력 수급관리협의회의 구성·운영 및 협의사항 등에 관하여 필요한 사항은 대통령령으로 정한다.

제27조의8(항만운송 분쟁협의회 등) ① 항만운송사업자 단체, 항만운송근로자 단체 및 그 밖에 대통령령으로 정하는 자는 항만운송과 관련된 분쟁의 해소 등에 필요한 사항을 협의하기 위하여 **항만별로 항만운송 분쟁협의회를 구성·운영할 수 있다.** **②**

참조 **영 제26조의2(항만인력 수급관리협의회의 구성)** ① 법 제27조의7제1항에서 "대통령령으로 정하는 자"란 항만운송사업에 종사하는 인력의 수급 관련 업무를 담당하는 공무원 중에서 해당 항만을 관할하는 지방해양수산청장 또는 특별시장·광역시장·도지사 또는 특별자치도지사가 지명하는 사람을 말한다.
② 법 제27조의7제1항에 따른 항만인력 수급관리협의회는 위원장 1명을 포함하여 7명의 위원으로 구성하되, 수급관리협의회의 위원장은 위원 중에서 호선한다.
③ 수급관리협의회의 위원은 다음 각 호의 사람이 된다.
　　1. 해당 항만의 항만운송사업자가 구성한 단체가 추천하는 사람 3명. 다만, 해당 단체가 2개 이상 있는 경우에는 단체 간 상호 협의하여 추천하는 사람이 된다.
　　2. 해당 항만의 항만운송사업자에게 고용되거나 역무를 제공하는 자(그 자의 구성원의 과반수가 해당 항만의 항만운송사업자에게 고용되거나 역무를 제공하는 자에 한정한다)가 구성한 단체가 추천하는 사람 3명. 다만, 해당 단체가 2개 이상 있는 경우에는 단체 간 상호 협의하여 추천하는 사람이 된다.
　　3. 제1항의 사람 1명

참조 **영 제26조의3(수급관리협의회의 운영)** ① 수급관리협의회의 위원장은 수급관리협의회를 대표하고, 그 업무를 총괄한다.
② 수급관리협의회의 회의는 수급관리협의회의 위원장이 필요하다고 인정하거나 재적위원 과반수의 요청이 있는 경우에 소집한다.
③ 수급관리협의회의 회의는 재적위원 3분의 2 이상의 출석으로 개의하고, 출석위원 3분의 2 이상의 찬성으로 의결한다.
④ 제1항부터 제3항까지에서 규정한 사항 외에 수급관리협의회의 운영에 필요한 사항은 수급관리협의회의 의결을 거쳐 수급관리협의회의 위원장이 정한다.

참조 **영 제26조의4(수급관리협의회의 협의사항)** 수급관리협의회는 다음 각 호의 사항을 심의·의결한다.
　　1. 항만운송사업에 필요한 적정한 근로자의 수 산정에 관한 사항
　　2. 항만운송사업에 종사하는 인력의 채용기준 및 교육훈련 등 인사관리에 관한 사항
　　3. 그 밖에 수급관리협의회의 위원장이 항만운송사업에 종사하는 인력의 원활한 수급 및 효율적인 관리 등에 필요하다고 인정하여 회의에 부치는 사항

영 제26조의5(항만운송 분쟁협의회의 구성) ① 법 제27조의8제1항에서 "대통령령으로 정하는 자"란 항만운송사업의 분쟁 관련 업무를 담당하는 공무원 중에서 해당 항만을 관할하는 지방해양수산청장 또는 시·도지사가 지명하는 사람을 말한다. **1**

② 항만운송사업자 단체와 항만운송근로자 단체는 항만운송과 관련된 분쟁이 발생한 경우 제1항에 따른 항만운송 분쟁협의회를 통하여 분쟁이 원만하게 해결되고, 분쟁기간 동안 항만운송이 원활하게 이루어질 수 있도록 노력하여야 한다.

③ 제1항에 따른 항만운송 분쟁협의회의 구성·운영 및 협의사항 등에 관하여 필요한 사항은 대통령령으로 정한다.

제27조의9(항만운송사업 등에 대한 지원) 국가 및 지방자치단체는 항만운송사업·항만운송관련사업 및 항만종합서비스업의 육성을 위하여 항만운송사업자·항만운송관련사업자 및 항만종합서비스업자에게 필요한 지원을 할 수 있다.

제28조(수수료) 제4조·제7조 또는 제26조의3제1항에 따른 등록신청 또는 신고를 하는 자는 해양수산부령으로 정하는 바에 따라 수수료를 내야 한다.

제28조의2(보고·검사) ① 관리청은 다음 각 호의 사항과 관련하여 필요하다고 인정하면 항만운송사업자 또는 항만운송관련사업자에게 필요한 사항을 보고하게 하거나 자료의 제출을 요구할 수 있으며, 소속 공무원으로 하여금 항만운송사업자 또는 항만운송관련사업자의 사업장·사무실, 부선·예선 등의 선박 또는 그 밖의 시설에 출입하여 보유 장비 및 장부·서류 등을 검사하게 하거나 관계인에게 질문하게 할 수 있다.

1. 제4조제1항에 따라 등록한 사업에 관한 사항
2. 제10조제1항에 따라 인가한 항만하역 운임 및 요금에 관한 사항
3. 제26조의3제1항에 따라 등록·신고한 사업에 관한 사항

② 제1항에 따라 출입·검사 또는 질문하는 공무원은 그 권한을 표시하는 증표를 지니고 이를 관계인에게 내보여야 한다.

② 법 제27조의8제1항에 따른 항만운송 분쟁협의회는 위원장 1명을 포함하여 7명의 위원으로 구성하되, 분쟁협의회의 위원장은 위원 중에서 호선한다. ❶

③ 분쟁협의회의 위원은 다음 각 호의 사람이 된다.

1. 해당 항만의 항만운송사업자가 구성한 단체가 추천하는 사람 3명. 다만, 해당 단체가 2개 이상 있는 경우에는 단체 간 상호 협의하여 추천하는 사람이 된다.
2. 해당 항만의 항만운송사업자에게 고용되거나 역무를 제공하는 자가 구성한 단체가 추천하는 사람 3명. 다만, 해당 단체가 2개 이상 있는 경우에는 단체 간 상호 협의하여 추천하는 사람이 된다.
3. 제1항의 사람 1명 ❶

영 제26조의6(분쟁협의회의 운영) ① 분쟁협의회의 위원장은 분쟁협의회를 대표하고, 그 업무를 총괄한다.

② 분쟁협의회의 회의는 분쟁협의회의 위원장이 필요하다고 인정하거나 재적위원 과반수의 요청이 있는 경우에 소집한다. ❶

③ 분쟁협의회의 회의는 재적위원 3분의 2 이상의 출석으로 개의하고, 출석위원 3분의 2 이상의 찬성으로 의결한다. ❶

④ 분쟁당사자는 분쟁협의회의 회의에 출석하여 의견을 진술하거나 관계 자료 등을 제출할 수 있다.

⑤ 제1항부터 제4항까지에서 규정한 사항 외에 분쟁협의회의 운영에 필요한 사항은 분쟁협의회의 의결을 거쳐 분쟁협의회의 위원장이 정한다.

영 제26조의7(분쟁협의회의 협의사항) 분쟁협의회는 다음 각 호의 사항을 심의·의결한다.

1. 항만운송과 관련된 노사 간 분쟁의 해소에 관한 사항 ❷
2. 그 밖에 분쟁협의회의 위원장이 항만운송과 관련된 분쟁의 예방 등에 필요하다고 인정하여 회의에 부치는 사항

제29조(권한 등의 위임·위탁) ① 이 법에 따른 해양수산부장관의 권한은 대통령령으로 정하는 바에 따라 그 일부를 그 소속 기관의 장 또는 시·도지사에게 위임할 수 있다.

② 이 법에 따른 해양수산부장관의 업무는 대통령령으로 정하는 바에 따라 그 일부를 다음 각 호의 어느 하나에 해당하는 단체나 법인에 위탁할 수 있다.

　　1. 항만운송사업자 단체

　　2. 검수사업등의 건전한 발전을 목적으로 설립된 법인

　　3. 자격검정 등을 목적으로 설립된 법인

　　4. 제27조의4에 따른 교육훈련기관

③ 제2항에 따라 위탁받은 업무를 수행하는 기관은 위탁 업무에 관하여 해양수산부령으로 정하는 바에 따라 해양수산부장관에게 보고하여야 한다.

제29조의2(민원사무의 전산처리 등) 이 법에 따른 민원사무의 전산처리 등에 관하여는 「항만법」 제26조를 준용한다.

제29조의3(청문) 관리청은 다음 각 호의 어느 하나에 해당하는 처분을 하려면 청문을 하여야 한다.

　　1. 제8조의3제1항에 따른 자격의 취소

　　2. 제26조에 따른 등록의 취소 **❷**

　　3. 제26조의5제1항에 따른 등록의 취소

제29조의4(벌칙 적용 시의 공무원 의제) 제29조제2항에 따라 위탁받은 업무에 종사하는 항만운송사업자 단체 또는 법인의 임직원은 「형법」 제129조부터 제132조까지의 규정에 따른 벌칙을 적용할 때에는 공무원으로 본다.

[참조] 청문대상

법 제8조의3(자격의 취소 등) ① 해양수산부장관은 다음 각 호의 어느 하나에 해당하는 경우에는 검수사등의 자격을 취소하여야 한다.

　　1. 거짓이나 그 밖의 부정한 방법으로 검수사등의 자격을 취득한 경우

　　2. 제8조의2제1항을 위반하여 다른 사람에게 자기의 성명을 사용하여 검수사등의 업무를 하게 하거나 검수사등의 자격증을 다른 사람에게 양도 또는 대여한 경우

법 제26조(사업의 정지 및 등록의 취소) ① 해양수산부장관은 항만운송사업자가 다음 각 호의 어느 하나에 해당하면 그 등록을 취소하거나 6개월 이내의 기간을 정하여 그 항만운송사업의 정지를 명할 수 있다. 다만, 제5호 또는 제6호에 해당하는 경우에는 그 등록을 취소하여야 한다.

　　5. 부정한 방법으로 사업을 등록한 경우

　　6. 사업정지명령을 위반하여 그 정지기간에 사업을 계속한 경우

법 제26조의5(등록의 취소 등) ① 해양수산부장관은 항만운송관련사업자가 다음 각 호의 어느 하나에 해당하면 그 등록을 취소하거나 6개월 이내의 기간을 정하여 그 사업의 전부 또는 일부의 정지를 명할 수 있다. 다만, 제3호 또는 제5호에 해당하는 경우에는 그 등록을 취소하여야 한다.

　　3. 부정한 방법으로 사업의 등록 또는 신고를 한 경우

제4장 벌칙

제30조(벌칙) 다음 각 호의 어느 하나에 해당하는 자는 1년 이하의 징역 또는 1천만원 이하의 벌금에 처한다.

1. 제4조제1항에 따른 등록을 하지 아니하고 항만운송사업을 한 자
1의2. 제8조의2를 위반하여 다른 사람에게 자기의 성명을 사용하여 검수사등의 업무를 하게 하거나 검수사등의 자격증을 양도·대여한 사람, 다른 사람의 검수사등의 자격증을 양수·대여받은 사람 또는 다른 사람의 검수사등의 자격증의 양도·양수 또는 대여를 알선한 사람
2. 제26조의3제1항에 따른 등록 또는 신고를 하지 아니하고 항만운송관련사업을 한 자

제31조(벌칙) 다음 각 호의 어느 하나에 해당하는 자는 500만원 이하의 벌금에 처한다.

1. 제4조 또는 제26조의3제1항에 따라 등록 또는 신고한 사항을 위반하여 항만운송사업 또는 항만운송관련사업을 한 자
1의2. 제26조의3제3항에 따른 변경신고를 하지 아니하고 장비를 추가하거나 그 밖에 사업계획 중 해양수산부령으로 정하는 사항을 변경하여 선박연료공급업을 한 자
2. 제27조의2에 따른 신고를 하지 아니하고 일시적 영업행위를 한 자

제32조(벌칙) 다음 각 호의 어느 하나에 해당하는 자는 300만원 이하의 벌금에 처한다.

1. 제7조에 따른 등록을 하지 아니하고 검수·감정 또는 검량 업무에 종사한 자
1의2. 거짓이나 그 밖의 부정한 방법으로 제7조에 따른 검수사등의 자격시험에 합격한 사람
2. 제10조제1항부터 제3항까지의 규정을 위반하여 인가나 변경인가를 받지 아니한 자 또는 신고나 변경신고를 하지 아니하거나 거짓으로 신고를 한 자
3. 제26조 또는 제26조의5에 따른 사업정지처분을 위반한 자

제33조(양벌규정) 법인의 대표자나 법인 또는 개인의 대리인, 사용인, 그 밖의 종업원이 그 법인 또는 개인의 업무에 관하여 제30조부터 제32조까지의 어느 하나에 해당하는 위반행위를 하면 그 행위자를 벌하는 외에 그 법인 또는 개인에게도 해당 조문의 벌금형을 과(科)한다. 다만, 법인 또는 개인이 그 위반행위를 방지하기 위하여 해당 업무에 관하여 상당한 주의와 감독을 게을리하지 아니한 경우에는 그러하지 아니하다.	
제34조(과태료) ① 다음 각 호의 어느 하나에 해당하는 자에게는 200만원 이하의 과태료를 부과한다. 　1. 제28조의2제1항에 따른 보고 또는 자료제출을 하지 아니하거나 거짓으로 한 자 　2. 제28조의2제1항에 따른 관계 공무원의 출입, 검사 또는 질문을 거부 · 방해하거나 기피한 자 ② 제1항에 따른 과태료는 대통령령으로 정하는 바에 따라 관리청이 부과 · 징수한다.	**영 제29조(과태료의 부과 기준)** 법 제34조제1항에 따른 과태료의 부과 기준은 별표 10과 같다.

MEMO

Law

농수산물 유통 및 가격안정에 관한 법률

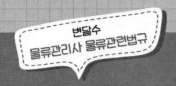

농수산물 유통 및 가격안정에 관한 법률

제1장 총칙

제1조(목적) 이 법은 농수산물의 유통을 원활하게 하고 적정한 가격을 유지하게 함으로써 생산자와 소비자의 이익을 보호하고 국민생활의 안정에 이바지함을 목적으로 한다.

제2조(정의) 이 법에서 사용하는 용어의 뜻은 다음과 같다.
1. "농수산물"이란 농산물·축산물·수산물 및 임산물 중 농림축산식품부령 또는 해양수산부령으로 정하는 것을 말한다.
2. "농수산물도매시장"이란 특별시·광역시·특별자치시·특별자치도 또는 시가 양곡류·청과류·화훼류·조수육류·어류·조개류·갑각류·해조류 및 임산물 등 대통령령으로 정하는 품목의 전부 또는 일부를 도매하게 하기 위하여 제17조에 따라 관할구역에 개설하는 시장을 말한다.
3. "중앙도매시장"이란 특별시·광역시·특별자치시 또는 특별자치도가 개설한 농수산물도매시장 중 해당 관할구역 및 그 인접지역에서 도매의 중심이 되는 농수산물도매시장으로서 농림축산식품부령 또는 해양수산부령으로 정하는 것을 말한다.
4. "지방도매시장"이란 중앙도매시장 외의 농수산물도매시장을 말한다.
5. "농수산물공판장"이란 지역농업협동조합, 지역축산업협동조합, 품목별·업종별협동조합, 조합공동사업법인, 품목조합연합회, 산림조합 및 수산업협동조합과 그 중앙회(농협경제지주회사를 포함한다. 이하 "농림수협등"이라 한다), 그 밖에 대통령령으로 정하는 생산자 관련 단체와 공익상 필요하다고 인정되는 법인으로서 대통령령으로 정하는 법인(이하 "공익법인"이라 한다)이 농수산물을 도매하기 위하여 제43조에 따라 특별시장·광역시장·특별자치시장·도지사 또는 특별자치도지사(이하 "시·도지사"라 한다)의 승인을 받아 개설·운영하는 사업장을 말한다.

제2조(농수산물도매시장의 거래품목) 법 제2조제2호에 따라 농수산물도매시장에서 거래하는 품목은 다음 각 호와 같다.
1. 양곡부류 : 미곡·맥류·두류·조·좁쌀·수수·수수쌀·옥수수·메밀·참깨 및 땅콩
2. 청과부류 : 과실류·채소류·산나물류·목과류·버섯류·서류·인삼류 중 수삼 및 유지작물류와 두류 및 잡곡 중 신선한 것
3. 축산부류 : 조수육류 및 난류
4. 수산부류 : 생선어류·건어류·염건어류·염장어류·조개류·갑각류·해조류 및 젓갈류
5. 화훼부류 : 절화·절지·절엽 및 분화
6. 약용작물부류 : 한약재용 약용작물(야생물이나 그 밖에 재배에 의하지 아니한 것을 포함한다). 다만, 「약사법」 제2조제5호에 따른 한약은 같은 법에 따라 의약품판매업의 허가를 받은 것으로 한정한다.
7. 그 밖에 농어업인이 생산한 농수산물과 이를 단순가공한 물품으로서 개설자가 지정하는 품목

제2조(임산물) 「농수산물 유통 및 가격안정에 관한 법률」(이하 "법"이라 한다) 제2조제1호에 따른 임산물은 다음 각 호의 것으로 한다.
1. 목과류 : 밤·잣·대추·호두·은행 및 도토리
2. 버섯류 : 표고·송이·목이 및 팽이
3. 한약재용 임산물

6. "민영농수산물도매시장"이란 국가, 지방자치단체 및 제5호에 따른 농수산물공판장을 개설할 수 있는 자 외의 자(이하 "민간인등"이라 한다)가 농수산물을 도매하기 위하여 제47조에 따라 시·도지사의 허가를 받아 특별시·광역시·특별자치시·특별자치도 또는 시 지역에 개설하는 시장을 말한다.

7. "도매시장법인"이란 제23조에 따라 농수산물도매시장의 개설자로부터 지정을 받고 농수산물을 위탁받아 상장하여 도매하거나 이를 매수하여 도매하는 법인(제24조에 따라 도매시장법인의 지정을 받은 것으로 보는 공공출자법인을 포함한다)을 말한다.

8. "시장도매인"이란 제36조 또는 제48조에 따라 농수산물도매시장 또는 민영농수산물도매시장의 개설자로부터 지정을 받고 농수산물을 매수 또는 위탁받아 도매하거나 매매를 중개하는 영업을 하는 법인을 말한다.

9. "중도매인"이란 제25조, 제44조, 제46조 또는 제48조에 따라 농수산물도매시장·농수산물공판장 또는 민영농수산물도매시장의 개설자의 허가 또는 지정을 받아 다음 각 목의 영업을 하는 자를 말한다.

　가. 농수산물도매시장·농수산물공판장 또는 민영농수산물도매시장에 상장된 농수산물을 매수하여 도매하거나 매매를 중개하는 영업

　나. 농수산물도매시장·농수산물공판장 또는 민영농수산물도매시장의 개설자로부터 허가를 받은 비상장 농수산물을 매수 또는 위탁받아 도매하거나 매매를 중개하는 영업

10. "매매참가인"이란 제25조의3에 따라 농수산물도매시장·농수산물공판장 또는 민영농수산물도매시장의 개설자에게 신고를 하고, 농수산물도매시장·농수산물공판장 또는 민영농수산물도매시장에 상장된 농수산물을 직접 매수하는 자로서 중도매인이 아닌 가공업자·소매업자·수출업자 및 소비자단체 등 농수산물의 수요자를 말한다.

영 제3조(농수산물공판장의 개설자) ① 법 제2조제5호에서 "대통령령으로 정하는 생산자 관련 단체"란 다음 각 호의 단체를 말한다.

　1. 「농어업경영체 육성 및 지원에 관한 법률」 제16조에 따른 영농조합법인 및 영어조합법인과 같은 법 제19조에 따른 농업회사법인 및 어업회사법인

　2. 「농업협동조합법」 제161조의2에 따른 농협경제지주회사의 자회사

② 법 제2조제5호에서 "대통령령으로 정하는 법인"이란 「한국농수산식품유통공사법」에 따른 한국농수산식품유통공사를 말한다.

규칙 제3조(중앙도매시장) 법 제2조제3호에서 "농수산물도매시장으로서 농림축산식품부령 또는 해양수산부령으로 정하는 것"이란 다음 각 호의 농수산물도매시장을 말한다.

　1. 서울특별시 가락동 농수산물도매시장

　2. 서울특별시 노량진 수산물도매시장

　3. 부산광역시 엄궁동 농수산물도매시장

　4. 부산광역시 국제 수산물도매시장

　5. 대구광역시 북부 농수산물도매시장

　6. 인천광역시 구월동 농수산물도매시장

　7. 인천광역시 삼산 농수산물도매시장

　8. 광주광역시 각화동 농수산물도매시장

　9. 대전광역시 오정 농수산물도매시장

　10. 대전광역시 노은 농수산물도매시장

　11. 울산광역시 농수산물도매시장

11. "산지유통인"이란 제29조, 제44조, 제46조 또는 제48조에 따라 농수산물도매시장·농수산물공판장 또는 민영농수산물도매시장의 개설자에게 등록하고, 농수산물을 수집하여 농수산물도매시장·농수산물공판장 또는 민영농수산물도매시장에 출하(出荷)하는 영업을 하는 자(법인을 포함한다)를 말한다.

12. "농수산물종합유통센터"란 제69조에 따라 국가 또는 지방자치단체가 설치하거나 국가 또는 지방자치단체의 지원을 받아 설치된 것으로서 농수산물의 출하 경로를 다원화하고 물류비용을 절감하기 위하여 농수산물의 수집·포장·가공·보관·수송·판매 및 그 정보처리 등 농수산물의 물류활동에 필요한 시설과 이와 관련된 업무시설을 갖춘 사업장을 말한다.

13. "경매사"란 제27조, 제44조, 제46조 또는 제48조에 따라 도매시장법인의 임명을 받거나 농수산물공판장·민영농수산물도매시장 개설자의 임명을 받아, 상장된 농수산물의 가격 평가 및 경락자 결정 등의 업무를 수행하는 자를 말한다.

14. "농수산물 전자거래"란 농수산물의 유통단계를 단축하고 유통비용을 절감하기 위하여 「전자문서 및 전자거래 기본법」 제2조제5호에 따른 전자거래의 방식으로 농수산물을 거래하는 것을 말한다.

제3조(다른 법률의 적용 배제) 이 법에 따른 농수산물도매시장(이하 "도매시장"이라 한다), 농수산물공판장(이하 "공판장"이라 한다), 민영농수산물도매시장(이하 "민영도매시장"이라 한다) 및 농수산물종합유통센터(이하 "종합유통센터"라 한다)에 대하여는 「유통산업발전법」의 규정을 적용하지 아니한다. **1**

제2장 농수산물의 생산조정 및 출하조절

제4조(주산지의 지정 및 해제 등) ① 시·도지사는 농수산물의 경쟁력 제고 또는 수급을 조절하기 위하여 생산 및 출하를 촉진 또는 조절할 필요가 있다고 인정할 때에는 주요 농수산물의 생산지역이나 생산수면(이하 "주산지"라 한다)을 지정하고 그 주산지에서 주요 농수산물을 생산하는 자에 대하여 생산자금의 융자 및 기술지도 등 필요한 지원을 할 수 있다. ❶

② 제1항에 따른 주요 농수산물은 국내 농수산물의 생산에서 차지하는 비중이 크거나 생산·출하의 조절이 필요한 것으로서 농림축산식품부장관 또는 해양수산부장관이 지정하는 품목으로 한다.

③ 주산지는 다음 각 호의 요건을 갖춘 지역 또는 수면 중에서 구역을 정하여 지정한다.
    1. 주요 농수산물의 재배면적 또는 양식면적이 농림축산식품부장관 또는 해양수산부장관이 고시하는 면적 이상일 것
    2. 주요 농수산물의 출하량이 농림축산식품부장관 또는 해양수산부장관이 고시하는 수량 이상일 것

④ 시·도지사는 제1항에 따라 지정된 주산지가 제3항에 따른 지정요건에 적합하지 아니하게 되었을 때에는 그 지정을 변경하거나 해제할 수 있다. ❶

⑤ 제1항에 따른 주산지의 지정, 제2항에 따른 주요 농수산물 품목의 지정 및 제4항에 따른 주산지의 변경·해제에 필요한 사항은 대통령령으로 정한다.

제4조의2(주산지협의체의 구성 등) ① 제4조제1항에 따라 지정된 주산지의 시·도지사는 주산지의 지정목적 달성 및 주요 농수산물 경영체 육성을 위하여 생산자 등으로 구성된 주산지협의체를 설치할 수 있다.

② 협의체는 주산지 간 정보 교환 및 농수산물 수급조절 과정에의 참여 등을 위하여 공동으로 품목별 중앙주산지협의회(이하 "중앙협의회"라 한다)를 구성·운영할 수 있다.

③ 협의체의 설치 및 중앙협의회의 구성·운영 등에 관하여 필요한 사항은 대통령령으로 정한다.

영 제4조(주산지의 지정·변경 및 해제) ① 법 제4조제1항에 따른 주요 농수산물의 생산지역이나 생산수면(이하 "주산지"라 한다)의 지정은 읍·면·동 또는 시·군·구 단위로 한다. ❶

② 특별시장·광역시장·특별자치시장·도지사 또는 특별자치도지사(이하 "시·도지사"라 한다)는 제1항에 따라 주산지를 지정하였을 때에는 이를 고시하고 농림축산식품부장관 또는 해양수산부장관에게 통지하여야 한다.

③ 법 제4조제4항에 따른 주산지 지정의 변경 또는 해제에 관하여는 제1항 및 제2항을 준용한다.

영 제5조(주요 농수산물 품목의 지정) 농림축산식품부장관 또는 해양수산부장관은 법 제4조제2항에 따라 주요 농수산물 품목을 지정하였을 때에는 이를 고시하여야 한다.

④ 국가 또는 지방자치단체는 협의체 및 중앙협의회의 원활한 운영을 위하여 필요한 경비의 일부를 지원할 수 있다.

제5조(농림업관측) ① 농림축산식품부장관은 농산물의 수급안정을 위하여 가격의 등락 폭이 큰 주요 농산물에 대하여 매년 기상정보, 생산면적, 작황, 재고물량, 소비동향, 해외시장 정보 등을 조사하여 이를 분석하는 농림업관측을 실시하고 그 결과를 공표하여야 한다.

② 제1항에 따른 농림업관측에도 불구하고 농림축산식품부장관은 주요 곡물의 수급 안정을 위하여 농림축산식품부장관이 정하는 주요 곡물에 대한 상시 관측체계의 구축과 국제 곡물수급모형의 개발을 통하여 매년 주요 곡물 생산 및 수출 국가들의 작황 및 수급 상황 등을 조사·분석하는 국제곡물관측을 별도로 실시하고 그 결과를 공표하여야 한다.

③ 농림축산식품부장관은 효율적인 농림업관측 또는 국제곡물관측을 위하여 필요하다고 인정하는 경우에는 품목을 지정하여 지역농업협동조합, 지역축산업협동조합, 품목별·업종별협동조합, 산림조합, 그 밖에 농림축산식품부령으로 정하는 자로 하여금 농림업관측 또는 국제곡물관측을 실시하게 할 수 있다.

④ 농림축산식품부장관은 제1항 또는 제2항에 따른 농림업관측업무 또는 국제곡물 관측업무를 효율적으로 실시하기 위하여 농림업 관련 연구기관 또는 단체를 농림업 관측 전담기관(국제곡물관측업무를 포함한다)으로 지정하고, 그 운영에 필요한 경비를 충당하기 위하여 예산의 범위에서 출연금 또는 보조금을 지급할 수 있다.

⑤ 제4항에 따른 농림업관측 전담기관의 지정 및 운영에 필요한 사항은 농림축산식품부령으로 정한다.

규칙 제4조(농림업관측 실시자) 법 제5조제3항에서 "농림축산식품부령으로 정하는 자"란 다음 각 호의 자를 말한다.

1. 농업협동조합중앙회(농협경제지주회사를 포함한다) 및 산림조합중앙회
3. 「한국농수산식품유통공사법」에 따른 한국농수산식품유통공사
4. 그 밖의 생산자조직 등으로서 농림축산식품부장관이 인정하는 자

규칙 제7조(농림업관측 전담기관의 지정) ① 법 제5조제4항에 따른 농업관측 전담기관은 한국농촌경제연구원으로 한다.

② 농림업관측 전담기관의 업무 범위와 필요한 지원 등에 관한 세부 사항은 농림축산식품부장관이 정한다.

제5조의2(농수산물 유통 관련 통계작성 등) ① 농림축산식품부장관 또는 해양수산부장관은 농수산물의 수급안정을 위하여 가격의 등락 폭이 큰 주요 농수산물의 유통에 관한 통계를 작성·관리하고 공표하 되, 필요한 경우 통계청장과 협의할 수 있다.

② 농림축산식품부장관 또는 해양수산부장관은 제1항에 따른 통계 작성을 위하여 필요한 경우 관계 중앙행정기관의 장 또는 지방자치단체의 장 등에게 자료의 제공을 요청할 수 있다. 이 경우 자료제공을 요청받은 관계 중앙행정기관의 장 또는 지방자치단체의 장 등은 특별한 사유가 없으면 자료를 제공하여야 한다.

③ 제1항 및 제2항에서 규정한 사항 외에 농수산물의 유통에 관한 통계 작성·관리 및 공표 등에 필요한 사항은 대통령령으로 정한다.

제5조의3(종합정보시스템의 구축·운영) ① 농림축산식품부장관 및 해양수산부장관은 농수산물의 원활한 수급과 적정한 가격 유지를 위하여 농수산물유통 종합정보시스템을 구축하여 운영할 수 있다.

② 농림축산식품부장관 및 해양수산부장관은 농수산물유통 종합정보시스템의 구축·운영을 대통령령으로 정하는 전문기관에 위탁할 수 있다.

③ 제1항 및 제2항에서 규정한 사항 외에 농수산물유통 종합정보시스템의 구축·운영 등에 필요한 사항은 대통령령으로 정한다.

참조 **영 제6조(종합정보시스템 구축·운영 업무의 위탁 등)** ① 농림축산식품부장관 및 해양수산부장관은 법 제5조의3제2항에 따라 같은 조 제1항에 따른 농수산물유통 종합정보시스템의 구축·운영 업무를 다음 각 호의 기관에 위탁한다.

1. 농산물의 경우 : 「한국농수산식품유통공사법」에 따른 한국농수산식품유통공사
2. 수산물의 경우 : 「정부출연연구기관 등의 설립·운영 및 육성에 관한 법률」에 따른 한국해양수산개발원

② 농림축산식품부장관 및 해양수산부장관은 제1항에 따른 위탁 업무 수행에 필요한 경비를 지원할 수 있다.

제6조(계약생산) ① 농림축산식품부장관은 주요 농산물의 원활한 수급과 적정한 가격 유지를 위하여 지역농업협동조합, 지역축산업협동조합, 품목별·업종별협동조합, 조합공동사업법인, 품목조합연합회, 산림조합과 그 중앙회(농협경제지주회사를 포함한다)나 그 밖에 대통령령으로 정하는 생산자 관련 단체 또는 농산물 수요자와 생산자 간에 계약생산 또는 계약출하를 하도록 장려할 수 있다.

② 농림축산식품부장관은 제1항에 따라 생산계약 또는 출하계약을 체결하는 생산자단체 또는 농산물 수요자에 대하여 제54조에 따른 농산물가격안정기금으로 계약금의 대출 등 필요한 지원을 할 수 있다.

참조 **영 제7조(계약생산의 생산자 관련 단체)** 법 제6조제1항에서 "대통령령으로 정하는 생산자 관련 단체"란 다음 각 호의 자를 말한다.

1. 농산물을 공동으로 생산하거나 농산물을 생산하여 이를 공동으로 판매·가공·홍보 또는 수출하기 위하여 지역농업협동조합, 지역축산업협동조합, 품목별·업종별협동조합, 조합공동사업법인, 품목조합연합회 및 산림조합과 그 중앙회(농협경제지주회사를 포함한다) 중 둘 이상이 모여 결성한 조직으로서 농림축산식품부장관이 정하여 고시하는 요건을 갖춘 단체
2. 제3조제1항 각 호에 해당하는 자
3. 농산물을 공동으로 생산하거나 농산물을 생산하여 이를 공동으로 판매·가공·홍보 또는 수출하기 위하여 농업인 5인 이상이 모여 결성한 법인격이 있는 조직으로서 농림축산식품부장관이 정하여 고시하는 요건을 갖춘 단체
4. 제2호 또는 제3호의 단체 중 둘 이상이 모여 결성한 조직으로서 농림축산식품부장관이 정하여 고시하는 요건을 갖춘 단체

제8조(가격 예시) ① 농림축산식품부장관 또는 해양수산부장관은 농림축산식품부령 또는 해양수산부령으로 정하는 주요 농수산물의 수급조절과 가격안정을 위하여 필요하다고 인정할 때에는 해당 농산물의 파종기 또는 수산물의 종자입식 시기 이전에 생산자를 보호하기 위한 하한가격[이하 "예시가격"이라 한다]을 예시할 수 있다.

② 농림축산식품부장관 또는 해양수산부장관은 제1항에 따라 예시가격을 결정할 때에는 해당 농산물의 농림업관측, 주요 곡물의 국제곡물관측 또는 「수산물 유통의 관리 및 지원에 관한 법률」 제38조에 따른 수산업관측 결과, 예상 경영비, 지역별 예상 생산량 및 예상 수급상황 등을 고려하여야 한다. **1**

③ 농림축산식품부장관 또는 해양수산부장관은 제1항에 따라 예시가격을 결정할 때에는 미리 **기획재정부장관과 협의**하여야 한다. **2**

④ 농림축산식품부장관 또는 해양수산부장관은 제1항에 따라 가격을 예시한 경우에는 예시가격을 지지하기 위하여 다음 각 호의 사항 등을 연계하여 적절한 시책을 추진하여야 한다.

1. 제5조에 따른 농림업관측 · 국제곡물관측 또는 수산업관측의 지속적 실시
2. 제6조 또는 「수산물 유통의 관리 및 지원에 관한 법률」 제39조에 따른 계약생산 또는 계약출하의 장려
3. 제9조 또는 「수산물 유통의 관리 및 지원에 관한 법률」 제40조에 따른 수매 및 처분
4. 제10조에 따른 유통협약 및 유통조절명령
5. 제13조 또는 「수산물 유통의 관리 및 지원에 관한 법률」 제41조에 따른 비축사업

규칙 제9조(가격예시 대상 품목) 법 제8조제1항에 따른 주요 농산물은 법 제6조에 따라 계약생산 또는 계약출하를 하는 농산물로서 농림축산식품부장관이 지정하는 품목으로 한다.

제9조(과잉생산 시의 생산자 보호) ① 농림축산식품부장관은 채소류 등 저장성이 없는 농산물의 가격안정을 위하여 필요하다고 인정할 때에는 그 생산자 또는 생산자단체로부터 제54조에 따른 농산물가격안정기금으로 해당 농산물을 수매할 수 있다. 다만, 가격안정을 위하여 특히 필요하다고 인정할 때에는 도매시장 또는 공판장에서 해당 농산물을 수매할 수 있다.

② 제1항에 따라 수매한 농산물은 판매 또는 수출하거나 사회복지단체에 기증하거나 그 밖에 필요한 처분을 할 수 있다.

참조 영 제10조(과잉생산된 농산물의 수매 및 처분) ① 농림축산식품부장관은 법 제9조에 따라 저장성이 없는 농산물을 수매할 때에 다음 각 호의 어느 하나의 경우에는 수확 이전에 생산자 또는 생산자단체로부터 이를 수매할 수 있으며, 수매한 농산물에 대해서는 해당 농산물의 생산지에서 폐기하는 등 필요한 처분을 할 수 있다.

1. 생산조정 또는 출하조절에도 불구하고 과잉생산이 우려되는 경우
2. 생산자보호를 위하여 필요하다고 인정되는 경우

③ 농림축산식품부장관은 제1항과 제2항에 따른 수매 및 처분에 관한 업무를 농업협동조합중앙회·산림조합중앙회(이하 "농림협중앙회"라 한다) 또는 「한국농수산식품유통공사법」에 따른 한국농수산식품유통공사에 위탁할 수 있다.

④ 농림축산식품부장관은 채소류 등의 수급 안정을 위하여 생산·출하 안정 등 필요한 사업을 추진할 수 있다.

⑤ 제1항부터 제3항까지의 규정에 따른 수매·처분 등에 필요한 사항은 대통령령으로 정한다.

제9조의2(몰수농산물등의 이관) ① 농림축산식품부장관은 국내 농산물 시장의 수급안정 및 거래질서 확립을 위하여 「관세법」제326조 및 「검찰청법」제11조에 따라 몰수되거나 국고에 귀속된 농산물(이하 "몰수농산물등"이라 한다)을 이관받을 수 있다. 🔳

② 농림축산식품부장관은 제1항에 따라 이관받은 몰수농산물등을 매각·공매·기부 또는 소각하거나 그 밖의 방법으로 처분할 수 있다.

③ 제2항에 따른 몰수농산물등의 처분으로 발생하는 비용 또는 매각·공매 대금은 제54조에 따른 농산물가격안정기금으로 지출 또는 납입하여야 한다.

④ 농림축산식품부장관은 제2항에 따른 몰수농산물등의 처분업무를 제9조제3항의 농업협동조합중앙회 또는 한국농수산식품유통공사 중에서 지정하여 대행하게 할 수 있다. 🔳

⑤ 몰수농산물등의 처분절차 등에 관하여 필요한 사항은 농림축산식품부령으로 정한다.

② 법 제9조에 따라 저장성이 없는 농산물을 수매하는 경우에는 법 제6조에 따라 생산계약 또는 출하계약을 체결한 생산자가 생산한 농산물과 법 제13조제1항에 따라 출하를 약정한 생산자가 생산한 농산물을 우선적으로 수매하여야 한다.

③ 법 제9조제3항에 따른 저장성이 없는 농산물의 수매·처분의 위탁 및 비용처리에 관하여는 제12조부터 제14조까지의 규정을 준용한다.

규칙 제9조의2(몰수농산물등의 인수) ① 농림축산식품부장관은 법 제9조의2제1항에 따른 몰수농산물등을 이관받으려는 경우에는 법 제9조의2제4항에 따른 처분대행기관의 장에게 이를 인수하도록 통보하여야 한다.

② 제1항에 따른 인수통보를 받은 처분대행기관장은 이관받은 품목의 품명·규격·수량·성질 및 상태 등을 정확히 파악한 후 인수하고, 그 결과를 농림축산식품부장관에게 지체 없이 보고하여야 한다.

규칙 제9조의3(몰수농산물등의 처분) ① 농림축산식품부장관은 이관받은 몰수농산물등이 다음 각 호의 어느 하나에 해당하는 경우 처분대행기관장에게 이를 소각·매몰의 방법으로 처분하도록 할 수 있다.

　1. 국내 시장의 수급조절 또는 가격안정에 필요한 경우

　2. 부패·변질의 우려가 있거나 상품 가치를 상실한 경우

② 농림축산식품부장관은 제1항 각 호의 경우를 제외하고 이관받은 몰수농산물등을 처분대행기관장에게 매각·공매·기부의 방법으로 처분하도록 할 수 있다.

③ 처분대행기관장은 제2항에 따른 매각·공매의 방법으로 처분한 경우 인수·보관 및 처분에 든 비용과 대행수수료를 제외한 매각·공매 대금을 법 제54조에 따른 농산물가격안정기금에 납입하여야 한다.

제10조(유통협약 및 유통조절명령) ① 주요 농수산물의 생산자, 산지유통인, 저장업자, 도매업자·소매업자 및 소비자 등(이하 "생산자등"이라 한다)의 대표는 해당 농수산물의 자율적인 수급조절과 품질향상을 위하여 생산조정 또는 출하조절을 위한 협약(이하 "유통협약"이라 한다)을 체결할 수 있다.

② 농림축산식품부장관 또는 해양수산부장관은 부패하거나 변질되기 쉬운 농수산물로서 농림축산식품부령 또는 해양수산부령으로 정하는 농수산물에 대하여 현저한 수급 불안정을 해소하기 위하여 특히 필요하다고 인정되고 농림축산식품부령 또는 해양수산부령으로 정하는 생산자등 또는 생산자단체가 요청할 때에는 **공정거래위원회**와 협의를 거쳐 일정 기간 동안 일정 지역의 해당 농수산물의 생산자등에게 생산조정 또는 출하조절을 하도록 하는 유통조절명령을 할 수 있다. **1**

③ 유통명령에는 유통명령을 하는 이유, 대상 품목, 대상자, 유통조절방법 등 대통령령으로 정하는 사항이 포함되어야 한다. **1**

④ 제2항에 따라 생산자등 또는 생산자단체가 유통명령을 요청하려는 경우에는 제3항에 따른 내용이 포함된 요청서를 작성하여 이해관계인·유통전문가의 의견수렴 절차를 거치고 해당 농수산물의 생산자등의 대표나 해당 생산자단체의 재적회원 3분의 2 이상의 찬성을 받아야 한다. **1**

⑤ 제2항에 따른 유통명령을 하기 위한 기준과 구체적 절차, 유통명령을 요청할 수 있는 생산자등의 조직과 구성 및 운영방법 등에 관하여 필요한 사항은 농림축산식품부령 또는 해양수산부령으로 정한다.

제11조(유통조절명령) 법 제10조제2항에 따른 유통조절명령에는 다음 각 호의 사항이 포함되어야 한다.

1. 유통조절명령의 이유(수급·가격·소득의 분석 자료를 포함한다)
2. 대상 품목
3. 기간
4. 지역
5. 대상자
6. 생산조정 또는 출하조절의 방안
7. 명령이행 확인의 방법 및 **명령 위반자에 대한 제재조치** **1**
8. 사후관리와 그 밖에 농림축산식품부장관 또는 해양수산부장관이 유통조절에 관하여 필요하다고 인정하는 사항

제10조(유통명령의 대상 품목) 법 제10조제2항에 따라 유통조절명령을 내릴 수 있는 농수산물은 다음 각 호의 농수산물 중 농림축산식품부장관 또는 해양수산부장관이 지정하는 품목으로 한다.

1. 법 제10조제1항에 따라 유통협약을 체결한 농수산물
2. 생산이 전문화되고 생산지역의 집중도가 높은 농수산물

제11조(유통명령의 요청자 등) ① 법 제10조제2항에서 "농림축산식품부령 또는 해양수산부령으로 정하는 생산자등 또는 생산자단체"란 다음 각 호의 생산자등 또는 생산자단체로서 농수산물의 수급조절 및 품질향상 능력 등 농림축산식품부장관 또는 해양수산부장관이 정하는 요건을 갖춘 자를 말한다.

1. 제10조에 따른 유통명령 대상 품목인 농수산물의 수급조절과 품질향상을 위하여 제12조제1항에 따른 유통조절추진위원회를 구성·운영하는 생산자등
2. 제10조에 따른 유통명령 대상 품목인 농수산물을 주로 생산하는 법 제6조에 따른 생산자단체

		② 제1항 각 호에 따른 요청자가 유통명령을 요청하는 경우에는 유통명령 요청서를 해당 지역에서 발행되는 일간지에 공고하거나 이해관계자 대표 등에게 발송하여 10일 이상 의견조회를 하여야 한다. ❶
제11조(유통명령의 집행) ① 농림축산식품부장관 또는 해양수산부장관은 유통명령이 이행될 수 있도록 유통명령의 내용에 관한 홍보, 유통명령 위반자에 대한 제재 등 필요한 조치를 하여야 한다. ❶ ② 농림축산식품부장관 또는 해양수산부장관은 필요하다고 인정하는 경우에는 지방자치단체의 장, 해당 농수산물의 생산자등의 조직 또는 생산자단체로 하여금 제1항에 따른 유통명령 집행업무의 일부를 수행하게 할 수 있다. ❶		
제12조(유통명령 이행자에 대한 지원 등) ① 농림축산식품부장관 또는 해양수산부장관은 유통협약 또는 유통명령을 이행한 생산자등이 그 유통협약이나 유통명령을 이행함에 따라 발생하는 손실에 대하여는 제54조에 따른 농산물가격안정기금 또는 「수산업·어촌 발전 기본법」 제46조에 따른 수산발전기금으로 그 손실을 보전하게 할 수 있다. ② 농림축산식품부장관 또는 해양수산부장관은 제11조제2항에 따라 유통명령 집행업무의 일부를 수행하는 생산자등의 조직이나 생산자단체에 필요한 지원을 할 수 있다. ③ 제1항에 따른 유통명령 이행으로 인한 손실 보전 및 제2항에 따른 유통명령 집행업무의 지원에 필요한 사항은 대통령령으로 정한다.		
제13조(비축사업 등) ① 농림축산식품부장관은 농산물(쌀과 보리는 제외한다)의 수급조절과 가격안정을 위하여 필요하다고 인정할 때에는 제54조에 따른 농산물가격안정기금으로 농산물을 비축하거나 농산물의 출하를 약정하는 생산자에게 그 대금의 일부를 미리 지급하여 출하를 조절할 수 있다. ❶	**영 제12조(비축사업등의 위탁)** ① 농림축산식품부장관은 법 제13조제4항에 따라 다음 각 호의 농산물의 비축사업 또는 출하조절사업(이하 "비축사업등"이라 한다)을 **농업협동조합중앙회·농협경제지주회사·산림조합중앙회 또는 한국농수산식품유통공사**에 위탁하여 실시한다. ❶ 1. 비축용 농산물의 수매·수입·포장·수송·보관 및 판매 2. 비축용 농산물을 확보하기 위한 재배·양식·선매 계약의 체결 3. 농산물의 출하약정 및 선급금의 지급	

② 제1항에 따른 비축용 농산물은 **생산자 및 생산자단체**로부터 수매하여야 한다. 다만, 가격안정을 위하여 특히 필요하다고 인정할 때에는 도매시장 또는 공판장에서 수매하거나 수입할 수 있다. **1**

③ 농림축산식품부장관은 제2항 단서에 따라 비축용 농산물을 수입하는 경우 국제가격의 급격한 변동에 대비하여야 할 필요가 있다고 인정할 때에는 선물거래를 할 수 있다. **1**

④ 농림축산식품부장관은 제1항에 따른 사업을 농림협중앙회 또는 한국농수산식품유통공사에 위탁할 수 있다.

⑤ 제1항부터 제4항까지의 규정에 따른 비축용 농산물의 수매·수입·관리 및 판매 등에 필요한 사항은 대통령령으로 정한다.

4. 제1호부터 제3호까지의 규정에 따른 사업의 정산

② 농림축산식품부장관은 제1항에 따라 농산물의 비축사업등을 위탁할 때에는 다음 각 호의 사항을 정하여 위탁하여야 한다.

1. 대상농산물의 품목 및 수량
2. 대상농산물의 품질·규격 및 가격
2의2. 대상농산물의 안전성 확인 방법
3. 대상농산물의 판매방법·수매 또는 수입시기 등 사업실시에 필요한 사항

영 제13조(비축사업등의 자금의 집행·관리) ① 농림축산식품부장관은 제12조에 따라 농산물의 비축사업등을 위탁하였을 때에는 그 사업에 필요한 자금의 추산액을 법 제54조에 따른 농산물가격안정기금에서 해당 사업의 위탁을 받은 자(이하 "비축사업실시기관"이라 한다)에게 지급하여야 한다.

② 비축사업실시기관은 제1항에 따라 비축사업등을 위한 자금(이하 "비축사업등자금"이라 한다)을 지급받았을 때에는 해당 기관의 회계와 구분하여 별도의 계정을 설치하고 비축사업등의 실시에 따른 수입과 지출을 구분하여 회계처리하여야 한다.

③ 비축사업실시기관의 장은 제1항에 따른 사업이 끝났을 때에는 지체 없이 해당 사업에 대한 정산을 하고, 그 결과를 농림축산식품부장관에게 보고하여야 한다.

영 제14조(비축사업등의 비용처리) ① 비축사업등자금을 사용함에 있어서 그 경비를 산정하기 어려운 수매·판매 등에 관한 사업관리비와 제12조에 따라 비축사업등을 위탁한 경우 비축사업실시기관에 지급하는 비축사업등자금의 관리비는 농림축산식품부장관이 정하는 기준에 따라 산정되는 금액으로 한다.

② 비축사업등의 실시과정에서 발생한 농산물의 감모에 대해서는 농림축산식품부장관이 정하는 한도에서 비용으로 처리한다. **1**

③ 화재·도난·침수 등의 사고로 인하여 비축한 농산물이 멸실·훼손·부패 또는 변질된 경우의 피해에 대해서는 비축사업실시기관이 변상한다. 다만, 그 사고가 불가항력으로 인한 것인 경우에는 기금에서 손비로 처리한다.

제14조(과잉생산 시의 생산자 보호 등 사업의 손실처리) 농림축산식품부장관은 제9조에 따른 수매와 제13조에 따른 비축사업의 시행에 따라 생기는 감모(減耗), 가격 하락, 판매 · 수출 · 기증과 그 밖의 처분으로 인한 원가 손실 및 수송 · 포장 · 방제 등 사업실시에 필요한 관리비를 대통령령으로 정하는 바에 따라 그 사업의 비용으로 처리한다.

참조 **영 제4조(주산지의 지정 · 변경 및 해제)** ① 법 제4조제1항에 따른 주요 농수산물의 생산지역이나 생산수면(이하 "주산지"라 한다)의 지정은 읍 · 면 · 동 또는 시 · 군 · 구 단위로 한다.
② 특별시장 · 광역시장 · 특별자치시장 · 도지사 또는 특별자치도지사는 제1항에 따라 주산지를 지정하였을 때에는 이를 고시하고 농림축산식품부장관 또는 해양수산부장관에게 통지하여야 한다.
③ 법 제4조제4항에 따른 주산지 지정의 변경 또는 해제에 관하여는 제1항 및 제2항을 준용한다.

제15조(농산물의 수입 추천 등) ① 「세계무역기구 설립을 위한 마라케쉬협정」에 따른 대한민국 양허표상의 시장접근물량에 적용되는 양허세율로 수입하는 농산물 중 다른 법률에서 달리 정하지 아니한 농산물을 수입하려는 자는 농림축산식품부장관의 추천을 받아야 한다.
② 농림축산식품부장관은 제1항에 따른 농산물의 수입에 대한 추천업무를 농림축산식품부장관이 지정하는 비영리법인으로 하여금 대행하게 할 수 있다. 이 경우 품목별 추천물량 및 추천기준과 그 밖에 필요한 사항은 농림축산식품부장관이 정한다.
③ 제1항에 따라 농산물을 수입하려는 자는 사용용도와 그 밖에 농림축산식품부령으로 정하는 사항을 적어 수입 추천신청을 하여야 한다.
④ 농림축산식품부장관은 필요하다고 인정할 때에는 제1항에 따른 추천 대상 농산물 중 농림축산식품부령으로 정하는 품목의 농산물을 제13조제2항 단서에 따라 비축용 농산물로 수입하거나 생산자단체를 지정하여 수입하여 판매하게 할 수 있다.

참조 **규칙 제13조(농산물의 수입 추천 등)** ① 법 제15조제3항에서 "농림축산식품부령으로 정하는 사항"이란 다음 각 호의 사항을 말한다.
1. 「관세법 시행령」 제98조에 따른 관세 · 통계통합품목분류표상의 품목번호
2. 품명
3. 수량
4. 총금액
② 농림축산식품부장관이 법 제15조제4항에 따라 비축용 농산물로 수입하거나 생산자단체를 지정하여 수입 · 판매하게 할 수 있는 품목은 다음 각 호와 같다.
1. 비축용 농산물로 수입 · 판매하게 할 수 있는 품목 : 고추 · 마늘 · 양파 · 생강 · 참깨
2. 생산자단체를 지정하여 수입 · 판매하게 할 수 있는 품목 : 오렌지 · 감귤류

제16조(수입이익금의 징수 등) ① 농림축산식품부장관은 제15조제1항에 따른 추천을 받아 농산물을 수입하는 자 중 농림축산식품부령으로 정하는 품목의 농산물을 수입하는 자에 대하여 농림축산식품부령으로 정하는 바에 따라 국내가격과 수입가격 간의 차액의 범위에서 수입이익금을 부과 · 징수할 수 있다. **1**
② 제1항에 따른 수입이익금은 농림축산식품부령으로 정하는 바에 따라 제54조에 따른 농산물가격안정기금에 납입하여야 한다.
③ 제1항에 따른 수입이익금을 정하여진 기한까지 내지 아니하면 국세 체납처분의 예에 따라 징수할 수 있다. **1**
④ 농림축산식품부장관은 제1항에 따라 징수한 수입이익금이 과오납되는 등의 사유로 환급이 필요한 경우에는 농림축산식품부령으로 정하는 바에 따라 환급하여야 한다.

참조 **규칙 제14조(수입이익금의 징수 등)** ① 농림축산식품부장관이 법 제16조제1항에 따라 수입이익금을 부과 · 징수할 수 있는 품목 및 금액산정방법은 다음 각 호와 같다.
1. 고추 · 마늘 · 양파 · 생강 · 참깨 : 해당 품목의 판매수입금에서 농림축산식품부장관이 정하여 고시하는 비용산정 기준 및 방법에 따라 산정된 물품대금, 운송료, 보험료, 그 밖에 수입에 드는 비목의 비용과 각종 공과금, 보관료, 운송료, 판매수수료 등 국내판매에 드는 비목의 비용을 뺀 금액 또는 해당 품목의 수입자로 결정된 자가 수입자 결정 시 납입 의사를 표시한 금액
2. 참기름 · 오렌지 · 감귤류 : 해당 품목의 수입자로 결정된 자가 수입자 결정시 납입 의사를 표시한 금액
② 법 제16조에 따라 수입이익금을 납부하여야 하는 자는 제1항에 따른 수입이익금을 농림축산식품부장관이 고시하는 기한까지 기금에 납입하여야 한다. 이 경우 수입이익금이 1천만원 이하인 경우에는 신용카드, 직불카드 등으로 납입할 수 있다.

제3장 농수산물도매시장

제17조(도매시장의 개설 등) ① 도매시장은 대통령령으로 정하는 바에 따라 부류별로 또는 둘 이상의 부류를 종합하여 중앙도매시장의 경우에는 특별시 · 광역시 · 특별자치시 또는 특별자치도가 개설하고, 지방도매시장의 경우에는 **특별시 · 광역시 · 특별자치시 · 특별자치도 또는 시가 개설한다.** 다만, 시가 지방도매시장을 개설하려면 도지사의 허가를 받아야 한다. ❸

③ 시가 제1항 단서에 따라 지방도매시장의 개설허가를 받으려면 농림축산식품부령 또는 해양수산부령으로 정하는 바에 따라 지방도매시장 개설허가 신청서에 업무규정과 운영관리계획서를 첨부하여 도지사에게 제출하여야 한다.

④ 특별시 · 광역시 · 특별자치시 또는 특별자치도가 제1항에 따라 도매시장을 개설하려면 미리 업무규정과 운영관리계획서를 작성하여야 하며, 중앙도매시장의 업무규정은 농림축산식품부장관 또는 해양수산부장관의 승인을 받아야 한다. ❶

⑤ 중앙도매시장의 개설자가 업무규정을 변경하는 때에는 농림축산식품부장관 또는 해양수산부장관의 승인을 받아야 하며, 지방도매시장의 개설자(시가 개설자인 경우만 해당한다)가 업무규정을 변경하는 때에는 도지사의 승인을 받아야 한다. ❶

⑥ 시가 지방도매시장을 폐쇄하려면 그 3개월 전에 도지사의 허가를 받아야 한다. 다만, 특별시 · 광역시 · 특별자치시 및 특별자치도가 도매시장을 폐쇄하는 경우에는 그 3개월 전에 이를 공고하여야 한다. ❶

⑦ 제3항 및 제4항에 따른 업무규정으로 정하여야 할 사항과 운영관리계획서의 작성 및 제출에 필요한 사항은 농림축산식품부령 또는 해양수산부령으로 정한다.

제18조(개설구역) ① 도매시장의 개설구역은 도매시장이 개설되는 특별시 · 광역시 · 특별자치시 · 특별자치도 또는 시의 관할구역으로 한다.

영 제15조(도매시장의 개설) 법 제17조제1항에 따라 도매시장은 양곡부류 · 청과부류 · 축산부류 · 수산부류 · 화훼부류 및 약용작물부류별로 개설하거나 둘 이상의 부류를 종합하여 개설한다. ❶

영 제16조(도매시장의 명칭) 법 제17조제1항에 따른 도매시장의 명칭에는 그 도매시장을 개설한 지방자치단체의 명칭이 포함되어야 한다. ❶

② 농림축산식품부장관 또는 해양수산부장관은 해당 지역에서의 농수산물의 원활한 유통을 위하여 필요하다고 인정할 때에는 도매시장의 개설구역에 인접한 일정 구역을 그 도매시장의 개설구역으로 편입하게 할 수 있다. 다만, 시가 개설하는 지방도매시장의 개설구역에 인접한 구역으로서 그 지방도매시장이 속한 도의 일정 구역에 대하여는 해당 도지사가 그 지방도매시장의 개설구역으로 편입하게 할 수 있다. ❶

제19조(허가기준 등) ① 도지사는 제17조제3항에 따른 허가신청의 내용이 다음 각 호의 요건을 갖춘 경우에는 이를 허가한다.

1. 도매시장을 개설하려는 장소가 농수산물 거래의 중심지로서 적절한 위치에 있을 것
2. 제67조제2항에 따른 기준에 적합한 시설을 갖추고 있을 것
3. 운영관리계획서의 내용이 충실하고 그 실현이 확실하다고 인정되는 것일 것

② 도지사는 제1항제2호에 따라 요구되는 시설이 갖추어지지 아니한 경우에는 일정한 기간 내에 해당 시설을 갖출 것을 조건으로 개설허가를 할 수 있다.

③ 특별시·광역시·특별자치시 또는 특별자치도가 도매시장을 개설하려면 제1항 각 호의 요건을 모두 갖추어 개설하여야 한다.

제20조(도매시장 개설자의 의무) ① 도매시장 개설자는 거래 관계자의 편익과 소비자 보호를 위하여 다음 각 호의 사항을 이행하여야 한다.

1. 도매시장 시설의 정비·개선과 합리적인 관리 ❷
2. 경쟁 촉진과 공정한 거래질서의 확립 및 환경 개선 ❶
3. 상품성 향상을 위한 규격화, 포장 개선 및 선도 유지의 촉진 ❷

② 도매시장 개설자는 제1항 각 호의 사항을 효과적으로 이행하기 위하여 이에 대한 투자계획 및 거래제도 개선방안 등을 포함한 대책을 수립·시행하여야 한다.

제21조(도매시장의 관리) ① 도매시장 개설자는 소속 공무원으로 구성된 도매시장 관리사무소를 두거나 「지방공기업법」에 따른 **지방공사**, 제24조의 **공공출자법인** 또는 한국농수산식품유통공사 중에서 시장관리자를 지정할 수 있다. ❶

② 도매시장 개설자는 관리사무소 또는 시장관리자로 하여금 시설물관리, 거래질서 유지, 유통 종사자에 대한 지도 · 감독 등에 관한 업무 범위를 정하여 해당 도매시장 또는 그 개설구역에 있는 도매시장의 관리업무를 수행하게 할 수 있다. ❶

제22조(도매시장의 운영 등) 도매시장 개설자는 도매시장에 그 시설규모 · 거래액 등을 고려하여 적정 수의 도매시장법인 · 시장도매인 또는 중도매인을 두어 이를 운영하게 하여야 한다. 다만, 중앙도매시장의 개설자는 농림축산식품부령 또는 해양수산부령으로 정하는 부류에 대하여는 도매시장법인을 두어야 한다. ❶

규칙 제18조의2(도매시장법인을 두어야 하는 부류) ① 법 제22조 단서에서 "농림축산식품부령 또는 해양수산부령으로 정하는 부류"란 청과부류와 수산부류를 말한다. ❷
② 농림축산식품부장관 또는 해양수산부장관은 제1항에 따른 부류가 적절한지를 2017년 8월 23일까지 검토하여 해당 부류의 폐지, 개정 또는 유지 등의 조치를 하여야 한다.
③ 농림축산식품부장관 또는 해양수산부장관은 제2항에 따른 검토를 위하여 도매시장 거래실태와 현실 여건 변화 등을 매년 분석하여야 한다.

제23조(도매시장법인의 지정) ① 도매시장법인은 도매시장 개설자가 부류별로 지정하되, 중앙도매시장에 두는 도매시장법인의 경우에는 농림축산식품부장관 또는 해양수산부장관과 협의하여 지정한다. 이 경우 5년 이상 10년 이하의 범위에서 지정 유효기간을 설정할 수 있다. ❹
② 도매시장법인의 주주 및 임직원은 해당 도매시장법인의 업무와 경합되는 도매업 또는 중도매업을 하여서는 아니 된다. 다만, 제23조의2에 따라 도매시장법인이 다른 도매시장법인의 주식 또는 지분을 과반수 이상 양수(이하 "인수"라 한다)하고 양수법인의 주주 또는 임직원이 양도법인의 주주 또는 임직원의 지위를 겸하게 된 경우에는 그러하지 아니하다.
③ 제1항에 따른 도매시장법인이 될 수 있는 자는 다음 각 호의 요건을 갖춘 법인이어야 한다.
　1. 해당 부류의 도매업무를 효과적으로 수행할 수 있는 지식과 도매시장 또는 공판장 업무에 2년 이상 종사한 경험이 있는 업무집행 담당 임원이 2명 이상 있을 것
　2. 임원 중 이 법을 위반하여 금고 이상의 실형을 선고받고 그 형의 집행이 끝나거나(집행이 끝난 것으로 보는 경우를 포함한다) 집행이 면제된 후 2년이 지나지 아니한 사람이 없을 것

영 제17조(도매시장법인의 지정절차 등) ① 법 제23조제1항에 따라 도매시장법인의 지정을 받으려는 자는 도매시장법인 지정신청서(전자문서로 된 신청서를 포함한다)에 다음 각 호의 서류(전자문서를 포함한다)를 첨부하여 도매시장 개설자에게 제출하여야 한다. 이 경우 도매시장법인 지정신청서를 받은 도매시장 개설자는 「전자정부법」 제36조제1항에 따른 행정정보의 공동이용을 통하여 신청인의 법인 등기사항증명서를 확인하여야 한다.
　1. 정관
　2. 주주 명부
　3. 임원의 이력서
　4. 해당 법인의 직전 회계연도의 재무제표와 그 부속서류(신설 법인의 경우에는 설립일을 기준으로 작성한 대차대조표)
　5. 사업시작 예정일부터 5년간의 사업계획서(산지활동계획, 경매사확보계획, 농수산물판매계획, 자금운용계획, 조직 및 인력운용계획 등을 포함한다)
　6. 거래규모, 순자산액 비율 및 거래보증금 등 도매시장 개설자가 업무규정으로 정한 요건을 갖추고 있음을 증명하는 서류
② 도매시장 개설자는 제1항에 따라 신청을 받았을 때에는 업무규정으로 정한 도매시장법인의 적정수의 범위에서 이를 지정하여야 한다.

3. 임원 중 파산선고를 받고 복권되지 아니한 사람이나 피성년후견인 또는 피한정후견인이 없을 것

4. 임원 중 제82조제2항에 따른 도매시장법인의 지정취소처분의 원인이 되는 사항에 관련된 사람이 없을 것

5. 거래규모, 순자산액 비율 및 거래보증금 등 도매시장 개설자가 업무규정으로 정하는 일정 요건을 갖출 것

④ 도매시장법인이 지정된 후 제3항제1호의 요건을 갖추지 아니하게 되었을 때에는 3개월 이내에 해당 요건을 갖추어야 한다.

⑤ 도매시장법인은 해당 임원이 제3항제2호부터 제4호까지의 어느 하나에 해당하는 요건을 갖추지 아니하게 되었을 때에는 그 임원을 지체 없이 해임하여야 한다.

⑥ 도매시장법인의 지정절차와 그 밖에 지정에 필요한 사항은 대통령령으로 정한다.

제23조의2(도매시장법인의 인수·합병) ① 도매시장법인이 다른 도매시장법인을 인수하거나 합병하는 경우에는 해당 도매시장 개설자의 승인을 받아야 한다. **2**

② 도매시장 개설자는 다음 각 호의 어느 하나에 해당하는 경우를 제외하고는 제1항에 따라 인수 또는 합병을 승인하여야 한다.

1. 인수 또는 합병의 당사자인 도매시장법인이 제23조제3항 각 호의 요건을 갖추지 못한 경우

2. 그 밖에 이 법 또는 다른 법령에 따른 제한에 위반되는 경우

③ 제1항에 따라 합병을 승인하는 경우 합병을 하는 도매시장법인은 합병이 되는 도매시장법인의 지위를 승계한다.

④ 도매시장법인의 인수·합병승인절차 등에 관하여 필요한 사항은 농림축산식품부령 또는 해양수산부령으로 정한다.

제24조(공공출자법인) ① 도매시장 개설자는 도매시장을 효율적으로 관리·운영하기 위하여 필요하다고 인정하는 경우에는 제22조에 따른 도매시장법인을 갈음하여 그 업무를 수행하게 할 법인(이하 "공공출자법인"이라 한다)을 설립할 수 있다.

② 공공출자법인에 대한 출자는 다음 각 호의 어느 하나에 해당하는 자로 한정한다. 이 경우 제1호부터 제3호까지에 해당하는 자에 의한 출자액의 합계가 총출자액의 100분의 50을 초과하여야 한다.

  1. 지방자치단체

  2. 관리공사

  3. 농림수협등

  4. 해당 도매시장 또는 그 도매시장으로 이전되는 시장에서 농수산물을 거래하는 상인과 그 상인단체

  5. 도매시장법인

  6. 그 밖에 도매시장 개설자가 도매시장의 관리·운영을 위하여 특히 필요하다고 인정하는 자

③ 공공출자법인에 관하여 이 법에서 규정한 사항을 제외하고는 「상법」의 주식회사에 관한 규정을 적용한다.

④ 공공출자법인은 「상법」 제317조에 따른 설립등기를 한 날에 제23조에 따른 도매시장법인의 지정을 받은 것으로 본다.

제25조(중도매업의 허가) ① 중도매인의 업무를 하려는 자는 부류별로 해당 도매시장 개설자의 허가를 받아야 한다. **❶**

② 도매시장 개설자는 다음 각 호의 어느 하나에 해당하는 경우를 제외하고는 제1항에 따른 허가 및 제7항에 따른 갱신허가를 하여야 한다.

  1. 제3항 각 호의 어느 하나에 해당하는 경우

  2. 그 밖에 이 법 또는 다른 법령에 따른 제한에 위반되는 경우

③ 다음 각 호의 어느 하나에 해당하는 자는 중도매업의 허가를 받을 수 없다.

  1. 파산선고를 받고 복권되지 아니한 사람이나 피성년후견인

  2. 이 법을 위반하여 금고 이상의 실형을 선고받고 그 형의 집행이 끝나거나(집행이 끝난 것으로 보는 경우를 포함한다) 면제되지 아니한 사람

  3. 제82조제5항에 따라 중도매업의 허가가 취소(제25조제3항제1호에 해당하여 취소된 경우는 제외한다)된 날부터 2년이 지나지 아니한 자

규칙 제19조(중도매업의 허가절차) ① 법 제25조제1항에 따른 중도매업의 허가를 받으려는 자는 도매시장의 개설자가 정하는 허가신청서에 다음 각 호의 서류를 첨부하여 도매시장의 개설자에게 제출해야 한다. 이 경우 중도매업의 허가를 받으려는 자가 법인인 경우에는 도매시장의 개설자가 「전자정부법」 제36조제1항에 따른 행정정보의 공동이용을 통하여 법인등기부등본을 확인하여야 한다.

  1. 개인의 경우

    가. 이력서

    나. 은행의 잔액증명서

  2. 법인의 경우

    나. 주주명부

    라. 해당 법인의 직전 회계연도의 재무제표 및 그 부속서류(신설법인의 경우 설립일 기준으로 작성한 대차대조표)

4. 도매시장법인의 주주 및 임직원으로서 해당 도매시장법인의 업무와 경합되는 중도매업을 하려는 자

5. 임원 중에 제1호부터 제4호까지의 어느 하나에 해당하는 사람이 있는 법인

6. 최저거래금액 및 거래대금의 지급보증을 위한 보증금 등 도매시장 개설자가 업무규정으로 정한 허가조건을 갖추지 못한 자

④ 법인인 중도매인은 임원이 제3항제5호에 해당하게 되었을 때에는 그 임원을 지체 없이 해임하여야 한다.

⑤ 중도매인은 다음 각 호의 행위를 하여서는 아니 된다.

1. 다른 중도매인 또는 매매참가인의 거래 참가를 방해하는 행위를 하거나 집단적으로 농수산물의 경매 또는 입찰에 불참하는 행위

2. 다른 사람에게 자기의 성명이나 상호를 사용하여 중도매업을 하게 하거나 그 허가증을 빌려 주는 행위

⑥ 도매시장 개설자는 제1항에 따라 중도매업의 허가를 하는 경우 5년 이상 10년 이하의 범위에서 허가 유효기간을 설정할 수 있다. 다만, 법인이 아닌 중도매인은 3년 이상 10년 이하의 범위에서 허가 유효기간을 설정할 수 있다. **1**

⑦ 제6항에 따른 허가 유효기간이 만료된 후 계속하여 중도매업을 하려는 자는 농림축산식품부령 또는 해양수산부령으로 정하는 바에 따라 갱신허가를 받아야 한다.

② 법 제25조제7항에 따른 중도매업의 갱신허가를 받으려는 자는 허가의 유효기간이 만료되기 30일 전까지 도매시장의 개설자가 정하는 갱신허가신청서에 다음 각 호의 서류를 첨부하여 도매시장의 개설자에게 제출해야 한다.

1. 허가증 원본

2. 개인의 경우 : 은행의 잔액증명서

3. 법인의 경우

　가. 주주명부(변경사항이 있는 경우에만 해당한다)

　나. 해당 법인의 직전 회계연도의 재무제표 및 그 부속서류

③ 도매시장의 개설자는 법 제25조제7항에 따라 갱신허가를 한 경우에는 유효기간이 만료되는 허가증을 회수한 후 새로운 허가증을 발급하여야 한다.

제25조의2(법인인 중도매인의 인수 · 합병) 법인인 중도매인의 인수 · 합병에 대하여는 제23조의2를 준용한다. 이 경우 "도매시장법인"은 "법인인 중도매인"으로 본다.

제25조의3(매매참가인의 신고) 매매참가인의 업무를 하려는 자는 농림축산식품부령 또는 해양수산부령으로 정하는 바에 따라 도매시장 · 공판장 또는 민영도매시장의 개설자에게 매매참가인으로 신고하여야 한다. **1**

제26조(중도매인의 업무 범위 등의 특례) 제25조에 따라 허가를 받은 중도매인은 도매시장에 설치된 공판장(이하 "도매시장공판장"이라 한다)에서도 그 업무를 할 수 있다. **1**

제27조(경매사의 임면) ① 도매시장법인은 도매시장에서의 공정하고 신속한 거래를 위하여 농림축산식품부령 또는 해양수산부령으로 정하는 바에 따라 일정 수 이상의 경매사를 두어야 한다.

② 경매사는 경매사 자격시험에 합격한 사람으로서 다음 각 호의 어느 하나에 해당하지 아니한 사람 중에서 임명하여야 한다. ■

　1. 피성년후견인 또는 피한정후견인

　2. 이 법 또는 「형법」 제129조부터 제132조까지의 죄 중 어느 하나에 해당하는 죄를 범하여 금고 이상의 실형을 선고받고 그 형의 집행이 끝나거나(집행이 끝난 것으로 보는 경우를 포함한다) 집행이 면제된 후 2년이 지나지 아니한 사람

　3. 이 법 또는 「형법」 제129조부터 제132조까지의 죄 중 어느 하나에 해당하는 죄를 범하여 금고 이상의 형의 집행유예를 선고받거나 선고유예를 받고 그 유예기간 중에 있는 사람

　4. 해당 도매시장의 시장도매인, 중도매인, 산지유통인 또는 그 임직원 ■

　5. 제82조제4항에 따라 면직된 후 2년이 지나지 아니한 사람

　6. 제82조제4항에 따른 업무정지기간 중에 있는 사람

③ 도매시장법인은 경매사가 제2항제1호부터 제4호까지의 어느 하나에 해당하는 경우에는 그 경매사를 면직하여야 한다.

④ 도매시장법인이 경매사를 임면하였을 때에는 농림축산식품부령 또는 해양수산부령으로 정하는 바에 따라 그 내용을 도매시장 개설자에게 신고하여야 하며, 도매시장 개설자는 농림축산식품부장관 또는 해양수산부장관이 지정하여 고시한 인터넷 홈페이지에 그 내용을 게시하여야 한다. ■

규칙 제20조(경매사의 임면) ① 법 제27조제1항에 따라 도매시장법인이 확보하여야 하는 경매사의 수는 2명 이상으로 하되, 도매시장법인별 연간 거래물량 등을 고려하여 업무규정으로 그 수를 정한다. ■

② 법 제27조제4항에 따라 도매시장법인이 경매사를 임면한 경우에는 별지 제3호서식에 따라 임면한 날부터 30일 이내에 도매시장 개설자에게 신고하여야 한다. ■

제27조의2(경매사 자격시험) ① 경매사 자격시험은 농림축산식품부장관 또는 해양수산부장관이 실시하되, 필기시험과 실기시험으로 구분하여 실시한다.

② 농림축산식품부장관 또는 해양수산부장관은 제1항에 따른 경매사 자격시험에서 부정행위를 한 사람에 대하여 해당 시험의 정지·무효 또는 합격 취소 처분을 한다. 이 경우 처분을 받은 사람에 대해서는 처분이 있은 날부터 3년간 경매사 자격시험의 응시자격을 정지한다.

제17조의2(경매사 자격시험의 관리) ① 농림축산식품부장관 또는 해양수산부장관은 법 제27조의2제2항에 따라 같은 조에 따른 경매사 자격시험의 관리(경매사 자격증 발급은 제외한다)에 관한 업무를 「한국산업인력공단법」에 따른 한국산업인력공단에 위탁한다.

제23조(실비의 징수) ① 영 제17조의2제3항에 따른 시험의 실시에 필요한 실비는 한국산업인력공단 이사장이 농림축산식품부장관 또는 해양수산부장관의 승인을 받아 정한다.

③ 농림축산식품부장관 또는 해양수산부장관은 제2항 전단에 따른 처분(시험의 정지는 제외한다)을 하려는 때에는 미리 그 처분 내용과 사유를 당사자에게 통지하여 소명할 기회를 주어야 한다.

④ 농림축산식품부장관 또는 해양수산부장관은 제1항에 따른 경매사 자격시험의 관리(제2항에 따른 시험의 정지를 포함한다)에 관한 업무를 대통령령으로 정하는 바에 따라 시험관리 능력이 있다고 인정하는 관계 전문기관에 위탁할 수 있다.

⑤ 제1항에 따른 경매사 자격시험의 응시자격, 시험과목, 시험의 일부 면제, 시험방법, 자격증 발급, 시험 응시 수수료, 자격증 발급 수수료, 그 밖에 시험에 관하여 필요한 사항은 대통령령으로 정한다.

② 한국산업인력공단이 시험을 실시하려는 경우에는 시험의 일시 · 장소 및 방법 등 시험 실시에 관한 계획을 수립하여 농림축산식품부장관 또는 해양수산부장관의 승인을 받아야 한다.

③ 한국산업인력공단은 시험의 실시에 필요한 실비를 농림축산식품부령 또는 해양수산부령으로 정하는 바에 따라 징수할 수 있다.

② 영 제17조의5제2항에 따른 경매사 자격증의 발급에 필요한 실비는 한국농수산식품유통공사의 장이 농림축산식품부장관 또는 해양수산부장관의 승인을 받아 정한다.

제28조(경매사의 업무 등) ① 경매사는 다음 각 호의 업무를 수행한다.

1. 도매시장법인이 상장한 농수산물에 대한 경매 우선순위의 결정
2. 도매시장법인이 상장한 농수산물에 대한 가격평가
3. 도매시장법인이 상장한 농수산물에 대한 경락자의 결정

② 경매사는 「형법」 제129조부터 제132조까지의 규정을 적용할 때에는 공무원으로 본다.

제29조(산지유통인의 등록) ① 농수산물을 수집하여 도매시장에 출하하려는 자는 농림축산식품부령 또는 해양수산부령으로 정하는 바에 따라 부류별로 도매시장 개설자에게 등록하여야 한다. 다만, 다음 각 호의 어느 하나에 해당하는 경우에는 그러하지 아니하다.

1. 생산자단체가 구성원의 생산물을 출하하는 경우
2. 도매시장법인이 제31조제1항 단서에 따라 매수한 농수산물을 상장하는 경우
3. 중도매인이 제31조제2항 단서에 따라 비상장 농수산물을 매매하는 경우
4. 시장도매인이 제37조에 따라 매매하는 경우
5. 그 밖에 농림축산식품부령 또는 해양수산부령으로 정하는 경우

② 도매시장법인, 중도매인 및 이들의 주주 또는 임직원은 해당 도매시장에서 산지유통인의 업무를 하여서는 아니 된다.

규칙 제24조(산지유통인의 등록) ① 법 제29조에 따른 산지유통인으로 등록하려는 자는 도매시장의 개설자가 정한 등록신청서를 도매시장 개설자에게 제출하여야 한다.

② 도매시장 개설자는 산지유통인의 등록을 하였을 때에는 등록대장에 이를 적고 신청인에게 등록증을 발급하여야 한다.

③ 제2항에 따라 등록증을 발급받은 산지유통인은 등록한 사항에 변경이 있는 때에는 도매시장 개설자가 정하는 변경등록신청서를 도매시장 개설자에게 제출하여야 한다.

규칙 제25조(산지유통인 등록의 예외) 법 제29조제1항제5호에서 "농림축산식품부령 또는 해양수산부령으로 정하는 경우"란 다음 각 호의 경우를 말한다.

1. 종합유통센터 · 수출업자 등이 남은 농수산물을 도매시장에 상장하는 경우
2. 법 제34조에 따라 도매시장법인이 다른 도매시장법인 또는 시장도매인으로부터 매수하여 판매하는 경우
3. 법 제34조에 따라 시장도매인이 도매시장법인으로부터 매수하여 판매하는 경우

③ 도매시장 개설자는 이 법 또는 다른 법령에 따른 제한에 위반되는 경우를 제외하고는 제1항에 따라 등록을 하여주어야 한다.

④ 산지유통인은 등록된 도매시장에서 농수산물의 출하업무 외의 판매·매수 또는 중개업무를 하여서는 아니 된다.

⑤ 도매시장 개설자는 제1항에 따라 등록을 하여야 하는 자가 등록을 하지 아니하고 산지유통인의 업무를 하는 경우에는 도매시장에의 출입을 금지·제한하거나 그 밖에 필요한 조치를 할 수 있다.

⑥ 국가나 지방자치단체는 산지유통인의 공정한 거래를 촉진하기 위하여 필요한 지원을 할 수 있다.

제30조(출하자 신고) ① 도매시장에 농수산물을 출하하려는 생산자 및 생산자단체 등은 농수산물의 거래질서 확립과 수급안정을 위하여 농림축산식품부령 또는 해양수산부령으로 정하는 바에 따라 해당 도매시장의 개설자에게 신고하여야 한다.

② 도매시장 개설자, 도매시장법인 또는 시장도매인은 제1항에 따라 신고한 출하자가 출하 예약을 하고 농수산물을 출하하는 경우에는 위탁수수료의 인하 및 경매의 우선 실시 등 우대조치를 할 수 있다.

규칙 제25조의2(출하자 신고) ① 법 제30조제1항에 따라 도매시장에 농수산물을 출하하려는 자는 별지 제6호서식에 따른 출하자 신고서에 다음 각 호의 구분에 따른 서류를 첨부하여 도매시장 개설자에게 제출하여야 한다.

1. 개인의 경우 : 신분증 사본 또는 사업자등록증 1부
2. 법인의 경우 : 법인 등기사항증명서 1부

② 도매시장 개설자는 전자적 방법으로 출하자 신고서를 접수할 수 있다.

제31조(수탁판매의 원칙) ① 도매시장에서 도매시장법인이 하는 도매는 출하자로부터 위탁을 받아 하여야 한다. 다만, 농림축산식품부령 또는 해양수산부령으로 정하는 특별한 사유가 있는 경우에는 매수하여 도매할 수 있다.

② 중도매인은 도매시장법인이 상장한 농수산물 외의 농수산물은 거래할 수 없다. 다만, 농림축산식품부령 또는 해양수산부령으로 정하는 도매시장법인이 상장하기에 적합하지 아니한 농수산물과 그 밖에 이에 준하는 농수산물로서 그 품목과 기간을 정하여 도매시장 개설자로부터 허가를 받은 농수산물의 경우에는 그러하지 아니하다.

③ 제2항 단서에 따른 중도매인의 거래에 관하여는 제35조제1항, 제38조, 제39조, 제40조제2항·제4항, 제41조(제2항 단서는 제외한다), 제42조제1항제1호·제3호 및 제81조를 준용한다.

규칙 제27조(상장되지 아니한 농수산물의 거래허가) 법 제31조제2항 단서에 따라 중도매인이 도매시장의 개설자의 허가를 받아 도매시장법인이 상장하지 아니한 농수산물을 거래할 수 있는 품목은 다음 각 호와 같다. 이 경우 도매시장개설자는 법 제78조제3항에 따른 시장관리운영위원회의 심의를 거쳐 허가하여야 한다.

1. 영 제2조 각 호의 부류를 기준으로 연간 반입물량 누적비율이 하위 3퍼센트 미만에 해당하는 소량 품목 **1**
2. 품목의 특성으로 인하여 해당 품목을 취급하는 중도매인이 소수인 품목
3. 그 밖에 상장거래에 의하여 중도매인이 해당 농수산물을 매입하는 것이 현저히 곤란하다고 도매시장 개설자가 인정하는 품목

④ 중도매인이 제2항 단서에 해당하는 물품을 제70조의2제1항제1호에 따른 농수산물 전자거래소에서 거래하는 경우에는 그 물품을 도매시장으로 반입하지 아니할 수 있다.

⑤ 중도매인은 도매시장법인이 상장한 농수산물을 농림축산식품부령 또는 해양수산부령으로 정하는 연간 거래액의 범위에서 해당 도매시장의 다른 중도매인과 거래하는 경우를 제외하고는 다른 중도매인과 농수산물을 거래할 수 없다.

⑥ 제5항에 따른 중도매인 간 거래액은 제25조제3항제6호의 최저거래금액 산정 시 포함하지 아니한다.

⑦ 제5항에 따라 다른 중도매인과 농수산물을 거래한 중도매인은 농림축산식품부령 또는 해양수산부령으로 정하는 바에 따라 그 거래 내역을 도매시장 개설자에게 통보하여야 한다. **1**

제32조(매매방법) 도매시장법인은 도매시장에서 농수산물을 경매 · 입찰 · 정가매매 또는 수의매매의 방법으로 매매하여야 한다. 다만, 출하자가 매매방법을 지정하여 요청하는 경우 등 농림축산식품부령 또는 해양수산부령으로 매매방법을 정한 경우에는 그에 따라 매매할 수 있다.

참조 **시행규칙 제28조(매매방법)** ① 법 제32조 단서에서 "농림축산식품부령 또는 해양수산부령으로 매매방법을 정한 경우"란 다음 각 호와 같다.

1. 경매 또는 입찰
   가. 출하자가 경매 또는 입찰로 매매방법을 지정하여 요청한 경우(제2호나목부터 자목까지의 규정에 해당하는 경우는 제외한다)
   나. 법 제78조에 따른 시장관리운영위원회의 심의를 거쳐 매매방법을 경매 또는 입찰로 정한 경우
   다. 해당 농수산물의 입하량이 일시적으로 현저하게 증가하여 정상적인 거래가 어려운 경우 등 정가매매 또는 수의매매의 방법에 의하는 것이 극히 곤란한 경우

2. 정가매매 또는 수의매매
   가. 출하자가 정가매매 · 수의매매로 매매방법을 지정하여 요청한 경우(제1호나목 및 다목에 해당하는 경우는 제외한다)
   나. 법 제78조에 따른 시장관리운영위원회의 심의를 거쳐 매매방법을 정가매매 또는 수의매매로 정한 경우
   다. 법 제35조제2항제1호에 따라 전자거래 방식으로 매매하는 경우
   라. 다른 도매시장법인 또는 공판장(법 제27조에 따른 경매사가 경매를 실시하는 농수산물집하장을 포함한다)에서 이미 가격이 결정되어 바로 입하된 물품을 매매하는 경우로서 당해 물품을 반출한 도매시장법인 또는 공판장의 개설자가 가격 · 반출지 · 반출물량 및 반출차량 등을 확인한 경우

마. 해양수산부장관이 거래방법·물품의 반출 및 확인절차 등을 정한 산지의 거래시설에서 미리 가격이 결정되어 입하된 수산물을 매매하는 경우

바. 경매 또는 입찰이 종료된 후 입하된 경우

사. 경매 또는 입찰을 실시하였으나 매매되지 아니한 경우

아. 법 제34조에 따라 도매시장 개설자의 허가를 받아 중도매인 또는 매매참가인외의 자에게 판매하는 경우

자. 천재·지변 그 밖의 불가피한 사유로 인하여 경매 또는 입찰의 방법에 의하는 것이 극히 곤란한 경우

② 정가매매 또는 수의매매 거래의 절차 등에 관하여 필요한 사항은 도매시장 개설자가 업무규정으로 정한다.

제33조(경매 또는 입찰의 방법) ① 도매시장법인은 도매시장에 상장한 농수산물을 수탁된 순위에 따라 경매 또는 입찰의 방법으로 판매하는 경우에는 최고가격 제시자에게 판매하여야 한다. 다만, 출하자가 서면으로 거래 성립 최저가격을 제시한 경우에는 그 가격 미만으로 판매하여서는 아니 된다.

② 도매시장 개설자는 효율적인 유통을 위하여 필요한 경우에는 농림축산식품부령 또는 해양수산부령으로 정하는 바에 따라 대량 입하품, 표준규격품, 예약 출하품 등을 우선적으로 판매하게 할 수 있다.

③ 제1항에 따른 경매 또는 입찰의 방법은 전자식을 원칙으로 하되 필요한 경우 농림축산식품부령 또는 해양수산부령으로 정하는 바에 따라 거수수지식, 기록식, 서면입찰식 등의 방법으로 할 수 있다. 이 경우 공개경매를 실현하기 위하여 필요한 경우 농림축산식품부장관, 해양수산부장관 또는 도매시장 개설자는 품목별·도매시장별로 경매방식을 제한할 수 있다.

규칙 제30조(대량 입하품 등의 우대) 도매시장 개설자는 법 제33조제2항에 따라 다음 각 호의 품목에 대하여 도매시장법인 또는 시장도매인으로 하여금 우선적으로 판매하게 할 수 있다.

1. 대량 입하품

2. 도매시장 개설자가 선정하는 우수출하주의 출품

3. 예약 출하품

4. 「농수산물 품질관리법」 제5조에 따른 표준규격품 및 같은 법 제6조에 따른 우수관리인증 농산물

5. 그 밖에 도매시장 개설자가 도매시장의 효율적인 운영을 위하여 특히 필요하다고 업무규정으로 정하는 품목

규칙 제31조(전자식 경매·입찰의 예외) 법 제33조제3항에 따라 거수수지식·기록식·서면입찰식 등의 방법으로 경매 또는 입찰을 할 수 있는 경우는 다음 각 호와 같다.

1. 농수산물의 수급조절과 가격안정을 위하여 수매·비축 또는 수입한 농수산물을 판매하는 경우

2. 그 밖에 품목별·지역별 특성을 고려하여 도매시장 개설자가 필요하다고 인정하는 경우

제34조(거래의 특례) 도매시장 개설자는 입하량이 현저히 많아 정상적인 거래가 어려운 경우 등 농림축산식품부령 또는 해양수산부령으로 정하는 특별한 사유가 있는 경우에는 그 사유가 발생한 날에 한정하여 도매시장법인의 경우에는 중도매인·매매참가인 외의 자에게, 시장도매인의 경우에는 도매시장법인·중도매인에게 판매할 수 있도록 할 수 있다.

제35조(도매시장법인의 영업제한) ① 도매시장법인은 도매시장 외의 장소에서 농수산물의 판매업무를 하지 못한다.

② 제1항에도 불구하고 도매시장법인은 다음 각 호의 어느 하나에 해당하는 경우에는 해당 거래물품을 도매시장으로 반입하지 아니할 수 있다.

1. 도매시장 개설자의 사전승인을 받아 「전자문서 및 전자거래 기본법」에 따른 전자거래 방식으로 하는 경우(온라인에서 경매 방식으로 거래하는 경우를 포함한다)
2. 농림축산식품부령 또는 해양수산부령으로 정하는 일정 기준 이상의 시설에 보관·저장 중인 거래 대상 농수산물의 견본을 도매시장에 반입하여 거래하는 것에 대하여 도매시장 개설자가 승인한 경우

③ 제2항에 따른 전자거래 및 견본거래 방식 등에 관하여 필요한 사항은 농림축산식품부령 또는 해양수산부령으로 정한다.

④ 도매시장법인은 농수산물 판매업무 외의 사업을 겸영하지 못한다. 다만, 농수산물의 선별·포장·가공·제빙·보관·후숙·저장·수출입 등의 사업은 농림축산식품부령 또는 해양수산부령으로 정하는 바에 따라 겸영할 수 있다.

⑤ 도매시장 개설자는 산지 출하자와의 업무 경합 또는 과도한 겸영사업으로 인하여 도매시장법인의 도매업무가 약화될 우려가 있는 경우에는 대통령령으로 정하는 바에 따라 제4항 단서에 따른 겸영사업을 1년 이내의 범위에서 제한할 수 있다.

제17조의6(도매시장법인의 겸영사업의 제한) ① 도매시장 개설자는 법 제35조제5항에 따라 도매시장법인이 겸영사업으로 수탁·매수한 농수산물을 법 제32조, 제33조제1항, 제34조 및 제35조제1항부터 제3항까지의 규정을 위반하여 판매함으로써 산지 출하자와의 업무 경합 또는 과도한 겸영사업으로 인한 도매시장법인의 도매업무 약화가 우려되는 경우에는 법 제78조에 따른 시장관리운영위원회의 심의를 거쳐 법 제35조제4항 단서에 따른 겸영사업을 다음 각 호와 같이 제한할 수 있다.

1. 제1차 위반 : 보완명령
2. 제2차 위반 : 1개월 금지
3. 제3차 위반 : 6개월 금지
4. 제4차 위반 : 1년 금지

② 제1항에 따라 겸영사업을 제한하는 경우 위반행위의 차수에 따른 처분기준은 최근 3년간 같은 위반행위로 처분을 받은 경우에 적용한다.

제33조의2(견본거래 대상 물품의 보관·저장시설의 기준) 법 제35조제2항제2호에서 "농림축산식품부령 또는 해양수산부령으로 정하는 일정 기준 이상의 시설"이란 다음 각 호의 시설을 말한다.

1. 165제곱미터 이상의 농산물 저온저장시설
2. 냉장 능력이 1천톤 이상이고 「농수산물 품질관리법」 제74조제1항에 따라 수산물가공업(냉동·냉장업)을 등록한 시설

제35조의2(도매시장법인 등의 공시) ① 도매시장법인 또는 시장도매인은 출하자와 소비자의 권익보호를 위하여 거래물량, 가격정보 및 재무상황 등을 공시하여야 한다.
② 제1항에 따른 공시내용, 공시방법 및 공시절차 등에 관하여 필요한 사항은 농림축산식품부령 또는 해양수산부령으로 정한다.

규칙 제34조의2(도매시장법인 등의 공시) ① 법 제35조의2에 따라 도매시장법인 또는 시장도매인이 공시하여야 할 내용은 다음 각 호와 같다.
　1. 거래일자별 · 품목별 반입량 및 가격정보
　2. 주주 및 임원의 현황과 그 변동사항
　3. 겸영사업을 하는 경우 사업내용
　4. 직전 회계연도의 재무제표
② 제1항에 따른 공시는 해당 도매시장의 게시판이나 정보통신망에 하여야 한다.

제36조(시장도매인의 지정) ① 시장도매인은 도매시장 개설자가 부류별로 지정한다. 이 경우 5년 이상 10년 이하의 범위에서 지정 유효기간을 설정할 수 있다.
② 제1항에 따른 시장도매인이 될 수 있는 자는 다음 각 호의 요건을 갖춘 법인이어야 한다. **1**
　1. 임원 중 이 법을 위반하여 금고 이상의 실형을 선고받고 그 형의 집행이 끝나거나(집행이 끝난 것으로 보는 경우를 포함한다) 집행이 면제된 후 2년이 지나지 아니한 사람이 없을 것
　2. 임원 중 해당 도매시장에서 시장도매인의 업무와 경합되는 도매업 또는 중도매업을 하는 사람이 없을 것
　3. 임원 중 파산선고를 받고 복권되지 아니한 사람이나 피성년후견인 또는 피한정후견인이 없을 것
　4. 임원 중 제82조제2항에 따라 시장도매인의 지정취소처분의 원인이 되는 사항에 관련된 사람이 없을 것
　5. 거래규모, 순자산액 비율 및 거래보증금 등 도매시장 개설자가 업무규정으로 정하는 일정 요건을 갖출 것
③ 시장도매인은 해당 임원이 제2항제1호부터 제4호까지의 어느 하나에 해당하는 요건을 갖추지 아니하게 되었을 때에는 그 임원을 지체 없이 해임하여야 한다.
④ 시장도매인의 지정절차와 그 밖에 지정에 필요한 사항은 대통령령으로 정한다.

영 제18조(시장도매인의 지정절차 등) ① 법 제36조제1항에 따라 시장도매인 지정을 받으려는 자는 시장도매인 지정신청서(전자문서로 된 신청서를 포함한다)에 다음 각 호의 서류(전자문서를 포함한다)를 첨부하여 도매시장 개설자에게 제출하여야 한다. 이 경우 시장도매인의 지정절차에 관하여는 제17조제1항 각 호 외의 부분 후단을 준용한다.
　1. 정관
　2. 주주 명부
　3. 임원의 이력서
　4. 해당 법인의 직전 회계연도의 재무제표와 그 부속서류(신설 법인의 경우에는 설립일을 기준으로 작성한 대차대조표)
　5. 사업시작 예정일부터 5년간의 사업계획서(산지활동계획, 농수산물판매계획, 자금운용계획, 조직 및 인력운용계획 등을 포함한다)
　6. 거래규모, 순자산액 비율 및 거래보증금 등 도매시장 개설자가 업무규정으로 정한 요건을 갖추고 있음을 증명하는 서류
② 도매시장 개설자는 제1항에 따라 신청을 받았을 때에는 업무규정으로 정한 시장도매인의 적정수의 범위에서 이를 지정하여야 한다.

제36조의2(시장도매인의 인수 · 합병) 시장도매인의 인수 · 합병에 대하여는 제23조의2를 준용한다. 이 경우 "도매시장법인"은 "시장도매인"으로 본다.

제37조(시장도매인의 영업) ① 시장도매인은 도매시장에서 농수산물을 매수 또는 위탁받아 도매하거나 매매를 중개할 수 있다. 다만, 도매시장 개설자는 거래질서의 유지를 위하여 필요하다고 인정하는 경우 등 농림축산식품부령 또는 해양수산부령으로 정하는 경우에는 품목과 기간을 정하여 시장도매인이 농수산물을 위탁받아 도매하는 것을 제한 또는 금지할 수 있다.
② 시장도매인은 해당 도매시장의 도매시장법인 · 중도매인에게 농수산물을 판매하지 못한다. **1**

규칙 제35조(시장도매인의 영업) ① 법 제37조제1항에 따라 도매시장에서 시장도매인이 매수 · 위탁 또는 중개할 때에는 출하자와 협의하여 송품장에 적은 거래방법에 따라서 하여야 한다.
② 도매시장 개설자는 거래질서 유지를 위하여 필요한 경우에는 업무규정으로 정하는 바에 따라 시장도매인이 제1항에 따라 거래한 명세를 도매시장 개설자가 설치한 거래신고소에 제출하게 할 수 있다.
③ 법 제37조제1항 단서에 따라 도매시장 개설자가 시장도매인이 농수산물을 위탁받아 도매하는 것을 제한하거나 금지할 수 있는 경우는 다음 각 호와 같다.
　　1. 대금결제 능력을 상실하여 출하자에게 피해를 입힐 우려가 있는 경우
　　2. 표준정산서에 거래량 · 거래방법을 거짓으로 적는 등 불공정행위를 한 경우
　　3. 그 밖에 도매시장 개설자가 도매시장의 거래질서 유지를 위하여 필요하다고 인정하는 경우
④ 도매시장 개설자는 제3항에 따라 시장도매인의 거래를 제한하거나 금지하려는 경우에는 그 대상자, 거래제한 또는 거래금지의 사유, 해당 농수산물의 품목 및 기간을 정하여 공고하여야 한다.

제38조(수탁의 거부금지 등) 도매시장법인 또는 시장도매인은 그 업무를 수행할 때에 다음 각 호의 어느 하나에 해당하는 경우를 제외하고는 입하된 농수산물의 수탁을 거부 · 기피하거나 위탁받은 농수산물의 판매를 거부 · 기피하거나, 거래 관계인에게 부당한 차별대우를 하여서는 아니 된다.
　　1. 제10조제2항에 따른 유통명령을 위반하여 출하하는 경우
　　2. 제30조에 따른 출하자 신고를 하지 아니하고 출하하는 경우
　　3. 제38조의2에 따른 안전성 검사 결과 그 기준에 미달되는 경우
　　4. 도매시장 개설자가 업무규정으로 정하는 최소출하량의 기준에 미달되는 경우
　　5. 그 밖에 환경 개선 및 규격출하 촉진 등을 위하여 대통령령으로 정하는 경우

영 제18조의2(수탁을 거부할 수 있는 사유) 법 제38조제5호에서 "대통령령으로 정하는 경우"란 농림축산식품부장관, 해양수산부장관 또는 도매시장 개설자가 정하여 고시한 품목을 「농수산물 품질관리법」 제5조제1항에 따른 표준규격에 따라 출하하지 아니한 경우를 말한다.

제38조의2(출하 농수산물의 안전성 검사) ① 도매시장 개설자는 해당 도매시장에 반입되는 농수산물에 대하여 「농수산물 품질관리법」 제61조에 따른 유해물질의 잔류허용기준 등의 초과 여부에 관한 안전성 검사를 하여야 한다. 이 경우 도매시장 개설자 중 시는 제17조제1항 단서에 따라 해당 도매시장의 개설을 허가한 도지사 소속의 검사기관에 안전성 검사를 의뢰할 수 있다.

② 도매시장 개설자는 제1항에 따른 안전성 검사 결과 그 기준에 못 미치는 농수산물을 출하하는 자에 대하여 1년 이내의 범위에서 해당 농수산물과 같은 품목의 농수산물을 해당 도매시장에 출하하는 것을 제한할 수 있다. 이 경우 다른 도매시장 개설자로부터 안전성 검사 결과 출하 제한을 받은 자에 대해서도 또한 같다.

③ 제1항에 따른 안전성 검사의 실시 기준 및 방법과 제2항에 따른 출하제한의 기준 및 절차 등에 관하여 필요한 사항은 농림축산식품부령 또는 해양수산부령으로 정한다.

영 제35조의2(안전성 검사의 실시 기준 및 방법 등) ① 법 제38조의2제1항에 따른 안전성 검사의 실시 기준 및 방법은 별표 1과 같다.

② 도매시장 개설자는 제1항에 따른 안전성 검사 결과 기준미달로 판정되면 기준미달품 출하자(다른 도매시장 개설자로부터 안전성 검사 결과 출하제한을 받은 자를 포함한다)에 대하여 다음 각 호에 따라 해당 농수산물과 같은 품목의 농수산물을 도매시장에 출하하는 것을 제한할 수 있다.

　　1. 최근 1년 이내에 1회 적발 시 : 1개월

　　2. 최근 1년 이내에 2회 적발 시 : 3개월

　　3. 최근 1년 이내에 3회 적발 시 : 6개월

③ 제2항에 따른 출하제한을 하는 경우에 도매시장 개설자는 제1항에 따른 안전성 검사 결과 기준 미달품 발생사항과 출하제한 기간 등을 해당 출하자와 다른 도매시장 개설자에게 서면 또는 전자적 방법 등으로 알려야 한다.

제39조(매매 농수산물의 인수 등) ① 도매시장법인 또는 시장도매인으로부터 농수산물을 매수한 자는 매매가 성립한 즉시 그 농수산물을 인수하여야 한다.

② 도매시장법인 또는 시장도매인은 제1항에 따른 매수인이 정당한 사유 없이 매수한 농수산물의 인수를 거부하거나 게을리하였을 때에는 그 매수인의 부담으로 해당 농수산물을 일정 기간 보관하거나, 그 이행을 최고(催告)하지 아니하고 그 매매를 해제하여 다시 매매할 수 있다.

③ 제2항의 경우 차손금이 생겼을 때에는 당초의 매수인이 부담한다.

제40조(하역업무) ① 도매시장 개설자는 도매시장에서 하는 하역업무의 효율화를 위하여 하역체제의 개선 및 하역의 기계화 촉진에 노력하여야 하며, 하역비의 절감으로 출하자의 이익을 보호하기 위하여 필요한 시책을 수립·시행하여야 한다.

② 도매시장 개설자가 업무규정으로 정하는 규격출하품에 대한 표준하역비(도매시장 안에서 규격출하품을 판매하기 위하여 필수적으로 드는 하역비를 말한다)는 도매시장법인 또는 시장도매인이 부담한다.

③ 농림축산식품부장관 또는 해양수산부장관은 제1항에 따른 하역체제의 개선 및 하역의 기계화와 제2항에 따른 규격출하의 촉진을 위하여 도매시장 개설자에게 필요한 조치를 명할 수 있다.

④ 도매시장법인 또는 시장도매인은 도매시장에서 하는 하역업무에 대하여 하역 전문업체 등과 용역계약을 체결할 수 있다.

제41조(출하자에 대한 대금결제) ① 도매시장법인 또는 시장도매인은 매수하거나 위탁받은 농수산물이 매매되었을 때에는 그 대금의 전부를 출하자에게 즉시 결제하여야 한다. 다만, 대금의 지급방법에 관하여 도매시장법인 또는 시장도매인과 출하자 사이에 특약이 있는 경우에는 그 특약에 따른다.

② 도매시장법인 또는 시장도매인은 제1항에 따라 출하자에게 대금을 결제하는 경우에는 표준송품장과 판매원표를 확인하여 작성한 표준정산서를 출하자와 정산 조직(제41조의2에 따른 대금정산조직 또는 그 밖에 대금정산을 위한 조직 등을 말한다)에 각각 발급하고, 정산 조직에 대금결제를 의뢰하여 정산 조직에서 출하자에게 대금을 지급하는 방법으로 하여야 한다. 다만, 도매시장 개설자가 농림축산식품부령 또는 해양수산부령으로 정하는 바에 따라 인정하는 도매시장법인의 경우에는 출하자에게 대금을 직접 결제할 수 있다.

③ 제2항에 따른 표준송품장, 판매원표, 표준정산서, 대금결제의 방법 및 절차 등에 관하여 필요한 사항은 농림축산식품부령 또는 해양수산부령으로 정한다.

제41조의2(대금정산조직 설립의 지원) 도매시장 개설자는 도매시장법인·시장도매인·중도매인 등이 공동으로 다음 각 호의 대금의 정산을 위한 조합, 회사 등(이하 "대금정산조직"이라 한다)을 설립하는 경우 그에 대한 지원을 할 수 있다.

1. 출하대금
2. 도매시장법인과 중도매인 또는 매매참가인 간의 농수산물 거래에 따른 판매대금

규칙 제36조(대금결제의 절차 등) ① 법 제41조제2항 본문에 따라 별도의 정산 창구(법 제41조의2에 따른 대금정산조직을 포함한다)를 통하여 출하대금결제를 하는 경우에는 다음 각 호의 절차에 따른다.

1. 출하자는 송품장을 작성하여 도매시장법인 또는 시장도매인에게 제출
2. 도매시장법인 또는 시장도매인은 출하자에게서 받은 송품장의 사본을 도매시장 개설자가 설치한 거래신고소에 제출
3. 도매시장법인 또는 시장도매인은 표준정산서를 출하자와 정산 창구에 발급하고, 정산 창구에 대금결제를 의뢰
4. 정산 창구에서는 출하자에게 대금을 결제하고, 표준정산서 사본을 거래신고소에 제출

② 제1항에 따른 출하대금결제와 법 제41조의2에 따른 판매대금결제를 위한 정산창구의 운영방법 및 관리에 관한 사항은 도매시장 개설자가 업무규정으로 정한다.

제42조(수수료 등의 징수제한) ① 도매시장 개설자, 도매시장법인, 시장도매인, 중도매인 또는 대금정산조직은 해당 업무와 관련하여 징수 대상자에게 다음 각 호의 금액 외에는 어떠한 명목으로도 금전을 징수하여서는 아니 된다.

1. 도매시장 개설자가 도매시장법인 또는 시장도매인으로부터 도매시장의 유지·관리에 필요한 최소한의 비용으로 징수하는 도매시장의 사용료
2. 도매시장 개설자가 도매시장의 시설 중 농림축산식품부령 또는 해양수산부령으로 정하는 시설에 대하여 사용자로부터 징수하는 시설 사용료
3. 도매시장법인이나 시장도매인이 농수산물의 판매를 위탁한 출하자로부터 징수하는 거래액의 일정 비율 또는 일정액에 해당하는 위탁수수료
4. 시장도매인 또는 중도매인이 농수산물의 매매를 중개한 경우에 이를 매매한 자로부터 징수하는 거래액의 일정 비율에 해당하는 중개수수료
5. 거래대금을 정산하는 경우에 도매시장법인·시장도매인·중도매인·매매참가인 등이 대금정산조직에 납부하는 정산수수료

② 제1항제1호부터 제5호까지의 규정에 따른 사용료 및 수수료의 요율은 농림축산식품부령 또는 해양수산부령으로 정한다.

제42조의2(지방도매시장의 운영 등에 관한 특례) ① 지방도매시장의 개설자는 해당 도매시장의 규모 및 거래물량 등에 비추어 필요하다고 인정하는 경우 제31조제1항 단서 및 제2항 단서에 따라 농림축산식품부령 또는 해양수산부령으로 정하는 사유와 다른 내용의 특례를 업무규정으로 정할 수 있다.

참조 **규칙 제26조(수탁판매의 예외)** ① 법 제31조제1항 단서에 따라 도매시장법인이 농수산물을 매수하여 도매할 수 있는 경우는 다음 각 호와 같다.

1. 법 제9조제1항 단서 또는 법 제13조제2항 단서에 따라 농림축산식품부장관 또는 해양수산부장관의 수매에 응하기 위하여 필요한 경우
2. 법 제34조에 따라 다른 도매시장법인 또는 시장도매인으로부터 매수하여 도매하는 경우
3. 해당 도매시장에서 주로 취급하지 아니하는 농수산물의 품목을 갖추기 위하여 대상 품목과 기간을 정하여 도매시장 개설자의 승인을 받아 다른 도매시장으로부터 이를 매수하는 경우
4. 물품의 특성상 외형을 변형하는 등 가공하여 도매하여야 하는 경우로서 도매시장 개설자가 업무규정으로 정하는 경우
5. 도매시장법인이 법 제35조제4항 단서에 따른 겸영사업에 필요한 농수산물을 매수하는 경우
6. 수탁판매의 방법으로는 적정한 거래물량의 확보가 어려운 경우로서 농림축산식품부장관 또는 해양수산부장관이 고시하는 범위에서 중도매인 또는 매매참가인의 요청으로 그 중도매인 또는 매매참가인에게 정가·수의매매로 도매하기 위하여 필요한 물량을 매수하는 경우

② 도매시장법인은 제1항에 따라 농수산물을 매수하여 도매한 경우에는 업무규정에서 정하는 바에 따라 다음 각 호의 사항을 도매시장 개설자에게 지체 없이 알려야 한다.

  1. 매수하여 도매한 물품의 품목 · 수량 · 원산지 · 매수가격 · 판매가격 및 출하자

  2. 매수하여 도매한 사유

제42조의3(과밀부담금의 면제) 도매시장의 시설현대화 사업으로 건축하는 건축물에 대해서는 「수도권정비계획법」 제12조에도 불구하고 그 과밀부담금을 부과하지 아니한다.

제4장 농수산물공판장 및 민영농수산물도매시장 등

제43조(공판장의 개설) ① 농림수협등, 생산자단체 또는 공익법인이 공판장을 개설하려면 시 · 도지사의 승인을 받아야 한다. **1**

② 농림수협등, 생산자단체 또는 공익법인이 제1항에 따라 공판장의 개설승인을 받으려면 농림축산식품부령 또는 해양수산부령으로 정하는 바에 따라 공판장 개설승인 신청서에 업무규정과 운영관리계획서 등 승인에 필요한 서류를 첨부하여 시 · 도지사에게 제출하여야 한다.

③ 제2항에 따른 공판장의 업무규정 및 운영관리계획서에 정할 사항에 관하여는 제17조제5항 및 제7항을 준용한다.

④ 시 · 도지사는 제2항에 따른 신청이 다음 각 호의 어느 하나에 해당하는 경우를 제외하고는 승인을 하여야 한다.

  1. 공판장을 개설하려는 장소가 교통체증을 유발할 수 있는 위치에 있는 경우

  2. 공판장의 시설이 제67조제2항에 따른 기준에 적합하지 아니한 경우

  3. 제2항에 따른 운영관리계획서의 내용이 실현 가능하지 아니한 경우

  4. 그 밖에 이 법 또는 다른 법령에 따른 제한에 위반되는 경우

참조 **규칙 제40조(공판장의 개설승인 절차)** ① 법 제43조제2항에 따른 공판장 개설승인 신청서에는 다음 각 호의 서류를 첨부하여야 한다.

  1. 공판장의 업무규정. 다만, 도매시장의 업무규정에서 이를 정하는 도매시장공판장의 경우는 제외한다.

  2. 운영관리계획서

② 제1항에 따른 공판장의 업무규정 및 운영관리계획서에 정할 사항에 관하여는 제16조제1항 및 제17조를 준용한다.

③ 공판장 개설자가 업무규정을 변경한 경우에는 이를 특별시장 · 광역시장 · 특별자치시장 · 도지사 또는 특별자치도지사에게 보고하여야 한다.

제44조(공판장의 거래 관계자) ① 공판장에는 중도매인, 매매참가인, 산지유통인 및 경매사를 둘 수 있다. **1**

② 공판장의 중도매인은 공판장의 개설자가 지정한다. 이 경우 중도매인의 지정 등에 관하여는 제25조제3항 및 제4항을 준용한다. **1**

③ 농수산물을 수집하여 공판장에 출하하려는 자는 공판장의 개설자에게 산지유통인으로 등록하여야 한다. 이 경우 산지유통인의 등록 등에 관하여는 제29조제1항 단서 및 같은 조 제3항부터 제6항까지의 규정을 준용한다.

④ 공판장의 경매사는 공판장의 개설자가 임면한다. 이 경우 경매사의 자격기준 및 업무 등에 관하여는 제27조제2항부터 제4항까지 및 제28조를 준용한다. **1**

제45조(공판장의 운영 등) 공판장의 운영 및 거래방법 등에 관하여는 제31조부터 제34조까지, 제38조, 제39조, 제40조, 제41조제1항 및 제42조를 준용한다. 다만, 공판장의 규모·거래물량 등에 비추어 이를 준용하는 것이 적합하지 아니한 공판장의 경우에는 개설자가 합리적이라고 인정되는 범위에서 업무규정으로 정하는 바에 따라 운영 및 거래방법 등을 달리 정할 수 있다.

제46조(도매시장공판장의 운영 등에 관한 특례) ① 도매시장공판장의 운영 및 거래방법 등에 관하여는 제30조제2항, 제31조제1항, 제32조부터 제34조까지, 제35조제2항부터 제5항까지, 제35조의2, 제38조, 제39조부터 제41조까지, 제41조의2 및 제42조를 준용한다.

② 도매시장공판장의 중도매인에 관하여는 제25조, 제31조제2항부터 제7항까지, 제42조 및 제75조를 준용한다.

③ 도매시장공판장의 산지유통인에 관하여는 제29조를 준용한다.

④ 도매시장공판장의 경매사에 관하여는 제27조 및 제28조를 준용한다.

⑤ 도매시장공판장은 제70조에 따른 농림수협등의 유통자회사로 하여금 운영하게 할 수 있다.

제47조(민영도매시장의 개설) ① 민간인등이 특별시 · 광역시 · 특별자치시 · 특별자치시 · 도 또는 시 지역에 민영도매시장을 개설하려면 **시 · 도지사**의 허가를 받아야 한다. **2**

② 민간인등이 제1항에 따라 민영도매시장의 개설허가를 받으려면 농림축산식품부령 또는 해양수산부령으로 정하는 바에 따라 민영도매시장 개설허가 신청서에 업무규정과 운영관리계획서를 첨부하여 시 · 도지사에게 제출하여야 한다.

③ 제2항에 따른 업무규정 및 운영관리계획서에 관하여는 제17조제5항 및 제7항을 준용한다.

④ 시 · 도지사는 다음 각 호의 어느 하나에 해당하는 경우를 제외하고는 제1항에 따라 허가하여야 한다.

    1. 민영도매시장을 개설하려는 장소가 교통체증을 유발할 수 있는 위치에 있는 경우 **1**

    2. 민영도매시장의 시설이 제67조제2항에 따른 기준에 적합하지 아니한 경우

    3. 운영관리계획서의 내용이 실현 가능하지 아니한 경우

    4. 그 밖에 이 법 또는 다른 법령에 따른 제한에 위반되는 경우

⑤ 시 · 도지사는 제2항에 따른 민영도매시장 개설허가의 신청을 받은 경우 신청서를 받은 날부터 30일 이내에 허가 여부 또는 허가처리 지연 사유를 신청인에게 통보하여야 한다. 이 경우 허가 처리기간에 허가 여부 또는 허가처리 지연 사유를 통보하지 아니하면 허가 처리기간의 마지막 날의 **다음 날**에 허가를 한 것으로 본다. **1**

⑥ 시 · 도지사는 제5항에 따라 허가처리 지연 사유를 통보하는 경우에는 허가 처리기간을 10일 범위에서 한 번만 연장할 수 있다. **1**

제48조(민영도매시장의 운영 등) ① 민영도매시장의 개설자는 중도매인, 매매참가인, 산지유통인 및 경매사를 두어 직접 운영하거나 시장도매인을 두어 이를 운영하게 할 수 있다. **1**

② 민영도매시장의 중도매인은 민영도매시장의 개설자가 지정한다. 이 경우 중도매인의 지정 등에 관하여는 제25조제3항 및 제4항을 준용한다. **1**

참조 **규칙 제41조(민영도매시장의 개설허가 절차)** 법 제47조에 따라 민영도매시장을 개설하려는 자는 시 · 도지사가 정하는 개설허가신청서에 다음 각 호의 서류를 첨부하여 시 · 도지사에게 제출하여야 한다.

    1. 민영도매시장의 업무규정

    2. 운영관리계획서

    3. 해당 민영도매시장의 소재지를 관할하는 시장 또는 자치구의 구청장의 의견서

③ 농수산물을 수집하여 민영도매시장에 출하하려는 자는 민영도매시장의 개설자에게 산지유통인으로 등록하여야 한다. 이 경우 산지유통인의 등록 등에 관하여는 제29조제1항 단서 및 같은 조 제3항부터 제6항까지의 규정을 준용한다.

④ 민영도매시장의 경매사는 민영도매시장의 개설자가 임면한다. 이 경우 경매사의 자격기준 및 업무 등에 관하여는 제27조제2항부터 제4항까지 및 제28조를 준용한다.

⑤ 민영도매시장의 시장도매인은 민영도매시장의 개설자가 지정한다. 이 경우 시장도매인의 지정 및 영업 등에 관하여는 제36조제2항부터 제4항까지, 제37조, 제38조, 제39조, 제41조 및 제42조를 준용한다. **1**

⑥ 민영도매시장의 개설자가 중도매인, 매매참가인, 산지유통인 및 경매사를 두어 직접 운영하는 경우 그 운영 및 거래방법 등에 관하여는 제31조부터 제34조까지, 제38조, 제39조부터 제41조까지 및 제42조를 준용한다. 다만, 민영도매시장의 규모ㆍ거래물량 등에 비추어 해당 규정을 준용하는 것이 적합하지 아니한 민영도매시장의 경우에는 그 개설자가 합리적이라고 인정되는 범위에서 업무규정으로 정하는 바에 따라 그 운영 및 거래방법 등을 달리 정할 수 있다.

제49조(산지판매제도의 확립) ① 농림수협등 또는 공익법인은 생산지에서 출하되는 주요 품목의 농수산물에 대하여 산지경매제를 실시하거나 계통출하를 확대하는 등 생산자 보호를 위한 판매대책 및 선별ㆍ포장ㆍ저장 시설의 확충 등 산지 유통대책을 수립ㆍ시행하여야 한다.

② 농림수협등 또는 공익법인은 제33조에 따른 경매 또는 입찰의 방법으로 창고경매, 포전경매 또는 선상경매 등을 할 수 있다.

제50조(농수산물집하장의 설치ㆍ운영) ① 생산자단체 또는 공익법인은 농수산물을 대량 소비지에 직접 출하할 수 있는 유통체제를 확립하기 위하여 필요한 경우에는 농수산물집하장을 설치ㆍ운영할 수 있다. **1**

② 국가와 지방자치단체는 농수산물집하장의 효과적인 운영과 생산자의 출하편의를 도모할 수 있도록 그 입지 선정과 도로망의 개설에 협조하여야 한다. **1**

③ 생산자단체 또는 공익법인은 제1항에 따라 운영하고 있는 농수산물집하장 중 제67조제2항에 따른 공판장의 시설기준을 갖춘 집하장을 시·도지사의 승인을 받아 공판장으로 운영할 수 있다.

제51조(농수산물산지유통센터의 설치·운영 등) ① 국가나 지방자치단체는 농수산물의 선별·포장·규격출하·가공·판매 등을 촉진하기 위하여 농수산물산지유통센터를 설치하여 운영하거나 이를 설치하려는 자에게 부지 확보 또는 시설물 설치 등에 필요한 지원을 할 수 있다.
② 국가나 지방자치단체는 농수산물산지유통센터의 운영을 생산자단체 또는 전문유통업체에 위탁할 수 있다.
③ 농수산물산지유통센터의 운영 등에 필요한 사항은 농림축산식품부령 또는 해양수산부령으로 정한다.

> **참조** **규칙 제42조의2(농수산물산지유통센터의 운영)** 법 제51조제2항에 따라 농수산물산지유통센터의 운영을 위탁한 자는 시설물 및 장비의 유지·관리 등에 소요되는 비용에 충당하기 위하여 농수산물산지유통센터의 운영을 위탁받은 자와 협의하여 매출액의 1천분의 5를 초과하지 아니하는 범위에서 시설물 및 장비의 이용료를 징수할 수 있다.

제52조(농수산물 유통시설의 편의제공) 국가나 지방자치단체는 그가 설치한 농수산물 유통시설에 대하여 생산자단체, 농업협동조합중앙회, 산림조합중앙회, 수산업협동조합중앙회 또는 공익법인으로부터 이용 요청을 받으면 해당 시설의 이용, 면적 배정 등에서 우선적으로 편의를 제공하여야 한다.

제53조(포전매매의 계약) ① 농림축산식품부장관이 정하는 채소류 등 저장성이 없는 농산물의 포전매매(생산자가 수확하기 이전의 경작상태에서 면적단위 또는 수량단위로 매매하는 것을 말한다. 이하 이 조에서 같다)의 계약은 서면에 의한 방식으로 하여야 한다.
② 제1항에 따른 농산물의 포전매매의 계약은 특약이 없으면 매수인이 그 농산물을 계약서에 적힌 반출 약정일부터 10일 이내에 반출하지 아니한 경우에는 그 기간이 지난 날에 계약이 해제된 것으로 본다. 다만, 매수인이 반출 약정일이 지나기 전에 반출 지연 사유와 반출 예정일을 서면으로 통지한 경우에는 그러하지 아니하다.
③ 농림축산식품부장관은 제1항에 따른 포전매매의 계약에 필요한 표준계약서를 정하여 보급하고 그 사용을 권장할 수 있으며, 계약당사자는 표준계약서에 준하여 계약하여야 한다.

④ 농림축산식품부장관과 지방자치단체의 장은 생산자 및 소비자의 보호나 농산물의 가격 및 수급의 안정을 위하여 특히 필요하다고 인정할 때에는 대상 품목, 대상 지역 및 신고기간 등을 정하여 계약 당사자에게 포전매매 계약의 내용을 신고하도록 할 수 있다.

제5장 농산물가격안정기금

제54조(기금의 설치) 정부는 농산물(축산물 및 임산물을 포함한다)의 원활한 수급과 가격안정을 도모하고 유통구조의 개선을 촉진하기 위한 재원을 확보하기 위하여 농산물가격안정기금을 설치한다.

영 제21조(기금계정의 설치) 농림축산식품부장관은 법 제54조에 따른 농산물가격안정기금의 수입과 지출을 명확히 하기 위하여 한국은행에 기금계정을 설치하여야 한다.

제55조(기금의 조성) ① 기금은 다음 각 호의 재원으로 조성한다.
  1. 정부의 출연금
  2. 기금 운용에 따른 수익금
  3. 제9조의2제3항, 제16조제2항 및 다른 법률의 규정에 따라 납입되는 금액
  4. 다른 기금으로부터의 출연금 ▮
② 농림축산식품부장관은 기금의 운영에 필요하다고 인정할 때에는 기금의 부담으로 한국은행 또는 다른 기금으로부터 자금을 차입할 수 있다.

제56조(기금의 운용·관리) ① 기금은 국가회계원칙에 따라 농림축산식품부장관이 운용·관리한다.
③ 기금의 운용·관리에 관한 농림축산식품부장관의 업무는 대통령령으로 정하는 바에 따라 그 일부를 국립종자원장과 한국농수산식품유통공사의 장에게 위임 또는 위탁할 수 있다.
④ 기금의 운용·관리에 관하여 이 법에서 규정한 사항 외에 필요한 사항은 대통령령으로 정한다.

영 제22조(기금의 운용·관리사무의 위임·위탁) ② 농림축산식품부장관은 법 제56조제3항에 따라 기금의 운용·관리에 관한 업무 중 다음 각 호의 업무를 한국농수산식품유통공사의 장에게 위탁한다.
  1. 종자사업과 관련한 업무를 제외한 기금의 수입·지출
  2. 종자사업과 관련한 업무를 제외한 기금재산의 취득·운영·처분 등
  3. 기금의 여유자금의 운용
  4. 그 밖에 기금의 운용·관리에 관한 사항으로서 농림축산식품부장관이 정하는 업무

제57조(기금의 용도) ① 기금은 다음 각 호의 사업을 위하여 필요한 경우에 융자 또는 대출할 수 있다.

1. 농산물의 가격조절과 생산·출하의 장려 또는 조절
2. 농산물의 수출 촉진 **1**
3. 농산물의 보관·관리 및 가공
4. 도매시장, 공판장, 민영도매시장 및 경매식 집하장(제50조에 따른 농수산물집하장 중 제33조에 따른 경매 또는 입찰의 방법으로 농수산물을 판매하는 집하장을 말한다)의 출하촉진·거래대금정산·운영 및 시설설치
5. 농산물의 상품성 향상
6. 그 밖에 농림축산식품부장관이 농산물의 유통구조 개선, 가격안정 및 종자산업의 진흥을 위하여 필요하다고 인정하는 사업

② 기금은 다음 각 호의 사업을 위하여 지출한다.

1. 「농수산자조금의 조성 및 운용에 관한 법률」 제5조에 따른 농수산자조금에 대한 출연 및 지원
2. 제9조, 제9조의2, 제13조 및 「종자산업법」 제22조에 따른 사업 및 그 사업의 관리
2의2. 제12조에 따른 유통명령 이행자에 대한 지원
3. 기금이 관리하는 유통시설의 설치·취득 및 운영
4. 도매시장 시설현대화 사업 지원
5. 그 밖에 대통령령으로 정하는 농산물의 유통구조 개선 및 가격안정과 종자산업의 진흥을 위하여 필요한 사업

③ 제1항에 따른 기금의 융자를 받을 수 있는 자는 농업협동조합중앙회(농협경제지주회사 및 그 자회사를 포함한다), 산림조합중앙회 및 한국농수산식품유통공사로 하고, 대출을 받을 수 있는 자는 농림축산식품부장관이 제1항 각 호에 따른 사업을 효율적으로 시행할 수 있다고 인정하는 자로 한다.

④ 기금의 대출에 관한 농림축산식품부장관의 업무는 제3항에 따라 기금의 융자를 받을 수 있는 자에게 위탁할 수 있다.

영 제23조(기금의 지출 대상사업) 법 제57조제2항제5호에 따라 기금에서 지출할 수 있는 사업은 다음 각 호와 같다.

1. 농산물의 가공·포장 및 저장기술의 개발, 브랜드 육성, 저온유통, 유통정보화 및 물류 표준화의 촉진 **1**
2. 농산물의 유통구조 개선 및 가격안정사업과 관련된 조사·연구·홍보·지도·교육훈련 및 해외시장개척 **1**
3. 종자산업의 진흥과 관련된 우수 종자의 품종육성·개발, 우수 유전자원의 수집 및 조사·연구 **1**
4. 식량작물과 축산물을 제외한 농산물의 유통구조 개선을 위한 생산자의 공동이용시설에 대한 지원 **1**
5. 농산물 가격안정을 위한 안전성 강화와 관련된 조사·연구·홍보·지도·교육훈련 및 검사·분석시설 지원 **1**

⑤ 기금을 융자받거나 대출받은 자는 융자 또는 대출을 할 때에 지정한 목적 외의 목적에 그 융자금 또는 대출금을 사용할 수 없다.

제58조(기금의 회계기관) ① 농림축산식품부장관은 기금의 수입과 지출에 관한 사무를 수행하게 하기 위하여 소속 공무원 중에서 기금수입징수관·기금재무관·기금지출관 및 기금출납공무원을 임명한다.

② 농림축산식품부장관은 제56조제3항에 따라 기금의 운용·관리에 관한 업무의 일부를 위임 또는 위탁한 경우, 위임 또는 위탁받은 기관의 소속 공무원 또는 임직원 중에서 위임 또는 위탁받은 업무를 수행하기 위한 기금수입징수관 또는 기금수입담당임원, 기금재무관 또는 기금지출원인행위담당임원, 기금지출관 또는 기금지출원 및 기금출납공무원 또는 기금출납원을 임명하여야 한다. 이 경우 기금수입담당임원은 기금수입징수관의 직무를, 기금지출원인행위담당임원은 기금재무관의 직무를, 기금지출원은 기금지출관의 직무를, 기금출납원은 기금출납공무원의 직무를 수행한다.

③ 농림축산식품부장관은 제1항 및 제2항에 따라 기금수입징수관·기금재무관·기금지출관 및 기금출납공무원, 기금수입담당임원·기금지출원인행위담당임원·기금지출원 및 기금출납원을 임명하였을 때에는 감사원, 기획재정부장관 및 한국은행총재에게 그 사실을 통지하여야 한다.

제59조(기금의 손비처리) 농림축산식품부장관은 다음 각 호의 어느 하나에 해당하는 비용이 생기면 이를 기금에서 손비로 처리하여야 한다.

　1. 제9조, 제13조 및 「종자산업법」 제22조에 따른 사업을 실시한 결과 생긴 결손금
　2. 차입금의 이자 및 기금의 운용에 필요한 경비

제60조(기금의 운용계획) ① 농림축산식품부장관은 회계연도마다 「국가재정법」 제66조에 따라 기금운용계획을 수립하여야 한다.

② 제1항의 기금운용계획에는 다음 각 호의 사항이 포함되어야 한다.

　1. 기금의 수입·지출에 관한 사항
　2. 융자 또는 대출의 목적, 대상자, 금리 및 기간에 관한 사항
　3. 그 밖에 기금의 운용에 필요한 사항

③ 제2항제2호의 융자기간은 1년 이내로 하여야 한다. 다만, 시설자금의 융자 등 자금의 사용 목적상 1년 이내로 하는 것이 적당하지 아니하다고 인정되는 경우에는 그러하지 아니하다.

제60조의2(여유자금의 운용) 농림축산식품부장관은 기금의 여유자금을 다음 각 호의 방법으로 운용할 수 있다.

1. 「은행법」에 따른 은행에 예치
2. 국채·공채, 그 밖에 「자본시장과 금융투자업에 관한 법률」 제4조에 따른 증권의 매입

제61조(결산보고) 농림축산식품부장관은 회계연도마다 기금의 결산보고서를 작성하여 다음 연도 2월 말일까지 기획재정부장관에게 제출하여야 한다.

제6장 농수산물 유통기구의 정비 등

제62조(정비 기본방침 등) 농림축산식품부장관 또는 해양수산부장관은 농수산물의 원활한 수급과 유통질서를 확립하기 위하여 필요한 경우에는 다음 각 호의 사항을 포함한 농수산물 유통기구 정비기본방침을 수립하여 고시할 수 있다.

1. 제67조제2항에 따른 시설기준에 미달하거나 거래물량에 비하여 시설이 부족하다고 인정되는 도매시장·공판장 및 민영도매시장의 시설 정비에 관한 사항
2. 도매시장·공판장 및 민영도매시장 시설의 바꿈 및 이전에 관한 사항 ■
3. 중도매인 및 경매사의 가격조작 방지에 관한 사항 ■
4. 생산자와 소비자 보호를 위한 유통기구의 봉사 경쟁체제의 확립과 유통 경로의 단축에 관한 사항 ■
5. 운영 실적이 부진하거나 휴업 중인 도매시장의 정비 및 도매시장법인이나 시장도매인의 교체에 관한 사항 ■
6. 소매상의 시설 개선에 관한 사항 ■

제63조(지역별 정비계획) ① 시 · 도지사는 기본방침이 고시되었을 때에는 그 기본방침에 따라 지역별 정비계획을 수립하고 농림축산식품부장관 또는 해양수산부장관의 승인을 받아 그 계획을 시행하여야 한다.

② 농림축산식품부장관 또는 해양수산부장관은 제1항에 따른 지역별 정비계획의 내용이 기본방침에 부합되지 아니하거나 사정의 변경 등으로 실효성이 없다고 인정하는 경우에는 그 일부를 수정 또는 보완하여 승인할 수 있다.

제64조(유사 도매시장의 정비) ① 시 · 도지사는 농수산물의 공정거래질서 확립을 위하여 필요한 경우에는 농수산물도매시장과 유사(類似)한 형태의 시장을 정비하기 위하여 유사 도매시장구역을 지정하고, 농림축산식품부령 또는 해양수산부령으로 정하는 바에 따라 그 구역의 농수산물도매업자의 거래방법 개선, 시설 개선, 이전대책 등에 관한 정비계획을 수립 · 시행할 수 있다.

② 특별시 · 광역시 · 특별자치시 · 특별자치도 또는 시는 제1항에 따른 정비계획에 따라 유사 도매시장구역에 도매시장을 개설하고, 그 구역의 농수산물도매업자를 도매시장법인 또는 시장도매인으로 지정하여 운영하게 할 수 있다.

③ 농림축산식품부장관 또는 해양수산부장관은 시 · 도지사로 하여금 제1항에 따른 정비계획의 내용을 수정 또는 보완하게 할 수 있으며, 정비계획의 추진에 필요한 지원을 할 수 있다.

규칙 제43조(유사 도매시장의 정비) ① 법 제64조에 따라 시 · 도지사는 다음 각 호의 지역에 있는 유사 도매시장의 정비계획을 수립하여야 한다.

1. 특별시 · 광역시
2. 국고 지원으로 도매시장을 건설하는 지역
3. 그 밖에 시 · 도지사가 농수산물의 공공거래질서 확립을 위하여 특히 필요하다고 인정하는 지역

② 유사 도매시장의 정비계획에 포함되어야 할 사항은 다음 각 호와 같다.

1. 유사 도매시장구역으로 지정하려는 구체적인 지역의 범위
2. 제1호의 지역에 있는 농수산물도매업자의 거래방법의 개선방안
3. 유사 도매시장의 시설 개선 및 이전대책
4. 제3호에 따른 대책을 시행하는 경우의 대상자 선발기준

제65조(시장의 개설 · 정비 명령) ① 농림축산식품부장관 또는 해양수산부장관은 기본방침을 효과적으로 수행하기 위하여 필요하다고 인정할 때에는 도매시장 · 공판장 및 민영도매시장의 개설자에 대하여 대통령령으로 정하는 바에 따라 도매시장 · 공판장 및 민영도매시장의 통합 · 이전 또는 폐쇄를 명할 수 있다.

② 농림축산식품부장관 또는 해양수산부장관은 농수산물을 원활하게 수급하기 위하여 특정한 지역에 도매시장이나 공판장을 개설하거나 제한할 필요가 있다고 인정할 때에는 그 지역을 관할하는 특별시 · 광역시 · 특별자치시 · 특별자치도 또는 시나 농림수협등 또는 공익법인에 대하여 도매시장이나 공판장을 개설하거나 제한하도록 권고할 수 있다.

영 제33조(시장의 정비명령) ① 농림축산식품부장관 또는 해양수산부장관이 법 제65조제1항에 따라 도매시장, 농수산물공판장 및 민영농수산물도매시장의 통합 · 이전 또는 폐쇄를 명령하려는 경우에는 그에 필요한 적정한 기간을 두어야 하며, 다음 각 호의 사항을 비교 · 검토하여 조건이 불리한 시장을 통합 · 이전 또는 폐쇄하도록 해야 한다.

1. 최근 2년간의 거래 실적과 거래 추세
2. 입지조건
3. 시설현황
4. 통합 · 이전 또는 폐쇄로 인하여 당사자가 입게 될 손실의 정도

③ 정부는 제1항에 따른 명령으로 인하여 발생한 도매시장·공판장 및 민영도매시장의 개설자 또는 도매시장법인의 손실에 관하여는 대통령령으로 정하는 바에 따라 정당한 보상을 하여야 한다.

② 농림축산식품부장관 또는 해양수산부장관은 제1항에 따라 도매시장·공판장 및 민영도매시장의 통합·이전 또는 폐쇄를 명령하려는 경우에는 미리 관계인에게 제1항 각 호의 사항에 대하여 소명을 하거나 의견을 진술할 수 있는 기회를 주어야 한다.

③ 농림축산식품부장관 또는 해양수산부장관은 제1항에 따른 명령으로 인하여 발생한 손실에 대한 보상을 하려는 경우에는 미리 관계인과 협의를 하여야 한다.

제66조(도매시장법인의 대행) ① 도매시장 개설자는 도매시장법인이 판매업무를 할 수 없게 되었다고 인정되는 경우에는 기간을 정하여 그 업무를 대행하거나 관리공사, 다른 도매시장법인 또는 도매시장공판장의 개설자로 하여금 대행하게 할 수 있다.

② 제1항에 따라 도매시장법인의 업무를 대행하는 자에 대한 업무처리기준과 그 밖에 대행에 관하여 필요한 사항은 도매시장 개설자가 정한다.

제67조(유통시설의 개선 등) ① 농림축산식품부장관 또는 해양수산부장관은 농수산물의 원활한 유통을 위하여 도매시장·공판장 및 민영도매시장의 개설자나 도매시장법인에 대하여 농수산물의 판매·수송·보관·저장 시설의 개선 및 정비를 명할 수 있다.

② 도매시장·공판장 및 민영도매시장이 보유하여야 하는 시설의 기준은 부류별로 그 지역의 인구 및 거래물량 등을 고려하여 농림축산식품부령 또는 해양수산부령으로 정한다.

규칙 제44조(시설기준) ① 법 제67조제2항에 따라 부류별 도매시장·공판장·민영도매시장이 보유하여야 하는 시설의 최소기준은 별표 2와 같다.

② 시·도지사는 축산부류의 도매시장 및 공판장 개설자에 대하여 제1항에 따른 시설 외에 「축산물위생관리법」에 따른 도축장 또는 도계장 시설을 갖추게 할 수 있다.

제68조(농수산물 소매유통의 개선) ① 농림축산식품부장관, 해양수산부장관 또는 지방자치단체의 장은 생산자와 소비자를 보호하고 상거래질서를 확립하기 위한 농수산물 소매단계의 합리적 유통 개선에 대한 시책을 수립·시행할 수 있다.

② 농림축산식품부장관 또는 해양수산부장관은 제1항에 따른 시책을 달성하기 위하여 농수산물의 중도매업·소매업, 생산자와 소비자의 직거래사업, 생산자단체 및 대통령령으로 정하는 단체가 운영하는 농수산물직판장, 소매시설의 현대화 등을 농림축산식품부령 또는 해양수산부령으로 정하는 바에 따라 지원·육성한다.

③ 농림축산식품부장관, 해양수산부장관 또는 지방자치단체의 장은 제2항에 따른 농수산물소매업자 등이 농수산물의 유통 개선과 공동이익의 증진 등을 위하여 협동조합을 설립하는 경우에는 도매시장 또는 공판장의 이용편의 등을 지원할 수 있다.

제34조(농수산물직판장의 운영단체) 법 제68조제2항에서 "대통령령으로 정하는 단체"란 소비자단체 및 지방자치단체의 장이 직거래사업의 활성화를 위하여 필요하다고 인정하여 지정하는 단체를 말한다.

제45조(농수산물 소매유통의 지원) 농림축산식품부장관 또는 해양수산부장관이 법 제68조제2항에 따라 지원할 수 있는 사업은 다음 각 호와 같다.

1. 농수산물의 생산자 또는 생산자단체와 소비자 또는 소비자단체 간의 직거래사업
2. 농수산물소매시설의 현대화 및 운영에 관한 사업

3. 농수산물직판장의 설치 및 운영에 관한 사업

4. 그 밖에 농수산물직거래 및 소매유통의 활성화를 위하여 농림축산식품부장관 또는 해양수산부장관이 인정하는 사업

제69조(종합유통센터의 설치) ① 국가나 지방자치단체는 종합유통센터를 설치하여 생산자단체 또는 전문유통업체에 그 운영을 위탁할 수 있다.

② 국가나 지방자치단체는 종합유통센터를 설치하려는 자에게 부지 확보 또는 시설물 설치 등에 필요한 지원을 할 수 있다.

③ 농림축산식품부장관, 해양수산부장관 또는 지방자치단체의 장은 종합유통센터가 효율적으로 그 기능을 수행할 수 있도록 종합유통센터를 운영하는 자 또는 이를 이용하는 자에게 그 운영방법 및 출하 농어가에 대한 서비스의 개선 또는 이용방법의 준수 등 필요한 권고를 할 수 있다.

④ 농림축산식품부장관, 해양수산부장관 또는 지방자치단체의 장은 제1항에 따라 종합유통센터를 운영하는 자 및 제2항에 따른 지원을 받아 종합유통센터를 운영하는 자가 제3항에 따른 권고를 이행하지 아니하는 경우에는 일정한 기간을 정하여 운영방법 및 출하 농어가에 대한 서비스의 개선 등 필요한 조치를 할 것을 명할 수 있다.

⑤ 종합유통센터의 설치, 시설 및 운영에 관하여 필요한 사항은 농림축산식품부령 또는 해양수산부령으로 정한다.

[별표3] **농수산물종합유통센터의 시설기준**

(제46조제3항 관련)

구분	기준
부지	20,000㎡ 이상
건물	10,000㎡ 이상
시설	1. 필수시설 가. 농수산물 처리를 위한 집하·배송시설 나. 포장·가공시설 다. 저온저장고 라. 사무실·전산실 마. 농산물품질관리실 바. 거래처주재원실 및 출하주대기실 사. 오수·폐수시설 아. 주차시설 **1** 2. 편의시설 가. 직판장 **1** 나. 수출지원실 **1** 다. 휴게실 **1** 라. 식당 **1** 마. 금융회사 등의 점포 바. 그 밖에 이용자의 편의를 위하여 필요한 시설

제46조(종합유통센터의 설치 등) ① 법 제69조제2항에 따라 국가 또는 지방자치단체의 지원을 받아 종합유통센터를 설치하려는 자는 지원을 받으려는 농림축산식품부장관, 해양수산부장관 또는 지방자치단체의 장에게 다음 각 호의 사항이 포함된 종합유통센터 건설사업계획서를 제출하여야 한다.

1. 신청지역의 농수산물 유통시설 현황, 종합유통센터의 건설 필요성 및 기대효과

2. 운영자 선정계획, 세부적인 운영방법과 물량처리계획이 포함된 운영계획서 및 운영수지분석

3. 부지·시설 및 물류장비의 확보와 운영에 필요한 자금 조달계획

4. 그 밖에 농림축산식품부장관, 해양수산부장관 또는 지방자치단체의 장이 종합유통센터 건설의 타당성 검토를 위하여 필요하다고 판단하여 정하는 사항

[비고]
1. 편의시설은 지역 여건에 따라 보유하지 않을 수 있다.
2. 부지 및 건물 면적은 취급 물량과 소비 여건을 고려하여 기준면적에서 50퍼센트까지 낮추어 적용할 수 있다.

② 농림축산식품부장관, 해양수산부장관 또는 지방자치단체의 장은 제1항에 따라 사업계획서를 제출받았을 때에는 사업계획의 타당성을 고려하여 지원 대상자를 선정하고, 부지 구입, 시설물 설치, 장비 확보 및 운영을 위하여 필요한 자금을 보조 또는 융자하거나 부지 알선 등의 행정적인 지원을 할 수 있다.

③ 법 제69조제1항에 따라 국가 또는 지방자치단체가 설치하는 종합유통센터 및 같은 조 제2항에 따라 지원을 받으려는 자가 설치하는 종합유통센터가 갖추어야 하는 시설기준은 **별표** 3과 같다.

④ 제2항에 따른 지원을 하려는 지방자치단체의 장은 제1항에 따라 제출받은 종합유통센터 건설사업계획서와 해당 계획의 타당성 등에 대한 검토의견서를 농림축산식품부장관 및 해양수산부장관에게 제출하되, 시장·군수 또는 구청장의 경우에는 시·도지사의 검토의견서를 첨부하여야 하며, 농림축산식품부장관 및 해양수산부장관은 이에 대하여 의견을 제시할 수 있다.

제70조(유통자회사의 설립) ① 농림수협등은 농수산물 유통의 효율화를 도모하기 위하여 필요한 경우에는 종합유통센터 · 도매시장공판장을 운영하거나 그 밖의 유통사업을 수행하는 별도의 법인(이하 "유통자회사"라 한다)을 설립 · 운영할 수 있다.

② 제1항에 따른 유통자회사는 「상법」상의 회사이어야 한다.

③ 국가나 지방자치단체는 유통자회사의 원활한 운영을 위하여 필요한 지원을 할 수 있다.

제70조의2(농수산물 전자거래의 촉진 등) ① 농림축산식품부장관 또는 해양수산부장관은 농수산물 전자거래를 촉진하기 위하여 한국농수산식품유통공사 및 농수산물 거래와 관련된 업무경험 및 전문성을 갖춘 기관으로서 대통령령으로 정하는 기관에 다음 각 호의 업무를 수행하게 할 수 있다.

   1. 농수산물 전자거래소(농수산물 전자거래장치와 그에 수반되는 물류센터 등의 부대시설을 포함한다)의 설치 및 운영 · 관리

   2. 농수산물 전자거래 참여 판매자 및 구매자의 등록 · 심사 및 관리

   3. 제70조의3에 따른 농수산물 전자거래 분쟁조정위원회에 대한 운영 지원

   4. 대금결제 지원을 위한 정산소의 운영 · 관리

   5. 농수산물 전자거래에 관한 유통정보 서비스 제공

   6. 그 밖에 농수산물 전자거래에 필요한 업무

② 농림축산식품부장관 또는 해양수산부장관은 농수산물 전자거래를 활성화하기 위하여 예산의 범위에서 필요한 지원을 할 수 있다.

③ 제1항과 제2항에서 규정한 사항 외에 거래품목, 거래수수료 및 결제방법 등 농수산물 전자거래에 필요한 사항은 농림축산식품부령 또는 해양수산부령으로 정한다.

제70조의3(농수산물 전자거래 분쟁조정위원회의 설치) ① 제70조의2제1항에 따른 농수산물 전자거래에 관한 분쟁을 조정하기 위하여 한국농수산식품유통공사와 같은 항 각 호 외의 부분에 따른 기관에 농수산물 전자거래 분쟁조정위원회를 둔다.

② 분쟁조정위원회는 위원장 1명을 포함하여 9명 이내의 위원으로 구성하고, 위원은 농림축산식품부장관 또는 해양수산부장관이 임명하거나 위촉하며, 위원장은 위원 중에서 호선한다.

규칙 제49조(농수산물전자거래의 거래품목 및 거래수수료 등) ① 법 제70조의2제3항에 따른 거래품목은 법 제2조제1호에 따른 농수산물로 한다.

② 법 제70조의2제3항에 따른 거래수수료는 농수산물 전자거래소를 이용하는 판매자와 구매자로부터 다음 각 호의 구분에 따라 징수하는 금전으로 한다.

   1. 판매자의 경우 : 사용료 및 판매수수료

   2. 구매자의 경우 : 사용료

③ 제2항에 따른 거래수수료는 거래액의 1천분의 30을 초과할 수 없다.

④ 농수산물 전자거래소를 통하여 거래계약이 체결된 경우에는 한국농수산식품유통공사가 구매자를 대신하여 그 거래대금을 판매자에게 직접 결제할 수 있다. 이 경우 한국농수산식품유통공사는 구매자로부터 보증금, 담보 등 필요한 채권확보수단을 미리 마련하여야 한다.

⑤ 제1항부터 제4항까지에서 규정한 사항 외에 농수산물전자거래에 관하여 필요한 사항은 한국농수산식품유통공사의 장이 농림축산식품부장관 또는 해양수산부장관의 승인을 받아 정한다.

③ 제1항과 제2항에서 규정한 사항 외에 위원의 자격 및 임기, 위원의 제척·기피·회피 등 분쟁조정위원회의 구성·운영에 필요한 사항은 대통령령으로 정한다.

영 제35조(분쟁조정위원회의 구성 등) ① 법 제70조의3제1항에 따른 농수산물전자거래분쟁조정위원회의 위원은 다음 각 호의 어느 하나에 해당하는 사람으로 한다.

1. 판사·검사 또는 변호사의 자격이 있는 사람
2. 「고등교육법」 제2조에 따른 학교에서 법률학을 가르치는 부교수급 이상의 직에 있거나 있었던 사람
3. 「농업·농촌 및 식품산업 기본법」 제3조제1호에 따른 농업, 같은 조 제8호에 따른 식품산업 또는 「수산업·어촌 발전 기본법」 제3조제1호에 따른 수산업 분야의 법인, 단체 또는 기관 등에서 10년 이상의 근무경력이 있는 사람
4. 「비영리민간단체 지원법」 제2조에 따른 비영리민간단체에서 추천한 사람
5. 그 밖에 농수산물의 유통과 전자거래, 분쟁조정 등에 관하여 학식과 경험이 풍부하다고 인정되는 사람

② 분쟁조정위원회 위원의 임기는 2년으로 하며, 한 차례만 연임할 수 있다.

제72조(유통 정보화의 촉진) ① 농림축산식품부장관 또는 해양수산부장관은 유통 정보의 원활한 수집·처리 및 전파를 통하여 농수산물의 유통효율 향상에 이바지할 수 있도록 농수산물 유통 정보화와 관련한 사업을 지원하여야 한다.
② 농림축산식품부장관 또는 해양수산부장관은 제1항에 따른 정보화사업을 추진하기 위하여 정보기반의 정비, 정보화를 위한 교육 및 홍보사업을 직접 수행하거나 이에 필요한 지원을 할 수 있다.

제73조(재정 지원) 정부는 농수산물 유통구조 개선과 유통기구의 육성을 위하여 도매시장·공판장 및 민영도매시장의 개설자에 대하여 예산의 범위에서 융자하거나 보조금을 지급할 수 있다.

제74조(거래질서의 유지) ① 누구든지 도매시장에서의 정상적인 거래와 도매시장 개설자가 정하여 고시하는 시설물의 사용기준을 위반하거나 적절한 위생·환경의 유지를 저해하여서는 아니 된다. 이 경우 도매시장 개설자는 도매시장에서의 거래질서가 유지되도록 필요한 조치를 하여야 한다.

영 제36조(위법행위의 단속) 농림축산식품부장관 또는 해양수산부장관은 법 제74조제2항에 따라 위법행위에 대한 단속을 효과적으로 하기 위하여 필요한 경우 이에 대한 단속 지침을 정할 수 있다.

② 농림축산식품부장관, 해양수산부장관, 도지사 또는 도매시장 개설자는 대통령령으로 정하는 바에 따라 소속 공무원으로 하여금 이 법을 위반하는 자를 단속하게 할 수 있다.

③ 제2항에 따라 단속을 하는 공무원은 그 권한을 표시하는 증표를 관계인에게 보여주어야 한다.

제75조(교육훈련 등) ① 농림축산식품부장관 또는 해양수산부장관은 농수산물의 유통개선을 촉진하기 위하여 경매사, 중도매인 등 농림축산식품부령 또는 해양수산부령으로 정하는 유통 종사자에 대하여 교육훈련을 실시할 수 있다.

② 도매시장법인 또는 공판장의 개설자가 임명한 경매사는 농림축산식품부장관 또는 해양수산부장관이 실시하는 교육훈련을 이수하여야 한다.

③ 농림축산식품부장관 또는 해양수산부장관은 제1항 및 제2항에 따른 교육훈련을 농림축산식품부령 또는 해양수산부령으로 정하는 기관에 위탁하여 실시할 수 있다.

④ 제1항 및 제2항에 따른 교육훈련의 내용, 절차 및 그 밖의 세부사항은 농림축산식품부령 또는 해양수산부령으로 정한다.

규칙 제50조(교육훈련 등) ① 법 제75조제1항에 따른 교육훈련의 대상자는 다음 각 호와 같다.

1. 도매시장법인, 법 제24조에 따른 공공출자법인, 공판장(도매시장공판장을 포함한다) 및 시장도매인의 임직원

2. 경매사

3. 중도매인(법인을 포함한다)

4. 산지유통인

5. 종합유통센터를 운영하는 자의 임직원

6. 농수산물의 출하조직을 구성·운영하고 있는 농어업인

7. 농수산물의 저장·가공업에 종사하는 자

8. 그 밖에 농림축산식품부장관 또는 해양수산부장관이 필요하다고 인정하는 자

② 도매시장법인 또는 공판장의 개설자가 임명한 경매사는 법 제75조제2항에 따라 2년마다 교육훈련을 받아야 한다.

③ 농림축산식품부장관 또는 해양수산부장관은 법 제75조제3항에 따라 제1항 각 호의 유통종사자에 대한 교육훈련을 한국농수산식품유통공사에 위탁하여 실시한다. 이 경우 도매시장법인 또는 시장도매인의 임원이나 경매사로 신규 임용 또는 임명되었거나 중도매업의 허가를 받은 자(법인의 경우에는 임원을 말한다)는 그 임용·임명 또는 허가 후 1년(2016년 7월 1일부터 2018년 7월 1일까지 임용·임명 또는 허가를 받은 자는 1년 6개월) 이내에 교육훈련을 받아야 한다.

④ 교육훈련의 위탁을 받은 한국농수산식품유통공사의 장은 매년도의 교육훈련계획을 수립하여 농림축산식품부장관 또는 해양수산부장관에게 보고하여야 한다.

제76조(실태조사 등) 농림축산식품부장관 또는 해양수산부장관은 도매시장을 효율적으로 운영·관리하기 위하여 필요하다고 인정할 때에는 농림축산식품부령 또는 해양수산부령으로 정하는 법인 등으로 하여금 도매시장에 대한 실태조사를 하게 하거나 운영·관리의 지도를 하게 할 수 있다.	**규칙 제51조(실태조사 등)** 법 제76조에 따라 농림축산식품부장관 또는 해양수산부장관이 도매시장에 대한 실태조사를 하게 하거나 운영·관리의 지도를 하게 할 수 있는 법인은 한국농수산식품유통공사 및 한국농촌경제연구원으로 한다.
제77조(평가의 실시) ① 농림축산식품부장관 또는 해양수산부장관은 도매시장 개설자의 의견을 수렴하여 도매시장의 거래제도 및 물류체계 개선 등 운영·관리와 도매시장법인·도매시장공판장·시장도매인의 거래 실적, 재무 건전성 등 경영관리에 관한 평가를 실시하여야 한다. 이 경우 도매시장 개설자는 평가에 필요한 자료를 농림축산식품부장관 또는 해양수산부장관에게 제출하여야 한다. ② 도매시장 개설자는 중도매인의 거래 실적, 재무 건전성 등 경영관리에 관한 평가를 실시할 수 있다. ③ 도매시장 개설자는 제1항 및 제2항에 따른 평가 결과와 시설규모, 거래액 등을 고려하여 도매시장법인, 시장도매인, 도매시장공판장의 개설자, 중도매인에 대하여 시설 사용면적의 조정, 차등 지원 등의 조치를 할 수 있다. ④ 농림축산식품부장관 또는 해양수산부장관은 제1항에 따른 평가 결과에 따라 도매시장 개설자에게 다음 각 호의 명령이나 권고를 할 수 있다. 　　1. 부진한 사항에 대한 시정 명령 　　2. 부진한 도매시장의 관리를 관리공사 또는 한국농수산식품유통공사에 위탁 권고 　　3. 도매시장법인, 시장도매인 또는 도매시장공판장에 대한 시설 사용면적의 조정, 차등 지원 등의 조치 명령 ⑤ 제1항 및 제2항에 따른 평가 및 자료 제출에 관한 사항은 농림축산식품부령 또는 해양수산부령으로 정한다.	**규칙 제52조(도매시장 등의 평가)** ① 법 제77조제1항에 따른 도매시장 평가는 다음 각 호의 절차 및 방법에 따른다. 　　1. 농림축산식품부장관 또는 해양수산부장관은 다음 연도의 평가대상·평가기준 및 평가방법 등을 정하여 매년 12월 31일까지 도매시장 개설자와 도매시장법인·도매시장공판장·시장도매인(이하 이 항에서 "도매시장법인등"이라 한다)에게 통보 　　2. 도매시장법인등은 재무제표 및 제1호에 따른 평가기준에 따라 작성한 실적보고서를 다음 연도 3월 15일까지 도매시장 개설자에게 제출 　　3. 도매시장 개설자는 다음 각 목의 자료를 다음 연도 3월 31일까지 농림축산식품부장관 또는 해양수산부장관에게 제출 　　　가. 도매시장개설자가 제1호에 따른 평가기준에 따라 작성한 도매시장 운영·관리 보고서 　　　나. 도매시장법인등이 제2호에 따라 제출한 재무제표 및 실적보고서 　　4. 농림축산식품부장관 또는 해양수산부장관은 제1호에 따른 평가기준 및 평가방법에 따라 평가를 실시하고, 그 결과를 공표 ② 도매시장 개설자가 법 제77조제2항에 따라 중도매인에 대한 평가를 하는 경우에는 운영규정에 따라 평가기준, 평가방법 등을 평가대상 연도가 도래하기 전까지 미리 통보한 후 중도매인으로부터 제출받은 자료로 연간 운영실적을 평가하고 그 결과를 공표할 수 있다. ③ 그 밖에 도매시장 평가 실시 및 그 평가 결과에 따른 조치에 관한 세부 사항은 농림축산식품부장관 또는 해양수산부장관이 정한다.
제78조(시장관리운영위원회의 설치) ① 도매시장의 효율적인 운영·관리를 위하여 도매시장 개설자 소속으로 시장관리운영위원회를 둔다. ③ 위원회는 다음 각 호의 사항을 심의한다. 　　1. 도매시장의 거래제도 및 거래방법의 선택에 관한 사항	**규칙 제54조(시장관리운영위원회의 구성 등)** ① 법 제78조제1항에 따른 시장관리운영위원회는 위원장 1명을 포함한 20명 이내의 위원으로 구성한다. ② 시장관리운영위원회의 구성·운영 등에 필요한 사항은 도매시장 개설자가 업무규정으로 정한다.

2. 수수료, 시장 사용료, 하역비 등 각종 비용의 결정에 관한 사항

3. 도매시장 출하품의 안전성 향상 및 규격화의 촉진에 관한 사항

4. 도매시장의 거래질서 확립에 관한 사항

5. 정가매매 · 수의매매 등 거래 농수산물의 매매방법 운용기준에 관한 사항

6. 최소출하량 기준의 결정에 관한 사항

7. 그 밖에 도매시장 개설자가 특히 필요하다고 인정하는 사항

④ 위원회의 구성 · 운영 등에 필요한 사항은 농림축산식품부령 또는 해양수산부령으로 정한다.

제78조의2(도매시장거래 분쟁조정위원회의 설치 등) ① 도매시장 내 농수산물의 거래 당사자 간의 분쟁에 관한 사항을 조정하기 위하여 도매시장 개설자 소속으로 도매시장거래 분쟁조정위원회를 둘 수 있다. ② 조정위원회는 당사자의 한쪽 또는 양쪽의 신청에 의하여 다음 각 호의 분쟁을 심의 · 조정한다. 　1. 낙찰자 결정에 관한 분쟁 　2. 낙찰가격에 관한 분쟁 　3. 거래대금의 지급에 관한 분쟁 　4. 그 밖에 도매시장 개설자가 특히 필요하다고 인정하는 분쟁 ③ 조정위원회의 구성 · 운영에 필요한 사항은 대통령령으로 정한다.	**영 제36조의2(도매시장거래 분쟁조정위원회의 구성 등)** ① 법 제78조의2제1항에 따른 도매시장거래 분쟁조정위원회는 위원장 1명을 포함하여 9명 이내의 위원으로 구성한다. ② 조정위원회의 위원장은 위원 중에서 도매시장 개설자가 지정하는 사람으로 한다. ③ 조정위원회의 위원은 다음 각 호의 어느 하나에 해당하는 사람 중에서 도매시장 개설자가 임명하거나 위촉한다. 이 경우 제1호 및 제2호에 해당하는 사람이 1명 이상 포함되어야 한다. 　1. 출하자를 대표하는 사람 　2. 변호사의 자격이 있는 사람 　3. 도매시장 업무에 관한 학식과 경험이 풍부한 사람 　4. 소비자단체에서 3년 이상 근무한 경력이 있는 사람 ④ 조정위원회의 위원의 임기는 2년으로 한다. ⑤ 조정위원회에 출석한 위원에게는 예산의 범위에서 수당과 여비를 지급할 수 있다. 다만, 공무원인 위원이 소관 업무와 직접적으로 관련하여 조정위원회의 회의에 출석하는 경우에는 그러하지 아니하다. ⑥ 조정위원회의 구성 · 운영 등에 관한 세부 사항은 도매시장 개설자가 업무규정으로 정한다.
	영 제36조의3(도매시장 거래 분쟁조정) ① 도매시장 거래 당사자 간에 발생한 분쟁에 대하여 당사자는 조정위원회에 분쟁조정을 신청할 수 있다. ② 조정위원회의 효율적인 운영을 위하여 분쟁조정을 신청받은 조정위원회의 위원장은 조정위원회를 개최하기 전에 사전 조정을 실시하여 분쟁 당사자 간 합의를 권고할 수 있다.

③ 분쟁조정을 신청받은 조정위원회는 신청을 받은 날부터 30일 이내에 분쟁 사항을 심의·조정하여야 한다. 이 경우 조정위원회는 필요하다고 인정하는 경우 분쟁 당사자의 의견을 들을 수 있다.

제7장 보칙

제79조(보고) ① 농림축산식품부장관, 해양수산부장관 또는 시·도지사는 도매시장·공판장 및 민영도매시장의 개설자로 하여금 그 재산 및 업무집행 상황을 보고하게 할 수 있으며, 농수산물의 가격 및 수급 안정을 위하여 특히 필요하다고 인정할 때에는 도매시장법인·시장도매인 또는 도매시장공판장의 개설자로 하여금 그 재산 및 업무집행 상황을 보고하게 할 수 있다. ② 도매시장·공판장 및 민영도매시장의 개설자는 도매시장법인등으로 하여금 기장사항, 거래명세 등을 보고하게 할 수 있으며, 농수산물의 가격 및 수급 안정을 위하여 특히 필요하다고 인정할 때에는 중도매인 또는 산지유통인으로 하여금 업무집행 상황을 보고하게 할 수 있다.	
제80조(검사) ① 농림축산식품부장관, 해양수산부장관, 도지사 또는 도매시장 개설자는 농림축산식품부령 또는 해양수산부령으로 정하는 바에 따라 소속 공무원으로 하여금 도매시장·공판장·민영도매시장·도매시장법인·시장도매인 및 중도매인의 업무와 이에 관련된 장부 및 재산상태를 검사하게 할 수 있다. ② 도매시장 개설자는 필요하다고 인정하는 경우에는 시장관리자의 소속 직원으로 하여금 도매시장법인, 시장도매인, 도매시장공판장의 개설자 및 중도매인이 갖추어 두고 있는 장부를 검사하게 할 수 있다. ③ 제1항에 따라 검사를 하는 공무원과 제2항에 따라 검사를 하는 직원에 관하여는 제74조제3항을 준용한다.	**규칙 제55조(검사의 통지)** ① 농림축산식품부장관, 해양수산부장관, 도지사 또는 도매시장 개설자가 법 제80조제1항에 따라 도매시장·공판장·민영도매시장·도매시장법인·시장도매인 및 중도매인의 업무와 이에 관련된 장부 및 재산상태를 검사하려는 때에는 미리 검사의 목적·범위 및 기간과 검사공무원의 소속·직위 및 성명을 통지하여야 한다. ② 도매시장 개설자가 법 제80조제2항에 따라 도매시장법인, 시장도매인, 도매시장공판장의 개설자 및 중도매인의 장부를 검사하려는 때에는 미리 검사의 목적·범위 및 기간과 검사직원의 소속·직위 및 성명을 통지하여야 한다.
제81조(명령) ① 농림축산식품부장관, 해양수산부장관 또는 시·도지사는 도매시장·공판장 및 민영도매시장의 적정한 운영을 위하여 필요하다고 인정할 때에는 도매시장·공판장 및 민영도매시장의 개설자에 대하여 업무규정의 변경, 업무처리의 개선, 그 밖에 필요한 조치를 명할 수 있다.	

② 농림축산식품부장관, 해양수산부장관 또는 도매시장 개설자는 도매시장법인·시장도매인 및 도매시장공판장의 개설자에 대하여 업무처리의 개선 및 시장질서 유지를 위하여 필요한 조치를 명할 수 있다.

③ 농림축산식품부장관은 기금에서 융자 또는 대출받은 자에 대하여 감독상 필요한 조치를 명할 수 있다.

제82조(허가 취소 등) ① 시·도지사는 지방도매시장 개설자(시가 개설자인 경우만 해당한다)나 민영도매시장 개설자가 다음 각 호의 어느 하나에 해당하는 경우에는 개설허가를 취소하거나 해당 시설을 폐쇄하거나 그 밖에 필요한 조치를 할 수 있다.

　1. 제17조제1항 단서 및 같은 조 제5항, 제47조제1항 및 제3항에 따른 허가나 승인 없이 지방도매시장 또는 민영도매시장을 개설하였거나 업무규정을 변경한 경우

　2. 제17조제3항, 제47조제2항에 따라 제출된 업무규정 및 운영관리계획서와 다르게 지방도매시장 또는 민영도매시장을 운영한 경우

　3. 제40조제3항 또는 제81조제1항에 따른 명령을 위반한 경우

② 농림축산식품부장관, 해양수산부장관, 시·도지사 또는 도매시장 개설자는 도매시장법인등이 다음 각 호의 어느 하나에 해당하면 6개월 이내의 기간을 정하여 해당 업무의 정지를 명하거나 그 지정 또는 승인을 취소할 수 있다. 다만, 제26호에 해당하는 경우에는 그 지정 또는 승인을 취소하여야 한다.

　1. 지정조건 또는 승인조건을 위반하였을 때

　2. 「축산법」 제35조제4항을 위반하여 등급판정을 받지 아니한 축산물을 상장하였을 때

　2의2. 「농수산물의 원산지 표시 등에 관한 법률」 제6조제1항을 위반하였을 때

　3. 제23조제2항을 위반하여 경합되는 도매업 또는 중도매업을 하였을 때

　4. 제23조제3항제5호 또는 같은 조 제4항을 위반하여 지정요건을 갖추지 못하거나 같은 조 제5항을 위반하여 해당 임원을 해임하지 아니하였을 때

　5. 제27조제1항을 위반하여 일정 수 이상의 경매사를 두지 아니하거나 경매사가 아닌 사람으로 하여금 경매를 하도록 하였을 때

규칙 제52조의2(도매시장법인의 지정취소 등) ① 법 제82조제3항에 따라 도매시장 개설자는 도매시장법인 또는 시장도매인이 다음 각 호의 어느 하나에 해당하는 경우에는 도매시장법인 또는 시장도매인의 지정을 취소할 수 있다.

　1. 법 제77조제1항에 따른 평가 결과 해당 지정기간에 3회 이상 또는 2회 연속 부진평가를 받은 경우

　2. 법 제77조제1항에 따른 평가 결과 해당 지정기간에 3회 이상 재무건전성 평가점수가 도매시장법인 또는 시장도매인의 평균점수의 3분의 2 이하인 경우

② 법 제82조제3항에 따라 시·도지사는 도매시장공판장이 법 제77조제1항에 따른 평가 결과 최근 5년간 3회 이상 또는 2회 연속 부진평가를 받은 경우 도매시장공판장의 승인을 취소할 수 있다.

규칙 제56조(위반행위별 처분기준) 법 제82조제6항에 따른 위반행위별 처분기준은 별표 4와 같다.

6. 제27조제3항을 위반하여 해당 경매사를 면직하지 아니하였을 때

7. 제29조제2항을 위반하여 산지유통인의 업무를 하였을 때

8. 제31조제1항을 위반하여 매수하여 도매를 하였을 때

10. 제33조제1항을 위반하여 경매 또는 입찰을 하였을 때

11. 제34조를 위반하여 지정된 자 외의 자에게 판매하였을 때

12. 제35조를 위반하여 도매시장 외의 장소에서 판매를 하거나 농수산물 판매업무 외의 사업을 겸영하였을 때

13. 제35조의2를 위반하여 공시하지 아니하거나 거짓된 사실을 공시하였을 때

14. 제36조제2항제5호를 위반하여 지정요건을 갖추지 못하거나 같은 조 제3항을 위반하여 해당 임원을 해임하지 아니하였을 때

15. 제37조제1항 단서에 따라 제한 또는 금지된 행위를 하였을 때

16. 제37조제2항을 위반하여 해당 도매시장의 도매시장법인·중도매인에게 판매를 하였을 때

17. 제38조를 위반하여 수탁 또는 판매를 거부·기피하거나 부당한 차별대우를 하였을 때

18. 제40조제2항에 따른 표준하역비의 부담을 이행하지 아니하였을 때

19. 제41조제1항을 위반하여 대금의 전부를 즉시 결제하지 아니하였을 때

20. 제41조제2항에 따른 대금결제 방법을 위반하였을 때

21. 제42조를 위반하여 수수료 등을 징수하였을 때

22. 제74조제1항을 위반하여 시설물의 사용기준을 위반하거나 개설자가 조치하는 사항을 이행하지 아니하였을 때

23. 정당한 사유 없이 제80조에 따른 검사에 응하지 아니하거나 이를 방해하였을 때

24. 제81조제2항에 따른 도매시장 개설자의 조치명령을 이행하지 아니하였을 때

25. 제4항에 따른 농림축산식품부장관, 해양수산부장관 또는 도매시장 개설자의 명령을 위반하였을 때

26. 제1호부터 제25호까지의 어느 하나에 해당하여 업무의 정지 처분을 받고 그 업무의 정지 기간 중에 업무를 하였을 때

③ 제77조에 따른 평가 결과 운영 실적이 농림축산식품부령 또는 해양수산부령으로 정하는 기준 이하로 부진하여 출하자 보호에 심각한 지장을 초래할 우려가 있는 경우 도매시장 개설자는 도매시장법인 또는 시장도매인의 지정을 취소할 수 있으며, 시·도지사는 도매시장공판장의 승인을 취소할 수 있다.

④ 농림축산식품부장관·해양수산부장관 또는 도매시장 개설자는 경매사가 다음 각 호의 어느 하나에 해당하는 경우에는 도매시장법인 또는 도매시장공판장의 개설자로 하여금 해당 경매사에 대하여 6개월 이내의 업무정지 또는 면직을 명하게 할 수 있다.

    1. 상장한 농수산물에 대한 경매 우선순위를 고의 또는 중대한 과실로 잘못 결정한 경우

    2. 상장한 농수산물에 대한 가격평가를 고의 또는 중대한 과실로 잘못한 경우

    3. 상장한 농수산물에 대한 경락자를 고의 또는 중대한 과실로 잘못 결정한 경우

⑤ 도매시장 개설자는 중도매인(제25조 및 제46조에 따른 중도매인만 해당한다) 또는 산지유통인이 다음 각 호의 어느 하나에 해당하면 6개월 이내의 기간을 정하여 해당 업무의 정지를 명하거나 중도매업의 허가 또는 산지유통인의 등록을 취소할 수 있다. 다만, 제11호에 해당하는 경우에는 그 허가 또는 등록을 취소하여야 한다.

    1. 제25조제3항제1호부터 제4호까지 또는 제6호를 위반하여 허가조건을 갖추지 못하거나 같은 조 제4항을 위반하여 해당 임원을 해임하지 아니하였을 때(제46조제2항에 따라 준용되는 경우를 포함한다)

    2. 제25조제5항제1호(제46조제2항에 따라 준용되는 경우를 포함한다)를 위반하여 다른 중도매인 또는 매매참가인의 거래 참가를 방해하거나 정당한 사유 없이 집단적으로 경매 또는 입찰에 불참하였을 때

    2의2. 제25조제5항제2호(제46조제2항에 따라 준용되는 경우를 포함한다)를 위반하여 다른 사람에게 자기의 성명이나 상호를 사용하여 중도매업을 하게 하거나 그 허가증을 빌려 주었을 때

    3. 제29조제2항을 위반하여 해당 도매시장에서 산지유통인의 업무를 하였을 때

    4. 제29조제4항을 위반하여 판매·매수 또는 중개 업무를 하였을 때

5. 제31조제2항(제46조제2항에 따라 준용되는 경우를 포함한다)을 위반하여 허가 없이 상장된 농수산물 외의 농수산물을 거래하였을 때

6. 제31조제3항(제46조제2항에 따라 준용되는 경우를 포함한다)을 위반하여 중도매인이 도매시장 외의 장소에서 농수산물을 판매하는 등의 행위를 하였을 때

6의2. 제31조제5항(제46조제2항에 따라 준용되는 경우를 포함한다)을 위반하여 다른 중도매인과 농수산물을 거래하였을 때

7. 제42조(제46조제2항에 따라 준용되는 경우를 포함한다)를 위반하여 수수료 등을 징수하였을 때

8. 제74조제1항을 위반하여 시설물의 사용기준을 위반하거나 개설자가 조치하는 사항을 이행하지 아니하였을 때

9. 제80조에 따른 검사에 정당한 사유 없이 응하지 아니하거나 이를 방해하였을 때

10. 「농수산물의 원산지 표시에 관한 법률」 제6조제1항을 위반하였을 때

11. 제1호부터 제10호까지의 어느 하나에 해당하여 업무의 정지 처분을 받고 그 업무의 정지 기간 중에 업무를 하였을 때

⑥ 제1항부터 제5항까지의 규정에 따른 위반행위별 처분기준은 농림축산식품부령 또는 해양수산부령으로 정한다.

⑦ 도매시장 개설자가 제5항에 따라 중도매업의 허가를 취소한 경우에는 농림축산식품부장관 또는 해양수산부장관이 지정하여 고시한 인터넷 홈페이지에 그 내용을 게시하여야 한다.

제83조(과징금) ① 농림축산식품부장관, 해양수산부장관, 시·도지사 또는 도매시장 개설자는 도매시장법인등이 제82조제2항에 해당하거나 중도매인이 제82조제5항에 해당하여 업무정지를 명하려는 경우, 그 업무의 정지가 해당 업무의 이용자 등에게 심한 불편을 주거나 공익을 해칠 우려가 있을 때에는 업무의 정지를 갈음하여 도매시장법인등에는 1억원 이하, 중도매인에게는 1천만원 이하의 과징금을 부과할 수 있다.

② 제1항에 따라 과징금을 부과하는 경우에는 다음 각 호의 사항을 고려하여야 한다.

1. 위반행위의 내용 및 정도
2. 위반행위의 기간 및 횟수

3. 위반행위로 취득한 이익의 규모

③ 제1항에 따른 과징금의 부과기준은 대통령령으로 정한다.

④ 농림축산식품부장관, 해양수산부장관, 시 · 도지사 또는 도매시장 개설자는 제1항에 따른 과징금을 내야 할 자가 납부기한까지 내지 아니하면 납부기한이 지난 후 15일 이내에 10일 이상 15일 이내의 납부기한을 정하여 독촉장을 발부하여야 한다.

⑤ 농림축산식품부장관, 해양수산부장관, 시 · 도지사 또는 도매시장 개설자는 제4항에 따른 독촉을 받은 자가 그 납부기한까지 과징금을 내지 아니하면 제1항에 따른 과징금 부과처분을 취소하고 제82조제2항 또는 제5항에 따른 업무정지처분을 하거나 국세 체납처분의 예 또는 「지방행정제재 · 부과금의 징수 등에 관한 법률」에 따라 과징금을 징수한다.

제84조(청문) 농림축산식품부장관, 해양수산부장관, 시 · 도지사 또는 도매시장 개설자는 다음 각 호의 어느 하나에 해당하는 처분을 하려면 청문을 하여야 한다.

1. 제82조제2항 및 제3항에 따른 도매시장법인등의 지정취소 또는 승인취소
2. 제82조제5항에 따른 중도매업의 허가취소 또는 산지유통인의 등록취소

제85조(권한의 위임 등) ① 이 법에 따른 농림축산식품부장관 또는 해양수산부장관의 권한은 대통령령으로 정하는 바에 따라 그 일부를 산림청장, 시 · 도지사 또는 소속 기관의 장에게 위임할 수 있다.

② 다음 각 호에 따른 도매시장 개설자의 권한은 대통령령으로 정하는 바에 따라 시장관리자에게 위탁할 수 있다.

1. 제29조(제46조제3항에 따라 준용되는 경우를 포함한다)에 따른 산지유통인의 등록과 도매시장에의 출입의 금지 · 제한 또는 그 밖에 필요한 조치
2. 제79조제2항에 따른 도매시장법인 · 시장도매인 · 중도매인 또는 산지유통인에 대한 보고명령

영 제37조(권한의 위임 · 위탁) ① 농림축산식품부장관 또는 해양수산부장관은 법 제85조제1항에 따라 특별시 · 광역시 · 특별자치시 · 특별자치도 외의 지역에 개설하는 지방도매시장 · 공판장 및 민영도매시장에 대한 법 제65조제1항 및 제2항에 따른 통합 · 이전 · 폐쇄 명령 및 개설 · 제한 권고의 권한을 도지사에게 위임한다.

② 도매시장 개설자는 「지방공기업법」에 따른 지방공사, 법 제24조에 따른 공공출자법인 또는 한국농수산식품유통공사를 시장관리자로 지정한 경우에는 법 제85조제2항에 따라 다음 각 호의 권한을 그 기관의 장에게 위탁한다.

1. 법 제29조(법 제46조제3항에 따라 준용되는 경우를 포함한다)에 따른 산지유통인의 등록과 도매시장에의 출입의 금지 · 제한, 그 밖에 필요한 조치
2. 법 제79조제2항에 따른 도매시장법인 · 시장도매인 · 중도매인 또는 산지유통인의 업무집행 상황 보고명령

제8장 벌칙

제86조(벌칙) 다음 각 호의 어느 하나에 해당하는 자는 2년 이하의 징역 또는 2천만원 이하의 벌금에 처한다.

1. 제15조제3항에 따라 수입 추천신청을 할 때에 정한 용도 외의 용도로 수입농산물을 사용한 자

1의2. 도매시장의 개설구역이나 공판장 또는 민영도매시장이 개설된 특별시·광역시·특별자치시·특별자치도 또는 시의 관할구역에서 제17조 또는 제47조에 따른 허가를 받지 아니하고 농수산물의 도매를 목적으로 지방도매시장 또는 민영도매시장을 개설한 자

2. 제23조제1항에 따른 지정을 받지 아니하거나 지정 유효기간이 지난 후 도매시장법인의 업무를 한 자

3. 제25조제1항에 따른 허가 또는 같은 조 제7항에 따른 갱신허가(제46조제2항에 따라 준용되는 허가 또는 갱신허가를 포함한다)를 받지 아니하고 중도매인의 업무를 한 자

4. 제29조제1항(제46조제3항에 따라 준용되는 경우를 포함한다)에 따른 등록을 하지 아니하고 산지유통인의 업무를 한 자

5. 제35조제1항을 위반하여 도매시장 외의 장소에서 농수산물의 판매업무를 하거나 같은 조 제4항을 위반하여 농수산물 판매업무 외의 사업을 겸영한 자

6. 제36조제1항에 따른 지정을 받지 아니하거나 지정 유효기간이 지난 후 도매시장 안에서 시장도매인의 업무를 한 자

7. 제43조제1항에 따른 승인을 받지 아니하고 공판장을 개설한 자

8. 제82조제2항 또는 제5항에 따른 업무정지처분을 받고도 그 업을 계속한 자

제88조(벌칙) 다음 각 호의 어느 하나에 해당하는 자는 1년 이하의 징역 또는 1천만원
이하의 벌금에 처한다.

2. 제23조의2제1항(제25조의2, 제36조의2에 따라 준용되는 경우를 포함한다)을
   위반하여 인수·합병을 한 자

3. 제25조제5항제1호(제46조제2항에 따라 준용되는 경우를 포함한다)를 위반하
   여 다른 중도매인 또는 매매참가인의 거래 참가를 방해하거나 정당한 사유 없
   이 집단적으로 경매 또는 입찰에 불참한 자

3의2. 제25조제5항제2호(제46조제2항에 따라 준용되는 경우를 포함한다)를 위반
   하여 다른 사람에게 자기의 성명이나 상호를 사용하여 중도매업을 하게 하거
   나 그 허가증을 빌려 준 자

4. 제27조제2항 및 제3항을 위반하여 경매사를 임면한 자

5. 제29조제2항(제46조제3항에 따라 준용되는 경우를 포함한다)을 위반하여 산
   지유통인의 업무를 한 자

6. 제29조제4항(제46조제3항에 따라 준용되는 경우를 포함한다)을 위반하여 출
   하업무 외의 판매·매수 또는 중개 업무를 한 자

7. 제31조제1항을 위반하여 매수하거나 거짓으로 위탁받은 자 또는 제31조제2항
   을 위반하여 상장된 농수산물 외의 농수산물을 거래한 자(제46조제1항 또는
   제2항에 따라 준용되는 경우를 포함한다)

7의2. 제31조제5항(제46조제2항에 따라 준용되는 경우를 포함한다)을 위반하여
   다른 중도매인과 농수산물을 거래한 자

8. 제37조제1항 단서에 따른 제한 또는 금지를 위반하여 농수산물을 위탁받아 거
   래한 자

9. 제37조제2항을 위반하여 해당 도매시장의 도매시장법인 또는 중도매인에게
   농수산물을 판매한 자

9의2. 제40조제2항에 따른 표준하역비의 부담을 이행하지 아니한 자

10. 제42조제1항(제31조제3항, 제45조 본문, 제46조제1항·제2항, 제48조제5항
   또는 같은 조 제6항 본문에 따라 준용되는 경우를 포함한다)을 위반하여 수
   수료 등 비용을 징수한 자
11. 제69조제4항에 따른 조치명령을 위반한 자

제89조(양벌규정) 법인의 대표자나 법인 또는 개인의 대리인, 사용인, 그 밖의 종업원
이 그 법인 또는 개인의 업무에 관하여 제86조 및 제88조의 어느 하나에 해당하는 위
반행위를 하면 그 행위자를 벌하는 외에 그 법인 또는 개인에게도 해당 조문의 벌금
형을 과한다. 다만, 법인 또는 개인이 그 위반행위를 방지하기 위하여 해당 업무에
관하여 상당한 주의와 감독을 게을리하지 아니한 경우에는 그러하지 아니하다.

제90조(과태료) ① 다음 각 호의 어느 하나에 해당하는 자에게는 1천만원 이하의 과태
료를 부과한다.
   1. 제10조제2항에 따른 유통명령을 위반한 자
   2. 제53조제3항의 표준계약서와 다른 계약서를 사용하면서 표준계약서로 거짓
      표시하거나 농림축산식품부 또는 그 표식을 사용한 매수인
② 다음 각 호의 어느 하나에 해당하는 자에게는 500만원 이하의 과태료를 부과한다.
   1. 제53조제1항을 위반하여 포전매매의 계약을 서면에 의한 방식으로 하지 아니
      한 매수인
   2. 제74조제2항에 따른 단속을 기피한 자
   3. 제79조제1항에 따른 보고를 하지 아니하거나 거짓된 보고를 한 자
③ 다음 각 호의 어느 하나에 해당하는 자에게는 100만원 이하의 과태료를 부과한다.
   1. 제27조제4항을 위반하여 경매사 임면 신고를 하지 아니한 자
   2. 제29조제5항(제46조제3항에 따라 준용되는 경우를 포함한다)에 따른 도매시
      장 또는 도매시장공판장의 출입제한 등의 조치를 거부하거나 방해한 자
   3. 제38조의2제2항에 따른 출하 제한을 위반하여 출하(타인명의로 출하하는 경우
      를 포함한다)한 자
   3의2. 제53조제1항을 위반하여 포전매매의 계약을 서면에 의한 방식으로 하지 아
      니한 매도인

영 제38조(과태료의 부과기준) 법 제90조제1항부터 제3항까지의 규정에 따른 과태료의 부과기준
은 별표 2와 같다.

4. 제74조제1항 전단을 위반하여 도매시장에서의 정상적인 거래와 시설물의 사용기준을 위반하거나 적절한 위생 · 환경의 유지를 저해한 자(도매시장법인, 시장도매인, 도매시장공판장의 개설자 및 중도매인은 제외한다)

4의2. 제75조제2항을 위반하여 교육훈련을 이수하지 아니한 도매시장법인 또는 공판장의 개설자가 임명한 경매사

5. 제79조제2항에 따른 보고(공판장 및 민영도매시장의 개설자에 대한 보고는 제외한다)를 하지 아니하거나 거짓된 보고를 한 자

6. 제81조제3항에 따른 명령을 위반한 자

④ 제1항부터 제3항까지의 규정에 따른 과태료는 대통령령으로 정하는 바에 따라 농림축산식품부장관, 해양수산부장관, 시 · 도지사 또는 시장이 부과 · 징수한다.

Law

변 달 수 물 류 관 리 사 물 류 관 련 법 규

실전모의고사

물류관련법규 실전모의고사 1회
물류관련법규 실전모의고사 2회

01 물류정책기본법령상 물류사업의 범위의 분류가 옳게 짝지어진 것은?

① 육상화물운송업 – 화물자동차운송사업, 화물자동차운송가맹사업, 상업서류송달업
② 물류시설운영업 – 물류장비임대업
③ 항만운송사업 – 항만하역사업, 검수사업, 검량사업
④ 물류서비스업 – 화물주선업, 해운부대사업, 종합물류서비스업
⑤ 해운부대사업 – 해운중개업, 선박관리업, 항만용역업

해설 ■ 물류정책기본법 시행령 [별표 1]

물류사업의 범위 ❸

대분류	세분류	세세분류
화물 운송업	육상화물운송업	화물자동차운송사업, 화물자동차운송가맹사업, 철도사업
	해상화물운송업	외항정기화물운송사업, 외항부정기화물운송사업, 내항화물운송사업
	항공화물운송업	정기항공운송사업, 부정기항공운송사업, 상업서류송달업
	파이프라인운송업	파이프라인운송업
물류시설 운영업	창고업 (공동집배송센터 운영업 포함)	일반창고업, 냉장 및 냉동 창고업, 농·수산물 창고업, 위험물품보관업, 그 밖의 창고업
	물류터미널운영업	복합물류터미널, 일반물류터미널, 해상터미널, 공항화물터미널, 화물차전용터미널, 컨테이너화물조작장(CFS), 컨테이너장치장(CY), 물류단지, 집배송단지 등 물류시설의 운영업
물류 서비스업	화물취급업 (하역업 포함)	화물의 하역, 포장, 가공, 조립, 상표부착, 프로그램 설치, 품질검사 등 부가적인 물류업
	화물주선업	국제물류주선업, 화물자동차운송주선사업
	물류장비임대업	운송장비임대업, 산업용 기계·장비 임대업, 운반용기 임대업, 화물자동차임대업, 화물선박임대업, 화물항공기임대업, 운반·적치·하역장비 임대업, 컨테이너·파렛트 등 포장용기 임대업, 선박대여업
	물류정보처리업	물류정보 데이터베이스 구축, 물류지원 소프트웨어 개발·운영, 물류 관련 전자문서 처리업
	물류컨설팅업	물류 관련 업무프로세스 개선 관련 컨설팅, 자동창고, 물류자동화 설비 등 도입 관련 컨설팅, 물류 관련 정보시스템 도입 관련 컨설팅
	해운부대사업	해운대리점업, 해운중개업, 선박관리업
	항만운송관련업	항만용역업, 선용품공급업, 선박연료공급업, 선박수리업, 컨테이너 수리업, 예선업
	항만운송사업	**항만하역사업, 검수사업, 감정사업, 검량사업**
종합물류 서비스업	종합물류서비스업	종합물류서비스업

답 ③

02 물류정책기본법령상 용어의 정의로 옳은 것은?

① "물류"란 재화가 공급자로부터 조달·생산되어 수요자에게 전달되거나 소비자로부터 회수되어 폐기될 때까지 이루어지는 운송·보관·하역 등과 이에 부가되어 가치를 창출하는 가공·조립·분류·수리·포장·상표부착·생산·제조 등을 말한다.
② "물류체계"란 효율적인 물류활동을 위하여 시설·장비·정보·조직 및 인력 등이 각각 개별적으로 기능을 발휘할 수 있도록 한 시스템을 말한다.
③ "제3자물류"란 화주가 그와 대통령령으로 정하는 특수관계에 있는 물류기업에 물류활동의 일부 또는 전부를 위탁하는 것을 말한다.
④ "국제물류주선업"이란 타인의 수요에 따라 타인의 명의와 계산으로 타인의 물류시설·장비 등을 이용하여 수출입화물의 물류를 주선하는 사업을 말한다.
⑤ "물류보안"이란 공항·항만과 물류시설에 폭발물, 무기류 등 위해물품을 은닉·반입하는 행위와 물류에 필요한 시설·장비·인력·조직·정보망 및 화물 등에 위해를 가할 목적으로 행하여지는 불법행위를 사전에 방지하기 위한 조치를 말한다.

해설

① "물류"란 재화가 공급자로부터 조달·생산되어 수요자에게 전달되거나 소비자로부터 회수되어 폐기될 때까지 이루어지는 운송·보관·하역 등과 이에 부가되어 가치를 창출하는 가공·조립·분류·수리·포장·상표부착·**판매·정보통신** 등을 말한다.
② "물류체계"란 효율적인 물류활동을 위하여 시설·장비·정보·조직 및 인력 등이 **서로 유기적으로** 기능을 발휘할 수 있도록 연계된 집합체를 말한다.
③ "제3자물류"란 화주가 그와 대통령령으로 정하는 특수관계에 **있지 아니한** 물류기업에 물류활동의 일부 또는 전부를 위탁하는 것을 말한다.
④ "국제물류주선업"이란 타인의 수요에 따라 **자기의 명의**와 계산으로 타인의 물류시설·장비 등을 이용하여 수출입화물의 물류를 주선하는 사업을 말한다.

답 ⑤

03 물류정책기본법령상 지역물류기본계획의 수립과 관련한 설명으로 옳은 것은?

① 국토교통부장관 및 해양수산부장관은 지역물류정책의 기본방향을 설정하는 10년 단위의 지역물류기본계획을 5년마다 수립하여야 한다.
② 특별시장 및 광역시장이 지역물류기본계획을 수립하거나 대통령령이 정하는 중요한 사항을 변경하려는 경우에는 미리 해당 시·도에 인접한 시·도의 시·도지사와 협의한 후 제20조의 지역물류정책위원회의 심의를 거쳐 특별시장 또는 광역시장의 승인을 받아야 한다.
③ 국토교통부장관이 지역물류기본계획을 승인하려는 경우에는 관계 중앙행정기관장과 협의한 후 국가물류심의위원회의 심의를 거쳐야 한다.
④ 지역물류기본계획을 수립한 특별시장 및 광역시장은 그 계획을 시행하기 위하여 연도별 시행계획을 매년 수립하여야 한다.
⑤ 역물류기본계획을 수립한 특별시장 및 광역시장은 그 계획을 시행하기 위하여 연도별 시행계획을 2년마다 수립하여야 한다.

해설

① **특별시장 및 광역시장**은 지역물류정책의 기본방향을 설정하는 10년 단위의 지역물류기본계획을 5년마다 수립하여야 한다.
② 특별시장 및 광역시장이 지역물류기본계획을 수립하거나 대통령령이 정하는 중요한 사항을 변경하려는 경우에는 미리 해당 시·도에 인접한 시·도의 시·도지사와 협의한 후 제20조의 지역물류정책위원회의 심의를 거쳐야 한다. 이 경우 특별시장 및 광역시장은 수립하거나 변경한 지역물류기본계획을 국토교통부장관 및 해양수산부장관에게 **통보**하여야 한다(법률개정으로 별도 승인절차 없이 통보로 갈음).
③ 국토교통부장관이 지역물류기본계획을 승인하려는 경우에는 관계 중앙행정기관장과 협의한 후 제19조제1항제1호의 **물류정책분과위원회**의 심의를 거쳐야 한다.
⑤ 역물류기본계획을 수립한 특별시장 및 광역시장은 그 계획을 시행하기 위하여 연도별 시행계획을 **매년** 수립하여야 한다.

답 ④

04 물류정책기본법령상 국가물류정책위원회의 설명으로 옳은 것은?

① 국가물류정책위원회는 위원장을 포함한 15명 이내의 위원으로 구성한다.
② 국가물류정책위원회의 위원장은 산업통상부장관이 된다.
③ 공무원이 아닌 위원의 임기는 1년으로 하되, 연임할 수 있다.
④ 전문위원의 임기는 3년 이내로 하되, 연임할 수 있다. 이 경우 보궐위원의 임기는 전임자의 잔임기간으로 한다.
⑤ 위원이 직무와 관련없는 비위사실이 있는 경우 그 지명을 철회할 수 있다.

해설

① 국가물류정책위원회는 위원장을 포함한 **23명** 이내의 위원으로 구성한다.
② 국가물류정책위원회의 위원장은 **국토교통부장관**이 된다.
③ 공무원이 아닌 위원의 임기는 **2년**으로 하되, 연임할 수 있다.
⑤ 위원이 직무와 **관련된** 비위사실이 있는 경우 그 지명을 철회할 수 있다.

답 ④

05 물류정책기본법령상 전자문서 및 물류정보의 공개에 대한 설명으로 옳은 것은?

① 국가물류통합정보센터운영자 또는 단위물류정보망 전담기관은 국토교통부장관에게 신고를 하고 전자문서 또는 물류정보를 공개할 수 있다.

② 국가물류통합정보센터운영자 또는 단위물류정보망 전담기관이 전자문서 또는 물류정보를 공개하려는 때에는 미리 대통령령으로 정하는 이해관계인의 동의를 받아야 한다.

③ 전자문서 또는 물류정보가 국가의 안전보장에 위해가 없고 법원의 제출명령에 따른 경우 기업의 영업비밀을 침해하더라도 물류정보를 공개할 수 있다.

④ 국가물류통합정보센터운영자 또는 단위물류정보망 전담기관은 전자문서 또는 물류정보를 공개하려는 때에는 신청 등이 있은 날부터 30일 이내에 서면으로 이해관계인의 동의를 받아야 한다.

⑤ 대통령령으로 정하는 이해관계인이란 공개하려는 전자문서 또는 물류정보에 대하여 간접적인 이해관계를 가진 자를 말한다.

해설

① 국가물류통합정보센터운영자 또는 단위물류정보망 전담기관은 **대통령령으로 정하는 경우**를 제외하고는 전자문서 또는 물류정보를 공개하여서는 아니 된다.

③ 전자문서 또는 물류정보가 국가의 안전보장에 위해가 없고 **기업의 영업비밀을 침해하지 아니하는 경우에만** 공개할 수 있다.

④ 국가물류통합정보센터운영자 또는 단위물류정보망 전담기관은 전자문서 또는 물류정보를 공개하려는 때에는 신청 등이 있은 날부터 **60일** 이내에 서면으로 이해관계인의 동의를 받아야 한다.

⑤ 대통령령으로 정하는 이해관계인이란 공개하려는 전자문서 또는 물류정보에 대하여 **직접적인** 이해관계를 가진 자를 말한다.

 답 ②

06 물류정책기본법령상 우수물류기업의 인증 등에 대한 설명으로 옳은 것은?

① 시도지사는 물류기업의 육성과 물류산업 발전을 위하여 소관 물류기업을 각각 우수물류기업으로 인증할 수 있다.

② 우수물류기업 선정을 위한 인증의 기준·절차·방법·점검 및 인증표시의 방법 등에 필요한 사항은 국토교통부와 기획재정부의 공동부령으로 정한다.

③ 인증우수물류기업은 우수물류기업의 인증이 취소된 경우에는 인증서를 반납하고, 인증마크의 사용을 중지하여야 한다.

④ 인증우수물류기업이 인증요건을 유지하는지에 대하여 2년마다 점검하여야 한다.

⑤ 물류사업으로 인하여 공정거래위원회로부터 시정조치 또는 과징금 부과 처분을 받은 경우 인증을 취소하여야 한다.

해설

① **국토교통부장관 및 해양수산부장관**은 물류기업의 육성과 물류산업 발전을 위하여 소관 물류기업을 각각 우수물류기업으로 인증할 수 있다.

② 우수물류기업 선정을 위한 인증의 기준·절차·방법·점검 및 인증표시의 방법 등에 필요한 사항은 국토교통부와 **해양수산부**의 공동부령으로 정한다.

④ 인증우수물류기업이 인증요건을 유지하는지에 대하여 **3년마다** 점검하여야 한다.

⑤ 물류사업으로 인하여 공정거래위원회로부터 시정조치 또는 과징금 부과 처분을 받은 경우 그 인증을 **취소할 수 있다.**

답 ③

07 물류정책기본법령상 국제물류주선업자의 사업승계에 관련한 내용으로 옳은 것은?

① 국제물류주선업자가 그 사업을 양도하거나 사망한 때 또는 법인이 합병한 때에는 그 양수인·상속인 또는 합병 후 존속하는 법인이나 합병으로 설립되는 법인은 국제물류주선업의 등록에 따른 권리·의무를 승계한다.

② 국제물류주선업의 등록에 따른 권리·의무를 승계하려는 자는 국토교통부령으로 정하는 바에 따라 시·도지사에게 승인을 받아야 한다.

③ 「공항시설법」 또는 「해운법」을 위반하여 벌금형을 선고받고 3년이 지나지 아니한 자는 승계를 받을 수 없다.

④ 피성년후견인 또는 피한정후견인자인 경우에도 사업승계를 받을 수 있다.

⑤ 국제물류주선업자인 법인의 합병을 신고하려는 자는 별지 제11호서식의 법인합병신고서를 그 권리·의무를 승계한 날부터 7일 이내에 시·도지사에게 제출하여야 한다.

해설

② 국제물류주선업의 등록에 따른 권리·의무를 승계한 자는 국토교통부령으로 정하는 바에 따라 시·도지사에게 **신고**하여야 한다.

③ 「공항시설법」 또는 「해운법」을 위반하여 벌금형을 선고받고 2년이 지나지 아니한 자는 승계를 받을 수 없다.

④ 피성년후견인 또는 피한정후견인자는 등록의 결격사유로 승계에도 마찬가지로 결격사유로 적용된다.

⑤ 국제물류주선업자인 법인의 합병을 신고하려는 자는 별지 제11호서식의 법인합병신고서를 그 권리·의무를 승계한 날부터 30일 이내에 시·도지사에게 제출하여야 한다.

답 ①

08 물류정책기본법령상 과징금에 대한 설명으로 옳은 것은?

① 시·도지사는 국제물류주선업자에게 사업의 정지를 명하여야 하는 경우로서 그 사업의 정지가 해당 사업의 이용자 등에게 심한 불편을 주는 경우에는 그 사업정지 처분을 갈음하여 1억원 이하의 과징금을 부과할 수 있다.

② 과징금을 기한 내에 납부하지 아니한 때에는 시·도지사는 「국세징수법」에 따라 징수한다.

③ 시·도지사는 국제물류주선업자의 사업규모, 사업지역의 특수성, 위반행위의 정도 및 횟수 등을 고려하여 제1항에 따른 과징금의 금액의 3분의 1의 범위에서 이를 늘리거나 줄일 수 있다.

④ (법률 개정으로 인한 삭제)

⑤ 천재지변이나 그 밖의 부득이한 사유로 인하여 정해진 기간 안에 과징금을 낼 수 없는 경우에는 그 사유가 없어진 날부터 7일 이내에 내야 한다.

해설

① 시·도지사는 국제물류주선업자에게 사업의 정지를 명하여야 하는 경우로서 그 사업의 정지가 해당 사업의 이용자 등에게 심한 불편을 주는 경우에는 그 사업정지 처분을 갈음하여 **1천만원 이하의** 과징금을 부과할 수 있다.

② 과징금을 기한 내에 납부하지 아니한 때에는 시·도지사는 **「지방행정제재·부과금의 징수 등에 관한 법률」**에 따라 징수한다.

③ 시·도지사는 국제물류주선업자의 사업규모, 사업지역의 특수성, 위반행위의 정도 및 횟수 등을 고려하여 제1항에 따른 과징금의 금액의 **2분의 1의** 범위에서 이를 늘리거나 줄일 수 있다.

④ (법률 개정으로 인한 삭제)

답 ⑤

09 물류시설의 개발 및 운영에 관한 법령상 용어의 정의로 틀린 것은?

① "물류터미널"이란 화물의 집화 · 하역 및 이와 관련된 분류 · 포장 · 보관 · 가공 · 조립 또는 통관 등에 필요한 기능을 갖춘 시설물을 말한다.

② "물류터미널사업"이란 물류터미널을 경영하는 사업으로서 복합물류터미널사업과 일반물류터미널사업을 말한다.

③ "일반물류터미널사업"이란 물류터미널사업 중 복합물류터미널사업을 제외한 것을 말한다.

④ "스마트물류센터"란 첨단물류시설 및 설비, 운영시스템 등을 도입하여 저비용 · 고효율 · 안전성 · 친환경성 등에서 우수한 성능을 발휘할 수 있는 물류창고로서 산업통상부장관의 인증을 받은 물류창고를 말한다.

⑤ "도시첨단물류단지"란 도시 내 물류를 지원하고 물류 · 유통산업 및 물류 · 유통과 관련된 산업의 육성과 개발을 촉진하려는 목적으로 도시첨단물류단지시설과 지원시설을 집단적으로 설치하기 위하여 「국토의 계획 및 이용에 관한 법률」에 따른 도시지역에 지정 · 개발하는 일단의 토지 및 시설을 말한다.

[해설]

"스마트물류센터"란 첨단물류시설 및 설비, 운영시스템 등을 도입하여 저비용 · 고효율 · 안전성 · 친환경성 등에서 우수한 성능을 발휘할 수 있는 물류창고로서 국토교통부장관의 인증을 받은 물류창고를 말한다.

답 ④

10 물류시설의 개발 및 운영에 관한 법령상 물류시설개발종합계획의 수립에 대한 설명으로 옳은 것은?

① 국토교통부장관은 물류시설의 합리적 개발 · 배치 및 물류체계의 효율화 등을 위하여 물류시설의 개발에 관한 종합계획을 10년단위로 수립하여야 한다.

② 창고 및 집배송센터 등 물류활동을 개별적으로 수행하는 최소 단위의 물류시설은 클러스터물류시설이다.

③ 국토교통부장관은 필요한 경우 관계 중앙행정기관의 장에게 물류시설개발종합계획을 변경하도록 요청할 수 있다.

④ 물류시설개발종합계획에는 물류시설의 환경보전 · 관리에 관한 사항이 포함되어야 한다.

⑤ 물류시설개발종합계획에는 도심지에 위치한 물류시설의 정비와 교내에서의 이전에 관한 사항이 포함되어야 한다.

[해설]

① 국토교통부장관은 물류시설의 합리적 개발 · 배치 및 물류체계의 효율화 등을 위하여 물류시설의 개발에 관한 종합계획을 **5년** 단위로 수립하여야 한다.

② 창고 및 집배송센터 등 물류활동을 개별적으로 수행하는 최소 단위의 물류시설은 단위물류시설이다.

③ **관계 중앙행정기관의 장**은 필요한 경우 **국토교통부장관**에게 물류시설개발종합계획을 변경하도록 요청할 수 있다.

⑤ 물류시설개발종합계획에는 도심지에 위치한 물류시설의 정비와 **교외이전**에 관한 사항이 포함되어야 한다.

답 ④

11 물류시설의 개발 및 운영에 관한 법령상 복합물류터미널사업 등록의 결격사유자로서 올바르지 않은 것은?

① 물류시설의 개발 및 운영에 관한 법률을 위반하여 벌금형 이상을 선고받은 후 2년이 지나지 아니한 자

② 복합물류터미널사업 등록이 취소된 후 2년이 지나지 아니한 자

③ 법인으로서 그 임원 중에 피성년후견인 또는 파산선고를 받고 복권되지 아니한 자가 있는 경우

④ 법인으로서 그 임원 중에 법을 위반하여 금고 이상의 형의 집행유예를 선고받고 그 유예기간 중에 있는 자가 있는 경우

⑤ 법인으로서 그 임원 중에 이 법을 위반하여 금고 이상의 실형을 선고받고 그 집행이 종료되거나 집행이 면제되지 아니한 자가 있는 경우

해설

'법인으로서 그 임원 중에 이 법을 위반하여 금고 이상의 실형을 선고받고 그 집행이 종료되거나 집행이 면제된 날부터 2년이 지나지 아니한 자가 있는 경우'가 올바른 표현이다(법 제8조).

답 ⑤

12 물류시설의 개발 및 운영에 관한 법령상 복합물류터미널 사업자의 휴업 및 폐업에 관한 설명으로 옳은 것은?

① 복합물류터미널사업자는 복합물류터미널사업의 전부 또는 일부를 폐업하려는 때에는 미리 국토교통부장관에게 신고하여야 한다.

② 복합물류터미널사업자인 법인이 합병의 사유로 해산한 경우에는 그 청산인(파산에 따라 해산한 경우에는 파산관재인을 말한다)은 지체 없이 그 사실을 국토교통부장관에게 신고하여야 한다.

③ 휴업기간은 12개월을 초과할 수 없다.

④ 휴업신고서는 휴업한 날부터 3일 이내에 국토교통부장관에게 제출하여야 한다.

⑤ 복합물류터미널사업자가 사업의 전부를 휴업하려는 경우 그 취지를 영업소나 그 밖에 일반 공중이 보기 쉬운 곳에 게시하여야 하지만 일부를 휴업하려는 경우에는 그러하지 아니하다.

해설

② 복합물류터미널사업자인 법인이 **합병 외의 사유**로 해산한 경우에는 그 청산인(파산에 따라 해산한 경우에는 파산관재인을 말한다)은 지체 없이 그 사실을 국토교통부장관에게 신고하여야 한다.

③ 휴업기간은 **6개월**을 초과할 수 없다.

④ 휴업신고서는 휴업한 날부터 **7일** 이내에 국토교통부장관에게 제출하여야 한다.

⑤ 복합물류터미널사업자가 사업의 **전부 또는 일부**를 휴업하거나 폐업하려는 때에는 미리 그 취지를 영업소나 그 밖에 일반 공중이 보기 쉬운 곳에 게시하여야 한다.

답 ①

13 물류시설의 개발 및 운영에 관한 법령상 물류창고업의 등록에 대한 설명으로 다음 빈칸에 들어갈 단어로 올바른 것은?

> 법 제21조의2(물류창고업의 등록) ① 다음 각 호의 어느 하나에 해당하는 물류창고를 소유 또는 임차하여 물류창고업을 경영하려는 자는 국토교통부와 해양수산부의 공동부령으로 정하는 바에 따라 국토교통부장관 또는 해양수산부장관에게 등록하여야 한다.
> 1. 전체 바닥면적의 합계가 (_____)제곱미터 이상인 보관시설(하나의 필지를 기준으로 해당 물류창고업을 등록하고자 하는 자가 직접 사용하는 바닥면적만을 산정하되, 필지가 서로 연접한 경우에는 연접한 필지를 합산하여 산정한다)
> 2. 전체면적의 합계가 (_____)제곱미터 이상인 보관장소(보관시설이 차지하는 토지면적을 포함하고 하나의 필지를 기준으로 물류창고업을 등록하고자 하는 자가 직접 사용하는 면적만을 산정하되, 필지가 서로 연접한 경우에는 연접한 필지를 합산하여 산정한다)

① 1천 – 4천500   ② 2천 – 4천500
③ 1천 – 3천500   ④ 2천 – 3천500
⑤ 3천500 – 2천

해설

1천제곱미터, 4천500제곱미터가 각각 빈 칸에 들어갈 올바른 표현이다.

답 ①

14 물류시설의 개발 및 운영에 관한 법령상 물류단지의 지정에 관한 설명으로 옳은 것은?

① 일반물류단지는 국토교통부장관이 지정한다. 다만, 10만 제곱미터 이하의 일반 물류단지는 관할 시 · 도지사가 지정한다.

② 국토교통부장관은 일반물류단지를 지정하려는 때에는 일반물류단지개발계획을 수립하여 관계 중앙행정기관의 장의 의견을 듣고 관할 시 · 도지사 및 시장 · 군수 · 구청장과 협의한 후 「물류정책기본법」 물류시설분과위원회의 심의를 거쳐야 한다.

③ 도시첨단물류단지는 국토교통부장관 또는 시 · 도지사가 다음 각 호의 어느 하나에 해당하는 지역에 지정하며, 시 · 도지사(특별자치도지사는 포함한다)가 지정하는 경우에는 시장 · 군수 · 구청장의 신청을 받아 지정할 수 있다.

④ 도시첨단물류단지개발사업의 시행자는 대상 부지 토지가액의 100분의 30의 범위에서 물류산업 창업보육센터 등 해당 도시첨단물류단지를 활용한 일자리 창출을 위한 시설 등 시설 또는 그 운영비용의 일부를 국가나 지방자치단체에 제공하여야 한다.

⑤ 시 · 도지사는 일반물류단지를 지정하려는 때에는 일반물류단지개발계획을 수립하여 관계 행정기관의 장과 협의한 후 「물류정책기본법」 지역물류정책위원회의 심의를 거쳐야 한다.

해설

① 일반물류단지는 국토교통부장관이 지정한다. 다만, **100만** 제곱미터 이하의 일반물류단지는 관할 시 · 도지사가 지정한다.

② 국토교통부장관은 일반물류단지를 지정하려는 때에는 일반물류단지개발계획을 수립하여 **관할 시 · 도지사 및 시장 · 군수 · 구청장의 의견을 듣고 관계 중앙행정기관의 장**과 협의한 후 「물류정책기본법」 물류시설분과위원회의 심의를 거쳐야 한다.

③ 도시첨단물류단지는 국토교통부장관 또는 시 · 도지사가 다음 각 호의 어느 하나에 해당하는 지역에 지정하며, 시 · 도지사(특별자치도지사는 **제외**한다)가 지정하는 경우에는 시장 · 군수 · 구청장의 신청을 받아 지정할 수 있다.

④ 도시첨단물류단지개발사업의 시행자는 대상 부지 토지가액의 100분의 **40**의 범위에서 물류산업 창업보육센터 등 해당 도시첨단물류단지를 활용한 일자리 창출을 위한 시설 등 시설 또는 그 운영비용의 일부를 국가나 지방자치단체에 제공하여야 한다.

답 ⑤

15 물류시설의 개발 및 운영에 관한 법령상 물류단지 안에서 행위제한 등에 관련한 설명으로 옳은 것은?

① 이동이 쉽지 아니한 물건을 1개월 이상 쌓아놓는 행위는 시장 · 군수 · 구청장의 허가를 받아야 하는 행위이다.

② 물류단지 안에서 건축물의 건축, 공작물의 설치, 토지의 형질변경, 토석의 채취, 토지분할, 물건을 쌓아놓는 행위 등 대통령령으로 정하는 행위를 하려는 자는 시장 · 군수 · 구청장의 허가를 받아야 하며 허가받은 사항을 변경하려는 때에는 신고로 갈음한다.

③ 재해복구 또는 재난수습에 필요한 응급조치를 위하여 하는 행위는 해당 행위 후 사후에 허가를 받을 수 있다.

④ 허가를 받아야 하는 행위로서 물류단지의 지정 및 고시 당시 이미 관계 법령에 따라 행위허가를 받았거나 허가를 받을 필요가 없는 행위에 관하여 그 공사 또는 사업에 착수한 자는 별도의 조치없이 이를 계속 시행할 수 있다.

⑤ 시장 · 군수 · 구청장은 허가사항을 위반한 자에게 과징금 처분을 할 수 있다.

해설

② 물류단지 안에서 건축물의 건축, 공작물의 설치, 토지의 형질변경, 토석의 채취, 토지분할, 물건을 쌓아놓는 행위 등 대통령령으로 정하는 행위를 하려는 자는 **시장 · 군수 · 구청장의 허가**를 받아야 한다. 허가받은 사항을 변경하려는 때에도 **또한 같다.**

③ 재해복구 또는 재난수습에 필요한 응급조치를 위하여 하는 행위는 **허가를 받지 아니하고** 할 수 있다.

④ 허가를 받아야 하는 행위로서 물류단지의 지정 및 고시 당시 이미 관계 법령에 따라 행위허가를 받았거나 허가를 받을 필요가 없는 행위에 관하여 그 공사 또는 사업에 착수한 자는 시장 · 군수 · 구청장에게 **신고한 후** 이를 계속 시행할 수 있다.

⑤ 시장 · 군수 · 구청장은 허가사항을 위반한 자에게 **원상회복을 명할 수 있다.**

답 ①

16 물류시설의 개발 및 운영에 관한 법령상 물류단지개발사업의 시행자로 지정받을 수 없는 자는?

① 「지방공기업법」에 따른 지방공사
② 「한국도로공사법」에 따른 한국도로공사
③ 「항만공사법」에 따른 항만공사
④ 「한국토지주택공사법」에 따른 한국토지주택공사
⑤ 「철도사업법」에 따른 도시철도공사

해설

법 제27조(물류단지개발사업의 시행자) ② 물류단지개발사업의 시행자로 지정받을 수 있는 자는 다음 각 호의 자로 한다.
  1. 국가 또는 지방자치단체
  2. 대통령령으로 정하는 공공기관
  3. 「지방공기업법」에 따른 지방공사
  4. 특별법에 따라 설립된 법인
  5. 「민법」 또는 「상법」에 따라 설립된 법인

영 제20조(시행자) ② 법 제27조제2항제2호에서 "대통령령으로 정하는 공공기관"이란 다음 각 호의 기관을 말한다.
  1. 「한국토지주택공사법」에 따른 한국토지주택공사
  2. 「한국도로공사법」에 따른 한국도로공사
  4. 「한국수자원공사법」에 따른 한국수자원공사
  5. 「한국농어촌공사 및 농지관리기금법」에 따른 한국농어촌공사
  6. 「항만공사법」에 따른 항만공사

답 ⑤

17 화물자동차 운수사업법령상 화물의 기준으로 옳은 것은?

① 화주 1명당 화물의 중량이 25킬로그램 이상인 것
② 화물이 합판·각목 등 건축기자재인 것
③ 화주 1명당 화물의 용적이 2만 세제곱센티미터 이상인 것
④ 화물이 혐오감을 주는 완구류인 경우
⑤ 화물이 일반적인 농산물·수산물 또는 축산물인 경우

해설

① 화주 1명당 화물의 중량이 **20킬로그램** 이상일 것
③ 화주 1명당 화물의 용적이 **4만** 세제곱센티미터 이상일 것
④ 화물이 혐오감을 주는 **동물 또는 식물**인 것
⑤ 화물이 불결하거나 악취가 **나는** 농산물·수산물 또는 축산물인 것

답 ②

18 화물자동차 운수사업법령상 화물자동차 운송사업과 관련한 설명 중 옳은 것은?

① 화물자동차 운송사업을 경영하려는 자는 각 호의 구분에 따라 국토교통부장관에게 인가를 받아야 한다.
② 화물자동차 운송사업의 인가를 받은 자가 허가사항을 변경하려면 국토교통부령으로 정하는 바에 따라 국토교통부장관의 변경인가를 받아야 한다.
③ 화물자동차 운송사업자가 화물취급소를 설치 또는 폐지하려는 경우에는 국토교통부장관에게 변경허가를 받아야 한다.
④ 화물자동차 운송사업자가 화물자동차의 대폐차를 하려는 경우에는 국토교통부장관에게 변경인가를 받아야 한다.
⑤ 화물자동차 운송사업자가 상호를 변경 하려는 경우에는 국토교통부장관에게 신고하여야 한다.

해설

① 화물자동차 운송사업을 경영하려는 자 국토교통부장관의 **허가**를 받아야 한다.
② 화물자동차 운송사업의 **허가**를 받은 자가 허가사항을 변경하려면 국토교통부령으로 정하는 바에 따라 국토교통부장관의 **변경허가**를 받아야 한다.
③ 화물자동차 운송사업자가 화물취급소를 설치 또는 폐지하려는 경우에는 국토교통부장관에게 **신고**를 하여야 한다.
④ 화물자동차 운송사업자가 화물자동차의 대폐차를 하려는 경우에는 국토교통부장관에게 **신고**를 하여야 한다.

답 ⑤

해설

① 운송사업자는 운임과 요금을 정하여 **미리** 국토교통부장관에게 신고하여야 한다. 이를 변경하려는 때에도 또한 같다.
② 국토교통부장관은 신고 또는 변경신고를 받은 날부터 14일 이내에 신고수리 여부를 신고인에게 통지하여야 한다.
④ 국토교통부장관이 일정한 기간 내에 신고수리 여부 또는 민원 처리 관련 법령에 따른 처리기간의 연장 여부를 신고인에게 통지하지 아니하면 그 기간이 끝난 날의 **다음 날**에 신고를 수리한 것으로 본다.
⑤ 운임 및 요금의 신고절차 등에 필요한 사항은 **국토교통부령**으로 정한다.

답 ③

19 화물자동차 운수사업법령상 운임 및 요금 등에 관한 설명으로 옳은 것은?

① 운송사업자는 운임과 요금을 정하여 회계연도가 종료된 후 다음 달 15일까지 국토교통부장관에게 신고하여야 한다.
② 국토교통부장관은 신고를 받은 날부터 10일 이내에 신고수리 여부를 신고인에게 통지하여야 한다.
③ 화물자동차 안전운송원가 및 화물자동차 안전운임의 결정 및 조정에 관한 사항을 심의·의결하기 위하여 국토교통부장관 소속으로 화물자동차 안전운임위원회를 둔다.
④ 국토교통부장관이 일정한 기간 내에 신고수리 여부 또는 민원 처리 관련 법령에 따른 처리기간의 연장 여부를 신고인에게 통지하지 아니하면 그 기간이 끝난 날에 신고를 수리한 것으로 본다.
⑤ 운임 및 요금의 신고절차 등에 필요한 사항은 공동부령으로 정한다.

20 화물자동차 운수사업법령상 화물자동차 운송사업 허가취소에 대한 설명으로 옳은 것은?

① 국토교통부장관은 운송사업자가 부정한 방법으로 허가를 받은 경우 그 허가를 취소하거나 6개월 이내의 기간을 정하여 그 사업의 전부 또는 일부의 정지를 명령하거나 감차 조치를 명할 수 있다.
② 국토교통부장관은 운송사업자가 정당한 사유 없이 업무개시 명령을 이행하지 아니한 경우 그 허가를 취소하여야 한다.
③ 국토교통부장관은 운송사업자가 화물자동차 교통사고와 관련하여 거짓이나 그 밖의 부정한 방법으로 보험금을 청구하여 금고 이상의 형을 선고받고 그 형이 확정된 경우 그 허가를 취소하거나 6개월 이내의 기간을 정하여 그 사업의 전부 또는 일부의 정지를 명령하거나 감차 조치를 명할 수 있다.
④ 국토교통부장관은 운송사업자가 허가를 받은 후 6개월간의 운송실적이 국토교통부령으로 정하는 기준에 미달한 경우 그 허가를 취소하여야 한다.
⑤ 국토교통부장관은 운송사업자가 화물운송 종사자격이 없는 자에게 화물을 운송하게 한 경우 정하는 기준에 미달한 경우 그 허가를 취소하거나 6개월 이내의 기간을 정하여 그 사업의 전부 또는 일부의 정지를 명령하거나 감차 조치를 명할 수 있다.

해설

① 국토교통부장관은 운송사업자가 부정한 방법으로 허가를 받은 경우 그 허가를 **취소하여야 한다.**

② 국토교통부장관은 운송사업자가 정당한 사유 없이 업무개시 명령을 이행하지 아니한 경우 그 허가를 취소하거나 6개월 이내의 기간을 정하여 그 사업의 전부 또는 일부의 정지를 명령하거나 감차 조치를 명할 수 있다.

③ 국토교통부장관은 운송사업자가 화물자동차 교통사고와 관련하여 거짓이나 그 밖의 부정한 방법으로 보험금을 청구하여 금고 이상의 형을 선고받고 그 형이 확정된 경우 그 허가를 **취소하여야 한다.**

④ 국토교통부장관은 운송사업자가 허가를 받은 후 6개월간의 운송실적이 국토교통부령으로 정하는 기준에 미달한 경우 그 허가를 **취소하거나** 6개월 이내의 기간을 정하여 그 사업의 전부 또는 일부의 정지를 명령하거나 감차 조치를 명할 수 있다.

답 ⑤

21 화물자동차 운수사업법령상 화물자동차 운송주선사업에 관한 설명으로 틀린 것은?

① 화물자동차 운송주선사업을 경영하려는 자는 국토교통부령으로 정하는 바에 따라 국토교통부장관의 허가를 받아야 한다. 다만, 화물자동차 운송가맹사업의 허가를 받은 자는 허가를 받지 아니한다.

② 화물자동차 운송주선사업자가 허가사항을 변경하려면 국토교통부령으로 정하는 바에 따라 국토교통부장관에게 신고하여야 한다.

③ 국토교통부장관은 변경신고를 받은 날부터 5일 이내에 신고수리 여부를 신고인에게 통지하여야 한다.

④ 운송주선사업자는 주사무소 외의 장소에서 상주하여 영업하려면 국토교통부령으로 정하는 바에 따라 국토교통부장관의 허가를 받아 영업소를 설치하여야 한다.

⑤ 운송주선사업자는 자기 명의로 다른 사람에게 화물자동차 운송주선사업을 경영하게 하려면 국토교통부장관에게 신고를 하여야 한다.

해설

운송주선사업자는 자기 명의로 다른 사람에게 화물자동차 운송주선사업을 경영하게 할 수 **없다.**

답 ⑤

22 화물자동차 운수사업법령상 적재물배상보험과 관련하여 다음 빈칸에 들어갈 올바른 단어는?

> **법 제35조(적재물배상보험등의 의무 가입)** 다음 각 호의 어느 하나에 해당하는 자는 제7조제1항에 따른 손해배상 책임을 이행하기 위하여 대통령령으로 정하는 바에 따라 적재물배상 책임보험 또는 공제(이하 "적재물배상보험등"이라 한다)에 가입하여야 한다.
>
> 1. 최대 적재량이 (　　　)톤 이상이거나 총 중량이 (　　　)톤 이상인 화물자동차 중 국토교통부령으로 정하는 화물자동차를 소유하고 있는 운송사업자
> 2. 국토교통부령으로 정하는 화물을 취급하는 운송주선사업자
> 3. 운송가맹사업자
>
> **영 제9조의7(적재물배상 책임보험 등의 가입 범위)** 법 제35조에 따라 적재물배상 책임보험 또는 공제에 가입하려는 자는 다음 각 호의 구분에 따라 사고 건당 (　　　)만원[법 제24조제1항본문에 따라 화물자동차 운송주선사업의 허가를 받은 자(이하 "운송주선사업자"라 한다)가 이사화물운송만을 주선하는 경우에는 (　　　)만원] 이상의 금액을 지급할 책임을 지는 적재물배상보험등에 가입하여야 한다.

① 10, 20, 1천, 500

② 5, 10, 2천, 500

③ 5, 10, 1천, 500

④ 10, 20, 2천, 500

⑤ 10, 20, 1천, 200

해설

법 제35조, 영 제9조의7

답 ②

23 화물자동차 운수사업법령상 공제조합의 설립과 관한 내용 중 옳지 않은 것은?

① 운수사업자가 설립한 협회의 연합회는 국토교통부장관의 허가를 받아 운수사업자의 자동차 사고로 인한 손해배상 책임의 보장사업 및 적재물배상 공제사업 등을 할 수 있다.

② 운수사업자는 상호간의 협동조직을 통하여 조합원이 자주적인 경제 활동을 영위할 수 있도록 지원하고 조합원의 자동차 사고로 인한 손해배상책임의 보장사업 및 적재물배상 공제사업을 하기 위하여 국토교통부장관의 인가를 받아 공제조합을 설립할 수 있다.

③ 공제조합을 설립하려면 공제조합의 조합원 자격이 있는 자의 10분의 1 이상이 발기하고, 조합원 자격이 있는 자 200인 이상의 동의를 받아 창립총회에서 정관을 작성한 후 국토교통부장관에게 인가를 신청하여야 한다.

④ 공제조합의 운영영위원회의 위원은 조합원, 운수사업·금융·보험·회계·법률 분야 전문가, 관계 공무원 및 그 밖에 화물자동차 운수사업 관련 이해관계자로 구성하되, 그 수는 20명 이내로 한다.

⑤ 공제조합은 조합원이 사업용 자동차를 소유·사용·관리하는 동안 발생한 사고로 그 자동차에 생긴 손해에 대한 공제사업을 한다.

[해설]
공제조합의 운영영위원회의 위원은 조합원, 운수사업·금융·보험·회계·법률 분야 전문가, 관계 공무원 및 그 밖에 화물자동차 운수사업 관련 이해관계자로 구성하되, 그 수는 25명 이내로 한다(법 제51조의6 제1항).

답 ④

24 화물자동차 운수사업법령상 자가용 화물자동차의 사용 관련한 내용으로 틀린 것은?

① 화물자동차 운송사업과 화물자동차 운송가맹사업에 이용되지 아니하고 자가용으로 사용되는 화물자동차로서 특수자동차 등 화물자동차로 사용하려는 자는 국토교통부령으로 정하는 사항을 시·도지사에게 신고하여야 한다.

② 시·도지사는 신고를 받은 날부터 10일 이내에 신고수리 여부를 신고인에게 통지하여야 한다.

③ 자가용 화물자동차의 소유자 또는 사용자는 자가용 화물자동차를 유상으로 화물운송용으로 제공하거나 임대하여서는 아니 된다. 다만, 국토교통부령으로 정하는 사유에 해당되는 경우로서 시·도지사의 인가를 받으면 화물운송용으로 제공하거나 임대할 수 있다.

④ 시·도지사는 자가용 화물자동차의 소유자 또는 사용자가 자가용 화물자동차를 사용하여 화물자동차 운송사업을 경영한 경우 6개월 이내의 기간을 정하여 그 자동차의 사용을 제한하거나 금지할 수 있다.

⑤ 영농조합법인이 소유하는 자가용 화물자동차에 대한 유상운송 허가기간은 3년 이내로 하여야 한다.

[해설]
자가용 화물자동차의 소유자 또는 사용자는 자가용 화물자동차를 유상으로 화물운송용으로 제공하거나 임대하여서는 아니 된다. 다만, 국토교통부령으로 정하는 사유에 해당되는 경우로서 시·도지사의 허가를 받으면 화물운송용으로 제공하거나 임대할 수 있다.

답 ③

25 화물자동차 운수사업법령상 운수종사자의 교육과 관련하여 다음 빈칸에 들어갈 숫자로 올바른 것은?

> **법 제59조(운수종사자의 교육 등)** ① 화물자동차의 운전업무에 종사하는 운수종사자는 국토교통부령으로 정하는 바에 따라 시·도지사가 실시하는 교육을 매년 (____)회 이상 받아야 한다.
>
> **규칙 제53조(운수종사자 교육 등)** ① 관할관청은 법 제59조제1항에 따른 운수종사자 교육을 실시하는 때에는 운수종사자 교육계획을 수립하여 운수사업자에게 교육을 시작하기 (____)개월 전까지 통지하여야 한다.
> ② 제1항에 따른 운수종사자 교육의 교육시간은 4시간으로 한다. 다만, 운수종사자 준수사항을 위반하여 벌칙 또는 과태료 부과처분을 받은 자 및 특별검사 대상자에 대한 교육시간은 (____)시간으로 한다.

① 1, 1, 8   ② 2, 1, 10

③ 1, 2, 8   ④ 2, 2, 10

⑤ 1, 2, 10

[해설]
화물자동차 운수사업법 제59조, 규칙 제53조

답 ①

26 유통산업발전법상 정의로 옳은 것은?

① "유통산업"이란 농산물·임산물·축산물·수산물(가공물 및 조리물을 제외한다) 및 공산품의 도매·소매 및 이를 경영하기 위한 보관·배송·포장과 이와 관련된 정보·용역의 제공 등을 목적으로 하는 산업을 말한다.

② "대규모점포"는 매장면적의 합계가 1천제곱미터 이상이어야 한다.

③ 체인본부의 계속적인 경영지도 및 체인본부와 가맹점 간의 협업에 의하여 가맹점의 취급품목·영업방식 등의 표준화사업과 공동구매·공동판매·공동시설활용 등 공동사업을 수행하는 형태의 체인사업은 직영점형 체인사업이다.

④ "도매배송서비스"란 상품의 주문처리·재고관리·수송·보관·하역·포장·가공 등 집하 및 배송에 관한 활동과 이를 유기적으로 조정하거나 지원하는 정보처리활동에 사용되는 기계·장치 등의 일련의 시설을 말한다.

⑤ "임시시장"이란 다수의 수요자와 공급자가 일정한 기간 동안 상품을 매매하거나 용역을 제공하는 일정한 장소를 말한다.

[해설]

① "유통산업"이란 농산물·임산물·축산물·수산물(가공물 및 조리물을 **포함**한다) 및 공산품의 도매·소매 및 이를 경영하기 위한 보관·배송·포장과 이와 관련된 정보·용역의 제공 등을 목적으로 하는 산업을 말한다.

② "대규모점포"는 매장면적의 합계가 **3천제곱미터** 이상이어야 한다.

③ 체인본부의 계속적인 경영지도 및 체인본부와 가맹점 간의 협업에 의하여 가맹점의 취급품목·영업방식 등의 표준화사업과 공동구매·공동판매·공동시설활용 등 공동사업을 수행하는 형태의 체인사업은 **임의가맹점**형 체인사업이다.

④ "**집배송시설**"이란 상품의 주문처리·재고관리·수송·보관·하역·포장·가공 등 집하 및 배송에 관한 활동과 이를 유기적으로 조정하거나 지원하는 정보처리활동에 사용되는 기계·장치 등의 일련의 시설을 말한다.

답 ⑤

27 유통산업발전법상 유통산업발전기본계획에 관한 설명으로 옳지 않은 것은?

① 산업통상자원부장관은 유통산업의 발전을 위하여 5년마다 유통산업발전기본계획을 관계 중앙행정기관의 장과 협의를 거쳐 세우고 시행하여야 한다.

② 유통전문인력 · 부지 및 시설 등의 수급 변화에 대한 전망은 유통산업발전기본계획에 포함되어야 한다.

③ 관계 중앙행정기관의 장은 시행계획의 집행실적을 해당 연도의 말일까지 산업통상자원부장관에게 제출하여야 한다.

④ 산업통상자원부장관은 기본계획을 세우기 위하여 필요하다고 인정하는 경우에는 관계 중앙행정기관의 장에게 필요한 자료를 요청할 수 있다.

⑤ 산업통상자원부장관은 기본계획을 시 · 도지사에게 알려야 한다.

해설

관계 중앙행정기관의 장은 시행계획의 집행실적을 **다음 연도 2월 말일**까지 산업통상자원부장관에게 제출하여야 한다.

답 ③

28 유통산업발전법상 대규모점포 등록의 결격사유로 올바른 것은?

① 피성년후견인 또는 미성년자

② 파산선고를 받고 복권된 자

③ 이 법을 위반하여 징역의 실형을 선고받고 그 집행이 끝나거나(집행이 끝난 것으로 보는 경우를 포함한다) 집행이 면제된 날부터 2년이 지나지 아니한 사람

④ 이 법을 위반하여 징역형의 집행유예선고를 받고 그 유예기간이 끝난 사람

⑤ 등록이 취소된 후 2년이 지나지 아니한 자

해설

② '파산선고를 받고 **복권되지 아니한** 자'가 올바른 표현이다.

③ '이 법을 위반하여 징역의 실형을 선고받고 그 집행이 끝나거나(집행이 끝난 것으로 보는 경우를 포함한다) 집행이 면제된 날부터 **1년**이 지나지 아니한 사람'이 올바른 표현이다.

④ '이 법을 위반하여 징역형의 집행유예선고를 받고 그 유예기간 중에 있는 사람'이 올바른 표현이다.

⑤ '등록이 취소된 후 **1년**이 지나지 아니한 자'이 올바른 표현이다.

답 ①

29 유통산업발전법상 대규모점포 등에 대한 영업시간의 제한에 관한 설명으로 다음 빈칸에 들어갈 숫자를 모두 더한 값으로 옳은 것은?

> 제12조의2(대규모점포등에 대한 영업시간의 제한 등) ① 특별자치시장 · 시장 · 군수 · 구청장은 건전한 유통질서 확립, 근로자의 건강권 및 대규모점포등과 중소유통업의 상생발전을 위하여 필요하다고 인정하는 경우 대형마트(대규모점포에 개설된 점포로서 대형마트의 요건을 갖춘 점포를 포함한다)와 준대규모점포에 대하여 다음 각 호의 영업시간 제한을 명하거나 의무휴업일을 지정하여 의무휴업을 명할 수 있다. 다만, 연간 총매출액 중 「농수산물 유통 및 가격안정에 관한 법률」에 따른 농수산물의 매출액 비중이 (_____)퍼센트 이상인 대규모점포등으로서 해당 지방자치단체의 조례로 정하는 대규모점포등에 대하여는 그러하지 아니하다.
> 1. 영업시간 제한
> 2. 의무휴업일 지정
> ② 특별자치시장 · 시장 · 군수 · 구청장은 제1항제1호에 따라 오전 (_____)시부터 오전 (_____)까지의 범위에서 영업시간을 제한할 수 있다. **2**

① 50

② 55

③ 60

④ 65

⑤ 70

해설

유통산업발전법 제12조의2에 따라 빈칸에 들어갈 숫자는 순서대로 55, 0, 100이므로 65가 정답이다.

답 ④

30 유통산업발전법상 상점가진흥조합에 대한 설명으로 틀린 것은?

① 상점가에서 도매업·소매업·용역업이나 그 밖의 영업을 하는 자는 해당 상점가의 진흥을 위하여 상점가진흥조합을 결성할 수 있다.

② 상점가진흥조합의 조합원이 될 수 있는 자는 「중소기업기본법」 제2조에 따른 중소기업자에 해당하는 자로 한다.

③ 상점가진흥조합은 조합원의 자격이 있는 자의 5분의 3 이상의 동의를 받아 결성한다. 다만, 조합원의 자격이 있는 자 중 같은 업종을 경영하는 자가 2분의 1 이상인 경우에는 그 같은 업종을 경영하는 자의 3분의 2 이상의 동의를 받아 결성할 수 있다.

④ 상점가진흥조합은 협동조합 또는 사업조합으로 설립한다.

⑤ 상점가진흥조합의 구역은 다른 상점가진흥조합의 구역과 중복되어서는 아니된다.

[해설]

상점가진흥조합은 조합원의 자격이 있는 자의 **3분의 2 이상의 동의**를 받아 결성한다. 다만, 조합원의 자격이 있는 자 중 같은 업종을 경영하는 자가 **2분의 1 이상**인 경우에는 그 같은 업종을 경영하는 자의 5분의 3 이상의 동의를 받아 결성할 수 있다.

답 ③

31 항만운송사업법령상 운임 및 요금에 대한 설명으로 틀린 것은?

① 항만하역사업의 등록을 한 자는 해양수산부령으로 정하는 바에 따라 운임과 요금을 정하여 관리청의 승인를 받아야 한다.

② 해양수산부령으로 정하는 항만시설에서 하역하는 화물 또는 해양수산부령으로 정하는 품목에 해당하는 화물에 대하여는 해양수산부령으로 정하는 바에 따라 그 운임과 요금을 정하여 관리청에게 신고하여야 한다.

③ 검수사업·감정사업 또는 검량사업의 등록을 한 자는 해양수산부령으로 정하는 바에 따라 요금을 정하여 해양수산부장관에게 미리 신고하여야 한다.

④ 관리청이 기간 내에 신고수리 여부 또는 민원 처리 관련 법령에 따른 처리기간의 연장을 신고인에게 통지하지 아니하면 그 기간(민원 처리 관련 법령에 따라 처리기간이 연장 또는 재연장된 경우에는 해당 처리기간을 말한다)이 끝난 날의 다음 날에 신고를 수리한 것으로 본다.

⑤ 관리청은 신고된 운임 및 요금에 대하여 항만운송사업의 건전한 발전과 공공복리의 증진을 위하여 필요하다고 인정할 때에는 이 운임 및 요금의 변경 또는 조정에 필요한 조치를 명할 수 있다.

[해설]

항만하역사업의 등록을 한 자는 해양수산부령으로 정하는 바에 따라 운임과 요금을 정하여 관리청의 **인가**를 받아야 한다.

※ 항만운송사업법령상 운임 및 요금 제도관리주체에 있어서 '해양수산부장관' → '관리청'으로 법률개정되었음

답 ①

32 항만운송사업법령상 항만운송관련사업 등록과 관련한 설명으로 틀린 것은?

① 항만운송관련사업을 하려는 자는 항만별·업종별로 해양수산부령으로 정하는 바에 따라 관리청에게 등록하여야 한다.

② 선용품공급업을 하려는 자는 해양수산부령으로 정하는 바에 따라 해양수산부장관에게 신고하여야 한다.

③ 항만운송관련사업 중 선박연료공급업을 등록한 자는 사용하려는 장비를 추가하거나 그 밖에 사업계획 중 해양수산부령으로 정하는 사항을 변경하려는 경우 해양수산부령으로 정하는 바에 따라 관리청에게 사업계획 변경신고를 하여야 한다.

④ 법인인 항만운송관련사업자가 합병한 경우 합병 후 존속하는 법인이나 합병으로 설립되는 법인이 항만운송관련사업자의 등록 또는 신고에 따른 권리·의무를 승계한다.

⑤ 부두시설 등 항만시설을 사용하는 경우에는 해당 항만시설의 사용허가서 사본(선박수리업 및 컨테이너수리업의 경우에는 제외한다)을 지방해양수산청장 또는 시·도지사에게 제출하여야 한다.

해설

부두시설 등 항만시설을 사용하는 경우에는 해당 항만시설의 사용허가서 사본(선박수리업 및 컨테이너 수리업의 경우에만 제출한다)을 지방해양수산청장 또는 시·도지사에게 제출하여야 한다.
※ 항만운송사업법령상 항만운송관련사업 등록관련제도 관리주체에 있어서 상당부분 '해양수산부장관' → '관리청'으로 법률개정되었음

답 ⑤

33 항만운송사업법령상 과징금에 대한 설명으로 틀린 것은?

① 관리청은 항만운송사업자 또는 항만운송관련사업자가 사업정지처분을 하여야 하는 경우로서 그 사업의 정지가 그 사업의 이용자 등에게 심한 불편을 주거나 공익을 해칠 우려가 있는 경우에는 사업정지처분을 갈음하여 1,000만원 이하의 과징금을 부과할 수 있다.

② 관리청은 과징금을 내야 할 자가 납부기한까지 과징금을 내지 아니하면 국세 체납처분의 예에 따라 징수한다.

③ 관리청과징금을 부과하려는 경우에는 위반행위의 종류와 과징금의 금액 등을 구체적으로 밝혀 이를 낼 것을 서면으로 통지하여야 한다.

④ 통지를 받은 자는 통지를 받은 날부터 20일 이내에 과징금을 관리청이 정하는 수납기관에 내야 한다. 다만, 천재지변이나 그 밖의 부득이한 사유로 그 기간에 과징금을 낼 수 없을 때에는 그 사유가 없어진 날부터 7일 이내에 내야 한다.

⑤ 과징금의 수납기관은 과징금을 수납하였을 때에는 지체 없이 그 사실을 관리청에게 통보하여야 한다.

해설

관리청은 항만운송사업자 또는 항만운송관련사업자가 사업정지처분을 하여야 하는 경우로서 그 사업의 정지가 그 사업의 이용자 등에게 심한 불편을 주거나 공익을 해칠 우려가 있는 경우에는 사업정지처분을 갈음하여 500만원 이하의 과징금을 부과할 수 있다.
※ 항만운송사업법령상 과징금제도 관리주체에 있어서 '해양수산부장관' → '관리청'으로 법률개정되었음

답 ①

34 항만운송사업법령상 항만운송분쟁과 관련된 내용으로 옳지 않은 것은?

① 항만운송사업자 단체, 항만운송근로자 단체 및 그 밖에 대통령령으로 정하는 자는 항만운송과 관련된 분쟁의 해소 등에 필요한 사항을 협의하기 위하여 항만별로 항만운송 분쟁협의회를 구성·운영할 수 있다.

② 항만운송 분쟁협의회는 위원장 1명을 포함하여 7명의 위원으로 구성하되, 분쟁협의회의 위원장은 위원 중에서 호선한다.

③ 분쟁협의회의 회의는 재적위원 과반수 이상의 출석으로 개의하고, 출석위원 과반수 이상의 찬성으로 의결한다.

④ 분쟁협의회는 만운송과 관련된 노사 간 분쟁의 해소에 관한 사항을 심의·의결한다.

⑤ 분쟁협의회의 운영에 필요한 사항은 분쟁협의회의 의결을 거쳐 분쟁협의회의 위원장이 정한다.

해설

분쟁협의회의 회의는 재적위원 3분의 2 이상의 출석으로 개의하고, 출석위원 3분의 2 이상의 찬성으로 의결한다.

답 ③

35 철도사업법령상 여객 운임 및 요금의 신고 등과 관련한 설명으로 옳은 것은?

① 철도사업자는 여객에 대한 운임(여객운송에 대한 직접적인 대가를 말하며, 여객 운송과 관련된 설비·용역에 대한 대가는 포함한다)·요금을 국토교통부장관에게 신고하여야 한다. 이를 변경하려는 경우에도 같다.

② 철도사업자는 여객 운임·요금을 정하거나 변경하는 경우에는 원가와 버스 등 다른 교통수단의 여객 운임·요금과의 형평성 등을 고려하여야 한다. 이 경우 여객에 대한 운임은 사업용철도노선의 분류, 철도차량의 유형 등을 고려하여 국토교통부장관이 지정·고시한 상한을 초과하여서는 아니 된다.

③ 국토교통부장관은 여객 운임의 상한을 지정하려면 미리 산업통상부장관과 협의하여야 한다.

④ 철도사업자는 여객 운임·요금을 감면하는 경우에는 그 시행 7일 이전에 감면 사항을 인터넷 홈페이지, 관계 역·영업소 및 사업소 등 일반인이 잘 볼 수 있는 곳에 게시하여야 한다. 다만, 긴급한 경우에는 미리 게시하지 아니할 수 있다.

⑤ 철도사업자는 열차를 이용하는 여객이 정당한 운임·요금을 지불하지 아니하고 열차를 이용한 경우에는 승차 구간에 해당하는 운임 외에 그의 10배의 범위에서 부가 운임을 징수할 수 있다.

해설

① 철도사업자는 여객에 대한 운임(여객운송에 대한 직접적인 대가를 말하며, 여객운송과 관련된 설비·용역에 대한 대가는 **제외한다**)·요금을 국토교통부장관에게 신고하여야 한다. 이를 변경하려는 경우에도 같다.

③ 국토교통부장관은 여객 운임의 상한을 지정하려면 미리 **기획재정부장관과** 협의하여야 한다.

④ 철도사업자는 여객 운임·요금을 감면하는 경우에는 그 시행 **3일** 이전에 감면 사항을 인터넷 홈페이지, 관계 역·영업소 및 사업소 등 일반인이 잘 볼 수 있는 곳에 게시하여야 한다. 다만, 긴급한 경우에는 미리 게시하지 아니할 수 있다.

⑤ 철도사업자는 열차를 이용하는 여객이 정당한 운임·요금을 지불하지 아니하고 열차를 이용한 경우에는 승차 구간에 해당하는 운임 외에 그의 **30배**의 범위에서 부가 운임을 징수할 수 있다.

답 ②

36 철도사업법령상 철도사업약관과 관련하여 다음 빈칸에 들어갈 말로 올바른 것은?

> 제11조(철도사업약관) ① 철도사업자는 철도사업약관을 정하여 국토교통부장관에게 (_____). 이를 변경하려는 경우에도 같다.

① 등록하여야 한다.　　　② 신고하여야 한다.
③ 승인받아야 한다.　　　④ 인가받아야 한다.
⑤ 보고하여야 한다.

해설

법 제11조(철도사업약관) ① 철도사업자는 철도사업약관을 정하여 **국토교통부장관에게 신고하여야 한다**. 이를 변경하려는 경우에도 같다.

답 ②

37 철도사업법령상 전용철도 운영의 양도, 양수, 상속에 대한 설명으로 틀린 것은?

① 전용철도의 운영을 양도·양수하려는 자는 국토교통부령으로 정하는 바에 따라 국토교통부장관에게 신고하여야 한다.

② 전용철도의 등록을 한 법인이 합병하려는 경우에는 국토교통부령으로 정하는 바에 따라 국토교통부장관에게 신고하여야 한다.

③ 전용철도의 운영을 양수한 자는 전용철도의 운영을 양도한 자의 전용철도운영자로서의 지위를 승계하며, 합병으로 설립되거나 존속하는 법인은 합병으로 소멸되는 법인의 전용철도운영자로서의 지위를 승계한다.

④ 전용철도운영자가 사망한 경우 상속인이 그 전용철도의 운영을 계속하려는 경우에는 피상속인이 사망한 날부터 1개월 이내에 국토교통부장관에게 신고하여야 한다.

⑤ 전용철도운영자가 그 운영의 전부 또는 일부를 휴업 또는 폐업한 경우에는 1개월 이내에 국토교통부장관에게 신고하여야 한다.

해설

전용철도운영자가 사망한 경우 상속인이 그 전용철도의 운영을 계속하려는 경우에는 피상속인이 사망한 날부터 3개월 이내에 국토교통부장관에게 신고하여야 한다.

답 ④

38 철도사업법령상 변상금의 징수와 관련하여 다음 빈칸에 들어갈 숫자로 올바른 것은?

> 법 제44조의2(변상금의 징수) 국토교통부장관은 제42조제1항에 따른 점용허가를 받지 아니하고 철도시설을 점용한 자에 대하여 제44조제1항에 따른 점용료의 (_____)에 해당하는 금액을 변상금으로 징수할 수 있다.

① 100분의 105   ② 100분의 110

③ 100분의 115   ④ 100분의 120

⑤ 100분의 125

해설

법 제44조의2(변상금의 징수) 국토교통부장관은 제42조제1항에 따른 점용허가를 받지 아니하고 철도시설을 점용한 자에 대하여 제44조제1항에 따른 점용료의 **100분의 120**에 해당하는 금액을 변상금으로 징수할 수 있다.

답 ④

39 농수산물 유통 및 가격안정에 관한 법령상 농산물의 수입추천 등과 관련한 설명으로 틀린 것은?

① 「세계무역기구 설립을 위한 마라케쉬협정」에 따른 대한민국 양허표상의 시장접근물량에 적용되는 양허세율로 수입하는 농산물 중 다른 법률에서 달리 정하지 아니한 농산물을 수입하려는 자는 농림축산식품부장관의 추천을 받아야 한다.

② 농림축산식품부장관은 농산물의 수입에 대한 추천업무를 농림축산식품부장관이 지정하는 비영리법인으로 하여금 대행하게 할 수 있다. 이 경우 품목별 추천물량 및 추천기준과 그 밖에 필요한 사항은 농림축산식품부장관이 정한다.

③ 농산물을 수입하려는 자는 사용용도와 그 밖에 농림축산식품부령으로 정하는 사항을 적어 수입 추천신청을 하여야 한다.

④ 농림축산식품부장관은 필요하다고 인정할 때에는 추천 대상 농산물 중 농림축산식품부령으로 정하는 품목의 농산물을 비축용 농산물로 수입하거나 생산자단체를 지정하여 수입하여 판매하게 할 수 있다.

⑤ 농림축산식품부장관은 추천을 받아 농산물을 수입하는 자 중 농림축산식품부령으로 정하는 품목의 농산물을 수입하는 자에 대하여 농림축산식품부령으로 정하는 바에 따라 국내가격과 수입가격 간의 차액의 100분의 150의 범위에서 수입이익금을 부과·징수할 수 있다.

해설

농림축산식품부장관은 추천을 받아 농산물을 수입하는 자 중 농림축산식품부령으로 정하는 품목의 농산물을 수입하는 자에 대하여 농림축산식품부령으로 정하는 바에 따라 국내가격과 수입가격 간의 **차액의 범위에서** 수입이익금을 부과·징수할 수 있다.

답 ⑤

40 농수산물 유통 및 가격안정에 관한 법령상 중도매업에 대한 설명으로 틀린 것은?

① 중도매인의 업무를 하려는 자는 부류별로 해당 도매시장 개설자의 허가를 받아야 한다.

② 도매시장 개설자는 중도매업의 허가를 하는 경우 5년 이상 10년 이하의 범위에서 허가 유효기간을 설정할 수 있다. 다만, 법인이 아닌 중도매인은 3년 이상 5년 이하의 범위에서 허가 유효기간을 설정할 수 있다.

③ 매매참가인의 업무를 하려는 자는 농림축산식품부령 또는 해양수산부령으로 정하는 바에 따라 도매시장·공판장 또는 민영도매시장의 개설자에게 매매참가인으로 신고하여야 한다.

④ 허가를 받은 중도매인은 도매시장에 설치된 공판장에서도 그 업무를 할 수 있다.

⑤ 허가 유효기간이 만료된 후 계속하여 중도매업을 하려는 자는 농림축산식품부령 또는 해양수산부령으로 정하는 바에 따라 갱신허가를 받아야 한다.

해설

도매시장 개설자는 중도매업의 허가를 하는 경우 5년 이상 10년 이하의 범위에서 허가 유효기간을 설정할 수 있다. 다만, 법인이 아닌 중도매인은 **3년 이상 10년 이하**의 범위에서 허가 유효기간을 설정할 수 있다.

답 ②

01 물류정책기본법령상 물류현황조사에 대한 설명으로 옳은 것은?

① 산업통상부장관은 물류에 관한 정책 또는 계획의 수립·변경을 위하여 필요하다고 판단될 때에는 관계 행정기관의 장과 미리 협의한 후 물동량의 발생현황과 이동경로, 물류시설·장비의 현황과 이용실태, 물류인력과 물류체계의 현황, 물류비, 물류산업과 국제물류의 현황 등에 관하여 조사할 수 있다.

② 국토교통부장관 또는 해양수산부장관은 물류현황조사의 결과에 따라 물류비 등 물류지표를 설정하여 물류정책의 수립 및 평가에 활용할 수 있다.

③ 물류현황조사 시 「국가통합교통체계효율화법」 국가교통조사와 병행하여 조사하여야 한다.

④ 국토교통부장관 또는 해양수산부장관은 물류현황조사를 효율적으로 수행하기 위하여 필요한 경우에는 물류현황조사의 전부 또는 일부를 전문기관으로 하여금 수행하게 할 수 없다.

⑤ 산업통상부장관은 지역물류에 관한 정책 또는 계획의 수립·변경을 위하여 필요한 경우에는 해당 행정구역의 물동량 현황과 이동경로, 물류시설·장비의 현황과 이용실태, 물류산업의 현황 등에 관하여 조사할 수 있다.

해설

① **국토교통부장관 또는 해양수산부장관**은 물류에 관한 정책 또는 계획의 수립·변경을 위하여 필요하다고 판단될 때에는 관계 행정기관의 장과 미리 협의한 후 물동량의 발생현황과 이동경로, 물류시설·장비의 현황과 이용실태, 물류인력과 물류체계의 현황, 물류비, 물류산업과 국제물류의 현황 등에 관하여 조사할 수 있다.

③ 물류현황조사 시 「국가통합교통체계효율화법」 국가교통조사와 **중복되지 아니하도록** 하여야 한다.

④ 국토교통부장관 또는 해양수산부장관은 물류현황조사를 효율적으로 수행하기 위하여 필요한 경우에는 물류현황조사의 전부 또는 일부를 전문기관으로 하여금 수행하게 할 수 **있다.**

⑤ **시·도지사**는 지역물류에 관한 정책 또는 계획의 수립·변경을 위하여 필요한 경우에는 해당 행정구역의 물동량 현황과 이동경로, 물류시설·장비의 현황과 이용실태, 물류산업의 현황 등에 관하여 조사할 수 있다.

답 ②

02 물류정책기본법령상 국가물류기본계획의 수립과 관련한 설명으로 옳은 것은?

① 물류 표준화·공동화 등 물류체계의 효율화에 관한 사항은 국가물류기본계획에 포함되어야 한다.

② 국토교통부장관 및 해양수산부장관은 국가물류정책의 기본방향을 설정하는 10년 단위의 국가물류기본계획을 3년마다 공동으로 수립하여야 한다.

③ 국토교통부장관 및 해양수산부장관은 국가물류기본계획을 수립하거나 대통령령으로 정하는 중요한 사항을 변경하려는 경우에는 관계 중앙행정기관의 장 및 시·도지사와 협의한 후 지방물류정책위원회의 심의를 거쳐야 한다.

④ 국가물류기본계획은 「국토기본법」에 따라 수립된 국토종합계획 및 「국가통합교통체계효율화법」에 따라 수립된 국가기간교통망계획에 우선한다.

⑤ 산업통산부장관은 국가물류기본계획을 수립하거나 변경한 때에는 이를 관보에 고시하고, 관계 중앙행정기관의 장 및 시·도지사에게 통보하여야 한다.

해설

② 국토교통부장관 및 해양수산부장관은 국가물류정책의 기본방향을 설정하는 10년 단위의 국가물류기본계획을 **5년**마다 공동으로 수립하여야 한다.

③ 국토교통부장관 및 해양수산부장관은 국가물류기본계획을 수립하거나 대통령령으로 정하는 중요한 사항을 변경하려는 경우에는 관계 중앙행정기관의 장 및 시·도지사와 협의한 후 **국가물류정책위원회의 심의**를 거쳐야 한다.

④ 국가물류기본계획은 「국토기본법」에 따라 수립된 국토종합계획 및 「국가통합교통체계효율화법」에 따라 수립된 국가기간교통망계획과 **조화를 이루어야 한다.**

⑤ **국토교통부장관**은 국가물류기본계획을 수립하거나 변경한 때에는 이를 관보에 고시하고, 관계 중앙행정기관의 장 및 시·도지사에게 통보하여야 한다.

답 ①

03 물류정책기본법령상 물류 공동화 및 자동화 촉진에 대한 설명으로 틀린 것은?

① 국토교통부장관·해양수산부장관·산업통상자원부장관 또는 시·도지사는 물류공동화를 추진하는 물류기업이나 화주기업 또는 물류 관련 단체에 대하여 예산의 범위에서 필요한 자금을 지원할 수 있다.

② 국토교통부장관·해양수산부장관·산업통상자원부장관 또는 시·도지사는 화주기업이 물류공동화를 추진하는 경우에는 물류기업이나 물류 관련 단체와 공동으로 추진하도록 권고할 수 있으며, 권고를 이행하는 경우에 우선적으로 지원을 할 수 있다.

③ 국토교통부장관·해양수산부장관·산업통상자원부장관 또는 시·도지사는 물류공동화를 확산하기 위하여 필요한 경우에는 시범지역을 지정하거나 시범사업을 선정하여 운영할 수 있다.

④ 국토교통부장관·해양수산부장관 또는 산업통상자원부장관은 물류기업이 물류자동화를 위하여 물류시설 및 장비를 확충하거나 교체하려는 경우에는 필요한 자금을 지원할 수 있다.

⑤ 시·도지사는 상기의 조치를 하려는 경우에는 중복을 방지하기 위하여 미리 해당 조치와 관련하여 국토교통부장관·해양수산부장관 또는 산업통상자원부장관과 협의하고, 그 내용을 국가물류기본계획과 국가물류시행계획에 반영하여야 한다.

[해설]

시·도지사는 제1항부터 제4항까지의 조치를 하려는 경우에는 중복을 방지하기 위하여 미리 해당 조치와 관련하여 국토교통부장관·해양수산부장관 또는 산업통상자원부장관과 협의하고, 그 내용을 제14조에 따른 **지역물류기본계획**과 제16조에 따른 **지역물류시행계획**에 반영하여야 한다.

답 ⑤

04 물류정책기본법령상 다음 빈칸에 들어갈 수 있는 자로 옳지 않은 것은?

> ( )·( )·( ) 또는 ( )은 물류정보화를 촉진하기 위하여 필요한 경우에는 예산의 범위에서 물류기업 또는 물류 관련 단체에 대하여 물류정보화에 관련된 설비 또는 프로그램의 개발·운용비용의 일부를 지원할 수 있다.

① 관세청장
② 시도지사
③ 산업통산부장관
④ 해양수산부장관
⑤ 국토교통부장관

[해설]

국토교통부장관·해양수산부장관·산업통상자원부장관 또는 관세청장은 물류정보화를 촉진하기 위하여 필요한 경우에는 예산의 범위에서 물류기업 또는 물류 관련 단체에 대하여 물류정보화에 관련된 설비 또는 프로그램의 개발·운용비용의 일부를 지원할 수 있다.

답 ②

05 물류정책기본법령상 국제물류주선업에 관한 설명으로 옳은 것은?

① 국제물류주선업을 등록한 자가 등록한 사항 중 국토교통부령으로 정하는 중요한 사항을 변경하려는 경우에는 국토교통부령으로 정하는 바에 따라 변경신고를 하여야 한다.

② 국제물류주선업을 경영하려는 자는 국토교통부령으로 정하는 바에 따라 시·도지사에게 신고하여야 한다.

③ 국제물류주선업을 경영하려는 자는 3억원 이상의 자본금(법인이 아닌 경우에는 5억원 이상의 자산평가액을 말한다)을 보유하고 그 밖에 대통령령으로 정하는 기준을 충족하여야 한다.

④ 「해운법」을 위반하여 금고 이상의 형의 집행유예를 선고받고 그 유예기간이 종료된 자는 국제물류주선업을 영위할 수 없다.

⑤ 국제물류주선업자는 업을 영위하기 위한 기준에 관한 사항을 3년이 경과할 때마다 국토교통부령으로 정하는 바에 따라 신고하여야 한다.

해설

① 국제물류주선업을 등록한 자가 등록한 사항 중 국토교통부령으로 정하는 중요한 사항을 변경하려는 경우에는 국토교통부령으로 정하는 바에 따라 변경**등록**을 하여야 한다.

② 국제물류주선업을 경영하려는 자는 국토교통부령으로 정하는 바에 따라 **시·도지사에게 등록**하여야 한다.

③ 국제물류주선업을 경영하려는 자는 **3억원** 이상의 자본금(법인이 아닌 경우에는 **6억원** 이상의 자산평가액을 말한다)을 보유하고 그 밖에 대통령령으로 정하는 기준을 충족하여야 한다.

④ 금고 이상의 형의 집행유예를 선고받고 그 유예기간 **중에 있는 자**가 국제물류주선업을 영위할 수 없다.

답 ⑤

해설

① **물류기업, 화주기업, 그 밖에 물류활동**과 관련된 자는 물류체계를 효율화하고 업계의 건전한 발전 및 공동이익을 도모하기 위하여 필요할 경우 물류관련협회를 설립할 수 있다.

② 물류관련협회를 설립하려는 경우에는 해당 협회의 회원이 될 자격이 있는 기업 **100개 이상**이 발기인으로 정관을 작성하여 해당 협회의 회원이 될 자격이 있는 기업 **200개 이상**이 참여한 창립총회의 의결을 거친 후 소관에 따라 국토교통부장관 또는 해양수산부장관의 설립인가를 받아야 한다.

③ 물류관련협회에 관하여 이 법에 규정한 것 외에는 「민법」 중 **사단법인**에 관한 규정을 준용한다.

④ **국토교통부장관 및 해양수산부장관**은 물류관련협회의 발전을 위하여 필요한 경우에는 물류관련협회를 행정적·재정적으로 지원할 수 있다.

답 ⑤

---

06 물류정책기본법령상 물류관련협회에 관한 내용으로 옳은 것은?

① 제조기업, 기업, 그 밖에 제조활동과 관련된 자는 물류체계를 효율화하고 업계의 건전한 발전 및 공동이익을 도모하기 위하여 필요할 경우 물류관련협회를 설립할 수 있다.

② 물류관련협회를 설립하려는 경우에는 해당 협회의 회원이 될 자격이 있는 기업 50개 이상이 발기인으로 정관을 작성하여 해당 협회의 회원이 될 자격이 있는 기업 100개 이상이 참여한 창립총회의 의결을 거친 후 소관에 따라 국토교통부장관 또는 해양수산부장관의 설립인가를 받아야 한다.

③ 물류관련협회에 관하여 이 법에 규정한 것 외에는 「민법」 중 비영리법인에 관한 규정을 준용한다.

④ 산업통상부장관은 물류관련협회의 발전을 위하여 필요한 경우에는 물류관련협회를 행정적·재정적으로 지원할 수 있다.

⑤ 물류관련협회는 설립인가를 받아 설립등기를 함으로써 성립한다.

07 물류정책기본법령상 환경친화적 물류의 촉진에 관한 설명으로 틀린 것은?

① 시·도지사는 물류활동이 환경친화적으로 추진될 수 있도록 관련 시책을 마련하여야 한다.

② 국토교통부장관은 물류기업이 환경친화적인 운송수단 또는 포장재료의 사용을 하는 경우에는 행정적 지원을 할 수 있다.

③ 해양수산부장관은 화주기업이 기존 물류시설·장비·운송수단을 환경친화적인 물류시설·장비·운송수단으로 변경하는 경우에는 재정적 지원을 할 수 있다.

④ 물류활동에 따른 폐기물 감량활동은 환경친화적인 물류활동이다.

⑤ 국토교통부장관 및 해양수산부장관은 재정적 지원을 하려는 경우에는 중복을 방지하기 위하여 미리 시·도지사와 협의하고, 그 내용을 지역물류기본계획과 지역물류시행계획에 반영하여야 한다.

해설

시·도지사는 재정적 지원을 하려는 경우에는 중복을 방지하기 위하여 미리 **국토교통부장관 및 해양수산부장관**과 협의하고, 그 내용을 지역물류기본계획과 지역물류시행계획에 반영하여야 한다.

답 ⑤

08 물류정책기본법령상 국제물류사업의 촉진 및 지원에 관한 설명으로 틀린 것은?

① 국토교통부장관 · 해양수산부장관 또는 시 · 도지사는 국제물류협력체계 구축, 국내 물류기업의 해외진출, 해외 물류기업의 유치 및 환적화물의 유치 등 국제물류 촉진을 위한 시책을 마련하여야 한다.

② 국토교통부장관 · 해양수산부장관 또는 시 · 도지사는 물류기업 또는 관련 전문 기관 · 단체가 추진하는 물류 관련 정보 · 기술 · 인력의 국제교류 등의 국제물류 사업에 대하여 행정적인 지원을 하거나 예산의 범위에서 필요한 경비의 전부나 일부를 지원할 수 있다.

③ 국토교통부장관 및 해양수산부장관 또는 시 · 도지사는 범정부차원의 지원이 필요한 국가간 물류협력체의 구성 또는 정부간 협정의 체결 등에 관하여는 미리 국가물류정책위원회의 심의를 거쳐야 한다.

④ 국토교통부장관 · 해양수산부장관 또는 시 · 도지사는 물류기업 및 국제물류 관련 기관 · 단체의 국제물류활동을 촉진하기 위하여 필요한 행정적 · 재정적 지원을 할 수 있다.

⑤ 국토교통부장관 · 해양수산부장관 또는 시 · 도지사는 물류시설에 외국인투자기업 및 환적화물을 효과적으로 유치하기 위하여 필요한 경우에는 해당 물류시설 관리자 또는 국제물류 관련 기관 · 단체와 공동으로 투자유치 활동을 수행할 수 있다.

해설

국토교통부장관 및 해양수산부장관은 범정부차원의 지원이 필요한 국가간 물류협력체의 구성 또는 정부간 협정의 체결 등에 관하여는 미리 국가물류정책위원회의 심의를 거쳐야 한다.

답 ③

09 물류시설의 개발 및 운영에 관한 법령상 지원시설로 보기 어려운 것은?

① 「농수산물유통 및 가격안정에 관한 법률」에 따른 농수산물산지유통센터
② 「산업집적활성화 및 공장설립에 관한 법률」에 따른 공장
③ 「수산식품산업의 육성 및 지원에 관한 법률」에 따른 냉동 · 냉장업 시설
④ 정보처리시설
⑤ 물류단지의 종사자 및 이용자의 생활과 편의를 위한 시설

해설

「수산식품산업의 육성 및 지원에 관한 법률」 제15조에 따른 수산가공품 생산공장 및 같은 법 제16조에 따른 수산물가공업시설은 지원시설이나 냉동 · 냉장업 시설 및 선상가공업시설은 제외한다(영 제2조 제3항).

답 ③

10 물류시설의 개발 및 운영에 관한 법령상 물류시설개발종합계획의 수립절차에 관련한 설명으로 옳은 것은?

① 국토교통부장관은 물류시설개발종합계획을 수립하는 때에는 관계 행정기관의 장으로부터 소관별 계획을 제출받아 이를 기초로 물류시설개발종합계획안을 작성하여 특별시장 · 광역시장 · 특별자치시장 · 도지사 또는 특별자치도지사의 의견을 듣고 관계 중앙행정기관의 장과 협의한 후 「물류정책기본법」 국가물류위원회의 심의를 거쳐야 한다.

② 국토교통부장관은 제1항에 따라 물류시설개발종합계획을 수립하거나 변경한 때에는 이를 이해관계자에게 통고하여야 한다.

③ 시 · 도지사는 필요한 경우 국토교통부장관에게 물류시설개발종합계획을 변경하도록 요청할 수 있다.

④ 국토교통부장관은 물류시설개발종합계획을 효율적으로 수립하기 위하여 필요하다고 인정하는 때에는 물류회계에 대하여 조사할 수 있다.

⑤ 물류시설개발종합계획은 「물류정책기본법」의 국가물류기본계획과 조화를 이루어야 한다.

해설

① 국토교통부장관은 물류시설개발종합계획을 수립하는 때에는 관계 행정기관의 장으로부터 소관별 계획을 제출받아 이를 기초로 물류시설개발종합계획안을 작성하여 특별시장·광역시장·특별자치시장·도지사 또는 특별자치도지사의 의견을 듣고 관계 중앙행정기관의 장과 협의한 후 「물류정책기본법」 **물류시설분과위원회**의 심의를 거쳐야 한다.

② 국토교통부장관은 물류시설개발종합계획을 수립하거나 변경한 때에는 이를 **관보에 고시**하여야 한다.

③ **관계 중앙행정기관의 장**은 필요한 경우 국토교통부장관에게 물류시설개발종합계획을 변경하도록 요청할 수 있다.

④ 국토교통부장관은 물류시설개발종합계획을 효율적으로 수립하기 위하여 필요하다고 인정하는 때에는 **물류시설**에 대하여 조사할 수 있다.

답 ⑤

11 물류시설의 개발 및 운영에 관한 법령상 복합물류터미널사업을 등록할 수 있는 자가 아닌 것은?

① 국가 또는 지방자치단체

② 「민법」 또는 「국세기본법」에 따라 설립된 법인

③ 「지방공기업법」에 따른 지방공사

④ 「한국농어촌공사 및 농지관리기금법」에 따른 한국농어촌공사

⑤ 「한국수자원공사법」에 따른 한국수자원공사

해설

「민법」 또는 「**상법**」에 따라 설립된 법인이 올바른 표현이다(법 제7조 제2항).

답 ②

12 물류시설의 개발 및 운영에 관한 법령상 복합물류터미널사업자 등이 취득한 공사시행인가에 대하여 변경인가를 받아야 하는 경우가 아닌 것은?

① 공사의 기간을 변경하는 경우

② 물류터미널의 부지 면적의 10분의 1 미만을 변경하는 경우

③ 물류터미널 안의 공공시설 중 오·폐수시설 및 공동구를 변경하는 경우

④ 물류터미널 안의 공공시설 중 도로·철도·광장·녹지시설을 변경하는 경우

⑤ 물류터미널 안의 공공시설 중 하수도, 유수지, 운하, 부두를 변경하는 경우

해설

물류터미널의 부지 면적을 변경하는 경우(부지 면적의 10분의 1 이상을 변경하는 경우만 해당한다)에 변경인가를 받아야 한다.

답 ②

13 물류시설의 개발 및 운영에 관한 법령상 복합물류터미널사업자 등록취소에 관한 설명으로 틀린 것은?

① 국토교통부장관은 복합물류터미널사업자가 거짓이나 그 밖의 부정한 방법으로 등록을 한 때에는 등록을 취소하여야 한다.

② 국토교통부장관은 복합물류터미널사업자가 사업의 전부 또는 일부를 휴업한 후 정당한 사유 없이 신고한 휴업기간이 지난 후에도 사업을 재개하지 아니한 때 등록을 취소하여야 한다.

③ 국토교통부장관은 복합물류터미널사업자가 다른 사람에게 자기의 성명 또는 상호를 사용하여 사업을 하게 하거나 등록증을 대여한 때에는 등록을 취소하여야 한다.

④ 국토교통부장관은 복합물류터미널사업자가 사업정지명령을 위반하여 그 사업정지기간 중에 영업을 한 때에는 등록을 취소하여야 한다.

⑤ 국토교통부장관은 복합물류터미널사업자가 변경등록을 하지 아니하고 등록사항을 변경한 때에는 그 등록을 취소하거나 6개월 이내의 기간을 정하여 사업의 정지를 명할 수 있다.

해설

국토교통부장관은 복합물류터미널사업자가 사업의 전부 또는 일부를 휴업한 후 정당한 사유 없이 신고한 휴업기간이 지난 후에도 사업을 재개하지 아니한 때에는 그 **등록을 취소**하거나 6개월 이내의 기간을 정하여 **사업의 정지를** 명할 수 있다(법 제17조 제1항).

답 ②

14 물류시설의 개발 및 운영에 관한 법령상 다음 빈칸에 들어갈 단어로 올바른 것은?

> 제22조의3(토지소유자 등의 동의) ① 국토교통부장관 또는 시 · 도지사는 도시첨단물류단지를 지정하려면 도시첨단물류단지 예정지역 토지면적의 (_____) 이상에 해당하는 토지소유자의 동의와 토지소유자 총수(그 지상권자를 포함하며, 1필지의 토지를 여러 명이 공유하는 경우 그 여러 명은 1인으로 본다) 및 건축물 소유자 총수(집합건물의 경우 각 구분소유자 각자를 1인의 소유자로 본다) 각 (_____) 이상의 동의를 받아야 한다.
> ② 제1항에 따른 동의자 수의 산정방법과 그 밖에 필요한 사항은 대통령령으로 정한다.

① 2분의 1 − 3분의 1   ② 2분의 1 − 2분의 1

③ 3분의 1 − 2분의 1   ④ 3분의 1 − 3분의 1

⑤ 3분의 1 − 2분의 1

해설

'2분의 1', '2분의 1'이 올바른 표현이다.

답 ②

15 물류시설의 개발 및 운영에 관한 법령상 물류단지 개발지침에 대한 설명으로 틀린 것은?

① 국토교통부장관은 물류단지의 개발에 관한 기본지침을 작성하여 관보에 고시하여야 한다.

② 국토교통부장관은 물류단지개발지침을 작성할 때에는 미리 시 · 도지사의 의견을 듣고 관계 중앙행정기관의 장과 협의한 후 「물류정책기본법」상 물류시설분과위원회의 심의를 거쳐야 한다.

③ 물류단지개발지침에는 「환경영향평가법」에 따른 전략환경영향평가, 소규모 환경영향평가 및 환경영향평가 등 환경보전에 관한 사항이 포함되어야 한다.

④ 물류단지개발지침에는 문화재의 보존을 위하여 고려할 사항이 포함되어야 한다.

⑤ 물류단지개발지침에는 물류단지의 지역별 · 규모별 · 연도별 배치 및 우선순위에 관한 사항이 포함되어야 한다.

해설

영 15조(물류단지개발지침의 내용 등) ① 물류단지개발지침에는 다음 각 호의 사항이 포함되어야 한다.
1. 물류단지의 계획적 · 체계적 개발에 관한 사항
2. 물류단지의 지정 · 개발 · 지원에 관한 사항
3. 「환경영향평가법」에 따른 전략환경영향평가, 소규모 환경영향평가 및 환경영향평가 등 환경보전에 관한 사항
4. 지역 간의 균형발전을 위하여 고려할 사항
5. 문화재의 보존을 위하여 고려할 사항
6. 토지가격의 안정을 위하여 필요한 사항
7. 분양가격의 결정에 관한 사항
8. 토지 · 시설 등의 공급에 관한 사항

답 ⑤

16 물류시설의 개발 및 운영에 관한 법령상 분양가격 결정 등에 대한 설명으로 틀린 것은?

① 시행자가 개발한 토지·시설 등을 물류단지시설용지 또는 도시첨단물류단지시설로서 국토교통부장관이 정하는 시설로 분양하는 경우 그 분양가격은 조성원가에 적정이윤을 합한 금액으로 한다. 다만, 시행자가 필요하다고 인정하는 경우에는 분양가격을 그 이하의 금액으로 할 수 있다.

② 시행자는 대규모점포, 전문상가단지 등 판매를 목적으로 사용될 토지·시설 등의 분양가격은 「감정평가 및 감정평가사에 관한 법률」에 따른 감정평가액을 예정가격으로 하여 실시한 경쟁입찰에 따라 정할 수 있다.

③ 조성원가는 일정기준에 따라 산정한 용지비, 용지부담금, 조성비, 기반시설 설치비, 직접인건비, 이주대책비, 판매비, 일반관리비, 자본비용 및 그 밖의 비용을 합산한 금액으로 한다.

④ 적정이윤은 조성원가에서 자본비용, 개발사업대행비용, 선수금을 각각 제외한 금액의 100분의 10를 초과하지 아니하는 범위에서 해당 물류단지의 입주 수요와 지역 간 균형발전의 촉진 등 지역 여건을 고려하여 시행자가 정한다.

⑤ 시행자는 준공인가 전에 물류단지시설용지 또는 도시첨단물류단지시설로서 국토교통부장관이 정하는 시설을 분양한 경우에는 해당 물류단지개발사업을 위하여 투입된 총사업비 및 적정이윤을 기준으로 준공인가 후에 분양가격을 정산할 수 있다.

> **해설**
> 적정이윤은 조성원가에서 자본비용, 개발사업대행비용, 선수금을 각각 제외한 금액의 **100분의 5**를 초과하지 아니하는 범위에서 해당 물류단지의 입주 수요와 지역 간 균형발전의 촉진 등 지역 여건을 고려하여 시행자가 정한다.

답 ④

17 화물자동차 운수사업법령상 용어의 정의로 옳은 것은?

① "화물자동차 운수사업"이란 화물자동차 운송사업, 화물자동차 운송주선사업 및 화물자동차 운송가맹사업을 말한다.

② "화물자동차 운송주선사업"이란 다른 사람의 요구에 응하여 유상으로 화물운송계약을 중개·대리하거나 화물자동차 운송사업 또는 화물자동차 운송가맹사업을 경영하는 자의 화물 운송수단을 이용하여 자기 명의와 계산으로 화물을 운송하는 사업(화물이 이사화물인 경우에는 포장 및 보관 등 부대서비스를 함께 제공하는 사업을 제외한다)을 말한다.

③ "화물자동차 운송가맹사업"이란 다른 사람의 요구에 응하여 타인의 화물자동차를 사용하여 유상으로 화물을 운송하거나 화물정보망을 통하여 소속 화물자동차 운송가맹점에 의뢰하여 화물을 운송하게 하는 사업을 말한다.

④ "공영차고지"란 화물자동차의 운전자가 화물의 운송 중 휴식을 취하거나 화물의 하역을 위하여 대기할 수 있도록 「도로법」에 따른 도로 등 화물의 운송경로나 「물류시설의 개발 및 운영에 관한 법률」에 따른 물류시설 등 물류거점에 휴게시설과 차량의 주차·정비·주유 등 화물운송에 필요한 기능을 제공하기 위하여 건설하는 시설물을 말한다.

⑤ "화물자동차"란 「자동차관리법」에 따른 화물자동차를 말하며 특수자동차를 제외한다.

> **해설**
> ② "화물자동차 운송주선사업"이란 다른 사람의 요구에 응하여 유상으로 화물운송계약을 중개·대리하거나 화물자동차 운송사업 또는 화물자동차 운송가맹사업을 경영하는 자의 화물 운송수단을 이용하여 자기 명의와 계산으로 화물을 운송하는 사업(화물이 이사화물인 경우에는 포장 및 보관 등 부대서비스를 함께 제공하는 사업을 **포함**한다)을 말한다.
> ③ "화물자동차 운송가맹사업"이란 다른 사람의 요구에 응하여 **자기 화물자동차를 사용하여** 유상으로 화물을 운송하거나 화물정보망을 통하여 소속 화물자동차 운송가맹점에 의뢰하여 화물을 운송하게 하는 사업을 말한다.

④ "화물자동차 휴게소"란 화물자동차의 운전자가 화물의 운송 중 휴식을 취하거나 화물의 하역을 위하여 대기할 수 있도록 「도로법」에 따른 도로 등 화물의 운송경로나 「물류시설의 개발 및 운영에 관한 법률」에 따른 물류시설 등 물류거점에 휴게시설과 차량의 주차 · 정비 · 주유 등 화물운송에 필요한 기능을 제공하기 위하여 건설하는 시설물을 말한다.

⑤ "화물자동차"란 「자동차관리법」 제3조에 따른 화물자동차 및 **특수자동차**로서 국토교통부령으로 정하는 자동차를 말한다.

답 ①

---

18 화물자동차 운수사업법령상 운송비용과 운송약관에 대한 설명으로 옳은 것은?

① 국토교통부장관은 운송약관의 신고 또는 변경신고를 받은 날부터 7일 이내에 신고수리 여부를 신고인에게 통지하여야 한다.

② 국토교통부장관은 화물자동차 안전운송원가 및 화물자동차 안전운임의 효율적인 심의를 위하여 화물운송에 소요되는 비용 등을 주기적으로 조사하여야 한다.

③ 운송사업자가 화물자동차 운송사업의 허가를 받는 때에 표준약관의 사용에 동의하는 경우에도 별도의 운송약관을 신고하여야 한다.

④ 운송약관의 신고 또는 변경신고는 협회로 하여금 대리하게 할 수 없다.

⑤ 운송약관에는 요금수수의 지연 시의 조치와 대책을 적어야 한다.

해설

① 국토교통부장관은 운송약관의 신고 또는 변경신고를 받은 날부터 3일 이내에 신고수리 여부를 신고인에게 통지하여야 한다.

③ 운송사업자가 화물자동차 운송사업의 허가를 받는 때에 표준약관의 사용에 동의하면 운송약관을 **신고한 것으로 본다.**

④ 운송약관의 신고 또는 변경신고는 협회로 하여금 대리하게 할 수 **있다.**

⑤ 운송약관에는 운임 및 요금의 수수 또는 환급에 관한 사항을 적는 것은 맞지만 요금수수의 지연까지는 관리하지 않는다.

답 ②

---

19 화물자동차 운수사업법령상 화물자동차 운전자 요건과 관련하여 다음 빈칸에 들어갈 단어로 올바른 것은?

규칙 제18조(화물자동차 운전자의 연령 · 운전경력 등의 요건) 법 제8조제1항제1호에 따른 화물자동차 운수사업의 운전업무에 종사할 수 있는 재(이하 "화물자동차 운전자"라 한다)의 연령 · 운전경력 등의 요건은 다음 각 호와 같다.
　1. 화물자동차를 운전하기에 적합한 「도로교통법」 제80조에 따른 운전면허를 가지고 있을 것
　2. (　　) 이상일 것
　3. 운전경력이 (　　) 이상일 것. 다만, 여객자동차 운수사업용 자동차 또는 화물자동차 운수사업용 자동차를 운전한 경력이 있는 경우에는 그 운전경력이 (　　) 이상이어야 한다.

① 만 19세 − 3년 − 1년
② 20세 − 3년 − 2년
③ 만 19세 − 3년 − 2년
④ 20세 − 2년 − 1년
⑤ 만 19세 − 2년 − 1년

해설

시행규칙 제18조

답 ④

20 화물자동차 운수사업법령상 개선명령 및 업무개시명령과 관련한 설명으로 틀린 것은?

① 국토교통부장관은 안전운행을 확보하고, 운송 질서를 확립하며, 화주의 편의를 도모하기 위하여 필요하다고 인정되면 운송사업자에게 적재물배상보험등의 가입과 「자동차손해배상 보장법」에 따라 운송사업자가 의무적으로 가입하여야 하는 보험·공제에 가입을 명할 수 있다.

② 국토교통부장관은 운송사업자나 운수종사자가 정당한 사유 없이 집단으로 화물운송을 거부하여 화물운송에 커다란 지장을 주어 국가경제에 매우 심각한 위기를 초래하거나 초래할 우려가 있다고 인정할 만한 상당한 이유가 있으면 그 운송사업자 또는 운수종사자에게 업무개시를 명할 수 있다.

③ 국토교통부장관은 운송사업자 또는 운수종사자에게 업무개시를 명하려면 지역물류위원회의 심의를 거쳐야 한다.

④ 국토교통부장관은 업무개시를 명한 때에는 구체적 이유 및 향후 대책을 국회 소관 상임위원회에 보고하여야 한다.

⑤ 운송사업자 또는 운수종사자는 정당한 사유 없이 업무개시명령을 거부할 수 없다.

해설

국토교통부장관은 운송사업자 또는 운수종사자에게 업무개시를 명하려면 **국무회의**의 심의를 거쳐야 한다.

답 ③

21 화물자동차 운수사업법령상 화물자동차 운송사업의 상속에 대한 설명으로 옳은 것은?

① 운송사업자가 사망한 경우 상속인이 그 화물자동차 운송사업을 계속하려면 피상속인이 사망한 후 60일 이내에 국토교통부장관에게 신고하여야 한다.

② 국토교통부장관은 상속의 신고를 받은 날부터 3일 이내에 신고수리 여부를 신고인에게 통지하여야 한다.

③ 상속인이 신고를 하면 피상속인이 사망한 날의 다음 날부터 신고한 날까지 피상속인에 대한 화물자동차 운송사업의 허가는 상속인에 대한 허가로 본다.

④ 상속인이 피상속인의 사망일부터 1개월 이내에 그 화물자동차 운송사업을 다른 사람에게 양도하면 피상속인의 사망일부터 양도일까지 피상속인에 대한 화물자동차 운송사업의 허가는 상속인에 대한 허가로 본다.

⑤ 상속 신고를 한 상속인은 피상속인의 운송사업자로서의 지위를 승계한다.

해설

① 운송사업자가 사망한 경우 상속인이 그 화물자동차 운송사업을 계속하려면 피상속인이 사망한 후 **90일** 이내에 국토교통부장관에게 신고하여야 한다.

② 국토교통부장관은 상속의 신고를 받은 날부터 **5일** 이내에 신고수리 여부를 신고인에게 통지하여야 한다.

③ 상속인이 신고를 하면 피상속인이 **사망한 날**부터 신고한 날까지 피상속인에 대한 화물자동차 운송사업의 허가는 상속인에 대한 허가로 본다.

④ 상속인이 피상속인의 사망일부터 **3개월** 이내에 그 화물자동차 운송사업을 다른 사람에게 양도하면 피상속인의 사망일부터 양도일까지 피상속인에 대한 화물자동차 운송사업의 허가는 상속인에 대한 허가로 본다.

답 ⑤

22 화물자동차 운수사업법령상 적재물배상보험 관련한 내용으로 틀린 것은?

① 「보험업법」에 따른 보험회사는 적재물배상보험등에 가입하여야 하는 자가 적재물배상보험등에 가입하려고 하면 대통령령으로 정하는 사유가 있는 경우 외에는 적재물배상보험등의 계약의 체결을 거부할 수 없다.

② 보험등 의무가입자가 적재물사고를 일으킬 개연성이 높은 경우 등 국토교통부령으로 정하는 사유에 해당하면 다수의 보험회사등이 공동으로 책임보험계약등을 체결할 수 있다.

③ 보험등 의무가입자 및 보험회사등은 화물자동차 운송가맹사업의 허가가 취소되거나 감차 조치 명령을 받은 경우에 책임보험계약등의 전부 또는 일부를 해제하거나 해지하여서는 아니 된다.

④ 보험회사등은 자기와 책임보험계약등을 체결하고 있는 보험등 의무가입자에게 그 계약종료일 30일 전까지 그 계약이 끝난다는 사실을 알려야 한다.

⑤ 보험회사등은 자기와 책임보험계약등을 체결한 보험등 의무가입자가 그 계약이 끝난 후 새로운 계약을 체결하지 아니하면 그 사실을 지체 없이 국토교통부장관에게 알려야 한다.

해설

보험등 의무가입자 및 보험회사등은 화물자동차 운송가맹사업의 허가가 취소되거나 감차 조치 명령을 받은 경우 **등 외에는** 책임보험계약등의 전부 또는 일부를 해제하거나 해지하여서는 아니 된다(법 제37조).

답 ③

23 화물자동차 운수사업법령상 경영의 위탁과 관련한 내용으로 틀린 것은?

① 운송사업자는 화물자동차 운송사업의 효율적인 수행을 위하여 필요하면 다른 사람에게 차량과 그 경영의 일부를 위탁하거나 차량을 현물출자한 사람에게 그 경영의 일부를 위탁할 수 있다.

② 운송사업자와 위·수탁차주는 대등한 입장에서 합의에 따라 공정하게 위·수탁계약을 체결하고, 신의에 따라 성실하게 계약을 이행하여야 한다.

③ 위·수탁계약의 기간은 1년 이상으로 하여야 한다.

④ 시·도지사는 제3항에 따른 위·수탁계약의 체결·이행으로 발생하는 분쟁의 해결을 지원하기 위하여 화물운송사업분쟁조정협의회를 설치·운영할 수 있다.

⑤ 화물운송사업분쟁조정협의회는 운송사업자와 위·수탁차주 간 차량의 소유권에 관한 분쟁사항을 심의·조정한다.

해설

위·수탁계약의 기간은 2년 이상으로 하여야 한다.

답 ③

24 화물자동차 운수사업법령상 화물자동차 휴게소와 관련한 내용으로 옳은 것은?

① 국토교통부장관은 화물자동차 운전자의 근로 여건을 개선하고 화물의 원활한 운송을 도모하기 위하여 운송경로 및 주요 물류거점에 화물자동차 휴게소를 확충하기 위한 종합계획을 2년 단위로 수립하여야 한다.

② 국토교통부장관은 휴게소 종합계획을 수립하거나 대통령령으로 정하는 사항을 변경하려는 경우 미리 시 · 도지사의 의견을 듣고 관계 중앙행정기관의 장과 협의하여야 한다.

③ 사업시행자는 필요한 경우 국토교통부장관에게 휴게소 종합계획을 변경하도록 요청할 수 없다.

④ 화물자동차 휴게소 건설사업을 시행하려는 자는 화물자동차 휴게소 건설에 관한 계획을 수립하고 이를 공고하고, 관계 서류의 사본을 30일 이상 일반인이 열람할 수 있도록 하여야 한다.

⑤ 「지방공기업법」에 따른 지방공사는 화물자동차 휴게소 건설사업을 할 수 있다.

해설

① 국토교통부장관은 화물자동차 운전자의 근로 여건을 개선하고 화물의 원활한 운송을 도모하기 위하여 운송경로 및 주요 물류거점에 화물자동차 휴게소를 확충하기 위한 종합계획을 5년 단위로 수립하여야 한다.

② 국토교통부장관은 휴게소 종합계획을 수립하거나 **국토교통부령으로 정하는 사항**을 변경하려는 경우 미리 시 · 도지사의 의견을 듣고 관계 중앙행정기관의 장과 협의하여야 한다.

③ 사업시행자는 필요한 경우 국토교통부장관에게 휴게소 종합계획을 변경하도록 요청할 수 **있다.**

④ 화물자동차 휴게소 건설사업을 시행하려는 자는 화물자동차 휴게소 건설에 관한 계획을 수립하고 이를 공고하고, 관계 서류의 사본을 **20일** 이상 일반인이 열람할 수 있도록 하여야 한다.

답 ⑤

25 화물자동차 운수사업법령상 벌칙 중 처벌규정이 다른 하나는?

① 허가를 받지 아니하거나 거짓이나 그 밖의 부정한 방법으로 허가를 받고 화물자동차 운송사업을 경영한 자

② 허가를 받지 아니하거나 거짓이나 그 밖의 부정한 방법으로 허가를 받고 화물자동차 운송주선사업을 경영한 자

③ 국토교통부장관이 공표한 화물자동차 안전운임보다 적은 운임을 지급한 자

④ 화물운송실적관리시스템의 정보를 변경, 삭제하거나 그 밖의 방법으로 이용할 수 없게 한 자 또는 권한 없이 정보를 검색, 복제하거나 그 밖의 방법으로 이용한 자

⑤ 자가용 화물자동차를 유상으로 화물운송용으로 제공하거나 임대한 자

해설

① 허가를 받지 아니하거나 거짓이나 그 밖의 부정한 방법으로 허가를 받고 화물자동차 운송사업을 경영한 자 – 2년 이하의 징역 또는 2천만원 이하의 벌금

② 허가를 받지 아니하거나 거짓이나 그 밖의 부정한 방법으로 허가를 받고 화물자동차 운송주선사업을 경영한 자 – 2년 이하의 징역 또는 2천만원 이하의 벌금

③ 국토교통부장관이 공표한 화물자동차 안전운임보다 적은 운임을 지급한 자 – 1천만원 이하의 과태료

④ 화물운송실적관리시스템의 정보를 변경, 삭제하거나 그 밖의 방법으로 이용할 수 없게 한 자 또는 권한 없이 정보를 검색, 복제하거나 그 밖의 방법으로 이용한 자 – 2년 이하의 징역 또는 2천만원 이하의 벌금

⑤ 자가용 화물자동차를 유상으로 화물운송용으로 제공하거나 임대한 자 – 2년 이하의 징역 또는 2천만원 이하의 벌금

답 ③

26 유통산업발전법상 용어의 정의로 틀린 것은?

① "유통산업"이란 농산물 · 임산물 · 축산물 · 수산물 및 공산품의 도매 · 소매 및 이를 경영하기 위한 보관 · 배송 · 포장과 이와 관련된 정보 · 용역의 제공 등을 목적으로 하는 산업을 말한다.

② "매장"이란 상품의 판매와 이를 지원하는 용역의 제공에 직접 사용되는 장소를 말한다. 이 경우 매장에 포함되는 용역의 제공 장소의 범위는 대통령령으로 정한다.

③ "임시시장"이란 다수의 수요자와 공급자가 일정한 기간 동안 상품을 매매하거나 용역을 제공하는 일정한 장소를 말한다.

④ "전문상가단지"란 같은 업종을 경영하는 여러 도매업자 또는 소매업자가 일정 지역에 점포 및 부대시설 등을 집단으로 설치하여 만든 상가단지를 말한다.

⑤ "도매배송서비스시설"이란 상품의 주문처리 · 재고관리 · 수송 · 보관 · 하역 · 포장 · 가공 등 집하 및 배송에 관한 활동과 이를 유기적으로 조정하거나 지원하는 정보처리활동에 사용되는 기계 · 장치 등의 일련의 시설을 말한다.

해설

"**집배송시설**"이란 상품의 주문처리 · 재고관리 · 수송 · 보관 · 하역 · 포장 · 가공 등 집하 및 배송에 관한 활동과 이를 유기적으로 조정하거나 지원하는 정보처리활동에 사용되는 기계 · 장치 등의 일련의 시설을 말한다.

답 ⑤

27 유통산업발전법상 유통업상생발전협의회에 대한 설명으로 옳은 것은?

① 대규모점포 및 준대규모점포와 지역중소유통기업의 균형발전을 협의하기 위하여 산업통상부장관 소속으로 유통업상생발전협의회를 둔다.

② 유통업상생발전협의회는 성별 및 분야별 대표성 등을 고려하여 회장 1명을 포함한 23명 이내의 위원으로 구성한다.

③ 협의회의 구성 및 운영 등에 필요한 사항은 산업통상자원부령으로 정한다.

④ 회장은 시장(특별자치시의 경우 행정부시장을 말한다) · 군수 · 구청장이 되고, 위원은 특별자치시장 · 시장(「제주특별자치도 설치 및 국제자유도시 조성을 위한 특별법」 제11조에 따른 행정시장을 포함한다) · 군수 · 구청장(자치구의 구청장을 말한다)이 임명하거나 위촉하는 특정한 자가 된다.

⑤ 위원의 임기는 3년으로 한다.

해설

① 대규모점포 및 준대규모점포와 지역중소유통기업의 균형발전을 협의하기 위하여 **특별자치시장 · 시장 · 군수 · 구청장** 소속으로 유통업상생발전협의회를 둔다.

② 유통업상생발전협의회는 성별 및 분야별 대표성 등을 고려하여 회장 1명을 포함한 **11명** 이내의 위원으로 구성한다.

④ 회장은 **부시장**(특별자치시의 경우 행정부시장을 말한다) · **부군수 · 부구청장**이 되고, 위원은 **특별자치시장 · 시장**(「제주특별자치도 설치 및 국제자유도시 조성을 위한 특별법」 제11조에 따른 행정시장을 포함한다) · **군수 · 구청장**(자치구의 구청장을 말한다)이 임명하거나 위촉하는 특정한 자가 된다.

⑤ 위원의 임기는 **2년**으로 한다.

답 ③

28 유통산업발전법상 대규모점포 등의 개설등록에 관한 설명으로 틀린 것은?

① 대규모점포를 개설하거나 전통상업보존구역에 준대규모점포를 개설하려는 자는 영업을 시작하기 전에 산업통상자원부령으로 정하는 바에 따라 상권영향평가서 및 지역협력계획서를 첨부하여 특별자치시장 · 시장 · 군수 · 구청장에게 등록하여야 한다. 등록한 내용을 변경하려는 경우에도 또한 같다.

② 특별자치시장 · 시장 · 군수 · 구청장은 개설등록 또는 변경등록[점포의 소재지를 변경하거나 매장면적이 개설등록(매장면적을 변경등록한 경우에는 변경등록) 당시의 매장면적보다 5분의 1 이상 증가하는 경우로 한정한다]을 하려는 대규모점포등의 위치가 전통상업보존구역에 있을 때에는 등록을 제한하거나 조건을 붙일 수 있다.

③ 등록 제한 및 조건에 관한 세부 사항은 해당 지방자치단체의 조례로 정한다.

④ 특별자치시장 · 시장 · 군수 · 구청장은 개설등록 또는 변경등록하려는 점포의 소재지로부터 산업통상자원부령으로 정하는 거리 이내의 범위 일부가 인접 특별자치시 · 시 · 군 · 구(자치구를 말한다)에 속하여 있는 경우 인접지역의 특별자치시장 · 시장 · 군수 · 구청장에게 개설등록 또는 변경등록을 신청 받은 사실을 통보하여야 한다.

⑤ 특별자치시장 · 시장 · 군수 · 구청장은 제출받은 상권영향평가서 및 지역협력계획서를 검토하는 경우 협의회의 의견을 청취하여야 하며, 필요한 때에는 「상공회의소법」에 따른 대한상공회의소 등 전문기관에 이에 대한 조사를 하게 할 수 있다.

해설

특별자치시장 · 시장 · 군수 · 구청장은 개설등록 또는 변경등록[점포의 소재지를 변경하거나 매장면적이 개설등록(매장면적을 변경등록한 경우에는 변경등록) 당시의 매장면적보다 10분의 1 이상 증가하는 경우로 한정한다]을 하려는 대규모점포등의 위치가 전통상업보존구역에 있을 때에는 등록을 제한하거나 조건을 붙일 수 있다.

답 ②

29 유통산업발전법상 공동집배송센터의 지정과 관련한 설명으로 옳은 것은?

① 시 · 도지사는 물류공동화를 촉진하기 위하여 필요한 경우에는 부지 면적, 시설 면적 및 유통시설로의 접근성 등 산업통상자원부령으로 정하는 요건에 해당하는 지역 및 시설물을 공동집배송센터로 지정할 수 있다.

② 공동집배송센터의 지정을 받으려는 자는 산업통상자원부령으로 정하는 바에 따라 공동집배송센터의 조성 · 운영에 관한 사업계획을 첨부하여 시 · 도지사에게 공동집배송센터 지정신청하여야 한다.

③ 시 · 도지사는 그 사업의 타당성 등을 검토한 결과 해당 지역 집배송체계의 효율화를 위하여 필요하다고 인정하는 경우에는 공동집배송센터 지정사유서와 산업통상자원부령으로 정하는 서류를 산업통상자원부장관에게 제출하여야 한다.

④ 공동집배송센터를 조성 · 운영하려는 자는 지정받은 사항 중 산업통상자원부령으로 정하는 중요 사항을 변경하려면 시 · 도지사의 변경지정을 받아야 한다.

⑤ 집배송시설의 기능을 원활히 하기 위해 일반음식점, 휴게음식점, 금융업소, 사무소, 부동산중개업소, 결혼상담소 등 소개업소, 출판사, 제조업소, 수리점, 세탁소 또는 이와 유사한 시설시설이 우선적으로 설치 · 운영되도록 노력하여야 한다.

해설

① **산업통상자원부장관**은 물류공동화를 촉진하기 위하여 필요한 경우에는 시 · 도지사의 추천을 받아 부지 면적, 시설 면적 및 유통시설로의 접근성 등 산업통상자원부령으로 정하는 요건에 해당하는 지역 및 시설물을 공동집배송센터로 지정할 수 있다.

② 제1항에 따른 공동집배송센터의 지정을 받으려는 자는 산업통상자원부령으로 정하는 바에 따라 공동집배송센터의 조성 · 운영에 관한 사업계획을 첨부하여 **시 · 도지사**에게 공동집배송센터 **지정 추천을 신청**하여야 한다.

③ 추천 신청을 받은 시 · 도지사는 그 사업의 타당성 등을 검토한 결과 해당 지역 집배송체계의 효율화를 위하여 필요하다고 인정하는 경우에는 **추천** 사유서와 산업통상자원부령으로 정하는 서류를 산업통상자원부장관에게 제출하여야 한다.

④ 공동집배송센터를 조성 · 운영하려는 자는 지정받은 사항 중 산업통상자원부령으로 정하는 중요 사항을 변경하려면 **산업통상자원부장관의 변경지정**을 받아야 한다.

답 ⑤

30 유통산업발전법상 유통분쟁의 조정과 관련한 설명으로 틀린 것은?

① 대규모점포등과 관련된 분쟁의 조정을 원하는 자는 특별자치시·시·군·구의 위원회에 분쟁의 조정을 신청할 수 있다.

② 분쟁의 조정신청을 받은 유통분쟁조정위원회는 신청을 받은 날부터 60일 이내에 이를 심사하여 조정안을 작성하여야 한다. 다만, 부득이한 사정이 있는 경우에는 위원회의 의결로 그 기간을 연장할 수 있다.

③ 시(특별자치시는 제외한다)·군·구의 위원회의 조정안에 불복하는 자는 조정안을 제시받은 날부터 15일 이내에 시·도의 위원회에 조정을 신청할 수 있다.

④ 조정안을 제시받은 당사자는 그 제시를 받은 날부터 7일 이내에 그 수락 여부를 위원회에 통보하여야 한다.

⑤ 유통분쟁조정위원회는 동일한 시기에 동일한 사안에 대하여 다수의 분쟁조정이 신청된 경우에는 그 다수의 분쟁조정신청을 통합하여 조정할 수 있다.

해설

조정안을 제시받은 당사자는 그 제시를 받은 날부터 15일 이내에 그 수락 여부를 위원회에 통보하여야 한다.

답 ④

31 항만운송사업법령상 항만운송관련사업의 종류에 대한 설명으로 틀린 것은?

① 항만용역업 : 본선을 경비하는 행위나 본선의 이안 및 접안을 보조하기 위하여 줄잡이 역무를 제공하는 행위

② 항만용역업 : 선박에서 사용하는 맑은 물을 공급하는 행위

③ 항만용역업 : 통선으로 본선과 육지 간의 연락을 중계하는 행위

④ 선용품공급업 : 선박용 연료를 공급하는 사업

⑤ 컨테이너수리업 : 컨테이너를 수리하는 사업

해설

선박용 연료를 공급하는 사업은 **선박연료공급업**이며, 선용품공급업은 선박(건조 중인 선박 및 해양구조물 등을 포함한다)에 음료, 식품, 소모품, 밧줄, 수리용 예비부분품 및 부속품, 집기, 그 밖에 이와 유사한 선용품을 공급하는 사업이다.

답 ④

32 항만운송사업법령상 항만운송사업의 등록에 대한 설명으로 틀린 것은?

① 항만운송사업을 하려는 자는 사업의 종류별로 관리청에게 등록하여야 한다.

② 검량사업은 항만별로 등록한다.

③ 항만하역사업의 등록은 이용자별·취급화물별 또는 「항만법」 제2조제5호의 항만시설별로 등록하는 한정하역사업과 그 외의 일반하역사업으로 구분하여 행한다.

④ 항만운송사업의 등록을 신청하려는 자는 해양수산부령으로 정하는 바에 따라 사업계획을 첨부한 등록신청서를 해양수산부장관에게 제출하여야 한다.

⑤ 관리청은 등록신청을 받으면 사업계획과 등록기준을 검토한 후 등록요건을 모두 갖추었다고 인정하는 경우에는 해양수산부령으로 정하는 바에 따라 등록증을 발급하여야 한다.

해설

검수사업은 항만별로 등록한다.

※ 항만운송사업법령상 등록제도 관리주체에 있어서 '해양수산부장관' → '관리청'으로 법률개정되었음

답 ②

33 항만운송사업법령상 부두운영계약의 해지에 관한 설명으로 틀린 것은?

① 항만시설운영자등은 「항만 재개발 및 주변지역 발전에 관한 법률」 제2조제4호에 따른 항만재개발사업의 시행 등 공공의 목적을 위하여 항만시설등을 부두운영회사에 계속 임대하기 어려운 경우 부두운영계약을 해지할 수 있다.

② 항만시설운영자등은 부두운영회사가 항만시설등의 임대료를 6개월 이상 연체한 경우 부두운영계약을 해지할 수 있다.

③ 항만시설운영자등은 항만시설등이 멸실되는 경우 부두운영계약을 해지할 수 있다.

④ 항만시설운영자등은 부두운영회사가 항만시설등의 분할 운영 금지 등 금지행위를 한 경우 부두운영계약을 해지할 수 있다.

⑤ 항만시설운영자등은 부두운영계약을 해지하려면 서면으로 그 뜻을 부두운영회사에 통지하여야 한다.

해설
항만시설운영자등은 부두운영회사가 항만시설등의 임대료를 6개월 이상 연체한 경우 부두운영계약을 해지할 수 있다.

답 ②

34 항만운송사업법령상 교육훈련에 관한 설명으로 틀린 것은?

① 교육훈련기관은 해양수산부장관의 설립인가를 받아 그 주된 사무소의 소재지에서 설립등기를 함으로써 성립한다.

② 교육훈련기관의 운영에 필요한 경비는 대통령령으로 정하는 바에 따라 항만운송사업자, 항만운송관련사업자 및 해당 교육훈련을 받는 자가 부담한다.

③ 줄잡이 항만용역업에 따른 작업에 종사하는 사람이 신규자인 경우 교육훈련기관이 실시하는 교육훈련을 작업에 채용된 날부터 6개월 이내에 받아야 한다.

④ 화물 고정 항만용역업화물 고정 항만용역업 재직자인 경우 교육훈련기관이 실시하는 교육훈련을 신규자 교육훈련을 받은 연도의 다음 연도 및 그 후 매 3년마다 받아야 한다.

⑤ 교육훈련기관은 교육훈련을 이수한 사람에게 교육훈련 이수증을 발급하여야 한다.

해설
교육훈련기관이 실시하는 교육훈련을 다음 각 호의 구분에 따라 받아야 한다.
1. 신규자 교육훈련 : 작업에 채용된 날부터 6개월 이내에 실시하는 교육훈련
2. 재직자 교육훈련 : 신규자 교육훈련을 받은 연도의 다음 연도 및 그 후 매 2년마다 실시하는 교육훈련

답 ④

35 철도사업법령상 사업계획의 변경을 제한할 수 있는 사유로 틀린 것은?

① 노선 운행중지, 운행제한, 감차 등을 수반하는 사업계획 변경명령을 받은 후 1년이 지나지 아니한 경우

② 개선명령을 받고 이행하지 아니한 경우

③ 철도사고의 규모 또는 발생 빈도가 대통령령으로 정하는 기준 이상인 경우

④ 국토교통부장관이 지정한 날 또는 기간에 운송을 시작하지 아니한 경우

⑤ 사업용철도노선별로 여객열차의 정차역을 신설 또는 폐지하거나 10분의 2 이상 변경하는 경우

해설
사업용철도노선별로 여객열차의 정차역을 신설 또는 폐지하거나 10분의 2 이상 변경하는 경우는 국토교통부장관의 인가대상인 것이지, 사업계획의 변경제한 대상은 아니다(법 제12조).

답 ⑤

36 철도사업법령상 면허취소 등에 관한 설명으로 틀린 것은?

① 고의 또는 중대한 과실에 의한 철도사고로 대통령령으로 정하는 다수의 사상자가 발생한 경우에는 면허를 취소하거나, 6개월 이내의 기간을 정하여 사업의 전부 또는 일부의 정지를 명하거나, 노선 운행중지 · 운행제한 · 감차 등을 수반하는 사업계획의 변경을 명할 수 있다.

② 사업 경영의 불확실 또는 자산상태의 현저한 불량이나 그 밖의 사유로 사업을 계속하는 것이 적합하지 아니할 경우에는 면허를 취소하거나, 6개월 이내의 기간을 정하여 사업의 전부 또는 일부의 정지를 명하거나, 노선 운행중지 · 운행제한 · 감차 등을 수반하는 사업계획의 변경을 명할 수 있다.

③ 거짓이나 그 밖의 부정한 방법으로 철도사업의 면허를 받은 경우에는 면허를 취소하여야 한다.

④ 면허받은 사항을 정당한 사유 없이 시행하지 아니한 경우에는 면허를 취소하거나, 6개월 이내의 기간을 정하여 사업의 전부 또는 일부의 정지를 명하거나, 노선 운행중지 · 운행제한 · 감차 등을 수반하는 사업계획의 변경을 명할 수 있다.

⑤ 휴업 또는 폐업의 허가를 받지 아니하거나 신고를 하지 아니하고 영업을 하지 아니한 경우에는 면허를 취소하여야 한다.

해설

휴업 또는 폐업의 허가를 받지 아니하거나 신고를 하지 아니하고 영업을 하지 아니한 경우에는 면허를 취소**하여야** 하는 것이 아니고, 면허를 취소**하거나,** 6개월 이내의 기간을 정하여 사업의 전부 또는 일부의 정지를 명하거나, 노선 운행중지 · 운행제한 · 감차 등을 수반하는 사업계획의 변경을 명할 수 있다.

답 ⑤

37 철도사업법령상 철도서비스의 품질평가 등에 대한 설명으로 틀린 것은?

① 국토교통부장관은 공공복리의 증진과 철도서비스 이용자의 권익보호를 위하여 철도사업자가 제공하는 철도서비스에 대하여 적정한 철도서비스 기준을 정하고, 그에 따라 철도사업자가 제공하는 철도서비스의 품질을 평가하여야 한다.

② 국토교통부장관은 철도사업자에 대하여 매년 철도서비스의 품질평가를 실시하여야 한다.

③ 국토교통부장관은 품질평가를 실시하고자 하는 때에는 철도서비스 기준의 세부 내역, 품질평가의 항목 등이 포함된 철도서비스품질평가실시계획을 수립하여야 한다.

④ 국토교통부장관은 품질평가의 공정하고 객관적인 실시를 위하여 서비스 평가 등에 관한 전문지식과 경험이 풍부한 자가 포함된 품질평가단을 구성 · 운영할 수 있다.

⑤ 국토교통부장관은 철도서비스의 품질을 평가한 경우에는 그 평가 결과를 대통령령으로 정하는 바에 따라 신문 등 대중매체를 통하여 공표하여야 한다.

해설

국토교통부장관은 철도사업자에 대하여 2년마다 철도서비스의 품질평가를 실시하여야 한다.

답 ②

38 철도사업법령상 회계관리와 관련한 설명으로 틀린 것은?

① 철도사업자는 철도사업 외의 사업을 경영하는 경우에는 철도사업에 관한 회계와 철도사업 외익 사업에 관한 회계를 구분하여 경리하여야 한다.

② 철도사업자는 철도운영의 효율화와 회계처리의 투명성을 제고하기 위하여 국토교통부령으로 정하는 바에 따라 철도사업의 종류별·노선별로 회계를 구분하여 경리하여야 한다.

③ 철도사업자는 여객 및 화물 등 철도사업별로 관련된 자산, 부채, 자본, 수익 및 비용을 구분·계리하여 각 해당사업에 직접 귀속·배분되도록 회계처리하여야 한다.

④ 철도사업자는 회계처리를 할 때 회계법인의 검증을 거친 원가배분 기준에 따라 사업용철도노선별로 관련된 영업수익 및 비용을 산출하여야 한다.

⑤ 철도사업자는 산출된 영업수익 및 비용의 결과를 회계법인의 확인을 거쳐 회계연도 종료 후 1개월 이내에 국토교통부장관에게 제출하여야 한다.

해설

철도사업자는 산출된 영업수익 및 비용의 결과를 회계법인의 확인을 거쳐 회계연도 종료 후 3개월 이내에 국토교통부장관에게 제출하여야 한다.

답 ⑤

39 농수산물 유통 및 가격안정에 관한 법령상 몰수농산물의 이관에 대한 설명으로 틀린 것은?

① 농림축산식품부장관은 국내 농산물 시장의 수급안정 및 거래질서 확립을 위하여 「관세법」 제326조 및 「검찰청법」 제11조에 따라 몰수되거나 국고에 귀속된 농산물을 이관받을 수 있다.

② 농림축산식품부장관은 이관받은 몰수농산물등을 매각·공매·기부 또는 소각하거나 그 밖의 방법으로 처분할 수 있다.

③ 몰수농산물등의 처분으로 발생하는 비용 또는 매각·공매 대금은 농산물가격안정기금으로 지출 또는 납입할 수 있다.

④ 농림축산식품부장관은 몰수농산물등의 처분업무를 농업협동조합중앙회 또는 한국농수산식품유통공사 중에서 지정하여 대행하게 할 수 있다.

⑤ 몰수농산물등의 처분절차 등에 관하여 필요한 사항은 농림축산식품부령으로 정한다.

해설

몰수농산물등의 처분으로 발생하는 비용 또는 매각·공매 대금은 농산물가격안정기금으로 지출 또는 납입하여야 한다.

답 ③

40 농수산물 유통 및 가격안정에 관한 법령 비축사업에 관한 설명으로 틀린 것은?

① 농림축산식품부장관은 농산물(쌀과 보리는 제외한다)의 수급조절과 가격안정을 위하여 필요하다고 인정할 때에는 농산물가격안정기금으로 농산물을 비축하거나 농산물의 출하를 약정하는 생산자에게 그 대금의 일부를 미리 지급하여 출하를 조절할 수 있다.

② 비축용 농산물은 생산자 및 생산자단체로부터 수매하여야 한다. 다만, 가격안정을 위하여 특히 필요하다고 인정할 때에는 도매시장 또는 공판장에서 수매하거나 수입할 수 있다.

③ 농림축산식품부장관은 제2항 단서에 따라 비축용 농산물을 수입하는 경우 국제가격의 급격한 변동에 대비하여야 할 필요가 있다고 인정할 때에는 선물거래를 할 수 있다.

④ 비축사업등의 실시과정에서 발생한 농산물의 감모에 대해서는 농림축산식품부장관이 정하는 한도에서 비용으로 처리한다.

⑤ 화재·도난·침수 등의 사고로 인하여 비축한 농산물이 멸실·훼손·부패 또는 변질된 경우의 피해에 대해서는 농림축산식품부장관이 변상한다. 다만, 그 사고가 불가항력으로 인한 것인 경우에는 기금에서 손비로 처리한다.

화재 · 도난 · 침수 등의 사고로 인하여 비축한 농산물이 멸실 · 훼손 · 부패 또는 변질된 경우의 피해에 대해서는 **비축사업실시기관**이 변상한다. 다만, 그 사고가 불가항력으로 인한 것인 경우에는 기금에서 손비로 처리한다.

답 ⑤

토마토패스
물류관리사 물류관련법규

초 판 발 행	2021년 03월 15일
개정2판1쇄	2024년 05월 25일

편 저 자	변달수
발 행 인	정용수
발 행 처	(주)예문아카이브
주 소	서울시 마포구 동교로 18길 10 2층
T E L	02) 2038-7597
F A X	031) 955-0660

등 록 번 호	제2016-000240호

정 가	29,000원

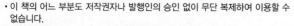 홈페이지 http://www.yeamoonedu.com

ISBN   979-11-6386-282-6   [13320]